U0916120

《北京市金融年鉴》（2010）荣获中国出版工作者协会年鉴工作委员会主办的第五届全国年鉴校编质量检查评比一等奖。

北京市金融年鉴

2011

ALMANAC OF BEIJING FINANCE AND BANKING

《北京市金融年鉴》编辑部

（总第25卷）

责任编辑：赵天朗
责任校对：孙　蕊
责任印制：丁淮宾

图书在版编目（CIP）数据

北京市金融年鉴 2011（Beijingshi Jinrong Nianjian 2011）/《北京市金融年鉴》编辑部.
—北京：中国金融出版社，2011.12
ISBN 978－7－5049－6192－1

Ⅰ.①北…　Ⅱ.①北…　Ⅲ.①金融事业—北京市—2011—年鉴　Ⅳ.①F832.71-54

中国版本图书馆CIP数据核字（2011）第241989号

出版
发行　中国金融出版社
社址　北京市丰台区益泽路2号
市场开发部　（010）63266347，63805472，63439533（传真）
网 上 书 店　http://www.chinafph.com
（010）63286832，63365686（传真）
读者服务部　（010）66070833，62568380
邮编　100071
经销　新华书店
印刷　北京汇林印务有限公司
尺寸　185毫米×260毫米
插页　12
印张　44.5
字数　907千
版次　2011年12月第1版
印次　2011年12月第1次印刷
定价　80.00元
ISBN 978－7－5049－6192－1/F.5752
如出现印装错误本社负责调换　联系电话（010）63263947
（内部发行）

青春——中国民生银行总行营业部

活力——中国民生银行总行营业部

微笑——北京国际信托有限公司

中国人民银行营业管理部举办以“首都城乡一体化发展与金融支持” 为主题的2010首都金融论坛。

9月15日，由中国人民银行营业管理部与北京市文化创意产业促进中心、北京银监局等共同举办的“北京市中小企业金融服务平台”正式启动。

邮储银行、民生银行、华夏银行与海淀区政府共同签署银政战略合作协议，全力支持中关村国家自主创新示范区核心区建设。

4月9日，中国银行北京市分行与丰台区政府签署战略合作框架协议，意向提供200亿元授信额度，支持丰台区经济发展。

10月28日，中国农业银行北京市分行与北京市文化创意产业促进中心签署200亿元战略合作协议。

9月15日，“全国中小学生交通安全意外伤害保险”项目签约仪式在北京举行。这是我国首次由政府指导、为全国中小学生引入交通安全保险公益性保障体制。

11月19日 中国建设银行北京市分行与北京市住房和城乡建设委员会签署战略合作协议。

中国人民财产保险公司北京市分公司与北京市二商集团签署保险合作协议。

7月，上海浦东发展银行北京分行与国电联合动力技术有限公司签署战略合作协议。

7月21日，交通银行北京市分行举办“携手金融资本，助力科技展业”——交通银行中小企业投贷一体化合作项目启动仪式，并为新成立的公主坟支行、慧忠里支行、酒仙桥支行3家中小企业金融服务中心揭牌。

中信银行总行营业部举行出国金融服务中心新址落成仪式。

3月1日，北银消费金融公司揭牌仪式在钓鱼台国宾馆举行。北京市委副书记、市长郭金龙，商务部副部长姜增伟，中国人民银行副行长苏宁共同为北银消费金融公司揭牌。

北京农村商业银行推出“银政惠民账户”。该账户定位于享受各级政府资金补贴及社会保障的人群，整合了代收付城乡居民养老保险业务、代发无保障福利养老金业务等31项政策性代理业务，为社会公众提供更为便捷的金融服务。

华夏银行北京分行举行华夏速通卡首发仪式。

中国邮政储蓄银行北京分行与共青团北京市委员会共同启动“贷动青春”青年创业小额贷款活动，承诺三年内扶持10 000名青年实现贷款创业。

中信建投证券有限责任公司主承销的苏州工业园区和顺电气股份有限公司首次公开发行股票并在创业板上市。

广发银行北京分行推出“1+1生意金”个人贷款产品，以满足广大个人贷款客户的业务需求。

北京农村商业银行首家“乡村便利店” 在怀柔区大水峪村挂牌营业。截至2010年底，北京农村商业银行先后在怀柔、大兴、门头沟建立了4家乡村便利店。

中国邮政储蓄银行北京分行以“送贷下乡”活动为契机，走访芦笋种植合作社，解决农户生产融资难题。

招商银行北京分行就首都经济按照“十二五”规划要求进行结构调整和产业升级过程中，企业和金融业面对的困难和政策需求等问题赴企业进行专题调研。

中信银行总行营业部在中国人民大学为大学生和教师查询个人信用报告。

上海浦东发展银行北京分行志愿者以“低碳，让生活更美好”为主题开展公益活动，倡导环保健康生活方式，为低碳经济做贡献。

广发银行北京分行员工为社会公众普及反假货币知识。

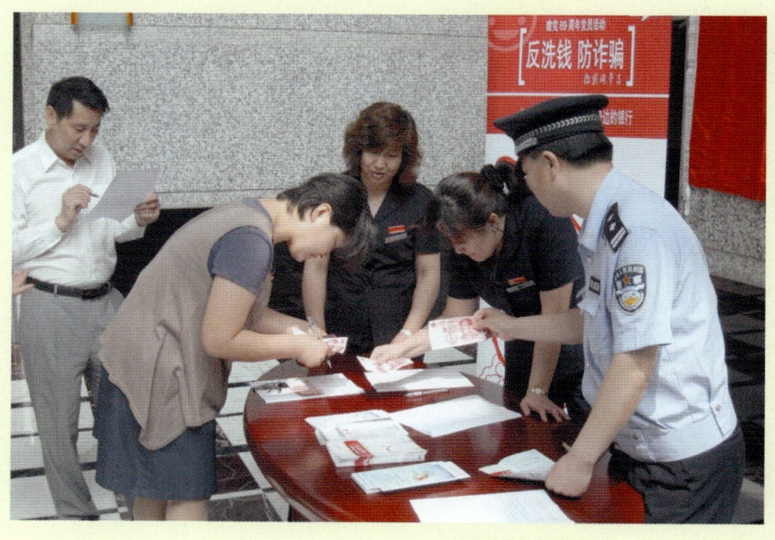

中国工商银行北京市分行联合公安民警开展“反洗钱、防诈骗”宣传活动。

宏源期货有限公司参展中国国际金融(银行)技术暨设备展览会，以细致专业的金融讲座和训练有素的展台服务，向社会公众传播期货魅力。

招商银行北京分行开展首都金融安全宣传日活动。

上海浦东发展银行北京分行以“创新绿色金融，助推低碳经济”为主题亮相第六届北京国际金融博览会。

10月7日，中国银行北京市分行按照总行统一部署，历时九个月圆满完成IT蓝图项目上线投产工作，实现了“成功切换、风险可控、正常营业”的既定目标。

中国工商银行北京市分行人民币储蓄存款突破5 000亿元。

10月18日，经公安部、银监会组织的第一次银行业金融机构安全评估验收，中国民生银行北京阜成门支行被授予民生银行首家“平安支行”称号。

上海浦东发展银行北京分行面向社会公开招聘专业人才。

深圳发展银行北京分行举行消防实战演练。

广东发展银行北京大望路支行的优质服务受到外宾客户的称赞。

中国工商银行北京市分行开展服务提升“十大工程”，加强服务标准化、规范化建设。

中国人民财产保险公司北京市分公司举办第二届“95518”语音天使大赛。

文明规范服务礼仪风采展示——北京市银行业协会

太平洋财产保险公司北京分公司举办查勘定损技能竞赛。

天津银行北京分行举办会计柜员技能练兵考试。

中国人民银行营业管理部职工参加人民银行系统会计知识竞赛。

中华联合财产保险公司北京分公司举办二次创业演讲比赛。

中国建设银行北京市分行举办“青年先锋”杯金融综合营销方案设计大赛。

交通银行北京市分行举办沃德财富博览会。

太平财产保险公司北京分公司新、老党员在中国人民抗日战争纪念馆举行入党宣誓。

天津银行北京分行组织员工参观金融系统反腐倡廉建设展。

工银瑞信基金管理有限公司举办新文化运动纪念主题党日活动。

中国建设银行北京市分行团委联合共青团朝阳区委员会和朝阳区青年志愿者协会，向农民工子弟小学北京市小武基双馨实验小学捐建了"建行阳光计算机室"。

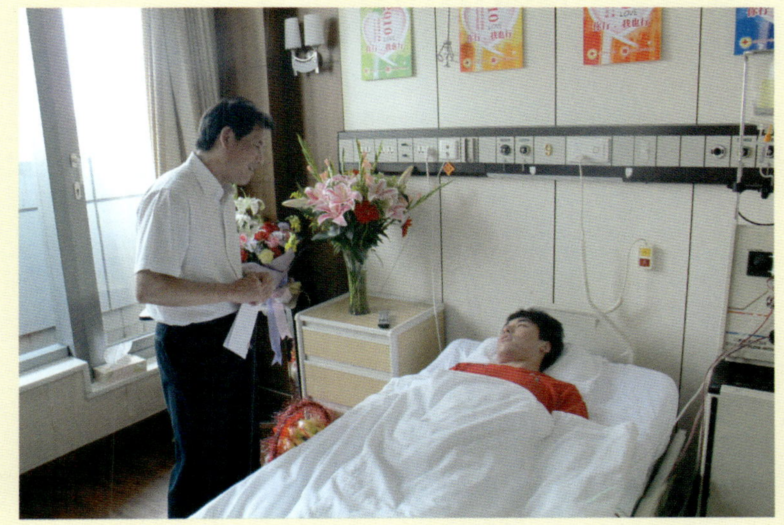

中国建设银行北京市分行领导探望北京市第100例、金融系统第1例造血干细胞捐献者——高立鹏。

泰康人寿保险公司北京分公司组织员工向青海玉树地震灾区捐款。

书法俱乐部——平安财产保险公司北京分公司

太平财险北京分公司参加保险界在京单位第五届乒乓球比赛。

拓展训练——宏源期货有限公司

《北京市金融年鉴》编辑委员会

《北京市金融年鉴》编辑部

编辑说明

一、《北京市金融年鉴》（以下简称《年鉴》）是北京市金融行业年鉴，是全面反映北京市金融运行、发展情况的资料性工具书。由中国人民银行营业管理部牵头，北京银监局、北京证监局、北京保监局、北京市金融工作局，60多家银行业、证券业、保险业机构以及10余家协会、商会、学会共同参与编写，《北京市金融年鉴》编辑部组织编纂，逐年出版。

二、本卷《年鉴》为总第25卷，主要记述的是2010年北京市金融业运行与发展情况、重大事件、活动及各金融机构贯彻执行国家金融政策，依法合规经营，防范和化解金融风险，改进金融服务，加强精神文明建设，支持首都经济增长目标的实现等方面所做的大量工作和面临的问题。

三、本卷《年鉴》收录的北京主要经济社会指标摘自《北京市统计年鉴》，金融统计资料由中国人民银行营业管理部、北京银监局、北京证监局、北京保监局提供。在使用中请注意统计口径的差别和适用范围。

四、本卷《年鉴》中各金融机构的排列顺序名次无高低之分。

五、本卷《年鉴》在编纂过程中得到北京市金融系统各单位的大力支持，在此表示衷心的感谢。

六、由于编纂水平有限，书中难免有缺陷和疏漏之处，诚请广大读者批评指正。

《北京市金融年鉴》编辑部

2011年9月

目　　录

一、形势综述

关于北京市2010年国民经济和社会发展计划执行情况与2011年国民经济和社会发展计划草案的报告 …………（3）
北京市货币信贷政策执行情况 ……（16）
北京市金融运行报告 ………………（21）
北京市金融稳定报告（摘要） ……（36）

二、市场运行

金融市场 …………………………（49）
票据市场 …………………………（56）
证券市场 …………………………（58）
基金行业发展情况 ………………（60）
期货市场 …………………………（61）
保险市场 …………………………（62）

三、发展与监管

银行业发展与监管 ………………（67）
政策性银行 ……………………（67）
商业银行（一）国家开发银行 …………………………（69）
商业银行（二）工、农、中、建、交五家银行 …………（71）
商业银行（三）其他商业银行 …………………………（72）
城市商业银行（一）北京银行 …………………………（75）
城市商业银行（二）其他城市商业银行 ………………（79）
农村商业银行——北京农村商业银行 ………………（81）
村镇银行 ………………………（83）
邮政储蓄银行 …………………（85）
外资银行 ………………………（87）
金融资产管理公司 ……………（88）
财务公司 ………………………（90）
信托、汽车金融、金融租赁、消费金融、货币经纪公司 …………………………（92）
证券期货业发展与监管 …………（94）
证券公司 ………………………（94）
基金管理公司 …………………（100）
期货公司 ………………………（102）
证券投资咨询公司 ……………（104）
保险业发展与监管 ………………（105）
财产保险公司 …………………（105）
人身保险公司 …………………（107）
保险中介机构 …………………（110）

四、服务与管理

货币金银管理 …………………… (115)
国家金库业务 …………………… (118)
支付结算清算管理 ……………… (120)
征信系统建设与征信管理 ……… (123)
金融信息化建设 ………………… (125)
金融法制建设 …………………… (126)
中国人民银行营业管理部
法制工作 …………………… (126)
银行业监管法制建设 ……… (127)
证券业监管法制建设 ……… (130)
保险业监管法制建设 ……… (131)
反洗钱工作 ……………………… (133)

五、机构业务综述

金融管理机构

中国人民银行营业管理部 ……… (137)
国家外汇管理局北京外汇
管理部 …………………………… (140)
中国银行业监督管理委员会
北京监管局 …………………… (142)
中国证券监督管理委员会
北京监管局 …………………… (144)
中国保险监督管理委员会
北京监管局 …………………… (146)
北京市金融工作局 ……………… (148)

金融机构

中国农业发展银行北京市分行 … (150)
中国进出口银行北京分行 ……… (151)
国家开发银行股份有限公司
北京市分行 …………………… (152)
中国工商银行股份有限公司
北京市分行 …………………… (153)
中国农业银行股份有限公司
北京市分行 …………………… (156)
中国银行股份有限公司
北京市分行 …………………… (158)
中国建设银行股份有限公司
北京市分行 …………………… (161)
交通银行股份有限公司
北京市分行 …………………… (163)
招商银行股份有限公司
北京分行 ……………………… (165)
上海浦东发展银行股份有限公司
北京分行 ……………………… (166)
广发银行股份有限公司北京分行
（原广东发展银行股份有限北京
分行，2011年4月8日更名） … (167)
兴业银行股份有限公司
北京分行 ……………………… (169)
深圳发展银行股份有限公司
北京分行 ……………………… (171)
中信银行股份有限公司总行
营业部 ………………………… (172)
中国光大银行股份有限公司
北京分行 ……………………… (174)
中国民生银行股份有限公司
总行营业部 …………………… (175)
华夏银行股份有限公司
北京分行 ……………………… (177)
渤海银行股份有限公司
北京分行 ……………………… (179)
北京银行股份有限公司 ………… (180)

天津银行股份有限公司
　北京分行 ………………………… (182)
大连银行股份有限公司
　北京分行 ………………………… (183)
杭州银行股份有限公司
　北京分行 ………………………… (183)
南京银行股份有限公司
　北京分行 ………………………… (184)
盛京银行股份有限公司
　北京分行 ………………………… (185)
北京农村商业银行股份
　有限公司 ………………………… (186)
北京延庆村镇银行股份
　有限公司 ………………………… (188)
北京密云汇丰村镇银行有限
　责任公司 ………………………… (189)
中国邮政储蓄银行有限责任
　公司北京分行 …………………… (189)
中国华融资产管理公司北京
　办事处 …………………………… (191)
中国长城资产管理公司北京
　办事处 …………………………… (192)
中国东方资产管理公司北京
　办事处 …………………………… (193)
中国信达资产管理股份有限公司北京
　市分公司（原中国信达资产管理
　公司北京办事处，2010 年 8 月
　更名） …………………………… (194)
北京国际信托有限公司 ………… (195)
中国银联股份有限公司北京
　分公司 …………………………… (196)
中国银河证券股份有限公司 …… (198)
中国国际金融有限公司 ………… (199)
中信建投证券有限责任公司 …… (200)
中国民族证券有限责任公司 …… (201)
华融证券股份有限公司 ………… (202)
信达证券股份有限公司 ………… (204)
首创证券有限责任公司 ………… (204)
国开证券有限责任公司 ………… (205)
中国银河证券股份有限公司
　北京代表处 ……………………… (206)
华夏基金管理有限公司 ………… (206)
工银瑞信基金管理有限公司 …… (208)
泰达宏利基金管理有限公司 …… (209)
建信基金管理有限责任公司 …… (209)
中国国际期货有限公司 ………… (210)
宏源期货有限公司 ……………… (210)
国都期货有限公司 ……………… (211)
北京中期期货经纪有限公司 …… (212)
银河期货有限公司 ……………… (213)
北京首创期货有限责任公司 …… (213)
中粮期货经纪有限公司 ………… (214)
中国人民财产保险股份有限
　公司北京市分公司 ……………… (214)
中国平安财产保险股份有限
　公司北京分公司 ………………… (215)
华泰财产保险股份有限公司
　北京分公司 ……………………… (216)
中国太平洋财产保险股份有限
　公司北京分公司 ………………… (217)
太平财产保险有限公司北京
　分公司 …………………………… (218)
中华联合财产保险股份有限
　公司北京分公司 ………………… (219)
永安财产保险股份有限公司
　北京分公司 ……………………… (220)
华安财产保险股份有限公司
　北京分公司 ……………………… (221)
天安保险股份有限公司北京
　分公司 …………………………… (222)
中国大地财产保险股份有限
　公司北京分公司 ………………… (222)
中国人寿保险股份有限公司
　北京市分公司 …………………… (223)

中国平安人寿保险股份有限公司北京分公司 ……………… (224)
中国太平洋人寿保险股份有限公司北京分公司 ……………… (226)
泰康人寿保险股份有限公司北京分公司 …………………… (227)
新华人寿保险股份有限公司北京分公司 …………………… (228)
太平人寿保险有限公司北京分公司 ……………………… (229)
民生人寿保险股份有限公司北京分公司 …………………… (230)
大公国际资信评估有限公司 …… (231)
北京资信评级有限公司 ………… (232)

六、文件与规章

北京市人民政府

关于推进首都科技金融创新发展的意见 …………………… (235)

中国人民银行营业管理部

关于做好2010年辖内信贷工作促进首都经济平稳较快发展的意见 ………………………… (239)

中国人民银行营业管理部　中国银行业监督管理委员会北京监管局　北京市金融工作局　北京市经济和信息化委员会

关于印发《关于加强辖内银行业金融机构小企业信贷工作的指导意见》的通知 ………………… (243)

中国人民银行营业管理部　北京市农村工作委员会　北京市金融工作局　中国银行业监督管理委员会北京监管局

关于金融支持首都率先形成城乡经济社会发展一体化新格局的指导意见 …………………… (248)

中国银行业监督管理委员会北京监管局

北京银监局关于加强辖内银行个人住房贷款业务管理的通知 …… (251)

北京银监局关于进一步规范辖内商业银行个人理财产品销售行为的通知 ………………………… (253)

中国证券监督管理委员会北京监管局

关于学习落实《关于加强证券经纪业务管理的规定》的通知 …… (255)

关于北京辖区期货经营机构加强对居间人和代客理财管理的指导意见 ……………………… (257)

中国保险监督管理委员会北京监管局　北京市农村工作委员会

关于印发《北京市政策性农业保险承保业务经营规范（试行）》的通知 ………………………… (261)

中国保险监督管理委员会北京监管局

关于北京地区实施酒后驾驶与机动车交强险费率联系浮动制度的通知 ………………………… (264)

关于加强北京机动车辆保险中介业务管理的通知 ……………… (265)

北京市金融工作局

关于推动本市信用销售健康发展

的实施意见 ……………………（267）
附：2010年文件与规章目录
选编 …………………………（269）
中国人民银行营业管理部 …（269）
中国银行业监督管理委员会
北京监管局 ………………（271）
中国证券监督管理委员会
北京监管局 ………………（272）
中国保险监督管理委员会
北京监管局 ………………（272）

七、专题与调研

关于贯彻落实九部委指导意见推动金融支持文化产业振兴的调研报告 ……………………（277）
北京中资银行地方投融资平台贷款投放情况、问题和建议 …（280）
关于北京市小额贷款公司试点工作情况的调研报告 ………………（283）
中关村创投机构发展状况、成因分析及相关问题研究 ………………（286）
关于金融支持北京地区十二五时期房地产市场平稳健康发展的研究报告 ………………………（291）
促进北京健康保险可持续发展的思考和对策 …………………（300）
附：2010年专题与调研目录
选编 …………………………（304）
中国人民银行营业管理部2010年优秀调研报告 …………（304）

八、统计资料

北京市2010年暨“十一五”期间国民经济和社会发展统计公报 ……（309）

（一）北京市主要经济社会指标

表1.1　主要年份国民经济和社会发展总量与速度指标 ………（320）
表1.2　地区生产总值（1978～2010年） ……………………（326）
表1.3　地区生产总值指数（上年=100）（1978～2010年） ………（327）
表1.4　地区生产总值指数（1978年=100）（1978～2010年） …（328）
表1.5　按行业分地区生产总值（2000～2010年） ……………（329）
表1.6　按行业分地区生产总值指数（上年=100）（2000～2010年） ……………………（330）
表1.7　部分新兴产业增加值（2004～2010年） ……………（331）
表1.8　全社会固定资产投资资金来源情况（1978～2010年）…（333）
表1.9　全社会固定资产投资及新增固定资产（按行业分）（2010年） ……………………（334）
表1.10　全社会房屋建筑施工及竣工面积（1978～2010年）…（337）
表1.11　全社会房屋建筑施工及竣工面积 ……………………（338）
表1.12　房地产开发情况（1990～2010年） ……………（339）
表1.13　商品房 ……………………（340）
表1.14　经济适用房 ………………（340）
表1.15　限价商品房 ………………（340）
表1.16　廉租房 ……………………（341）
表1.17　公租房 ……………………（341）
表1.18　地方财政收支

(1978～2010 年) …………(342)
表 1.19 地方财政收支增长速度及相当于地区生产总值比例(1978～2010 年) ……………(346)
表 1.20 地方财政收入 …………(348)
表 1.21 地方财政支出 …………(348)
表 1.22 八大类居民消费价格指数(1978～2010 年) ……………(349)
表 1.23 多基期居民消费价格指数(2010 年) ……………(351)
表 1.24 居民消费价格分类指数(2010 年) ………………………(351)
表 1.25 农产品生产价格指数 …(352)
表 1.26 工业品出厂价格指数 …(353)
表 1.27 原材料、燃料、动力购进价格指数 ………………(353)
表 1.28 房地产价格指数(1998～2010 年) ………………………(354)
表 1.29 5 000 户城镇居民家庭每人每年现金收入(2010 年) …(355)
表 1.30 5 000 户城镇居民家庭每人每年现金支出(2010 年) …(356)
表 1.31 5 000 户城镇居民家庭平均每人年消费性支出(2010 年) ………………………(357)
表 1.32 5 000 户城镇居民家庭消费性支出构成(2010 年) ……(357)
表 1.33 3 000 户农民家庭平均每人年纯收入(2010 年) ………(358)
表 1.34 3 000 户农民家庭平均每人年生活消费支出(2010 年) ………………………(359)
表 1.35 规模以上工业总产值(1984～2010 年) ……………(360)
表 1.36 规模以上高技术制造业总产值(2010 年) ……………(361)
表 1.37 社会消费品零售额(1978～2010 年) ……………(362)
表 1.38 北京地区对外经济贸易(1980～2010 年) …………(364)
表 1.39 北京地区海关进出口贸易总额(按登记注册类型、贸易方式分) ……………………………(366)
表 1.40 北京地区海关进出口贸易总额(按国别、地区分) …(367)
表 1.41 外商投资企业实际利用外资情况 ……………………………(368)
表 1.42 外商投资企业投产开业情况 ……………………………(369)

(二) 金融业务综合统计

表 2.1 北京市金融机构(含外资)本外币信贷收支统计 …………(370)
表 2.2 北京市中资金融机构本外币信贷收支统计 ………………(371)
表 2.3 北京市金融机构(含外资)人民币信贷收支统计 …………(372)
表 2.4 北京市中资金融机构人民币信贷收支统计 ………………(374)
表 2.5 北京市外资银行人民币信贷收支统计 …………………(376)
表 2.6 北京市金融机构(含外资)外汇信贷收支统计 ……………(378)
表 2.7 北京市中资金融机构外汇信贷收支统计 …………………(380)
表 2.8 北京市外资银行外汇信贷收支统计 ……………………………(382)
表 2.9 2006～2010 年北京市金融机构存贷款情况 ………………(384)
表 2.10 北京市中资银行人民币存贷款(区县表) ………………(385)
表 2.11 北京市中资金融机构贷款行业分布 ……………………………(387)
表 2.12 北京市中外资银行大中小

企业贷款情况 …………………… (388)
表 2.13　北京市中外资银行房地产信贷情况 ……………………… (389)
表 2.14　北京市中资银行个人贷款情况 ………………………… (389)
表 2.15　北京市金融机构现金收支情况 ………………………… (390)
表 2.16　北京辖区直接外债余额 ………………………… (391)
表 2.17　2010 年北京市银行系统发行储蓄类国债（凭证式）统计 ………………………… (391)
表 2.18　2010 年北京市银行系统发行储蓄类国债（电子式）统计 ………………………… (391)
表 2.19　证券市场交易量及保险业务情况（1995～2010 年） ……… (392)
表 2.20　证券市场交易量（上年 = 100） ………………… (392)
表 2.21　北京辖区证券公司客户交易结算资金第三方存管上线情况统计 …………………… (393)
表 2.22　北京辖区证券公司服务特定机构或产品相关信息统计 …………………… (393)
表 2.23　北京辖区证券营业部产品销售情况 …………………… (393)
表 2.24　北京辖区基金管理公司业务综合统计 …………………… (394)
表 2.25　北京辖区上市公司情况统计（2006～2010 年） …………… (395)
表 2.26　北京市保险业务统计 … (395)
表 2.27　北京市各财产保险公司业务统计 ………………………… (396)
表 2.28　北京市各人身保险公司业务统计 ………………………… (397)
表 2.29　北京市财产保险公司各险种保费收入与赔付支出统计 ………………………… (399)
表 2.30　北京市人身保险公司各险种保费收入与赔付支出统计 ………………………… (399)
表 2.31　中国人民银行对金融机构存款利率 ………………………… (400)
表 2.32　中国人民银行对金融机构贷款利率 ………………………… (401)
表 2.33　金融机构存款利率 …… (402)
表 2.34　金融机构贷款利率 …… (404)
表 2.35　2010 年北京市银行卡发卡量和机具统计 ………………… (406)
表 2.36　2010 年中国人民银行发行普通纪念币一览表 ……………… (408)

（三）金融机构业务统计

表 3.1　国家开发银行北京市分行人民币信贷收支统计 ……………… (409)
表 3.2　中国进出口银行北京分行人民币信贷收支统计 ……………… (410)
表 3.3　中国农业发展银行北京市分行人民币信贷收支统计 ………… (411)
表 3.4　中国工商银行北京市分行人民币信贷收支统计 ……………… (412)
表 3.5　中国农业银行北京市分行人民币信贷收支统计 ……………… (413)
表 3.6　中国银行北京市分行人民币信贷收支统计 ……………… (414)
表 3.7　中国建设银行北京市分行人民币信贷收支统计 ……………… (415)
表 3.8　交通银行北京市分行人民币信贷收支统计 ………………… (416)
表 3.9　招商银行北京分行人民币信贷收支统计 ……………………… (417)
表 3.10　上海浦东发展银行北京分行人民币信贷收支统计 ………… (418)

表3.11　广东发展银行北京分行人民币信贷收支统计 ………………… (419)
表3.12　兴业银行北京分行人民币信贷收支统计 ………………… (420)
表3.13　深圳发展银行北京分行人民币信贷收支统计 ……………… (421)
表3.14　中信银行总行营业部人民币信贷收支统计 ………………… (422)
表3.15　中国光大银行北京分行人民币信贷收支统计 ………… (423)
表3.16　华夏银行北京分行人民币信贷收支统计 ………………… (424)
表3.17　中国民生银行总行营业部人民币信贷收支统计 …………… (425)
表3.18　渤海银行北京分行人民币信贷收支统计 ……………………… (426)
表3.19　浙商银行北京分行人民币信贷收支统计 ……………………… (427)
表3.20　北京银行人民币信贷收支统计（全国） ………………… (428)
表3.21　北京银行人民币信贷收支统计（北京） ………………… (429)
表3.22　天津银行北京分行人民币信贷收支统计 ………………… (430)
表3.23　大连银行北京分行人民币信贷收支统计 ………………… (431)
表3.24　杭州银行北京分行人民币信贷收支统计 ………………… (432)
表3.25　南京银行北京分行人民币信贷收支统计 ………………… (433)
表3.26　盛京银行北京分行人民币信贷收支统计 ………………… (434)
表3.27　上海银行北京分行人民币信贷收支统计 ………………… (435)
表3.28　江苏银行北京分行人民币信贷收支统计 ………………… (436)
表3.29　宁波银行北京分行人民币信贷收支统计 ………………… (437)
表3.30　北京农村商业银行人民币信贷收支统计 ………………… (438)
表3.31　中国邮政储蓄银行北京分行人民币信贷收支统计 ……………… (439)
表3.32　信托公司人民币信贷收支统计（北京） ……………………… (440)
表3.33　财务公司人民币信贷收支统计（北京） ………………… (441)
表3.34　国家开发银行北京市分行外汇信贷收支统计 ………………… (442)
表3.35　中国进出口银行北京分行外汇信贷收支统计 ………………… (443)
表3.36　中国农业发展银行北京市分行外汇信贷收支统计 …………… (444)
表3.37　中国工商银行北京市分行外汇信贷收支统计 ………………… (445)
表3.38　中国农业银行北京市分行外汇信贷收支统计 ………………… (446)
表3.39　中国银行北京市分行外汇信贷收支统计 ……………………… (447)
表3.40　中国建设银行北京市分行外汇信贷收支统计 ………………… (448)
表3.41　交通银行北京市分行外汇信贷收支统计 ……………………… (449)
表3.42　招商银行北京分行外汇信贷收支统计 ……………………… (450)
表3.43　上海浦东发展银行北京分行外汇信贷收支统计 …………… (451)
表3.44　广东发展银行北京分行外汇信贷收支统计 ………………… (452)
表3.45　兴业银行北京分行外汇信贷收支统计 ……………………… (453)
表3.46　深圳发展银行北京分行外汇信贷收支统计 ………………… (454)
表3.47　中信银行总行营业部外汇信贷收支统计 ……………………… (455)

表 3.48　中国光大银行北京分行外汇信贷收支统计 ………………… (456)
表 3.49　华夏银行北京分行外汇信贷收支统计 ………………………… (457)
表 3.50　中国民生银行总行营业部外汇信贷收支统计 ……………… (458)
表 3.51　渤海银行北京分行外汇信贷收支统计 ………………………… (459)
表 3.52　浙商银行北京分行外汇信贷收支统计 ………………………… (460)
表 3.53　北京银行外汇信贷收支统计（全国） ……………………… (461)
表 3.54　北京银行外汇信贷收支统计（北京） ……………………… (462)
表 3.55　天津银行北京分行外汇信贷收支统计 ………………………… (463)
表 3.56　大连银行北京分行外汇信贷收支统计 ………………………… (464)
表 3.57　杭州银行北京分行外汇信贷收支统计 ………………………… (465)
表 3.58　南京银行北京分行外汇信贷收支统计 ………………………… (466)
表 3.59　盛京银行北京分行外汇信贷收支统计 ………………………… (467)
表 3.60　上海银行北京分行外汇信贷收支统计 ………………………… (468)
表 3.61　江苏银行北京分行外汇信贷收支统计 ………………………… (469)
表 3.62　北京农村商业银行外汇信贷收支统计 ………………………… (470)
表 3.63　中国邮政储蓄银行北京分行外汇信贷收支统计 …………… (471)

（四）机构、人员统计

表 4.1　北京辖区内金融管理机构数量与从业人员数量统计 ………… (472)
表 4.2　北京辖区内银行及其他金融机构数量与从业人员数量统计 … (472)
表 4.3　北京辖区内证券机构数量与从业人员数量统计 ……………… (474)
表 4.4　北京辖区内保险机构数量与从业人员数量统计 ……………… (474)

九、大事记

1 月 …………………………………… (477)
2 月 …………………………………… (477)
3 月 …………………………………… (477)
4 月 …………………………………… (479)
5 月 …………………………………… (480)
6 月 …………………………………… (480)
7 月 …………………………………… (481)
8 月 …………………………………… (482)
9 月 …………………………………… (483)
10 月 ………………………………… (484)
11 月 ………………………………… (484)
12 月 ………………………………… (486)

十、附　　录

（一）北京市金融机构名录

1. 金融管理机构 ……………………… (489)
2. 银行业机构 ………………………… (489)
（1）中资银行 ………………………… (489)
（2）中资银行分支机构 ……………… (491)
中国农业发展银行股份有限公司北京市分行 ……………………… (491)

中国工商银行股份有限公司北京市分行 ……………………………（492）
中国农业银行股份有限公司北京市分行 ……………………………（493）
中国银行股份有限公司北京市分行 ……………………………（494）
中国建设银行股份有限公司北京市分行 ……………………………（495）
交通银行股份有限公司北京市分行 ……………………………（500）
招商银行股份有限公司北京分行 ……………………………（505）
上海浦东发展银行股份有限公司北京分行 ……………………………（507）
广东发展银行股份有限公司北京分行 ……………………………（509）
兴业银行股份有限公司北京分行 ……………………………（510）
深圳发展银行股份有限公司北京分行 ……………………………（511）
中信银行股份有限公司总行营业部 ……………………………（513）
中国光大银行股份有限公司北京分行 ……………………………（515）
华夏银行股份有限公司北京分行 ……………………………（517）
中国民生银行股份有限公司总行营业部 ……………………………（519）
渤海银行股份有限公司北京分行 ……………………………（522）
北京银行股份有限公司 …………（522）
天津银行股份有限公司北京分行 ……………………………（529）
大连银行股份有限公司北京分行 ……………………………（529）
杭州银行股份有限公司北京分行 ……………………………（529）
南京银行股份有限公司北京分行 ……………………………（530）
盛京银行股份有限公司北京分行 ……………………………（530）
北京农村商业银行股份有限公司 ……………………………（530）
中国邮政储蓄银行有限责任公司北京分行 ……………………………（538）
（3）外资银行 ……………………………（542）
（4）外资银行分支机构 …………（545）
澳大利亚和新西兰银行（中国）有限公司北京分行 ……………（545）
大华银行（中国）有限公司北京分行 ……………………………（545）
东亚银行（中国）有限公司北京分行 ……………………………（545）
德意志银行（中国）有限公司北京分行 ……………………………（545）
法国兴业银行（中国）有限公司北京分行 ……………………………（546）
花旗银行（中国）有限公司北京分行 ……………………………（546）
汇丰银行（中国）有限公司北京分行 ……………………………（546）
恒生银行（中国）有限公司北京分行 ……………………………（547）
南洋商业银行（中国）有限公司北京分行 ……………………………（547）
苏格兰皇家银行（中国）有限公司北京分行 ……………………………（547）
星展银行（中国）有限公司北京分行 ……………………………（548）
厦门国际银行北京分行 …………（548）
新韩银行（中国）有限公司北京分行 ……………………………（548）
外换银行（中国）有限公司北京分行 ……………………………（548）

友利银行（中国）有限公司北京分行 ………………………… (549)
渣打银行（中国）有限公司北京分行 ……………………………… (549)
(5) 资产管理公司 ………………… (549)
(6) 信托公司 ……………………… (550)
(7) 金融租赁公司 ………………… (550)
(8) 汽车金融公司 ………………… (550)
(9) 财务公司 ……………………… (550)
(10) 货币经纪公司 ……………… (552)
(11) 消费金融公司 ……………… (552)
(12) 外国银行北京代表处 ……… (552)
(13) 外国非银行金融机构北京代表处 ………………………… (557)
3. 证券业机构 ……………………… (558)
(1) 证券公司 ……………………… (558)
(2) 证券分公司 …………………… (559)
(3) 证券营业部 …………………… (560)
(4) 基金管理公司 ………………… (578)
(5) 基金管理分公司 ……………… (579)
(6) 基金管理公司理财中心 …… (581)
(7) 证券投资咨询公司 ………… (582)
(8) 外国证券机构北京代表处 … (583)
(9) 期货公司 ……………………… (586)
(10) 期货公司营业部 …………… (587)
(11) 外国资产管理类机构北京代表处 ………………………… (591)
4. 保险业机构 ……………………… (592)
(1) 中资保险公司 ………………… (592)
(2) 中资保险公司分支机构 …… (596)
中国人民财产保险股份有限公司北京市分公司 ………………… (596)
中国太平洋财产保险股份有限公司北京分公司 ………………… (598)
中国平安财产保险股份有限公司北京分公司 …………………… (598)
华泰财产保险股份有限公司北京分公司 ………………………… (599)
太平财产保险有限公司北京分公司 ……………………………… (599)
中华联合财产保险股份有限公司北京分公司 …………………… (599)
永安财产保险股份有限公司北京分公司 ………………………… (600)
天安保险股份有限公司北京分公司 ……………………………… (600)
中国大地财产保险股份有限公司北京分公司 ……………… (601)
华安财产保险股份有限公司北京分公司 …………………… (601)
安邦财产保险股份有限公司北京分公司 …………………… (602)
永诚财产保险股份有限公司北京分公司 …………………… (603)
阳光财产保险股份有限公司北京分公司 …………………… (603)
都邦财产保险股份有限公司北京分公司 …………………… (604)
天平汽车保险股份有限公司北京分公司 …………………… (604)
渤海财产保险股份有限公司北京分公司 …………………… (604)
安华农业保险股份有限公司北京分公司 …………………… (605)
民安保险（中国）有限公司北京分公司 ……………………… (605)
中国人寿财产保险股份有限公司北京市分公司 …………… (605)
安诚财产保险股份有限公司北京分公司 …………………… (606)
华农财产保险股份有限公司北京市分公司 ………………… (606)
长安责任保险股份有限公司北京市分公司 ………………… (607)

紫金财产保险股份有限公司
北京分公司 ……………………… (607)
信达财产保险股份有限公司
北京分公司 ……………………… (607)
中国人寿保险股份有限公司
北京市分公司 …………………… (607)
中国太平洋人寿保险股份有
限公司北京分公司 ……………… (610)
中国平安人寿保险股份有限
公司北京分公司 ………………… (610)
新华人寿保险股份有限公司
北京分公司 ……………………… (611)
泰康人寿保险股份有限公司
北京分公司 ……………………… (612)
太平人寿保险有限公司北京
分公司 …………………………… (613)
民生人寿保险股份有限公司
北京分公司 ……………………… (614)
生命人寿保险股份有限公司
北京分公司 ……………………… (614)
光大永明人寿保险有限公司
北京分公司 ……………………… (615)
合众人寿保险股份有限公司
北京分公司 ……………………… (615)
中国人民健康保险股份有限
公司北京分公司 ………………… (616)
长城人寿保险股份有限公司
北京分公司 ……………………… (616)
嘉禾人寿保险股份有限公司
北京分公司 ……………………… (617)
中国人民人寿保险股份有限
公司北京市分公司 ……………… (617)
华夏人寿保险股份有限公司
北京分公司 ……………………… (618)
信泰人寿保险股份有限公司
北京分公司 ……………………… (618)
阳光人寿保险股份有限公司
北京分公司 ……………………… (618)
幸福人寿保险股份有限公司
北京分公司 ……………………… (619)
国华人寿保险股份有限公司
北京分公司 ……………………… (619)
(3) 外资保险公司 ………………… (619)
(4) 外资保险公司分支机构 …… (621)
海康人寿保险有限公司北京
分公司 …………………………… (621)
华泰人寿保险股份有限公司
北京分公司 ……………………… (621)
恒安标准人寿保险有限公司
北京分公司 ……………………… (621)
金盛人寿保险有限公司北京
分公司 …………………………… (622)
美国友邦保险有限公司北京
分公司 …………………………… (622)
新光海航人寿保险有限责任
公司 ……………………………… (623)
信诚人寿保险有限公司北京
分公司 …………………………… (623)
中荷人寿保险有限公司北京
分公司 …………………………… (623)
中美联泰大都会人寿保险有
限公司北京分公司 ……………… (623)
中航三星人寿保险有限公司 …… (624)
中意人寿保险有限公司北京
分公司 …………………………… (624)
中宏人寿保险有限公司北京
分公司 …………………………… (624)
中英人寿保险有限公司北京
分公司 …………………………… (624)
(5) 保险代理公司 ………………… (625)
(6) 保险经纪公司 ………………… (633)
(7) 保险公估公司 ………………… (641)
(8) 外国保险公司北京代表处 … (643)
5. 其他 …………………………… (649)

(1) 小额贷款公司 …………………… (649)
(2) 信用评级机构 …………………… (650)
(3) 协会、商会、学会 …………… (651)

(二) 机构简介

江苏银行股份有限公司北京分行 ………………………………… (652)
北京银行股份有限公司中关村分行 ……………………………… (652)
宁波银行股份有限公司北京分行 ………………………………… (652)
北京大兴九银村镇银行股份有限公司 ………………………… (653)
北京昌平兆丰村镇银行股份有限公司 ………………………… (653)
北京大兴华夏村镇银行有限责任公司 ………………………… (654)
北京顺义银座村镇银行股份有限公司 ………………………… (654)
蒙特利尔银行(中国)有限公司 …………………………………… (655)
澳大利亚和新西兰银行(中国)有限公司北京分行 ………………………………… (655)
外换银行(中国)有限公司北京分行 ………………………… (656)
美国纽约梅隆银行有限公司北京分行 ………………………… (657)
美国北美信托银行有限公司北京分行 ………………………… (657)
北大方正集团财务有限公司 …… (658)
通用技术集团财务有限责任公司 …………………………………… (658)
中建财务有限公司 ……………… (659)
北银消费金融有限公司 ………… (659)
中诚宝捷思货币经纪有限公司 …………………………………… (660)
宝马汽车金融(中国)有限公司 …………………………………… (660)
东北证券股份有限公司北京分公司 ………………………………… (661)
国盛证券有限责任公司北京分公司 ………………………………… (661)
华泰证券股份有限公司北京分公司 ………………………………… (661)
华创证券有限责任公司北京分公司 ………………………………… (662)
国元证券股份有限公司北京分公司 ………………………………… (662)
中航证券有限公司北京资产管理分公司 ………………………… (662)
齐鲁证券有限公司北京证券资产管理分公司 ………………… (663)
信达财产保险股份有限公司北京分公司 ………………………… (663)
浙商财产保险股份有限公司北京分公司 ………………………… (664)
三井住友海上火灾保险(中国)有限公司 ………………………… (664)
安邦人寿保险股份有限公司 …… (664)
百年人寿保险股份有限公司北京分公司 ………………………… (665)

(三) 协会、商会、学会活动简介

北京市银行业协会 ……………… (665)
北京证券业协会 ………………… (669)
北京保险行业协会 ……………… (672)
北京保险中介行业协会 ………… (674)
北京典当行业协会 ……………… (675)
北京市金融业文化建设协会 …… (677)
北京期货商会 …………………… (678)
北京金融街商会 ………………… (681)
北京 CBD 金融商会 …………… (682)
北京中关村海淀金融

创新商会 ……………………… (685)
北京市金融学会 …………………… (687)
北京市城市金融学会 ……………… (687)
北京市投资学会 …………………… (688)
北京市钱币学会 …………………… (689)
北京市金融工会 …………………… (690)

(四) 2010年度北京市金融系统先进单位、先进个人名录

北京市“全国五一劳动奖章”获得者 ………………………… (692)
北京市“全国工人先锋号”获得单位 ………………………… (692)
北京市“全国五一巾帼标兵岗”获得单位 ……………………… (692)
北京市“全国五一巾帼标兵”获得者 ………………………… (692)
北京市“全国青年文明号”获得单位 ……………………… (692)
北京市“全国金融五一劳动奖章”获得者 …………………… (693)
北京市“全国金融系统优秀工会干部”获得者 ……………… (693)
北京市全国金融系统“创新金融服务，支持经济发展”建功立业竞赛活动金融服务先进集体 …………… (693)
北京市全国金融系统“创新金融服务，支持经济发展”建功立业竞赛活动金融服务能手 …………………… (693)
2006～2010年全国法制宣传教育先进集体 ……………………… (693)
北京市“首都劳动奖状”获得单位 ……………………… (693)
北京市“首都劳动奖章”获得者 ………………………… (693)
北京市“工人先锋号”获得单位 ……………………… (694)

一、形势综述

关于北京市2010年国民经济和社会发展计划执行情况与2011年国民经济和社会发展计划草案的报告

——2011年1月16日在北京市第十三届人民代表大会第四次会议上

北京市发展和改革委员会

各位代表：

受市人民政府委托，现将北京市2010年国民经济和社会发展计划执行情况与2011年国民经济和社会发展计划草案的报告提请市第十三届人大第四次会议审议，并请市政协各位委员提出意见。

一、2010年国民经济和社会发展计划执行情况

2010年是外部环境极其复杂的一年。在党中央、国务院和中共北京市委的坚强领导下，全市上下继续深入实践科学发展观，坚决贯彻落实中央各项宏观调控政策和市第十三届人大第三次会议各项决议，扎实推进人文北京、科技北京、绿色北京战略实施，着力稳增长、调结构、促创新、抓改革、惠民生，国民经济继续朝着宏观调控预期方向发展，各项社会事业加快发展，年度重点任务和主要目标执行有力，为“十一五”规划画上了圆满句号。

（一）经济实现平稳较快发展

经济发展回稳向好。在外部环境急剧变化、经济增速逐季放缓、稳增长任务十分繁重的形势下，着力加强经济综合调控和调度，多措并举，努力增强经济内生增长动力，推动经济由波动下行向稳定增长转变。地区生产总值增长10.2%以上，地方财政一般预算收入增长16.1%，城镇居民人均可支配收入和农村居民人均纯收入分别增长8.7%和10.6%，扣除价格因素后分别实际增长6.2%和8.1%。节能减排取得显著成效，万元地区生产总值能耗在提前一年超额完成“十一五”目标的基础上，又取得了积极进展，经济发展速度、质量和效益的协调性进一步增强。

需求拉动更趋协调。扩大内需取得明显成效，社会消费品零售额实现6 229.3亿元，增长17.3%；全社会固定资产投资规模达到5 493.5亿元，增长13.1%，超额完成年初计划和应对国际金融危机两年1万亿元调控目标，投资结构继续优化，民间投资和产业投资比重提升。外部需求加快恢复，地区进出口总额增长40.3%，其中出口总额达到554.7亿美元，增长14.7%，规模接近国际金融危机前的水平。

市场秩序总体稳定。在保持经济平稳健康运行的同时，针对生活必需品价格上涨较快的新情况，坚决落实国家抑制物价上涨的一系列政策，出台了加强生产、保障流通、规范经营、发放补贴等一揽子稳物价、保供应措施，生活必需品市场保持稳定，低收入群体生活得到保障。居民消费价格指数控制在102.4%。

（二）产业结构进一步调整优化

现代服务业优势不断增强。全市服务业增加值增长9.1%以上，其中租赁商务、信息服务等生产性服务业保持较快增长，新兴金融业态成长良好。软件及服务、动漫网游、文艺演出等文化创意产业发展迅速，成为本市最具活力的支柱产业。北京金融资产交易所、特许经营权交易所、保险交易所、贵金属交易所相继开业，中国国际电子商务示范基地、国家地理信息产业园等一批高端服务项目落地，生产性服务业发展后劲进一步增强。第十届世界旅游旅行大会、首届世界武搏会等一批有影响的品牌活动相继举办，旅游会展业加快发展。

制造业高端化、集约化趋向明显。全市第二产业增加值增长13.6%，其中规模以上工业增加值增长15%，汽车、电子、生物医药等现代制造业增长较快。长安汽车、绿色印刷、曙光超级计算机等一批为长远发展积累势能的高端项目顺利落地，京东方8.5代线、现代第三工厂、中芯国际扩产等重大产业项目开工建设。首钢石景山厂区冶炼、热轧生产能力年内全部停产，43家“三高”企业关闭退出，西部地区区属及以下煤矿全部关停。

农业产业化、规模化、资本化水平不断提高。农业不断向第二、第三产业延伸融合，设施农业、观光休闲农业和沟域经济加快发展，富农效果进一步显现。大北农、碧生源等涉农企业成功上市，农民专业合作社组织化程度继续提升。

（三）自主创新取得明显进展

示范区创新活力进一步释放。集合部委和地方力量统筹编制发布中关村国家自主创新示范区建设三年行动计划和十年规划纲要，国务院同意实行“1+6”系列政策。成立中关村发展集团，研究搭建首都创新资源平台。加强资本与技术对接，推进科技金融创新，成功设立电子信息、生物医药、新能源和环保、高技术服务业4只创投基金，21家中关村企业在创业板上市。深入推动先行先试，股权激励、重大科技专项经费列支间接费用试点范围不断扩大，全年政府采购自主创新产品规模达到51.5亿元。高度重视领军人才队伍建设，实施“千人计划”和“海外人才聚集工程”，建立留学人员创业工作体系。示范区创新活动更加活跃，企业研发支出、专利授权量、新产品销售收入、技术合同成交额增长较快。

重大创新和产业化项目加快实施。加大创新型产业项目引进力度，加快推进创新成果产业化，增强创新驱动力。未来科技城开工建设，中关村科学城建设稳步推进，吸引了41项高端产业项目入驻。蛋白质设施等国家重大科技基础设施和科技重大专项加快建设。中科院、军工集团、大型央企等一大批重大科技成果落地转化，百万亿次超级工业云计算平台建成，本市成为国家高技术服务业、云计算、三网融合试点城市。

（四）区域协调发展加快推进

城市薄弱地区发展提速。城南行动计划实现良好开局，集中力量启动了一批解决长期制约城南发展瓶颈的项目，轨道交通亦庄线等一批基础设施建成运营，国家金融信息大厦等一批高端产业项目陆续入驻，城南地区整体吸引力不断增强，全社会投资增长18.3%。研究制定促进西部地区转型发展的实施意见，积极争取石景山区成为国家服务业综合改革试点，加紧制定首钢搬迁腾退区域发展规划，加快永定河绿色生态发展带建设和西部替代产业发展，西部地区投资增长 20.5%。城乡结合部城市化工程加紧推进，50 个重点村中的 24 个村拆迁任务完成。

新城、重点镇和新农村建设进展加快。着眼于提升新城功能，集中力量全面启动新城滨河森林公园、区域医疗中心、文化中心、体育中心等建设，一批轨道交通、内外路网、再生水厂、垃圾处理、集中供热设施加快推进，新城综合服务功能不断提升。制定《推进小城镇改革发展试点意见》，创新设立北京市小城镇发展基金。42 个重点镇建设规划全面完成，重点镇道路、污水处理、供水等基础设施条件进一步改善。新农村五项基础设施全面完工。

（五）城市服务功能和生态功能显著提升

交通承载能力得到加强。轨道交通线新增运营里程 108 公里，总里程达到 336 公里，比 2005 年增长近 2 倍。蒲黄榆路、阜石路二期、西外大街西延、温榆河大道等城市快速路和主干道建成通车，国道 111 一期等浅山区路网建成，交通枢纽、智能交通加快建设，公共交通出行比例达到 40.1%。继六环路、京承高速全线通车之后，京开高速全线贯通，高速公路通车总里程达到 903 公里，超额实现“十一五”目标。京沪高铁全线铺轨贯通，京石客运专线加快建设。

资源保障能力不断提升。第九水厂应急改造工程建成，南干渠、大宁调蓄水库等南水北调配套工程全面启动。新城再生水厂累计建成 14 座，实现每座新城至少建设一座高品质再生水厂目标。市区和郊区污水处理率分别达到 95% 和 53%，全市再生水利用率达到 60%。天然气输配体系继续完善，陕京三线一期工程全线贯通，六环路管网二期工程基本建成。东南和西南热电中心开工建设，城区大型燃煤锅炉房清洁能源改造工程全面启动。

生态环境建设成效明显。落实第十六阶段控制大气污染措施，淘汰黄标车 5 万辆，各项污染物减排目标超额完成，市区二级和好于二级天数比重达到 78.4%。第一道绿化隔离地区 4 万亩郊野公园建成。南海子郊野公园一期、通州滨河森林公园南区以及 6 处城市休闲森林公园建成开放。全市林木绿化率达到 53%。京津风沙源治理、重点通道绿化、废弃矿山植被恢复、重要地表水源区生态建设继续推进。永定河“四湖”实现成功蓄水，马草河水系、北运河支流河道治理工程加紧实施。开展 600 处垃圾分类试点，鲁家山垃圾分类处理焚烧发电项目开工建设，危险废物处置中心、大屯垃圾转运站投入运营。

（六）社会民生持续改善

就业形势保持稳定。城镇登记失业率控制在 1.37%，城镇新增就业 44.6 万人。建立纯农就业家庭转移就业援助制度，拓展高校毕业生就业渠道，北京生源高校毕业生就业率达 97.6%。开发社区就业岗位 16.8 万个，农村劳动力转移就业 9.6 万人。

社会保障水平明显提高。城镇职工和城乡居民养老保险制度继续完善，待遇水平进一步提高，城乡结合部养老保险制度城乡统筹试点顺利推进。城镇职工医疗保险、“一老一小”和城乡无业居民医疗保险报销比例大幅提高，群众负担进一步减轻。社保卡工程取得明显成效，825 万张社保卡顺利发放，1 779 家定点医疗机构实现了门诊持卡就医、即时结算。全面开展区县公费医疗改革，实现区县公费医疗和职工基本医疗保险制度并轨。将低收入家庭纳入社会救助范围，部分区县实现城乡低保标准并轨，社会保险覆盖面指标全面完成。

各项社会事业扎实推进。着力缓解“入园难”问题，启动3年118所公办幼儿园扩建工程，完成了幼儿园扩班300个，新增1.2万名幼儿接收能力；农村中小学和城区基础教育薄弱校办学条件继续改善；40余万外来务工人员随迁子女接受义务教育权利得到进一步保障；良乡和沙河高教园区、亦庄职教园区建设进展顺利。区域医疗中心加快建设，城乡社区医疗服务站全面建成，双向转诊制度顺利实施，天坛医院迁建、宣武医院改扩建等工程加快推进。实施“九养政策”，惠及全市老年人和残疾人；提高社会办养老机构运营补贴标准并给予建设资金支持，新增养老床位1.6万张。

便民惠民工程加快实施。230个老旧小区老旧热网改造、6万户老楼通气、1.3万户平房“煤改电”、16个老旧小区电网改造试点工程基本完成，高清交互数字电视用户超过130万，居民生活条件进一步改善。政策性住房建设和供应任务超额完成，新建和收购22.5万套，竣工5万套，落实公共租赁房源2.6万套，“三区三片”棚户区搬迁居民1.6万户。坚决落实国家房地产调控政策，房价过快上涨势头得到初步遏制。

（七）改革开放迈出新步伐

顺利实施核心区行政区划调整，推动大兴区和北京经济技术开发区行政资源整合。成立市级固定资产投资审批综合服务大厅。出台并落实深化医药卫生体制改革实施方案，成立首都医药卫生协调委员会，一系列医改惠民举措获得市民普遍欢迎，在部分领域为全国创造了改革经验。成功实施汽车、商业等领域的9个重组项目。完成出版集团、文化艺术音像出版社转企改制，组建北京广播电视台。农村集体资产改制、林权制度改革稳步推进。提高开放型经济发展水平，天竺综合保税区与首都机场货运口岸实现了大通关，推进跨境贸易人民币结算，引导企业开拓海外市场，新增跨国公司地区总部24家，核准境外投资企业266家。推进京津冀晋蒙合作，与周边地区在能源、生态、产业、商贸等领域合作向纵深推进。援建什邡任务圆满完成。

在完成年度计划的同时，围绕“十二五”规划编制，各区县、各部门深入研究新阶段新特征新需求，广集民智，广聚民力，圆满完成了市区两级“十二五”规划纲要和专项规划编制工作，为未来五年首都科学发展描绘了宏伟蓝图。

总体上讲，2010年全市实现了经济高开稳走、结构不断优化、价格基本稳定、民生不断改善的良好局面，但经济发展中仍然存在一些风险和矛盾需要高度警惕。一是经济增长的稳定性还需进一步增强。二是价格总水平上涨压力增大，管理通胀预期任务繁重。三是人口、交通等城市管理问题日益凸显。四是节能减排面临新的挑战和压力。

二、2011年经济社会发展计划初步安排

2011年是“十二五”开局之年；是本市加快转变经济发展方式、以更高的标准实施人文北京、科技北京、绿色北京战略，建设中国特色世界城市的重要之年，并将迎来中国共产党成立90周年，安排好全年国民经济和社会发展计划至关重要。

（一）发展环境及对本市发展的影响

2011年本市保持经济平稳较快发展具有不少有利条件，也面临不少困难和挑战。综合判断，机遇大于挑战，本市仍处于可以大有作为的战略机遇期。

一方面，要珍惜和抓住难得机遇。一是国家综合国力和首都城市影响力进一步提升，为本市寻求多方面、多层次合作、推动产业结构深度调整提供了重要机遇。二是全国和本市在城市化、工业化、信息化以及绿色发展理念日益深入、整体消费不断升级过程中，释放出巨大内部需求，有利于推动供给环节升级，促进发展方式转变。三是把握好世界经济结构进入调整期、科技创新进入孕育期和产业进入转型期的重大机遇，大力度推动中关村国家自主创新示范区建设，有利于在竞争格局中变压力为动力，培育创新优势。四是薄弱地区承载能力不断提高，新的产业格局加速形成，为本市拓展了战略发展空间。五是“十二五”规划的编制和发布，统一了思想，明确了未来发展的目标和路径，有利于凝聚力量，推动首都科学发展。

另一方面，要适应新变化，积极应对。国内外宏观经济形势仍然极其复杂。一是国家宏观调控将实施稳健的货币政策，把稳定价格总水平放在更加突出的位置，给本市投资和项目融资带来一定压力。二是国家汽车消费政策调整给消费带来一定影响，寻找新兴消费热点替代的需求更加迫切。三是加强房地产调控将是宏观调控的长期任务，对调整优化支撑特大型城市发展的投资消费结构、稳定服务业增长提出了更高要求。四是国家新增对二氧化碳排放强度和氮氧化物、氨氮排放总量的考核，本市节能减排面临新的形势和压力。五是全球及国内地区间、园区间围绕市场、资源、人才、技术和制度安排等多层面的竞争更加激烈，进一步培育和巩固本市在高端领域的竞争优势需要付出更大努力。

（二）发展计划安排的总体思路

2011年本市国民经济和社会发展计划安排的总体思路是：以科学发展为主题，以加快转变经济发展方式为主线，全面实施人文北京、科技北京、绿色北京战略，坚持高端引领、创新驱动、绿色发展，着力保持经济平稳较快发展，着力推进自主创新和结构调整，着力完善城市功能，着力保障和改善民生，进一步巩固和扩大应对国际金融危机冲击成果，为“十二五”时期发展开好局、起好步。

在计划安排上重点把握了四个更加注重：

一是更加注重发展动力优化和质量提升。在保持经济平稳较快发展的同时，坚持高端带动、消费拉动、创新驱动，努力培育内生增长动力，努力打造“北京服务”和“北京创造”核心品牌，为经济可持续发展提供强劲支撑。

二是更加注重发展成果共享和民生改善。围绕人民群众最关心、最直接、最现实的利益问题，保障市场供应，稳定价格水平，调整收入分配，改善公共服务，推动成果共享，为转型发展提供坚实保障。

三是更加注重城市功能完善和管理提升。把握特大型城市运行规律，加强制度安排、推动建管并重、强化科技支撑，多措并举，着力解决城市建设运行管理中的突出矛盾和问题，促进城市功能完善和管理服务水平提升，促进城市逐步走向成熟。

四是更加注重城市品牌塑造和软实力提升。在加强硬实力建设的同时，着眼于培育和提升城市软实力，大幅提升城市服务与管理，彰显人文魅力，培育城市精神，扩大城市国际竞争力和影响力。

（三）2011 年经济社会发展主要目标

——地区生产总值增长 8%；社会消费品零售额增长 10% 左右；固定资产投资增长 10% 以上；地区进出口总额持平略增。

——城镇居民人均可支配收入和农民人均纯收入实际增长 7%。

——居民消费价格指数控制在 104% 左右。

——城镇登记失业率控制在 2.5% 以内。

——地方财政一般预算收入增长 9%，财政一般预算支出增长 9.1%。

——单位地区生产总值能耗和二氧化碳排放量下降 3.5%，水耗下降 4%。

——市区空气质量二级和好于二级天数占全年天数的比重力争达到 75%；中心城公共交通出行比例达到 42%；全市林木绿化覆盖率达到 54%。

三、实现 2011 年经济社会发展计划的主要措施

紧紧围绕加快转变经济发展方式，把应对外部环境复杂变化与完善长效机制紧密结合起来，在保持经济平稳较快发展的前提下，逐步解决长期存在的结构性问题，为“十二五”时期开好局、起好步。具体采取以下七方面措施：

（一）坚持调整优化需求结构，保持经济平稳较快发展

以扩大内需为重点，努力扩大消费需求，保持投资适度增长，着力把握好投资、消费在支撑经济发展上相互补充、相互促进、相互协调的作用，进一步增强经济发展的稳定性、协调性。

积极调整消费结构，培育新的消费热点。积极应对汽车消费政策调整和住房结构变化对本市消费市场的影响，更加注重引导消费需求和培育消费替代，推动消费结构优化升级。（1）构建扩大消费的长效机制。按照国家统一部署，稳妥推进收入分配制度改革，继续提高社会保障水平，完善社会救助政策，增强居民消费能力，改善消费预期。（2）注重投资和消费联动。发挥政策性住房消费带动作用，加快配售、配租步伐，弥补商品住房市场调整的影响。（3）巩固传统消费，培育新兴消费。发挥特大型消费城市引领作用，巩固既有消费热点，加大对家电以旧换新的支持力度，鼓励保障性住房、城市化工程改造、中心城对接安置和棚户区改造居民扩大消费。进一步扩大文化消费、老龄消费、健康消费、网络消费等时尚消费和新兴消费。引导产品和服务个性化、定制化细分发展，满足多样化、多层次消费需求。（4）打造消费热点区域。加快特色街区改造，弘扬“京味”品牌，推动商业、旅游服务与文化元素的深度融合，提升特色消费。鼓励连锁经营企业加快向社区发展，完善社区商业综合服务体系。引导大型零售企业、物流企业向郊区连锁发展，扩大新城和农村消费。加快推进重点旅游会展项目建设，增加旅游消费和外来消费。（5）继续优化消费环境。完善商业配套设施，提升信息基础设施，推广刷卡无障碍工程，扩大消费金融规模，积极促进相关信用消费，推进国际商贸中心建设。

优化投资结构，提高投资质量。针对信贷、融资环境等变化，更加注重创新融

资模式，更加注重扩大直接融资，更加注重创造投资落地条件，进一步提高投资对推动结构和布局调整、增强消费能力、改善民生状况的引导和支撑作用。（1）科学安排政府投资。保持政府投资必要合理增长，满足重大项目的资金需求。在领域上要坚持集中力量分阶段解决一批重大问题，处理好政府和市场的关系，重点把政府投资配置到对经济社会发展具有决定作用的领域和环节，优先支持结构调整、自主创新、城市功能完善、民生保障和重点改革，加大对新城、地铁、保障房等领域的投入力度。在时序上要坚持保续保竣优化增量，对新开工项目要量力而行、有序有度。进一步做好重大项目的前期论证，加强政府投资绩效管理，重视项目审批建设与后续运营、养护环节的衔接配套，提高科学决策水平和政府投资使用效益。（2）努力扩大社会投资。发挥政府投资引导带动作用，出台并落实鼓励和引导民间投资健康发展的意见，完善配套政策，引导民间投资为优化产业结构和增加就业多作贡献。安排好全市重点工程计划，加强项目前期准备，创新拆迁推进模式，推动投资尽快落地。发挥好审批服务大厅的作用，进一步精简下放审批权限，优化投资环境。同时还要继续落实工程建设领域突出问题专项治理的各项整改工作，推进规范投资管理、提高资金效益的长效机制建设。（3）调整优化房地产结构。推动房地产建设向政策性住房、承载生产性服务业的商务楼宇、疏解中心城功能用房、新城和城乡结合部城市化建设转移，注重制度设计，租售并重，促进保障性住房体系和商品房体系健康发展。（4）拓宽融资渠道。加强银企、银政对接，将本市金融总部优势转化为扩大融资优势，对符合国家要求的平台通过资本金注入、重组合并等方式优化资本结构，提升融资能力。努力扩大地方债、企业债、集合债发行规模。深化与非银行金融机构的战略合作。引导推动央企、外资、民企、地方资源与区县深度合作，吸引多方资金参与开发建设。继续采用 BT、BOT、融资租赁等模式吸引社会资金进入市政基础设施建设领域。对有稳定现金流的市政公用事业，加快探索利用收益权质押、股权质押、资产证券化等模式解决发展资金问题。完善企业上市联动机制，扩大资本市场直接融资。

稳定出口需求，优化外贸结构。利用国际资源、掌控先进技术和管理，努力拓宽国际经济合作途径。（1）鼓励企业增加自主品牌、附加值率和科技含量高的产品出口，扩大高科技产品、先进技术和关键零部件进口。推进服务外包示范区建设和跨境贸易人民币结算试点，加快服务贸易发展。支持北京经济技术开发区、天竺综合保税区、平谷陆港口岸建设，优化外贸环境。（2）进一步优化利用外资结构，更加注重引进外资向引进技术、管理和人才转变。完善支持企业“走出去”的各项政策，为企业提供法律、商务、谈判等高端服务，健全境外风险防控机制，积极扩大对外投资。

（二）坚持创新驱动和结构调整，提升发展核心竞争力

推动体制机制创新和科技成果转化，进一步强化首都服务经济、总部经济、知识经济和绿色经济特征，塑造“北京服务”和“北京创造”品牌，增强核心竞争力和可持续发展能力。

加快中关村国家自主创新示范区建设。（1）强化政策措施的引导和落实。

实施中关村国家自主创新示范区条例和发展纲要，落实高新技术企业认定、研发经费加计扣除、教育经费列支、缓征股权激励个人所得税等优惠政策。（2）加快先行先试改革。逐步扩大科技重大专项经费列支间接费用试点范围。探索在中关村示范区开展科技成果处置权和收益权改革、科研经费分配管理体制改革。扩展政府采购自主创新产品的适用领域和规模，全年完成采购总量60亿元。（3）加快建设中关村人才特区。集成高端人才政策资源，制订人才引进目录，营造优良人才环境。（4）鼓励创新型企业做大做强。实施“十百千工程”，选择行业骨干企业重点扶持。推进百家创新型企业试点及“专、特、精、新”小巨人企业培育。（5）完善科技金融服务体系。采取资本金注入、跟进投资等形式支持企业技术改造、自主研发及产业化。高水平运作电子信息、生物医药、新能源和环保、高技术服务业创投基金，积极争取软件和信息服务业、新材料两只创投基金落地，研究建立战略性新兴产业创业投资引导基金。深化中关村代办股份转让试点，为企业连通资本市场搭建平台。引导企业用好募集资金，规范管理，加速成长，增强企业创新活力和竞争发展潜能。

加快创新成果产业化步伐。（1）加快创新资源集聚。完善首都创新资源平台各项机制，推动重大科技成果转化和产业化。吸引国外大型企业、知名实验室设立研发机构，支持民营企业、新型产业组织参与国家创新计划。（2）加快关键核心技术突破。有针对性地引导科技创新资源向有利于提升城市运行管理、发挥现实作用的领域加快配置，支持购买有市场基础的药品等专利技术，加快引进、吸收、再创新步伐，丰富技术储备，开展对后3G移动通信、超级计算、新能源汽车等领域核心技术的集中攻关。（3）加快一批创新成果转化。安排100亿元重大科技成果转化和产业项目统筹资金，实施20个以上示范应用项目和20项重大科技成果产业化工程。重点推进绿色印刷、龙芯产业园、中低速磁悬浮S1线、CBTC研发中心、航空遥感等重大项目建设。

加快调整优化产业结构。（1）加快服务业转型升级。推进市级文化创意产业集聚区的资源整合和功能提升，提高产业规模化、集约化、专业化水平。实施重大项目带动战略，重点推进通州文化主题公园、中国音乐产业基地等重大项目建设。加强文化交流和要素市场建设，积极引导各类设计元素集聚，加快“设计之都”建设，推进文化产权交易所的有关工作，办好首届北京国际电影季等重大活动，扩大文化影响力。把旅游业作为支柱产业加快发展，吸引国内外大型企业参与本市旅游资源开发，建设园博园、古北水镇、房山世界地质公园等重点项目，办好亚太旅游协会成立60周年庆典暨年会活动。在加快发展生产性服务业的同时，鼓励发展医疗保健、养老等新兴生活服务业。推进国家和市级服务业综合改革试点区建设。（2）推动制造业高端化、融合化发展。把加快改造提升传统制造业作为重点，通过引进先进技术、嫁接创新成果，促进工业化和信息化融合，提高科技含量和附加值率。继续巩固和发挥现代制造业的支撑地位和作用，加快产业链向研发设计和市场销售服务双向延伸，提高核心控制力和竞争力。研究出台本市加快培育和发展战略性新兴产业的意见，重点推进中核科技园、极大规模集成电路、云计算产业基地等战略性新兴产业项目建设。（3）推动都市型现代农业发展。在发挥首都农业的生态休闲、科技示范作用基础上，强化生活必需品应急保障功能。促进农业与二、三产业融合，推动国家现代农业科技城、农业生态谷等现代化农业项目的落实，大力发展乡村旅游和沟域经济，推动涉农龙头企业专业化、规模化、集约化、资本化发展。

加快构筑“两城两带六高四新”产业新格局。推进中关村科学城和未来科技城规划编制，加强基础配套，支持重点项目建设。加快北部研发服务和高新技术产业带以及南部高技术制造业和战略性新兴产业发展带的业态聚集和要素流入。提升六大高端产业功能区综合服务功能和管理水平，加快金融街、CBD、北京经济技术开发区拓展步伐，提高产业承载力。培育通州高端商务服务区、新首钢高端产业综合服务区、丽泽金融商务区、怀柔文化科技高端产业新区等产业功能新区。

（三）坚持完善城市功能，提升城市服务管理水平

着眼于完善城市功能，提高服务和管理水平，集中力量逐步解决城市发展中的突出矛盾和问题，不断增强城市服务生活、承载发展的能力和水平。

加强交通综合整治和能力建设。（1）积极稳妥实施缓解交通拥堵工作方案，争取社会配合，务求取得实效。优先发展中心城区轨道交通，加快6号线、S1线、8号线二期等轨道交通建设，争取中心城两条新线分段开通。研究建设中心城地下交通干道，开工东西二环地下隧道。加快微循环建设，加密中心城路网，逐步消除断头路。加强换乘和停车设施建设，提高地面交通和地下轨道交通的换乘效率。建成智能交通管理系统三期，提高智能调度水平。更加重视运用信息技术和价格引导手段，加强机动车需求侧管理，缓解中心城交通压力。（2）继续完善高速公路网。建成通车京包高速（五环－六环），加快建设京石二通道，开工建设京台高速。（3）加快城际铁路建设。推进京沪、京石高铁加快建设，开工建设京沈、京张等城际铁路。

提高能源资源供给保障能力。加快建设大宁水库、南干渠工程，启动东干渠、东水西调改造、团城湖调节池等工程，开工建设第十水厂、郭公庄、石景山、大兴黄村、通州等水厂工程，加大对水资源的保护和补偿力度，实施水源保护区工程。加快重点新城、重点区域输变电工程建设，提高电网可靠性。加快推进陕京四线及大唐煤制气管线建设，提高外部气源保障能力。建成东南热电中心，启动东北、西北热电中心建设，试点推进重点镇集中供热工程。加强能源经济运行调节，确保城市能源安全。

提升城市服务和管理水平。（1）完善人口综合调控机制。认真落实中央关于特大城市加强和改进人口管理的要求，以加快转变经济发展方式和完善人口管理服务制度为着力点，综合运用经济、法律、行政等手段，提升流动人口服务与管理水平，努力遏制人口总量过快无序增长，积极引导人口合理分布，疏解中心城功能。积极借鉴国内外成功经验，加强人口资源环境协调发展研究，探索特大型城市发展规律，推动首都可持续发展。（2）消除城市安全隐患。新建改造城市供水管线800公里、排水管线200公里，改造老旧供热管线400公里。积极推进电力架空线入地工程，加快老旧小区电网配电设施改

造。加强地下空间管理，消除安全隐患。完善突发性地质灾害预警预报体系，提高城市抗灾能力。（3）促进城市管理效能整体提升。加大城市管理信息化建设投入，强化科技支撑，促进城市管理数字化，探索物联网在城市管理领域的应用，推动城市深度管理和精细化管理。（4）加强和创新社会服务管理。推广村庄社区化管理经验，推进社区规范化建设试点，试行社区基本公共服务指导目录。推进枢纽型社会组织和社会工作者队伍建设。健全重大工程和重大决策社会稳定风险评估机制，营造安定、有序、健康的社会秩序。

（四）坚持优化城市布局，释放区域发展活力

加强城市薄弱地区、新城和重点镇建设，优化城市布局和形态，增强区域发展的协调性。

振兴城市发展薄弱地区。（1）加强中心城区薄弱领域建设。重视旧城区交通、垃圾处理、电力、供暖、上下水等关系民生的基础设施建设，改善人民生活生产条件。加强文物院落的腾退和保护，落实对接房源，加快疏解中心城区人口。高度重视核心区古都风貌和历史文化遗产保护，加强非物质文化遗产抢救和传承。（2）深入推进“城南行动计划”。提速城南各项基础设施、生态环境、公共服务和重大产业项目建设。做好前期工作，为北京新机场开工创造条件。加快建设马家堡西路南延、京良路、万寿路南延、梅市口路西延等通道，开工建设长兴路等主干路以及南中轴森林公园、南海子郊野公园二期等环境项目。（3）促进西部地区发展转型。出台并落实促进西部转型发展实施意见，打造“一核两区三带”发展格局，加快一批基础设施、生态环境和重大产业项目建设，提升产业承载功能。（4）扎实推进城乡结合部城市化工程。基本完成50个重点村拆迁任务，加快公共设施和服务管理延伸覆盖。

加强新城、重点镇和新农村建设。（1）分类推进新城建设。聚焦通州，高起点谋划建设北京通州现代化国际新城。重点提升顺义、亦庄—大兴、昌平、房山等发展新区新城人口和产业承载能力。加快改善门头沟、延庆、怀柔、密云、平谷等生态涵养区新城基础设施和公共服务条件。重点实施密云西统路、怀柔111国道二期等高速公路联络线和浅山区路网外部通道建设，加快建设通州潞苑南大街、大兴兴华大街、房山东环路、昌平南环南路等新城路网，抓好滨河森林公园、高品质再生水厂、集中供热、区域医疗中心等项目建设。建成天然气怀密线，实现除延庆外全部新城接通管道天然气。（2）积极推进小城镇和新农村建设。坚持分类发展和特色发展，用好小城镇发展基金，支持小城镇特色产业、基础设施、公共服务和生态环境建设，提高小城镇发展水平。推动新型农村社区试点，在“5+3工程”基础上，完善新农村基础设施建设长效运行机制。

（五）坚持绿色发展理念，提高首都生态文明水平

全面实施“绿色北京”战略，健全约束激励机制，提高排放处理能力，构建绿色生产方式和消费模式，增强可持续发展能力。

提升城市污染物排放处理能力。（1）持续改善空气质量。落实清洁空气行动五年计划，加快能源结构清洁低碳转型，推进中心城区大型燃煤热电厂、大型燃煤锅

炉天然气替代，加强中心城餐饮油烟等低空面源污染治理，综合防控各类大气污染物。（2）科学处理垃圾。坚持源头减量与末端治理并举，年末生活垃圾资源化率达到44%；加快推动鲁家山垃圾分类处理焚烧发电项目、高安屯焚烧厂二期建设；完善垃圾处理区县责任制度，建设一批区县垃圾处理设施；推动建筑垃圾的减量化和综合利用。（3）提高污水资源化处理能力。完成卢沟桥、吴家村、北小河等一批污水处理厂升级改造，加快清河、酒仙桥、高碑店、小红门等污水处理厂升级改造步伐。建成大兴黄村、房山城关再生水厂，启动丰台河西、怀柔雁栖湖等再生水厂工程。

提升城市生态休闲功能。（1）进一步完善城市森林格局。继续推进“森林进城”和“公园下乡”，新建成3～4处新城滨河森林公园，推动中心城城市休闲森林公园建设，大力实施立体绿化，试点推动露天停车场绿化。启动第二道绿化隔离地区提质增效工程。大力推进京津风沙源治理、关停废弃矿山植被恢复、野鸭湖和汉石桥湿地等重点生态工程建设。（2）统筹实施永定河、北运河、潮白河三大流域水系综合治理，开工建设园博湖工程，提升美化水环境。

完善节能减排长效机制。（1）严格落实国家各项节能减排指标。把二氧化碳、氮氧化物、氨氮减排作为约束性指标，细化落实措施，确保各项指标达到国家要求。（2）健全绿色发展体制机制。按照可计量、可分解、可考核的原则，积极推进建筑等重点领域能耗统计和循环经济统计试点。加快研究制定重点行业能耗定额和单位产品能耗标准，健全节能环保产品推广激励机制和落后产能退出机制，修订本市产业指导目录，提高准入标准。完善落实能源利用状况报告、能源审计和合同能源管理制度，强化重大项目节能评估和环境影响评价。健全节能减排考核机制，增强区县、行业和重点单位节能减排的自主性。推动节能量交易试点，力争完成首单交易。（3）深入推进节能工程。加大投入力度，推进建筑、交通、工业、商业和公共机构节能改造，加快推进供热计量改造。开展重点领域、重点行业的企业清洁生产审核，制定服务业清洁生产审核标准。继续扩大阶梯水价和阶梯电价的试点规模，强化电力需求侧管理。引导循环经济做大做强规模，支持一批示范项目。加快以太阳能为重点的新能源和可再生能源开发利用。积极推进新城和重点功能区低碳试点建设，申报国家绿色消费试点城市。（4）积极应对气候变化。编制温室气体排放清单，完善统计和监测体系。规范应对气候变化领域国际合作管理，加强重点领域适应气候变化能力建设。

（六）坚持保障和改善民生，提高人民生活水平

紧紧贴近社会和市民新需求，提升民生保障、社会服务和管理水平。

确保攸关民生的生活必需品市场稳定。把稳定价格总水平放在更加突出的位置，提高对价格形势变化的敏感性，在加强市场价格监测的同时，做好与城乡居民收入实际增速、生活必需品保障、低收入群体生活、企业经营、城市运行等方面的关联分析，及时启动相关补贴联动机制，保障困难群体生活，研究制定价格突发事件应对预案，维护社会和谐稳定。启动新一轮菜篮子工程建设，新增基本菜田5万亩。加快流通体系建设，强化货源供应，

完善鲜活农产品绿色通道和城市配送体系，畅通运输分流渠道。推进农副产品批发市场升级改造，提升批发市场资源掌控和配置能力。提倡“农超对接”、“农餐对接”，合理布局社区菜市场，推动批发市场与社区菜市场“场店对接”，降低中间成本。做好监测预警，完善政府储备，打击价格违法行为，保障市场总体稳定，保障群众基本生活。

努力帮扶困难群体就业。加强城镇失业人员、农转非人员就业培训。开发社区公益和生态管护岗位，安置城镇化和城中村改造中的农民就业。做好矿山关闭地区和首钢搬迁地区人员、高校毕业生、纯农就业家庭就业促进工作。

加快社保制度城乡统筹。完善城乡居民与职工养老保险的衔接政策。初步完成新型农村合作医疗、无业居民医疗保险、“一老一小”医疗保险制度的整合，完善城镇居民基本医疗保险办法。落实已经出台的提高社会保障待遇标准的各项工作，启动城乡无保障老年人福利养老金调整机制，不断完善社会救助体系，健全与经济发展和物价水平相适应的救助标准动态调整机制。

提高公共服务能力。加大学前教育统筹规划和投入。完成中小学校舍安全工程三年建设任务。加快亦庄职教园区、18个职教实训基地、沙河和良乡高教园区建设进度。积极推进天坛医院迁建、区域医疗中心建设。加快重大公共文化设施、基层文化体育设施、惠民工程建设，推动单位内部文化体育资源向社会开放。深入开展全民健身行动，大力发展健康产业，倡导文明健康生活方式，建设健康城市。继续推进实施能源安居工程，改善提升城乡居民生活品质。营造全社会关心关爱老年人和残疾人的氛围，系统谋划和推动养老及无障碍设施建设，改善服务环境。

加快政策性住房建设。强化政府责任，加强土地、财税、金融等政策协调，多渠道增加资金投入，加快政策性住房建设步伐，确保新建和收购20万套，争取竣工10万套。完善政策性住房回购、退出、监管、物业管理等配套政策。加快三区三片棚户区改造，改善当地人民群众的生活条件。

（七）坚持改革攻坚，为科学发展提供有力保障

着眼重点领域和关键环节，积极推动符合科学发展要求的体制机制改革。（1）创新政府服务管理。继续深化行政审批制度改革，推动管理重心下移，创新重点区域管理体制和运行机制，继续大力推动投融资体制改革。（2）促进非公经济健康发展，继续优化中小企业发展环境，落实促进中小企业发展若干意见的本市实施意见。加快国有经济战略性调整，推动国有资产市场化重组和深层次整合，加快经营性国有资产证券化。（3）继续理顺资源价格形成机制，研究环保收费制度和差别化价格政策。（4）加快民生领域改革。按照国家确定的改革目标、步骤、方法，研究制定本市收入分配改革方案。继续完善增加农民转移性收入的制度安排，同时积极探索使农民从财产性收入中获得稳定收益的渠道和方式，进一步缩小城乡居民收入差距。落实好医药卫生体制改革年度任务，力争在强化基层医疗卫生机构能力建设、公立医院改革试点，健全联动补偿机制方面取得突破性进展。加快公共服务领域改革，实现提供主体和提供方式多元化。（5）完善城乡一体化发展的体制机

制。继续深化城乡结合部综合配套改革，推动农村金融、集体建设用地流转改革，完成集体林权主体改革任务，新完成1 230个农村集体经济产权制度改革任务，力争使村级集体经济组织改革累计完成90%。

各位代表：在“十二五”开局之年，我们要全面贯彻党的十七届五中全会和中央经济工作会议精神，坚决贯彻中央的决策部署，在中共北京市委领导下，在市人大的监督支持下，在新的历史起点上，紧抓机遇，求真务实，努力促进首都经济社会又好又快发展，开创“十二五”时期新的篇章。

北京市货币信贷政策执行情况

2010 年，北京市货币信贷运行总体保持健康平稳，支持首都经济社会又好又快发展。截至年末，北京辖内金融机构（含外资，下同）本外币各项存款余额 66 584.6亿元，同比增长 16.9%，比上年回落 10.6 个百分点。本外币各项贷款余额 36 479.6 亿元，同比增长 17.5%，比上年回落 17.5 个百分点，比 2008 年高 0.8 个百分点。

北京市存款增长总体稳定，人民币存款增速有所回落，企业支付能力保持良好；受人民币升值预期进一步增强，微观经济主体持有美元等外币意愿下降，外币存款持续负增长。截至年末，人民币各项存款余额 64 453.9 亿元，同比增长 18.8%，比上年回落 10.1 个百分点；比年初增加 10 183.9 亿元，同比少增 1 859.1 亿元。其中，企业存款余额 31 281.2亿元，同比增长 18.4%；比年初增加 4 638.7 亿元，比近五年平均新增规模高 2 685.2 亿元，显示出企业具有较强的资金调度能力，支付能力较好。储蓄存款余额 17 003.1 亿元，同比增长 15.9%；比年初增加 2 331 亿元，同比少增 385.8 亿元。储蓄存款增幅虽同比回落，但理财产品销售大幅增长，居民主动理财意识增强。

北京市贷款总量适度、节奏合理、结构优化。截至年末，北京辖内金融机构人民币各项贷款余额 29 563.8 亿元，同比增长 16.3%，比上年回落 10.9 个百分点，比 2008 年高 3.2 个百分点；比年初增加 4 143.5 亿元，比近五年平均投放规模高 924 亿元。外汇贷款增长平稳，外汇贷款余额 1 044.3 亿美元，同比增长 26.6%；比年初增加 219.6 亿美元，比上年少增 162.4 亿美元。从人民币贷款投放节奏看，第一、第二、第三、第四季度分别投放 1 339.9 亿元、736.1 亿元、764.6 亿元和 1 302.9 亿元，呈“U”形走势。受国家和北京市加快项目建设进程的影响，第四季度贷款投放有所加快。中长期贷款保持较快增长，短期贷款增长乏力，票据融资持续负增长，表明金融机构在信贷投放趋紧背景下，通过压缩票据融资以增加一般性贷款的规模。贷款结构进一步优化，信贷支持经济的效率提升，年末北京市现代服务业贷款余额 4 938.3 亿元，同比增长 26.5%；全年累放贷款 3 964.7 亿元，同比增长 29.6%，比年初新增 1 035.1亿元，全年贷款增速保持平稳较快态势。年末文化创意产业贷款余额 240.7 亿元，同比增长 36.6%；累计发放贷款 237 亿元，同比增长 112.9%。年末高新技术企业贷款余额 490.7 亿元，比上年同期增长 37.3%；累计发放高新技术企业贷款1 029 亿元，比上年同期增长 219.1%。中小企业、民生领域等社会薄弱环节的贷款快速增长。年末辖内中外资银行中小企业人民币贷款（不含票据融资）余额 7 282.1 亿元，同比增长 25.5%，在企业贷款中的比重为 34.3%，比上年提高 2.3 个百分点；其中，小型企业人民币贷款余额 1 901.8 亿元，同比增长23.8%，占中小企业人民币贷款余额的26.1%。年末小额担保贷款余额7 824万元，同比增长65%。年末涉农贷款余额1 162.7亿元，同比增长42.3%。

2010年，在人民银行总行适度宽松货币政策及各项信贷政策的指导下，人民银行营业管理部结合北京市经济金融运行的内在规律，把握好政策实施的力度、节奏、重点，增强针对性和灵活性，处理好保持经济平稳较快发展、调整经济结构、管理通胀预期的关系，引导辖内金融机构信贷投放总量适度、节奏平稳、结构优化，建立既符合总行要求、又契合首都经济社会发展需要的工作机制，支持首都经济又好又快发展。

一、创新工作手段，提高货币政策传导效率

（一）努力增强货币信贷工作的针对性、灵活性和有效性

年初制定《营业管理部信贷指导工作方案》，成立信贷指导工作领导小组，及时建立金融机构贷款按旬监测制度、贷款投放规模预估制度，适时约见地方法人金融机构谈话，多次召开辖内金融机构指导会，全面准确地传达继续实施适度宽松货币政策的有关要求，引导银行信贷合理均衡投放。年末，根据金融机构上报信贷投放预估数据情况，及时修订相关报表并及时下发辖内金融机构。

（二）继续加强货币政策的窗口指导和舆论宣传

四次组织召开辖内银行经济金融形势分析例会暨季度窗口指导会，召开人民银行营业管理部情况通报会，通过多个层面及时向市政府、金融系统和有关方面传达人民银行工作会议精神，特别是温家宝总理的重要指示精神。此外，印制近千册《2009年北京市金融运行报告》、《2009年中国区域金融运行报告——北京分报告》、《2010年第一、二、三季度北京市金融运行报告》，分送相关政府部门、辖内金融机构。在《北京日报》等媒体刊发形势分析新闻稿，宣传适度宽松货币政策积极成效，通过多种形式宣传解释货币信贷政策意图和积极效果，合理引导社会各界预期。

（三）积极引导金融机构保证重点建设项目贷款需要

与北京市发改委协商，及时取得2010年北京市重点项目名录，于3月向辖内各中资银行下发《关于金融支持北京市2010年重点建设项目有关事宜的通知》。同时出台《关于做好2010年辖内信贷工作促进首都经济平稳较快发展的指导意见》，指导辖内银行有重点、有目标地做好信贷工作。

（四）深入开展经济金融形势分析工作

制定了《中国人民银行营业管理部货币信贷政策季度分析工作制度》，进一步完善分析工作机制。按照人民银行总行部署完成了2009年区域金融运行报告撰写工作。从上半年开始，根据受众对象不同，分别向人民银行总行和北京市政府上报《季度形势分析报告》；同时向金融机构印发，对金融机构的信贷工作进行指导。继续密切与总部企业的沟通联系，深入开展总部企业问卷调查分析。

二、创新信贷政策实施手段，支持首都经济发展方式转变和城乡统筹发展

（一）完善科技金融政策支持体系，引导银行加快建设适合科技型小企业的信贷机制

年初制定《2010年科技金融工作方

案》，积极支持中关村国家自主创新示范区建设。鼓励银行利用示范区核心区的“先行先试”政策，大力开展科技金融创新试点，大力探索为科技企业服务的新机制、新业务和新产品。完成2009年度信贷政策导向效果评估工作，召开了总结表彰大会，增强信贷政策的约束力和导向力。6月下旬联合北京银监局、市金融局、市经信委召开了“辖内银行机构小企业信贷机制建设工作会议”，推动辖内银行加大信贷机制创新，缓解小企业尤其是科技型小企业融资瓶颈制约。9月，主导开发并联合市金融局等6部门共同推出了基于互联网的“北京市中小企业金融服务平台”。该平台汇集了政府部门的政策信息、银行的产品信息和中介机构的服务信息，既有利于各家银行及时了解北京市中小企业金融服务政策措施，又方便了中小企业及时获得所需的金融服务资讯。10月，联合北京银监局、市金融局、市经信委等部门联合出台了《关于加强辖内银行业金融机构小企业信贷工作的指导意见》，提升金融服务北京市小企业发展的水平和效率。此外，还组织编印了《北京市中小企业信贷创新产品汇编（2010版）》，收录了167种创新产品，促进辖内银行业务交流，鼓励各银行开展中小企业产品创新。

（二）贯彻落实九部委指导意见，推动文化创意产业金融发展

年初制定《2010年文化金融工作安排》，及时了解辖内金融机构落实人民银行等九部委联合出台的《关于金融支持文化产业振兴和发展繁荣的指导意见》的现状及工作中遇到的问题，通过走访北京市文化创意产业促进中心、宣武区发改委等政府部门，召开商业银行文化产业信贷业务座谈会，与市金融局等政府部门联合印发文化创意产业金融专营机构指导意见等方式，推动金融业与文化创意产业形成契合点。11月，联合北京市金融局、市文化创意产业促进中心共同召开了金融服务北京文化创意企业推进工作会，会议现场举行了部分银行代表与文化企业的集中授信签约仪式，合计授信金额130亿元。以《金融专报》向人民银行总行和市委、市政府上报《推动金融支持文化产业振兴的调研报告》，提出相关政策建议，为人民银行总行和市领导决策提供参考。

（三）深入分析房地产市场形势，有效贯彻落实房地产金融调控政策

继续开展住房贷款及租赁住房调研工作，深入了解住房贷款需求与风险状况，认真做好房地产市场及房地产金融形势分析工作。召开辖内房地产联席会议，加强与北京市住建委、国土局等单位和房地产中介机构的沟通协调，完善对商业银行的引导，形成信贷政策与产业政策的合力。密切关注“国十条”和“京十二条”等房地产新政策对首都房地产市场和房地产信贷市场的影响，及时监测调控政策实施效果。

（四）推动首都城乡一体化建设，助解“城中村”改造融资难题

年初在实地调研的基础上，联合市农委、北京银监局等单位出台《关于金融支持首都率先形成城乡一体化发展新格局的指导意见》，多次通过北京电视台、《金融时报》、《参考消息—北京参考》等权威媒体对首都金融服务“三农”和城乡一体化的新机制、新产品进行宣传报道，增强金融支农工作影响力。积极引导金融机构发挥资金支持作用，不断探索、

创新符合“城中村”改造、建设融资及偿还特点的信贷模式，并以金融专报形式向市委、市政府领导建议创建“分类安排、全市统筹”的“城中村”改造融资模式，获得了市领导高度重视，就此召开专题会议予以协调落实。

（五）继续加大对民生金融的支持力度，促进首都经济社会协调发展

2010 年初联合相关政府部门推动北京市发放了首笔劳动密集型小额担保贷款，大力探索支持大学生“村官”创业的金融服务政策，积极与市教委共商解决国家助学贷款工作中存在的问题。由于人民银行营业管理部在高新技术产业、文化创意产业、中小企业等信贷政策方面措施得力、导向效果明显，2010 年 6 月中旬、10 月《金融时报》进行专访。

三、深入推进利率汇率监测分析工作，促进金融机构完善定价机制建设

（一）丰富利率监测体系，加强常规利率分析工作

下发了《关于修订北京地区金融机构利率监测报表有关事宜的通知》，确保各类利率监测数据报送工作的及时性和准确性。收集整理辖内金融机构利率报表约 9 000 份，维护利率监测常用时间序列库 14 个，每月以《利率简报》的形式向辖内金融机构发布各类利率数据。将小额贷款公司和村镇银行纳入利率监测体系，开发小额贷款公司利率数据汇总程序。新增 6 类利率监测报表，监测体系进一步完善。推动利率监测工作由管理向管理与服务并重转变，加强了与辖内金融机构利率数据的共建互享。

（二）及时反馈货币政策执行效果，强化利率管理和指导职能

每季向辖内金融机构下发利率政策实施情况。推进落实房地产信贷利率政策，通过会议、调研等多种方式引导银行贯彻落实差别化住房信贷政策。撰写的《人民银行营业管理部积极引导北京辖内商业银行贯彻落实差别化住房信贷政策》报告以行领导专报形式报送人民银行总行，在《金融时报》上刊出后引起广泛关注。及时传达人民银行总行利率政策，转发《中国人民银行关于上调金融机构人民币存贷款基准利率的通知》，将辖内各界对加息的反馈情况快速上报人民银行总行，同时落实存贷款基准利率确定方式改革，敦促辖内银行完善计结息规则。持续关注银行利率定价机制建设情况，撰写的《利率定价在货币政策传导中发挥积极作用》专题报告以《金融专报》形式上报人民银行总行领导，撰写了《北京辖内银行机构 FTP 定价机制建设的调研报告》，并向辖内银行发文通报。妥善做好民族贸易和民族特需商品生产贷款优惠利率的相关工作。

（三）加强汇率相关监测，及时反映汇改情况

密切监测国际金融危机对北京市的影响。按月完成《汇率监测月报》，把握主要币种的汇率走势，并不断充实完善人民币汇率中间价、主要外币 Libor 走势等时间序列库。赴出口企业现场了解相关情况，并按季度完成了辖内企业汇率承受力报告。6 月末快速调查各方对于汇改的反应，参与撰写了《北京各界对人民银行进一步推进汇率形成机制改革的反馈》，并持续对汇率改革进行舆情监测。

四、不断完善金融市场管理，持续改进金融市场服务

（一）严格银行间市场准入管理

按照操作规程和行政许可法的要求，

做好金融机构申请进入全国银行间同业拆借市场和债券市场的初审和备案等金融市场日常管理工作。对超过规定期限备案的金融机构及时进行约见谈话，要求其说明超期限备案原因并进行整改。约见银行相关部门管理人员，进一步规范债券市场准入备案工作，为辖内金融机构进入全国银行间债券市场出具备案通知书。为蒙特利尔银行（中国）有限公司申请进入全国银行间同业拆借市场进行初审工作，经人民银行上海总部金融市场管理部审批后批复至该银行。

（二）完善金融市场日常监测与管理

根据商业银行个人理财产品、金融衍生产品、信托理财产品、其他金融理财产品监测信息，及时撰写分析报告并印发辖内银行参考。根据货币市场利率变化，及时建立了货币市场利率监测周报制度。进一步加强对北京地区金融市场业务管理，向辖内金融机构下发《关于加强北京地区金融市场管理工作的补充通知》。根据人民银行营业管理部统一部署，对建设银行北京市分行、浦发银行北京分行和北京农村商业银行开展综合执法检查。

（三）帮助金融机构及时了解创新业务和监管要求

7月初，召开辖内金融市场管理工作会议暨金融市场业务培训班，邀请人民银行总行金融市场司、国家外汇管理局、交易商协会的有关领导和专家就人民币汇率改革、我国场外金融衍生品发展和监管、银行间债券市场发展和创新、中小企业集合票据等内容对辖内87家金融机构约140名从业人员进行培训。

（四）协助银行间市场交易商协会调查拟发债企业的有关情况

根据交易商协会的来函要求，协助其调查了解拟在银行间债券市场发行中期票据和短期融资券的北京经济技术开发总公司、北京建龙重工集团公司有关情况，为交易商协会判断两家企业的生产经营、信用风险、合规性等情况提供决策支持。

（五）开展黄金知识宣传

为帮助投资者了解黄金知识，防范黄金投资风险，收集整理辖内商业银行的黄金投资品种，通过加工整理制作成宣传手册，发放给黄金市场投资者。

（六）积极开展金融市场业务调研分析

为了解辖内金融机构金融市场业务开展情况及存在问题，推动金融市场业务健康发展，先后开展对辖区商业银行、信托公司、外资银行、结算代理银行的调研，并撰写《银信合作理财业务快速增长对信贷调控产生不利影响　监管部门全面叫停》、《北京外资银行银行间市场业务开展情况、问题及建议》、《国有商业银行资金紧张推动货币市场利率连续多日上扬值得关注》等多篇调研报告。

五、认真做好货币政策工具管理工作，不断完善流动性监测制度

（一）认真做好货币政策工具管理与操作

通过办理回购式再贴现业务向金融机构提供流动性支持。继续妥善做好金融稳定再贷款的发放和收回工作，密切关注并及时上报2010年以来5次上调存款准备金率的政策效果，及时监测辖内法人金融机构流动性状况。召开财务公司负责人会议，重申存款准备金政策的管理。就欠缴存款准备金违规行为金融机构进行处理。

（二）继续推动北京农村商业银行改革

在北京农村商业银行24.2亿元的专

项中央银行票据兑付后继续密切关注其改革发展情况，三次对人民银行总行的监测指导意见提出修改建议，持续跟踪监测北京农村商业银行公司治理和日常经营变化情况，按季上报改革进展情况。印发《关于进一步加强北京农村商业银行“三农”金融服务工作的意见》情况，督促该行改制不改向，加快涉农业务发展。对专项中央银行票据兑付履职情况进行自查，并制定专项中央银行票据兑付后续监测考核实施细则。

（三）推动票据市场规范发展

根据人民银行总行要求积极在北京辖内推广商业汇票转贴现标准合同文本，召开相关工作会，推动辖内60家金融机构同意使用转贴现标准合同文本，有力促进票据市场规范发展。按季度对票据市场运行情况进行监测分析，及时上报票据业务调研报告。

六、深入开展调查研究和政务信息工作，促进各项业务工作顺利推进

围绕首都产业特点开展特色研究，《北京银行“创意贷”探索出金融支持文化创意产业发展新模式》被中央办公厅、国务院办公厅信息刊物采用，多篇房地产信息被上级领导部门采用。围绕经济金融形势变化开展热点研究，《当前首都经济运行需要关注的三大问题》等多篇信息被上级领导部门采用。

（雷晓阳　李海辉　项银涛）

北京市金融运行报告

中国人民银行营业管理部　货币政策分析小组

一、金融运行情况

2010年，北京市金融机构认真贯彻落实国家各项宏观调控政策，金融运行总体平稳，金融机构改革继续稳步推进，金融服务水平显著提高，金融生态环境建设取得新成效。

（一）银行业发展势头良好，信贷投放符合金融宏观调控方向

2010年，北京市银行业认真贯彻落实适度宽松的货币政策，信贷投放总量适度、结构优化，契合首都经济发展需要。

1. 银行类金融机构发展势头良好，规模与效益同步提升。2010年，北京市银行类金融机构资产规模持续扩大，年末资产总额同比增长17.4%；利润创近三年最好水平，同比增长34.6%；不良贷款率为全国最低，比年初下降0.4个百分点，继续实现低位“双降”的目标。银行类金融机构总量达到3 578个，法人机构68个（见表1）。外资银行运行总体平稳，法人数量继续增加，蒙特利尔银行（中国）有限公司在京注册开业。农村金融服务组织体系更加丰富，年内新开业村镇银行5家、小额贷款公司7家，首家农村资金互助社获准筹建。国内首家消费金融公司运行良好，全年发放消费贷款超过2 500万元。银行支付服务取得新进展，全年银行卡累计交易金额达到6 800亿元，同比增长40%，年末累计银行卡发卡量达到1.2亿张。

表1 2010年银行类金融机构情况表

机构类别	营业网点 机构个数（个）	营业网点 从业人数（人）	营业网点 资产总额（亿元）	法人机构（个）
一、大型商业银行	1 632	50 427	45 765.6	—
二、政策性银行及国家开发银行	17	727	9 644.8	—
三、股份制商业银行	383	15 617	18 765.2	2
四、城市商业银行	180	7 638	8 472.3	1
五、城市信用社	—	—	—	—
六、农村合作机构	694	7 710	3 357.6	1
七、财务公司	25	1 098	3 521.8	25
八、邮政储蓄	523	1 666	1 154.2	—
九、外资银行	92	6 491	2 424.9	7
十、农村新型机构	32	385	54.5	32
合　计	3 578	91 759	93 160.9	68

注：营业网点不包括总部。农村合作机构含农信社、农村合作银行及农村商业银行等。农村新型机构包括村镇银行、贷款公司、农村资金互助社和小额贷款公司等四类机构。

数据来源：中国人民银行营业管理部、北京银监局、北京市金融工作局。

2. 存款增长总体放缓，活期化趋势较为明显。2010年，北京市存款增长总体放缓，年末金融机构本外币各项存款增速较上年同期回落10.6个百分点。信贷规模下降导致派生存款减少、央企调整负债结构主动偿还部分存量贷款、企业集团资金沉淀减少是全市存款增长放缓的主要原因。存款活期化趋势较为明显（见图1），年末人民币企业活期存款占比52.7%，较上年同期提高5.7个百分点，显示出实体经济的活跃程度进一步提高。据人民银行营业管理部第四季度问卷调查显示，企业家的经济热度感受指数较上季度提高1点，已连续6个季度回升。虽然储蓄存款增长放缓，但理财产品销售额增长较快，反映出居民主动理财意识明显增强。受美联储实施第二轮量化宽松货币政策等因素影响，人民币升值预期持续增强，微观经济主体持有美元等外币的意愿继续下降，外汇存款持续负增长，年末同比下降18.2%。

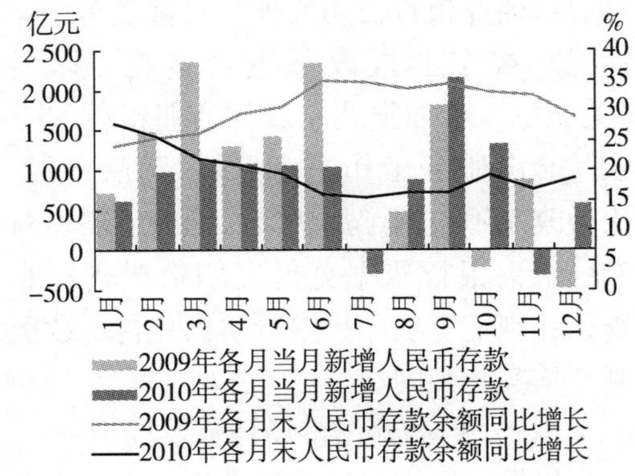

数据来源：中国人民银行营业管理部。

图1 金融机构人民币存款增长变化

3. 贷款投放总体适度，符合宏观调控方向。2010年，金融机构主动调整信贷投放规模和节奏，年末北京市本外币贷款增速为17.5%，较上年同期回落17.5个百分点。其中，人民币贷款增长平稳，年末增速较上年同期回落10.9个百分点；比年初增加4 143.5亿元，同比少增1 134亿元，但仍比近五年平均投放规模高924亿元（见图2、图3）。分期限结构看，中长期贷款增长较快，全年新增人民币中长期贷款4 213亿元，重点支持基础设施建设和“城中村”改造。自年初以来，票据融资除个别月份略有增加外，大多数月份负增长，表明在信贷投放逐步回归常态背景下，金融机构主动压缩票据融资以增加一般性贷款发放。从投放节奏看，第一、第二、第三、第四季度人民币贷款分别投放1 339.9亿元、736.1亿元、764.6亿元和1 302.9亿元，呈“U”形走势，受国家和北京市加快项目建设进程影响，第四季度贷款投放有所加快。外汇贷款增长平稳，年末外汇贷款同比增长26.6%，在人民币升值预期和外币贷款利率较低的带动下，贸易融资外汇贷款增长较快。

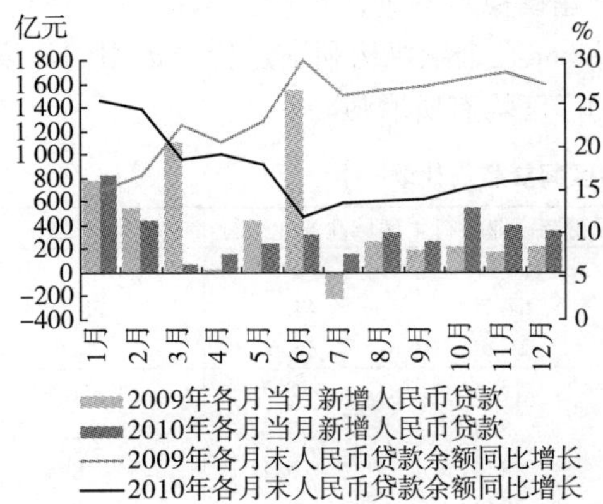

数据来源：中国人民银行营业管理部。

图2　金融机构人民币贷款增长变化

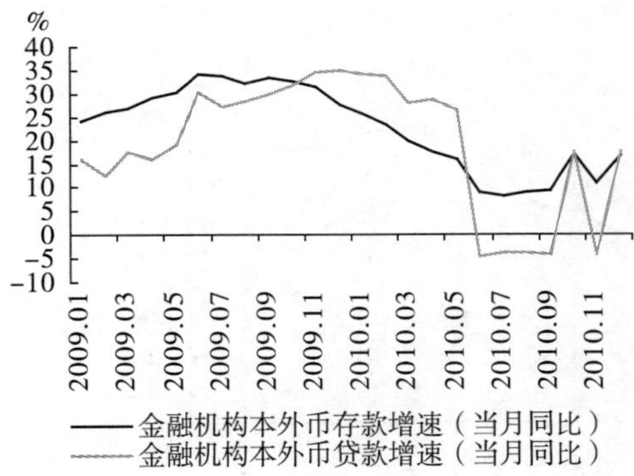

数据来源：中国人民银行营业管理部。

图3　金融机构本外币存、贷款增速变化

信贷结构继续优化，契合首都经济发展方式转变和产业结构调整需要。2010年，人民银行营业管理部继续创新工作机制，不断完善信贷政策导向效果评估体系，在产品、组织、机制等三方面加强正面激励，"北京市中小企业金融服务平台"上线运行，推动银、政、企长效对接机制建设，引导信贷资金支持科技型中小企业和文化创意型中小企业发展，促进全市信贷结构优化调整，契合首都经济发展和产业结构调整需要，信贷资金对重点领域、优势产业及经济社会薄弱环节的支持力度加大。年末全市金融机构中小企业人民币贷款（不含票据融资）同比增长25.5%，余额在企业贷款中的比重为34.3%，较上年末提高2.3个百分点。其中，小型企业人民币贷款同比增长23.8%，余额占中小企业人民币贷款余额的26.1%。科技金融和文化金融建设成效显著，年末文化创意产业贷款同比增长36.6%，累计发放贷款同比增长112.9%；高新技术企业贷款同比增长37.3%，累计发放高新技术企业贷款同比增长219.1%。金融支持社会薄弱环节的力度不断加大，年末小额担保贷款同比增长65%，涉农贷款同比增长42.3%。

4. 现金呈净投放态势。2010年，北京市银行现金收入增长平稳，现金支出主要受消费市场活跃、价格涨幅增大、黄金消费持续旺销等因素影响（见表2）。

表2　2010年金融机构现金收支情况表

单位：亿元、%

	年累计额	同比增速
现金收入	31 001.6	9.0
现金支出	31 149.2	9.3
现金净支出	147.6	322.5

数据来源：中国人民银行营业管理部。

5. 本外币存贷款利率整体抬升，金融机构利率定价能力继续增强。2010年，虽然执行下浮利率的贷款占比提高（见表3），但受流动性趋紧、信贷规模总体受限、中长期贷款增长较快以及加息等因素综合影响，全市金融机构贷款利率水平总体仍呈上升态势，12月，人民币贷款加权平均利率较年初明显上升。大型企业对未来加息存在较强预期，选择固定利率贷款意愿较强，12 月，全市执行浮动利率贷款占比较年初有所下降。人民币存款基准利率上调后，全市人民币存款利率有所上升。受境内外汇资金供求变化和国际金融市场利率波动影响，美元存、贷款利率有所上升，整体利率水平高于上年（见图4）。北京辖内金融机构利率定价机制建设稳步推进，定价技术进一步提高，Shibor 在金融机构利率定价中运用的深度和广度均有所增强。

表3　2010 年各利率浮动区间贷款占比表　　单位:%

		合计	国有商业银行	股份制商业银行	区域性商业银行	城乡信用社
合计		100	100	100	100	100
[0.9~1.0)		68.8	83.9	64.7	44.7	58.0
1.0		18.7	12.4	21.5	36.6	20.6
上浮水平	小计	12.5	3.7	13.8	18.7	21.4
	(1.0~1.1]	7.9	2.8	8.8	13.5	12.2
	(1.1~1.3]	4.3	0.9	4.4	5.1	8.4
	(1.3~1.5]	0.2	0.0	0.3	0.1	0.7
	(1.5~2.0]	0.1	0.0	0.1	0.0	0.1
	2.0 以上	0.0	0.0	0.2	0.0	0.0

数据来源：中国人民银行营业管理部。

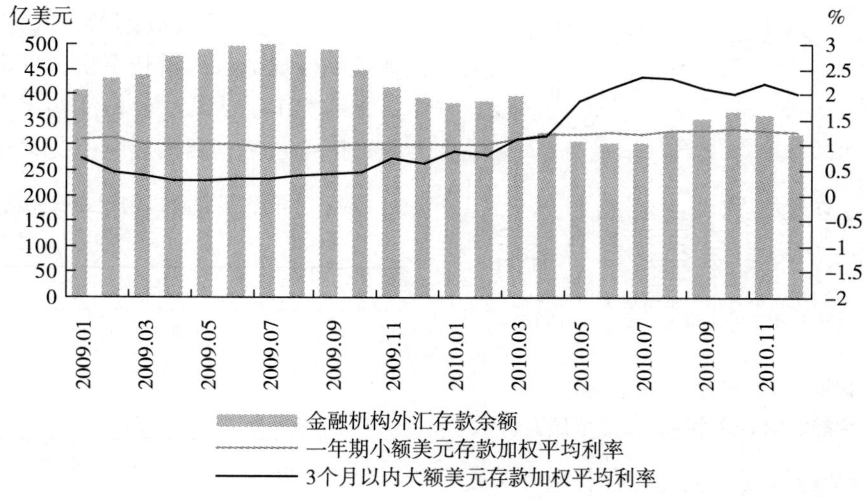

数据来源：中国人民银行营业管理部。

图4　金融机构外汇存款余额及外汇存款利率

6. 银行类金融机构改革继续向纵深推进。国家开发银行北京市分行商业化改革推向深入，各项业务运行平稳，继续立足首都特点，支持北京市重点区域、产业园区基础设施建设和“城中村”改造项目。

五家已改制大型商业银行北京市分行继续深化内部改革，资产负债规模平稳增长，整体利润水平持续提高，经营更为稳健，战略转型步伐加快，中间业务收入占比同比提高 1.8 个百分点，不良贷款低位双降，拨备覆盖率同比提高 88.7 个百分点，风险抵御水平进一步提高。

2010 年，中国农业银行股份有限公司完成股份制改革并成功上市。农业银行北京市分行坚持服务“三农”发展战略，积极推进多项涉农产品创新，不断加强内控建设，防范各类风险，着力提升市场竞争力。

北京银行继续完善各项公司治理机制，推进跨区域发展战略。2010 年，北京银行新增异地分支机构 15 家，其中分行 3 家，支行 11 家，阿姆斯特丹代表处 1 家。北京农村商业银行积极推动内部治理结构改革，在组织架构、制度梳理、流程优化和违规行为责任认定等多方面加强操作风险管理，通过增发普通股补充核心资本，并同时置换不良资产，取得明显成效，年末不良贷款率为 4. 8%，同比下降 2. 7 个百分点。

辖内农村金融服务持续改善，支农金融机构继续增加，适应农村经济发展的多样化金融服务不断推出。

7. 跨境人民币业务呈现良好发展态势。自 6 月 23 日试点启动以来，在人民银行营业管理部及政府有关部门的强力推动下，金融机构加大营销力度，全市人民币跨境贸易结算试点成效显著。从试点启动至年末，辖内银行累计办理跨境人民币结算业务 1 192 笔，半年时间内即突破千亿元规模，金额达到 1 147. 8 亿元，参与银行 27 家。

（二）证券业运行平稳，上市公司数量与筹资总额显著增长

1. 证券业机构基本稳定，客户交易稳步增长。2010 年末，辖内法人证券公司 17 家，同比持平；各地证券公司在京营业部 230 家，同比增加 24 家；基金公司 11 家，外地基金公司在京分公司 40 家，基金理财中心 12 家，同比持平；期货公司和期货公司在京营业部分别为 19 家和 69 家，同比分别增加 2 家和 16 家（见表 4）。证券市场运行平稳，客户交易稳步增长。年末，北京地区证券公司营业部客户交易结算资金余额 1 855. 1 亿元，同比增长 37. 8%；期货公司代理交易额为 458 169. 2 亿元，同比增长两倍。

表 4　2010 年证券业基本情况表

项　目	数量
总部设在辖内的证券公司数（家）	17
总部设在辖内的基金公司数（家）	11
总部设在辖内的期货公司数（家）	19
年末境内上市公司数（家）	164
当年国内股票（A 股）筹资（亿元）	2 408. 4
当年发行 H 股筹资（亿元）	—
当年国内债券筹资（亿元）	8 233. 8
其中：短期融资券筹资额（亿元）	3 562. 0

注：国内债券筹资为非金融企业债券融资数据。

数据来源：中国人民银行营业管理部、北京证监局。

2. 上市公司数量与筹资总额显著增长，总股本与总市值全国领先。2010 年末，北京地区共有上市公司 164 家，同比增加 38 家，占全国 A 股上市公司数量的 8%。北京地区上市公司筹资总额 2 408. 4 亿元，同比增长 59. 7%。上市公司总股本 19 154. 2 亿股，同比增长 31. 3%，占全国上市公司总股本的 57. 6%；总市值 11. 5 万亿元，占全国上市公司总市值的 37. 8%。

（三）保险业市场机制持续完善，保险业务快速增长

1. 市场机制持续完善，行业整体实力持续增强。2010 年末，在京保险分公司和直接经营业务的保险总公司合计 88 家，其中产险公司 35 家（年内新增 1 家），寿险公司 48 家（年内新增 3 家），政策性保险公司 1 家，再保险公司 4 家，

呈现出主体多元化、经营专业化、竞争差异化的市场格局。年末，保险业总资产2 558.9亿元，同比增加471.2亿元，行业整体实力继续增强，可持续发展能力进一步提高（见表5）。

表5　2010年保险业基本情况表

项　目	数量
总部设在辖内的保险公司数（家）	9
其中：财产险经营主体（家）	2
寿险经营主体（家）	6
保险公司分支机构（家）	658
其中：财产险公司分支机构（家）	243
寿险公司分支机构（家）	411
保费收入（中外资，亿元）	966.5
其中：财产险保费收入（中外资，亿元）	212.3
人寿险保费收入（中外资，亿元）	754.2
各类赔款给付（中外资，亿元）	199.7
保险密度（元/人）	5 407.0
保险深度（%）	7.0

数据来源：北京保监局。

2. 保费收入快速增长，业务结构相对稳定。2010年，北京市保险业实现原保险保费收入966.5亿元，居全国第三位；同比增长38.5%，为近5年最高。其中，财产险业务保费收入212.3亿元，同比增长29.1%；人身险业务保费收入754.2亿元，同比增长41.4%。保险深度为7%，同比提高1.1个百分点。

从财产险业务结构看，车险与非车险业务均保持快速增长。车险保费收入152.8亿元，同比增长39.5%，对财产险保费增长的贡献率达90.3%；非车险业务实现保费收入59.5亿元，扣除英大财产和出口信保公司影响后同比增长26.8%。从寿险业务结构看，分红险和银保仍是拉动寿险业务增长的主要产品和渠道。从市场结构看，一是外资保险公司市场份额略有提高，年末外资保险公司市场份额16.3%，同比提高1.8个百分点；二是产险市场集中度提高，产险保费规模居前5位的公司市场份额共计77.9%，同比提高5.8个百分点；三是寿险市场集中度下降，寿险保费规模居前5位的寿险公司市场份额共计61.4%，同比下降4.8个百分点。

（四）融资结构继续改善，金融市场健康发展

2010年，北京金融市场交易活跃，各子市场继续保持良好发展势头。

1. 融资渠道不断拓宽，融资工具日益丰富。2010年，北京地区非金融企业直接融资占比回升，债券融资增长较快，短期融资券和中期票据成为主导融资品种，全年共发行6 101亿元，占全部债券发行额的74%。中小企业集合票据发行量大幅增长，中小企业集合债券恢复发行，超短期融资券成为企业新型融资工具，非金融企业融资方式日益多样化（见表6）。

表6　2002~2010年非金融机构融资结构表

年份	融资量（亿元人民币）	比重（%）		
		贷款	债券（含可转债）	股票
2002	2 117.4	84.8	7.8	7.4
2003	2 843.7	83.5	7.8	8.7
2004	2 184.4	88.4	8.5	3.1
2005	3 174.6	60.3	39.6	0.1
2006	4 089.1	69.9	25.8	4.3
2007	6 200.0	38.8	17.6	43.6
2008	8 531.0	38.0	47.5	14.5
2009	16 553.9	47.6	43.3	9.1
2010	11 701.7	46.4	47.4	6.2

注：贷款、债券融资量均以当年新增额口径计算。

数据来源：中国人民银行营业管理部、北京证监局、中国债券网。

2. 货币市场净融出资金持续增长，利率震荡上行。2010 年，北京地区金融机构货币市场交易活跃，同业拆借和债券回购双向累计交易量为 114.4 万亿元，同比增长 36.9%，占全国交易量的 49.6%；通过货币市场累计净融出资金 32.9 万亿元，同比增长 19.4%。中资银行是主要的资金供给机构，国有商业银行是资金供给绝对主力，净融出资金量在中资银行中占比达 62.4%。外资银行和非银行金融机构是主要的资金净融入方。受人民银行上调存款准备金率、加息以及公开市场操作等多种因素影响，货币市场利率整体震荡上行，波动性明显增强。12 月末，在货币政策由适度宽松回归稳健以及跨年因素的双重推动下，货币市场利率大幅上行，达到全年高点。

3. 票据市场业务呈现量减价升态势。2010 年，北京市金融机构银行承兑汇票签发量保持稳定。由于信贷规模增长受限，金融机构通过缩短票据持有期限、减持票据资产等手段腾挪信贷额度，票据融资业务降幅明显（见表 7）。票据市场利率呈现上升态势（见表 8），第四季度加速上扬。

表 7　2010 年金融机构票据业务量统计表

单位：亿元

季度	银行承兑汇票承兑		贴现			
			银行承兑汇票		商业承兑汇票	
	余额	累计发生额	余额	累计发生额	余额	累计发生额
1	1 636.1	1 127.8	1 036.1	2 304.5	518.1	205.3
2	1 724.2	1 144.5	995.1	1 902.7	415.1	357.4
3	1 703.6	1 181.4	1 002.5	2 579.8	253.5	375.7
4	1 619.2	1 099.4	948.8	2 440.7	154.6	353.4

数据来源：中国人民银行营业管理部。

表 8　2010 年金融机构票据贴现、转贴现利率表　单位:%

季度	贴现		转贴现	
	银行承兑汇票	商业承兑汇票	票据买断	票据回购
1	3.4510	3.6930	3.1976	2.5662
2	3.8463	3.5275	3.5256	3.5449
3	3.2858	3.9936	3.5200	3.4205
4	5.7244	5.3368	5.0443	5.1384

数据来源：中国人民银行营业管理部。

4. 银行间外汇市场功能不断强化，黄金市场投资热情高涨。受人民币升值预期影响，金融机构外汇避险需求旺盛，推动外汇衍生品交易量大幅增长，外汇远期和外汇掉期双向分别累计成交折合 256.1 亿美元和 9 244.9 亿美元，同比分别增长 182.6% 和 34.5%。非银行金融机构不断进入银行间外汇市场，外汇市场成员不断增加。2010 年，国内黄金价格走势强劲，黄金交易量不断攀升，上海交易所会员全年买卖黄金 2 282.5 吨，同比增长 37.1%。

5. 民间借贷利率大幅上升。第四季度，北京地区企业民间借贷监测样本加权平均利率为 19.1914%，较第一季度上升 560 个基点。农户民间借贷监测样本加权平均利率为 7.8799%，较第一季度上升 44 个基点。

6. 金融创新深度发展，市场交易活跃。利率衍生品快速发展，利率互换成为银行主导交易品种，商品类衍生品发展提速，外汇掉期成交量明显增长。全年衍生品交易活跃，年末名义本金 5 799.4 亿元，同比增长 29%。银行理财产品全年共发行 6 761.8 亿元，创近三年新高，同比增长 97.8%。其中，信托理财产品发行量占比大幅提高，结构性理财产品平稳增长，代客境外理财产品增长翻番，理财产品趋于短期化，6 个月以下期限发行量占比超过七成。

（五）首都金融生态环境建设稳步推进

2010 年，首都金融生态环境建设稳步推进，出台《关于推进首都科技金融创新发展的意见》，促进科技与金融的有机结合，加快首都科技金融创新发展，全面推进“人文北京、科技北京、绿色北京”建设；发布《关于进一步推进企业上市工作的意见》，加大对企业上市的支持力度，促进企业上市融资；出台《首都社会信用体系国家示范区建设方案》，启动北京农户信用档案电子化工作，首都社会信用体系进一步完善；个人本外币兑换特许业务试点工作稳步推进，北京地区特许兑换机构及网点数均居全国第一；严厉打击制贩假币、洗钱以及外汇违法违规行为，有力维护首都金融市场秩序；成功举办北京国际金融博览会和首都金融论坛，金融交流与合作不断加强；开展银行卡、反洗钱、信用知识、反假货币、诚信兴商等系列宣传活动，加强金融知识宣传和普及，提高社会公众金融意识。

二、经济运行情况

2010 年，面对严峻复杂的国内外经济环境，北京市深入实践科学发展观，认真贯彻落实各项宏观调控政策，稳步推进经济发展方式转变，经济在调整中实现平稳较快增长。全年实现地区生产总值 13 777.9亿元，同比增长 10.2%（见图 5），居民消费价格同比上升 2.4%。

（一）三大需求保持稳定

2010 年，北京市大力推进经济结构优化调整，巩固应对国际金融危机成果，

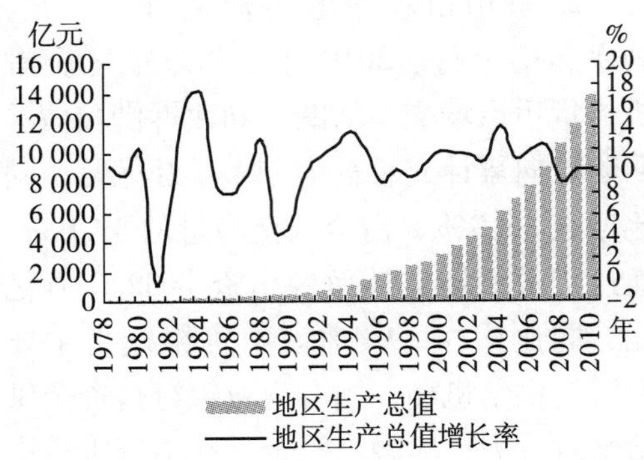

数据来源：北京市统计局。

图 5　地区生产总值及其增长率

全市经济在上年复苏回升的基础上，呈现第一季度高开，第二季度减速，第三、第四季度平稳的运行态势。

1. 投资适度增长，投资结构有所改善。2010 年，全社会固定资产投资同比增长 13.1%（见图 6），超额完成全年 5 300亿元任务和两年 1 万亿元的调控目标。季度间波动明显，第一季度投资高位开局，第二、第三季度投资持续减速，第四季度投资逐步回稳。从投资结构看，受上年同期基数影响，基础设施投资下降 4%；房地产开发投资在宏观调控政策作用下呈现“高开—减速—回稳”的走势，全年同比增长 24.1%。分产业看，第一产业投资同比下降 24.8%，第二产业投

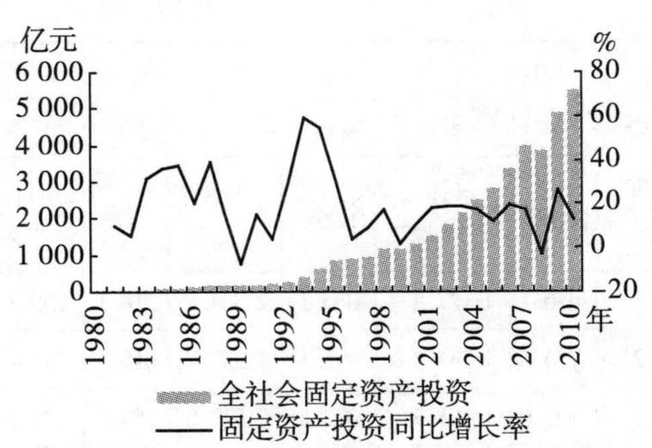

数据来源：北京市统计局。

图 6　固定资产投资及其增长率

资因工业投资带动，同比增长28.4%，第三产业投资同比增长12.1%。在政府投资拉动下，民间投资高速增长，同比增长51.6%，其中非房地产开发领域民间投资增长78.2%，主要集中于工业和交通运输业。

2. 居民收入稳步增加，消费品市场保持活跃。2010年，北京市加强以改善民生为重点的社会建设，整合“一老一小”、无业居民大病医疗保险制度，实施八项医保惠民政策，出台养老保险补缴政策，全面落实“九养政策”和老年优待办法。在政策推动和经济回暖带动下，全市就业形势稳定，城乡居民收入稳步增加，城镇居民人均可支配收入同比增长6.2%，农村居民人均纯收入同比增长8.1%。北京市大力推进农超对接、农村集贸市场建设等工作，城乡居民消费环境不断优化，商品流通服务体系日趋完善，全市社会消费品零售额同比增长17.3%，增幅同比提高1.6个百分点（见图7）。汽车销售仍是拉动消费的主要因素，受交通拥堵治理政策影响年末机动车销售集中放量，全年机动车销售量同比增长24.7%。

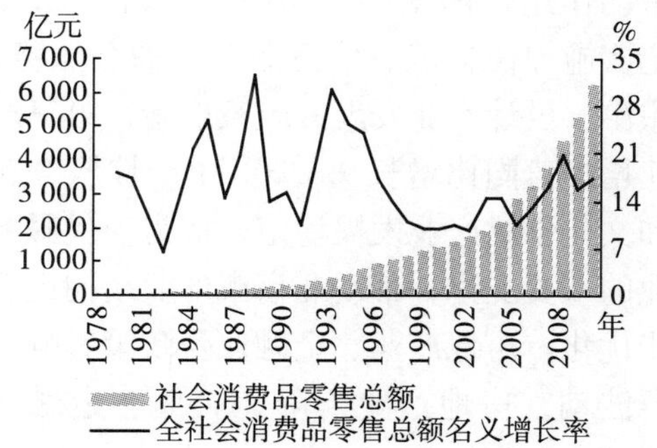

数据来源：北京市统计局。

图7　社会消费品零售总额及其增长率

3. 进出口保持恢复性增长，对外开放进一步扩大。2010年，北京地区进出口总值同比增长40.3%。出口信用保险覆盖面逐步扩大，促进外贸出口恢复性增长，出口总值同比增长14.7%，规模接近国际金融危机前水平。受益于内需增长和原油、铁矿石等大宗商品采购规模扩大，进口总值同比增长47.8%（见图8）。

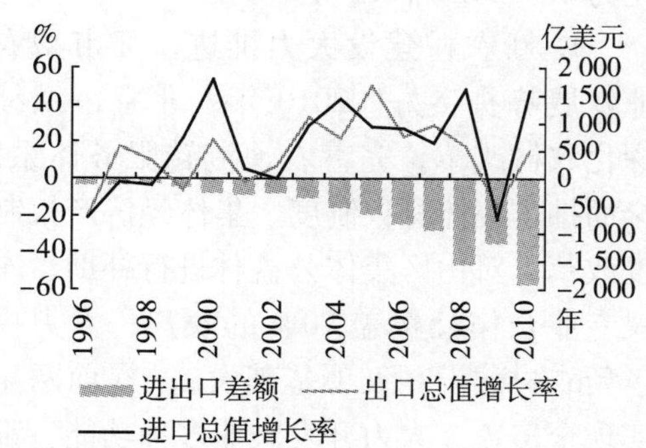

数据来源：北京市统计局。

图8　外贸进出口变动情况

服务贸易促进协调机制日益健全，服务外包政策逐项落实，服务贸易快速发展。跨国公司地区总部吸引力度加大，新增涉外驻京代表机构654家，实际利用外资同比增长4%（见图9）。鼓励支持企业“走出去”，对外协议投资增长2.5

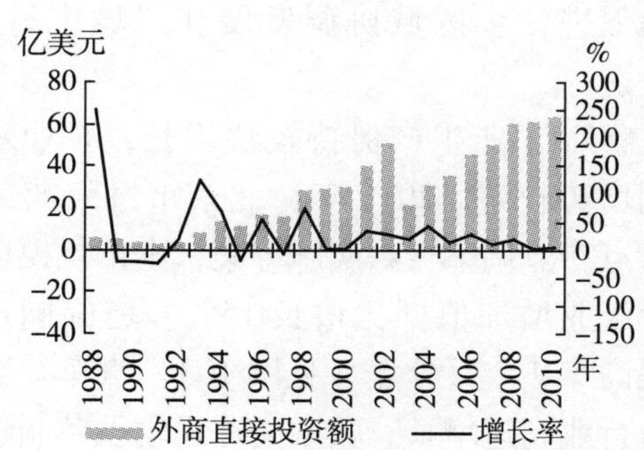

数据来源：北京市统计局。

图9　外商直接投资情况

倍。北京地区跨境人民币结算试点工作成效显著，有力推进服务贸易发展。

（二）产业结构调整优化

2010年，北京市按照“优化一产、做强二产、做大三产”的要求，制定实施八大重点产业调整和振兴规划，大力发展战略性新兴产业，产业结构进一步优化。三次产业结构由上年的1.0∶23.2∶75.8变化为0.9∶24.1∶75.0。

1. 新农村建设大力推进，都市型农业发展势头良好。2010年，北京市继续深化农村改革，完善农地流转服务体系，全面推进集体林权制度、集体经济产权制度改革，对山区集体公益林进行补助，农民专业合作社覆盖70%的农户；大力推进新农村建设，五项基础设施[①]提前两年实现全覆盖。大力开发农业多种功能，都市型现代农业加快发展，逐渐实现产品特色化、生产集约化、销售组织化、功能多样化发展，全市设施农业实现收入同比增长20.1%；农业观光园和民俗旅游户收入同比分别增长16.7%和20.7%。受气候异常和城市化进程加快影响，部分农副产品产量出现不同程度下降。金融支持首都率先形成城乡一体化发展格局取得新成效，累计发放涉农贷款1 162.7亿元，有力促进城乡区域协调发展和“城中村”改造。

2. 工业生产保持较快增长，企业利润增势较好。2010年，北京市继续落实重点产业调整振兴实施方案，全市规模以上工业增加值同比增长15%，增幅同比提高5.9个百分点（见图10）。汽车、装备行业高速增长，其中交通运输设备制造业增长22.8%，拉动规模以上工业增长3个百分点；专用设备、通用设备、电气机械及器材制造业分别增长25.4%、23%和11.9%，共拉动规模以上工业增长2.9个百分点。通信设备、计算机及其他电子设备制造业增长18.7%。全市工业企业效益稳步提高，规模以上工业企业利润总额同比增长43.6%，增幅同比提高26.5个百分点，工业经济效益综合指数高位运行。北京市以加快中关村国家自主创新示范区建设为契机，着力推进先行先试改革，建立产业化促进机制，推动60项重大科技成果产业化，全年现代制造业和高技术制造业利润总额分别增长30.3%和14.8%。

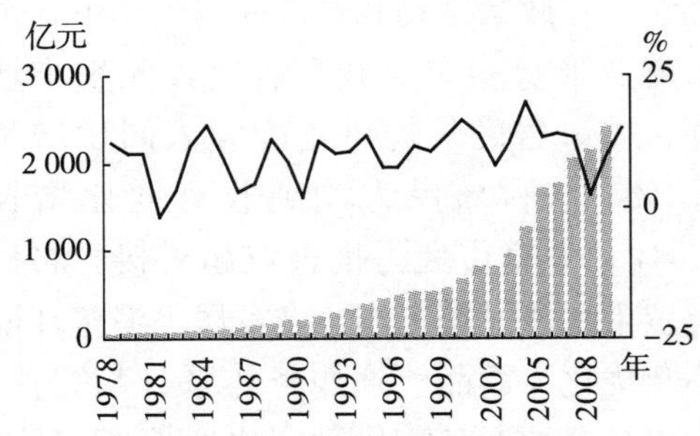

数据来源：北京市统计局。

图10 工业增加值及其增长率

3. 服务业稳定增长，优势产业发展带动作用不断增强。2010年，北京市制定实施加快物流、信息服务、商务服务、旅游、设计产业发展的政策措施，第三产业增加值同比增长9.1%。生产性服务业和文化创意产业发展稳定，成为现代服务业的重要支撑，带动北京市产业结构进一步优化。房地产业、金融业受政策影响有所波动，房地产业下降21.5%，金融业

① 北京市新农村“五项基础设施”是专指郊区范围内村庄的街坊路、安全饮水、污水处理、厕所改造和垃圾处理五方面的公共设施。

增长8.6%。

（三）各类价格指数总体涨幅低于全国水平

1. 居民消费价格指数涨幅呈逐月扩大态势。2010年，北京市通过财政补贴、农超对接、农村集贸市场建设等措施，保障市场供应和价格稳定。受翘尾因素、国际大宗商品价格上涨、成本上升、供求关系变化等因素影响，全市居民消费价格指数同比上涨2.4%，涨幅低于全国平均水平（见图11）。全年居民消费价格指数呈明显上升态势，前9个月涨幅处于温和上涨区间，10月涨幅超过3%，12月涨幅首超全国平均水平。食品大类和居住大类是总指数上行的主要推动力。其中，食品价格上涨5.5%，居住价格上涨5%。农产品生产价格同比上涨6.5%，涨幅同比上升8.2个百分点。

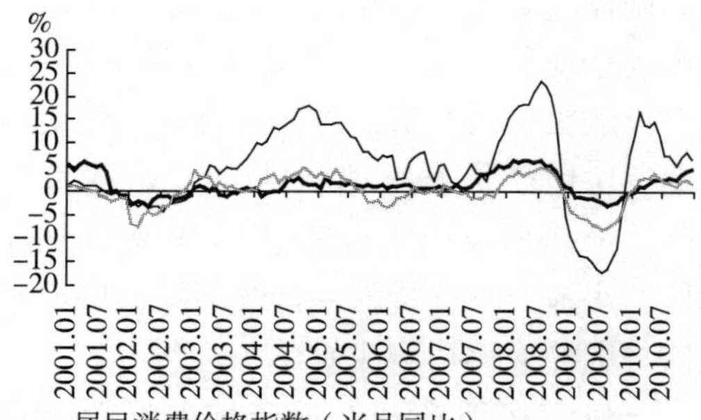

数据来源：北京市统计局。

图11 居民消费价格和生产者价格变动趋势

2. 生产者价格指数涨幅先升后降。2010年，北京市生产者价格指数由降转升，从2009年的低谷实现“V”形反弹。2010年，工业品出厂价格指数同比上涨2.2%，涨幅低于全国平均水平。单月涨幅于5月达到最高点后逐月回落，至9月下降至阶段性低点，之后又出现小幅上涨走势，12月涨幅收窄。带动PPI上涨的主导力量集中在石油、化工、钢材、电力热力和有色金属等行业。原材料、燃料及动力购进价格指数同比上升10.5%，涨幅高于全国平均水平近1个百分点。单月涨幅于2月达到最高点后，呈明显回落走势，12月回落至6.8%，为全年次低点。燃料、动力类产品购进价格上涨是影响购进价格指数上涨的决定性力量。

3. 劳动力成本增长平稳。2010年，北京市全面实施扩大就业战略，完善覆盖城乡居民的社会保障体系，加大惠民措施的投入力度，努力办好惠民实事，实现职工收入增加和社会保障覆盖面的扩大。全年拨付政府资金7.2亿元，帮助企业稳定就业岗位7.1万个，实现城镇新增就业44.6万人；加大农村劳动力转移就业帮扶力度，促进9.6万人实现就业，实现城乡“无零就业家庭”目标。2010年，北京市城镇居民家庭人均工资性收入23 099元，同比增长9.4%；人均养老金或离退休金为7 434元，同比增长12.5%；农村居民人均工资性收入8 007元，同比增长10.1%。失业保险金标准平均每档上调70元，城市居民最低生活保障标准提高20元。

4. 进一步推进资源性产品价格改革。为进一步理顺资源价格形成机制，促进要素投入结构调整和优化，2010年北京市推进电价、天然气价格、水价、供热价格等资源性产品价格改革，成品油价格继续实行与国际油价联动方式调整。在保证资源性产品价格调整发挥促进资源节约积极作用的同时，北京市充分考虑居民承受能力，确保低收入群体生活不因价格调整受到影响，如在进行水价调整时配套落实了建立低保人员直补机制，建立水资源节约专项资金，加大污水处理和再生水利用力度，建立对供排水行业的成本约束机制等一系列措施。

(四) 财政支出优先民生

2010 年，北京市财政收入“高开低走”，总体仍保持较好增长态势；财政支出结构不断优化，重点事项得到有力保障。2010 年，北京市完成地方一般预算财政收入 2 353.9 亿元，同比增长 16.1%，增幅比上年提高 5.8 个百分点 (见图 12)。从主要税种看，增值税、营业税分别增长 17.3% 和 13.4%；企业所得税和个人所得税分别增长 17.5% 和 21.1%。在财政收入稳定增长的同时，不断调整和优化财政支出结构，把保障和改善民生作为公共财政的优先方向，着力解决事关人民群众切身利益的突出问题。全年地方财政支出 2 446.2 亿元，同比增长 14.6%，财政支出重点投入社会保障、医疗卫生、教育事业、交通运输等领域。

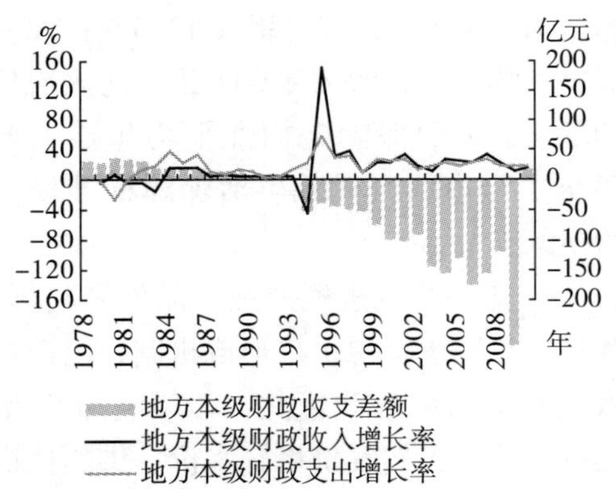

数据来源：北京市统计局。

图 12　财政收支状况

(五) 节能降耗总体目标顺利实现

2010 年，北京市全面贯彻“人文北京、科技北京、绿色北京”发展战略，继续淘汰、退出劣势产业，首钢石景山厂区冶炼、热轧生产能力全部停产，40 家“三高”企业全部关闭，西部地区区属煤矿和非煤矿山全部关停。在能耗方面，超额完成万元 GDP 能耗降低 20% 的“十一五”规划调控目标，在“十一五”前四年累计下降 23.3% 的情况下继续下降。在水耗方面，节水处于全国领先水平，再生水利用率、污水处理率分别达到 60% 和 81%。在空气质量方面，严格落实第十六阶段控制大气污染，治理燃煤污染，加快淘汰高排放车辆，控制机动车污染，市区空气质量不断改善，2010 年全年二级和好于二级天数累计达到 286 天，占总天数的 78.4%，实现了空气质量连续 12 年持续改善。

(六) 主要行业分析

1. 房地产市场总体朝着调控预期方向发展。2010 年，随着一系列房地产市场调控政策的出台和落实，北京市房地产市场呈现积极变化，住房供应基本平稳，房价涨幅持续回落，总体符合调控政策预期。房地产贷款增速自 4 月开始逐月回落，第二套及以上住房贷款比重明显降低，房地产不良贷款率持续下降，房地产信贷调控取得初步成效。

(1) 房地产开发投资增速回落，自筹资金占比较高。2010 年，北京市完成房地产开发投资同比增长 24.1%，增幅同比提高 1.6 个百分点，增速自 4 月开始呈现放缓态势。北京市房地产开发项目本年到位资金同比减少 5.5%；其中，自筹资金同比增长 71.7%，利用外资、银行贷款和定金及预售款同比分别下降 53.4%、39.2% 和 3.2%。

(2) 住房供应基本平稳，保障性住房建设和供应加快。2010 年，北京市房地产开发企业完成土地购置面积同比增长

37.4%。北京市商品住宅新开工面积同比增长 49.5%，商品住宅竣工面积同比下降7.1%。前 10 个月，全市保障性住房用地累计供应 1 332 公顷，提前完成全年 1 250 公顷的保障性住房供地计划；全年完成各类保障性住房投资同比增长 34.6%；年末保障性住房施工面积同比增长 70.3%，其中全年新开工面积同比增长 91.2%。廉租住房竣工套数同比增长 62.1%，经济适用住房竣工套数同比增长 91%。

（3）新房市场成交量明显下降，二手房替代作用增强。2010 年，新建商品住宅销售面积同比下降 36.1%；其中，现房销售面积和期房销售面积同比分别下降46.8% 和 33.1%（见图 13）；分月度看，销售量在 6 月到达低点后大致呈现逐月回升态势。二手住房与新建商品住房成交量之比由上年同期的 1.74∶1 升至 2.01∶1。

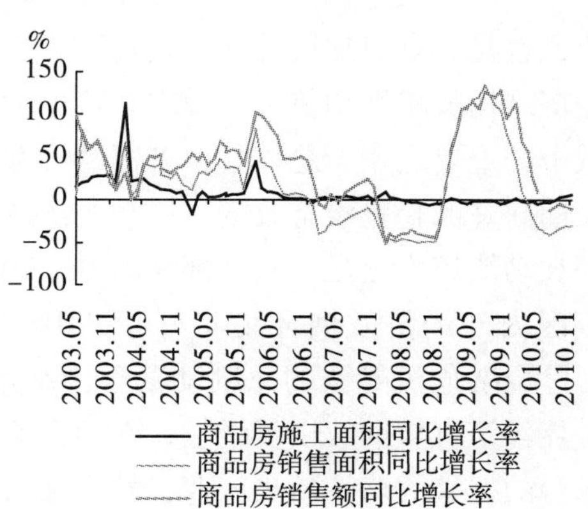

数据来源：北京市统计局。

图 13　商品房施工和销售变动趋势

（4）住宅销售价格涨幅持续回落，租赁价格有所上扬。2010 年，北京市土地交易价格同比上涨 15.9%，较上年同期提高 11.9 个百分点。新建商品住宅价格指数同比涨幅连续 7 个月回落，涨幅由 5 月的 22% 降至 12 月的 9.9%，第四季度涨幅回落速度加快；二手住房价格指数同比涨幅连续 8 个月回落，从 4 月的 8.4% 降至 12 月的 2.6%。进入 2010 年第二季度，全市住房租赁价格一改先前小幅波动的运行态势，开始有所上扬（见图 14）。

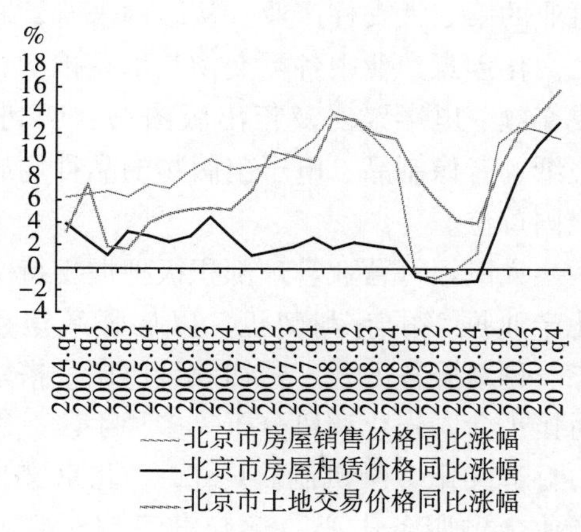

数据来源：北京市统计局。

图 14　房屋销售价格指数变动趋势

（5）房地产贷款增速回落，个人住房贷款增长总体放缓。受房地产调控新政影响，5 月开始，全市房地产贷款同比增速呈现加速放缓态势；12 月末，全市房地产贷款余额同比增长 22.5%，较上年同期下降 18.5 个百分点；其中，房地产开发贷款同比增长 29.8%。12 月末，个人住房贷款余额同比增长 14.4%；其中，新建住房贷款余额同比增长 8.2%，二手住房贷款余额同比增长 30.7%。个人住房贷款业务量在 4 月集中审批发放冲高后大幅回落，年末个人住房贷款新增额略有回升。

2. 文化创意产业[①]支柱地位进一步巩

① 文化创意产业，包括文化艺术、新闻出版、广播、电视、电影、软件、网络及计算机服务、广告会展、艺术品交易、设计服务、旅游、休闲娱乐及其他辅助服务。

固，文化金融机制初见成效。2010 年，北京市制定实施旅游、设计产业发展等政策措施，出台促进首都功能核心区文化发展相关意见，文化创意产业优势地位和整体实力不断加强、竞争力不断提升，当年实现增加值 1 692.2 亿元，成为仅次于金融业的第二大支柱产业。从结构来看，北京文化创意产业中各类文物艺术品拍卖总成交额、电影票房及年出版图书、期刊、报纸、音像制品、电子出版物的品种均居全国首位。

人民银行营业管理部积极把握支持文化产业振兴的有利契机，以加强政策引导、创新服务方式、密切政策协调、搭建对接平台、强化调研分析等多种手段，着力打造文化金融机制。1 月，“北京文化产业金融服务中心”落户北京银行宣武门支行，成为全国首家文化创意金融服务中心。10 月，国内首单中小型文化创意企业集合票据成功发行，开拓了文化创意企业融资的新渠道。同时，辖内 4 家银行已与北京市文促中心签署战略合作协议，每年将为文化创意企业提供 200 亿元的授信额度。文化创意企业金融服务内涵不断得到深化和丰富。

3. 高新技术产业自主创新机制初步体现，科技金融服务体系日益完善。2010 年，中关村国家自主创新示范区建设三年行动计划和十年规划纲要发布实施，“1 +6”①系列政策获得国务院同意，示范区先行先试改革不断推进，产业化促进机制初步建立，人才战略、知识产权战略逐步落实，首都自主创新能力持续提高。当年，北京高新技术产业实现增加值约为 2 695.4亿元，同比增长 12.5%；示范区规模以上企业预计实现总收入突破 1.5 万亿元，同比增长 20%，为转变首都经济发展方式提供了重要支撑。

人民银行营业管理部及相关部门以金融政策和财政政策为依托，通过建立信贷政策导向效果评估制度、搭建银政企合作平台、提供贷款贴息和风险补偿等措施，引导金融机构积极探索金融支持高新技术产业和自主创新战略的方式和路径。截至 2010 年末，北京辖区高新技术产业累计获得信贷支持约 5 000 亿元；中关村国家自主创新示范区上市公司达到 175 家，累计 IPO 融资总额近 1 600 亿元，初步形成以信贷资金和境内外上市为主导，以天使投资、创业投资、代办股份转让、企业债券、信托计划、并购和技术交易为辅助，覆盖技术研发、企业初创、市场推广、成熟发展等创新全程的多渠道、多层次的金融服务体系。

三、预测与展望

2011 年是“十二五”规划的开局之年，也是北京市加快发展方式转变，实现经济结构战略性调整，建设中国特色世界城市的重要之年。总体看，首都经济发展长期向好的趋势没有改变，推动经济持续增长动能较为充足。从外部环境看，2011 年国内外经济发展环境将好于 2010 年，国际金融危机导致的急剧动荡逐渐缓解，世界经济有望继续恢复增长；在国家前期出台的振兴战略性新兴产业，鼓励和引导民间投资等政策措施和各项区域发展战略

① “1”是首都创新资源平台，由北京市会同示范区部际协调小组成员单位共同组建的中关村科技创新和产业化促进中心；“6”是在中关村深化实施先行先试改革的 6 条新政策，是国务院支持中关村在科技成果处置权和收益权改革、股权激励个人所得税改革、股权激励试点方案审批、科研经费分配管理体制改革、建立统一监管下的全国场外交易市场、高新技术企业认定等方面作出的新的制度安排。

的引导下，内需拉动经济持续增长和区域经济协调发展的作用更加突出。从内源动力看，首都进入加快实施“人文北京、科技北京、绿色北京”发展战略的新阶段，中关村国家自主创新示范区建设，为发挥首都科技智力优势、广泛吸引、集聚国内外高层次人才，提高自主创新能力，提供了更为优越的条件；功能核心区行政区划调整，城乡一体化步伐加快，城市轨道交通为代表的基础设施快速发展，首钢等一批大型企业搬迁改造和关停并转，进一步拓展首都可持续发展空间；战略性新兴产业的支柱地位初步建立，生产性服务业、文化创意产业发展水平不断提升，都将增强“北京创造”、“北京服务”品牌影响力，为首都经济可持续发展注入新活力。从需求动力看，城南行动计划、西部地区转型、新机场开工建设以及轨道交通、土地储备和保障性住房开发将为投资规模合理适度增长提供支撑；虽然民生保障体系不断完善对消费增长起到一定刺激作用，旅游消费和农村市场消费也有望保持快速增长，但受机动车总量限制和房地产市场调控影响，汽车、住房相关消费将出现较大幅度回落，短期内尚无足够量级和潜力的新消费热点予以替代，消费保持稳定增长的难度较大；考虑到全球经济延续缓慢复苏以及 2010 年恢复性增长引致基数回升等因素，预计 2011 年北京地区进出口总量将保持平稳增长。价格方面，美元流动性泛滥导致国际大宗商品价格持续上涨，国内劳动力和原材料价格上升，资源环境领域价格改革仍在推进，通胀预期持续增强等因素相互交织都将对下游消费价格起到推升作用；但政策层面的信号有利于缓解通胀压力，国务院出台的“国十六条”和北京市贯彻落实提出的 12 项稳定物价的措施有利于遏制物价过快上涨势头，货币政策从“适度宽松”转向“稳健”也将为稳定通胀预期创造有利的货币条件，综合考虑涨价因素、翘尾因素及政策效应的影响，预计 2011 年北京市物价指数将呈前高后低走势。

从金融运行情况看，金融业将积极促进首都经济平稳健康发展，金融业发展环境将进一步优化，金融市场配置资源的功能将得到增强。社会融资日趋多元化，发行短期融资券、中期票据、企业债和通过资本市场股权融资等直接融资所占的比重将进一步提高；金融机构在保持贷款合理增长、满足首都经济发展的合理资金需求基础上，将继续加大产品和服务创新，支持首都高科技产业、文化产业和战略性新兴产业发展。大力发展绿色信贷，支持节能减排和淘汰落后产能。全面改进和完善对中小企业、三农的金融服务。严格落实差别化住房信贷政策，推动房地产金融市场健康发展。

2011 年人民银行营业管理部将全面学习贯彻中央经济工作会议精神，以科学发展为主题，以加快转变经济发展方式为主线，根据人民银行工作会议部署，按照总体稳健、调节有度、结构优化的要求，努力提高传导和执行稳健货币政策的针对性、有效性和灵活性，落实差别准备金动态调整措施，在保持合理社会融资规模基础上，引导资金更多投向实体经济特别是中小企业和“三农”等领域，加大金融支持首都经济发展方式转变和经济结构战略性调整的力度，切实维护首都金融稳定，全面提升金融服务水平，促进首都经济社会平稳和谐发展。

（雷晓阳　项银涛　张丹）

北京市金融稳定报告（摘要）

中国人民银行营业管理部　金融稳定分析小组

2010年，北京市金融总体运行平稳，为北京市经济的持续发展提供了良好条件。量化评价结果显示，综合评价得分比上年上升3.31分，自2009年起连续两年出现上涨，整体处于稳定区域。

一、区域经济运行与金融稳定

2010年，北京市全年经济在调整中实现平稳较快增长，工业生产增长加快，经济发展质量继续提高，“十一五”规划圆满完成，为北京市金融的平稳运行提供了良好的经济环境。

（一）经济发展态势良好，为北京市金融稳健运行提供了有利的外部环境

1. 全年经济在调整中实现平稳较快增长

2010年，北京市地区生产总值达到13 777.9亿元，比上年增长10.2%，增幅与上年基本持平。分阶段看，第一季度经济增长14.9%，前两季度增长12%，第一至第三季度增长10.1%，全年虽然呈现出前高后低的运行态势，但整体经济仍保持了较快增长。全年地方财政收入2 353.9亿元，比上年增长16.1%，增幅比上年提高5.8个百分点。地方财政支出2 716亿元，比上年增长17.1%，增幅比上年回落0.4个百分点。

2. 工业生产发展加快，第三产业仍保持主导地位

2010年，北京市三次产业结构由上年的1.0∶23.2∶75.8变化为0.9∶24.1∶75.0，第二产业在地区生产总值中的占比出现上升。在增长率方面，三次产业分别比上年增长－1.6%、14.7%和9.1%，除第二产业外，增速均较上年出现下降。

3. 投资适度增长

2010年，北京市完成全社会固定资产投资5 493.5亿元，比上年增长13.1%，与扩内需、加大投资的上年相比，回落13.1个百分点，处于适度增长区间。分产业看，第一产业完成投资43.2亿元，下降24.8%；第二产业完成投资528.1亿元，增长28.4%；第三产业（含房地产开发）完成投资4 922.3亿元，增长12.1%。

4. 消费品市场持续活跃

2010年，北京市实现社会消费品零售额6 229.3亿元，比上年增长17.3%，增幅比上年提高1.6个百分点。其中汽车是带动消费品市场增长的主要力量，全年共销售机动车143.2万辆，比上年增长24.7%，实现零售额1 619.5亿元，比上年增长33.9%。

5. 进出口及外资利用均保持较快增长

2010年，北京市地区进出口总值为3 014.1亿美元，比上年增长40.3%，比2008年增长10.9%。其中出口554.7亿美元，比上年增长14.7%，比2008年下降3.5%，仍处于恢复之中；进口2 459.4亿美元，比上年增长47.8%，比2008年增长14.7%。2010年北京市实际利用外资共63.6亿美元，比上年增长4%，增

幅高于上年 3.4 个百分点。

6. 工业企业利润快速增长

2010 年，北京市规模以上工业经济效益综合指数 233.96，比上年提高 38.98 个百分点，实现利润总额 1 007.7 亿元，突破千亿元大关，比上年增长 34.8%，增幅提高 9.5 个百分点。

（二）区域经济运行中仍存在不利于金融稳定的因素

1. 北京市经济增长格局面临较大调整压力

从消费需求看，启动新一轮消费结构升级力量尚有不足。车、房等大宗消费不具有可持续性，缺乏新的消费热点。近年，北京开始了以车、房为代表的新一轮消费结构升级，有力带动了经济的增长。但房地产快速发展积累下来的问题使楼市面临前所未有的大力度调控，2010 年 12 月下旬北京市开始实施小客车限购政策，因此未来房、车消费均存在较大的不确定性，而目前还没有足够量级和潜力的新的消费热点给予替代，消费增长后劲不足。从产业发展情况来看，产业发展依赖少数行业，缺乏后续行业替代。2010 年，北京市经济支柱第三产业增速放缓，房地产业增加值大幅下降是主要原因，反映出产业发展依赖少数行业的易波动缺陷。在国内外经济均处于转型阶段的背景下，而且基于北京经济自身可持续发展的要求，经济结构进一步调整势在必行，产业升级任务艰巨。

2. 通胀压力加大，商品价格出现明显上涨势头

分领域看，房地产价格、生产价格、消费价格均出现上涨。虽然北京楼市调控各项政策纷纷出台，但全年房屋销售价格比上年上涨 11.5%。2010 年 1～12 月，北京市原材料、燃料、动力购进价格总指数比上年上涨 10.48%。九大类原材料中的燃料动力类、黑色金属材料类等涨幅较大。2010 年北京市居民消费价格涨幅低开高走，第四季度明显加大。12 月 CPI 达到 4.7%，全年上涨 2.4%，涨幅高于上年 3.9 个百分点。由于导致价格较快上涨的各种因素难以在短时间内消除，通胀压力更多地将集中于 2011 年乃至更长一段时期内，特别是在结构转型期、经济处于调整阶段时，复杂、不容乐观的价格走势就更需要引起高度关注。

3. 转型期就业形势可能出现波动

经济增长对就业带动作用减弱主要是由于在转型期的产业结构优化升级中，重点发展资本和技术密集型产业，对劳动力要素有一定的挤出效应。此外，新兴行业的出现与现有行业的升级甚至消失，也将带来一定程度的结构性失业。在“十二五”重要转型期，北京市产业发展内涵与战略将发生重大变化，就业形势可能会出现波动，政府应在制定产业规划时设计必要的配套举措。

二、金融业与金融稳定

（一）银行业：信贷增长向常态回归，盈利水平及风险抵御能力大幅提高

2010 年，北京市银行业运行稳健。辖内银行业金融机构资产负债规模继续平稳增长，利润水平大幅提高；资产质量继续改善，风险抵御能力进一步提高。

1. 银行业整体运行平稳，可持续发展基础进一步夯实

（1）信贷投放向常态回归，有效支持经济增长

2010 年，辖内金融机构（含外资，下同）本外币信贷投放增速呈现上半年持续下降，下半年回稳态势，信贷投放向

常态回归，规模适度。年末，辖内金融机构本外币贷款余额同比增长17.48%，增速比上年同期下降17.52个百分点。全年辖内信贷基本呈现季度间3:2:2:3的投放节奏，较为均衡。从信贷结构看，中长期贷款仍为拉动信贷增长的主要力量；票据融资规模全年不断收缩，为一般贷款规模腾挪空间。2010年，受基础货币投放减少和贷款支付制度安排改变等因素影响，辖内金融机构存款增长乏力。年末，辖内金融机构本外币存款余额同比增长16.90%，增速比上年同期下降10.60个百分点。

（2）不良贷款继续低位双降，损失准备继续大幅增长

2010年，辖内金融机构不良贷款继续实现低位“双降”，资产质量持续改善。年末，辖内金融机构不良贷款余额和不良贷款率分别同比下降25.09%和0.39个百分点；贷款损失准备充足率和拨备覆盖率分别同比提高48.43个和71.39个百分点。

（3）利润大幅增长，仍主要依赖利息收入

2010年，辖内金融机构累计实现利润同比增长34.75%，为近四年新高，银行业盈利能力和盈利效率均不断提高，战略转型持续推进。从利润构成看，利息收入仍是拉动利润增长的主要力量。值得关注的是，2010年受非对称加息等因素影响，银行资产仍多配置于中长期贷款，仍主要依靠利息收入，收入来源过于单一，盈利基础仍显薄弱。

（4）中外资法人银行经营稳健，可持续发展基础进一步夯实

一是法人银行信贷增长向常态回归，利润水平大幅提高。年末，北京银行和北京农村商业银行本外币贷款余额同比分别增长22.39%和13.90%，信贷增长在适度宽松货币政策引导下逐步向常态回归；辖内外资法人银行资产业务恢复性增长，年末外资法人银行本外币各项贷款余额同比增长45.89%。2010年全年，北京银行、北京农村商业银行及外资法人银行实现利润分别同比增长21.44%、14.63%和8.63%，利润水平大幅提高。

二是资产质量及风险抵御能力大幅提高。年末，北京银行、北京农村商业银行和外资法人银行不良贷款余额同比分别下降16.98%、26.78%和22.50%；不良贷款率同比分别下降0.33个、2.65个和0.20个百分点，资产质量大幅提高。北京银行、北京农村商业银行和外资法人银行拨备覆盖率同比分别提高91.45个、43.82个和129.09个百分点，风险抵御能力进一步提高。

三是资本水平及质量均大幅提高，可持续发展基础进一步夯实。2010年，北京银行发行65亿元次级债用以补充附属资本，北京农村商业银行通过增发普通股补充核心资本，并同时置换不良资产。经过资本补充，两家中资法人银行资本充足率较第三季度末均有所提高。

（5）体制改革进一步推进，非银行金融机构种类丰富

2010年，银行类金融机构改革继续向纵深推进。五家已改制大型商业银行分行继续深化内部改革，资产负债规模平稳增长，利润水平持续提高，经营更为稳健。北京银行继续全面完善各项公司治理机制，推进跨区域发展战略。2010年，北京银行新增异地分支机构15家，其中分行3家，支行11家，阿姆斯特丹代表处1家。

2010年末，北京辖内共有银行业金融机构3 600多家，新增近80家，其中开业和批准筹建中外资法人和分行级机构20多家。非银行金融机构共38家，其中信托公司3家，企业集团财务公司26家，汽车金融公司6家，金融租赁公司1家，消费金融公司1家，货币经纪公司1家。北京已发展成为全国范围内非银行金融机构种类最全、数量最多的地区之一。

2. 银行业发展中值得关注的问题

（1）辖内银行体系流动性持续收紧

2010年，北京市金融机构流动性明显收紧。一是本外币存贷比提高，2010年末辖内金融机构本外币存贷比提高0.27个百分点；二是中外资法人银行流动性比例下降，年末，北京银行、北京农村商业银行和外资法人银行流动性比例分别同比下降10.13个、11.98个和12.79个百分点；三是辖内金融机构为应对流动性问题而提高超额准备金，12月北京银行和北京农村商业银行日均超额存款准备金率分别同比提高0.42个和0.90个百分点。

（2）政府融资平台贷款风险仍需关注

一是辖内政府融资平台贷款现金流覆盖比例存在高估的可能性，潜在风险或被低估；二是完成三方签字的贷款较少，部分政府融资平台贷款风险缓释措施未真正落实；三是异地政府融资平台公司贷款风险易被忽视；四是土地储备贷款今明两年集中到期，违约风险值得关注。

（3）经营性物业抵押贷款风险值得关注

一是信用风险。经营性物业抵押贷款期限较长，一般从5年到10年以上不等，贷款期内不确定性因素多，对抵押物和企业自身还款能力的判断比较困难。二是贷款用途不易监控。经营性物业贷款的贷款用途相对灵活，可以用于置换前期贷款或企业周转，贷款一般不采取受托支付方式而是直接打入企业账户，削弱了银行对贷后用款的监控。三是变相延长贷款期限。经营性物业贷款用于置换原有开发贷款，实际上变相延长了房地产开发贷款期限，使得开发商的短期债务中长期化。

（4）中长期贷款占比进一步上升，“整借整还”问题需要引起重视

2010年末，辖内银行业金融机构本外币中长期贷款余额占各项贷款新增额的93.77%，同比提高12.81个百分点，创历史新高。中长期贷款占比提高的原因主要是在流动性收紧的背景下，商业银行将资产配置转向收益更高的中长期资产，通过调整票据融资规模和短期贷款规模腾挪空间。

（5）信贷集中度仍未缓解，不良贷款行业及客户集中现象尤为明显

2010年，辖内信贷客户集中度仍然较高，信用风险仍未有效分散。年末，辖内银行业金融机构最大十家集团客户贷款余额同比增长22.33%，高出各项贷款增速4.85个百分点；最大十家集团客户贷款占各项贷款比例同比提高0.90个百分点，客户集中度仍较高，信用风险仍未有效分散。不良贷款的行业及客户集中现象也较为明显。不良贷款主要集中于制造业、批发和零售业、房地产业、个人贷款行业、租赁和商务服务业，这五大行业不良贷款合计占全部不良贷款总额同比提高0.75个百分点。

（二）证券业：上市公司数量增加，期货公司经营状况明显改善

2010年，北京市证券业稳步发展，

上市公司数量有所增加，受证券市场行情震荡影响，证券交易活跃性下降，证券公司盈利能力略有降低。

1. 证券业稳步发展，行业整体实力增强

（1）证券公司风险防范能力有所增强，市场活跃度下降

2010 年，北京市证券公司经营情况较好，资本净额及净资产均有所增加，业务制度建设逐步深化，风险防范能力有所增强。年末，北京市共有正常经营的法人证券公司 17 家，证券公司在京营业部 230 家。受证券市场行情震荡影响，证券公司各项利润指标及证券市场交易额出现下降。证券公司 2010 年实现营业收入和净利润分别同比下降 10. 58% 和 26. 12% 。证券公司客户交易结算资金余额和证券市场交易额分别同比下降 8. 23% 和 6. 08% 。

（2）基金份额继续下降，基金净值出现缩水

2010 年末，注册在北京的法人基金管理公司 7 家，管理基金 94 只，其中封闭式基金 3 只，开放式基金 91 只。年末管理基金份额规模合计 4 008. 79 亿份，连续两年出现下降。受证券市场震荡行情影响，基金管理净值也有所下降，年末共计 4 461. 45 亿元，同比下降 5. 97% 。

（3）期货公司资产规模继续扩大，经营状况显著提升

2010 年末，北京市共有期货经纪公司 19 家，期货营业部 67 家。资产总额及净资产分别同比增加 90. 75% 和 111. 60% ，增幅较大主要是部分期货公司增资和客户保证金水平大幅提升所致。受代理交易额大幅增长带动，期货公司经营状况显著提升，2010 年实现手续费收入及利润同比均大幅增长。

（4）公司上市步伐加快，综合治理继续改善

2010 年末，北京市共有上市公司 164 家。上市公司总股本及总市值均居全国第一。2010 年，北京地区 A 股上市公司新增近 40 家，创历年新高，比上年增长 1 倍多。随着证券市场的发展和基础制度的逐步完善，北京市上市公司已初步建立起较为完善的治理结构。

2. 证券业发展中需要关注的问题

（1）证券公司盈利渠道单一问题不容忽视

2010 年，北京市证券公司经纪业务手续费收入和证券发行收入占全部营业收入的 75. 08% ，受证券市场行情震荡影响，营业收入及利润下降幅度均超过 20% ，虽然未出现大面积亏损，但证券公司盈利模式单一，收入增长与资本市场行情相关性较高等问题仍然明显。

（2）投资咨询机构引发纠纷问题突出

目前，北京市共有投资咨询公司 18 家，存在盈利模式不成熟，实力弱，规模小，业务开展不规范等问题。个别公司通过夸大宣传、不实报道以及虚假广告等方式招揽客户，违规开展代客理财等高风险业务，特别是出售炒股软件，片面夸大软件功能，导致客户遭受重大损失，引发大量信访投诉，严重的可能会造成群体事件的发生。

（3）利用网络媒体、广播电视、电话等方式从事非法证券活动增多

不法分子利用媒体营销等方式开展非法证券活动，进行非法交易操纵股票价格，诈骗投资者资金，或利用虚假夸大信息违规开展营销活动，另外利用欺诈手段、通过收取会员费或资源费的方式骗取

投资者资金事件也有所发生。利用网络、电话等从事非法证券活动的案件往往较难确认案犯身份，调查取证困难。

（4）非法期货交易活动呈攀升趋势

近年来，由于大宗资产、黄金等贵金属商品价格不断上涨，股指期货等创新工具的推出，期货交易不断升温，大宗商品中远期合同、地下炒金和网络炒汇等非法期货活动不断攀升，给北京市金融秩序和社会稳定造成了重大隐患。同时，投资者对新产品缺乏了解，市场稳定运行面临较大压力，需要及时跟进了解、关注可能带来的风险。

（三）保险业：各项业务快速增长，经营效益显著提升

2010 年，北京市保险业务快速增长，经营效益明显改善，风险得到有效防范，市场保持了良好发展势头。

1. 保险业务快速增长，支持经济发展及社会保障功能显著

（1）机构数量基本稳定，保险业务快速增长

2010 年末，在京保险分公司和直接经营业务的保险总公司 88 家，其中产险公司 35 家，寿险公司 48 家，政策性保险公司 1 家，再保险公司 4 家。2010 年，北京保险业实现保费收入同比增长 38.5%，保费规模居全国第三。

（2）产寿险主要业务拉动作用明显，新会计准则推动寿险保障型业务发展

2010 年，财产险公司实现保费收入同比增长 29.03%，其中车险保费收入同比增长 39.48%，占财产险保费收入的 70.43%。寿险公司实现保费收入同比增长 41.6%，其中分红险保费收入同比增长 65.5%。2010 年会计准则 2 号解释的实施促进各寿险公司保障型产品推广，普通寿险同比增长 6.9%，投连险出现下降。

（3）产险主要监管指标向好，寿险公司市场表现平稳

2010 年，产险公司实现承保利润同比增长 3.3 倍，承保利润率同比提高 2.94 个百分点，其中车险业务扭亏为盈；产险公司滚动应收率同比下降 1.33 个百分点，综合赔付率同比下降 3.09 个百分点。2010 年北京寿险行业赔付支出有所减少，累计赔付支出同比下降 4.5%；寿险个险渠道 13 个月保费继续率为 85%，同比下降 2 个百分点。

（4）外资保险公司业务发展迅速

2010 年，外资产险公司保费平均增长 86.45%，远高于市场平均水平，市场份额合计达到 3.47%；外资寿险公司共实现保费收入同比增长 54.9 个百分点，市场份额同比提高 1.7 个百分点。

（5）政策性农业保险及健康险发展情况

2010 年，北京市政策性农业保险已开办涵盖种植业、养殖业共计 18 个险种，农业保险的风险保障覆盖率达到近 40%，险种覆盖率占到农业生产资源 75% 以上，逐步形成了稳健、规范、可持续发展的良好局面。

北京健康险业务规模稳步增长、产品供给日益丰富、发展基础不断夯实。2010 年，经营健康险的市场主体保费收入居全国首位，近 5 年来年均增长超过 10%，健康险产品已形成了疾病、医疗、失能收入损失以及护理保险四类产品体系，基本满足了多样化的医疗保障需要。

2. 保险市场中值得关注的问题

（1）保险公司仍然存在经营不规范问题

一是业务数据不真实问题。一些公司存在虚列费用和少计提未决赔款准备金等问题；二是销售误导是寿险违规重点，主要为隐瞒合同的保险期限、初始费用扣除、收费标准和犹豫期等与合同相关的重要内容等问题；三是车险理赔时效问题突出，主要为在定损时效、核赔时效和赔付时效等方面未依照保险法要求，及时履行赔付义务。

（2）产寿险业务结构有待改善

2010年，车险保费收入占财产险保费收入的70.43%，同比增加5.27个百分点。财产险业务过度集中于车险，不利于其平稳发展，北京市近期出台购车新政策，预计未来车险业务增速会有所降低；2010年，银保渠道保费收入占寿险公司业务的55.9%，普通寿险业务的增长率6.9%，远低于整体寿险业增速。普通寿险业务发展缓慢，使寿险行业更易受资本市场影响，也不利于实现保险行业的传统保障功能，由于银行多趋向于销售收取手续费快的趸缴产品，银保渠道占比过多不利于保险期限结构的调整。

（3）宏观经济政策及保险相关规则可能对保险业务格局及发展产生影响

一是宏观经济政策对保险业的影响。2011年货币政策将由适度宽松转为稳健，虽然短期内对寿险市场影响不大，但长期看必然影响到寿险业务的稳定性和流动性。二是会计准则2号解释的实施可能使寿险市场竞争格局发生重大改变。按新口径统计，2010年北京寿险公司保费收入较旧口径下降21.5%。三是寿险预定利率市场化将在一定程度上使保险公司让利于消费者，虽然薄利多销可能提升保险公司的总体利润，但传统寿险成本的逐步上升，将对保险公司的新业务利润率和产品结构产生一定影响。

三、金融市场运行与金融稳定

（一）金融市场交易活跃，继续呈现净融出资金格局

1. 货币市场交易规模显著增长，净融出资金规模扩大

2010年，北京地区货币市场交易活跃，货币市场同业拆借交易和债券回购交易规模均保持了较快增长。北京地区金融机构网上拆借累计成交同比增长48.44%，交易规模创历史新高，占全国交易量的56.21%；债券回购交易大幅增长，成为金融机构调剂资金的主要方式，2010年北京地区金融机构累计成交同比增长33.44%，占全国交易量的47.42%。从资金流向看净融出资金规模继续扩大。

2. 债券市场现券交易活跃，远期交易继续缩减

现券市场交易十分活跃，成交量显著增长。2010年累计买卖债券同比增长44.94%，占全国交易量的29.06%。银行类金融机构和证券公司是现券市场的主要投资机构；受货币政策调整预期的影响，债券远期市场交易明显减少，2010年远期买卖累计成交同比下降89.59%。

3. 资本市场活跃度下降，债券市场成为非金融企业直接融资主要渠道

受证券市场震荡行情影响，2010年末北京地区法人证券公司客户交易结算资金余额出现下降。地区法人证券公司证券市场交易额及其中的股票、基金交易额较上年也有所减少。2010年北京地区境内上市公司累计筹集资金同比增长59.69%。其中，中小企业板筹资额和创业板筹资额分别同比增长487.37%

和172.86%。

4. 结售汇总量扩大，外汇衍生品交易大幅增长

2010年，北京地区银行结售汇总量同比增长39%，结售汇总量继续位居全国第一，占全国结售汇总量的18.4%，占比较上年提高1.5个百分点；在人民币升值预期下，外汇远期买卖累计成交同比增长182.58%，其中，买入和卖出分别同比增长161.19%和207.06%。外汇掉期买卖同比增长34.50%；其中买入和卖出分别同比增长28.46%和40.96%。

5. 黄金价格走势强劲，市场交易活跃

2010年，国内黄金价格走势强劲。北京地区上海黄金交易所会员黄金买卖累计成交同比增长37.06%。其中，黄金买入和卖出分别同比增长29.05%和45.51%；自营交易和代理交易分别同比增长15.68%和104.07%。

（二）金融市场运行中值得关注的风险

1. 货币政策由“适度宽松”转向“稳健”，债券市场发展值得关注。货币政策回归稳健后，债券市场将不可避免的受到影响。首先，债券市场资金面将会有所收紧，从而影响债券市场发展的宏观环境；其次，利率上升将加大企业付息压力，影响企业的财务状况，从而导致企业偿债风险加大；最后，企业从银行获取资金难度加大，进而转向债券市场进行融资，又为债券市场发展带来新的机遇。

2. 货币市场利率波动性明显增强，加大了金融机构流动性管理的难度。2010年，货币市场利率与2009年相比波动性明显增强，流动性多次出现阶段性紧张。从政策因素来看，货币市场利率受到存款准备金率、公开市场操作和基准利率调整的影响；从外部因素来看，货币市场利率又受到外汇占款、节日资金需求、金融机构存贷比考核、大型机构IPO或配股以及债券发行等因素变化的影响。在货币政策由“适度宽松”逐渐转为“稳健”的背景下，货币市场利率易受政策和外部因素的影响而导致波动性明显增强，从而加大了金融机构管理内部流动性的难度。

3. 货币市场资金借贷的短期化趋势明显，风险监测要求提高。2010年，北京地区货币市场交易短期化趋势明显。一方面，在宏观经济形势影响下，市场预期利率将不断上行，资金需求上升所致。另一方面，也不排除是受市场上投机性资金需求上升因素的影响。因此，在风险监测中需要加强对短期资金流向的分析，防止短期资金大量流向高风险市场，给金融稳定带来潜在威胁。

4. 企业债券成交量大幅增长，信用风险需要关注。2010年，北京市金融机构企业债券累计成交同比增长近1倍，占全部债券交易的22.15%。企业债全部属于信用债券，目前基本能够完全到期兑付，但随着集合债等风险较高债券品种的推出，信用风险不容忽视。如经济出现波动，可能会造成一定的企业债信用风险。

四、金融基础设施与金融稳定

2010年，北京市金融基础设施建设继续稳步推进，现代化支付体系日臻完善，社会信用体系建设稳步推进，反洗钱力度加大，金融业发展环境不断改善，为确保北京金融体系的稳健运行起到了促进和支持作用。

（一）支付体系日益完善，支付环境不断优化

2010 年，北京市大额支付系统处理业务笔数及金额同比分别增长 14.00% 和 32.01%，处理业务金额在全国居首位。小额支付系统处理业务及金额同比分别增长 45.13% 和 21.24%，支付系统参与者数及业务量继续呈稳步上升趋势。2010 年电子商业汇票系统在全国推广上线，北京地区各电子商业汇票机构同步上线，业务量逐月上升，截至年末北京地区电子商业汇票系统上线机构共 56 家，当年推广上线机构 47 家。北京市 2010 年银行卡 POS 刷卡交易总笔数和总金额同比分别增长 34.93% 和 40.38%，银行卡刷卡消费金额占社会消费品零售总额的比例持续提高，银行卡服务民生、拉动内需的作用日益显著。

（二）信用体系建设更趋完善，社会信用意识进一步增强

2010 年，人民银行营业管理部共办理贷款卡行政许可 8 568 户，接待个人信用报告查询 41 430 人次，梳理 120 余家征信系统接入机构信息，企业征信系统作用日益突出。北京市 2010 年提出了“建设一个平台、构建两个机制、做到三个示范、实现四个服务”的首都社会信用体系建设工作目标，人民银行营业管理部与政府部门间信用信息共享工作也取得新的进展。与市质监局组织机构代码中心基于贷款卡持卡单位基本信息比对、修正、更新的信息共享工作全面展开；新增和更新了企业征信系统中的企业缴纳社保相关信息；连续采集北京市 400 万个人公积金缴存信息数据。

（三）反洗钱监管机制不断完善，监管力度持续加强，反洗钱发现和打击犯罪的职能成效日益显著

2010 年，人民银行营业管理部对北京市多家金融机构实施了反洗钱现场检查，发现反洗钱内控制度问题 62 个，违反客户身份识别规定问题 437 万个，并对存在问题的 5 家机构依法实施了行政处罚，有效推动了问题机构反洗钱工作的改进，全面带动北京市金融机构反洗钱整体水平不断提高。2010 年北京市同时加快了反洗钱工作科技建设步伐，开发完成反洗钱非现场监管系统，制定了风险评估制度等一系列非现场评估控制办法，形成了以系统为依托，以制度为导向，以约见、质询、联席会议等为手段的具有首都特色的非现场监管体系，反洗钱非现场监管效率大幅提高。

（四）跨境人民币结算业务开局良好

2010 年，北京地区跨境贸易人民币结算试点正式启动。截至年末，北京市银行累计办理跨境人民币结算业务 1 192 笔，金额 1 147.8 亿元。跨境贸易人民币结算量居各试点地区当年结算量的首位，特别是 8 月以来，跨境人民币结算月增量均保持在百亿元以上。年内完成两笔资本项目跨境人民币业务，涉及金额近百亿元，实现跨境人民币业务由贸易领域向投融资领域的延伸。2010 年，北京地区跨境人民币业务的境外地域已扩大到 33 个国家和地区，其中，有 1 130 笔跨境人民币业务境外交易地区是新兴市场和发展中国家，占比高达 94.8%，有力地促进了我国与新兴市场和发展中国家的经贸与金融互利合作关系。

（五）金融发展政策体系进一步完善，金融环境得到优化

2010 年，北京市金融发展环境进一步优化，出台《关于推进首都科技金融

创新发展的意见》，促进科技与金融的有机结合；成功举办北京国际金融博览会和首都金融论坛，区域金融合作和金融国际化交流进一步加强。人民银行营业管理部组织等有关部门联动，破获了“王氏”非法组织网络炒汇案，通过央视《东方时空》和北京电视台《法制进行时》栏目，对“7·13”盈富汇公司案进行了“网络炒汇案”专题宣传，严厉打击了各类违法违规外汇资金流入，维护了国家经济金融安全。

五、总体评估和政策建议

（一）总体评估和定量评价

2010 年，北京地区经济平稳运行，银行业资产规模持续扩大，盈利水平大幅攀升；证券业及保险业健康发展，金融市场运行平稳，融资结构更趋合理，金融基础设施持续完善。

人民银行营业管理部 2010 年金融稳定定量评估模型结果显示，北京市 2010 年金融稳定状况综合得分为 89.41 分，较 2009 年提高 3.31 分，表明金融体系运行稳健中持续改善。在选取的 29 项指标中，共 11 项指标得到改善，11 项指标保持稳定，7 项指标相对恶化。

（二）政策建议

1. 继续支持首都特色经济发展，发挥金融促进经济发展方式转型的积极作用

2011 年，人民银行营业管理部将继续引导金融业积极促进首都特色经济健康发展，支持经济转型稳步推进。一是金融机构信贷在保持合理增长，并满足首都经济发展的合理资金需求基础上，将继续加大产品和服务创新，支持首都高科技产业、文化产业和战略新兴产业发展。二是通过发行短期融资券、中期票据、企业债、资本市场股权融资等多种直接融资方式满足实体经济的金融需求，促进首都经济社会平稳和谐发展。

2. 贯彻执行稳健的货币政策，加强对社会薄弱环节的金融服务

人民银行营业管理部将全面学习贯彻中央经济工作会议精神，按照总体稳健、调节有度、结构优化的要求，努力提高传导和执行稳健货币政策的针对性、有效性和灵活性，落实差别准备金动态调整措施，在保持合理社会融资规模基础上，引导资金更多投向实体经济特别是中小企业和“三农”等领域，全面提升金融服务水平。

3. 引导商业银行加强资产负债管理，推动其加快战略转型步伐

一是引导商业银行加强资产负债管理，应对流动性风险。商业银行可通过缩短资产久期的方式来应对负债活期化态势，同时还可拓宽融资渠道，创新融资机制来调整资产负债缺口。二是鼓励金融机构主动创新产品与服务，提高中间业务比重，改善盈利模式单一现象，加速战略转型步伐。

4. 引导辖内金融机构关注房地产市场，防范房地产信贷风险

一是督促银行机构加大对土地储备类贷款的日常监测和贷后管理，及时掌握土地上市交易和规划情况，严密防控违约风险；二是督促银行机构切实加强房地产开发贷款的风险管理力度；三是督促银行机构继续严格执行差别化住房信贷政策，鼓励金融机构加大政策执行差异，着力抑制投资投机等的购房需求。

5. 完善以社会融资总量为调控中间目标，提高社会融资总量的调控效果

一是完善社会融资总量统计指标。直接融资方式及新的金融产品将不断涌现，

社会融资总量统计口径要及时予以调整，地方社会融资总量统计指标仍需完善；二是研究社会融资总量的内涵及其与宏观经济的关系，不断丰富完善社会融资总量指标体系；三是提高社会融资总量指标的可控性。社会融资总量与宏观经济关系密切，增强其可控性需要开发出更多的政策工具。

（陈爱兵　齐川
田娟　张素敏　钱珍）

二、市场运行

金融市场

2010年，北京地区金融市场总体运行平稳。同业拆借显著增长，成交量再创新高；债券回购交易大幅增长，隔夜交易占据主导地位；现券市场交易十分活跃，信用债券成交量增长近一倍；债券远期交易意愿明显减弱，交易规模大幅缩减；外汇即期交易保持稳定，外汇衍生品交易需求旺盛；黄金价格走势强劲，市场交易活跃。

一、金融市场运行基本情况

（一）货币市场

1. 同业拆借市场

同业拆借显著增长，成交量再创新高。北京地区金融机构[①]网上拆借累计成交31.33万亿元，同比增长48.44%，交易规模创历史新高，占全国交易量的56.21%。其中，拆入资金13.91万亿元，同比增长17.03%；拆出资金17.42万亿元，同比增长88.93%。全年网下拆借交易没有发生。

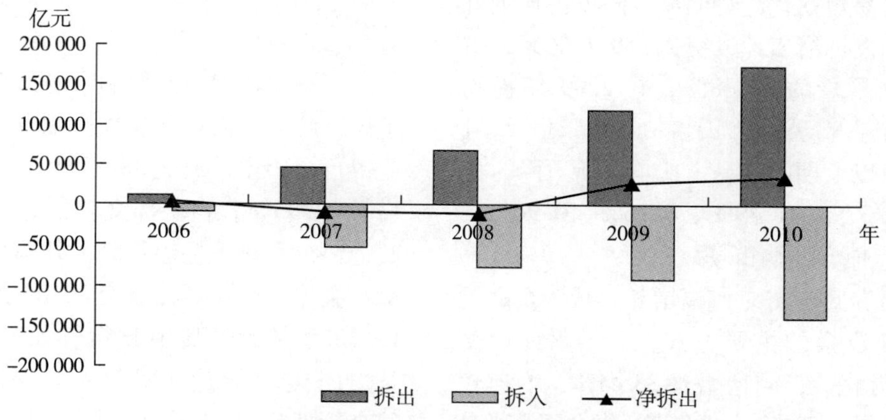

图1　2006年至2010年北京地区网上拆借变动趋势图

其他银行[②]交易规模占比过半，净拆出资金大幅增长。其他银行全年累计拆借资金18.01万亿元，占全部成交量的57.48%，净拆出资金2.63万亿元，同比增长43.66%。国有商业银行是拆借市场第二大类交易机构，全年累计成交8.99万亿元，占全部成交量的28.70%，净拆出资金2.15万亿元，同比增长28.35%。政策性银行、财务公司、外资银行、证券公司交易规模相对较小，成交量分别为1.79万亿元、1.79万亿元和0.49万亿元，其中政策性银行为净拆出机构，财务公司、外资银行、证券公司则是主要净拆入机构。

① 指在北京地区营业的所有金融市场成员，包括各政策性银行、国有商业银行总行及北京市分行、各股份制商业银行总行及在京营业机构、北京银行、北京农村商业银行、中国邮政储蓄银行、各外资银行在京营业机构，在京各证券公司、财务公司、基金管理公司、保险公司、信托投资公司、资产管理公司等。

② 指在京各股份制商业银行总行及营业机构、中国邮政储蓄银行及北京分行、各城市商业银行北京分行、北京银行、北京农村商业银行。

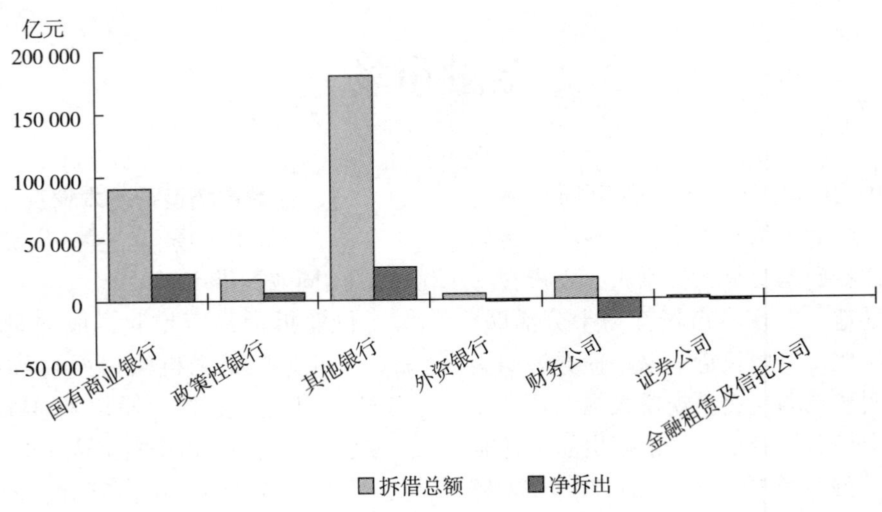

图 2　北京地区网上拆借净融出资金分布图

交易短期化趋势明显，隔夜占比近九成。隔夜拆借累计成交 27.59 万亿元，占全部交易量的 88.08%，较 2009 年提高 4.26 个百分点。7 天、14 天、21 天、1 个月及以上期限交易占比均有所下降，分别为 9.37%、1.49%、0.16%、0.90%。

2. 债券回购市场

债券回购交易大幅增长，成为金融机构调剂资金的主要方式。全年累计成交 83.08 万亿元，同比增长 33.44%，增速较 2009 年提高 20.93 个百分点；占全国交易量的 47.42%。其中，正回购累计成交 26.84 万亿元，同比增长 44.40%；逆回购累计成交 56.23 万亿元，同比增长 28.77%。

国有商业银行是回购市场最大的交易主体，政策性银行交易规模翻番。国有商业银行全年累计成交 38.93 万亿元，同比增长 22.93%，占全部交易量的 46.86%。其他银行和政策性银行是另外两个主要的交易主体，全年累计成交 20.05 万亿元和 13.52 万亿元，其中政策性银行实现翻番，同比增长达 126.76%。保险公司、基金管理公司、证券公司回购交易量占比较小，分别为 3.62%、3.00% 和 2.38%。

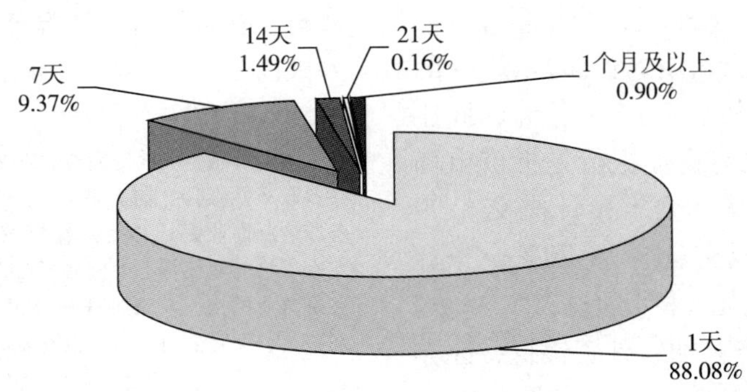

图 3　北京地区网上拆借期限结构分布图

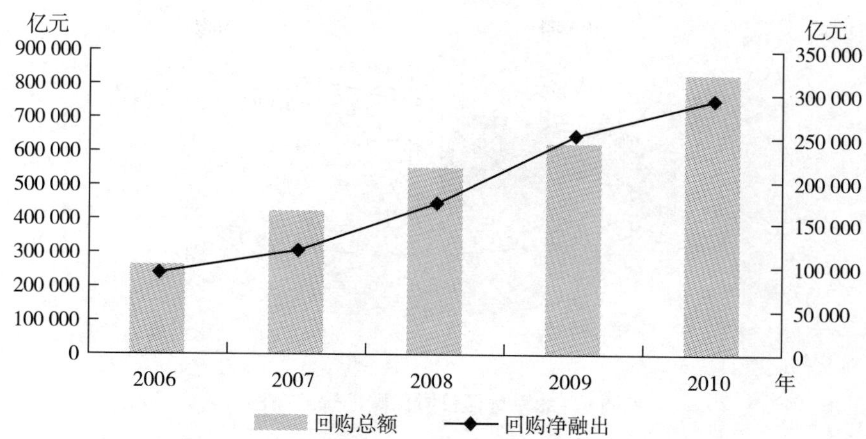

图4　2006 年至 2010 年北京地区债券回购交易变动趋势图

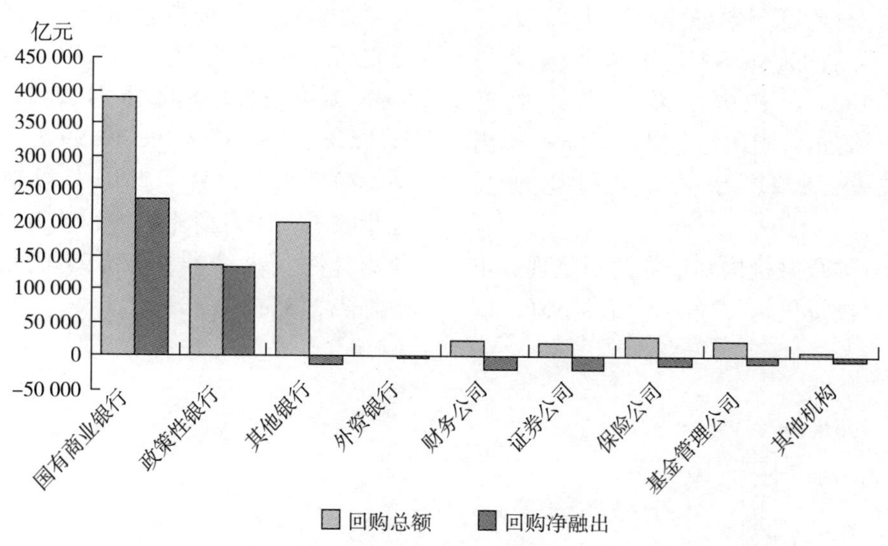

图5　北京地区债券回购资金分布图

净融出资金稳步增长，其他银行由资金净融出方变为净融入方。全年通过回购净融出资金 29. 39 万亿元，同比增长 18. 07%。国有商业银行是回购市场资金主要供给方，净融出资金 23. 55 万亿元，同比下降 7. 30%。政策性银行净融出资金 3. 84 万亿元，同比增长 125. 92%。其他银行由 2009 年的净融出机构变为净融入机构。证券公司、财务公司、保险公司是回购市场重要的资金需求机构，分别净融入资金 18. 89 万亿元、18. 46 万亿元和 12. 39 万亿元。

隔夜交易占据主导地位，占比进一步上升。全年隔夜交易累计成交 68. 27 万亿元，占全部交易量的 82. 18%，较 2009 年提高 5. 16 个百分点；7 天、14 天、21 天期限占比分别为 13. 70%、2. 66% 和 0. 32%，均出现一定程度的下降。1 个月及以上期限交易占比为 1. 14%，较 2009 年略有上升。

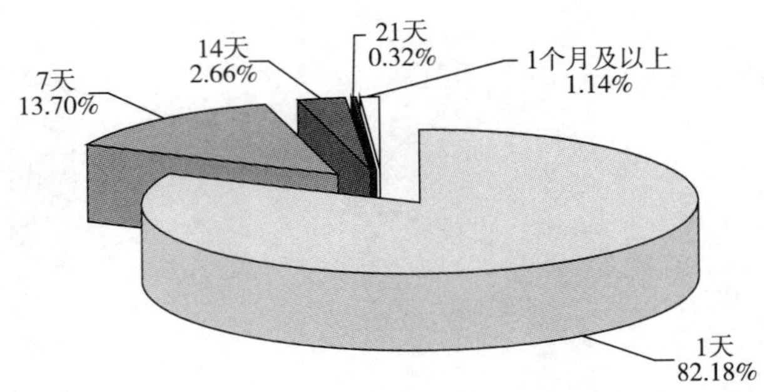

图6 北京地区债券回购期限分布图

（二）现券交易市场

现券市场交易十分活跃，成交量显著增长。全年累计买卖债券37.22万亿元，同比增长44.94%，占全国交易量的29.06%。其中，买入累计成交19.00万亿元，同比增长41.97%；卖出累计成交18.21万亿元，同比增长48.17%。

银行类金融机构和证券公司是现券市场的主要投资机构，净买入债券下降。国有商业银行全年累计成交10.94万亿元，同比下降1.07%；政策性银行、其他银行、外资银行和证券公司分别成交10.16万亿元、6.22万亿元、2.46万亿元和5.45万亿元，增幅分别为118.74%、31.85%、104.97%和140.99%。从债券买卖净额来看，由于2010年以来流动性逐步收紧，国有商业银行和政策性银行全年累计净买入债券9 025.95亿元，同比下降27.72%。

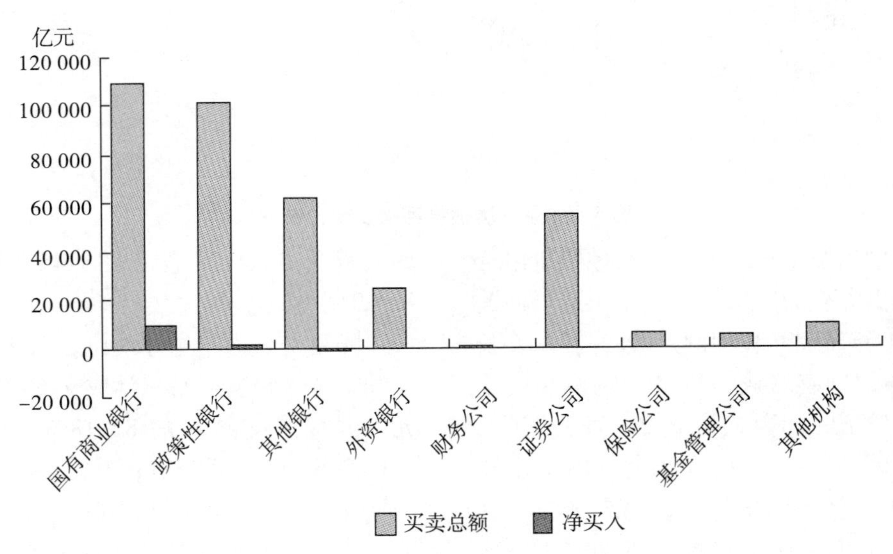

图7 北京地区各机构净买入债券分布图

信用债券成交量增长近一倍，收益率有所提高。信用债券全年累计成交 8.24 万亿元，同比增长 93.31%，占全部债券交易的 22.15%。其中，中期票据、短期融资券分别成交 4.31 万亿元、2.60 万亿元，两者共占全部信用债券的 83.91%。信用债券收益率由于期限和信用等级的不同而有所差异，短期融资券、中期票据、企业债券、集合票据的平均到期收益率分别为 2.8130%、3.8607%、4.9755% 和 5.1611%，均高于 2009 年同期水平。

（三）债券远期市场

远期交易意愿减弱，交易规模大幅缩减。受货币政策调整预期的影响，债券远期市场交易明显减少。2010 年远期买卖累计成交 176.13 亿元，同比下降 89.59%。其中，远期卖出债券 66.63 亿元，同比下降 92.11%；远期买入债券 109.50 亿元，同比下降 78.04%。

交易品种单一，参与机构仅 5 家。全年只有 7 天和 14 天两个期限品种有交易发生，成交量分别为 140.03 亿元和 36.10 亿元。参与远期交易的金融机构仅 5 家，包括 2 家国有商业银行、2 家股份制商业银行和 1 家证券公司。

（四）银行间外汇市场

即期外汇交易基本保持稳定，交易量小幅回落。即期外汇买卖累计成交 2.64 万亿美元，同比下降 6.00%。其中，买入 1.33 万亿美元，同比下降 5.11%；卖出 1.31 万亿美元，同比下降 6.89%。

金融机构避险需求旺盛，外汇衍生品交易大幅增长。受人民币升值预期影响，外汇远期买卖累计成交折合 256.10 亿美元，同比增长 182.58%，其中，买入和卖出分别成交折合 126.33 亿美元和 129.77 亿美元，同比分别增长 161.19% 和 207.06%。外汇掉期买卖累计成交折合 9 244.88 亿美元，同比增长 34.50%。其中，买入累计成交折合 4 561.55 亿美元，同比增长 28.46%；卖出累计成交折合 4 683.33 亿美元，同比增长 40.96%。

外币对数量增加，交易稳步增长。2010 年，外汇市场交易的外币对数量有所增加，美元/新加坡元加入交易。外币对累计成交折合 71.61 亿美元，同比增长 19.02%。交易最活跃的外币对为美元/港元和欧元/美元，分别成交折合 49.00 亿美元和 13.59 亿美元，占比分别为 68.43% 和 18.98%。

非银行金融机构不断进入银行间外汇市场，市场成员超过 30 家。2010 年，中海油财务公司、中粮财务公司、中远财务公司进入全国银行间外汇市场并开展交易，累计买入折合 36.98 亿美元，卖出折合 1.89 亿美元，净买入折合 35.09 亿美元。截至 12 月末，北京地区共有 6 家财务公司开展银行间外汇市场交易，外汇市场成员达到 31 家。

（五）黄金市场

黄金价格走势强劲，市场交易活跃。2010 年，国内黄金价格走势强劲，上海黄金交易所现货金价主力合约 AU99.95 开盘价由年初的 241.15 元/克上升到 12 月末的 300.60 元/克，涨幅为 24.65%。黄金价格不断上涨，促使市场投资热情高涨，交易量不断攀升。北京地区上海黄金交易所会员黄金买卖累计成交 2 282.46 吨，同比增长 37.06%。其中，黄金买入和卖出分别成交 1 103.71 吨和 1 179.29 吨，同比分别增长 29.05% 和 45.51%；自营交易和代理交易分别成交 1 460.39 吨和 822.07 吨，同比分别增长 15.68% 和 104.07%。

二、金融市场运行的主要特点

一是净融出资金持续增长，增速大幅回落。在政策因素和其他外部因素影响下，上半年北京地区金融机构流动性一度收紧，净融出资金规模出现下降，下半年在人民币升值预期增强和外汇占款大幅增长的背景下，流动性紧张状况得到缓解，净融出资金量止跌回升。从全年情况来看，北京地区金融机构净融出资金保持持续增长，通过同业拆借和债券回购累计净融出资金32.90万亿元，同比增长19.42%。但从增速来看，则较2009年大幅回落50.08个百分点。

国有商业银行和政策性银行是主要的资金净融出机构，分别净融出资金25.69万亿元和14.00万亿元，同比分别下降5.1%和增长106.74%；财务公司、证券公司资金较为紧张，分别净融入资金3.35万亿元和2.10万亿元，同比分别增长8.06%和34.92%，保险公司、基金管理公司和外资银行资金需求明显下降，分别净融入资金1.24万亿元、0.71万亿元、0.22万亿元，同比分别下降49.44%、68.34%和53.38%。

表1 2010年北京地区货币市场资金流向表 单位：亿元

	融出	融入	净融出	同比增长（%）
国有商业银行	368 058.70	111 136.49	256 922.21	-5.10
政策性银行	146 555.91	6 579.82	139 976.10	106.74
其他银行	197 722.51	182 857.55	14 864.96	-63.99
外资银行	1 765.14	3 927.55	-2 162.41	-53.38
财务公司	3 475.53	37 007.66	-33 532.13	8.06
证券公司	425.96	21 465.88	-21 039.92	34.92
保险公司	8 841.85	21 232.49	-12 390.64	-49.44
基金管理公司	8 899.82	16 037.24	-7 137.42	-68.34
其他机构	792.22	7 269.42	-6 477.20	10.35
总计	736 537.63	407 514.08	329 023.55	19.42

注：融入=同业拆入+质押式正回购+买断式正回购，融出=同业拆出+质押式逆回购+买断式逆回购，净融出=融出-融入，净融出栏里的负号表示净融入资金。

二是非法人投资产品交易十分活跃，交易量成倍增长。非法人投资产品全年通过现券买卖和债券回购累计成交7 782.55亿元，是2009年的3.03倍。其中，信托公司信托产品、证券公司和基金管理公司资产管理计划成交量增长十分迅速，分别成交5 176.81亿元和777.28亿元，分别是2009年的11.4倍和33.4倍；企业年金组合累计成交1825.45亿元，同比下降12.54%。

三是企业债务融资工具不断创新，债券市场成为非金融企业直接融资的主要渠道。2010年，北京地区非金融企业通过发行债券融资8 233.81亿元。其中，短期融资券和中期票据是企业最重要的融资工具，共发行6 101亿元，占全部债券融资额的74%；企业债券和公司债券共发行2 075亿元；中小企业集合票据和集合债券共发行7.81亿元；超短期融资券2010年底登陆银行间债券市场，发行金

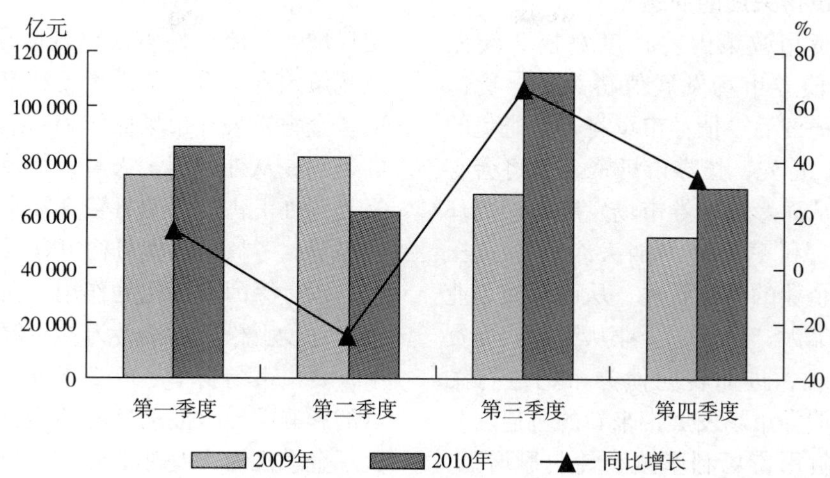

图 8　2010 年北京地区货币市场资金净融出变化趋势

额为 50 亿元。

四是银行间市场成员日益丰富，债券市场准入备案数量持续增长。2010 年，太平洋资产管理公司、中化集团财务有限责任公司、梅赛德斯 - 奔驰汽车金融有限公司和沃尔沃汽车金融有限公司获准进入全国银行间同业拆借市场，银行间市场成员不断丰富。同时，全年北京地区共有 199 只企业年金、227 家非金融企业和 33 只信托理财产品进入银行间债券市场，并到人民银行营业管理部进行备案。其中，企业年金和非金融企业备案数量大幅增长，信托财产有所下降，备案总数量呈现持续快速增长态势，增幅达到 90.46%。

三、金融市场对辖内金融机构的影响

一是货币市场调剂辖内金融机构短期资金的作用日益明显。2010 年，北京地区金融机构通过同业拆借和债券回购累计成交资金 114.41 万亿元，同比增长 36.93%。其中，融出资金 73.65 万亿元，同比增长 32.59%；融入资金 40.75 万亿元，同比增长 45.54%。通过货币市场交易，北京地区金融机构一方面满足了临时性、季节性的资金需求，另一方面则充分运用暂时闲置的资金，提高了资金使用效率。

二是信用债券发展迅速，逐渐成为辖内金融机构的重要投资工具。2010 年，辖内金融机构信用债券累计成交 8.24 万亿元，同比增长 93.31%，已占到全部债券交易的 22.15%，较 2009 年提高 5.54 个百分点。信用债券的快速发展一方面是由于非金融企业对其需求逐渐增多，另一方面则是由于其收益率较高而受到金融机构的普遍欢迎。

三是银行间债券市场推出超短期融资券，企业对短期贷款依赖降低。2010 年 12 月 21 日，中国银行间市场交易商协会发布《银行间债券市场非金融企业超短期融资券业务规程》，正式推出非金融企业超短期债务融资工具。超短期融资券的推出，一方面使得辖内金融机构的投资渠道更加多元化，另一方面也扩大了企业的直接融资渠道，降低对辖内商业银行短期贷款的依赖，从而改善市场的融资结构。

四、值得关注的问题

一是货币政策由“适度宽松”转向“稳健”，债券市场发展值得关注。货币政策回归稳健后，债券市场将不可避免的受到影响。首先，债券市场资金面将会有所收紧，从而影响债券市场发展的宏观环境；其次，利率上升将加大企业付息压力，影响企业的财务状况，从而导致企业偿债风险加大；第三，企业从银行获取资金难度加大，进而转向债券市场进行融资，又为债券市场发展带来新的机遇。

二是货币市场利率波动性明显增强，加大了金融机构流动性管理的难度。2010年，货币市场利率与2009年相比波动性明显增强，流动性多次出现阶段性紧张。从政策因素来看，货币市场利率受到存款准备金率、公开市场操作和基准利率调整的影响；从外部因素来看，货币市场利率又受到外汇占款、节日资金需求、金融机构存贷比考核、大型机构IPO或配股以及债券发行等因素变化的作用。在货币政策由“适度宽松”逐渐转为“稳健”的背景下，货币市场利率易于受到政策和外部因素的影响而导致波动性明显增强，从而加大了金融机构管理内部流动性的难度。

（李瑞敏）

票据市场

2010年，在总量适度、节奏平稳的货币政策导向下，北京地区银行承兑汇票签发量稳步增加，票据融资规模不断缩减，银行间票据市场呈现供大于求的局面，市场交易价格逐月上升。

一、票据市场的基本情况及特点

2010年北京市金融机构票据业务量统计表 单位：亿元

季度	银行承兑汇票承兑		贴现			
			银行承兑汇票		商业承兑汇票	
	余额	累计发生额	余额	累计发生额	余额	累计发生额
1	1 636.08	1 127.81	1 036.14	2 304.47	518.12	505.33
2	1 724.2	1 144.49	995.12	1 902.7	415.08	357.42
3	1 703.59	1 181.4	1 002.51	2 579.77	253.48	375.68
4	1 619.14	1 099.42	948.79	2 440.72	154.56	353.41

数据来源：中国人民银行营业管理部：《票据承兑和贴现业务统计月报》（含中资全国性商业银行北京分行、北京地区性商业银行、财务公司）。

（一）商业汇票签发量平稳增长

北京地区银行以多种形式开展票据承兑业务。首先是出于营销、维系重要客户需要，对其承兑授信给予一定支持，以获取业务综合收益率；其次是积极开展供应链模式下的融资业务，优先支持产业金融链条项下银票承兑业务，并通过票据承兑、贴现的系统内循环获取收益；另外还可以通过收取承诺费、承兑敞口风险管理费等风险缓释手段来降低风险资产敞口余额，提高承兑业务收益。

2010 年末，北京地区金融机构银行承兑汇票余额 1 619. 14 亿元，同比增长 13. 53%；余额比年初增加 192. 95 亿元，同比少增 282. 15 亿元。全年累计签发银行承兑汇票 4 553. 12 亿元，同比增加 725. 10 亿元，各月签发规模基本稳定。北京地区金融机构商业承兑汇票余额 26. 59 亿元，比年初增加 5. 59 亿元，同比增长 26. 49%；全年累计签发商业承兑汇票 60. 05 亿元，同比增加 13. 55 亿元。

（二）票据融资规模继续缩减

在信贷规模、节奏严格受控的情形下，北京地区银行采取快进快出策略，有效缩短票据持有期限；同时坚持票据作为资产蓄水池的功能定位，大幅减持前期低利率票据资产。2010 年末，商业银行票据融资余额 903. 38 亿元，同比下降 45. 83%；较年初减少 764. 39 亿元，同比多减 1 527. 15 亿元。票据融资余额占贷款比重为 3. 05%，较年初下降 3. 55 个百分点。中小企业票据融资降幅尤为明显，12 月末，北京地区中小企业贴现余额为 84. 10 亿元，较年初下降 99. 19 亿元，余额同比下降 54. 12%，其中单户授信小于 500 万元的境内小型企业票据贴现余额为 3. 95 亿元，较年初下降 12. 14 亿元，同比下降 75. 45%。

（三）票据市场贴现利率大幅上扬

当前，各行票据贴现利率普遍在 SHIBOR 基础上，根据货币市场资金宽裕程度，资产负债管理要求加点形成。自 2010 年以来，受人民币存贷款基准利率上调、信贷规模受控、流动性不断回收等因素影响，银行贴现、转贴现利率上涨幅度加大。12 月份，银行承兑汇票贴现利率为 5. 7244%，较年初和 6 月份分别上升 3. 0680 个和 1. 8781 个百分点；商业承兑汇票贴现利率为 5. 3368%，较年初和 6 月份分别上升 2. 1071 个和 1. 8093 个百分点；买断式转贴现利率为 5. 0443%，较年初和 6 月份分别上升 2. 7855 个和 1. 5187 个百分点；回购式转贴现利率为 5. 1384%，较年初和 6 月份分别上升 2. 9565 个和 1. 6401 个百分点。

2010 年北京市金融机构票据直贴、转贴现利率表　　单位:%

季度	贴　现		转贴现	
	银行承兑汇票	商业承兑汇票	票据买断	票据回购
1	3. 451	3. 693	3. 1976	2. 5662
2	3. 8463	3. 5275	3. 5256	3. 5449
3	3. 2858	3. 9936	3. 5200	3. 4205
4	5. 7244	5. 3368	5. 0443	5. 1384

二、票据市场存在的问题和相关政策建议

（一）存在的问题

随着我国金融领域市场化进程的不断加快，票据市场建设取得了长足进步，但仍存在诸多不完善因素，表现为：

1. 票据市场工具相对单一，金融创新滞后，融资规模占社会融资总规模的比例仍然较低。再贴现作为货币政策工具对整个票据市场的调节作用有待进一步发挥。

2. 票据融资缩减对中小型企业影响较大。票据融资的缩减，导致中小企业资金链条收紧，同时利率上升也大幅提高了企业财务成本，不利于中小企业的健康发展。

（二）政策建议

金融管理部门应引导金融机构逐步改变目前过分注重规模、时点考核的模式，转向根据国家产业政策和信贷政策取向，以满足实体经济需要为目的，积极稳妥地开展票据融资业务，并对符合规定的票据融资在申请再贴现时予以利率优惠。

（吴逾峰）

证券市场

一、市场总体运行情况

2010年证券市场总体平稳健康运行，功能得到较好发挥。

一是股票市场交投活跃。2010年，我国沪、深股市累计成交54.56万亿元，同比增加9 647亿元；日均成交2 255亿元，同比增长2.6%。

二是股票指数窄幅下跌。2010年末上证指数收于2 808.08点，与2009年末的3 277.14点相比下跌469.06点，跌幅为14.3%；深证成指收于12 458.55点，与2009年末的13 699.97点相比下跌1 241.42点，跌幅为9.1%。

三是市场融资效率明显提升。2010年531家公司在A股市场融资10 275.2亿元，其中首发347家融资4 883亿元。IPO企业数量及直接融资额均创历史新高。

四是融资融券和股指期货陆续推出，市场运行机制不断完善。2010年3月31日，首批试点券商推出融资融券业务，全年共有25家证券公司获得试点资格，累计开户4.2万户，证券市场的信用交易机制初步建立。4月16日股指期货上市交易，全年累计开户6.1万户，市场交投活跃，运行平稳，期现价格联动性较好，功能得到初步发挥。

二、北京辖区证券市场总体情况

2010年，北京辖区各证券经营机构面对复杂的经济形势，克服困难，抓住机遇，创造了优于行业平均水平的经营业绩，保证了辖区证券市场的健康稳定运行。

（一）辖区证券经营机构数量增长较快

截至年末，辖区共有17家证券公司（另有1家正在筹建），230家证券营业部，27家证券公司分公司，18家证券投资咨询机构，43家外国证券机构北京代表处。与2009年相比，分别新增1家证券公司、25家营业部、7家分公司及4家外资代表处。

（二）辖区证券经营机构经营状况良好

2010年，辖区17家证券公司营业收入总额为282.85亿元，占全行业的14.8%，净利润89.94亿元，17家证券公司全部实现盈利。平均净资产收益率达到14.48%，优于行业平均水平。

2010年，辖区228家正式开业的营业部（有2家营业部新设，暂无经营数据）实现净利润41.33亿元，占全国的6.78%，在36个辖区中排名第四。其中，184家营业部中盈利，44家亏损（绝大部分是当年新开业的营业部），15家营业部营业收入过亿元，5家营业部净利润在亿元以上。

（三）辖区证券交易量位居全国首位

2010 年，辖区营业部证券交易金额为 8.8 万亿元，占全国交易量的 8.38%，在全国 36 个辖区中排名第一。其中，股票交易 7.9 万亿元，基金交易 0.22 万亿元，其他交易 0.68 万亿元。

（四）投资者数量稳步增加，客户总资产位居全国首位

2010 年，辖区投资者开户数从年初的 430 万人增至年末的 473 万人，占全国的 5.12%，在 36 个辖区中排名第六。客户总资产在 36 个辖区中排名第一。

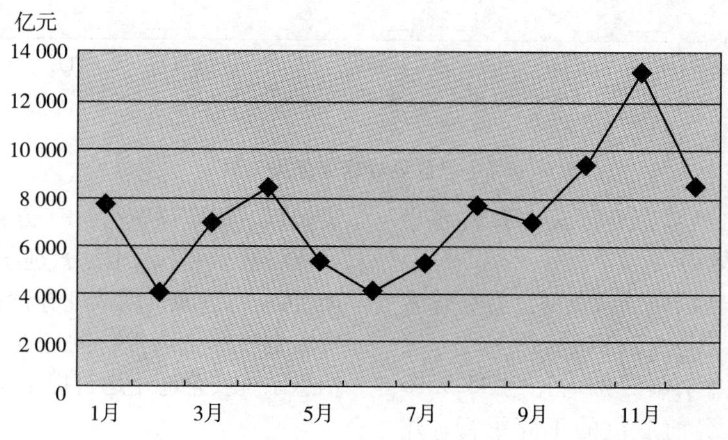

图 1　辖区证券营业部月交易量

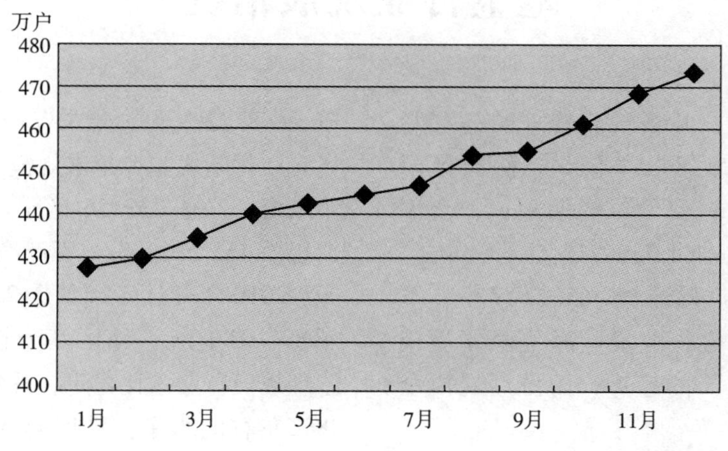

图 2　辖区证券投资者开户数

（五）辖区证券从业人员队伍不断壮大

随着辖区多家证券营业部被批准实施证券经纪人制度，证券营业部营销人员及员工数量呈快速增长态势。由于营销人员的不断增加，各证券营业部之间的竞争日趋激烈，辖区营业部平均佣金率水平全年呈下降趋势。

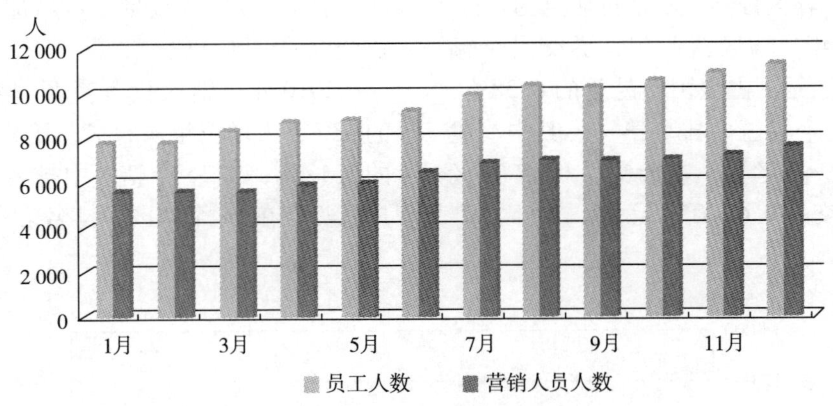

图3 辖区证券营业部员工数

（六）辖区证券营业部三方存管客户分布情况相对集中

2010年，辖区证券营业部三方存管客户集中度较高，其中工商银行的三方存管客户数量和资金余额分别占比为43.95%和36.62%；排名前三位的工商银行、建设银行、招商银行合计三方存管客户数量和资金余额占比分别达71.99%和76.46%，造成了辖区证券营业部客户交易资金划转对个别银行的过度依赖，对银行信息系统安全稳定运行提出了较高要求。

（雷芬芳）

基金行业发展情况

2010年末，基金行业管理的公募基金资产净值25 184.54亿元，份额规模24 215.84亿份；较上年同期相比，全年资产净值减少1 739.21亿元，下降6.46%，份额规模减少465.97亿份，下降1.89%。基金行业资产净值全年呈现出"前减后增"的趋势，而份额规模全年持续减少。

一、北京辖区基金业基本情况

截至年末，北京辖区共有基金管理公司11家，管理基金144只（全国705只），行业占比稳定保持在20%左右。年末总规模6 864.65亿份，年末资产净值7 578.85亿元。其中，开放式基金年末规模6 668.22亿份，年末资产净值7 345.29亿元；封闭式基金年末规模196.43亿份，年末资产净值233.56亿元。QDII基金年末规模452.59亿份，资产净值361.86亿元。2010年共计发行基金25只，募集份额897.01亿元。辖区基金管理公司资产管理规模行业占比稳定，几年来一直维持28%左右的水平。辖区有3家公司（华夏、嘉实和银华）管理资产规模在全国位居前十位，其中华夏基金管理公司管理的公募基金规模接近全行业的10%。2010年北京辖区法人基金管理公司经营状况良好，取得营业收入70.35亿元，净利润20.16亿元。

二、主要特点

（一）市场主体种类齐全

截至年末，辖区共有11家基金管理公司，占全国63家的18%，另有3家处于筹备期；5家合资基金管理公司，占全国33家的15%。52家分支机构，包括41家分公司和11家基金理财中心，与上年相比新增1家分公司。基金代销机构30家，涵盖2家法人银行、17家商业银行北京分行、10家证券公司、1家证券投资咨询机构。

（二）行业地位较稳定

目前，北京辖区11家基金管理公司公募基金净值共7 578.86亿元，约占全国的1/3。另外，社保委托管理资产1 220.54亿元，占全国的38.5%，企业年金管理规模达461.82亿元，占全国的43%，特定客户管理资产396.18亿元，占全国的35%。

（三）合规程度和风险管理水平较高

辖区公司重视内部合规工作，合规人员数量充足，从业经验较丰富，人员结构不断优化，已逐步建立起与其业务性质和资产规模相适应的合规控制体系，其中2家公司通过了SAS70（内控国际认证标准）认证。辖区有5家公司具有社保资产管理业务资格（全国17家），4家公司具有企业年金业务资格，7家公司具有特定客户资产管理业务资格，7家公司具有QDII业务资格，4家公司具有全牌照业务资格。

（四）有较强的创新能力

近两年来，辖区基金管理公司积极推动产品创新。华夏基金管理公司推出了第一只ETF基金，长盛基金管理公司推出了第一只可分离交易基金，银华基金管理公司的抗通胀主题基金（QDII）也是我国首只明确提出投资于大宗商品的证券投资基金。在业务创新方面，辖区基金管理公司大力发展特定客户资产管理业务，拓宽了业务渠道，完善了为单一客户提供资产管理服务的业务模式，扩大了社保基金、企业年金、大机构资金等长期稳定资金的管理规模。辖区基金管理公司在房地产信托基金产品的研究方面也做了很多前瞻性工作。截至年末，北京辖区有2家公司（全国6家）在香港设立子公司，并获得资产管理等业务牌照，在基金管理公司“走出去”和推动基金业对外开放方面作出了积极探索和实践。

（蔡云红）

期货市场

一、期货市场总体运行情况

2010年，在美国宽松货币政策及欧洲主权债务危机影响下，全球商品市场价格波动频繁。国内通胀压力持续加大，商品期货市场主要交易品种在基本面因素配合下，涨幅均在30%之上。2010年4月16日，筹备多年的股指期货挂牌交易。在此大环境下，辖区期货公司抓住机遇，快速发展，各项业务指标较上年同期有较大提高。

2010年全国期货市场成交总额309万亿元，成交量31.3亿手，同比分别增加136%和45%，全年交易量、交易额再创历史新高。期货公司规范经营意识显著增强，风险控制能力进一步提高。行业结构逐步优化，行业整体实力有所提升。

2010年期货市场实现了跨越式发展。一是成交规模继续保持较大增幅，连续五年实现高增长。二是品种日益丰富，股指期货全年成交额达82万亿元，占期货市场全年成交总额的27%。三是涨跌停板次数增多，但市场总体上仍然保持了安全平稳运行。四是我国期货市场的国际关联度日益提高。

二、北京地区期货经营机构总体情况

（一）期货公司质量进一步提高

1. 期货经营机构数量保持较快增长

截至年末，北京地区共有19家期货公司、67家营业部（其中2家营业部处于特别处理状态），较2009年新增期货营业部11家。辖区公司共设有异地及本地营业部146家，较2009年新增54%。辖区期货从业人员4 905人，较2009年底增加23%。

2. 期货公司资产状况进一步改善

截至年末，北京地区期货公司资产总额359亿元，较2009年增加91%。各公司客户保证金规模快速增长。北京地区期货公司净资本总额42.4亿元，较2009年增加129%，净资本风险指标达标情况良好。全年共有12家公司完成了增资扩股，共增资18亿元，期货公司抗风险能力进一步提高。

（二）市场交易规模继续扩大

2010年北京地区期货交易规模继续保持较快增长。全年代理交易量5.3亿手，较上年增加118%。全年代理交易额48.9万亿元，较上年增加225%。全年手续费收入15.69亿元，较上年增加86%。年末手续费率为万分之0.33，较上年下降27%，行业竞争进一步加剧。

（三）客户资产和客户数量明显增加

截至年末，北京地区19家期货公司共吸收客户保证金306亿元，较上年增加87%，占全国客户保证金总量的19%。代理客户数量为17.95万户，较上年增加90%。其中，法人客户数量为6 905户，较上年增加88%，自然人客户数量17.26万户，较上年增加90%。

（四）期货公司盈利状况逐年改善

2010年北京地区期货公司总体盈利6.51亿元，较上年增加103%。其中，16家公司盈利，3家公司亏损。辖区公司经纪业务盈利16家，较上年增加2家，经纪业务实现利润5.07亿元，较上年增加119%。

（曾桂玲）

保险市场

2010年，在全市经济发展平稳运行、城乡居民收入稳步增加的形势下，北京保险市场保持较好发展势头，保险业务高开稳走，市场主体略有增加，业务结构相对稳定，产险效益明显改善，部分监管指标向好。

一、保险业务高开稳走

一是增长速度仍在高位运行。2010

年北京保险业实现原保险保费收入[①]966.5亿元，居全国第三位，同比增长38.5%，为近五年最高。保险深度为7.0%，较上年提高了1.1个百分点。其中，财产险业务保费收入212.3亿元，同比增长29.1%；人身险业务保费收入754.2亿元，同比增长41.4%。二是增长速度呈现前高后低的趋势。受上年同期基数低开高走和各公司业务推动力度影响，保费收入增速持续回落，较第一、第二、第三季度末分别回落了28.9个、10.8个和5.1个百分点。

二、市场主体略有增加

2010年新增3家产险公司和3家寿险公司，在京保险分公司和直接经营业务的保险总公司达88家。其中，产险公司35家，寿险公司48家，政策性保险公司1家，再保险公司4家，初步形成了主体多元化、经营专业化、竞争差异化的市场格局。截至年末，行业总资产2 558.9亿元，较上年末增加471.2亿元。行业整体实力持续增强，可持续发展能力进一步提高。

三、业务结构相对稳定

从财产险业务结构看，一是车险业务与非车险业务均保持快速增长。车险保费收入152.8亿元，同比增长39.5%，对财产险保费增长的贡献率达90.3%，占财产险业务的72%，占比提高了5.3个百分点；非车险业务实现保费收入59.5亿元，扣除英大财产和出口信保公司影响后同比增长26.8%。二是商业车险是车险业务增长的主要动力。商业车险保费收入同比增长44.8%，对车险保费增长的贡献度达85.9%。三是非车险主要险种增速较为均衡。企财险、货运险和责任险等主要险种保持较快增长，增速分别为35.4%、36%和39.5%。

从寿险业务结构看，一是分红险和银保渠道仍是拉动寿险业务增长的主要产品和渠道因素。分红险保费收入501.6亿元，同比增长65.5%，对保费增长贡献率达94.3%，占寿险业务的74.1%，比重较2009年提高9.1个百分点。银保渠道实现保费收入418.6亿元，同比增长50.1%，占寿险公司业务的55.9%，对增长的贡献率为63.5%，继续发挥主渠道作用。二是寿险新单、续期业务均保持快速增长。寿险新单保费509.9亿元，同比增长46%，续期保费166.6亿元，同比增长42.6%。

从市场结构看，一是外资公司市场份额略有提高。外资保险公司实现保费收入157.6亿元，同比增长56.2%，市场份额16.3%，较上年同期提高1.8个百分点。其中，外资产险公司市场份额提高1.1个百分点，外资寿险公司市场份额提高1.7个百分点。二是产险市场集中度有所提高。保费规模居前5位的公司市场份额共计77.9%，提高了5.8个百分点。三是寿险市场集中度有所下降。保费规模居前5位的寿险公司市场份额共计61.4%，同比下降4.8个百分点。

四、产险公司经营效益明显改善

一是产险公司盈利能力持续增强。产险公司实现承保利润7亿元，同比增长3.3倍，承保利润率4.3%，同比提高2.9个百分点，高于全国1.6个百分点。但应当指出，北京产险公司今年能实现较大盈利与实施《企业会计准则解释第2号》有密切关系。二是车险业务扭亏为

① 以下简称保费收入。

盈。车险实现承保利润3.3亿元，扭转去年同期亏损状态，承保利润率2.6%，同比提高5.5个百分点。三是行业现金流增加。产险公司经营活动产生的现金净流量57.8亿元，较上年末增加44.7亿元；寿险公司经营活动产生的现金净流量190亿元，较上年末增加17.5亿元。

五、部分监管指标向好

一是产险公司方面。综合赔付率61.2%，同比下降3.1个百分点，其中车险综合赔付率64%，同比下降5.6个百分点。业务及管理费用率15.8%，同比下降1.6个百分点。手续费用率13.2%，同比提高1.3个百分点。综合成本率95.7%，同比下降2.9个百分点。二是寿险公司方面。赔付支出有所减少，累计赔付支出104.1亿元，同比下降4.5%；其中，满期给付45.5亿元，连续24个月保持负增长，同比下降14.3%；年金给付34.6亿元，同比下降2.7%。退保情况保持平稳，共发生退保金支出93.2亿元，同比增长0.5%；退保率3.3%，同比下降0.8个百分点。

（黄芳）

三、发展与监管

银行业发展与监管

▲政策性银行

一、基本情况和重大变更事项

（一）基本情况

2010年末，中国农业发展银行北京市分行（以下简称农发行北京市分行）、中国农业发展银行总行营业部（以下简称农发行总行营业部）和中国进出口银行北京分行（以下简称进出口银行北京分行）资产总额1 251.1亿元，比年初减少317.6亿元，下降20.25%；其中各项贷款占资产总额96.04%。各项贷款余额1 201.5亿元，比年初增加8.4亿元，增长0.7%。负债总额1 223.71亿元，比年初减少319.12亿元，下降20.68%。所有者权益27.31亿元，比年初增加1.46亿元，增长5.65%。2010年，辖内3家政策性银行均实现盈利，累计实现利润26.6亿元，比上年同期增加2.52亿元，增长10.47%。

（二）重大变更事项

1. 高级管理人员变动情况

2010年1月，农发行北京市分行党委委员、副行长陈小强同志调离。4月，原中国农业发展银行云南省分行副行长李小汇调任农发行北京市分行党委委员、副行长。9月，原任中国人民银行营业管理部营业室主任陈丽蓉调任农发行总行营业部总经理助理。

2. 机构变动情况

进出口银行北京分行增设公司业务六处，实现一个处室负责一个省的信贷业务管理模式；增设人力资源处和党委组织部；调整中间业务处职能，将中间业务授信工作由各公司业务处承担，该处室只负责中后台操作。

二、金融产品创新和金融服务

2010年，进出口银行北京分行发挥政策性金融导向与支持作用，加大对北京市文化产业“走出去”的支持力度，与北京市经济和信息化委员会签署了战略合作协议，向文化部推荐的企业发放了流动资金和境外投资贷款，支持产品出口和实施尼日利亚数字电视运营项目；与著名导演和影视文化公司合作推动中国影视产品“走出去”。高度重视“三农”和扶贫贷款，支持名牌出口企业从牧民手中收购羊绒原料，支持农产品出口、玉米深加工项目、蔬菜出口基地项目和农畜产品深加工企业的项目等，在北京、天津、河北、河南、山西和内蒙古均取得了一定成效。

农发行北京市分行在认真履行政策性银行职能的基础上，积极响应市委市政府加快首都新农村建设的战略部署，与政府需求对接，加强同业合作，大力发展信贷支农业务。同时，支持丰台区、大兴区、门头沟区、怀柔区、昌平区等旧村改造项目，涉及村庄30个，拆迁人口2万多人、4 000余户，土地面积861万平方米，回迁房建设105万平方米。

农发行总行营业部认真贯彻落实国家宏观调控政策，切实做好粮棉油糖肉等农产品的政策性金融服务工作。支持企业完成古巴糖进口转储、巴西糖进口转储、进口棉入储、国产冻猪肉收储以及在库储备糖出库加工计划，确保宏观调控措施的顺利实施。支持企业完成储备棉出库抛售及储备糖竞拍任务。

三、存在的问题和风险

一是信用与保证贷款占比高，风险隐患大。个别银行贷款客户集中度过高，系统性风险不容忽视。二是不良贷款形成原因复杂，清收化解难度较大。三是贷款管理存在疏漏，特别是异地贷款贷后管理隐患多，风险管控能力受影响，中长期贷款风险逐步显现。四是国别风险和汇率风险不断加大。五是贷款新规执行力度有待加强，内控能力有待提高。六是贷款“三查”不够严格，基础管理有待加强。

四、监管工作情况

（一）加大窗口指导力度，有效发挥非现场预警作用

为确保改革时期各机构安全、平稳过渡，中国银行业监督管理委员会北京监管局（以下简称北京银监局）加大对政策性银行风险提示力度，采取通报、约见会谈、下发监管意见等多种方式，有效地了发挥窗口指导作用。对农发行北京市分行要求其处理好执行政策与业务发展的关系，严格把握贷款投向，对“新农村五项基础设施”贷款要严格执行评审程序，以偿债能力分析为核心，审慎预测项目的未来收益和现金流。对农发行总行营业部进一步加大不良贷款的分析监测力度，督促其抓紧核销工作，采取切实可行的解决措施，确保年末实现不良贷款比例和余额“双降”的目标。

（二）督促辖内政策性银行认真贯彻落实“三个办法、一个指引”

2010年，北京银监局积极引导辖内政策性银行深入学习领会“三个办法、一个指引”贷款新规精神，完善信贷管理制度，强化贷款全流程管理意识，实现制度、操作流程改造与新规同步的管理目标；按月监督和掌握辖内政策性银行新增贷款执行新规情况。11月中旬，北京银监局对各银行实施新规情况进行了抽查。在大量调研的基础上，撰写了《北京辖内政策性银行及邮储银行贯彻“三个办法、一个指引”的成效、问题及建议》的报告，被银监会四部《监管工作动态》采用，起到了很好的参考作用。

（三）认真开展政府融资平台公司的清理规范工作

督促各行对已发放的融资平台贷款严密加强监控，切实加强贷后管理；对于未落实担保的贷款，要逐步压缩规模，适度调控节奏；对于新增贷款要从严掌握审批发放，着重审查借款主体资格，严格执行贷款操作程序。

（四）持续监测，深化非现场监管工作

1. 定期跟踪关注，按时上报各类监管分析报告

一是2010年初，北京银监局认真分析辖内政策性银行基本经营情况，总结2009年监管工作，指出各机构存在的主要风险点，提出监管要求，明确2010年监管工作重点，完成3份监管报告和3份监管通报。二是坚持定期跟踪监测，每月对各政策性银行经营情况和不良贷款情况进行分析，共完成月度、季度分析报告12份。

2. 按照非现场监管指引规范非现场各项工作

2010年初，北京银监局按照非现场

监管指引要求，制定持续监管表，对2009年现场检查和非现场监管发现的问题逐一列表，在日常监管中持续跟踪各行整改情况。

（姚春梅）

▲商业银行（一）国家开发银行

一、基本情况和重大变更事项

（一）基本情况

2010年末，国家开发银行北京市分行（以下简称国开行北京市分行）、国家开发银行企业局（以下简称国开行企业局）资产总额本外币合计8 393.72亿元，比上年增加1 187.62亿元，增长16.48%；其中各项贷款占资产总额的94.85%。各项贷款余额7 961.46亿元，比上年增加1 037.79亿元，增长14.90%。负债总额8 278.44亿元，比上年增加1 150.33亿元，增长16.14%。所有者权益115.28亿元，比上年增加37.30亿元，增长47.83%。2010年，辖内国家开发银行2家机构均实现盈利，累计实现利润114.29亿元，比上年同期增加37.29亿元，增长48.43%。

（二）重大变更事项

2010年7月，国开行企业局局长徐企颖调国家开发银行任首席风险官，原国家开发银行辽宁省分行行长王用生接任国开行企业局局长。8月，原国家开发银行陕西省分行副行长王忠民调任国开行北京市分行副行长。9月，国开行北京市分行副行长贾晓军调任国家开发银行业务发展局副局长。

二、金融产品创新和金融服务

（一）支持北京文化创意产业发展

国开行北京市分行以《国家“十一五”时期文化发展规划纲要》和《文化产业振兴规划》为指导，紧密围绕北京市实际情况和规划部署，以市场机制建设为核心，通过科学规划、模式创新、重点突破等方式，加强对文化创意产业的信贷支持，促进文化产业发展。2010年末，国开行北京市分行在文化产业累计承诺额69.24亿元，贷款余额36.42亿元，覆盖领域包括新闻出版、广播影视、文化艺术、体育、文化旅游和文化产业园区建设。

（二）支持中关村国家自主创新项目建设

2010年，国开行北京市分行成立科技金融处负责中关村“一区十园”的项目开发与贷后管理，重点支持中关村科技型企业贷款。累计为园区内科技型项目发放贷款104亿元；同时积极推进包括联保联贷模式、以创新版权质押加版权价值动态管理以及知识产权质押模式等在内的多种信贷模式，支持中关村国家自主创新项目建设。

（三）支持节能环保产业发展

为建立支持北京市合同能源管理企业的融资机制，批发式解决合同能源管理企业的融资难问题，国开行北京市分行在与北京市节能环保中心多次沟通协商的基础上，12月4日，与环境交易所、北京市节能环保中心、北京节能环保促进会签署了《支持合同能源管理融资合作框架协议书》。

（四）支持保障性住房建设

2010年末，国开行北京市分行保障性住房贷款余额83.93亿元，比上年增加35.93亿元，增长74.8%。主要是棚户区改造贷款增加较快，该项贷款年末余额56.89亿元，比上年增加29.3亿元，增长106.19%。

（五）加大对涉农和小企业的支持力度

2010 年，国开行北京市分行在国家宏观政策和监管机构的督促指导下，创新机制体制，优化信贷资源配置，确保满足涉农贷款和中小企业贷款的有效需求。2010 年末，涉农贷款余额 43.21 亿元，比上年增加 12.07 亿元，增长 38.76%，高于各项贷款增速 23.66 个百分点；涉农贷款余额占各项贷款比重为 2.14%，高于上年同期 0.36 个百分点。

2010 年，国开行北京市分行发放小企业贷款 16.47 亿元，年末贷款余额 34.24 亿元，比上年增加 7.89 亿元，增长 29.94%，小企业贷款增速高于各项贷款增速 19.1 个百分点。

三、存在的问题和风险

（一）集中度风险

一是贷款行业集中。境内贷款主要投向水利、环境和公共设施管理业、制造业、交通运输业等；境外贷款主要投放于采矿业。行业集中度高，对经济周期波动敏感性强，对宏观经济走势依赖性也较高。二是贷款期限集中。中长期贷款占比较高，中长期贷款不仅期限较长，且宽限期也较长，中长期贷款期限较长延缓了风险的暴露时间。

（二）政府融资平台贷款风险

大部分政府融资平台贷款以应收政府承诺的账款作为还款来源，同时作质押担保，占政府融资平台贷款总额的比例约 50%，存在还款风险。一是由于政府项目本身无直接收益，而政府承诺补贴或回购等收益权又作为贷款质押，因而其贷款的第一、第二还款来源重叠，风险缓释有效性差；二是上述权益虽在人民银行应收账款系统中登记，但可否作为确定企业应收账款的法律依据也不明确。

（三）境外业务风险有所上升

境外外汇贷款增长较快，且贷款客户主要分布在采矿业和交通运输业，贷款为统贷统还方式。在当前金融市场波动再度加剧、经济下行风险有所增加的情况下，外汇贷款的国家风险、政策风险和法律风险不容忽视。

四、监管工作情况

（一）推动控制信贷增量，有保有控实现信贷合理投放

2010 年，北京银监局贯彻落实银监会对商业银行信贷规模控制的要求，对国开行北京市分行、国开行企业局要求其报送全年信贷投放规模和月度、季度投放情况，按月监测信贷投放进度。同时要求 2 家机构按照银监会“两个不低于”的要求，优化信贷结构，支持三农和中小企业贷款。

（二）督促指导、跟踪检查，严格落实贷款新规

2010 年，北京银监局将“三个办法、一个指引”的跟踪调查纳入日常监管工作中，要求国开行北京市分行、国开行企业局按照已确定的实施时间表，严格推进落实“三个办法、一个指引”，牢固树立“实贷实付”理念，真正防范信贷风险。通过约见会谈及走访，结合“监管政策进基层行”工作对相关人员进行培训和答疑，并对实施情况持续开展专题调研和现场评估，深入了解银行在贯彻落实办法过程中的经验和困难，提出有针对的监管建议。

（三）摸清底数，协调沟通，多举措督促国开行北京市分行化解政府融资平台贷款风险

一是通过多种非现场监管手段及现场

检查和核查，要求国开行北京市分行设立政府融资平台清理台账，履行债权牵头行的相关职责，积极化解融资平台风险。同时，及时跟进国开行北京市分行政府融资平台的余额变化情况、分类处置及三方会谈情况，明确监管要求。二是根据国开行北京市分行上报的政府融资平台月报、自查报告及其他清理情况的报表和报告，在国开行北京市分行自行分类的基础上，北京银监局按照监管标准重新进行分类。密切关注国开行北京市分行风险处置和风险缓释措施，督促其提前收回有风险苗头的部分贷款。

（四）认真总结经验，加强调查研究

一是通过了解被监管机构执行贷款新规过程中的经验和问题，撰写调查研究报告。二是针对国开行北京市分行政府融资平台的突出特点，撰写了十余篇政府融资平台贷款信息，深入剖析融资平台贷款特点、风险，融资平台资金池运作模式的成因、特点及风险，提出实质性建议和措施，为监管决策提供服务。

（苏秋桂）

▲商业银行（二）工、农、中、建、交五家银行

一、基本情况和重大变更事项

（一）基本情况

2010 年末，工商银行北京市分行、农业银行北京市分行、中国银行北京市分行、建设银行北京市分行、交通银行北京市分行（以下简称 5 家银行）资产总额 4.58 万亿元，比上年增长 13.65%；其中各项贷款余额 1.34 万亿元，比上年增长 17.54%。负债总额 4.55 万亿元，比上年增长 13.75%；其中，各项存款余额 3.77 万亿元，比上年增长 12.54%。全年累计实现净利润 412.26 亿元，比上年增长 21.74%。

2010 年末，5 家银行共有机构网点 1 632家（含分行），比上年增加 6 家。其中，支行 1 104 家，比上年增加 70 家；分理处 221 家，比上年减少 21 家；储蓄所 302 家，比上年减少 43 家。5 家银行共有纳入监管范围的高级管理人员 261 人，比上年增加 95 人。5 家银行在岗员工 50 140 人。其中，工商银行北京市分行 17 996 人，农业银行北京市分行 8 075 人，中国银行北京市分行 8 742 人，建设银行北京市分行 11 166 人，交通银行北京市分行 4 161 人。

（二）重大变更事项

2010 年，5 家银行无重大变更事项。

二、金融产品创新和金融服务

2010 年，5 家银行认真贯彻落实国家宏观调整政策，不断调整贷款投向、优化贷款结构，加大对政府部门重点支持行业的信贷投放力度，工商银行北京市分行 2010 年向北京地区重大工程、节能减排、科技创新和技术改造项目新增贷款 318.93 亿元，比上年增长 41.83%。

按照监管部门、北京市政府提出的加大对中关村科技型中小企业金融支持力度的要求，5 家银行积极开展中小企业金融创新。中国银行北京市分行研发了“中关村科技型中小企业金融服务模式”，并于 2010 年 12 月正式启动实施。该模式创新了多种管理方式，包括引入专家评审机制、提高贷款审批专业性，实施“一站式”审批、提高审批效率等，对中小企业贷款业务的健康发展起到积极的推动作用。交通银行北京市分行设立了中关村园区支行作为中小企业专营支行，开发了商标权与专利权担保贷款、文化创意企业贷

款等特色金融产品，为科技型中小企业发展提供有力支持。

三、存在的问题和风险

（一）地方政府融资平台贷款仍存在风险隐患

一是现金流半覆盖和无覆盖的平台贷款较多，且此类贷款大部分由政府财政担保，还款来源的持续性和稳定性存在一定的风险。二是土地储备贷款占比过大，此类贷款受土地开发周期、土地市场价格波动和宏观调控政策等因素的影响较大。三是将于2011年到期的平台贷款余额较多，平台公司的经营情况、现金流状况以及政府部门的财政收入情况等都将影响贷款的到期收回。

（二）部分银行房地产行业贷款增长过快，不良贷款出现反弹

2010年，国家各级政府部门出台多项房地产调控政策，5家银行的执行情况不容乐观。个别银行房地产业贷款增长幅度过快，还有一些银行房地产贷款不良余额出现反弹，风险状况不容乐观。

（三）贷款新规执行有效性有待加强

“三个办法、一个指引”出台以来，5家银行能积极贯彻落实监管要求。但是，执行过程中仍存在一些问题。一是固定资产贷款管理办法执行过程中，存在受托支付审核不严、未按工程进度发放和支付贷款、未逐笔受托支付、未要求客户提交款项用途的证明材料、未逐项目提供资本金到位情况等问题。二是流动资金贷款受托支付执行率较低，主要原因包括客户资金使用模式不适合、大客户不配合、资金被归集到“资金池”使用等。三是个人贷款资金使用监控不严，部分行存在发放个人抵押贷款和个人综合消费贷款后信贷资金流于股市的情况。

四、监管工作情况

一是要求5家银行严格按照银监会的要求，把握贷款投放节奏，控制贷款总量，并定期对5家银行的执行情况进行监测分析；督促5家银行按照房地产调控政策的要求，审慎发放房地产贷款，严格执行个人住房贷款利率和首付款差别政策，认真审核借款人第二套住房信息和非本地居民购房条件，及时停止发放第三套及以上住房贷款，确保调控政策有效落实；大力支持5家银行开展小企业贷款金融创新工作，对设立专营机构、研发创新产品等给予政策支持。

二是积极开展“三个办法、一个指引”的宣讲工作，督促5家银行深入贯彻落实贷款新规；对执行过程存在的问题，要求5家银行及时采取措施进行整改；对执行过程中的难点问题，形成调研报告，上报银监会。

三是着力做好融资平台贷款的清理工作，采取监管会谈、现场检查、走访调研等方式督促5家银行做好数据统计、风险分类、调整还款方式、落实风险缓释措施等工作，切实降低平台贷款风险。

（邓彬）

▲商业银行（三）其他商业银行

一、基本情况和重大变更事项

（一）基本情况

2010年末，中信银行总行营业部、民生银行总行营业部、光大银行北京分行、华夏银行北京分行、招商银行北京分行、上海浦东发展银行北京分行、广东发展银行北京分行、兴业银行北京分行、深圳发展银行北京分行、渤海银行北京分行、浙商银行北京分行（以下简称11家银行）在京营业机构本外币资产总额

18 765.20亿元，比上年增加 2 559.65 亿元，增长 15.79%；其中贷款 8 332.51 亿元，比上年增加 1 204.71 亿元，增长 16.90%。负债总额 18 541.54 亿元，比上年增加 2 474.72 亿元，增长 15.40%；其中存款 15 992.61 亿元，比上年增加 2 646.71亿元，增长 19.83%。全年累计实现税前利润（账面）184.91 亿元，同比增加 84.49 亿元，增长 84.14%（部分银行对利润计量模式进行了调整，部分上年在总行账面反映的利润返回至分行账面体现）。

2010 年末，11 家银行在京营业机构数共计 383 家，比上年增加 32 家。其中，分行级机构 11 家；支行 372 家，比上年增加 32 家。在职人员共计 16 179 人，其中高管人员 409 名。

（二）重大变更事项

广东发展银行北京分行行长张庆修调离，副行长江友青临时主持工作；原中信银行天津分行行长郭党怀调任中信总行营业部总经理，中信银行副行长赵小凡不再兼任总经理。

二、金融产品创新和金融服务

（一）金融产品创新

一是积极拓展基于银行卡的业务品种和服务功能，推出多款联名卡。二是进一步加快电子银行建设，拓宽电子银行服务渠道，丰富电子银行服务种类和功能，提高电子银行使用的安全性，为客户创造良好的电子银行外部服务环境。三是积极拓展个人理财业务品种，满足不同客户的风险偏好和投资需求，同时进一步规范理财产品销售流程，提高理财业务服务水平。

（二）金融服务

一是加快发展中小企业金融服务建设，多家银行成立中小企业信贷专营机构或部门，深入开展市场调研，研发符合小企业融资需求的特色化金融产品，着力推进中关村自主创新示范区和文化创意产业等重点区域、领域小企业信贷支持工作。二是积极发展个人消费类和个人经营类贷款业务，创新业务模式和流程，提高业务审批效率，为居民合理的消费需求和小企业经营发展提供信贷支持。三是鼓励节能环保产业和项目的信贷投放，全力确保信贷规模指标，并开辟专门的绿色审批通道，提高贷款审批效率。

三、存在的问题和风险

（一）政府融资平台贷款存在一定风险，到期还款压力较大

11 家银行部分政府融资平台贷款风险相对较高，且发放和运作过程中存在一定问题，如平台公司借款主体与项目主体不一致，借款人与资金实际使用人不一致，部分平台公司项目本身不能产生现金流，第一还款来源不足，资产负债率较高等问题。部分单纯性融资平台公司贷款缺乏有效的风险缓释措施，而项目或平台公司的现金流极为有限，难以充分覆盖贷款本息，随着今后一定时期内大部分贷款将陆续进入还款期，银行会面临较大的还款风险，平台贷款质量也将会面临较大的下行迁徙压力。

（二）新增大额不良贷款风险较为突出，清收处置难度较大

2010 年，各行新增不良贷款客户相对较为集中，并呈现出不良成因复杂、涉及银行较多、贷款金额较大等特点。新增大额不良贷款客户均已被各行提起诉讼，企业生产经营已基本处于停滞状态，企业有限的资产也已被各行轮候查封，个别企业涉及刑事案件，清收处置工作在短期内难以取得较大进展。

（三）中长期贷款较高，预期信用风险加大

2010 年，11 家银行中长期贷款余额和占比仍处于较高水平，贷款投向相对集中，风险的长期性和隐蔽性较大。部分银行贷款较集中投放于土地储备中心、政府融资平台等。中长期贷款占比偏高，虽然有利于提高资产收益的整体水平和稳定性，但同时也使风险敞口的存续期延长，进一步加大了风险管控工作难度。

（四）贷款新规执行不严

现场检查中发现，个别银行在贷款新规的执行过程中存在固定资产贷款项目资本金审查不到位、流动资金贷款未严格进行额度测算、发放流动资金贷款用于项目建设、贷款支付不符合“实贷实付”原则以及未严格执行“受托支付”要求等问题，贷款的精细化管理有待进一步加强。

（五）制度执行力不足，合规经营意识有待增强

个别银行未严格执行银监会关于政府融资平台贷款的制度要求，继续向政府融资平台发放贷款；个别银行在房地产贷款新规执行方面存在漏洞，擅自放松个人住房贷款审批条件；个别银行个人综合消费贷款业务的管控不严，对贷款资金用途缺乏有效监控；个别银行在个人储蓄存款业务的营销过程中存在变相高息揽储的行为。

（六）操作风险管理有待进一步加强

现场检查发现，个别银行票据业务流程存在重大缺陷，导致部分贴现业务缺少真实贸易背景；个别银行票据业务系统的管理和预警功能有所欠缺，未能有效识别关联企业之间的可疑交易；个别基层银行会计业务管理疏松，存在会计主管人员通过填写进账单后再抹账的方式为其配偶在该行贷款提供虚假资金使用证明的问题。

四、监管工作情况

（一）督促、引导银行严格执行国家宏观调控政策，落实“有保有控”的信贷政策

在年初通报会上，对 11 家银行明确提出要积极响应国家宏观调控政策，按照有保有控的原则，科学把握信贷投放节奏、合理优化信贷结构，加大对中小企业和“三农”支持力度。在日常监管工作中，通过非现场分析、约见会谈、现场走访等方式持续监测各行信贷投放进度以及“有保有压”政策的落实情况与执行效果。针对发现部分银行违规行为及风险苗头，及时进行风险提示，并采取监管措施，督促银行积极整改，切实落实国家宏观调控政策和监管法规。

（二）现场与非现场并举，持续推动政府融资平台贷款风险化解工作

在日常监管工作中，按月监测 11 家银行政府融资平台贷款变动情况，督促 11 家银行建立政府融资平台贷款台账，并按银监会相关工作要求做好政府融资平台“解包还原”、“四方对账”、“风险分类”、“统一约谈”以及后续清理工作。充分利用现场核查、走访等其他监管手段，实地了解政府融资平台贷款运作模式和风险状况，按银监会相关要求做好政府融资平台清理工作的现场检查评估，确保 11 家银行政府融资平台清理工作的有效开展。

（三）广泛开展“促监管政策进基层行”活动，全面推动贷款新规落实执行

选派监管经验丰富的主查员和主监管员利用工作及业余时间奔赴 11 家银行对基层员工进行“三个办法、一个指

引”的政策宣讲和培训，督促11家银行结合本行实际情况积极开展再培训，并通过内部考试、测验等形式确保培训工作质量。

（四）多策并举，严控房地产信贷风险

积极落实银监会关于银行向房地产中介机构支付“返点”的工作要求，严禁各行以“原有合作协议未到期”为由规避监管或变相“返点”。督促11家银行积极贯彻国务院、相关部委和监管部门的要求，加强房地产开发贷款管理，严格个人住房贷款管理，及时修订内部管理制度和业务流程，全面落实房贷新政。充分利用舆情信息跟进银行房贷新政执行情况，确保各行在落实房贷新政方面“齐步走”。

（五）全方位、多角度，严谨务实地开展非现场监管工作

加大风险监测与预警力度，督促银行严防资产质量出现大幅波动。及时认真查处违规问题。深入进行监管分析，组织召开监管情况通报会。细化分类标准，不断提高风险评估工作水平。重视后续监管工作，紧密跟踪重点风险和突出问题处理进程。加强对公众关注问题的监管和引导，密切监测社会舆情，督促银行管理好自身声誉风险。

（六）高质高效承接多项现场检查任务，努力提升现场检查能力

全年共实施现场检查11项，涉及分行级机构11家，共派出检查人员76人次，检查涉及业务金额441.83亿元，提出监管意见67条。检查内容包括政府融资平台贷款清理、贷款新规落实执行情况、房贷新政落实执行情况、贷记卡业务等多个方面。

（七）积极践行联动监管，充分发挥监管合力

按照银监会的监管思路，在监管工作开展过程中重视发挥联动监管效力，通过与银监会的上下联动以及与属地监管局的横向联动，全方位地形成监管合力，提高监管工作有效性。北京银监局与银监会二部及6家属地局建立了监管联动，按照银监会制定的联动监管工作要求，定期沟通辖内银行的最新情况及监管工作，取得显著成效。

（迟扬）

▲城市商业银行（一）北京银行

一、基本经营情况

（一）基本情况

2010年末，北京银行资产总额7 336.96亿元，比上年增加1 999.34亿元，增长37.46%；负债总额6 910.54亿元，比上年增加1 948.64亿元，增长39.27%；各项贷款余额3 346.32亿元，比上年增加612.23亿元，增长22.39%；各项存款余额5 644.77亿元，比上年增加1 085.54亿元，增长23.81%；实现利润67.92元，比上年增加11.99亿元，增长21.44%；资本充足率12.54%，比上年下降1.75个百分点；不良贷款余额23.21亿元，比上年减少4.74亿元，下降16.96%；不良贷款比例0.69%，比上年下降0.33个百分点。

2010年末，北京银行在京共设有1家分行、160个营业网点、1家村镇银行和1家消费金融公司；天津设有1家分行和9家支行，上海设有1家分行和8家支行，西安设有1家分行和2家支行，深圳设有1家分行和2家支行，杭州设有1家分行和2家支行，长沙设有1家分行和1

家支行，南京、济南、南昌各设 1 家分行；在香港和阿姆斯特丹各设 1 家代表办事处；共有签约员工 6 455 人。

（二）业务发展概况

1. 公司业务突出系统化。加快推进集约化管理，持续优化系统客户服务。加强大客户分层管理，启动“十百千”行动计划，深化与系统客户业务合作，与北京软件行业协会签署 100 亿元战略合作协议，成为国内首家提出软件融资品牌战略的银行。成功发放国内单笔最大的人民币并购银团贷款。

2. 中小企业突出特色化。开设中关村分行，推出中关村百家主动授信方案，开展“打造中国最佳中小企业银行”中小企业技援项目。创立全国首家文化创意特色支行，发行国内首只文化创意集合票据。2010 年末，北京银行中小企业人民币贷款余额 1 207 亿元、3 799 户，在北京地区同业排名第一。文化创意企业贷款审批超过 172 亿元。

3. 零售业务突出品牌化。启动零售战略及品牌战略技援项目、私人银行项目和“赢在网点”项目，打造“社区金管家”社区银行金融服务品牌，发布“财富廿四品”，开发智能钱包、定活盈等产品，发行医保金、教师财富金、PB 理财等专属产品，推出“短贷宝”个人经营性贷款。凭借网点转型、产品创新、流程改进等重大突破，再次获得“中国最佳城市商业零售银行”荣誉。

4. 中间业务突出多元化。创新发布“代付盈”，成为债券结算代理业务优秀结算成员，获得上海黄金交易所资金清算行资格。加强同业市场拓展力度，参与代销并托管首只基金“一对多”专户产品，成为全国最早参与私募基金的城市商业银行之一。探索推广“项目推荐顾问 + 信托计划代售 + 资金托管”组合营销模式，加大资产转让、同业借款和存放同业力度。

（三）重大经营事项

2010 年，北京银行在不断深化公司治理机制建设，完善风险管控机制的基础上，加大了跨区域发展战略推进的步伐，向全国性商业银行转变的步伐也日渐加快。

1. 3 月 1 日，北京银行独资成立北银消费金融公司。自开业以来，北银消费金融公司针对首都消费市场特点，创新服务手段，丰富金融产品，针对不同人群开发差异化产品，包括个人耐用消费品贷款、一般用途个人消费贷款、针对个体工商经营者开发的“应急贷”产品、针对应届大学毕业生开发的“助业贷”产品等，2010 发放消费贷款 2 654 万元，以“小、快、灵”的金融服务特色，赢得了市场的认可。

2. 7 月 1 日，经保监会核准，北京银行收购首创安泰人寿保险公司中方股份，原首创安泰保险有限公司正式更名为中荷人寿保险有限公司，注册资本金为 9 亿元。9 月 10 日，北京银行与 ING 保险对中荷人寿保险有限公司同比例增资，增资金额共计 4 亿元，增资后注册资本金为 13 亿元。截至年末，中荷人寿保险有限公司实现规模保费 13 亿元、标准保费 3.9 亿元，分别较上半年提高了 12% 和 38%，总资产规模达 57 亿元。

3. 8 月 26 日，北京银行 2010 年第一次临时股东大会在桃峪口培训中心召开。此次股东大会选举产生了新一届董事会、监事会，为北京银行迈向新的发展征程奠定治理基础。

4. 11 月 15 日，北京银行成立中关村分行。截至年末，中关村分行下辖 13 家管辖行和 1 家直属行，网点数总计 39 家。分行总人数 1 118 人，其中分行各部门干部员工共 44 人。2010 年末，中关村分行本外币总资产 1 229 亿元，本外币存款余额 1 198 亿元，本外币贷款余额 412 亿元，税前账面利润 14. 5 亿元。

5. 2010 年，经银监会和中国人民银行批准，北京银行完成次级债券的注册，获准发行 100 亿元人民币次级债券。12 月 21 ~ 23 日，北京银行在全国银行间债券市场成功发行首期人民币 65 亿元的次级债券，债券期限为 15 年，票面利率为 5. 00%，计息方式为固定利率。债券在第 10 年末附有发行人赎回权，债券募集资金将按照相关要求，补充附属资本。

6. 2010 年，北京银行新建外埠分行 3 家，外埠分行下辖同城支行 11 家，以及 1 个海外代表处。

二、存在的问题和风险

（一）信用风险现状

总体而言，北京银行信用风险控制在一个较为良好的水平，整体信用风险状况处于中低水平。与上年相比，不良贷款继续“双降”势头；可疑类贷款向下迁徙率明显上升，高于行业平均值；次级类贷款迁徙率虽较年初有所改善，但仍然维持较高状态，正常类贷款、关注类贷款迁徙率较上年有所上升；贷款行业集中度呈上升趋势，成为影响未来信用风险变化趋势的主要因素；授信集中度风险、授信关联度风险显现。

（二）流动性风险现状

总体而言，北京银行流动性风险整体状况处于中低水平，各主要流动性风险监管指标较上年从紧，虽未出现流动性紧缺风险，但是流动性风险管理机制和能力尚待进一步提高，特别是急需提升在复杂多变的外部市场环境下流动性风险的管理与决策能力。

（三）市场风险现状

总体而言，2010 年，北京银行整体市场风险状况处于中低水平，与上年末相比，略现上升趋势，市场风险管理水平仍处于中低水平。2010 年，北京银行的市场风险上升主要体现在承受的利率风险、外币风险敞口均较上年有所上升；受利率变化的影响，北京银行人民币债券投资与交易存在风险隐患。

（四）操作风险现状

总体而言，北京银行操作风险状况处于较低水平，但是 2010 年进行的案防制度执行年风险排查中发现北京银行仍然存在风险隐患，成为影响北京银行稳健、合规经营的制约因素。

（五）公司治理和内控机制的有效性

总体而言，2010 年，北京银行继续进一步完善公司治理和内控机制体系，公司治理和内控机制的科学性、有效性和效率得到了进一步的提升。但是，在董事会的决策机制建设、风险管理能力、内部审计部门职能以及内控机制执行有效性方面需进一步完善。

三、监管工作情况

（一）全面梳理北京银行 2010 年经营情况和主要风险

北京银监局结合 2010 年国内外复杂多变经济金融环境，针对北京银行跨区域布局加快、业务发展速度加快、综合化趋势日渐明显等特点，综合分析北京银行定量指标和定性因素，揭示北京银行的主要风险和问题所在，并提出相应监管意见和要求。

（二）做好北京银行公司治理的过程监管工作

2010年，北京银监局通过列席北京银行董事会、监事会及审计委员会、监督委员会联席会等会议10余次，动态了解北京银行公司治理机制的决策过程，分析评价公司治理机制运行的有效性，强化北京银行法人治理监管工作；督促引导北京银行董事会根据综合化战略的逐步推进，加强对复杂公司组织架构和经营活动提升风险控制力度，切实承担并表管理制度、机制建设及管理效果的最终责任；通过开展与北京银行和普华永道展开三方会谈，加强与外部审计单位的联动，要求其能够做到客观、准确地揭示北京银行经营管理中存在的问题与风险，并为北京银行提供改进和完善内控机制以及规范经营管理行为的建议；指导北京银行监事会开展公司治理检查工作，对北京银行薪酬体系开展系统性检查，督促调整薪酬体系，并做好整改评价工作。

（三）做好北京银行贷款规模节奏结构的跟踪监管工作

2010年，按照银监会的工作要求，北京银监局建立和完善了北京银行信贷增长监测日报及旬报制度，对信贷规模增长总量、投放节奏、信贷结构按日、按旬进行及时动态跟踪监测，对于出现的个别时点异常变动情况及时进行监管提示，确保了北京银行全年贷款总体保持平稳增长态势以及严格按照“三三二二”的进度要求完成全年信贷增长规模均衡投放和不突破计划。

（四）加强风险监管，及时开展主要风险的监管提示工作

2010年，北京银监局继续加强对北京银行主要风险监管指标的跟踪分析，督促引导北京银行从风险管理的组织机制建设以及风险管理技术和手段的改进等方面入手，提升组合风险管理能力、并表风险管理能力。11月，针对北京银行单一授信集中度、流动性期限缺口率、核心负债依存度等指标第三季度严重突破监管底线的问题，北京银监局及时约见北京银行行长及风险总监，进行专门的风险监管提示，要求北京银行综合考虑收益预期目标和流动性风险管理的科学平衡，确保全行业务经营实现可持续发展。及时跟进国家有关部委公布的淘汰落后产能企业名单，对北京银行涉及名单企业的授信进行了专门的风险提示。

（五）认真开展合规性监管工作

2010年，根据舆情监测以及人民来信来访提供的情况，北京银监局针对北京银行开展了一系列合规监管行动。就挪用贷款炒股和防范信用卡风险、北京银行实物揽储现象、舆情监测发现的二套房贷款违规优惠情况、北京银行QDII理财产品到期处置问题、信贷资产转让过程中信贷资产“出表”问题、信用卡服务投诉与部分高管及相关部门负责人进行专项约谈，及时提示风险。

（六）对北京银行房产新政执行自觉性进行监管督导

2010年，北京银监局按照最新监管政策精神以及掌握的各类舆情信息，通过风险提示和高管约谈等方式，及时督促引导北京银行落实房地产宏观调控政策，严格按照首套房、二套房的最新监管政策要求开展房地产贷款业务，不踩红线不触底线，确保经营合规、风险可控，并对舆情监测发现的辖内城市商业银行二套房贷款违规优惠情况进行核查走访。

（七）督促北京银行做好压力测试工作

2010 年，按照银监会的工作要求，北京银监局督促北京银行认真做好极端情况下的房地产及其高度关联行业贷款压力测试工作，并根据测试结果及时调整授信政策、风险管理政策与手段，确保房地产贷款风险可测、可控。

（八）对北京银行开展内控和暗访制度执行年督导活动

2010 年，北京银监局积极督导北京银行高度重视内控和案防制度执行年活动。在督导活动中，充分动员，精心部署内控和案防制度执行年活动各阶段工作安排。在北京银监局的督促下，北京银行遵循“边查边改”原则，按照要求进行了积极有效的整改，从流程优化、技术改造、授权管理等方面采取措施保证整改的及时性和有效性，为建立案件风险防范的长效机制奠定了良好基础。

（九）运用现场检查手段揭示北京银行经营中存在的风险和问题

2010 年，北京银行各项业务运行总体平稳，没有出现重大风险事件，全年未发生重大案件。北京银监局在日常监管和现场检查中发现北京银行在落实“区别对待、有保有压”的国家宏观调控政策、公司治理薪酬激励机制、新增贷款业务、信贷资产转让业务、汽车消费贷款业务、担保机构担保的贷款业务等方面仍然存在一些问题与不足，同时也暴露出北京银行在内控机制执行中存在一些薄弱环节。

（郭郦）

▲城市商业银行（二）其他城市商业银行

一、基本经营情况

（一）基本情况

2010 年末，北京辖内共有 8 家异地城市商业银行北京分行，分别为天津银行北京分行、大连银行北京分行、杭州银行北京分行、南京银行北京分行、盛京银行北京分行、上海银行北京分行、江苏银行北京分行及宁波银行北京分行（以下简称 8 家银行）。

2010 年末，8 家异地城市商业银行北京分行资产总计 1 135.30 亿元，比上年增加 689.80 亿元，增长 1.55 倍；其中各项贷款余额 481.21 亿元。负债总额 1 120.22亿元，比上年增加 682.06 亿元，增长 1.56 倍；其中各项存款余额 800.09 亿元。2010 年，8 家异地城市商业银行北京分行实现利润总额 8.55 亿元。

2010 年末，天津银行北京分行共有员工 209 人，1 家分行营业部及 6 家支行；大连银行北京分行共有员工 175 人，1 家分行营业部及 1 家支行；杭州银行北京分行共有员工 229 人，1 家分行营业部及 4 家支行；南京银行北京分行共有员工 150 人，1 家分行营业部及 2 家支行；盛京银行北京分行共有员工 79 人，1 家分行营业部及 1 家支行；上海银行北京分行共有员工 130 人，1 家分行营业部；江苏银行北京分行共有员工 127 人，1 家分行营业部；宁波银行北京分行共有员工 53 人，1 家分行营业部。

（二）业务开展情况

1. 业务增速较快。2010 年，8 家异地城市商业银行北京分行信贷投放总量比上年增加 284.99 亿元，增幅 145.24%；

各项存款比上年增加 403.71 亿元，增幅 101.85%。

2. 突出特色，创新产品。8 家异地城市商业银行北京分行在发展中秉承服务中小企业的理念，不断创新产品。大连银行北京分行推出专门服务于批发市场特约商户的场内收单、网上交易及付款的电子商务解决方案“支付通”服务；杭州银行北京分行 12 月末小企业贷款余额 7.6 亿元，较年初增加 5.01 亿元，增幅 193.44%；南京银行北京分行 12 月末小企业贷款余额 5.68 亿元，占公司贷款总额的 8.02%，增幅达 538.2%，远远高于贷款总体增幅。

（三）重大经营事项

2010 年，北京辖区新开业两家异地城市商业银行北京分行。江苏银行北京分行于 4 月开业，张荣森任行长；宁波银行北京分行于 11 月开业，付文生任行长。

2010 年，天津银行北京分行新设 3 家支行，分别为北京新兴桥支行、北京金融街支行及北京丰台支行；大连银行北京分行新设 1 家支行，为北京西城支行；杭州银行北京分行新设 3 家支行，分别为北京顺义支行、北京朝阳支行及北京中关村支行；南京银行北京分行新设 2 家支行，分别为北京西坝河支行及北京万柳支行；盛京银行北京分行新设 1 家支行，为北京中关村支行。

二、存在的问题和风险

（一）中小企业融资支持力度有待加强

8 家异地城市商业银行北京分行在成立伊始就定位于中小企业，亦因此形成了自身特色，努力满足北京地区中小企业的金融需求。但因北京地区大型企业较多，部分银行在起步阶段为满足自身生存及业绩考核的需要，贷款投放仍集中于大中型企业，中小企业融资服务力度需进一步提高。

（二）信贷资产潜在风险值得关注

部分银行贷款客户集中度较高，一些银行潜在风险较大的行业领域集中度较高。如房地产业，随着国家对房地产行业宏观调控的进一步深入，开发商资金链日趋紧张，贷款的政策风险和市场风险不可忽视。

（三）部分银行高管及业务队伍建设有待加强

部分银行管理层更换较为频繁，不利于银行的长期稳健发展；部分银行岗位匹配度不足；受到拓展业务、盈利创收的驱动，一些业务人员在开展业务时忽略了对相关法律法规的学习，应严防合规性风险。

（四）IT 系统建设应及时跟进业务的快速发展

部分银行的信贷系统尚不能满足对信贷资金受托支付风险控制的电子化要求，与贷款全流程风险管理要求存在一定差距。

三、监管工作情况

（一）开展内控和案件防控制度执行年督导和评估工作

通过抽查评估，督导 8 家异地城市商业银行北京分行仔细梳理业务流程和规章制度，对发现的问题认真整改，严格落实整改意见，从流程优化、技术改造、授权管理等方面采取措施保证整改的及时性和有效性，为建立案件风险防范的长效机制奠定了良好基础。

（二）推动中小企业金融服务建设

在 8 家异地城市商业银行北京分行逐步适应北京市场、稳定发展的基础上，鼓励发挥其总行的优势和特色，大力发展中小企业金融服务，开创新的业务领域，树立特色品牌。

（三）开展“三个办法、一个指引”执行情况的现场检查评估工作

对辖内8家异地城市商业银行北京分行贯彻落实“三个办法、一个指引”情况进行现场检查评估工作，查找执行贷款新规中存在的问题，并提出监管要求。

（四）认真开展持续跟踪监管工作

通过走访、座谈等有效方式及时了解8家异地城市商业银行北京分行在机构设置、风险管控机制建设、业务开展情况、人员结构等方面的情况，提出夯实机制建设基础、打造特色企业文化、找准市场定位等监管建议，确保8家异地城市商业银行北京分行的持续健康发展。

（李妍）

▲农村商业银行——北京农村商业银行

一、基本情况和重大变更事项

（一）基本情况

2010年末，北京农村商业银行资产总额3 357.62亿元，比上年增加511.12亿元，增幅17.96%；其中各项贷款余额1 390.73亿元，占资产总额的41.42%，比上年增加169.73亿元，增幅13.9%。负债总额3 229.72亿元，比上年增加461.26亿元，增幅16.66%；其中各项存款余额3 008.46亿元，比上年增加394.11亿元，增幅15.01%。所有者权益共计127.90亿元，比上年增加49.86亿元，增幅63.89%。

（二）业务开展情况

1. 合理控制信贷投放总量，客户结构有所调整。2010年，北京农村商业银行把握信贷投放总量、节奏及结构，着力提高优质客户占比，加大了对涉农龙头企业的支持力度，信贷客户结构有所调整。截至年末，对农业产业化龙头企业贷款余额22.82亿元，比上年增加7.35亿元，增幅47.54%，占所有涉农贷款的5.27%。

2. 负债规模稳步增长，存款余额有所突破。2010年末，北京农村商业银行各项存款余额3 008.46亿元，比上年增加391.11亿元，增幅15.01%，存款余额突破3 000亿元，在辖内同业列第9位，在辖内中小股份制银行中列第4位，储蓄存款增加额在辖内同业列第4位，在辖内中小股份制银行中列第2位。

3. 通过增资扩股批量处置不良资产，资产质量有所提升。2010年，在北京市政府的大力支持下，北京农村商业银行通过增资扩股对部分不良资产进行置换，资产质量有所提升，部分历史包袱得到化解。

4. 适当调整债券投资结构，投资收益有所上升。随着市场逐步进入加息周期，北京农村商业银行调整债券组合结构，规避市场风险，增加投资收益。

（三）重大变更事项

2010年末，北京农村商业银行共有机构694家。其中，总行1家；支行202家，比上年减少3家；分理处491家，比上年增加3家。在册职工8 039人，比上年增加65人。经过人员结构优化调整，本科以上学历人员占比39.87%，比上年提高5.09个百分点。

二、存在的问题和风险

（一）金融支农业务的结构定位需进一步加强

2010年，北京农村商业银行虽然实现了涉农贷款余额、增速及占比“三个

不低于”目标，但对农户信贷的支持力度有所减弱，对农业发展的支持力度尚需加强。

（二）部分行业及种类贷款的风险不容忽视

一是房地产行业贷款风险应高度关注。二是政府融资平台贷款风险化解工作需深入推进，土地储备贷款管理亟待规范。

（三）信贷管理流程的风险控制亟须加强

一是大额不良贷款风险需重点关注。北京农村商业银行部分大额不良贷款处置难度较大，需制订妥善的解决方案，采取多种措施化解风险。二是授信业务流程的风险隐患不容忽视。北京农村商业银行在贷前调查、贷款审批、贷后检查等环节上，需严格落实贷款“三查”制度，加强信贷资金监控。

（四）人力资源结构不够合理，人员构成存在二元化矛盾

一是人员构成存在二元化矛盾，原农信社人员本土化程度较高，但存在专业水平不高、合规意识不强等问题。改制后录用人员学历相对较高，但多数缺乏涉农工作经验。二是人员配置与业务发展要求不匹配，专业人才缺乏和管理梯队断层现象并存。

三、监管工作情况

（一）不断强化法人治理，加强董事会和监事会建设

一是督促北京农村商业银行开好董事会，不断增强董事会在银行法人治理中的核心作用。北京银监局督促北京农村商业银行在年初召开了2009年度董事会，确定了银行长期战略规划、风险管理战略、资本规划等重要事项，并派员全程督导了本次董事会，向全体董事进行了“关于加强履职能力”的专题培训。二是督促北京农村商业银行向全体董事通报了年度监管意见，进一步提高了董事会工作的透明度，增强了全体董事的责任心和使命感。三是指导北京农村商业银行做好增资扩股相关工作。北京银监局与北京农村商业银行就增资扩股有关事宜召开多次座谈会，提出具体的监管意见，就相关事项向银监会、北京市政府有关部门进行汇报，对股权情况进行摸底调查，参加市政府办公会研究北京农村商业银行增资扩股方案。

（二）督促北京农村商业银行严格把握信贷投放节奏，合理调整信贷结构

一是建立信贷投放监测制度，逐日监测有关信贷指标，及时进行风险提示，确保信贷投放符合宏观调控要求。二是提示风险，引导优化信贷结构。就产能过剩行业贷款、房地产风险贷款等问题，北京银监局约见北京农村商业银行高管人员进行会谈，提示产能过剩风险，要求其进行自查。按照银监会信贷调控要求，要求北京农村商业银行把握信贷投放节奏、结构和总量，切实防范信贷过快增长的风险。

（三）督促北京农商行落实信贷新规，严控信贷风险

一是向北京农村商业银行进行“三个办法、一个指引”的集中宣讲，进一步明确政策要求，并完成《关于积极推进北京农村商业银行落实“三个办法、一个指引”工作情况的报告》。二是督促北京农村商业银行在第一、第二季度开展了两次政府平台公司贷款的自查，并会同银监会合作部就北京农村商业银行上半年政府融资平台公司贷款等有关问题约见其

高管人员进行监管会谈，向银监会合作部上报相关报告。三是前往北京农村商业银行顺义支行、大兴支行对政府融资平台贷款情况进行实地调研，完成调研报告《北京市涉农政府融资平台贷款存在的困难、问题及解决建议》。四是督促北京农村商业银行开展产能过剩行业贷款、房地产风险贷款的自查，指导其完成房地产贷款压力测试，并向银监会上报相关工作报告。

（四）立足“三农”，深入开展调研工作

一是撰写信息《北京农村商业银行拟推出首家“乡村便利店”》、《树立“大三农”理念 北京农商行继续加大金融支农力度》。二是向银监会合作部上报《关于北京农村商业银行银行卡业务发展及风险情况调研报告》。三是完成《关于大兴地区涉农金融服务情况的调研报告》、《关于江西地区农村金融服务情况的调研报告》，完成对北京农村商业银行改革成效的评估报告。

（五）推动案件防控工作的进一步深化

一是进一步明确了案件上报制度。二是落实银监会合作部关于《农村中小金融机构案件防控治理工作 2009～2011 年工作规划》的要求，约见北京农村商业银行有关负责人，对 2010 年案件防控工作提出监管要求。三是向银监会上报《关于辖内农村中小金融机构违规揽储行为监管工作情况的报告》。

（六）做好人民来信核查，加强声誉风险管理

一是督促北京农村商业银行做好人民来信的自查，并及时向北京银监局信访科报送核查报告。二是向北京农村商业银行下发《关于认真贯彻落实银监会领导重要批示加强相关机制建设的监管意见》，要求其加强相关机制建设。三是加强舆情监测，督促北京农村商业银行建立健全声誉风险机制。

（劳菲）

▲村镇银行

一、基本情况和重大变更事项

（一）基本情况

2010 年末，北京地区共有 7 家村镇银行，分别为北京延庆村镇银行、北京密云汇丰村镇银行、北京怀柔融兴村镇银行、北京大兴九银村镇银行、北京大兴华夏村镇银行、北京昌平兆丰村镇银行、北京顺义银座村镇银行（以下简称 7 家村镇银行）。除 2010 年末正式对外营业的顺义银座村镇银行外，其他 6 家村镇银行资产总额 244 751 万元，其中各项贷款余额 53 003 万元；负债总额 201 722 万元，其中对公存款余额 133 845 万元，储蓄存款余额 216 66 万元；所有者权益总额43 030 万元。

（二）业务开展情况

1. 经营规模明显扩大。2010 年，村镇银行在当地的影响力不断增加，总体负债规模稳步增长。与此同时，各村镇银行着力发挥自身决策链条短、审批效率高的优势，大力支持当地“三农”和中小企业发展，整体资产规模较上一年大幅提升。

2. 盈利能力有所体现。随着资产业务的开展，各村镇银行的季度营业收入额得到一定程度地提升，北京延庆村镇银行和北京怀柔融兴村镇银行已经实现正利润，北京大兴九银村镇银行基本实现盈亏平衡。总体来看，盈利行的经营状况有明显的可持续性，其他行的亏损现象有一定

的合理性，整体盈利能力呈上升趋势。

3. 信贷支持“三农”作用逐渐发挥。7 家村镇银行的农户贷款达 522 户，贷款余额 25 428.24 万元，占全部贷款余额的 47.97%，累计发放农户贷款 675 户、31 535万元。农户贷款主要面向种植业、养殖业、农产品加工、民俗旅游、生态农业、新农村建设等领域，在一定程度上缓解了北京郊县农户、农村经济组织贷款难、成本高等问题。

（三）重大变更事项

1. 机构发展情况。2010 年末，北京地区 7 家村镇银行共有 7 家营业网点，较上年末增加 4 家。在册员工 238 人，比上年增加 187 人。其中高管人员 24 人，比上年增加了 17 人。村镇银行的现有员工中，文化程度在本科及以上的人员占比达到 64%，较上一年度提高了近 4 个百分点。

北京大兴九银村镇银行 2010 年 5 月开业，北京大兴华夏村镇银行、北京昌平兆丰村镇银行 8 月开业，北京顺义银座村镇银行 12 月开业。

2. 主要人事变更情况。2010 年 6 月，北京延庆村镇银行原董事长刘万芳提出辞职申请，截至年末该行董事长人选空缺。9 月，北京密云汇丰村镇银行法定代表人由王冬胜变更为郑海泉；12 月，法定代表人由郑海泉变更为李惠乾；北京密云汇丰村镇银行完成公司治理结构变更，解散原董事会，只设一名执行董事。北京怀柔融兴村镇银行原行长、财务负责人、业务部负责人及营业部总经理人选发生变动，董事长张士益兼任行长，新设一名副行长于波于 8 月到任。

二、存在的问题和风险

（一）业务拓展难度较大

村镇银行是一种新生事物，运营时间短，网点单一，能够提供的附加服务有限，不易为当地公众接纳，吸收储蓄存款的难度较大，整体上面临着资金来源不足的现状，其现有存款的稳定性较差，潜在的流动性风险较高。

（二）员工素质有待提高，人员配备相对不足

由于区县金融人才总量相对匮乏，村镇银行配备的一线业务人员总量较少，且大多从业经历单一，难以满足银行业法人机构对各方面工作的较高要求。村镇银行作为一级法人，既承担着大量对外协调类工作，又要拓展客户和市场，还要进行内部审计和风险管理，其内部人员一人多岗现象较为普遍。

（三）科技信息力量较为薄弱，业务品种单一

由于资金实力有限，核心技术人才缺乏，7 家村镇银行尚不能直接加入人民银行大、小额支付系统，支付清算功能受到限制；同时，各行只能办理传统的存款、贷款业务，在业务多元化方面与其他银行存在较大差距。

（四）日常经营成本较高

作为法人机构，村镇银行需要自主协调方方面面的事务，且由于地处郊县，办理公证、征信查询、抵押登记等业务时面临着长途奔波、费时耗力的情况，与其他银行分支机构相比，经营成本相对较高。

三、监管工作情况

（一）加强村镇银行政策辅导，提升高管履职能力及员工业务水平

北京银监局通过大力推进村镇银行开业辅导制度、加强股东教育和高管履职培训，有效地提升了 7 家村镇银行高管人员的履职能力。修订重大事项报告制度、日常经营事项报告制度，对四家村镇银行进

行开业辅导，明确重大事项及日常监管事项报送要求。要求村镇银行董事、高管人员认真学习相关法律法规，立足机构长远发展，明晰支持“三农”责任。

（二）严格实施“三个办法、一个指引”培训和督导工作，提升村镇银行新规执行力

2010年，北京银监局先后四次组织了对7家村镇银行执行“三个办法、一个指引”的宣讲和答疑活动。11月，组织辖内7家村镇银行有关人员进行了“三个办法、一个指引”的水平测试。

（三）全方位、多角度地开展非现场监管工作

为确保村镇银行的持续稳定健康发展，2010年3月，北京银监局下发《北京银监局办公室关于加强辖内村镇银行案件防控、严格案件信息管理的通知》，要求村镇银行加强组织领导、明确职责边界、防范道德风险、落实案件防控相关制度。12月，根据非现场监管过程中发现的一系列问题，向7家村镇银行下达了《北京银监局办公室关于进一步规范辖内村镇银行经营行为的监管意见》，进一步规范了村镇银行的经营行为。

（四）督促发起行加强对村镇银行的支持和外部审计

高度关注村镇银行主发起人的实际支持力度和效果，一方面要求主发起人按照相关规定向村镇银行提供产品开发、风险管理、软件系统、人力资源、流动性风险管理等方面的支持，为机构平稳运行创造条件；另一方面要求主发起人在村镇银行的外部审计方面切实负起责任。

（五）督导村镇银行改进公司治理结构，加强内部控制建设

考虑到村镇银行经营的高风险性和抗风险能力弱的特点，北京银监局切实加强了对该类机构的审慎监管，通过下发监管意见书、约见会谈等方式督导各行完善法人治理结构，改进内部组织架构，建立健全内控和风险管理制度，支持村镇银行按照因地制宜、运行科学、治理有效的原则，建立高效简约的公司治理架构。

（六）督导村镇银行加强案件防控，开展“案防制度执行年”活动

2010年10月，北京银监局抽查督导小组到北京延庆村镇银行听取了“案防制度执行年”活动开展情况汇报，同活动领导小组的全体成员进行了座谈，查看了相关的会议纪要、学习笔记、自查工作底稿，并对流动资金贷款和个人贷款合规情况进行了现场抽查，有效地督促了北京延庆村镇银行进一步落实银监会文件精神，切实提高了案件防范工作水平。

（七）深入调研并总结经验，提升监管有效性

通过集中整理包括银监会、财政部以及北京市政府出台的涉及新型农村金融机构监管和支持方面的各项法规文件，为实施对7家村镇银行的有效监管和扶持工作奠定了基础。通过对7家村镇银行的现场走访和调研，对各行经营中出现的问题和风险隐患进行分析和提示，对村镇银行今后的经营发展、风险防范等方面提出了意见和建议。

（劳菲）

▲邮政储蓄银行

一、基本情况和重大变更事项

（一）基本情况

2010年末，邮政储蓄银行北京分行储蓄存款余额830.64亿元，比上年增加115.66亿元，增幅16.19%；储户数

1 222万户，比上年增加 112 万户，增幅 10%。全年个人贷款发放 13 421 笔 45.01 亿元，年末累计结余 14 269 笔 47.78 亿元。不良贷款余额合计 0.07 亿元，不良贷款率为 0.14%。各类中间业务交易金额 526.3 亿元，比上年增加 58 亿元，增幅 12.39%。全年总收入 10.08 亿元，总支出 6.90 亿元，实现税前利润 3.28 亿元，实现净利润 2.98 亿元。

2010 年末，邮政储蓄银行北京分行所属支行及代理网点 522 个。其中，一级支行（区县局支行）15 个，二级支行（网点支行）259 个，邮政代理网点 248 个。所辖机构数比上年增加 2 个。

（二）重大变更事项

1. 主要人事变动情况。聘任潘虹为邮政储蓄银行北京分行高级顾问；聘任刘峰为邮政储蓄银行北京分行小企业信贷中心总经理；聘任王俊江为邮政储蓄银行北京大兴区支行副行长；聘任张志刚为邮政储蓄银行北京平谷区支行行长助理；聘任杨春为邮政储蓄银行北京怀柔区支行副行长（主持工作）、党总支书记（兼）；聘任张晓蔚为邮政储蓄银行北京通州区支行副行长（兼）、党总支书记；聘任陈东林为邮政储蓄银行北京顺义区支行行长；聘任沈杨为邮政储蓄银行北京密云县支行副行长（主持工作）；聘任褚庆锐为邮政储蓄银行北京海淀区支行行长。

2. 网点迁址审批情况。2010 年，迁址筹建网点 21 家（一类 4 家，二类 4 家，代理 15 家），迁址开业网点 9 家（一类 7 家，代理 2 家）。

3. 新业务开办情况。2010 年 5 月 10 日起开办跨行汇款业务；6 月 1 日正式对公众客户开放使用个人网上银行业务；7 月 19 日起开办个人综合消费贷款业务；9 月 1 日起开始对个人活期人民币存款账户小额账户收取管理费，10 月起开办个人多币种储蓄、外币理财和结售汇业务。

二、金融产品创新和金融服务

邮政储蓄银行北京分行注重发挥自身网络遍布城乡的优势，实施差异化经营战略，着力解决农户融资难、贷款难问题。“好借好还”小额贷款灵活采取信用担保和信用联保模式，对于一定金额以内的个人贷款特别是个人商户贷款，允许三户到五户农户组成联保小组，互为联保人，共同向邮政储蓄银行北京分行申请贷款，在有效控制贷款风险的同时，解决了农民贷款抵押担保难的问题。为减少农民的负担，邮政储蓄银行北京大兴支行按照分行部署，推行“五免一”政策，在借款人连续正常还款五个月后，免除第六个月利息，从而鼓励农户积极还款，最大限度地支持农村经济建设。邮政储蓄银行北京分行还积极与地方发改委、农委、民委、妇联、团委沟通，利用贴息补偿奖励机制减轻农民负担，对培养信用环境起到了积极促进作用。

邮政储蓄银行北京分行充分发挥网点多、服务便捷的优势，采取主动上门宣传调查，集中上报、集中审批、集中放款的方式，大大缩短了贷款审批时限。在“走千村、进万户”送贷下乡活动中，通过村干部组织召开村民会议，由信贷员深入田间地头、走进养殖小区进行现场讲解，集中贷款受理和调查，提高了工作效率，为农民增产创收提供了有力支持，促进了当地农村经济发展。邮政储蓄银行北京大兴支行在区妇联的大力支持下推出“农家女”工程，向辖区内资质好、有贷款需求的农村女强人、女创业者提供资金扶持。累计发放“农家女”贷款 35 笔

400多万元，间接解决农村200多人就业问题。邮政储蓄银行北京分行率先搭建绿色通道，在大兴区选聘了20多名届满卸任大学生“村官”，充分发挥他们熟悉农村环境的特长，将他们安排在信贷营销等关键岗位，不仅为他们快速成长搭建了平台，使他们在很短的时间内成为金融支农的主力军，也为邮政储蓄银行北京分行更好地服务“三农”探索出一条新路。

三、存在的问题和风险

（一）内部管控能力与长期经营发展的战略需要尚存在一定差距，贷前贷后管理能力有待进一步增强，业务整体经营管理水平和专业性有待进一步加强。

（二）专业人才较为稀缺，整体人才队伍的管理经验与实践经验有待进一步提升。信息系统建设水平与优秀商业银行相比存在一定差距，个别网点基础设施较为陈旧，不能满足业务发展需要。

（三）业务成本控制能力有待进一步加强，专业经营水平与市场竞争能力有待进一步提高；须不断提升基层金融服务水平。

四、监管工作情况

（一）持续关注各项业务开展情况，主动提示各类风险，引导机构切实提高专业金融服务水平，合规稳健经营。

（二）密切关注机构政府融资平台贷款清理处置进度及风险状况，持续做好贷款清理各项现场检查及监查督导工作。

（三）督促机构做好审计稽核及案件防控工作，引导机构提高合规经营意识，保障各项业务长期稳健发展。

（赵阳）

▲外资银行

一、基本情况

2010年末，北京辖内共有36个国家和地区的外国银行在京设立了各类机构165家。其中，外资法人银行7家；外资法人银行分行28家；外国银行分行10家；支行47家；代表处73家。

2010年末，辖内外资银行资产总额3 389.37亿元，比年初增加664.94亿元，增长24.41%，占全国外资银行资产规模的19.45%，占北京辖内资产规模的3.61%。负债合计3 063.99亿元，比年初增加633.22亿元，增长26.05%。占全国外资银行负债规模的19.68%，占北京辖内负债规模的3.34%。

经营发展主要特点：

（一）信贷规模稳步上升，贴现业务快速增长

2010年末，辖内外资银行各项贷款1 659.68亿元人民币，较年初增长29.72%。普通贷款1 285.84亿元人民币，较年初增长19.17%；贴现248.40亿元人民币，较年初增长271.74%。贸易融资125.44亿元人民币，较年初下降6.16%。

（二）各项存款持续平稳增长

2010年末，辖内外资银行各项存款2 386.25亿元人民币，较年初增长49.50%；其中人民币存款2 022.97亿元，较年初增长68.77%。各项存款中，单位存款1 931.01亿元，占比达80.92%。

（三）盈利水平大幅提升

2010年，辖内外资银行实现税后利润20.25亿元人民币，比上年增长98.92%。

二、存在的风险和问题

（一）部分法人银行战略调整压力较大，业务发展低于转制预期

2007年以来，北京陆续有7家外国银行分行转制为法人银行，并希望借助法人政策导向带动在华业务迅速增长。但转

制后，部分法人银行经营发展并不顺利，运营成本与竞争压力较高，业务规模普遍不大、盈利情况并不理想。

（二）公司治理机制需进一步完善

虽然外资法人银行建立了公司治理基本框架，引入了独立董事、监事，但外资法人银行董事会成员对其自身应担负的管理职责认识仍不到位，履职主动性、经营管理上的法人意识不强。

（三）操作风险管理需要进一步强化

一是分支机构运营存在较多薄弱环节，对机构网点的管控需要强化。二是部分快速增长的业务风险控制较为薄弱。三是内审效力与整改效果不足。四是信息科技风险管理水平不适应业务发展，系统稳定性与安全性需进一步提高。

三、监管工作情况

一是加强与机构的联动，通过法人银行内在的公司治理机制传导监管意图，提升监管效果。二是运用“组合监管”，提高外资银行理财业务监管的前瞻性和有效性。三是加强个人贷款业务监管，对重点机构进行逐一督导。四是督促外资银行落实“三个办法、一个指引”，加强信贷总量管控。五是加强现场访查和有效沟通，通过掌握第一手信息，提升非现场监管的全面性和准确性。六是强化市场准入的监管导向作用，探索准入与监管的有效配合。

（徐旭）

▲金融资产管理公司

一、基本情况和重大变更事项

（一）基本情况

2010 年末，中国华融资产管理公司北京办事处（以下简称华融北京办事处）、中国长城资产管理公司北京办事处（以下简称长城北京办事处）、中国东方资产管理公司北京办事处（以下简称东方北京办事处）、中国信达资产管理股份有限公司北京市分公司（以下简称信达北京分公司）四家金融资产管理公司北京办事处（以下简称四家办事处）总资产余额 286.89 亿元（财务数据口径，依据财政部规定按账面价值 30% 计算），同比增加 77.30 亿元，增幅 36.88%。其中，商业化业务资产余额 127.39 亿元，同比增加 82.50 亿元，增幅 183.78%。商业化业务利润 10.52 亿元，同比增加 3.96 亿元，增幅 60.36%。商业化收购资产累计处置 379.25 亿元，占收购资产总额的 59.65%；处置回现 183.52 亿元，阶段性现金回收率 48.39%。剩余可供处置资产账面价值（签署协议债权本金加表内利息）共计 362.33 亿元。

（二）重大变更事项

1. 高级管理人员变更情况

2010 年 1 月，中国长城资产管理公司任命余和研为长城北京办事处总经理，任命李志军为副总经理。

3 月，中国华融资产管理公司任命王荥为华融北京办事处党委委员、纪委副书记（总经理助理级）；任命高永强为党委委员。6 月，任命高永强为华融北京办事处总经理助理。12 月，免去华融北京办事处副总经理杨国兵党委委员、副总经理职务，调中国华融资产管理公司任职，任命李康为华融北京办事处党委委员。

5 月，中国信达资产管理股份有限公司任命钱晓强为信达北京分公司副总经理。

6 月，中国东方资产管理公司免去丁

源东方北京办事处副总经理职务。8 月，任命石秀海为东方北京办事处纪委副书记。9 月，任命周继东为东方北京办事处助理总经理。

2. 内部机构变更情况

（1）华融北京办事处撤销了商业化业务事务部，在市场营销部下增设 5 个市场营销执行部，负责商业化业务收购、管理、处置以及拓展各类金融与企业服务业务。

（2）东方北京办事处在资产经营一部内单独设立二分部，专门负责新的商业化业务，并负责与总公司金融租赁、东兴证券等子公司联系业务合作。

（3）中国信达资产管理公司于 2010 年 7 月 16 日正式改制为中国信达资产管理股份有限公司，原信达北京办事处改制为信达北京分公司。11 月，信达北京分公司新成立两个市场组，分别负责金融机构不良资产收购业务及与平台公司的互动工作。

（4）长城北京办事处新增了市场拓展三部和银行综合服务业务部，前者主要负责资产包收购和中间业务拓展工作，后者主要负责为中小企业提供财务顾问服务和为合作银行提供不良资产收购服务。

二、存在的问题和风险

（一）处置资源面临枯竭，经营风险上升

四家办事处存量资产大幅减少，剩余可供处置资产 362.33 亿元，剔除长期处置结余的政策性债权及股权后，剩余商业化资产仅为 230.16 亿元，占全部商业化收购资产（发生额）的 36.19%。资源储备量不足带来转型困难，影响了四家办事处的可持续发展。

（二）新业务开展中“内控优先”原则体现不够

部分办事处创新业务制度设计存在缺陷，风险管理不到位，内部监督不够有力，运行不够规范。由于缺少内部监督机制，问题出现后没有得到及时纠正。在新业务的探索和开展过程中，“内控先行”的观念仍需进一步加强，内部管理制度的更新与业务发展速度不够一致，监督与纠正的动态机制有待完善。

（三）有章不循现象屡有发生，合规经营理念有所欠缺

日常监管中发现部分办事处处置行为不规范、不严格执行制度甚至违规操作现象时有发生。检查发现，存在个别资产处置不规范、不审慎，未经批准委托关联企业处置资产，超过协议约定支付委托报酬、未按规定上划资金等问题，暴露出部分人员风险观念淡薄，法规意识、合规意识不强问题。

（四）专业人才储备不足

四家办事处员工结构仍较为单一，部分员工还不能尽快掌握新业务知识，年龄结构、知识结构、职业技能与市场要求有较大距离。随着商业化转型的不断深入，业务急需的专业人才储备严重不足，人才资源问题日益成为制约四家办事处发展的重要因素。

三、监管工作情况

（一）把握商业化业务动态，跟踪创新业务开展情况

及时掌握辖内四家办事处商业化业务动态，积极引导、稳妥推进其商业化转型，跟踪了解四家办事处市场开拓、业务创新情况。7 月 8 日至 8 月 13 日，北京银监局对东方北京办事处商业化收购资产的管理和处置业务进行了现场检查，对检

查中发现的问题提出了相关监管意见。

（二）提高非现场监管水平，发挥非现场监管的风险预警作用

一是按照监管计划及工作要求，充分利用非现场分析指标等监测工具，逐月认真、全面地分析四家办事处经营管理情况、风险关注点以及不良资产处置状况。结合常规分析及现场检查情况，完成四家办事处2009年全年及2010年季度监管报告。二是下发2010年监管情况通报，针对四家办事处经营中存在的主要问题和风险隐患，逐一提出监管意见。三是认真完成非现场窗口指导，依据监管工作重点，要求四家办事处处理好业务发展与合规稳健经营的关系，提出加强基础管理，完善内部控制，认真执行制度规定等监管意见。

（三）深入落实案件执行年活动要求，组织推动案件防控工作

根据《中国银监会办公厅关于印发〈“银行业内控和案防制度执行年”活动指导方案〉的通知》（银监办发〔2010〕136号）及北京银监局《关于进一步推动“银行业内控和案防制度执行年”活动督导工作的意见》（京银监办〔2010〕143号）的要求，对四家办事处组织开展了为期3个月的执行年活动督导工作，按照准备阶段、学习阶段、自查自纠阶段、总结提高和抽查督导五个阶段开展跟踪、督导工作。

（胡璇）

▲财务公司

一、基本情况

2010年末，辖内财务公司资产总额3 521.81亿元，较年初增加764.61亿元，增幅27.73%；其中各项贷款（含贴现）1 756.81亿元，较年初增加441.14亿元，增幅33.53%。负债总额3 042.75亿元，较年初增加641.68亿元，增幅26.72%；其中各项存款2 699.21亿元，较年初增加584.76亿元，增幅27.66%。所有者权益合计479.06亿元，较年初增加122.94亿元，增幅34.52%。全年实现净利润49.34亿元，较上年同期增加8.13亿元，增幅19.73%。表外业务总量1 786.54亿元，较年初增加77.58亿元，增幅4.54%；其中委托贷款总额1 492.15亿元，较年初增加273.37亿元，增幅22.43%。

2010年末，辖内企业集团财务公司26家。其中，中资财务公司25家，外资财务公司1家。全年新设财务公司3家。

（一）信贷投放速度明显放缓，贴现业务发展较快

一是信贷规模持续增长，但增速明显放缓。截至年末，辖内财务公司各项贷款（含贴现）余额1 756.81亿元，较年初增长33.53%，但较上年增速回落8.58个百分点。全年贷款增量规模中第一至第四季度分别贡献了223.07亿元、106.99亿元、31.44亿元和79.64亿元，按照宏观调控政策和监管要求，贷款投放力度明显减弱。二是贴现业务发展较快。截至年末，辖内财务公司贴现总额108.03亿元，较年初增加78.46亿元，增幅265.32%。主要原因是，企业集团加强财务成本控制，加快资金周转，票据业务发展较快，带动了贴现业务快速增长。

（二）投资、委托投资和委托贷款增长较快

受宏观经济及本年信贷投放总量和节奏控制等因素影响，部分集团资金较为充裕，截至年末，投资余额较年初增长

28.49%，委托贷款和委托投资分别增长22.43%和84.54%。

（三）流动性呈现两极分化态势

电力类财务公司全年流动性趋紧，指标逼近监管低限。主要是受电厂融资难、煤电价格倒挂等因素影响，财务公司短存长贷造成期限错配。但有部分财务公司资金运用不充分，年末流动性比例在100%以上。

（四）多家公司完成增资扩股

全年共有7家财务公司完成了增资扩股工作，累计增资92.60亿元。

二、存在的问题和风险

（一）风险管控能力仍需提高

一是流动性管理手段和技术仍显不足。2010年以来，辖内部分财务公司存贷比持续偏高、流动性指标长期处于临界值，频繁依靠主动负债、增资扩股等手段来缓解流动性压力，流动性管理缺乏有效的手段。二是市场风险管控水平有待提高。主要体现在账户划分的政策、程序不够健全，限额管理较粗放，系统支持能力不足。三是信贷管理精细化程度不高，如贷款三查不到位、部分公司未实行综合授信。

（二）信息系统功能尚不完善

目前辖内部分财务公司的系统建设跟不上业务发展需要，不能满足内控和风险管理的要求。主要是新增业务未开发管理模块、传统业务欠缺流程管理和风险监测预警功能、备份和应急处置管理有待提高。

（三）上市公司资金归集难度较大

近年来，财务公司依托集团支持和自身业务创新等手段，资金归集能力已大幅提高。但受证监会关联交易管理制度限制，上市公司资金归集难，尤其是上市企业所占份额较大的集团，其财务公司的资金归集难度更是难上加难。因此如何寻求与上市公司的合作成为大部分财务公司在资金归集过程中的一道难题。

（四）委托贷款规模较大

财务公司通过委托贷款可以实现集团内成员企业间的资金有偿划拨、享受较低利率水平。也有个别财务公司将委存、委贷视为资金归集的另外一种手段。截至年末，辖内财务公司自营贷款和委托贷款规模接近，有的甚至达到了1:6.2。通过委贷进行“资金体外循环”，对资金的管控弱于自营贷款资金，不仅弱化了财务公司资金集中管理功能，而且资金风险有所增大。

此外，受资金运用渠道单一、金融创新能力不足等因素影响，辖内部分财务公司存在资金使用率偏低的现象。

三、监管工作情况

（一）督促辖内财务公司贯彻落实宏观调控政策

2010年，北京银监局认真落实银监会刘明康主席关于“引导财务公司贷款科学管理”的指示，结合各企业集团的战略安排以及各集团重点产业、重大项目的资金需求，召开2010年财务公司监管工作会，开展辖内财务公司信贷投放情况调查，督促财务公司在积极支持集团产业发展的同时，落实国家宏观调控政策，控制信贷总量，把握投放节奏、调整信贷结构。

（二）全面推进对财务公司的风险评价工作

首次与银监会、兄弟监管局联动，完成了对辖内9家财务公司的风险评价，实现了对辖内财务公司2008年以来现场评价（检查）覆盖率达到100%的目标。在辖内财务公司数量和监管工作量不断增长的情况下，为提高监管有效性提供了保障。

（三）多措并举深化非现场监管工作

一是召开财务公司监管工作会和监管通报会，指出问题和风险，提出工作要求。二是针对辖内财务公司暴露出的主要风险问题，分别召集存在流动性风险、房地产贷款风险以及委托贷款问题的部分财务公司，召开专题风险提示会，进行风险提示和督导。三是通过开业前谈话、现场走访、监管会议、业务辅导等方式对新开业的财务公司进行监管培训和指导，增强其合规经营和审慎经营意识。

（杨欣媛）

▲信托、汽车金融、金融租赁、消费金融、货币经纪公司

一、基本情况

2010 年末，辖内信托公司、汽车金融公司、金融租赁公司、消费金融公司和货币经纪公司资产（本外币合计，其中包含信托公司信托资产 1 088.17 亿元）合计 1 777.39 亿元，比上年增加 576.45 亿元，增长 48.00%；负债合计 528.62 亿元，比上年增加 300.04 亿元，增长 13.1 倍；所有者权益（不含信托权益）合计 160.60 亿元，比上年增加 22.91 亿元，增长 16.64%；信托权益合计 854.50 亿元，比上年增加 20.41 亿元，增长 2.45%。

2010 年末，辖内有信托公司 3 家、汽车金融公司 6 家、金融租赁公司 1 家、消费金融公司 1 家、货币经纪公司 1 家。

（一）信托公司

2010 年末，辖内 3 家信托公司资产合计 1 146.42 亿元，比上年增加 254.47 亿元，增长 28.53%。其中，固有业务资产合计 58.25 亿元，比上年增加 0.98 亿元，增长 1.71%；信托资产合计1 088.17 亿元，比上年增加 253.49 亿元，增长 30.37%。固有业务负债合计 3.93 亿元，比上年减少 1.4 亿元，下降 26.27%。所有者权益合计 54.32 亿元，比上年增加 2.38 亿元，增长 4.58%。全年累计实现净利润 5.53 亿元，同比减少 0.24 亿元。

2001 年末，辖内 3 家信托公司存续管理的信托项目共计 251 个。其中，集合资金信托计划共计 119 个，单独管理资金信托项目共计 120 个，管理财产信托项目共计 12 个。全年 3 家信托公司共计清算交付（不包含部分到期的信托项目）1 107个信托项目，累计给付信托本金 590.10 亿元，累计分配信托收益 22.41 亿元。

2010 年，辖内信托公司固有业务发展平稳，信托业务规模增长迅速。信托业务中，银信合作项目占比较高，成为目前信托公司主要的信托业务品种。

（二）汽车金融公司

2010 年末，辖内 6 家汽车金融公司资产合计 384.27 亿元，比上年增加 157.26 亿元，增长 69.27%；负债合计 330.44 亿元，比上年增加 141.81 亿元，增长 75.18%；所有者权益合计 53.83 亿元，比上年增加 15.45 亿元，增长 40.26%。全年累计实现净利润 3.62 亿元（不含宝马汽车金融（中国）有限公司），同比减少 1.12 亿元。

2010 年，辖内汽车金融公司资产负债规模实现快速增长，贷款及融资租赁业务发展势头良好，融资渠道以向金融机构借款为主。

2010 年 9 月 6 日，宝马汽车金融（中国）有限公司成立。

（三）金融租赁公司

2010 年末，建信金融租赁股份有限公司资产总额 243.28 亿元，比上年增加 161.3 亿元，增长近 2 倍；负债总额 194.21 亿元，比上年增加 159.6 亿元，增长近 4.6 倍；所有者权益 49.07 亿元，比上年增加 1.7 亿元，增长 3.59%。全年累计实现净利润 3.62 亿元，同比增加 2.38 亿元。

2010 年，建信金融租赁股份有限公司资产负债规模增长迅猛，融资渠道以向金融机构借款为主。

（四）消费金融公司

北银消费金融有限公司于 2010 年 2 月 24 日成立，为北京银行独资设立。截至年末，北银消费金融有限公司资产总额 2.98 亿元，负债总额 483.93 万元，所有者权益 2.93 亿元。

（五）货币经纪公司

中诚宝捷思货币经纪有限公司于 2010 年 3 月 25 日成立，由中诚信托有限公司和 BGC Partners，Inc. 合资设立。截至年末，中诚宝捷思货币经纪有限公司资产总额 4 555 万元，负债总额 4 万元，所有者权益 4 551 万元。

二、存在的问题和风险

（一）信托公司

1. 风险控制能力仍需进一步加强。2010 年，公司信托业务发展继续呈现较快增长态势，且业务涉及房地产、信政合作、结构化产品等领域，给信托公司风险控制能力带来挑战。

2. 业务和收入结构有待改善。2010 年银监会出台的《信托公司净资本管理办法》，将信托公司信托资产规模与净资本挂钩，传统的高规模、低收费的通道式业务将受到限制。信托公司需进一步培育主动管理业务，提高主动管理产品规模，改善收入结构。

（二）汽车金融公司

1. 异地业务风险管控压力依然较大。2010 年，辖内汽车金融公司异地业务继续扩大。截至年末，异地贷款余额 315.6 亿元，比上年增长 78.61%，占全部贷款业务的 91.8%。异地业务本身存在风险管控环节多、人员管理难度较大、易发生案件等特点，风险管控特别是操作风险管控压力较大。

2. 外包业务风险值得关注。汽车金融公司在异地业务管理环节引入外包，外包业务管理的规范性及风险控制的有效性须高度关注。

（三）金融租赁公司

1. 租赁设备专业管理能力仍须加强。金融租赁公司在租赁业务审查和管理中较多依赖承租人资质管理，自身对租赁设备的管理能力和力度存在不足。

2. 流动性风险较为突出。融资渠道较为狭窄，资金的来源与运用期限错配较为严重。

三、监管工作情况

（一）引导信托公司、汽车金融公司、金融租赁公司和消费金融公司等非银行金融机构贯彻落实国家宏观调控政策。一是通过监管会谈、窗口指导等方式，要求非银行金融机构加强政策敏感性，合理控制信贷业务规模，把握业务开展节奏。二是督促指导信托公司、金融租赁公司做好政府融资平台业务的清理工作。

（二）不断丰富监管手段，提高非银行金融机构非现场监管有效性和科学性。一是创新监管方式，建立年度中期风险会谈机制，动态掌握非银行金融机构风险状况。二是关注辖内信托公司银信合作、房地产等业务风险状况，及时提示风险。三是加强对辖内信托公司重点项目的监测，积极引导其开辟新的业务领域，不断提升自主管理能力。四是提示辖内汽车金融公司关注异地业务风险，督促其切实加强异地业务风险管理能力，有效监督异地业务的开展情况。五是深入走访调研，密切关注辖内金融租赁公司业务开展和风险状况。六是对辖内消费金融公司开业进行政策辅导，规范其业务运作，督促其提高风险管理水平。

（三）进一步加强对辖内非银行金融机构公司治理的监管。通过参加公司董事会、进行审慎监管会谈、调研走访等形式，引导辖内非银行金融机构提高公司治理水平。

（四）结合北京银监局“内控和案防制度执行年”工作部署，督促非银行金融机构全面提高内控制度执行力。要求各公司组织全员学习内控与案防制度，并对内控制度执行情况进行全面抽查。

（程岩　于潇）

证券期货业发展与监管

▲证券公司

一、基本情况和重大变更事项

（一）基本情况

1. 证券公司资本实力、风控能力不断增强

2010 年，辖区 17 家证券公司资产总额 2 954.94 亿元，占全行业的 15.74%；净资产总额 620.91 亿元，占全行业的 9.09%；净资本总额 550 亿元，占全行业的 12.73%，净资本及各项风险控制指标全面达标。

2. 证券公司各项业务稳步发展

在经纪业务方面，辖区证券公司全年代理证券交易金额 151 498.47 亿元。其中，股票交易占 93.15%，基金交易占 1%，权证交易占 2.51%，其他交易占 3.34%。2010 年末，指定与托管的证券市值 33 612.23 亿元，客户交易结算资金 1 956.36 亿元。

在自营业务方面，2010 年末，辖区证券公司证券投资成本 487 亿元。其中，股票投资 61 亿元，占比 12.53%；基金投资 52 亿元，占比 10.68%；债券投资 337 亿元，占比 69.20%；其他投资 37 亿元，占比 7.59%。证券投资公允价值 478 亿元，市值 479 亿元。与上年相比，证券投资成本增加 65 亿元，公允价值、市值增加 56 亿元。

在资产管理业务方面，2010 年末，辖区证券公司管理受托资金 246.97 亿元，同比增加 31.95 亿元，增幅 15%，受托资产市值 250.14 亿元。

在证券承销业务方面，2010 年，辖区证券公司累计主承销 4 952.85 亿元，比上年增长 18%。其中，股票承销金额 2 572.91亿元，债券承销金额 2 379.94 亿元。

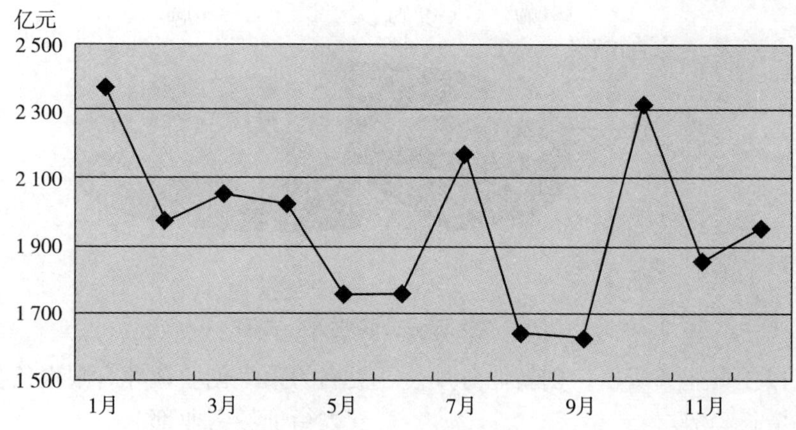

图1　辖区证券公司客户交易结算资金变动图

（二）行业发展特点及变化分析

1. 经纪业务收入仍为证券公司的主要收入。2010 年，辖区证券公司经纪业务收入 160. 41 亿元，占营业收入的57%。

2. 其他业务收入占比不断增长。受经纪业务净手续费率下滑的影响，2010 年辖区证券公司经纪业务收入比上年下降 23%。但其他业务收入不断增长，投行业务由于中小板和创业板融资额快速增长而发展迅速，资产管理业务伴随居民财富一同成长，创新业务逐步成为证券公司新的收入来源。经纪业务和其他业务收入的一减一增，使经纪业务收入在总收入中占比下降。2010 年，经纪业务收入占总营业收入的比重为 56. 71%，比上年下降 9%，证券公司过度依赖经纪业务盈利的状况有所改善。

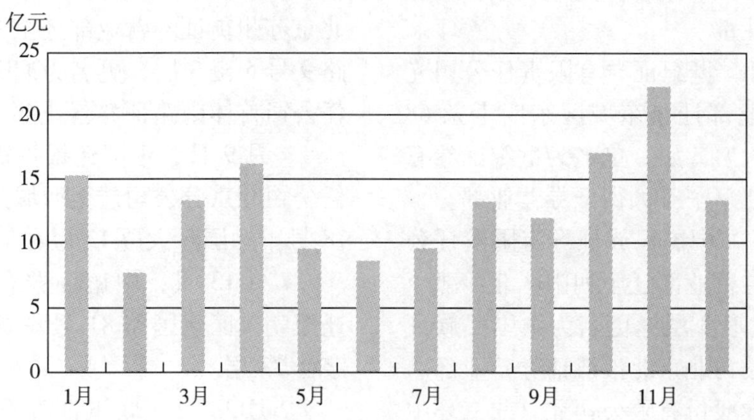

图2　辖区证券公司经纪业务收入变动图

3. 证券公司积极拓宽业务范围，创新发展有序推进。按照“试点先行、逐步推开”的思路，2010 年北京辖区稳步推进融资融券、股指期货等新业务。截至年末，辖区 4 家证券公司获得融资融券试点资格，6 家公司获得 IB 业务资格，4 家

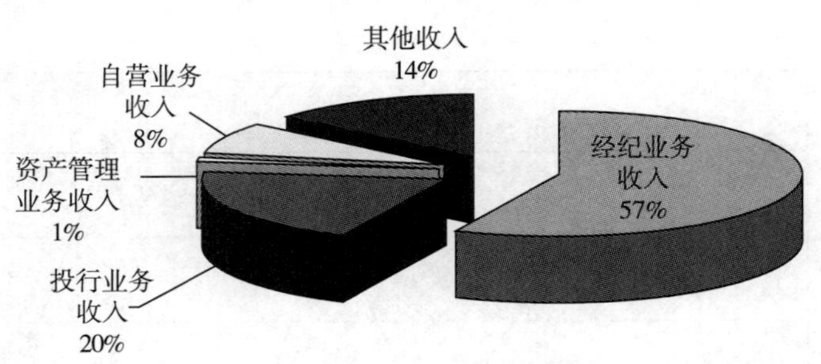

图3　辖区证券公司收入分布图

公司获得直接投资业务资格，创新业务规模呈现持续增长趋势。

（三）重大变更事项

1. 机构重大变动情况

2010 年，辖区共有 19 家证券公司营业部同城迁址，5 家证券公司营业部由异地迁入，新设 20 家证券公司营业部和 7 家证券公司分公司。

（1）辖区证券营业部同城迁址情况

2 月 11 日，银泰证券有限责任公司北京东单北大街证券营业部迁至东城区王府井大街 138 号新东安 T3 写字楼 11 层，更名为银泰证券有限责任公司北京王府井大街证券营业部。

3 月 3 日，世纪证券有限责任公司光华路证券营业部迁至东城区东四十条 68 号平安发展大厦 3 层，更名为世纪证券有限责任公司北京平安大街证券营业部。

3 月 9 日，中国民族证券有限责任公司太平路证券营业部迁至朝阳区北沙滩甲 1 号中科电大厦 3 层，更名为中国民族证券有限责任公司北京北沙滩证券营业部。

西南证券股份有限公司北京北三环中路证券营业部迁至西城区北三环中路 27 号商房大厦 4 层。

3 月 24 日，第一创业证券有限责任公司北京月坛南街证券营业部迁至西城区平安里西大街 26 号楼新时代大厦 3 层，更名为第一创业证券有限责任公司北京平安大街证券营业部。

4 月 15 日，华融证券股份有限公司迁至西城区金融大街 8 号。

4 月 22 日，民生证券有限责任公司迁至东城区建国门内大街 28 号民生金融中心 A 座 16 ~ 18 层。

6 月 10 日，民生证券有限责任公司北京西三环北路证券营业部迁至海淀区北蜂窝路 5 号院 1 号楼 2 层，更名为民生证券有限责任公司北京北蜂窝路证券营业部。

6 月 28 日，湘财证券有限责任公司北京苏州街证券营业部迁至海淀区首体南路 9 号 5 楼 3 层，更名为湘财证券有限责任公司首体南路证券营业部。

7 月 9 日，中国建银投资证券有限责任公司北京分公司迁至西城区太平桥大街 18 号丰融国际大厦 12 层和 15 层。

7 月 13 日，中德证券有限责任公司迁至朝阳区建国路 81 号华贸中心 1 号写字楼 22 层。

7 月 28 日，联讯证券有限责任公司西直门证券营业部迁至朝阳区北辰东路 8 号北京国际会议中心 8 层东区，更名为联讯证券有限责任公司北京北辰东路证券营业部。

8 月 3 日，华融证券股份有限公司北

京文慧园证券营业部迁至西城区金融大街8号，更名为华融证券股份有限公司北京金融街证券营业部。

8月4日，德邦证券有限责任公司北京光华路证券营业部迁至朝阳区朝阳北路237号复星国际中心，更名为德邦证券有限责任公司北京朝阳北路证券营业部。

9月7日，太平洋证券股份有限公司北京海淀大街证券营业部迁至海淀区彩和坊路11号17层。

9月16日，华泰证券股份有限公司北京莲花池证券营业部迁至崇文区广渠门内大街43号C座1～2层，更名为华泰证券股份有限公司北京广渠门内大街证券营业部。

9月26日，湘财证券有限责任公司北京惠新东街证券营业部迁至朝阳区芍药居北里101号世奥国际中心6层，更名为湘财证券有限责任公司北京北四环东路证券营业部。

10月11日，招商证券股份有限公司北京德胜门东滨河路证券营业部迁至东城区安定门外大街2号安贞大厦1层东侧和4层4023室，更名为招商证券股份有限公司北京安外大街证券营业部。

10月14日，长江证券股份有限公司北京展览路证券营业部迁至西城区百万庄大街22号院信息出版科研业务楼2层及机工大厦6层F区域，更名为长江证券股份有限公司北京百万庄大街证券营业部。

（2）异地证券营业部迁入北京辖区情况

2月1日，东兴证券股份有限公司福州证券营业部迁入北京市，更名为东兴证券股份有限公司北京大望路证券营业部，地址为朝阳区西大望路15号院4号楼外企大厦B座4层。

2月5日，海通证券股份有限公司齐齐哈尔克山证券营业部迁入北京市，更名为海通证券股份有限公司北京平谷金乡路证券营业部，地址为平谷区金乡路1号1层、3层。

7月28日，五矿证券经纪有限责任公司深圳宝安翻身路证券营业部迁入北京市，更名为五矿证券经纪有限责任公司北京广安门外大街证券营业部，地址为西城区广安门外大街248号机械大厦5层。

9月8日，海通证券股份有限公司牡丹江林口证券营业部迁入北京市，更名为海通证券股份有限公司北京密云鼓楼东大街证券营业部，地址为密云县鼓楼东大街19号密云广场。

10月18日，中原证券股份有限公司南阳广南路证券营业部迁入北京市，更名为中原证券股份有限公司北京广安门外大街证券营业部，地址为西城区广安门外大街168号1幢8层。

（3）辖区新设证券营业部情况

1月4日，民生证券有限责任公司北京工体北路证券营业部开业，地址为朝阳区工人体育场甲6号中宇大厦。

民生证券有限责任公司北京顺义府前东街证券营业部开业，地址为顺义区府前东街2号1号楼顺建大厦8楼。

2月11日，国都证券有限责任公司北京九棵树街证券营业部开业，地址为通州区九棵树街109号。

国都证券有限责任公司北京亮马桥路证券营业部开业，地址为朝阳区亮马桥路98号光明饭店写字楼5层。

3月22日，长江证券股份有限公司北京广渠门内大街证券营业部开业，地址为东城区广渠门内大街80号11层。

3月30日，财通证券有限责任公司

北京成府路证券营业部开业，地址为海淀区成府路28号优盛大厦13层。

6月1日，国联证券股份有限公司北京建材城西路证券营业部开业，地址为昌平区建材城西路87号2号楼。

6月3日，国泰君安证券股份有限公司北京亦庄宏达北路证券营业部开业，地址为大兴区亦庄北京经济技术开发区宏达北路16号101室。

兴业证券股份有限公司北京朝阳公园路证券营业部开业，地址为朝阳区朝阳公园19号佳隆国际大厦。

7月2日，中银国际证券有限责任公司北京北四环西路证券营业部开业，地址为海淀区北四环西路9号银谷大厦。

8月10日，民生证券有限责任公司北京菜市口大街证券营业部开业，地址为西城区菜市口大街1号3层301室。

民生证券有限责任公司北京航丰路证券营业部开业，地址为丰台区航丰路1号院2号楼103室。

8月13日，浙商证券有限责任公司北京骡马市大街证券营业部开业，地址为西城区骡马市大街14号。

11月11日，长城证券有限责任公司北京海鹰路证券营业部开业，地址为丰台区海鹰路1号院7号楼（万润大厦）。

11月16日，华创证券有限责任公司北京夕照寺街证券营业部开业，地址为东城区夕照寺街14号4号楼1层北大厅。

12月7日，新时代证券有限责任公司北京鲁谷路证券营业部开业，地址为石景山区鲁谷路74号。

新时代证券有限责任公司北京马家堡西路证券营业部开业，地址为丰台区星河苑2号院22号楼3层。

宏源证券股份有限公司北京丰北路证券营业部开业，地址为丰台区丰北路望园东里28号楼2层。

12月27日，中国银河证券股份有限公司北京方庄南路证券营业部开业，地址为丰台区方庄南路2号103室。

中国银河证券股份有限公司北京亦庄荣京东街证券营业部开业，地址为大兴区亦庄经济技术开发区荣京东街3号B座4层。

（4）辖区新设证券公司分公司情况

2月2日，东北证券股份有限公司北京分公司开业，地址为西城区三里河东路5号中商大厦3层、4层南侧。

3月22日，中航证券有限公司北京资产管理分公司开业，地址为朝阳区安立路甲56号商业楼南楼4层。

5月10日，国盛证券有限责任公司北京分公司开业，地址为西城区德胜门外大街83号德胜国际中心B座3层。

5月17日，华泰证券股份有限公司北京分公司开业，地址为西城区金融大街17号中国人寿中心1705室。

7月22日，齐鲁证券有限公司北京资产管理分公司，地址为西城区复兴门外大街A2号中化大厦11层1108室。

12月15日，华创证券有限责任公司北京分公司开业，地址为海淀区复兴路21号一栋805～808室。

12月6日，国元证券股份有限公司北京分公司开业，地址为东城区东直门外大街46号907B。

2. 主要人事变更情况

1月20日，常喆任国都证券有限责任公司副总经理，3月3日任总经理。

2月3日，王启军任招商证券股份有限公司北京证券经纪业务管理分公司负责人。

2 月 11 日，黄赫任瑞信方正证券有限责任公司合规总监，林寿康任中国国际金融有限公司证券公司经理层高级管理人员。

3 月 23 日，陈天虹任江南证券有限责任公司北京资产管理分公司负责人。

4 月 7 日，黎维彬任航空证券有限责任公司总经理。

4 月 12 日，顾伟国任中国银河证券股份有限责任公司总裁、法定代表人。

4 月 15 日，李树华任中国银河证券股份有限责任公司合规总监。

4 月 22 日，吴涛任首创证券有限责任公司董事长兼总经理。

5 月 14 日，阴秀生任安信证券股份有限公司北京投行业务分公司负责人，朱红任广发证券股份有限公司北京经纪业务分公司负责人。

6 月 22 日，滕泰任民生证券有限责任公司副总经理。

6 月 30 日，高坚任航空证券有限责任公司董事长。

7 月 2 日，崔智生任航空证券有限责任公司副总经理，胡晓云任财务总监。

7 月 13 日，范磊任瑞银证券有限责任公司董事会秘书。

9 月 6 日，徐勇力任东兴证券有限责任公司总经理。

12 月 15 日，王丽任国开证券有限责任公司副总经理。

12 月 21 日，邢树尧任信达证券股份有限公司监事长，张波任董事会秘书。

二、存在的问题和风险

一是辖区具有行业竞争优势的优质券商为数不多，资本实力有待进一步增强。辖区正式开业的 17 家证券公司中，目前没有一家上市公司，净资本在 50 亿元以上的仅有 4 家，20 亿元至 30 亿元的有 6 家，20 亿元以下的有 6 家。

二是盈利模式单一，同质化竞争的格局尚未根本改观。目前辖区 17 家证券公司中，大多数公司还停留在依靠经纪、投行、自营三大传统业务的经营模式阶段。

三是创新能力不足，核心竞争力尚在培育之中。由于受到各种因素限制，辖区多数证券公司还没有获得创新业务资格；有业务资格的证券公司，创新业务开展规模偏小，产品线有待丰富，品牌效应尚未形成。

三、监管工作情况

（一）全力以赴做好首都证券市场的安全维稳工作

针对首都证券市场安全维稳工作的特殊性，中国证券监督管理委员会北京监管局（以下简称北京证监局）通过召开会议、编写案例、组织培训等多种形式，反复向辖区证券机构强调保稳定的重要性，要求其做好风险排查，消除隐患。2010 年，辖区未发生群体性或恶性事件。

（二）督导证券公司抓好基础性制度建设

1. 指导证券公司完善经纪业务管理制度，提升客户服务和管理水平。为加强营销人员管理，北京证监局于 2008 年 12 月率先开发了北京地区证券营销人员备案管理系统。2010 年结合相关制度的出台，进一步完善系统功能，对营销人员的入职、离职、从业行为等起到了记录、规范和约束作用。

2. 引导证券公司建立信息隔离墙制度。发挥辖区合资证券公司先行先试优势，借鉴辖区部分证券公司的经验，参照证券业协会《证券公司信息隔离墙制度建设指引》有关内容，北京证监局制定了信息隔离墙制度现场检查工作底稿，完成了对辖区全部证券公司信息隔离墙制度的专项现场检查。

3. 以现场检查为契机，督导证券公司完善内控管理。2010 年，北京证监局对国都证券有限责任公司、民生证券有限责任公司进行了现场检查。通过检查，初步探索出证券公司转入常规监管后如何发现风险、解决问题、深化监管的有效途径。

（三）深入推动证券公司合规管理运行和评估

为巩固合规管理工作阶段性成果，北京证监局制定了《北京辖区证券公司合规管理有效性评估指引（试行）》，指导辖区证券公司开展合规管理有效性评估，推动辖区证券公司进一步完善制度，有效运作，更好地发挥合规管理在监测、防控合规风险上的功能和作用。

（四）督促证券公司加强改进信息系统建设

北京证监局督促各证券经营机构严格按照《证券营业部信息技术指引》的要求落实相关技术标准，加强核心业务系统数据和灾备系统备份、IT 治理架构、IT 合规审计等方面的建设。根据《关于进一步做好证券期货业重要信息系统安全等级保护定级备案工作的通知》的规定，要求相关证券公司及时调整信息系统安全等级定级备案材料，并对照定级标准对相关信息系统重新定级。同时还建立了辖区信息技术专家库，充分发挥专家在技术故障排除、责任鉴定、专业指导等方面的作用。

（雷芬芳）

▲基金管理公司

一、基本情况和重大变更事项

2010 年末，北京辖区共有基金管理公司 11 家（北京注册 7 家），其中合资基金管理公司 5 家（北京注册 3 家），从业人数 2 000 余人；基金管理公司分公司 41 家，基金理财中心 11 家，基金代销机构 30 家。

2010 年末，辖区基金管理公司共管理基金 144 只，占全国的 20.6%；基金净值 7 578.86 亿元，占全国的 29.7%；基金份额 6 864.64 亿份，占全国的 27.9%。经统计，辖区基金管理公司管理社保委托资产 1 220.54 亿元，占全国的 38.5%；企业年金规模 461.82 亿元，占全国的 43%；特定客户管理资产 396.18 亿元，占全国的 35%。在基金行业规模排名中，辖区有 3 家基金管理公司居前 10 名，华夏基金管理有限公司和嘉实基金管理有限公司分别位于第一名和第二名。

总体上，辖区基金管理公司经营情况良好，业务资格齐全，产品类型丰富，对外开放程度较高，具有一定创新能力，合规和风控水平较高，投资业绩较为突出，在行业中具有举足轻重的地位。

二、存在的问题和风险

（一）公司股权及治理不完善

个别基金管理公司治理结构不完善，董事会职责不明确，影响经营层正常工作，公司缺乏独立性。部分基金管理公司注重股东短期回报，忽视公司长期发展，不利于长期价值投资理念的实现。有些基金管理公司独立董事未能充分发挥作用，董事会下属专业委员会运作不规范。

（二）基金业竞争加剧，行业生存空

间面临挑战

基金业在发展过程中竞争加剧，银行在营销渠道中地位强势，基金销售返佣水平不断攀升，导致基金业恶性竞争和经营成本的进一步提高；公募基金的发行面临银行和券商理财产品、保险、信托、私募基金等产品的激烈竞争，基金业的生存和发展面临巨大挑战。

（三）业务快速发展与资产管理能力、内控建设不协调的矛盾日益突出

随着基金行业市场化改革的推进，基金产品审批速度加快，基金发行数量不断增多。基金管理公司在人才、技术、资源等方面竞争激烈，资产管理能力、内部控制建设、运营支持能力、风险管理能力等与市场规模的快速发展不相匹配，成为基金行业健康发展的重要掣肘。

（四）长期激励机制尚未建立，缺乏有效的人才培养机制

人才流失特别是关键、核心人才的流失是基金行业普遍面临的问题。部分基金管理公司缺少长期人才规划，没有人才梯队建设，部分关键岗位缺乏备份，未建立良好的长效激励约束机制和有效的人才培养机制，阻碍了公司的长远发展。

（五）合规和风险管理能力需进一步加强

部分基金管理公司风险管理体系不完善，对投资管理的监督制约不足，在信息系统建设、后台运营操作等方面支持不足。部分基金管理公司未结合自身特点，细化公平交易制度的执行标准和流程，公平交易执行及监控等环节有待改进。

（六）创新能力不足、核心竞争力有待提高

各基金管理公司普遍注重规模发展，缺乏特色定位，未形成核心竞争力。基金产品同质化严重，在组织形式、经营模式、销售渠道等方面局限于低水平竞争，创新能力不足。部分基金管理公司尚未建立科学的研究方法，未形成稳定的投资风格。

（七）媒体舆论环境对基金行业的压力日益加大

基金行业越来越受媒体关注，呈现出一定程度的“娱乐化”。媒体不当的负面报道，对基金行业造成了很大伤害，也误导了投资者对基金行业的正确认识，行业经营环境不容乐观。

三、监管工作情况

（一）加强监管，促进市场主体合规运作

1. 深入开展例行检查，督促公司规范经营。2010 年，北京证监局对辖区 3 家基金管理公司进行了现场检查。检查发现，少数基金管理公司在公司治理、投资管理和内控建设等方面存在问题。北京证监局根据检查情况，对 1 家公司和 2 名高管采取行政监管措施，并记入诚信档案；对 3 名高管采取了日常监管措施。

2. 积极组织专项核查，严肃查处违规行为。2010 年，北京证监局对辖区 6 家基金管理公司开展了 11 次专项核查。对 1 家公司、1 名高管、6 名基金经理及 1 名 IT 人员采取行政监管措施，并记入诚信档案；对 3 名高管、6 名部门负责人和 10 余名业务人员采取了日常监管措施。此外，北京证监局对辖区 5 家基金管理公司落实“三条底线”自查情况进行了重点核查。检查发现，辖区基金管理公司在投资信息报备及后续核查分析、公平交易监控分析等环节普遍存在不足。针对这些问题，北京证监局要求相关公司及时改进，深化落实。

3. 强化基金经理监管。北京证监局把基金经理监管作为一项重点工作。一是针对基金经理流动频繁等苗头性和倾向性问题，及时下发通知，采取措施遏制拟任基金经理不合格和离任基金经理交接手续不规范等不良趋势。二是着力提高拟任基金经理合规水平，认真把关任职谈话环节，并对合规意识不强的5名基金经理实施“冷淡对待”。三是加大离任基金经理监管力度，对于存在违规行为的3名基金经理，及时出具监管意见，并记入诚信档案系统。

（二）监管与服务并重，积极扶持行业发展

1. 配合“基金法”修改，开展私募基金调研。2010年初，北京证监局结合监管实际，针对私募基金合法化、完善基金治理和组织形式、保护基金份额持有人利益等热点问题，走访北京多家阳光私募证券投资基金和私募股权基金，对私募基金的行业现状、业务模式和组织特征等情况进行深入调研，全面了解北京地区私募基金行业发展状况。结合私募基金行业存在的利益冲突等突出问题，提出了规范上市前投资、监管发行行为、增强信息披露监管等相关政策建议，为进一步规范私募基金的监管提出了建设性意见。

2. 规范基金销售行为，加强投资者教育。近三年，北京证监局积极协调银监部门，完成了对辖区全部基金销售机构的检查工作，涉及辖区17家银行、11家基金公司、12家证券公司和1家证券投资咨询机构。通过检查，基本杜绝了延时交易等违规行为，有力推进各机构销售业务信息管理平台的建设和销售适用性原则的落实，强化了各机构开展投资者教育工作的力度。

3. 引导公司提升内部管理，加强监察稽核和风控人员配备。北京证监局对辖区基金管理公司监察稽核部门和风险管理部门的情况进行了全面摸底，并对监察稽核及风控岗位人员配备提出指导性意见，要求各基金管理公司充实人员、扩充权限、优化结构。

（蔡云红）

▲期货公司

一、基本情况

（一）机构情况

2010年末，北京辖区共有期货公司19家，期货公司营业部67家（其中2家处于特别处理状态），境外持证企业11家。

（二）业务发展情况

2010年，北京辖区期货公司在规范中求发展，风险控制能力进一步提高，经营业绩和管理水平明显提升。

1. 辖区期货市场规模快速扩大。2010年末，北京辖区期货公司的客户保证金306亿元，较上年增长87%；客户数量为17.95万户，较上年增长90%；代理交易额48.9万亿元，较上年增长225%；代理交易量为5.3亿手，较上年增长118%。

2. 辖区期货公司效益明显改善。2010年末，辖区期货公司总资产359亿元，净资本42.4亿元，分别较上年增长91%和129%。全行业实现手续费收入8.41亿元，较上年增长59.6%；经纪业务盈利5.07亿元，较上年增长119%。

3. 营业部数量稳步增长，经营状况进一步好转。2010年末，北京辖区期货公司营业部吸收客户保证金72.34亿元，代理交易额累计8.76万亿元，手续费收入3.67亿元，利润总额8 715万元。营业部数量由2009年末的56家增加至2010年末的67家。

二、存在的问题和风险

2010年是北京期货业科学发展成效最为显著的一年，行业增长速度、经济效益状况、服务能力等达到了历史最好水平。由于资本市场运行的内外部环境日益复杂，期货市场稳定运行面临较大压力，辖区期货公司在人才队伍建设、信息系统建设、公司治理和内控制度建设以及提高公司核心竞争力等方面仍然存在诸多不足，信息安全和信访隐患依然突出，非法期货活动、网站仿冒等屡禁不止，期货市场维稳工作任务十分繁重。

三、监管工作情况

2010年，北京证监局坚持以科学发展观为指导，按照"夯实基础、培育机制、加强监管、防范风险、服务实体经济发展"的要求，促进辖区期货市场从规模扩张向质的提升转变。

（一）创新监管与促进发展相结合

2010年，期货行业紧紧抓住宏观经济总体回升向好、市场运行比较平稳等有利时机，成功推动股指期货上市，并取得了运行平稳的好成绩。北京证监局紧密跟踪市场动态变化，着眼于规范服务市场、完善制度建设，率先出台对居间人和代客理财管理、营业部合规建设等指导意见。积极推动管理和服务模式创新，选取在内控制度和业务管理方面有创新成果的5家期货公司的经验做法在辖区内推广。通过总经理例会和专题培训班等形式，加强政策和监管信息沟通机制建设，提升监管效能。深化投资者教育、舆论引导和网络舆情监控工作，营造和谐市场环境，推动辖区市场健康发展。组织引导辖区期货公司开展调查研究，增强对政策、市场发展的分析把握能力，支持期货公司创新服务实体经济和服务投资者的业务模式和方法。

（二）现场检查与督促整改落实相结合

2010年，北京证监局加强了现场检查工作，先后开展了开户实名制和投资者适当性制度检查、营业部全面检查、"小金库"专项治理工作全面检查、异地营业部现场检查等多项检查。全年共投入检查力量近450人次，检查期货公司40余家次、期货公司营业部120余家次，检查覆盖面100%，下发整改通知3家。同时，重点关注检查后的整改落实情况，制作了首席风险官反馈事项表，建立了检查问题反馈和督察机制，切实提升了辖区期货公司和期货公司营业部的经营管理水平，强化了合规经营意识。在2010年的分类评价中，北京共有4家期货公司（全国18家）获评A类，平均分达到99.62分（满分100分），较上年增加3.63分。

（三）风险处置与隐患排查相结合

2010年，北京证监局重点抓了17起涉嫌非法期货投资咨询投诉的处理、4家停业公司的风险化解和24起保证金预警核查工作，成功化解了风险，有效保护了投资者的利益。为有效防范非法期货业务风险，在认真调研的基础上，制定并下发了《关于北京辖区期货经营机构加强对居间人和代客理财管理的指导意见》，加强对期货公司员工代客理财和非法开展咨询业务的监管。认真落实每周动态分析制度，对风险早发现、早处置。全年共编制动态分析周报50份，发现有潜在风险点的机构近160家次，采取谈话、核查等措施，保持对市场风险的及时跟进提示。

（四）行政监管与公司内控相结合

在公司内控管理方面，北京证监局始终坚持以公司高管及首席风险官的责任落实为抓手。组织首席风险官培训班，邀请各方面专家进行了9场专题报告，取得良好培训效果。重点发挥首席风险官和合规部门在强化公司内控约束等方面的作用。全年共审核首席风险官报告80份，出具反馈意见函10余份，及时向首席风险官反馈问题，提示首席风险官工作的重要关注点和核查点。通过大力推行期货公司高管责任制，促进公司内控制度落实，结合公司高管任职审核和公司章程备案，对公司章程、首席风险官工作制度、独立董事工作制度和高管责任制进行审核，并指导公司完善内控，督促辖区期货公司完成了60余名经理层和董监事人员的配备。

（五）信息公开与保护投资者利益相结合

2010年，北京证监局把主动公开行业信息和加强投资者教育作为保护投资者权益的重要工作。一是加强政务信息公开，增加行政许可透明度和规范化。将行政许可信息面向各期货机构、期货从业人员和期货投资者公示，全年共公示信息200余条。二是认真开展投资者教育。指导北京期货商会开展5期“期货大讲堂”活动，参与投资者千余人。三是指导期货公司将投资者教育工作前置，在市场推介环节即开展系统的投资者教育。四是初步建立与媒体的沟通机制，组织开展了对新闻媒体期货业务知识培训，共同做好释疑解惑和投资者教育等工作。

（曾桂玲　黄楠）

▲证券投资咨询公司

一、基本情况

2010年末，北京辖区共有18家证券投资咨询机构，2家异地公司在京分公司，占全国证券咨询机构数量的20%。辖区证券投资咨询公司总资产4亿元，净资产3.38亿元，营业收入1.87亿元，净利润3 951万元，其中盈利公司9家。

二、主要问题和风险

一是绝大部分投资咨询机构以投资顾问业务为主，盈利模式单一，生存环境较差，须进一步拓展盈利模式。

二是证券投资分析软件销售活动合规性差，引发大量投诉。部分公司随意夸大软件功能，产品定价畸高不实，软件销售模式亟须规范。

三是非法证券投资咨询活动不容忽视。一些不法分子利用网络和电话进行非法证券咨询和非法委托理财等活动，欺诈损害广大投资者利益，严重影响了证券投资咨询行业的健康发展。

三、监管工作情况

2010年，北京证监局采取多种监管手段，加大对证券投资咨询机构的监管力度。

一是向辖区证券投资咨询机构下发《关于进一步规范证券投资咨询公司有关行为的通知》，提出规范经营的明确要求。及时传达证监会《证券投资顾问业务暂行规定》和《发布证券研究报告暂行规定》精神，要求各证券投资咨询机构深入学习，研究落实两个新规的具体措施，并以此为契机提升规范运作水平，探索可持续发展的道路。

二是周密部署、有序推进，圆满完成辖区证券投资咨询公司的年检工作，并向证监会机构监管部上报了初审报告。根据证监会机构监管部的年检公告结果，对部分证券投资咨询公司下发限期整改通知，并如期完成整改验收工作。

三是明确“换证”流程，规范辖区证券投资咨询机构“换证”工作。2010年，北京证监局向辖区证券投资咨询机构下发了《关于换领〈证券投资咨询业务资格许可证〉有关事宜的通知》，对辖区各证券投资咨询机构变更股权、公司名称、营业地址、法定代表人、注册资本、股东及出资比例、跨辖区变更营业地址等情形换领许可证作出明确规定。

四是发挥协作监管效能，有效开展整治非法证券咨询活动工作。北京证监局从前端监控、媒体净化、案件查处、投资者教育、维护稳定等环节着手，开展整治非法证券咨询活动工作。与北京市公、检、法等部门加强沟通，密切合作，在风险排查、信息共享、线索移送、业务支持等方面建立了相应的联动机制。全年将10余家机构涉嫌非法从事证券咨询业务的线索移送公安机关，协助出具法律认定意见。公安机关目前已经侦破案件4起，羁押犯罪嫌疑人16名。

（雷芬芳）

保险业发展与监管

▲财产保险公司

一、基本情况

（一）行业发展概况

2010年，北京财产保险市场实现平稳较快发展，财产保险公司累计实现保费收入217.00亿元，同比增长29.03%，占北京总保费收入的26.78%，同比上升2.67个百分点，财产险保费规模位居全国第5位。累计支付赔款76.33亿元，同比增长16.44%，综合赔付率为61.22%，同比下降3.09个百分点。承保利润为6.99亿元，同比增长327.71%，承保利润率为4.34%，同比上升2.94个百分点。

2010年末，北京财产保险业总资产159.71亿元，比上年同期增加24.48亿元，增长18.10%；所有者权益31.30亿元，比上年同期增加12.54亿元，增长66.84%。

（二）行业发展特点

1. 车险业务规模增长迅速，经营扭亏为盈

根据北京地区机动车辆保险联合信息平台统计，2010年累计承保317.57万辆车，同比增长27.67%。实现车险保费收入152.84亿元，同比增长39.48%，占财产险公司保费收入的70.43%，同比增加5.27个百分点，对财产险公司保费增长贡献率为88.61%。

2. 非车险业务规模持续增长，大部分险种实现盈利

2010年，北京产险市场非车险业务规模持续增长，累计实现保费收入64.16亿元；非车险市场大部分险种实现盈利，累计承保利润3.73亿元。

3. 市场集中度加大

2010年，中国人民财产保险公司北

京市分公司、平安财产保险公司北京分公司和太平洋财产保险公司北京分公司保费收入增幅分别达到22.76%、68.70%和46.09%，直接拉动了全行业的保费增长；三家公司市场份额合计占比达到67.96%，同比增加了4.75个百分点。

4. 外资公司规模增长较快

2010年，外资保险公司保费平均增长86.45%，远高于市场平均水平。其中，美亚财产保险有限公司北京分公司、利宝保险有限公司北京分公司保费收入分别大幅上涨3.61倍和1.72倍；苏黎世保险公司北京分公司、现代财产保险（中国）有限公司、中意财产保险公司和三星火灾海上保险（中国）有限公司北京分公司保费收入也有不同程度的增长，呈现出良好的发展势头。目前外资保险公司市场份额合计为3.47%，其中苏黎世保险公司北京分公司的市场排名居第15位。

二、存在的问题和风险

（一）车险理赔难问题仍然存在

车险“理赔难”依然是投诉焦点，车险理赔纠纷占财产险公司信访总量的77.9%，占合同纠纷的92.7%。车险理赔纠纷主要围绕理赔程序、理赔时限、理赔服务质量及合同双方对保险条款理解不同等问题。有的公司要求被保险人提供气象部门出具的气象灾害证明，有的公司因怀疑案件真实性而迟迟不予定损，有的公司未按保险法规定及时赔付等。保险公司在理赔服务质量、理赔内控管理水平、提高客户满意度等方面还有待进一步提高。

（二）非车险业务恶性竞争

主要表现为未执行已报备的条款费率。随着经营非车险市场主体的日益增加，为了获取业务，部分公司仍然采取“低价策略”，企业财产险、工程险的费率水平持续下行。部分公司还存在擅自扩大保险责任或以特别约定形式给予被保险人不正当利益等行为。

三、监管工作情况

（一）实施商业车险费率浮动制度取得明显成效

实施商业车险费率浮动制度，实现了以技术手段遏制恶性价格竞争、车险价格与车辆风险程度匹配、维护被保险人权益的改革目标，并促使车主主动关心理赔记录，共同监督虚假理赔行为。

（二）完善信息平台功能，规范车险市场经营行为

自2010年10月1日起，在北京车险信息平台增加了中介业务的实时管控功能，正式将车险中介业务纳入信息平台管理，提高手续费支出真实性。该制度实施以来，清理了一批无资质的中介机构，2010年第四季度车险中介业务占比较前三季度下降了11.9个百分点，虚构中介业务的情况明显减少，北京车险市场的经营行为正在朝着规范的方向转变。

（三）加大现场检查和处罚力度，规范市场秩序

2010年共派出63人次，先后完成对9家次财产保险公司分支机构的现场检查工作，检查时间累计199个工作日。一是完成对三家公司的综合性检查任务，两家公司的航意险业务专项检查。二是在处理违法违规问题上，坚持依法严肃处理机构的同时，还注重追究相关人员责任。截至2011年1月，共对财产保险公司下发行政处罚决定书31份，对10家次机构、21人次责任人员实施行政处罚，罚款金额累计403万元；对1家次机构下发监管函，对2人次进行监管谈话。

（四）稳步推进政策性农业保险工作

一是制定政策性农业保险承保业务经营规范。明确被保险人、保险标的的确认原则和依据，规范宣传说明、保单签发、联网打印等承保业务操作要求，并实施“见费出单”管理，有效遏制了虚假承保行为，确保经营数据真实准确。二是推动保险公司进一步提高理赔服务能力，鼓励承保公司试行“理赔一卡通”，实现赔款“零现金”支付的服务，免除了农民上门领取赔款的环节，有助于防范道德风险，缩短理赔时限，提高理赔效率。三是进一步完善农业保险第三方审计制度，增加了中期预审功能，缩短了农业保险保费及经营费用补贴发放周期，有利于保险公司对应收保费规模的控制，提高了农业保险工作效率。四是进一步完善巨灾风险分散机制，顺利完成本年度再保续约工作，将政府出资 2 600 万元购买再保险纳入财政预算，分散政策性农业保险赔付率 160% ~ 300% 的风险，为北京市都市型现代农业的健康发展保驾护航。

（五）积极推动开展非车险业务工作

一是继续完善医疗责任保险工作。会同北京市卫生局，通过广泛走访医疗机构、医责险经营主体及医患纠纷调解中心，对北京市医责险经营情况进行调研，完成《北京市医疗责任保险调研报告》。二是积极研究推动安全生产责任保险发展。在充分吸收外省市地区试点经验的基础上，结合北京市安全生产需要，共同草拟制定《北京市安全生产责任保险试点工作方案》。三是深入开展货运险调研工作。依据现场检查及信访投诉中发现的非车险问题，以货运险为着眼点与入手点，深入开展货运险市场的检查和调研，通过与保险公司现场座谈、走访中介机构、发放调查问卷等多种形式，对北京市场货运险情况进行摸底，查找货运险领域存在的问题，剖析原因，并提出针对性的意见建议，为下一步规范非车险市场、形成非车险长效监管机制打下基础。

▲人身保险公司

一、市场发展特点[①]

（一）保险业务高开稳走

一是保险业务快速增长。2010 年，寿险公司实现保费收入 749.5 亿元[①]，居全国第三位，保费收入同比增长 41.6%，增速列全国第四位。二是增长速度呈现前高后低的趋势。受 2009 年同期基数低开高走和各公司业务推动力度影响，保费收入增速持续回落，第一季度至第四季度寿险公司保费收入增长率分别为 76.7%、55.0%、50.7% 和 41.6%。从渠道看，各渠道均实现正增长。其中，银保渠道是保费增长的主要动力，全年累计实现保费收入 418.6 亿元，同比增长 50.1%；个人代理渠道稳定向好，共实现保费收入 215.8 亿元，同比增长 24.1%。从险种看，除投连险保费收入较 2009 年同期略有下降外，其他险种均实现正增长。其中，分红险保费收入 501.6 亿元，同比增长 65.5%，成为保费增长的主要动力；万能险和普通寿险同比分别增长 9.1%、6.9%。从公司看，中资公司实现保费收入 599.4 亿元，同比增长 38.6%，市场份额 80.0%；外资公司实现保费收入 150.1 亿元，同比增长 54.9%，市场份额 20.0%。

---

① 本分析不含财产险公司短期健康险和意外险数据。

（二）银保作为主力渠道和分红险作为主力险种的地位更加凸显

一是多种因素影响下，银保主渠道地位更加稳固。2010年，由于银行加大了对中间业务的重视程度，增强了对银保业务的推动力度，加之股市震荡下行、房地产市场调控政策效应显现和通胀预期等因素的综合影响，第一季度银保业务增长率高达96.6%，出现井喷式增长，随后三个季度趋向平稳，但仍保持着高速增长的态势，增长率分别为68.3%、64.1%和50.1%。2010年，银保业务保费收入占比为55.9%，较上年提高3.2个百分点，银保的主渠道地位更加稳固。二是在经济环境不确定因素较多的情况下，分红险呈现快速增长势头。2010年，考虑到市场前景不明朗、政策风险加大，兼具保障和理财功能、风险相对较低的分红险受到消费者的关注和追捧。同时，随着《企业会计准则解释第2号》的实施，越来越多的公司将分红险作为主力险种。2010年，分红险保费收入占比高达74.1%，同比提高9个百分点。

（三）新单、续期保费快速增长，但部分业务结构指标出现倒退

一是从保费结构看，新单保费持续增长。2010年，寿险新单保费509.9亿元，同比增长46.0%；续期保费166.6亿元，同比增长42.6%。二是从期缴规模看，期缴保费快速增长。寿险新单期缴保费96.2亿元，同比增长36.8%；其中个人代理和银保渠道期缴保费同比分别增长32.7%和48.6%。三是新单期缴率有所下降。2010年，寿险业务新单期缴率18.9%，同比降低1.2个百分点；趸缴业务增长48.3%，高于期缴业务增速29.4个百分点，在新单业务中占比提高1.2个百分点。四是保费继续率、营销员13个月留存率有所下降。个人代理渠道13个月保费继续率为85%，同比降低2个百分点；营销员13个月留存率为27.9%，同比降低5.2个百分点；银保渠道13个月保费继续率为88.1%，同比降低2.6个百分点。

（四）满期给付继续下降，退保情况较为稳定

一是寿险公司经营状况向好，满期给付持续下降。2010年，寿险公司赔付支出104.1亿元，同比减少4.5%。其中，满期给付支出45.5亿元，同比减少14.3%；年金给付35.5亿元，同比减少2.7%；赔款支出和死伤医疗给付则同比分别增长20.4%和14.2%。二是寿险公司经营稳定，未发生大规模异常退保。2010年，寿险公司共发生退保金93.2亿元，同比增长0.48%；退保率3.28%，比2009年下降0.8个百分点。从险种看，分红险退保金占比最高（40.9%），达到38.2亿元，同比降低9.5%。从公司看，10家公司退保率高于5%，前三位分别为国泰人寿保险公司北京分公司（27.9%）、合众人寿保险公司北京分公司（13.3%）和正德人寿保险公司北京分公司（11.9%）。

二、存在的问题和风险

（一）市场运行受外部环境影响不容忽视

一是银保渠道新政对寿险市场的影响。2010年11月，中国银行业监督管理委员会出台禁止保险公司人员在银行驻点销售，每个银行网点只限代理三家保险公司产品的规定后，11月和12月银保渠道保费收入环比分别下降11.6%和21.9%，较前10个月月平均保费分别下降10.9%

和 43.7%；渠道占比为 55% 和 44.6%，较前 10 个月所占比重分别下降 2 个和 12.4 个百分点。二是货币政策对保险业的影响。2010 年，人民银行七次上调存款准备金率，两次加息，流动性逐渐收紧，群众对进入加息通道的市场预期强烈，长期将必然影响到寿险业务的稳定性和流动性。

（二）市场秩序有待进一步规范

一是电销渠道、银保渠道销售误导仍不容忽视。2010 年，中国保险监督管理委员会北京监管局（以下简称北京保监局）接到反映涉嫌销售误导的信访件 112 件，其中电销渠道与银保渠道共计 84 件，占销售误导问题的 75%。经查，销售人员在销售过程中夸大保险责任、将保险介绍为存款、以免费和赠送名义销售保险、夸大公司收益等问题较为普遍。部分公司电销渠道标准话术误导，培训和质检监听工作流于形式，对中介机构疏于销售品质监督等。银保渠道将保险说成理财，将期交介绍成趸交的问题仍然存在。二是意外险经营仍存在风险隐患。极短期团意险业务违规操作仍时有发生。三是个别公司通过虚列中介业务与虚列营业费用套取资金。

三、监管工作情况

2010 年，北京保监局全面落实全国保险监管工作会议精神，深入贯彻落实科学发展观，按照“巩固规范成效、完善监管制度、提高监管效率”的基本思路，坚持“标本兼治、重在治本”的原则，加强和改进监管，切实解决人身保险市场突出问题，营造健康有序发展环境，推动北京人身保险业平稳健康发展。

（一）持续完善监管制度，提高市场监管的科学性

一是制定北京地区意外险业务规范要求。结合北京地区市场特点和前期意外险规范的阶段性成果，在保监会意外险经营规范基础上，出台了《进一步规范意外险业务的通知》，强化了意外险经营的系统管理要求和查询服务要求；明确了团体意外险业务的经营标准，确保了被保险人的知情权。二是推动建立销售误导综合治理框架。从制定行业销售强调语，明确销售人员展业执证要求，出台销售行为规范，建立行业信息服务平台[①]，统一行业新单回访基础用语，探索建立包括事前预防、事中禁止、事后监督和违规记录备查的全方位销售误导治理体系。三是规范寿险营销员电话展业活动。明确禁止北京地区寿险营销员向非特定客户电话展业，并持续关注有关公司的整改情况。

（二）强化市场行为监管，实现市场规范的主动性

一是加大现场检查力度，有力净化了市场竞争环境。2010 年，共对 20 家次人身险公司开展现场检查。二是切实发挥非现场监管作用，打击违法违规行为。积极探索研究反映监管效果和市场风险的核心监管指标体系，深入分析经营性指标的异动原因，提高监管预警能力。三是以信访投诉为抓手，不断培养日常监管的敏锐性。在查处违法违规行为，保护投保人、被保险人利益的同时，识别保险公司和行业存在的风险和问题，取得了较好的效果。

（三）防范化解行业风险，保障市场稳定运行

一是妥善处理媒体对银行代理渠道和

① 信息披露平台设置销售强调语、基础回访语、销售人员资质、诚信记录、产品条款和常见问题解答等查询模块。

电话销售渠道的舆论。通过建立相关报告机制，密切关注辖内寿险业案件风险。二是密切关注营销员和公司员工涉嫌非法集资、职务侵占案件风险。三是积极应对“行业惯例”引发的行业违规风险。针对部分公司在销售航意险保单时未经被保险人同意而承保，保险合同应无效的问题，全面评估行业违法风险，及时下发通知，重申《保险法》有关要求。

（四）推动健康险发展，提升行业服务能力

为促进健康险良性发展，北京保监局指导行业协会经过调研、讨论、软硬件招标、设备集成和软件开发等系列工作，搭建北京地区健康险信息平台，推动健康险业务数据实现全面积累、风险控制和实时赔付。同时，通过对6 000余份消费者调查问卷和13万余条企补医疗业务经营数据进行深入分析，研究制定北京保险业落实“新医改”方案；积极与北京市政府等有关部门沟通，为商业健康险参与“新医改”营造良好的政策环境。

（孙妍　邹婧）

▲保险中介机构

一、基本情况

2010年，北京保险中介市场主体不断增多，业务规模持续增长，保险市场销售主渠道作用继续保持，市场秩序进一步好转。

（一）保险专业中介市场稳定发展

一是机构主体数量持续增加。2010年末，北京共有保险专业中介法人机构331家，同比增加15家。其中，代理公司149家，经纪公司144家，公估公司38家。全年共有19家法人机构退出市场，新设法人机构33家，进入保险专业中介市场的机构数量稳步增长。二是业务收入保持增长。2010年，北京保险中介机构业务规模和收入水平均保持增长，北京经代渠道共实现保费收入198.84亿元，同比增长37%；在京专业中介机构实现业务收入共32.1亿元，同比增长38.4%。

（二）保险兼业代理机构的主渠道作用继续保持

2010年末，北京共有6 278家保险兼业代理机构，其中主要是银邮类和车商类兼业代理机构，数量分别为3 921家、1 674家，占比分别达到62.46%和26.67%。全年通过兼代渠道实现的人身险保费收入434.3亿元，占人身险保费收入的57.9%；其中银邮渠道业务占比为55.8%。

（三）保险营销员队伍和业务规模保持稳定

2010年末，北京共有保险营销员6.07万人，同比下降9.7%，持证率继续保持100%。全年，寿险公司通过保险营销员实现保费收入215.8亿元，同比增长24.1%，占全市人身险业务的28.8%，仍是寿险公司的第二大营销渠道。

二、监管工作情况

（一）扎实做好基础监管工作

一是做好各项行政许可和变更事项备案。通过高管人员以考代训、投资人风险提示、出资确认和学历查询等手段，从严审批行政许可项目，及时做好保险中介机构地址、股权结构等变更事项备案。二是定期开展中介机构清理注销。定期对许可证有效期届满未申请延续、经营不善主动解散的保险专业代理机构和保险经纪、公估分支机构进行清理并公告注销其许可证。三是制定三类专业中介监管指引。为减少行政审批过程中重复接受咨询、要求公司重复补正材料等问题，针对三类保险专业中介机构设立和高管资格申请、地址和股权变更、许可证延续等事项制定监管指引。四是做好保险专业中介分类监管的基础工作。通过对保险专业中介分类监管工作开展情况进行回顾总结，对现行分类监管指标体系提出合理化建议；12 月上线保险专业中介分类监管信息系统，对辖内专业中介机构进行指标数据录入和测评。

（二）全面开展保险中介现场检查

一是主动开展保险专业中介机构综合性检查。2010 年，北京保监局成立联合检查组，对在北京意外险市场占有一定份额的两家专业中介机构进行现场检查，发现其在业务操作和财务结算中存在的违规问题。二是根据信访投诉情况对多家保险专业中介机构和保险兼业代理机构开展现场检查。三是严格按照保监会的部署开展检查任务。全年共检查两家保险专业中介机构。

（三）积极开展中介市场调查研究

一是认真做好《北京保险专业中介市场发展研究》、《北京保险中介市场“十一五”规划执行情况评估》两个子课题的研究工作。通过对保险专业代理、经纪、公估、保险兼业代理、保险营销员 5 类保险中介发展情况进行研究分析，开展问卷调查，形成相关课题研究报告。二是主动开展保险专业中介市场调研。通过现场调研、组织座谈和收集书面材料三种形式，先后对 16 家经纪、11 家专业代理和 3 家公估机构进行市场调研，进一步了解北京保险专业中介市场情况，促进了监管工作的开展。

（四）继续强化从业人员管理

一是研究开展保险销售从业人员双证管理。认真研究寿险公司直接管理的电销人员和保险专业代理机构从业人员“双证”管理问题，指导北京保险行业协会和保险中介行业协会做好前期准备工作。二是采取措施督促保险公司规范营销员管理。全年，北京保监局共办理营销员投诉保险公司的相关书面信访材料 44 件，并集中通过监管谈话、下发监管函等措施，督促保险公司规范保险营销员管理。三是完善继续教育管理措施。就营销员反映的继续教育问题，与多家寿险公司座谈听取意见建议，根据市场实际，印发通知明确要求。四是推动协会做好资格考试管理工作。通过组织培训、现场辅导等方式，推动北京保险行业协会考试中心做好从业人员资格考试的系统化工作，定期对外公告北京地区资格考试具体安排。

（五）有效提升监管信息化水平

一是做好保险中介监管子系统上线和使用工作。组织辖内保险专业中介机构就保险专业中介机构和高管管理子系统、保险专业中介非现场监管子系统的使用操作进行培训，做好保险专业中介机构和高管的历史数据确认工作，9 月，上述系统正式上线使用。二是做好车险信息平台升级改造。自 2010 年 9 月，定期向车险信息平台提供保险专兼业代理和保险经纪机构名称、地址和许可证有效期等信息，发挥车险信息平台对中介机构资质的审核作用。三是利用现有系统进行保险公司电销人员双证管理。在保监会保险营销员信息系统增加相应“电话销售部”等相应模块，实现保险公司直接管理的电销人员持“双证”系统化管理。

（李攀）

四、服务与管理

货币金银管理

2010年，中国人民银行营业管理部（以下简称人行营业管理部）认真贯彻全国货币金银工作会议精神，实行科学化、规范化管理，提高现钞服务质量，加强发行基金调拨，加大发行库管理和货币管理力度，保证北京地区现金供应，顺利完成了人民币发行和货币管理的各项工作任务。

发行基金调拨 2010年，北京市人民币发行基金投放、回笼呈现双增长，发行基金投放同比增长16.69%，发行基金回笼同比增长11.07%，净投放发行基金170.63亿元，首次出现连续三年发行基金净投放的情况。流通中现金量增加的主要因素：一是北京市经济平稳增长导致现金投放规模的增长；二是商品销售额的增长提高了现金投放、回笼的总规模；三是收入水平和消费水平的稳步提高增加了居民的现金需求；四是物价水平的上涨增加了流通领域现金的保有量；五是银行自助设备数量的增加提高了商业银行的现金备款量。

人行营业管理部加强对现金的预测与监控，科学合理调拨发行基金，确保首都现金供应。一是押运人员加班加点，保证按时完成各项调拨任务。二是加强发行基金调拨的前瞻性和计划性，科学摆布库存，合理安排辖内发行基金调拨，指导发行保管库做好现金供应工作。三是继续对地铁公司实行硬币定向供应。全年，共向地铁公司各条线路供应1元硬币6 524万枚。四是组织开展押运途中应急处置预案演练活动。在北京警察学院举行的演练中，进行了突发交通事故、车辆故障、遭遇抢劫、道路、天气或汽车异常等突发事件处置的实地演练，进一步提高了发行库调拨押运工作的应急处置能力。

纪念币发行 2010年11月9日，中国人民银行发行“2010年贺岁”、“‘和’字书法”（第二组）、“环境保护”（第二组）和“上海世界博览会”普通流通纪念币（以下简称纪念币）各1套1枚，面额均为1元。人行营业管理部组织工商银行、农业银行、中国银行、建设银行、交通银行、北京银行、中信银行7家商业银行的714个营业网点向社会公开兑换发行。为做好此次纪念币发行工作，人行营业管理部采取积极措施，确保发行现场秩序。一是及时下发通知，召开会议，布置工作、强调纪律。二是为方便市民兑换，增加了中信银行、北京银行的部分营业网点办理兑换。兑换网点总数量比2009年增加了206个。三是统一兑换公告的内容，公布人行营业管理部和商业银行的监督电话，接受社会监督。四是加强检查督导。11月9日，人行营业管理部组成12个检查小组，分别到各个兑换网点，检查督导兑换工作。

残损人民币销毁 2008年以来，北京市残损人民币回笼量增加，占压发行库库存的问题十分突出。人行营业管理部积极采取措施，加大残损人民币销毁工作力度，有效地缓解了残损人民币胀库压力。一是从商业银行借调13名出纳人员加强复点工作，相关处室人员加班加点29次。二是统筹协调各项业务，合理安排销毁券别，保证销毁工作进度。三是提高复点合同工的工资待遇和超额奖励标准，调动复点人员工作积极性。四是向中国人民银行反映工作中遇到的新情况和新问题，及时调整销毁计划。五是开展销毁制度执行情况自查，加强对复点合同人员的管理，确保销毁工作安全。全年，共复点销毁残损人民币 3 693 119.5 万元，同比增长98.14%。

人民币管理 2010 年，人行营业管理部召开了北京市人民币管理暨发行库管理工作会议，总结了2009年工作，部署了2010年工作任务。开展综合执法检查，对建设银行北京市分公司、北京农村商业银行、上海浦东发展银行北京分行的69个营业网点人民币现钞收付和反假货币工作进行了全面检查。依法做好行政许可工作，办理经营流通人民币行政许可21笔、装帧流通人民币行政许可初审5笔和使用人民币图样行政许可初审1笔。加大对钱币市场的管理力度，与工商管理部门开展了8次联合执法行动，依法查处了一批非法经营流通人民币的企业，共罚没流通非法装帧人民币产品89册。继续开展2005年版第五套人民币质量检测工作，按照中国人民银行的要求采集样本，对样本情况进行登记、汇总，并送往深圳进行机器测试。按季度对复点中发现的商业银行上缴钱捆中差错、质量等情况进行通报，督促各商业银行加大对出纳工作的管理，提高上缴发行库钱捆的质量。开展“现金服务推动周”活动，组织171个商业银行基层营业机构，深入到社区、小学等场所，为群众集中办理残损币兑换、零币兑换等现金业务1万多笔1 700余万元，举办现金服务知识讲座、宣传50余场。做好特殊残损人民币鉴定工作，全年为公众办理残损币兑换鉴定45笔11 456张，面额合计79万元。采取现场检查和接待群众来电来访等多种方式，对中资银行人民币收付业务及反假货币工作进行了考核。交通银行北京市分行、招商银行北京分行、建设银行北京市分行、中信银行总行营业部、民生银行总行营业部、华夏银行北京分行、工商银行北京市分行、兴业银行北京分行被授予“2010年度北京市金融机构人民币管理优秀单位”。

反假货币工作 2010 年，人行营业管理部充分发挥北京市反假货币联席会议办公室的桥梁作用，积极协调成员单位继续开展打击假币犯罪专项行动，深入推进北京市反假货币工作进程，顺利完成了全年各项工作任务。全年收缴、没收假人民币呈下降趋势，收缴、没收假人民币张数、金额同比下降53.15%和44.89%。

1. 组织召开了北京市反假货币工作联席会议第四次会议。6月2日，市高级人民法院、市检察院、市公安局、市工商局、北京海关等18家联席会议成员单位有关负责人出席了会议。会议总结了2009年北京市反假货币工作的开展情况，通报了2009年至2010年上半年北京市公安部门打击假币犯罪的情况，并对下一步工作进行了部署。此次会议增加了市教委、市商务委、北京银行、北京农商行等单位加入联席会议。

2. 警银共建反假货币工作站。为加强北京市警银间协调联系，提高假币犯罪线索收集效率，人行营业管理部协调工商银行北京市分行、北京农村商业银行、邮政储蓄银行北京分行，与市公安局联手建立了15家警银共建反假货币工作站。5

月 15 日，警银共建反假货币工作站正式启动并举行了授牌仪式。

3. 开展反假货币宣传和培训。5 月份，人行营业管理部组织全市 30 家银行开展了“2010 年北京市反假货币宣传月活动”。宣传月采取日常宣传和重点日宣传相结合的方式。日常宣传为商业银行在营业网点内进行反假宣传。重点宣传日，全市 30 家商业银行以支行为单位，深入社区、乡镇、集贸市场等场所开展反假宣传，共设立宣传咨询点 400 余个，向公众免费发放《第五套人民币防伪知识宣传册》120 余万册。5 月 15 日，与市公安局在新世界商城合作开展打击和防范经济犯罪宣传日活动，动员广大市民加强自身防范意识，预防和打击假币犯罪。4 月至 9 月，人行营业管理部与北广传媒合作，利用城市电视作为平台向公众播出反假货币知识宣传片，扩大宣传范围。此外，人行营业管理部与市公安局联手在新浪微博《平安北京直播室》栏目推出以反假货币为专题的网络在线直播活动，采取现场交流的形式向网友介绍当前反假货币工作形势、人民币防伪知识和反假货币相关法律法规等内容。举办北京市银行系统反假货币知识培训班，邀请中国银行和中国印钞造币总公司的专家讲解美元和人民币硬币的防伪知识，全市 46 家中外资商业银行及市公检法等部门的 170 余人参加培训。

4. 反假货币信息系统上线运行工作。为了保证 7 月 1 日反假货币信息系统正式上线运行，人行营业管理部先后 4 次发文、多次召开现场会对商业银行作出具体部署，组织辖内各商业银行对反假货币信息系统的数据上报模块进行测试，及时印制新的鉴定证书和没收收据凭证，下发至各商业银行营业网点。

发行库管理 2010 年，人行营业管理部加强对发行库管理，确保发行库安全。一是修订并下发《中国人民银行营业管理部发行基金保管库达标升级考核实施细则》。二是加大查库力度，确保发行库安全。全年共检查各保管库 70 次。其中，对辖内发行保管库检查 57 次，检查北京分库 13 次。三是强化安全管理，规范操作程序。全年举办了两期发行保管库管理人员培训班，重点讲解了相关制度规定，培训管理人员 160 人。组织各发行保管库进行防火及防抢应急预案演练，提高处置突发事件的能力。下发了《关于印发发行基金券别标牌使用管理规定的通知》，为辖内发行保管库统一制作并发放了发行基金券别标牌 726 个。四是认真做好第四套人民币只收不付管理工作。两次召开各发行保管库主要负责人会议，部署第四套人民币只收不付管理工作；在各发行保管库自查的基础上，进行了三轮专项检查；按照中国人民银行要求及时将第四套人民币实物进行集中管理。五是开展 2010 年发行基金保管库达标升级考核工作。人行营业管理部组成达标升级联合考核小组，对辖内 15 个发行保管库进行全面检查，评出天宁寺、朝阳、复兴门、古城和建国门发行保管库为二级库，房山、海淀、崇文和顺义发行保管库为三级库，宣武、通州、丰台、昌平、怀柔和延庆发行保管库为达标库。

金银管理 2010 年，人行营业管理部加强对黄金制品进出口业务的管理。根据外贸企业的申请，向中国人民银行上报了《关于继续为中国珠宝首饰进出口公司等 5 家公司办理黄金珠宝首饰进出口业务的请示》、《关于威讯联合半导体（北京）有限公司等单位进口黄金的请示》。

根据中国人民银行授权，分别向工业用进口金丝企业批复，并抄送北京海关。全年共审核并签开黄金饰品进出口准许证1 076笔，162 131 件，746.079 千克（纯重）。其中：进口黄金饰品 1 040 笔、158 478件、732.492 千克（纯重）；出口黄金饰品 36 笔、3 653 件、13.587 千克（纯重）。企业进口金丝 2.838 千克，进口氰化亚金钾 20 千克。举办北京市黄金制品进出口管理工作研讨会，邀请北京海关和部分外贸企业就“在现行政策下如何做好黄金制品进出口工作以及继续深化黄金管理体制改革”等有关问题，进行了深入研讨。根据中国人民银行安排，先后两次对“黄金制品进出口管理系统”进行了测试。

会计核算规范化管理 2010 年，人行营业管理部举办了货币发行业务会计核算规范化管理培训班，下发了《关于做好货币发行业务会计核算规范化管理工作的通知》，进一步规范辖内货币发行业务会计核算工作。5 月 4 ~8 日，人行营业管理部组成检查考评小组对中国人民银行天津分行会计核算业务进行交叉考评。5 月 18 ~22 日，中国人民银行沈阳分行检查考评小组对北京分库、北京中心支库、海淀发行基金保管库、天宁寺发行基金保管库和朝阳发行基金保管库货币发行业务会计核算工作进行了检查考评。人行营业管理部货币金银处获得中国人民银行货币发行业务会计核算规范化竞赛二等奖。

（杨兴安）

国家金库业务

2010 年，国家金库北京市分库深入贯彻落实科学发展观，进一步加强国库信息化建设，夯实国库业务基础，加强国库监管和调研分析，认真履行国库服务职责，促进宏观调控政策和改革措施的实施，全面提升国库工作水平，为支持首都经济社会建设，实现稳增长、调结构、促发展目标发挥积极的作用。

一、财税库银横向联网推广任务基本完成，国库现代化水平进一步提升

一年来，积极发挥中国人民银行营业管理部（以下简称人行营业管理部）作为财税库银横向联网牵头部门的作用，会同税务、银行等部门定期召开横向联网联席会议及业务、技术专题研讨会，共同研究解决横向联网电子缴税推广工作中存在的问题，协调税务部门大力扩展电子缴税覆盖范围。在全国各试点省市中，率先开展了国税部门银行端查询缴款业务试点、银联公司一点接入模式下的银行卡刷卡电子缴税业务试点，率先推动外资银行接入横向联网。批量扣税业务已全面推广至北京市各级国税、各家中资商业银行，全市5 万多户国税部门征管的个体工商户纳税人全部实现电子缴税。2010 年，北京市电子缴税业务笔数和金额分别同比增加29.91% 和 45.05%，国税和地税电子缴税业务比率分别达 85% 和 86%，在全国位居前列。积极推动市级财政支出业务加入横向联网。市级财政集中支付额度、实拨资金通过横向联网系统实现了自动化处理，北京市成为全国第二个实现财政支出联网的地区。2010 年 4 月，中国人民银行组织 10 余家新闻媒体对北京市横向联网工作进行了宣传报道，5 月，中国人民银行对人行营业管理部横向联网工作给予了通报表扬。

二、国库监管工作深入开展，国库风险防范不断增强

一是加强对辖区商业银行国库经收业务的监管。根据人行营业管理部综合执法检查工作整体部署，选派业务骨干成立专项检查小组，参加了对建设银行银行北京市分行、北京农村商业银行、上海浦东发展银行北京分行的综合执法检查工作。对 3 家银行办理的代理支库业务、国库经收业务、代理国债发行与兑付业务进行了现场检查。共发现 7 类问题，涉及行政处罚 5 项。此外，对交通银行北京市分行代理土地出让金非税收入缴库业务存在问题的整改情况进行了现场检查。

二是进一步深化对代理支库达标升级考核。依据《北京市商业银行代理国库支库达标升级考核办法》，对辖内 20 家代理支库进行了全面检查。根据非现场监管及现场检查结果，完成各代理支库的达标升级考核及等级评定工作。共评定二级库 5 家，三级库 14 家，达标库 1 家。2010 年，共有 50% 的代理支库实现了升级，25% 的代理支库达到二级库水平。

三、做好国库基础服务工作，促进国家宏观政策及改革措施的有效落实

一是落实北京市人民政府关于首都功能核心区行政区划调整相关工作要求，会同市财政、税务等部门制订《关于首都功能核心区行政区划调整财税库等部门联动配合做好纳税服务和国库合并工作的方案》，配合财政、税务部门顺利完成宣武区、崇文区税纳人迁移、征收机关转换以及税款缴库等工作。协调工商银行北京市分行完成崇文区支库与东城区支库、宣武区支库与西城区支库合并工作，为首都功能核心区行政区划调整工作的顺利实施提供了支持与保障。

二是做好国库核算工作，促进辖区预算收支工作的顺利执行。全年组织各级国库共办理预算收入 7 853. 54 亿元，同比增长 13. 36%。其中，中央预算收入 3 996. 38亿元，同比下降 5. 15%；地方预算收入 3 857. 16 亿元，同比增长 42. 09%。办理省级财政一般支出2 608. 61亿元，同比增长 35. 97%。为市财政计付利息 3. 02 亿元，为区财政计付利息 1. 99 亿元。

三是做好国债发行的组织工作。参加人行营业管理部组织的“金融知识进社区”等宣传活动，开展国债知识宣传。加强对国债发行工作的组织管理，每期国债发行首日会同市财政局对银行网点进行现场检查，监测国债发行进度，及时向中国人民银行上报发行数据及信息。全年，组织北京市国债承、分销机构共发售 4 期凭证式国债，金额 246. 13 亿元，11 期储蓄国债（电子式），金额 131. 15 亿元，实际发行量占全国发行计划的 20%，发行量及占比均居全国首位。

四、做好《预算法》（修改稿）阅提意见有关工作

参加中国人民银行组织召开的《预算法》（修改稿）研提意见工作座谈会，就相关工作安排提出建议，多次与北京市人大等相关部门进行沟通与交流，汇报人行营业管理部履行经理国库职责情况和取得的成绩，以及对《预算法》（修改稿）的有关意见和建议。北京市人大采纳了人行营业管理部的相关意见，并向全国人大进行了汇报。

五、加强国库数据分析和信息反馈，稳步提升国库调研分析水平

根据总行的统一部署，完成国库综合管理系统（TIMS）测试及试点上线工作，并配合开展重点税源监测试点，确保了TIMS系统上线运行条件下国库统计分析工作的顺利开展。建立国库现金流分析预测报告制度，夯实国库现金管理工作基础。积极协调税务部门建立税收收入信息共享机制，实现月度税收信息的共享，促进国库分析的深度和质量不断提高。结合当前经济金融、财税形势，组织开展特色信息反馈和重点调研。

（陈永波）

支付结算清算管理

2010年，北京市经济在调整中平稳回升，支付体系平稳高效运行，业务量持续快速增长。支付体系的平稳高效运行对传导货币政策、加速社会资金流通、提高资金使用效率、促进首都经济平稳较快增长和经济结构优化作出了重要贡献。

一、强化管理，支付系统运行效率显著提升

（一）支付清算系统运行平稳，各项业务量增长显著

2010年，在各参与者的共同努力下，北京市支付清算系统继续保持安全、稳定、高效运行，较好地传导了适度宽松的货币政策。全年大额实时支付系统共处理业务3 348.73万笔，金额802.58万亿元，比上年分别增长14.00%和32.01%，业务金额在全国居首位。小额批量支付系统共处理业务5 263.09万笔，金额3.34万亿元，比上年分别增长45.13%和21.24%。全国支票影像交换系统共处理业务122.13万笔，金额759.67亿元，比上年分别增长3.88%和22.12%。各银行机构行内支付系统共处理业务2.55亿笔，清算资金47.76万亿元，比上年分别增长30.10%和47.10%。银行卡跨行支付系统共处理业务5.89亿笔，金额7 173.62亿元，比上年分别增长61.81%和35.30%。北京同城票据清算系统共处理票据3 370.70万笔，比上年下降3.63%；金额6.51万亿元，比上年增长9.16%。

（二）支付清算基础设施日趋完善，功能进一步优化

2010年，中国人民银行营业管理部（以下简称人行营业管理部）积极落实中国人民银行部署，有序做好第二代支付系统及中央银行会计核算数据集中系统（ACS）建设相关工作。作为首批试点城市之一，2010年8月30日北京成功上线网上支付跨行清算系统，为各银行机构提供了另一个跨行清算和业务创新的平台，完善了支付服务通道，缓解了网点柜台服务压力。截至年末，北京市有16家法人银行机构通过北京城市处理中心（北京CCPC）接入网上支付跨行清算系统，占全国法人总机构数的三成以上。全年通过北京CCPC处理网银业务377.10万笔，

金额459.85亿元，占全国总业务量的七成以上。

（三）强化监管手段，维护首都支付清算秩序

结合北京市支付清算系统参与者较多、同城票据交换集中处理业务量已占总业务量九成的实际情况，2010年，人行营业管理部强化支付清算系统监管与风险防范，对支付系统和同城票据清算系统申请者进行培训验收，强化准入管理与考核通报；研究制定农信银资金清算中心监管方案，加强对其的工作指导；成功举办首届北京市支付清算系统参与者知识竞赛，丰富和强化了人民银行对支付清算系统参与者的监督管理手段。

（四）同城清算自动化处理水平进一步提高，效率稳步提升

为进一步提高同城清算效率，人行营业管理部着力推动北京市银行进账单纸质凭证软硬联变更转换工作。通过促进各银行机构改进业务流程、加强网点宣传、积极引导舆论等工作，顺利实现了全市贷记进账单直接使用清分机清分。为促进小额批量支付系统业务量增长，推动同城特约委托收款业务电子化处理进程，人行营业管理部选择试点单位，以点带面，大力提高公用事业单位托收成功率，受到试点单位和社会大众广泛好评。

二、扎实推动，非现金支付工具应用有新突破

（一）非现金支付业务量稳步提升

2010年，北京市各银行机构使用非现金支付工具办理业务13.64亿笔，金额151.90万亿元，比上年分别增长14.91%和2.71%。网上支付、电话支付和移动支付等电子支付业务方兴未艾，交易笔数4.86亿笔，交易金额78.95万亿元，比上年分别增长49.34%和40.67%。

（二）电子商业汇票系统成功推广上线

2010年6月28日，电子商业汇票系统在全国推广上线，北京地区56家上线机构（其中银行机构27家，财务公司机构28家，支付清算组织机构1家）同步上线，上线机构数量占全国机构数量的18%。电子商业汇票系统推广上线后，稳定高效运行，业务量不断增长。全年，北京市共完成承兑出票1 914笔，居全国第七位，业务金额206.01亿元，居全国第六位；贴现3 728笔，居全国第四位，业务金额242.36亿元，居全国首位。

（三）规范票据结算业务操作，票据结算秩序得到有效保障

2010年，人行营业管理部开展北京市商业汇票承兑和贴现业务专项检查，促进了辖内银行商业汇票业务的规范发展。为贯彻中国人民银行《关于对违法签发支票行为行政处罚若干问题的实施意见（试行）》精神，人行营业管理部对同城票据交换信息管理平台空头支票行政处罚管理子系统进行了升级。全年共受理空头支票报告书8 318笔，下发行政处罚意见告知书1 540份，决定书1 049份，行政处罚款项缴库830笔，金额310.46万元。在启用2010新版票据的筹备工作中，各银行机构加强宣传，加大培训，改进系统，完善内控，为票据换版打下坚实基础。

三、市场规范与打击犯罪相结合，银行卡“扩内需、促增长”作用充分发挥

（一）银行卡交易业务量持续发展，受理环境日益优化

2010年，北京市银行卡发卡量持续增长，收单市场规模继续扩大，受理环境

日益优化，人行营业管理部联合北京市人民政府、北京银监局，共同推动北京市公共事业缴费实现“一卡通、一网通和一费通”。截至年末，北京市银行卡发卡量累计达1.22亿张，比上年增长8.93%，基本实现市民只需一张银联卡即可缴纳自来水费、电费、燃气费、通信费等公共事业服务费用；累计发展银行卡特约商户18.47万户，比上年增长14.44%；累计安装POS机具28.85万台、ATM机具1.34万台，比上年分别增长16.37%和11.77%。

（二）开展银行卡市场检查，规范市场秩序

2010年，人行营业管理部完善了《北京市银行卡受理市场规范工作章程》，制订了《北京地区“一柜多机”专项清理工作方案》。组织开展全市范围的银行卡经营机构非现场检查，以查督改。对部分银行卡经营机构进行专项检查，加大银行卡受理市场的风险管控力度，进一步规范了银行卡市场秩序。

（三）完善警银合作机制，打击银行卡犯罪

2010年，人行营业管理部组织北京市各银行卡机构，会同北京市公安机关共同制订《北京市打击银行卡犯罪专项行动方案》，开展全市范围打击银行卡犯罪活动。首次现场联合指挥，开展“6·07打击POS套现”侦破行动，高效有力地打击了银行卡犯罪。全市共收缴涉案银行卡5 366张，挽回经济损失723.35万元。

（四）大力开展宣传活动，促进“安全用卡”消费增长

2010年，人行营业管理部联合辖内23家中资商业银行、中国银联北京分公司开展了多种形式的“刷银联卡，赢惊喜好礼”银行卡联合宣传促销活动，极大提高了持卡人刷卡积极性和安全用卡意识。2010年，北京市银行卡POS刷卡消费交易总笔数累计达3.82亿笔，交易总金额累计达6 527.65亿元，比上年分别增长32.1%和33.51%；剔除房地产及批发交易后，刷卡消费交易总金额累计达4 335.63亿元。ATM交易总笔数与总金额累计达4.87亿笔和7 249.37亿元，比上年分别增长21.46%和36.94%。银行卡支付业务成为银行机构中间业务收入的重要来源和“扩内需、促增长”的有力抓手。

四、不断创新，人民币银行结算账户管理服务水平稳步提高

（一）核准类人民币银行结算账户行政许可电子化审批系统建设进展顺利

2010年，人行营业管理部启动核准类人民币银行结算账户行政许可电子化审批系统建设。该系统建成后将提高核准类银行结算账户开户操作的透明度，有效监督各业务环节的操作状态，增强账户管理的规范性和效率。该系统将于2011年上线运行。

（二）银行结算账户申报差错率显著下降

2010年末，北京市实有单位银行结算账户108.97万户，比上年增长10.45%；个人银行结算账户14 656.69万户，比上年增长12.14%。全年各银行机构累计上报核准类银行结算账户业务27.74万笔，因业务差错发生退单1.37万笔，平均差错率为4.96%。

（三）稳步推进账户管理系统与同城清算系统账户信息比对工作，为银行账户的非现场监管奠定基础

2010年，按照中国人民银行要求，

北京市核对完善了全市63家银行机构的账号组成规则、打码规则及银行机构代码与同城票据交换号的对应关系，建立了全市同城票据交换号和账号转换等基础数据的维护处理机制，完成了在账户管理系统备份设备和生产设备中的账户信息比对试点工作。试点期间，累计采集、比对同城清算系统业务89.17万笔，各银行机构累计核实比对结果15余万笔，为银行账户的非现场监管奠定了基础。

五、结合实际，农村支付环境持续改善

2010年，人行营业管理部多次深入怀柔、平谷等偏远农村调研，了解掌握北京市农村支付环境现状和农民群众的支付服务需求，进一步明确了工作目标和任务。鼓励涉农银行机构发挥网点优势，推动辖内农村支付环境改善工作。启动全国首个“银政惠民账户”。深入开展以“农村支付、惠农利农”为主题的宣传活动，培育农村居民安全用卡、非现金支付习惯和意识，推进缴费终端布放“下乡”，提升农村地区支付服务的电子化水平。

六、非金融机构支付服务监管工作取得重大突破

2010年6月和12月，中国人民银行先后发布《非金融机构支付服务管理办法》及《非金融机构支付服务管理办法实施细则》，开始履行非金融机构支付服务监管职能。为确保《非金融机构支付服务管理办法》的实施和工作的开展，人行营业管理部于9月30日在支付结算处增设清算组织监管科，于12月14日成立非金融机构支付业务行政许可审批工作领导小组，建立健全了非金融机构支付服务监管工作机制，全面启动支付业务许可证的申请受理工作。截至年末，人行营业管理部已受理北京商服通网络科技有限公司、开联通网络技术服务有限公司、北京通融通信息技术有限公司、北京银联商务有限公司、北京数字王府井科技有限公司、钱袋网（北京）信息技术有限公司6家机构提交的支付业务许可证申请，并将出具初审意见上报中国人民银行。

（尹文诚）

征信系统建设与征信管理

一、多方协同联动，完善体制机制，深入推进首都社会信用体系建设

一是把握大局，完善北京市社会信用体系构建机制。中国人民银行营业管理部（以下简称人行营业管理部）会同北京市经信委、北京市金融工作局等有关部门深入开展调查研究，提出《首都社会信用体系国家示范区建设方案》，经2010年北京市社会信用体系建设联席会议讨论通过。参与拟订《2009年北京市社会信用体系建设工作总结及2010年重点任务》，充分体现人民银行征信管理职能。参与编写《北京信用年鉴》，全面总结“十一五”时期社会信用体系建设的各项工作。与北京市经信委联合编制《北京信用服务指南》，介绍人民银行征信管理工作。

二是多措并举，加速推进北京市社会信用体系建设。与北京市科委、北京银监局共同制定并印发《推动北京生物医药产业跨越发展的金融激励试点方案及工作管理办法》，按照“征信 + 信贷”模式积极推动北京市生物医药产业跨越式发展，截至年末，17 家试点银行共向 94 家北京市生物医药企业发放贷款 26.9 亿元，其中信用贷款 15.3 亿元，占 62%。与北京市质监局组织机构代码中心开展贷款卡基本信息比对、修正、更新和信息共享。与北京市环保局研究企业征信系统共享环保数据的措施。新增和更新了企业征信系统中的企业缴纳社保相关信息。连续采集北京市 400 万个人公积金缴存信息数据。督导北京农村商业银行完成个人信贷管理系统开发、测试及上线运行，启动北京市农户信用档案电子化建设。

二、采取多项举措加强管理，切实履行征信管理职能，促进征信市场规范发展

一是夯实基础，继续完善征信系统建设。2010 年末，企业征信系统收集1 675.5 万户企事业单位的信用信息，涵盖在京企事业单位 11 万余户，已实现各中外资商业银行和其他金融机构共享查询；个人征信系统收录北京市个人信贷账户信息 1 352 万人，信贷余额 4 718 亿元，并以 95% 的查得率排名全国前列。全年共办理贷款卡行政许可 8 568 户，办理自然人和境外机构配号 1 840 户，办理贷款卡注销 30 户；接待企业信用报告查询 789 户次，同比增长 62.7%；接待个人信用报告查询 41 430 人次，同比增长 26%；为审计署、法院、公安局等部门提供法定范围内的信用报告和统计数据查询服务，全年共查询 65 户企业，2 534 个自然人；受理个人信用报告异议申请 266 笔，已全部解决；采集中小企业档案信息 7 996 户；审核登记公示系统常用户 42 户；接听咨询电话 51 206 次；完成 105 家金融机构征信系统接入工作，梳理 120 余家征信系统接入机构信息，对其中 39 家接入机构信息进行了更新维护。

二是加强对金融机构参与系统建设的检查，切实提升征信业务规范化水平。制定北京市企业及个人征信系统数据质量工作业务指引，完善工作流程。开发数据质量信息提取、业务对比程序，提高核查工作效率。对建设银行北京市分行、上海浦东发展银行北京分行和北京农村商业银行征信管理各方面工作情况进行综合检查。对 5 家商业银行和 3 家信用卡中心进行了 18 次数据质量定点监测。对辖内 56 家金融机构开展了 12 次自查及非现场核查，7 次现场核查，指导 20 余家机构妥善处理操作失误、系统崩溃等问题。辖内非接口金融机构企业征信信贷业务数据综合一致率由年初的 94.63% 提升至 96.61%，接口金融机构达到 98.35%，比年初增加 11 个百分点，辖内金融机构个人征信数据质量完整性及准确性超过 97%，数据加载率超过 95%。

三是加强机构监管，大兴调研之风，多角度多举措推动信用评级市场健康发展。开展信用评级机构检查“回头看”，对 2009 年接受业务检查的辖内 13 家信用评级机构的整改情况进行复查。督促辖内商业银行报送商业银行与信用担保机构合作情况统计表并进行汇总分析，指导信用担保机构信用评级工作。赴华夏国际信用咨询有限公司等三家征信机构就完善《征信管理条例》中有关征信机构准入等问题进行实地调研。与东方金诚国际信用评估有限公司等辖内主要评级机构就评级稳定性、银行间债券市场各评级机构级别迁移率情况进行调研。截至年末，在北京地区向人民银行备案的信用评级机构有 11 家，其中全国性评级机构 4 家，中外合资评级机构2家，具备银行间债券市场信用评级业务资格的3家，具备中关村科技园区企业信用评级业务资格的8家，具备北京市信用担保机构信用评级业务资格的6家，专业评级人员近800人。全年共完成信用评级业务1 712项，实现营业收入34 896万元；其中评级收入26 036万元。利润12 396万元。机构和从业人员数量，以及评级收入和利润均居全国首位。

四是创新工作思路，完善业务手段，探索征信服务新模式。与中信银行研究起草了借助中信银行网上银行为客户提供远程个人信用报告查询的方案。与招商银行北京分行合作研究借助商业银行进行贷款卡业务办理方案。与北京市组织机构代码中心合作共享已办理贷款卡企业的基本信息，通过开发自动处理程序完成贷款卡年审工作，有效处理近10万户企业信息。研究制定贷款卡档案电子化业务需求和操作流程。

三、贴近宣传对象，突出宣传重点，有效提升征信的社会认知度

成功承办“中国人民银行2010年全国征信知识宣传周启动仪式——《谁动了我的信用》赠书活动暨信用北京行走进北京大学”。制作电子版征信宣传材料，在金融城域网为各金融机构提供下载200余次；组织动员辖内62家中外资银行机构及3 420个网点，开通征信知识网上宣传栏目60余个，张贴征信宣传海报3 023张，悬挂条幅、展板2 004个，发放宣传折页15.8万张，发送征信宣传短信178.4万条。全年在市政府办公区、大型居民社区、大型企业及高校举办宣传12场，出动34人次为591位市民查询了信用报告，发放各类宣传资料3 000余份，新华社、北京电视台、《中国证券报》等200家知名媒体对此进行过报道和转载。以农村商业银行、村镇银行为触角，加大对广大农村集体企业、个体农户的征信宣传，下发《农户征信知识画册》，将征信知识送到广大农户手中。努力提高《北京征信》的办刊质量，进一步提升学术水平，优化栏目设置，为交流工作经验、反映业务实践、探讨征信理论提供了良好的平台。

（武逸）

金融信息化建设

2010年，中国人民银行营业管理部（以下简称人行营业管理部）以科学发展观为指导，紧扣科技支撑业务和管理发展主题，加大科技支持投入，服务业务创新，全力做好“两个服务”，稳步推进北京市金融信息化建设。

一、“两网分离”工作圆满完成，网络布局更加清晰，涉密公文流转安全进一步保障

2010年6月底，中国人民银行发布了《人民银行两网分离总体工程实施计划》，要求人民银行各分支机构将办公网与业务网进行物理隔离。人行营业管理部成立“两网分离”工作领导小组，积极推进、稳步实施，全面开展两网分离实施工作。经过历时半年的充分准备、严格实施，12月5日正式完成切换工作，切换完成后办公网和业务网完全隔离，办公安全获得进一步保障。

二、加大科技支持投入，服务窗口业务创新，各项系统建设初见成效

人行营业管理部信息化建设工作紧扣科技支撑业务和管理发展主题，围绕“加大科技支持投入，服务窗口业务创新”的工作思路，建设完成多个应用系统，为业务创新提供强有力的技术支持保障。北京市核准类银行结算账户行政许可电子化审批管理系统建设工作顺利推进，创新了审批工作模式，进一步提升了中央银行金融服务质量，提高了账户行政许可审批效率和透明度，保护了存款人合法权益。中小企业金融服务平台的建成和上线运行是落实人行营业管理部提升和改进北京市中小企业金融服务的一项举措。北京市同城票据交换信息管理平台的顺利验收，确保了票据交换业务系统平稳上线，为北京市票据交换有序开展提供了可靠保障。

三、全力以赴，维护北京市金融业信息安全稳定，圆满完成重要时期金融业信息安全保障工作

人行营业管理部继续高度重视信息安全保障工作，确保北京市金融业信息安全和稳定。制订详细周密的金融信息安全保障方案，积极组织北京市辖内地方性商业银行以及内部重要业务处室全面开展信息安全自查和重要业务系统应急演练工作。严格执行重要时期值班制度，圆满完成“两会”、上海世博会及广州亚运会期间的信息安全保障工作，未发生重大安全事件，实现零事件报送目标。

四、多个业务系统顺利推广上线，全面提升北京市金融信息化建设水平

根据中国人民银行工作部署，统筹规划、积极组织，人行营业管理部先后完成了多个业务系统推广上线工作，全面提升北京市金融信息化建设水平。金融业机构信息管理系统的上线推广，统一了金融机构代码编码规范，为业务系统间信息的有效互联互通奠定了基础。账户系统与同城清算系统账户信息比对试点工作的顺利开展，有效推动了规范商业银行开户信息的进程。电子商业汇票系统二批上线参与者网络接入及安全检查工作的顺利完成，有效保障了北京市辖内第二批参与者按时正常上线访问系统的业务需求。

（李薇）

金融法制建设

▲中国人民银行营业管理部法制工作

2010 年，中国人民银行营业管理部（以下简称人行营业管理部）以科学发展观为指导，不断创新工作方式，规范金融执法行为，开展金融法制宣传，工作成绩显著。

一、出色完成“五五”普法宣传教育工作

人行营业管理部在 2006 ~ 2010 年“五五”普法宣传教育工作中，努力建设法治中央银行，全面推进依法行政，广泛开展面对社会公众的法制宣传活动，辖区金融法治生态环境不断优化，“五五”普法宣传教育工作成绩斐然，人行营业管理部法律事务处在“2006～2010年全国法制宣传教育评选表彰”工作中，被推荐为“全国法制宣传教育先进集体”。

二、以科学发展为指导，认真履行依法行政职责

2010年，人行营业管理部认真行使法律法规赋予的金融服务和监督管理的职能，严格执法程序，严肃查处和切实纠正各种违法违规行为。全年共实施行政处罚181件（含北京外汇管理部作出的行政处罚，不含空头支票专项行政处罚），实施空头支票专项处罚1 049笔。受理行政许可申请277 181笔（不含北京外汇管理部），准予行政许可277 167笔，不予行政许可1笔，提出初审意见13笔。对建设银行北京市分行、上海浦东发展银行北京分行、北京农商行开展了综合执法检查。依照《中国人民银行执法检查程序规定》完成了对《中国人民银行营业管理部综合执法检查工作规定》和《中国人民银行营业管理部执法检查工作指引》的修订工作，并印发辖内金融机构。

三、以合法履职为基础，认真做好金融法律服务

人行营业管理部继续严格执行《规范性文件制定程序规定》，对业务处室制定的规范性文件进行了审核。全年接待金融机构、律师及个人来函、来电、来访近百人次，并积极协助司法机关开展查询工作。为维护首都金融稳定，全面推动北京金融业持续平稳健康发展，制定并印发了《北京市金融机构重大事项报告制度》和《新设金融机构接入央行业务系统管理办法（试行）》。法律事务部门以法律建议、参加谈判、尽职调查等方式参与多项专项工作，为中央银行合法履职提供法律保障。

四、深入开展金融法制调研，为立法和决策服务

2010年，人行营业管理部积极参与金融立法调研工作，完成了《行政处罚决定公开问题研究》、《行政许可制度改革的反思与展望——以经济发展权利实现为视角》、《区域性金融系统洗钱风险评估与研究》、《北京地区外资银行存款保险问题调查研究》等调研报告，及时反映辖区工作的难点问题，为上级机关决策提供了具有参考价值的工作建议。

五、开展形式多样的金融法制宣传活动

为加强票据管理，保障《中华人民共和国票据法》、《票据管理实施办法》等法律法规的实施，人行营业管理部于2010年11月18～24日在辖区开展了“票据管理知识宣传活动”。印制《空头支票行政处罚知识宣传手册》3万份供社会公众免费领取，利用各商业银行网点的电子显示屏滚动播放宣传口号，基本达到辖区宣传全覆盖的目的。此外，人行营业管理部还组织开展了“信用北京行”、“现金服务周”、“金融安全知识宣传”等大型宣传活动，提升了社会公众的金融法制意识。

（李红）

▲银行业监管法制建设

2010年，中国银行业监督管理委员会北京监管局（以下简称北京银监局）紧密围绕国家经济金融形势和银行业监管任务，深入推进依法行政工作，不断夯实监管法制基础，大力维护首都金融稳定良好局面，切实保障存款人资金安全与金融消费者合法权益，积极引领辖内银行业落实银监会贷款新规、提高合规经营水平和增强业务创新能力，银行业监管法制工作取得显著成效。

一、多措并举，形成合力，持续推动辖内银行业金融机构深入贯彻落实“三个办法、一个指引”

（一）加强组织领导，密切沟通联动

贷款新规陆续颁布实施后，专门制定了贯彻落实工作方案，成立了由局长任组长、各副局长与辖内各银行业金融机构负责人为副组长的北京银行业贯彻落实贷款新规工作领导小组；与辖内银行建立了贷款新规执行定点联系和动态报告制度；通过实地督导、走访调研、专题座谈等方式切实加强组织协调和工作联动。

（二）全覆盖、多层次开展培训宣传

组织了40人的“促监管政策进基层行”宣讲团队，先后开展了6次、15场贷款新规宣讲和政策答疑，培训宣讲活动直接覆盖辖内33家中资银行、2 051家基层支行、近4 000名高管人员和信贷人员；联合北京市银行业协会精心编写了《“三个办法、一个指引”主要原则、内容学习手册》等宣传培训材料，下发培训宣传单近千份。

（三）精编案例解析，深入调研指导

密切关注贷款新规的执行动态和实施效果，收集整理贯彻执行工作中存在的问题和可行性建议，组织专人研究解读政策，统一执行口径，积极指导银行贯彻落实工作。精心编写了《贷款新规实例操作与评析》，以法规条文、实际案例对照解析的形式，进一步增强监管部门的政策引领和督促指导。

二、发挥政策传导作用，加大监督指导力度，强化宏观调控政策和银行业监管要求的落实效果

（一）推动联合建立辖内住房信息密钥查询制度，落实国家住房信贷政策

与市城乡建设委员会、市金融工作局、中国人民银行营业管理部联合印发《关于落实商业性个人住房贷款中第二套住房认定标准有关问题的通知》，建立了北京市房屋交易权属信息系统查询认定制度和流程，通过房屋权属信息共享进一步规范了银行个人住房贷款管理。

（二）加大对辖内银行业金融机构违法违规揽储行为的监管处置力度

在转发银监会关于规范市场竞争、严禁高息揽存有关文件的同时，下发《关于规范业务营销行为有关问题的通知》，要求辖内银行业金融机构依法合规开展业务营销、建立完善激励考核机制和加强内部监督检查。

（三）有序开展重点区域金融服务情况的实地暗访工作

以北京市繁华商业地带、旅游热点、机场车站等地区为重点，实地查访了86个银行营业网点的金融服务情况。在及时通报暗访发现的问题后，严格督促有关银行积极整改，并注意加强后续跟踪和持续性暗访，努力营造安全、便利、高效的首都银行业网点柜面服务环境。

三、紧密结合金融时势和辖内实情展开调查研究，服务宏观经济金融政策的研判制定工作

（一）深入开展银行业支持中关村国家自主创新示范区建设的调研工作

多次赴中关村示范区实地走访考察，召集辖内银行及有关企业组织召开座谈会，先后完成了《中关村国家自主创新

示范区科技中小企业服务特色支行调研报告》、《金融支持中关村国家自主创新示范区建设的阶段性工作总结与下一步工作展望》、《关于北京地区金融支持中关村国家自主创新示范区建设的报告》、《北京银监局关于辖内银行业支持中关村国家自主创新示范区建设的补充报告》等调研报告和信息。

（二）及时关注时事热点和工作难点，研提政策建议

在赴大兴区实地调研的基础上，完成《推进农村金融综合改革　破解城乡二元结构难题》、《大兴农村金融综合改革试验区分报告》等报告材料，提出了推进农村金融综合改革的工作思路和对策建议；调查辖内银行知识产权质押贷款实际情况，提出建立风险补偿机制、改善法律环境、制定统一指导意见等对策建议；针对银行服务收费的热点问题，运用问卷调查、会议座谈、舆情监测等方法开展专题调研，完成《关于商业银行服务收费问题及对策》，提出了我国银行服务收费的问题成因及相关政策建议。

四、有效加强金融创新业务监管协作，有序推进融资性担保机构监管服务和银担合作工作

一是顺利组织开展了北京辖区 2010 年银行业公众教育服务日活动；二是加强创新监管基础建设，下发了《关于辖内银行业金融机构科学审慎开展创新业务的通知》，明确了监管要求；三是根据银监会融资担保监管部门的部署开展银担合作专题调研，两次召集辖内有关银行与融资性担保机构举行座谈并撰写银担合作调研报告，组织专人对融资性担保公司的公司治理、内控管理、信息披露等制度征求意见稿反馈修改完善意见。

五、及时有效完成各项银行业法制工作，为依法监管和提高监管有效性提供法律支持

（一）顺利完成规范性文件集中清理工作

历时 3 个月，经多方征求和反复论证，完成了北京银监局建局以来 126 件规范性文件的集中清理工作，将清理情况对外公告，推动了北京地区银行业监管规范体系的进一步完善。

（二）深入开展银行业法制调研

根据银监会、市政府等上级要求，全年先后就非银行金融机构法规清理、固定资产贷款专门账户、《商业银行外包风险管理指引》立法、银行服务收费问题、完善银行业监管现场检查法规制度等 10 余个事项开展调研，撰写专题报告材料多篇。

（三）指导辖内银行银行业法律工作有序开展

对辖内商业银行法律工作和涉诉案件情况开展专题调查，跟踪掌握银行法律工作状况，总结分析有共性的难点问题，研究提出完善银行法律工作的监管建议。

六、积极履职，形成防范与打击金融犯罪的合力，维护首都金融稳定大局

（一）配合做好非法集资认定处置和防范宣传工作

在约见办案人员、收集证据材料、组织案情分析会等大量前期工作的基础上，先后完成 12 起涉嫌案件的性质认定工作，有力地配合了公安司法机关的侦办查处工作。组织编写了《打击非法集资政策法规文件选编》和《公众安全教育宣传手册》。主办了由市政府有关部门、公检法系统参加的北京市 2010 年处置非法集资

培训工作会议。利用防范经济犯罪宣传、金融安全知识宣传等活动契机，深入居民区开展现场宣传和咨询，发放宣传教育材料近千份。

（二）着力防控银行卡犯罪和ATM案件风险，坚决维护金融消费者合法权益

配合公安司法机关开展防范和打击银行卡犯罪工作，针对北京地区出现的利用借记卡诈骗案件反映出的业务经营问题，及时下发风险提示，重申借记卡审核、发卡和管理等监管要求；在舆情监测发现假冒ATM案件后，第一时间到案发现场了解案情并及时向上级部门报告，采取得力措施，迅速下发风险提示和监管要求，督促辖内机构保持高度警惕，减少犯罪分子的可乘之机，确保存款人资金安全和金融消费者合法权益。

（三）履行监管职责，积极推动清理执行积案等工作

协助市公安司法机关组织召开涉案账户协查会近10次；积极协调推进银行业金融机构清理执行积案工作，在北京市2010年集中清理执行积案工作中，北京银监局及政策法规处分别荣获先进集体称号，多名同志被评为先进个人。

（陈森）

▲证券业监管法制建设

2010年，中国证券监督管理委员会北京监管局（以下简称北京证监局）以科学发展观为指导，秉承“求真务实、依法监管”的理念，积极稳妥地落实证监会各项规章制度要求，依法行政，规范监管，为辖区证券期货行业依法合规经营、市场健康稳定发展营造良好的法制环境。

一、注重监管人员法律法规学习，组织开展辖区监管对象法规培训

一是高度重视法律法规的学习培训工作，定期安排监管人员集中进行学习，并在普法刊物《法制工作通讯》中开设“新法规解读”栏目，随时关注新颁布的法规及规范性文件，及时进行分析解读。二是结合监管工作需要，坚持服务与监管并重的原则，广泛开展对监管对象的法规培训。全年共举办5期上市公司董事监事培训班，辖区内163家上市公司的1 400多名董事、监事参加了培训。此外，为保障创新业务的顺利开展，还组织开展了融资融券、合规管理等多项专题培训。

二、开展专项法律问题研究，为监管执法提供理论支持

2010年上半年，北京证监局成立专门课题小组，承接了证监会法律部关于上市公司监管的调研课题。课题小组广泛搜集资料，深入研究中外公司监管理论，实地走访了北京辖区九家上市公司，形成了3 600多字的调研报告。下半年，以《证券投资基金法》修改征求意见为契机，组织开展对辖区内证券投资基金管理公司的调研，重点了解掌握《证券投资基金法》修改涉及的相关问题，以及对基金业发展的影响。此外，北京证监局注重开展法律适用研究，对监管执法过程中遇到的问题及时研究解决，力求提出既符合立法本意又能解决现实问题的对策。探索建立法律意见会签制度，在遇有重大疑难执法问题时，北京证监局法制处会同业务处室开展研究，为业务处室准确适用法律提供支持。在《法制工作通讯》中开设“执法经验交流”栏目，对法律适用个案问题进行分析，对普遍性问题进行探讨，构建交流学习平台。

三、规范监管业务工作规程，统一监管尺度和标准

一是针对各类常规监管业务制定专门的工作规程，并根据实际需要不断修正补充。二是在融资融券业务和IB业务开展前后，北京证监局陆续制定了若干工作规程和工作方案，有效地保障了两项业务有序准备和顺利推出。三是建立“依法监管数据库”，定期进行维护更新。为监管工作有法可依、依法监管奠定了坚实基础。

四、梳理证券类行政处罚案例，为日常监管和稽查办案提供借鉴参考

2010年，北京证监局对2001年以来证监会行政处罚案例进行了系统梳理，划分为内幕交易、信息披露、市场操纵等几大类型，对典型案例的基本事实和法律适用进行分析归纳，总结不同类型案件的取证要点和查处难点，为日常监管执法和稽查办案提供借鉴和参考。

五、积极参与立法征求意见，为立法工作献言献策

2010年，北京证监局先后对《中华人民共和国证券投资基金法》、《最高人民法院最高人民检察院关于办理内幕交易等刑事案件具体应用法律若干问题的解释(征求意见稿)》、《中华人民共和国出入境管理法》、《关于深入贯彻落实全面推进依法行政实施纲要的意见》、《关于加强和改进行政执法和刑事司法衔接工作的指导意见》等近二十件法律法规和规范性文件草案提出修改建议。

（傅冬霞）

▲保险业监管法制建设

2010年，中国保险监督管理委员会北京监管局（以下简称北京保监局）认真贯彻保监会提出的“转方式、调结构、防风险、促发展”的工作要求，以防范行业风险，维护市场秩序，实现行业的可持续发展为目标，夯实法制基础建设，完善各项监管制度，为首都保险业的健康平稳发展提供了有力的保障。

一、完善监管法律制度建设，加强行业法律问题研究

一是积极参与保监会、北京市相关部门的立法建议工作。根据保监会的安排，对《关于做好阻止保险领域案件责任人员出境工作的通知》、《关于保险公司保险业务转让管理暂行办法（征求意见稿)》等提出完善性建议；对《北京市消防条例（修订草案)》提出了相关的建议。二是借“五五”普法自查工作的契机，着力提高规范性文件质量。在前期制度清理工作的基础上，依据新《保险法》和保监会新颁布的规章制度，持续做好北京保监局监管制度的废、改、立工作。三是根据监管工作的实际需要和发展，制定、完善了内部法律事务流程。北京保监局对现场检查、行政处罚审核及信访工作等一系列法律事务内部流程和规程进行了修订和完善，增强了自身的依法行政能力。四是针对监管实践中出现的法律问题进行深入研究，为一线监管工作提供参考。以疑难案件中反映的法律问题为切入点，对相关的法律适用、证据认定等问题进行深入的探讨和研究，并将相关的经验进行总结，为现场检查和行政处罚等一线监管工作保驾护航。

二、加强市场行为监管，创造健康有序的法制市场环境

一是进一步完善车险管理制度，加强对车险中介业务的监管。北京保监局针对产险公司虚构车险中介业务套取手续费、委托无保险代理资格的机构代理业务，以及中介机构虚开发票等突出问题，出台了《关于加强北京机动车辆保险中介业务管理的通知》，强化了相关的监管措施，并要求保险行业协会在车险信息平台增加了中介业务的实时管控功能，提高了手续费支出的真实性。2010 年第四季度车险中介业务占比较前三季度有较为明显的下降，虚构中介业务的情况明显减少，并清理了一批无资质的中介机构。二是制定政策性农业保险承保业务经营规范。明确被保险人、保险标的的确认原则和依据，规范宣传说明、保单签发、联网打印等承保业务操作要求，实施“见费出单”管理，有效遏制了虚假承保行为，确保了经营数据真实准确。三是推动人身险信息平台建设，夯实人身险管理基础。北京保监局推动建立的人身险行业信息平台已开发了商业健康险的相关管理功能。该信息平台的建设，有助于督促保险公司落实健康险管理的监管制度，落实北京市新医改方案提出的商业保险参与基本医疗保险服务，为建立健全行业经营标准和规则打下基础。四是从严要求意外险经营管理。发布了《关于进一步规范意外险业务的通知》，明确监管要求，规范意外险承保行为。加大对意外险市场的整治力度，组织多次专项检查，对查实的违法违规问题进行了处罚。五是贯彻保监会《保险机构案件责任追究指导意见》，将监管机构的“软约束”转化为保险公司内部的“硬指标”，规范了保险公司对刑事司法案件和重大行政处罚案件责任人的内部追责制度。六是加大对违法违规行为的查处力度。全年共处罚保险机构 23 家次，责令停止接受新业务 6 家次；处罚责任人员 28 人次，责令撤换或撤销任职资格 3 人次，并提请保监会对 3 名责任人实施了行业禁入的行政处罚。

三、切实保护消费者权益，及时出台相关监管措施

一是针对市场反映强烈的电话骚扰问题，出台了《关于规范寿险营销员电话展业行为的通知》，对寿险电话展业行为进行了规范。指导保险行业协会研究制定寿险销售强调语、新单回访基础语等标准用语，加强对销售人员说明义务的监督，为遏制销售误导行为提供保障。二是指导并监督实施商业车险费率浮动方案，实现了车险价格与车辆风险程度匹配、维护被保险人权益的改革目标。全年近 7 成的续保车辆保费下浮，发生 5 次以上赔案的高风险车辆保费平均上浮近 4 成。三是高度重视信访投诉工作，坚持信访投诉的分类处理、因案施策的处理原则，特别注重群众来访的接待和处理，切实有效化解矛盾。截至 2010 年，北京保监局信访投诉总量已连续 3 年同比下降。四是充分发挥北京保险合同纠纷调处机制的作用，保护消费者的合法权益。2010 年，北京保险行业协会调解委员会受理保险合同纠纷案件 1 500 余件，受案合同纠纷金额共计 6 000 余万元，调解工作取得显著成效。

四、重视法制培训工作，有针对性地开展法制宣传教育

一是不定期在北京保监局内开展法律法规培训，对保监会新出台的规范性文件和监管实践中的经验进行交流研讨，增强监管干部学法用法的能力，提高监管工作水平。二是定期组织辖内保险公司高级管理人员进行法律法规培训，传递监管信息，宣讲监管政策，推动保险公司的管理层增强合规意识，减少经营风险。三是有针对性对群众开展普法宣传，积极参与“首都金融安全月”的宣传活动。2010 年7 月，北京保监局联合五家单位共同举办首都金融安全宣传活动，帮助首都群众掌握金融知识、培育健康理财观念，不断优化首都金融业发展环境，并在朝阳公园南门外广场举办了 2010 年首都金融安全知识宣传日活动，宣传打击假保单等金融安全知识。

（谈硕）

反洗钱工作

2010 年，中国人民银行营业管理部（以下简称人行营业管理部）以科学发展观为指导，完善和巩固反洗钱监管体系，加强可疑交易线索分析和调查力度，深化反洗钱合作，提升反洗钱工作服务水平，反洗钱各项工作不断取得新突破。

一、完善和巩固反洗钱监管体系，反洗钱监管成效显著

（一）创新反洗钱非现场监管手段，提高非现场监管效能

2010 年，人行营业管理部创新反洗钱非现场监管手段，加快科技建设步伐，开发完成了反洗钱非现场监管系统，制定了风险评估制度等一系列非现场评估控制办法，形成了以系统为依托，以制度为导向，以实地调研等为手段的具有首都特色的反洗钱非现场监管体系，提高了反洗钱非现场监管效率，有效地解决了北京辖内金融机构数目较多与监管力量相对薄弱之间的突出矛盾。

（二）持续加强反洗钱现场检查力度，进一步推动辖内金融机构反洗钱工作整体水平不断提高

2010 年，人行营业管理部共对辖内14 家金融机构实施了反洗钱现场检查。查阅内控制度 239 项，筛查交易记录37 504万条，筛查及调阅客户身份识别资料 618 万条。对 2009 年现场检查过程中存在问题的 5 家机构全部依法实施了行政处罚。

（三）综合采取多种手段，对金融机构进行指导与风险提示

一是通过现场走访的方式，了解掌握金融机构工作开展情况。通过走访扩大对金融机构的监管覆盖面，加强与金融机构的面对面交流，实地开展业务指导，广泛听取意见，共同探讨工作中存在的问题和解决的办法，使监管触角不断延伸，监管能力和服务质量不断提升。

二是分别组织召开了银行业、证券期货业、保险业金融机构反洗钱联系会，通报了反洗钱非现场监测和现场检查发现的问题，要求各金融机构对照问题进行自查自纠。

三是组织座谈会，促进行业交流，加强工作指导。组织召开了“新设金融机构反洗钱工作座谈会”、“中资银行反洗钱工作座谈会”及“保险业金融机构反洗钱工作座谈会”，对上述机构反洗钱工作进行了指导，并给予风险提示。

（四）深入开展可疑交易专项治理，可疑交易报告质量显著提升

为进一步提高金融机构可疑交易报告质量，增强可疑交易的情报价值，人行营

业管理部组织开展了可疑交易报告清理整治专项行动。行动范围为辖内报告量较大的中资银行；清理整顿的内容包括可疑交易报告内控机制建设情况、可疑交易报告系统设计情况以及可疑交易的具体分析报告情况。通过自查和现场检查两个阶段的清理整顿，2010年，北京市金融机构共报送一般可疑交易报告299万份，比上年度下降8%，可疑交易错报问题得到有效纠正，可疑交易报告质量显著提高，金融机构反洗钱履职意识逐步加强。

二、加强对可疑交易线索的指导、分析与调查力度，在重点案件破获方面取得新成果

2010年，人行营业管理部通过走访、座谈、培训等方式指导金融机构主动深入开展日常交易监测和定期筛查分析，重点可疑交易报告质量有了明显提升。全年共接收、分析重点可疑交易线索近百起，通过反洗钱机制主动发现并移送多起涉嫌洗钱等犯罪线索，协助公安等执法司法部门开展案件线索调查上百次，协助破获一批在社会上具有一定影响的案件，涉案金额十几亿元，凸显了反洗钱机制在发现和遏制犯罪中的职能优势。

三、深化反洗钱合作，反洗钱协调合作能力不断增强

（一）增进与执法、司法部门的交流与沟通，促进反洗钱合作机制发挥实效

人行营业管理部在充分征求成员单位意见的基础上调整、优化了《反洗钱合作备忘录》有关规定，提高了涉嫌洗钱等案件线索移送和案件协查工作的规范性和可操作性，进一步提高反洗钱合作机制运转效率。广泛开展案件线索情报会商，对相关犯罪是否涉及洗钱犯罪、证据材料的补充完善以及适用法律等问题进行了共同研究论证，有力推动了案件线索的侦查、起诉和审判进程。

（二）加强对执法、司法部门反洗钱相关技能培训，进一步夯实反洗钱合作基础

为提高执法、司法人员反洗钱意识和技能，增强各部门在打击洗钱犯罪中的合作，人行营业管理部举办了执法、司法部门反洗钱培训班，北京市高级人民法院、北京市人民检察院、北京市公安局等11家反洗钱工作有关部门的人员参加了培训。培训在共同打击洗钱犯罪及加大洗钱罪定罪力度等方面具有特殊意义，提高了执法、司法部门对反洗钱工作的重视程度，夯实了合作基础，进一步深化了反洗钱工作的社会影响力。

四、积极开展多种形式的反洗钱宣传培训，反洗钱服务水平持续提升

一是举办了新设机构反洗钱实务培训班，辖内46家金融机构反洗钱专、兼职工作人员参加了培训，有效提升了新设金融机构反洗钱工作人员业务技能。

二是以反洗钱工作简报为阵地，为金融机构构建反洗钱经验借鉴平台。全年编发简报10期，共编发经验交流材料29篇、调研信息10篇、案例研究6篇、工作动态和领导讲话29篇。

三是开展反洗钱宣传活动，发放宣传手册近3万册，为金融机构提供了权威性强、内容丰富的宣传资料。

（李长卿）

五、机构业务综述

金融管理机构

中国人民银行营业管理部

2010年，中国人民银行营业管理部（以下简称人行营业管理部）全面落实科学发展观，紧紧围绕经济发展方式转变和经济结构调整这一主线，认真传导和执行各项货币信贷政策，着力维护首都金融稳定，不断提升金融服务水平，努力提高履行中央银行职责能力，各项工作取得了显著成效。

一、认真传导和执行各项金融调控政策，支持首都经济发展方式转变

2010年，人行营业管理部立足北京实际，认真贯彻各项货币信贷政策，积极疏通政策传导渠道，创新信贷引导方式，金融机构信贷投放基本达到总量适度、节奏平稳、结构优化的调控目标，有力地促进了首都经济的平稳较快发展。

密切监测、深入分析经济金融运行态势。建立主要经济金融指标预估机制，着力加强经济金融核心指标的环比分析。完善经济金融形势分析机制，围绕国际金融危机的深层次影响、通货膨胀、房地产市场等热点难点问题开展了多形式、多层次的研讨。深入挖掘各业务系统和调查问卷数据信息，跟踪监测各项宏观调控政策在辖区的执行情况，为上级部门制定和调整决策提供参考。

加大政策宣传和窗口指导力度。通过金融专报、专题汇报、媒体发布、政务公开等多种渠道，加强宏观调控政策的宣传解释工作，合理引导社会预期。及时出台信贷工作指导意见，定期召开情况通报会和形势分析会进行窗口指导，适时约见金融机构负责人谈话，引导和督促商业银行把握好贷款投放力度、节奏和重点。

创新政策实施手段，支持首都经济发展方式转变和经济结构调整。以中关村国家自主创新示范区和文化创意产业为支持重点，制订了科技金融和文化金融工作方案，出台了文化创意产业金融专营机构指导意见，开展了金融支持高新科技、文化产业的系列工作，对自主创新、文化创意等首都优势产业的金融服务体系初步建立。以统筹首都城乡发展为目标，出台了金融支持首都率先形成城乡一体化发展新格局的指导意见。着力解决小企业融资困局，出台了小企业信贷工作指导意见，建立了中小企业金融服务平台。加强与市政府相关部门的协调，形成信贷政策与产业政策合力，督促金融机构认真贯彻各项房地产调控政策，促进了首都房地产市场的健康稳健发展。

货币政策工具和金融市场管理进一步强化。严格金融市场准入管理，进一步规范债券市场准入工作；将小额贷款公司和村镇银行纳入利率监测范围，利率监测体系更加丰富。

总体看，适度宽松的货币信贷政策在北京得到较好的贯彻落实，信贷总量增长向常态回归，基本实现合理、均衡投放。截至年末，本外币贷款余额3.65万亿元，同比增长17.5%，比年初增加5 428.2亿元，同比少增2 454.8亿元。其中，人民币贷款余额2.96万亿元，比年初增加4 143.5亿元，同比少增1 134.1亿元。本外币存款余额6.66万亿元，同比增长16.9%。金融对优势产业及经济社会薄弱环节的支持力度进一步加大。全年累计发放高新技术产业贷款1 567.7亿元，同比增长66.7%；累计发放文化创意产业贷款237亿元，同比增长112.9%；现代服务业贷款余额4 938.3亿元，同比增长26.5%；中小企业贷款余额7 282.1亿元，同比增长25.5%。

二、坚持风险监测评估与规范管理并重，维护首都金融稳定和安全

2010年，人行营业管理部密切关注辖内金融机构改革动态，努力加强金融风险监测和评估工作，着力提升对金融机构的规范化管理水平，确保首都金融稳定与安全。

对区域性金融风险的监测评估工作进一步加强。密切关注国有银行改革进展，推进北京农村商业银行经营机制改革，强化“三农”金融服务。调整和优化金融稳定评估模型的部分指标和权重，监测指标体系更趋完善。对北京银行、北京农村商业银行开展房地产贷款压力测试和定量分析，努力把握房地产市场信贷风险状况。密切关注政府融资平台清理和辖内法人银行流动性情况，防范潜在的金融风险。

金融稳定再贷款清收工作取得新进展。总结金信信托风险处置和再贷款管理的成功经验，加大金融稳定再贷款清收力度。全年共收回再贷款本金50.8亿元，利息2.4亿元。严格再贷款审核，发放金新信托金融稳定再贷款1 979万元。

北京资金融通中心、自办经济实体以及中创公司的清算工作取得重大突破。与国税部门就北京资金融通中心会员基金减免涉税问题达成一致意见，相关银行原则上同意了债务清偿方案及会员基金清退意见。中创公司的清算收尾工作稳步推进，妥善解决花乡小区房产纠纷，完成了三户债权人的最终清偿。人行营业管理部自办经济实体的税务注销手续顺利完成。

对金融机构的管理进一步规范。制定了《新设金融机构业务系统接入管理办法》，对新设金融机构加入央行业务系统实行统一出口管理。制订了《金融机构重大事项报告制度》，加强对金融机构的规范化管理。

综合执法检查工作达到预期目标。修订了人行营业管理部综合执法检查工作规定和现场检查工作指引；对建设银行北京市分行、上海浦东发展银行北京分行、北京农村商业银行开展了综合执法检查，出具检查事实认定书415份，涉及问题92个，对3家银行分别下达了行政处罚告知书。组织召开辖内银行业金融机构综合执法检查工作会，通报了三年来综合执法检查发现的共性问题，督促各银行自查整改，合规经营。

三、加快金融服务现代化步伐，提升首都金融服务水平

2010年，人行营业管理部充分利用业务系统资源，挖掘系统服务潜力，积极推动业务创新，首都金融服务质量和水平进一步提升。

支付系统服务功能不断丰富和完善。配合人民银行总行推进第二代支付系统建设，组织两批金融机构接入网上支付跨行清算系统，通过北京CCPC处理的网银业务量占全国的70%以上。完成电子商业汇票系统推广上线工作，探索对第三方支付服务监管的有效方式，做好人民币银行结算账户管理系统与同城清算系统账户信息比对试点工作，开发完成了核准类银行结算账户电子化审批系统。开展银行卡市场专项检查活动，加大缴费终端布放力度，启动了全国首个银政惠民账户。开展支付系统风险评估和应急演练，确保系统安全稳定运行。全年大小额支付系统共处理业务9 050万笔802万亿元，同比分别增长38%和32%，金额占全国的36%；全国支票影像交换系统共处理业务122万笔694亿元；银行卡刷卡金额6 863.6亿元，同比增长40.4%。

国库经理和服务水平进一步提高。率先在全国开展国税部门银行端缴款和银行卡刷卡缴税业务试点，启动了批量扣税业务试点，为纳税人提供了便利。在全国率先将财税库银横向联网推广到外资银行，推动市级财政支出加入系统，横向联网的覆盖面和功能进一步拓展。全年电子缴税业务笔数和金额比上年分别增长46.8%和62.5%，国税和地税电子缴税业务比率分别达85.5%和86.3%，居全国前列。全年北京市各级国库共办理各级次财政预算收入7 790亿元，同比增长10.5%；办理地方财政支出2 332亿元，同比增长11.2%。

货币发行管理工作有序推进。修订了《发行基金达标升级考核办法》，加强对发行支库的现场检查；增加反假货币联席会议会员单位，建立了15个警银共建反假货币工作站；反假货币信息系统成功上线运行；科学预测、合理调拨发行基金，加大残损币销毁力度。全年共办理发行基金出入库68.9万件，同比增长31%；复点销毁残损人民币369.3亿元，同比增长98%。

反洗钱监管和服务水平进一步提高。制定了《金融机构反洗钱内控体系建设指引》，启动了非现场监管交互系统，对14家高风险金融机构进行了现场检查，开展了提高反洗钱交易报告质量专项行动。全年共接收重点可疑交易报告96起，涉及金额300亿元，发现并移送案件线索8起。

首都信用体系建设取得新进展。与相关部门联合出台了首都社会信用体系国家示范区建设方案，依托北京农村商业银行，启动了北京农户信用档案电子化工作。借鉴“信贷快车”经验，开展北京生物医药产业跨越发展金融激励试点，17家试点银行累计向94家企业发放贷款26.9亿元。顺利完成征信系统的切转工作，妥善应对补办年审企业激增的紧急情况。创新征信服务方式，探索提供个人信用报告网银查询服务。全年共接待个人信用报告查询近4万人次，司法查询近3 000人次。

四、大力加强金融知识宣传教育，严厉打击金融违法犯罪，首都金融生态环境进一步优化

2010年，人行营业管理部着力推进金融生态环境建设。开展了“信用北京行”、“金融知识进社区”、“现金服务周”、“诚信兴商”、“金融安全知识宣传”等大型宣传活动，提升了社会公众的金融意识。严厉打击金融违法犯罪活动，利用反洗钱业务系统数据线索，协助破获了特大贷款诈骗、非法吸收公众存款等10多起案件，涉案金额达15亿元。开展打击银行卡犯罪、POS机非法套现专项行动，收缴涉案银行卡5 409张，挽回经济损失544万元；收缴POS机22台，涉案金额4.5亿元。严厉打击非法组织网络炒汇行为，共查处外汇违法违规案件165件，涉及违规金额13.1亿美元，收缴罚没款772.4万元。

（赵晓英）

国家外汇管理局北京外汇管理部

2010年，国家外汇管理局北京外汇管理部（以下简称北京外汇管理部）积极推进重点领域改革，切实防范跨境资金流动风险，全面提升外汇监管和服务水平，为支持首都开放型经济又好又快地发展发挥了积极作用。2010年，北京地区涉外经济及结售汇规模呈现恢复性增长趋势。全年银行结售汇总额4 372.1亿美元，同比增长39%，结售汇规模占全国结售汇规模的18.4%，居全国第一。受进口需求相对较快增长和原油价格同比增幅较大等因素影响，北京地区售汇增速高于结汇增速，结售汇逆差快速扩大。全年北京地区结汇1 425.3亿美元，同比增长31.9%；售汇2 946.8亿美元，同比增长42.7%；逆差1 521.5亿美元，同比增长54.5%。

一、强化管理服务，支持首都涉外经济稳健发展

（一）多措并举，进一步促进贸易投资便利化

积极为辖内银行核定融资性对外担保年度余额指标，为辖内21家外汇指定银行核定并下达对外担保余额指标656.53亿美元；简化境外投资审批程序，共办理境外投资登记886笔，中方协议投资总额574.25亿美元，占全国总额的63.4%；完成5批189家跨国公司直接到外汇指定银行办理服务贸易售付汇业务的审核工作。

（二）完善措施，引导金融机构合规开展外汇业务

引导金融机构合理利用外汇资源，为辖内18家中外资银行核定短期外债余额指标18.4亿美元；认真做好市场准入审批与备案工作，为465家银行机构及网点办理即期结售汇业务准入的核准、备案，为17家银行网点办理远期、掉期结售汇业务准入的备案；完成银行综合考核评价工作，在2009年考评工作经验的基础上，进一步细化考核工作流程，坚持约见谈话制度，建立沟通反馈机制，有效促进银行规范经营；进一步完善保险机构外汇业务管理，全年新核准7家、重新核准6家保险公司经营外汇保险业务，办理保险公司资本金结汇、账户开立等业务48笔。

（三）创新手段，推动首都涉外经济健康发展

积极做好个人本外币兑换特许业务试点扩大工作，截至年末，北京共有5家特许兑换机构，全部实现了连锁经营，兑换网点21个；创新年检方式，提高工作效率，全年共完成北京地区11 117家外商投资企业年检工作，企业参检率86%，通过率85%；向辖内68家银行机构下发《国际收支工作调查问卷》，共收到有效回复61份，依照问卷反馈的意见和建议，北京外汇管理部制定详细的改进措施，以正式发文的形式向银行机构作了全面反馈；开展“诚信兴商宣传月”活动，组织“金融知识进社区”、“外汇有奖问答”等多项宣传教育活动。

二、深化体制改革，转变外汇管理理念和方式

（一）全力推进进口付汇核销制度改革工作

进口核销改革是推进贸易便利化的重大举措，北京外汇管理部在国家外汇管理局的统一部署下，制订周密的工作方案，加大宣传和培训力度，依靠科技创新，运用自主开发的进口核销辅助程序，提高逾期未核销数据的清理效率，全年共完成8.09万笔745亿美元的清理工作。

（二）有序开展出口收汇存放境外试点工作

参加国家外汇管理局试点工作座谈会，参与论证相关法规文件的可行性，协助确定参与出口收汇存放境外试点企业名单；多次召集辖内企业进行政策辅导，了解需求，沟通情况。截至年末，已批准9家企业作为试点单位，占全国试点企业总数的五分之一。

（三）扎实推进跨境人民币结算试点改革

2010年6月17日，经国务院批准，人民银行等六部委宣布将跨境贸易人民币结算试点范围扩大到北京等20个省区市。6月23日，北京跨境贸易人民币结算试点正式启动。截至年末，辖内银行机构办理跨境人民币结算业务1 192笔1 147.77亿元，参与银行机构27家，参与企业450户，跨境贸易人民币结算量居各试点地区当年结算量的首位。

（四）积极推行电子银行个人结售汇试点

为方便广大人民群众合理灵活使用外汇，选定北京地区三家银行机构开展电子银行个人结售汇业务试点工作。截至年末，共办理结售汇20.5万余笔10.7亿美元。

三、完善监管措施，防范异常跨境资金流动风险

（一）开展专项检查，应对和打击违规资金流入

落实“应对和打击违规资金流入专项行动”，逐笔核查三家银行各类外币业务733笔，涉及金额236亿美元，其中涉嫌违规12笔，涉及金额7.8亿美元；发现可疑资金流入渠道8条，典型案例3个。

（二）加强非现场监管，提高数据监测水平

为保障国际收支申报数据质量，全年共核查电子数据230万笔，下发差错1.6万笔；坚持非现场核查季度通报制度，就发现的漏报、迟报和申报信息不准确等问题进行定期通报，全年北京地区国际收支申报率达99.5%以上，差错率控制在0.7%以下。通过个人结售汇非现场监管系统，核查辖内银行机构办理的个人外币现钞业务，发现13家银行机构违规办理个人提现业务77笔，涉及金额136.19万美元。

（三）推进各项检查，严厉打击外汇违规行为

北京外汇管理部积极推进各项检查和调查工作，共查处案件166件，涉及违规金额34.8亿美元，收缴罚没款772.4万元，有效遏制非法外汇资金交易活动，净化了首都外汇市场环境。

（王振芳）

中国银行业监督管理委员会北京监管局

2010年，中国银行业监督管理委员会北京监管局（以下简称北京银监局）认真贯彻国家宏观调控政策，全面落实银监会各项工作部署，不断强化监管工作的前瞻意识、风险意识和服务意识，积极推动监管模式变革和监管手段创新，监管工作的预见性、针对性和有效性明显增强，为首都银行业安全稳健运行提供了有力保障，为首都经济平稳较快发展作出了积极贡献。

一、着力“两个坚持”，贯彻落实国家宏观调控政策

一是贯彻落实信贷投放要求，督导辖内银行业金融机构信贷投放合理适度。北京银监局通过多种方式，加强窗口指导和政策引领，同时，密切监测辖内银行业金融机构信贷投放节奏，针对监测发现的异常情况，及时采取审慎监管措施，确保辖内银行业金融机构信贷投放符合监管要求。二是坚持“有保有控”，进一步引导辖内银行业金融机构优化信贷结构。通过政策指导、监管座谈等方式，鼓励辖内银行业金融机构支持国家和北京市重点项目建设，支持国家宏观政策鼓励行业，压缩“两高一剩”行业贷款，支持中小企业和“三农”经济发展。

二、监管与发展并重，支持中关村国家自主创新示范区建设

加强政策引领，适时调整准入政策，推动“六项机制”建设和专营机构建设，鼓励产品和服务创新，督导辖内银行业金融机构支持中关村示范区建设。开展实地调研，联合中关村管委会等部门开展科技型中小企业信用贷款试点工作，与北京市政府及其他部门联合制定了《关于中关村信用保险及贸易融资试点工作的意见》，推动信用保险和银行信贷的优势互补。

辖内银行业机构不断完善内部机制，加大专营机构建设，初步建立起近距离、多层次、全方位的中关村科技中小企业服务网络；加强产品和服务创新，共推出针对中关村科技型中小企业的创新产品及服务项目100多项，有力促进了中关村科技示范区发展。

三、稳步推进，多方联动，政府融资平台贷款风险化解工作成效显著

一是明确工作重点，分步骤有序推进。年初制定政府融资平台风险评估化解工作计划和阶段目标，确定了抓法人、抓重点、抓典型的工作思路，不断细化实施方案，分阶段、分步骤、分层次地推进融资平台“解包还原”工作和风险化解工作。二是加强与银行业金融机构互动，总结好的经验和做法，进行案例汇编和发布，及时反映政府融资平台贷款风险化解工作的进度和成效。三是集成北京银监局现场检查力量，对全辖政府融资平台贷款开展了专项检查。四是加强与北京市政府相关部门联动，督促各机构、北京市银行业协会主动与政府开展统一会谈，共同推动融资平台风险化解。

四、广泛宣传，狠抓执行，以贷款新规贯彻落实推进银行业信贷管理水平提升

一是在年初工作会议上向辖内银行业

金融机构明确提出贯彻执行贷款新规的监管要求，成立北京银行业贯彻落实贷款新规工作领导小组，制订工作推进方案，建立定点联系和动态报告制度。二是多次召开分期动员部署会议，总结工作成效和存在问题，推动贯彻执行工作的不断深入。三是通过开展“专业大讲堂”、“促监管政策进基层行”等活动广泛宣传，加强培训。四是积极开展调研，组织编著了《贷款新规实例操作与评析》，促进机构之间经验交流。五是通过实地督导、银行自查和开展专项检查推动贷款新规的贯彻执行。

五、加大监管力度，严控风险底线，维护辖内银行业金融机构稳健运行

一是充分发挥非现场持续监管与现场检查的“精确打击”作用，采取多种措施，要求商业银行提前防范和事中纠正，切实防范各类风险。二是密切监控辖内银行业金融机构房地产调控政策执行情况，组织实施房地产压力测试、开展专项现场检查、做好举报核查，严防房地产信贷风险。三是加大信息科技风险监管力度，督导辖内 80 多家机构开展信息科技风险自我评估，对高风险机构开展专项现场检查及事故核查、实施行政处罚，督促辖内银行切实提高安全运营及应急处置能力。

六、狠抓案防执行力，稳步推进“银行业案防和内控制度执行年”活动

一是制定了《北京银监局辖内银行业金融机构案件防控工作机制》，明确各部门职责分工，与北京市公安局内保局建立沟通联络机制，夯实了案件防控工作基础。二是依法开展 2009 年案件行政处罚工作，维护监管权威和金融秩序。三是继续加强对重点机构、重大案件风险的核查，始终保持案件防控的高压态势。四是加强基层银行网点案件风险防控的宣传培训，增强银行基层业务人员的合规经营意识，有效防范基层网点的操作风险。五是督导辖内银行业金融机构开展“银行业内控和案防制度执行年”活动，确保活动取得实效。

七、积极推进银行业改革开放，不断提高银行业机构服务地方经济的能力

一是推动辖内法人机构完善公司治理，不断提高法人监管能力，促进法人治理结构不断完善，经营决策走向民主化、科学化。二是积极推动北京农村商业银行开展增资扩股工作、华夏银行以定向增发方式补充资本金，增强银行可持续发展能力。三是大力推进新型金融机构试点工作，首都金融服务体系不断健全，金融服务更加多元化。2010 年，北京地区已开业村镇银行达到 7 家，辖内第一家消费金融公司正式挂牌营业，辖内第一家货币经纪公司也获准开。四是大力支持将北京市建设成世界城市，继续鼓励和引导符合条件的外资银行来京设立机构。

八、抓意识提升，创品牌形象，着力提升首都银行业金融服务质量

一是狠抓银行网点柜面服务质量，不断强化辖内银行“首都无小事，金融无小事”的责任意识，树立首都银行业良好公众形象。二是全力协助银监会成功举办 2010 年“银行业公众教育服务日活动”启动仪式，推动辖内银行业金融机构持续做好宣教工作。三是紧抓舆情监测，妥善处理信访事件，有效地解决群众反映的问题，依法查处银行违法违规行为，维护首都银行业的稳定和发展。

九、进一步规范市场准入工作流程，认真做好非法集资处置和法规清理工作

一是制定《行政许可事项分类分级

审批管理办法》，进一步优化市场准入工作流程，通过市场准入与日常监管挂钩，加强监管约束和激励；制定8项措施落实银监会工作会议精神，全面推动市场准入服务水平和准入监管工作质量的提升。二是打防并举，做好打击和处置非法集资工作。先后对9起案件性质进行认定，有力地配合了公安司法机关的侦办查处工作。三是完成规范性文件的清理工作，并将清理结果对外公告，推动了北京银行业监管法规体系的进一步完善。

（李君）

中国证券监督管理委员会北京监管局

2010年，中国证券监督管理委员会北京监管局（以下简称北京证监局）围绕全国证券期货监管工作会议精神，全面落实辖区监管责任制，从保护投资者利益出发，制订了切实可行的监管工作计划和措施，各项监管工作稳步推进，辖区证券期货市场健康快速发展。

（一）依法监管，督促监管对象规范运作，进一步改善辖区市场环境

高质量完成上市公司年报监管、现场检查、日常监管等基础工作。全年开展了年报专项检查、创业板公司专项检查、公司治理专项检查、并购重组专项检查、新上市公司合规专项检查等多种类型的现场检查，共检查公司55家，检查覆盖面达34%。对问题公司和存疑公司进行年报问题专项检查，形成检查报告17份，下发监管意见书12份，警示函3份，限期整改通知书1份，1家公司移交稽查立案。

深化证券公司合规制度建设，强化合规培训、合规检查和合规报告工作，重点加强对营销行为和投行业务的合规管理，推进信息隔离墙建设和合规管理信息系统建设，组织实施证券公司合规管理有效性评估。认真做好信访举报核查和有针对性的专项现场检查，严肃查处各类违法违规行为。对辖区两家证券公司开展全面现场检查，摸清了证券公司进入常规监管阶段后存在的主要问题和风险，探索常规监管的有效途径和方法。

对辖区基金管理公司监察稽核部门和风险管理部门现有人员情况进行调查摸底，要求其加强监察稽核及风控岗位人员配备。认真审阅基金管理公司监察稽核年度报告和内部控制评价报告，提出具体改进要求。及时查处违规行为，初步建立起一套违规行为的快速调查处理机制。

推动辖区期货公司完善公司治理，构建风险防范的长效机制。年内完成了对辖区内全部64家期货营业部的现场检查，从管理制度、经营场所、岗位人员、开户、合同和居间人管理、信息系统管理、信息报送等方面对营业部管理进行了全面规范，并根据各营业部存在问题轻重分别采取了相应的监管措施。

（二）突出重点，落实辖区监管责任制，积极推进证监会部署的重点工作

督促辖区创业板公司不断提高规范运作和公司治理水平，保障创业板公司平稳运行。修订完善了《创业板公司股权激

励调研报告》，结合公司年报审核发现的问题，制定了《创业板公司专项检查要点》，对披露2009年年报的12家创业板公司进行了全面检查。坚持首次谈话制度，及时约见新上市公司董事长、总经理、财务总监、董事会秘书和保荐人谈话，签署《持续督导须知》，传达监管部门的工作要求。

健全工作机制，顺利开展证券公司融资融券业务试点。组织融资融券业务专题培训，提高辖区监管干部和各证券机构对融资融券业务特点和风险防范的认识水平。制订工作方案和底稿，对试点公司进行现场检查。起草下发《关于加强辖区证券公司及证券营业部融资融券业务试点工作的通知》，对业务准备、事前报备、业务推广、防范利益冲突、定期报告等提出具体要求，保障试点公司及其营业部平稳地推出融资融券业务。

认真做好适当性管理工作，确保辖区股指期货上市平稳运行。北京证监局周密拟定工作方案，扎实开展培训、督导和检查，全力以赴抓好投资者适当性管理，召开股指期货开户工作总结会，组织编发7期简报，传达股指期货业务监管要求，通报检查中发现的问题，交流推广工作经验。认真组织IB业务现场检查，对辖区6家证券公司和40余家证券营业部进行了核查验收，明确证券公司与期货公司权责利的划分，在场所安排、人员配备、信息系统建设等方面严格把关，有序地开展投资者教育活动。

（三）积极探索，不断提高监管效率，有效推进辖区资本市场科学发展

结合辖区上市公司种类多、业务全的特点，加大调研和现场检查力度，增强一线监管工作的主动性和有效性。通过辖区培训平台，不断强化上市公司董事会、监事会、高管人员的履职意识、规范意识、自律意识、风险意识和责任意识。加强对上市公司内幕信息监管，完善上市公司内幕知情人登记制度。通过加强对会计师事务所审计执业质量的监管，延伸监管手臂，提高监管效率。

率先开展证券公司全面现场检查，遏制投资咨询机构不规范经营活动，推行行政许可公示制度。从加强内部管理入手，采取业务模块牵头人负责制、处内综合岗督办制、新老结合分组等方法，鼓励年轻干部快速成长，提升辖区机构监管的工作水平。

加强对基金管理公司投研行为和销售活动的监管，督促其严守“三条底线”，切实防范老鼠仓、非公平交易和利益输送行为。鼓励基金管理公司积极推进业务创新、组织创新和基金品种创新，强化公司治理和内控，提升公司核心竞争力。

提升辖区期货公司创新发展能力，加强期货行业理论和政策研究，定期组织期货公司高管年会等会议，形成业内有影响力的重要交流平台。适应期货业形势发展，制定《加强期货营业部经营管理的指导意见》，系统开展营业部经理培训，提高合规水平。督促期货公司加强信息系统和技术队伍建设。完善期货公司分类监管，引导和鼓励公司做优做强。

（四）认真做好风险排查，妥善处置信访纠纷，严厉打击非法证券期货活动

与北京市金融工作局、人民银行营业管理部、北京银监局、北京保监局建立了金融风险排查和金融安全形势分析合作机制，联合举办首都金融安全宣传活动，共同构建投资者教育活动长效机制。大力打

击非法证券期货活动，全年共受理非法证券经营举报4起和非法证券投资咨询举报13起，移送公安部门9起。公安部门侦破2010年及此前移送案件12起，法院判决15起。全年接收证券期货行业信访投诉321起，办结293起，妥善处理有关纠纷，有力地维护了首都社会安定和辖区市场平稳运行。

（五）加强监管协作，服务和推动首都经济社会发展

加强与市政府各部门之间协作，构建综合监管体系。与北京市金融工作局建立了北京辖区上市工作协作机制等工作机制。就北京市“十二五”规划纲要、2010年市政府折子工程、关于首都创新资源平台组建方案和中关村国家自主创新示范区发展规划等政策建言献策。参加市政府组织的金融工作领导会议、金融机构座谈会、经济形势分析等会议，积极当好政府参谋，及时提供证券专业咨询意见，服务首都经济社会发展。

（贾园春）

中国保险监督管理委员会北京监管局

2010年，中国保险监督管理委员会北京监管局（以下简称北京保监局）全面落实科学发展观，按照“转方式、调结构、防风险、促发展”的总体要求，认真履行监管职责，扎实推进北京保险市场健康、有序地发展。

一、积极推进制度建设，持续规范重点领域

按照“标本兼治、重在治本”的思路，加大重点领域监管制度的建设。一是继续推进车险管理制度改革。指导行业协会实施商业车险费率浮动制度，研究完善费率等级升降级机制，初步实现了车险价格和车辆风险程度相匹配的改革目标。以信息平台为依托，推动车险中介业务集中实时管控，解决虚构中介业务等违法违规问题。二是完善意外险经营监管要求。督促保险机构严格落实保监会意外险业务经营规范，结合北京保险市场特点完善制度，进一步明确了团体业务经营、系统管理、查询服务等要求，建立更高经营标准。三是深入治理销售误导。制定有关办法规范销售行为，加强保险公司和银行等专兼业代理机构的销售人员管理。推动电话销售人员和专业中介机构销售人员持资格证和展业证“双证”上岗。指导行业协会规范销售、回访等方面的标准用语，加快建设涉及机构、产品和人员资质等内容的行业信息平台。四是提高车险理赔服务水平。继续完善交通事故快速处理机制，简化理赔手续，提高理赔时效。推动行业协会研究制定车险定损人员分级认证和分类管理制度，逐步实现定损人员规范化管理。

二、加大检查处罚力度，优化市场竞争环境

按照年初部署和市场发展实际，对重点产险、寿险公司和专业中介机构开展全面综合性检查，对车险、意外险、银行保险、寿险电话销售等重点领域实施专项检查，集中力量开展保险公司中介业务专项

检查，专项治理“小金库”。全年，共对90家次保险机构实施了现场检查，处罚违法违规保险机构23家次，其中责令停止接受新业务6项，处理责任人28人次，其中撤销任职资格和禁止进入保险业6人次，罚款共计441万元。通过制度建设和查处，市场主体合规经营意识有所提高，粗放增长方式有所改变，市场竞争环境得到进一步优化。一是车险市场秩序实现明显好转，车均保费同比增长8.9%，商业车险出险率同比下降26.1%。二是人身险市场一些突出问题逐步解决。意外险整体经营管理水平进一步提高，撕单、埋单、假保单等重大风险基本消除。销售误导问题有所减少，北京市场上没有因误导引发大的群体性事件，全年反映误导问题的信访投诉同比下降42.9%。三是中介市场竞争环境有所净化，依法注销18家专业中介机构和549家兼业中介机构的业务资格。

三、切实加强风险防范，维护市场安全稳定

一是高度关注行业声誉风险。针对部分媒体集中报道寿险销售误导、电话约访扰民等问题，召开专题会议部署规范工作，专项查处违法行为，全面禁止寿险营销员向非特定客户开展电话营销。及时响应社会监督，纠正航意险保单未经被保险人同意即承保的行为，依法对8家保险公司实施行政处罚，及时向信访人反馈处理情况，避免社会影响进一步扩散。二是切实加强非现场监管，认真履行保险公司分支机构分类监管和偿付能力监管职责，加大对重点公司监管力度。定期开展非现场分析和风险监测，全面掌握行业风险状况。加强对宏观经济金融形势变化的研究分析，及时提示风险状况，避免产生新的风险。三是妥善处理信访投诉，排查化解矛盾纠纷。建立信访投诉业内通报和社会公开披露制度，明确信访投诉领导责任，更好地发挥社会监督作用。加大对信访投诉重点公司和突出问题的监管力度，促使保险公司改善服务和管理。全年，累计处理信访投诉1 428件，同比下降30.8%，行业依法合规经营和服务水平有了明显提升。

四、加强行业规划和政策协调，更好地服务首都经济建设

积极推动与首都经济社会发展全局密切相关的保险领域发展，通过监管促进行业发展方式转变，提高服务经济社会的能力。一是认真开展北京保险业“十二五”发展规划编制工作，全面总结“十一五”发展成绩和不足，做好“十二五”规划前期专项课题研究，提高规划编制的科学性和指导性。二是落实北京市新医改要求，推动将商业健康险有关内容纳入《北京市2010~2011年深化医药卫生体制改革实施方案》，向市政府提出北京保险业参与新医改具体构想，指导行业协会完成行业健康险信息平台建设，为商业健康险专业化发展奠定基础。三是加强政策性农业保险监管。规范政策性农业保险承保理赔业务操作，完善第三方审计制度，鼓励保险公司开展“理赔一卡通”试点。全年政策性农业保险险种覆盖率达到北京市农业生产资源的75%以上，参保农户26.9万户，累计赔付支出2.5亿元，受益农户14.3万户。四是稳步推进责任保险发展。在全国率先实施酒后驾驶与交强险费率浮动相联系的制度，通过经济杠杆促进机动车驾驶人改善驾驶行为，全年共有44 935辆机动车上浮了交强险保费。结合《侵权责任法》的实施，进一步研究完善医责险制度。

（黄芳）

北京市金融工作局

2010年，北京市金融业积极应对复杂的经济形势，切实贯彻中央及北京市各项工作部署，努力优化金融发展环境，不断提升金融服务水平，持续加大金融改革创新力度，保持了首都金融业良好的发展势头，为经济社会发展和中国特色世界城市建设提供了有力支撑。经初步核算，2010年，北京市金融业实现增加值1 838亿元，同比增长8.6%，在地区生产总值中占比13.4%，在第三产业中占比17.8%，对北京市经济增长贡献率为10.1%。实现税收2 107.6亿元，同比减少19.7%，占北京市三级税收比重34.87%，比上年下降了8.78个百分点。

一、金融创新工作多点突破

与保险监管部门、保险公司积极沟通，支持保险资金运用创新，引导投入基础设施、城市建设、高端产业园区发展和民生工程领域。全国首家消费金融公司——北银消费金融公司开业运营，截至年末，累计发放消费贷款2 655万元。全国首家金融资产类交易所——北京金融资产交易所5月30日挂牌开业。推动设立信贷专营机构超过33家，其中科技型专营机构、文化创意产业金融服务中心和绿色企业金融服务中心均为全国首家。推进银行间债券市场融资创新，发行了全国首只文化创意题材、高科技题材和三农题材的集合票据。稳步推进跨境贸易人民币结算试点，推动在京开展离岸金融业务试点，北京天竺保税区率先在国内以金融租赁方式引进首架飞机。

二、率先构建“九农”金融服务体系

联合人民银行营业管理部、市农委、北京银监局等部门印发了《关于金融支持首都率先形成城乡一体化发展新格局的指导意见》，充分发挥金融在首都城乡经济社会发展一体化中的积极作用。新型农村金融组织加快设立，目前全市共有7家村镇银行、28家小额贷款公司、1家农村资金互助社和1家“三农”信贷专营机构。截至年末，涉农贷款余额1 162.69亿元，同比增长42.3%；政策性农业保险保费收入3.69亿元，同比增长8.2%；农村信用户评定面达到19.3万户，同比增长23%；市农业担保公司审批通过的担保规模为18.89亿元；全国棉花交易市场交易额1 500亿元；北京农副产品交易所已于年底正式开业。市农业投资公司参与设立了11家小额贷款公司，投资的农业项目运营顺利。农业产业基金加强资金募集工作，支持农业龙头企业发展。指导大兴区申报全国农村改革试验区，举办首届北京农村金融论坛；指导昌平区探索建立城乡一体化金融改革试验区。

三、科技金融工作体制机制不断完善

完善政策支持体系，出台《关于推进首都科技金融创新发展的意见》。发行全国首期科技型中小企业集合票据，推动各项金融改革先行先试。12月31日成立“中关村科技创新和产业化促进中心”，下设科技金融工作组等6个具体办事机构，以进一步整合首都创新资源，落实国务院同意的各项先行先试改革政策。

四、“三通”工程完成年度目标

实施“一卡通、一网通、一费通”便民支付工程，实现了各银行之间的互联互通。已开通53项便民支付业务，各类自助缴费终端布放数量达到近4万台。

五、企业上市工作实现七个全国第一

充分发挥“协调机制、政策机制、信息机制、合作机制、培训机制”的作用，出台《关于进一步推动企业上市工作的意见》，全力推动北京市企业上市工作。全年，北京地区A股上市公司新增39家（含36家新上市和3家新迁入），上市公司总数165家。根据中国证券监督管理委员会监管辖区统计标准，截至年末，北京市上市融资工作创造了全国七个第一：主板上市公司115家，创业板上市公司24家，境外上市公司45家，上市公司总市值11.62万亿元，上市公司总股本1.91万亿股，上市公司首发融资、再融资1.07万亿元，证券公司客户证券投资余额1.4万亿元。

六、金融功能区建设发展稳步推进

金融街西扩工作全面推进，月坛南街项目及三十五中新址项目拆迁工作稳步进行，研究西城区、崇文区合并后的新规划建设方案，总部金融功能不断增强。商务中心区国际金融功能持续巩固，核心区土地招标工作顺利进行，目前已确定了中信集团等项目将落地建设；东扩区规划设计方案国际征集工作已基本完成，规划新增写字楼规模250万平方米。朝阳区金融业实现增加值249.5亿元，同比增长13%，占全区地区生产总值的9.4%，占全市金融业增加值的13.6%。丽泽金融商务区规划建设全面启动，协调推进中国工商银行北京市分行等银行机构向丽泽控股公司贷款，推进园区基础设施建设，重点发展“信息金融、创新金融、文化金融、高端商务”四大产业。东二环金融商务区着力发展绿色金融商务，聚集了一批大型企业总部及其参控股的财务公司、信托公司和保险公司等，吸引了一批新能源产业投资基金进驻。中关村西区科技金融功能持续强化，科技型中小企业金融服务专营机构、股权投资机构及其他科技金融服务机构不断聚集；设立台资企业资本中心，多家台资金融企业表达了入驻意向。“四后台”园区整体服务功能持续提升，基础设施和配套设施建设有序推进，为金融机构发展提供数据中心和技术保障。

（柳宁）

中国农业发展银行北京市分行

2010年末，中国农业发展银行北京市分行（以下简称农发行北京市分行）贷款资产余额2 317 510万元，比上年增加884 794万元，增长61.76%，首次突破200亿元。实现利润43 785万元。

截至年末，农发行北京市分行共辖13家支行（部），在岗员工364人。

政策性粮油信贷业务 自2007年以来连续4年实现贷款余额和库存“双增加”。完成政策性及准政策性粮油库贷核查工作，确保被核查粮食贷款全部有粮食实物保证，银企账账、账实完全相符，为确保首都粮油库存充足、物价稳定作出贡献。

政策性中长期信贷业务 响应市委市政府加快首都新农村建设的战略部署，积极与政府需求对接，加强同业合作，政策性中长期贷款业务迅猛发展。截至年末，政策性中长期贷款余额1 227 111万元，比上年增加1 008 057万元，增长460%。

中间业务 开办咨询顾问业务，全年实现咨询顾问业务收入605万元。截至2010年末，中间业务收入792万元，取得了突破性进展。

票据业务 10月18日，北京票据交易室开业，与20多家商业银行建立合作关系，办理业务34笔，累计票面金额192.98亿元。

国际结算业务 实现国际收支5 858万美元，国际结算总收入、总笔数和外币账户开户数均比2009年有所增长。

支持新农村建设 支持丰台区、大兴区、门头沟区、怀柔区、昌平区等新农村建设旧村改造项目，涉及村庄30个，拆迁人口2万多人、4 000余户，土地面积861万平方米。

不良贷款清收 累计现金清收7 132万元，超额40余倍完成总行下达的清收任务，年末不良贷款余额由原来的13 932万元降至8 200万元；收回一户已破产企业的全部贷款本息173万元、收回不良贷款表外欠息2 934万元。

电子化建设 设计开发了非现场审计监管系统，加大了非现场审计力度；设计开发了电子绩效管理平台，实现了通过绩效考核帮助员工明确工作重心、甄别员工业绩水平的目的；建立异地数据备份中心，保证了信息技术数据安全。

人力资源管理 开展了支行中层干部岗位竞聘工作，共聘任干部77名，其中，提拔聘用51名，平级聘用26名。加强教育培训工作，开展了信贷管理、风险管理、政策性业务管理的培训，开通了网络考试平台，增强了培训实效。

（林佳佳）

中国进出口银行北京分行

2010年末，中国进出口银行北京分行（以下简称进出口银行北京分行）各类贷款余额428亿元，比上年增加67.3亿元，增幅18.7%；全年实现非利息收入7 991万元，比上年增加938万元，增幅13.3%；实现账面利润10.04亿元，同比增长17.4%，人均账面利润1 458万元；不良贷款余额和不良贷款率继续保持双下降。

截至年末，进出口银行北京分行内设处室11个，在职员工64人。

贯彻国家宏观调控政策 坚持“区别对待，有保有压”，积极调整信贷投向和客户投向，支持先进技术、装备和零部件出口，支持重要能源、资源和原材料进口，加大对战略性新兴产业及现代服务业的支持，加大对“两自一高”产品的出口支持，严格限制或不支持“两高一剩”和国家限制类项目，切实把信贷资金用于国家重点支持和鼓励发展的领域，有力地推动了辖区经济结构调整和经济发展方式转变。

改革创新 进一步深化机制改革，推动业务创新和产品创新，全面提升市场核心竞争力。大力推进跨境人民币业务，2010年11月开出首笔跨境人民币信用证，12月发放首笔跨境人民币融资业务；创新信贷业务，加大对文化“走出去”和“三农”、扶贫贷款的支持力度；稳步提高中间业务收入，加大同业合作，拓展中间业务潜力，推动中间业务健康快速发展。

推进国际业务发展 进一步转变经营理念，大力拓展国际业务，尤其是境外买信业务，开创性地推出了新的业务发展模式；通过积极洽谈项目并进行境外现场实地考察，完成了大量境外项目储备，为促进和实施国家产业战略、树立进出口银行金融服务的国际市场品牌迈出了坚实的一步。

支持企业“走出去” 认真贯彻国家支持企业“走出去”、推动出口的战略，加大对“走出去”企业的支持力度，由传统的等着企业申请贷款转变为与企业一道看市场、拿项目，提高了企业收购国外资源、能源、技术、品牌和承揽重大国际工程的成功率；为企业提供高新产品出口卖方信贷，帮助其进行技术升级改造，提高产品技术含量和附加值，巩固市场地位；为企业提供出口买方信贷，支持其进行境外收购，提高在国际市场上的竞争力。

强化风险管理 2010年贷后管理年，也是银行业内控和案防制度执行年，进出口银行北京分行全面清理规章制度，完善内控制度体系；狠抓信贷业务质量，挤压风险泡沫；建立健全信贷全流程管理，落实贷款“三查”；积极推进全面风险管理工作，努力实现从被动风险管理到主动风险管理转变；采取各种有力措施，清收转化不良贷款。

优化机构设置 贯彻“一省一策”的策略，进一步优化机构设置，增设公司业务六处，全面负责内蒙古地区业务，加大市场开拓力度，支持内蒙古地区经济发展；调整中间业务处室职能，重新梳理业务机制和流程，进一步提升了进出口银行北京分行集约化和精细化经营水平。

（宋丹）

国家开发银行股份有限公司北京市分行

2010年末，国家开发银行股份有限公司北京市分行（以下简称国开行北京市分行）贷款余额2 010亿元，在上年增长37%的基础上，再增长15%。其中，人民币贷款余额1 281亿元，外币贷款余额110亿美元。全年实现利润31.28亿元。

截至年末，国开行北京市分行内设处室19个，在职正式员工184人。

服务国家战略决策 支持国家重点人才战略项目未来科技城建设，牵头组建银团贷款，承诺贷款81亿元，发放37亿元，保障海外高层次人才引进工作的顺利实施。支持北京市对口援疆援藏工作，与北京市对口支援办，以及新疆、西藏两个前线指挥部建立工作联系，选派2名干部到新疆和田前线指挥部挂职；合作完成北京市援疆和援藏规划，援藏项目开发6.42亿元、评审承诺4亿元、贷款发放1.81亿元；组织员工为北京和田基金捐款35万元。

支持首都经济发展 支持北京市传统产业升级改造，完成首钢100亿元B组授信。支持基础性、战略性产业发展，发放中芯国际一年期流动资金贷款3 500万美元，牵头组织京东方八代线项目建设银团贷款105亿元人民币（含外汇贷款8亿美元）。支持高科技龙头企业发展，向北大方正集团提供综合授信60.1亿元。支持文化产业发展，与北京市文化创意促进中心初步达成合作意向，发放电影项目贷款2 200万元，电视剧项目贷款500万元。支持中关村自主创新示范园区基础设施建设，发放温泉小城镇基础设施建设二期项目贷款10.2亿元。支持北京市50个重点村改造项目，完成昌平区东小口重点村改造项目评审方案设计，承诺贷款65.7亿元。支持首都功能核心区保护性改造和对接安置工作，承诺回龙观“西城区旧城保护安置用房项目一期”项目贷款39亿元，发放18亿元。支持丽泽商务区建设，牵头组织银团贷款，承诺二期58亿元，其中国开行北京市分行份额46亿元，发放21.56亿元。

支持民生领域经济发展 积极支持中小企业、基层金融、科技金融业务、保障性住房和社会民生领域发展。截至年末，基层金融业务贷款余额365亿元，同比增长58.65%。全年发放中小企业贷款21亿元，累计支持中小企业260家。发放中低收入住房贷款74.6亿元，支持60万平方米中低收入家庭住房及配套设施建设，惠及6万户21万中低收入人群。加快门头沟区、房山区、通州区西海子、南大街棚户区改造项目开发，发放贷款17.3亿元、上营棚户区改造项目新增贷款32.5亿元。批量支持科技型中小企业，年末贷款余额5.5亿元。

完善中间业务品种 丰富中间业务品种，办理保险代理、银行承兑汇票、资产证券化、债券承销、票据贴现与转贴现、附带转让安排银团贷款等7个品种首单业务。为山西京玉发电有限责任公司出具5 000万元承兑汇票，完成中信国安、北大方正资产证券化业务累计2.15亿元，承销北大方正中期票据35亿元，开展昌平东小口镇旧村改造项目附带转让安排银团创新。开展投融资财务顾问服务，为未来科技城、京东方等重大项目及泽辉装饰等中小企业提供个性化融资顾问，全年实现财务顾问收入2 856万元。

创新融资模式 推动地方政府对平台注资和重组，协助大兴生物医药基地等政府融资平台公司完善平台机制、规范业务流程。推进中小企业融资模式创新，与团市委、担保公司联合推出北京地区首家青年创业小额担保贷款模式，支持初创企业；与昌平区政府共同建立二级风险准备金模式，批量为小企业提供500万元以下信用贷款；发放中关村小额贷款公司两年期1.5亿元流动资金贷款，批量支持中小企业近30家；采取版权质押贷款模式，承诺华录百纳公司项目贷款3 000万元，发放2 650万元；设计专利权质押融资模式，支持科技型中小企业北京双得利科工贸公司贷款3 000万元。建立“龙头＋农户”模式，推出密云农合中心、农担公司双重机制项下500万元以下涉农贷款的简化评审模式。

风险控制管理 完善风险管理体系，将风险控制措施融入规划、项目开发评审和贷后管理的各个环节，进一步明确前、中、后台风险管理职责，建立了以风险管理处归口全面管理，各类风险按业务线条由各相关综合业务处室分类管理的体制架构，减少风险管理盲点。形成以业绩增长为目标、以风险控制为主线的市场开拓、技术支持、服务保障三位一体的风险管理制度框架。完善风险信息的报告体系，提高风险量化意识。建立以周报、月报、季报为载体的风险数据信息体系，以信用风险监控月报、季度风险管理分析报告、各风险专题分析报告、风险提示以及同业风险信息的分析报告体系。稳步推进不良贷款化解工作，全年化解不良贷款1.36亿元。实施依法收贷项目7个，回收不良贷款8 600万元。推动文教基地项目化解进程，当年成功回收贷款本息7 000余万元。

（王群）

中国工商银行股份有限公司北京市分行

2010年末，中国工商银行股份有限公司北京市分行（以下简称工商银行北京市分行）本外币资产总计1.92万亿元，比上年增加1 174.26亿元，增长6.53%。实现考核口径本外币拨备前利润277.3亿元，拨备后利润276.6亿元，分别增长31.3%和32.9%。本外币存款余额18 525亿元，比上年增加1 073亿元，增长6.15%。本外币贷款余额3 665亿元，比上年增加468亿元，增长14.62%。实现中间业务收入56亿元，比上年增加11亿元，增长24%。

截至年末，工商银行北京市分行共有37家二级分行，582家营业网点（含自助银行50家），在岗正式员工13 572人。

信贷业务 合理把握信贷总量和投放节奏，落实监管部门“季不破三、月不破四”和总行逐月控制的贷款投放要求，实现贷款季度月度平稳增长，人民币各项贷款增加412亿元，严格控制在总行核定的规模计划之内，投放均衡度达到65%。抓好信贷资金投向，优先满足国家重点投资的在建续建项目、北京市优质城建项目和保障性住房建设等资金需求，加大对先进制造业、现代农业、高新技术产业、节能环保产业等国家重点扶持领域的信贷投入，严控“两高一剩”和低水平重复建设项目的贷款投放。调整信贷结构，大力发展贸易融资、小企业贷款、新兴现代服务业贷款、个人经营贷款和消费贷款业务。贸易融资占流动资金贷款比重达到31.7%，同比提高13个百分点；小企业贷款增加52亿元，增速高于全行贷款平均增速125个百分点；新兴现代服务业贷款增加62亿元；个人经营贷款和消费贷款共增加75.2亿元。深入开展信贷“扩户计划”，逐步降低信贷客户集中度，全年有贷户增加556户，总量达到1 588户；其中小企业有贷户增加440户，总量达到907户，法人贷款集中度下降2.6个百分点。通过提高信贷经营水平，着力优化信贷收益结构，利率下浮贷款的占比较年初下降近10个百分点，平均下浮幅度收窄0.86个百分点。

存款业务 着力完善“专业化、综合化、精细化”的营销服务机制，推动存款业务平稳均衡发展，巩固和扩大存款业务市场优势地位，人民币全部存款增加1 140亿元。储蓄存款着力开拓“六类新市场、五类新客户”，注重发挥“对私加对公”多部门联动营销合力，在优质对公客户中批量发展个人中高端目标客户，持续抓好代发工资、第三方存管、拆迁改造款等源头竞揽，全年储蓄存款增加545亿元，余额达到5 432.6亿元。公司存款注重加强有贷户和无贷户、大中小客户的全覆盖，注意把握信贷、结算、理财、债券等业务与公司存款之间的资金转换关系，强化资金流向的监测与分析，努力实现客户不同形态的资金在行内循环沉淀。机构存款重点围绕军队、财政、社保、公积金等核心客户金融服务需求，加强高层走访和直销力度，设计研发专属产品和服务，进一步稳定和扩大存款规模。同业存款注重加强与银行、证券、保险、财务公司等客户在多个业务领域的深度合作，依靠组合型产品服务和灵活的定价策略赢取更大的市场份额。深化“主动负债”管理，优化存款期限结构，加强理财产品与存款业务的互动互补，有效地降低了付息成本。

中间业务 坚持中间业务“高增长、高贡献”的发展思路，加强组织推动和精细化管理，不断培育和挖掘新的增长点。加大自主研发、无缝隙发行、多渠道销售力度，全年实现个人四项理财产品销售额3 018亿元，法人理财销售额2 903亿元。加大重点发卡项目推广力度，提升信用卡营销服务品质，扩大同业市场份额，全年信用卡新增167万张，保有量达594万张。以电子银行业务开办十周年为契机，推动业务规模、产品质量和管理水平协调并举，个人和企业网上银行客户分别增加93万户和3.4万户，总量分别达到589万户和14万户；电子银行交易额48万亿元，同比增长22%。深化投资银行业务与公司业务互动发展，全年主承销短期融资券和中期票据1 405亿元，同业占比22%，系统内占比69%。加强对公结算优势产品的组合营销，提升对公结算服务层级，全年对公结算账户增加3.7万户，总量达到21.4万户；现金管理客户增加1.2万户，总量达到2.6万户。贵金属、资产托管、企业年金等业务也都表现出良好的成长态势。

国际业务 狠抓客户开拓、加快产品创新、积极跟进“走出去”重点项目，实现了国际业务市场规模、服务层次、经营效益的全面提升。紧抓国家深入实施“走出去”战略的政策机遇，围绕重点企业境外投资需求，加快产品创新，大力发展国际结算、工程项下保函、融资性对外担保、内保外贷、境外直接放款等业务，努力为“走出去”企业提供全方位的综合金融服务，有效地推动了一批“走出去”重大建设项目。以启动国际业务客户拓展三年规划为抓手，大力拓展客户基础，优化客户结构，带动传统优势业务实现跨越式发展。全年实现国际结算、柜台结售汇规模以上新开户1 192户和641户，单证、贸易融资及对外担保新开户合计178户。截至年末，外汇贷款余额37.7亿美元，同比增加9.2亿美元；外汇存款余额41.2亿美元；国际结算量突破千亿美元大关，同比增长25.2%，其中人民币跨境结算量328亿美元；结售汇业务588.7亿美元，同比增长25.8%；代客外汇交易674亿美元，同比增长27.9%；单证、国际贸易融资及对外担保业务总量140亿美元，同比增长32.6%。

风险管理 认真贯彻执行监管部门“三个办法、一个指引”相关要求及总行信贷政策，严格把控重点领域信贷风险，加强对地方政府融资平台贷款、涉房类贷款、小企业贷款的专项检查和风险防控。加大不良贷款清收处置和潜在风险贷款退出力度，不良贷款余额降至24.46亿元，不良率降至0.59%，连续11年保持“双降”态势；拨备覆盖率升至378%，同比提高94个百分点，资产质量和抗风险能力得到稳步提高。建立以制度规范、系统控制、全程监测为核心的管控机制，严格把控操作风险。对信用、市场、法律、声誉等风险实行综合控制，组织开展表外业务专项清理工作，着力加强全面风险管理体系建设。深入开展“内控案防制度执行年活动”，持续加强对案件易发领域、违规多发环节的检查整治，及时清除风险隐患，维护全行安全稳定的发展局面。

提升服务质量 以开展“服务价值年”活动为契机，深入实施服务提升“十大工程”，不断提高服务品质和价值创造能力。加强多元化服务渠道建设，新增网点（含迁建）30家，升格50家，总量达到582家（含自助银行50家）。其中，新增财富中心9家、贵宾理财中心25家，总量分别达到36家和256家；新增自动柜员机392台、自助终端328台，总量分别达到2 673台和883台；新增个人客户经理100人、大堂经理369人，总量分别达到954人和1 160人，其中国际金融理财师（CFP）和金融理财师（AFP）资格认证人员占比81.2%。

深入实施运营改革和流程优化，推动网点服务模式改革，通过推广客户识别系统、精简授权流程、加强业务综合化、拓展非现金业务、强化大堂经理分流引导、细化服务考核等措施，提升网点服务产出效能。着力推进服务标准化和规范化建设，全面落实“行长坐堂制”，开展“全员客户体验、改善服务细节”活动，加强客户服务的外部第三方监测和投诉管理，服务满意度实现了整体提升和均衡提升。结合“储蓄存款突破5 000亿元”、“信用卡发卡量突破500万张”组织开展大型营销服务和宣传活动，进一步扩大了品牌影响力。

党建和队伍建设 以深入开展“创先争优”活动为契机，以“五强”、“五优”为标准，加强基层党组织和党员队伍建设，将业务发展和“创先争优”活动紧密融合，将党的先进理论成果切实转化为推动业务发展的强大动力。加强领导班子队伍建设，完善干部选拔培养机制，推动干部多方向、多岗位交流锻炼。建立与业务指标挂钩的人员量化配置标准，完善绩效考核评价体系，增加人均EVA等指标，激发人力资源产出效能。开展学习型银行建设，累计开展各类培训920项，其中转岗中年员工培训率达到100%。弘扬“工于至诚，行以致远”的核心价值观，以先进的企业文化凝聚人才队伍，激发创造活力，引导全行员工将个人的事业追求与全行的改革发展紧密融合，实现共赢。

（李世昭）

中国农业银行股份有限公司北京市分行

2010年末，中国农业银行股份有限公司北京市分行（以下简称农业银行北京市分行）本外币总资产4 712亿元，比上年增加894亿元，增长23%。实现全口径拨备前利润50.89亿元，全口径拨备后利润43.57亿元。本外币各项存款余额4 436亿元，比上年增加937亿元，增长27%，其中人民币各项存款余额4 297亿元，比上年增加900亿元，增长26%；本外币各项贷款余额1 878亿元，比上年增加460亿元，增长34%，其中人民币各项贷款余额1 667亿元，比上年增加385亿元，增长30%。

截至年末，农业银行北京市分行共有营业机构325家，其中分行营业部营业室1家，处级支行营业部21家，二级支行105家，分理处167家，储蓄所31家；在岗员工8 075人。

公司金融业务 围绕重点项目、优势行业和优质企业，加大信贷投放力度，全力支持首都城市建设和地方经济发展。全面落实与各级政府签署的合作协议，主动介入丽泽商务区、经济技术开发区东扩、轨道交通等重点项目建设，先后投放基础设施建设贷款60多亿元。大力支持市属重点企业，先后与金隅股份、京能集团等多家企业签署银企战略合作协议，新增意向性融资额度500多亿元，新增贷款50多亿元。加大对新兴产业和中小企业的支持力度，创新中小企业服务模式，以组合金融方式在海淀区试点建设了中小企业“信贷广场”，联合担保公司、保险公司、评估机构、风险投资公司等相关机构，为中小企业提供全方位、一站式的金融服务。加强中小企业产品创新，量身打造高新技术知识产权质押贷款产品，为缓解高科技企业贷款抵押难问题提供了有益的尝试。与市文化创意产业促进中心签署了

200亿元战略合作协议，重点支持优质文化创意企业、文化创意产业聚集区和重点文化创意项目建设。全年累计投放中小企业贷款近450亿元，同比增加100多亿元；为文化创意企业提供意向性融资额度32亿元，实际投放文化创意产业贷款近5亿元。

个人金融业务 网点软硬件转型取得新成效，全年完成73家网点标杆创建、69家网点的营销转型以及全部精品网点的复制推广工作。截至年末，本外币储蓄存款余额1 491亿元，比上年增加294亿元。成立私人银行北京分部，初步建立了涵盖1家私人银行分部、62家理财中心的优质客户服务平台，全年新增加个人高价值客户10万多户。在所有22家支行组建了个贷经营中心，配备个贷客户经理近200人。截至年末，个人贷款余额近180亿元，比上年增加30多亿元。

中间业务 大力发展理财、资产托管、投资银行等新兴高附加值中间业务，全年实现中间业务收入14亿元（不含代理财政部资产清收），同比增长近50%。保险公司托管资产8 000多亿元，代理保费收入50多亿元，同比增加20多亿元。代理财政授权支付、非税收入收缴业务23万笔260多亿元；第三方存管客户增加7万户，在线客户总数达到27万户；新开办企业年金业务9户，到账规模近3亿元；现金管理交易金额近12万亿元，比上年增长160%。

银行卡和国际业务 针对不同客户群体分别制定准入条件和业务流程，提高发卡效率，扩大发卡规模。配合总行推出银联标准准贷记卡，大力推广MIS收单、贷记卡分期付款等业务，不断改善用卡环境。截至年末，银行卡总发卡量为800多万张，比上年增加60万张；其中贷记卡新增13万张，总量达到65万张。卡消费额近600亿元，同比增加200多亿元。特约商户总量达到7 794家。以国际结算为龙头，加快贸易融资、外汇理财、西联汇款等外汇业务发展，全年实现国际结算量146亿美元，同比增加18亿美元；贸易融资、结售汇同比分别增长53%和25%。

服务“三农” 以服务新农村建设为核心，积极跟进首都城乡一体化建设，在同业中率先支持城中村建设项目，研发了“城乡一体化综合建设贷款”产品，全年投放重点城中村建设贷款100多亿元。进一步深化与市农委的战略合作关系，三年内为沟域经济发展、农产品流通、农民专业合作社提供200亿元的意向性信用额度。大力支持国家级、市级农业产业化龙头企业和特色产业，以及上下游优质小企业，促进都市型现代农业发展。大力发展“惠农卡”和农户小额贷款等业务，全年新增惠农卡15万张，总量达到26万张。

电子化建设 以“整合、提升、融合、创造”为重点，加快电子银行业务发展，推动服务渠道多元化。截至年末，新增电子银行个人注册客户122万户，企业注册客户8 659户，手机银行客户61万户，支付通商户3 977户，电子渠道交易量占全部交易量的比重上升到66%。加快电子银行产品创新及渠道建设，完成电话银行升级改造工作，新增通知存款、基金、国债、第三方存管等理财功能；上线推广总行版自助服务终端140台；大力推广电子银行个人跨行一体化系统，提高电子银行跨行转账效率。全年投放存取款一体机213台，取款机144台，自助缴费机88台，自助设备正常运行率99%。

风险管理 以提升业务处理效率，增强风险防控能力为目标，开展以集中监控、集中作业、集中授权为重点的后台中心建设。自集中对账以来，各类账户的对账单回执收回率均达到系统内较高水平。上收所有支行的票据交换业务，实现了分散业务的集中处理；实现对251个网点远程集中授权，平均每笔授权业务耗时由分散授权时的2~3分钟缩短到40秒左右。推行叫停问责、信贷年检、风险经理派驻和贷后管理巡检制度，开展房地产业务、个贷业务风险排查、压力测试以及政府融资平台贷款、信托理财等专项检查，加大主动退出力度，对不符合信贷支持政策，不符合行业信贷政策，财务指标、担保方式以及内部管理存在明显风险预警信号的客户逐步压缩退出，全年退出风险资产近6亿元，不良贷款余额和占比持续“双降”。

改革创新、队伍建设 围绕市场需求，推进产品服务、业务流程和运作机制创新，全年创新产品22个，其中资产业务类产品6个，增加信贷投放66亿元。以“国际品牌、世界城市”为主题，与金宝街共同举办了第一届王府井国际品牌节。以“和谐金融、美好生活”为主旨在全市范围内开展公众宣传教育活动，与通州区团委合力推进“送金融知识下乡、服务青年创业就业”活动，普及金融知识。

加强运营主管、法律事务审查员、风险合规经理、社会监管员队伍建设，建立信贷专业人才“走出去”跟班学习制度，加快专业人才的培养和储备。全年举办各类培训班2 471期，培训74 520人次，选派58人到系统内分行跟班学习。深入开展农业银行企业文化核心理念的宣传、教育和推广活动，以先进文化促进业务发展，以培养造就高素质“四有”员工队伍为目标，广泛开展“创优争先”、岗位练兵、业务技术比赛等活动，鼓励员工积极向上，努力成才。

（任晓军）

中国银行股份有限公司北京市分行

2010年末，中国银行股份有限公司北京市分行（以下简称中国银行北京市分行）本外币总资产7 790.18亿元，比上年净增979.96亿元，增长14.39%；本外币存款合计5 594.88亿元，比上年净增281.3亿元，增长5.29%，其中人民币存款5 138.11亿元，比上年净增649.36亿元，增长14.47%；本外币贷款合计2 268.53亿元，比上年净增183.76亿元，增长8.81%，其中人民币贷款1 764.71亿元，比上年净增126.48亿元，增长7.72%；全年实现税后利润61.77亿元，比上年增加18.64亿元，增长43.22%。

截至年末，中国银行北京市分行辖内营业机构254家。其中分行1家、管辖/直属支行31家、经营型支行222家。全行人员总数8 812人，其中正式在编人员6 440人。

公司业务 按国家产业政策和地方经济建设需要，将资金投放向能源、航空、汽车、造船、信息产业倾斜，支持首都城铁建设、土地储备开发和其他项目；与同业和中国银行系统内其他分支机构开展银团贷款、联办贷款业务合作，为北京市和外地机场建设、船舶、乘用车生产项目和商务中心开发工程提供资金；首次叙做境外（电力）项目出口买方信贷，开辟资产投放渠道；支持地方经济建设发展，与多家大企业、外经贸集团、地方政府签订银企、银政战略合作协议，提供各类金融服务，协议授信额度达800亿元；配合总行正式启动中关村园区中小企业金融服务工作；成功效营销中石油、中船重工、中煤集团等重点客户，存款规模迅速扩大；中标多家大企业职工养老金托管业务，新增养老金账户19.03万户；拓展资产转让、内保外贷、社保基金代收代付、国库授权支付、保险债权融资托管、对公理财等新业务领域。截至年末，公司条线人民币贷款余额（不含贴现、贸易融资）1 281.95亿元，外币贷款余额46.22亿美元（不含贸易融资），分别比上年新增169.68亿元和减少1.24亿美元；本外币公司存款余额（含理财）3 589.12亿元和31.84亿美元，分别比上年新增508.45亿元和13.53亿美元；实现中间业务净收入2.77亿元，比上年增加2 857万元，增长10.33%。

个人金融业务 由于国家对房地产行业实施宏观调控政策，以楼宇按揭贷款为主的个人消费信贷业务受到一定影响，全年累计发放消费信贷63亿元，年末消费信贷余额360.32亿元，比上年减少23.84亿元。积极研发新产品，拓展业务渠道，减少外部环境的不利影响，推出零售贷款理财账户（存贷通）、黄金质押，丰富个人贷款品种。本外币储蓄业务实行产品创新与联动营销并举，有效地沉淀个人客户资金；为VIP客户提供全方位、个性化服务，推出“御享”等系列特色理财产品，全年客户数量新增19%。截至年末，人民币储蓄存款1 355亿元，比上年净增128亿元；外币储蓄存款34.51亿美元，比上年减少5.31亿美元。全年代销基金49.47亿元；发行国债16期、27.4亿元；发行借记卡914 700张，比上年增长6.85%；实现中间业务收益38 395万元，比上年增长5.7%。

结算业务 借助外贸环境改善的有利时机，采取“抓大不放小”的策略，与总行联动对重点大企业开展营销，对中小企业进行营销和维护，扩大结算客户群体，全年完成国际贸易结算量489.29亿美元，比上年增长139.81%。实施国际结算产品线业务创新，满足不同客户结算、融资需求，先后叙做了振华石油公司转口贸易项下协议付款融资业务、京投公司租赁保理业务、华彬租赁公司融易达业务，首次办理了中长期无追索权融信达即时转卖、国内信用证项下人民币福费廷即时转卖、金融发债担保、境外代理行海外代付等创新产品，在北京地区率先开办跨境人民币结算业务，全年累计完成148笔205亿元。截至年末，完成（即期）结售汇业务量328.85亿美元，比上年增长42.87%；叙做本外币保函业务3 451笔，承保金额折合322.62亿元人民币，分别比上年增长12.48%和125.45%；全年实现中间业务收入7.71亿元，比上年增长86%。

与工商部门开展企业验资开户合作，新增账户4 960户；积极营销对公单位存款业务，新增结算户23 298户；两项措施共沉淀对公客户存款194.68亿元。为152家中央和地方预算单位开通财政授权支付业务；全年代销印花税票3 805万元，实现中间收入1 712万元。

银行卡业务 坚持发卡和收单并重、业务和效益并举。在发卡环节将支行、卡直销中心营销有机结合，对现有个人客户开展交叉销售，扩大持卡客户群体；实施卡直销中心营销策略转型，加大对高端客户发卡营销力度；与公司部门联动开展单位公务卡营销。与影视商城、大商场、电视台合作，相继推出星美电影娱乐卡、红楼梦信用卡、中银当代商城联名卡；大力推介总行发行的淘宝卡，提升中国银行品牌形象。全年增发各类中银卡48.77万张（其中白金卡6 852张，公务卡2 107张）。大力拓展优质收单商户，与中石油、中石化、国美电器、新奥购物、我爱我家房地产、人民医院等达成卡收单协议；与各行业商户合作开展线上B2B、旅游零手续费，汽车销售、购物消费等类型（卡收单）分期付款业务；推出长城商户通收单系统，填补了北京地区中小商户卡收单业务的空白；拓展了公务卡动态报销系统、首创联机退货业务等产品。全年完成借、贷记卡直销额210.23亿元和273.84亿元，分别比上年增长57.75%和28.4%；完成人民币卡、外卡收单交易量884.75亿元和40.05亿元，分别比上年增长55.16%和31.99%。实现中间业务净收益33 407万元，比上年增长32.94%；全年新增卡收单商户7 540家。

资金业务 举办黄金宝交易大赛和中银财智讲堂活动，推出外币自动滚续理财、贷款利率互换业务产品，组织理财推广营销工作，提升中国银行品牌影响力。全年完成外汇交易量32.75亿美元，黄金交易量89.79亿元，对公理财交易量1 995亿元，本币、外币对私理财交易量为578.1亿元和14.34亿美元，完成票据贴现（包括直贴和转贴）交易量388亿元，代客发行中短期票据证券245亿元。

金融机构业务 与银行同业、汽车金融、基金、证券、保险、租赁、信托公司扩大合作范围，全年新增银行同业、基金、证券和保险公司客户分别为16家、7家、10家和5家；开展银行同业间存款（包括互存）、代理保险、租赁、汽车金融公司资金等业务，增加新的资金来源。截至年末，金融机构本外币同业存款1 072亿元和197亿美元，分别比上年增加561亿元和减少16.8亿美元。

电子网银业务 全年实现企业网银汇划交易量4.55万亿元，个人网银交易量2 126亿元，报关即时通交易量658亿元；年末个人客户网银覆盖率达32%、企业客户网银覆盖率达39.64%，分别比上年提高7%和16.34%。

风险管理 成立信贷管控领导小组，建立汇报沟通机制，加强对政府贷款、房地产贷款风险的监控预警工作；对产能过剩行业授信及客户进行全面梳理，开展风险提示；优化信贷审批工作流程，提高市场风险防范反应速度；根据监管部门出台的“三个办法、一个指引”的要求，建立跨部门协商机制，组织落实相关贷款实施细则及操作规程，保障贷款新规的实施；强化全流程管理、实贷实付与贷后管理，规范授信业务，提高风险管理水平。全年清收不良资产39 757万元，授信资产不良率从2009年末的1%下降到2010年末的0.54%，年末呆账准备金覆盖率245.12%，较上年提高98.73%（五级分类口径）。

电子化建设 按期完成IT蓝图项目上线工作。共对1 164万户账户进行筛查、3 000 余套硬件设备进行调试、43 个特色系统改造、5 000 余次人员培训，组织四轮数据迁移、两轮切换演练、两轮并行演练、一轮投产预演，最终取得了102 173条 A 类例外收敛为零、未发生总分不符、未向总行问题库上报问题、未发生客户投诉、未发生媒体负面报道的良好成绩，实现了成功切换、正常营业、风险可控的既定目标。

完成中小企业贷款预警系统、档案电子影像系统、电子验印系统票据提回系统，网银系统（3.2 版本）、外贸保证金电子化台账系统、手机银行系统（1.0 版二期）、全行视频会议系统等多个信息项目的测试投产工作。截至年末，ATM、取款机、存取款一体机和自助银行分别达1 159 台、737 台、422 台和 151 家，分别比上年新增 266 台、178 台、88 台和 28 家。

基础管理 全年新建营业网点 2 家，迁址 10 家（其中更名 6 家），理财中心比上年新增 96 家。按大集团、行政单位和一般企业客户三系列重组公司业务部门，分层次、分类别细化对口服务，改善对公企事业单位客户的营销和维护，提高公司业务竞争力。推行业务经理派驻制，共有 300 人到网点上岗履职，加强了基层行内控管理工作。制定理财经理、大堂经理、派驻业务经理系列任职资格标准，推动专业序列人才队伍建设。全年举办各类业务培训 1 722 期，96 792 人次参加培训，提高了员工的业务素质和服务水平。

（陈和言）

中国建设银行股份有限公司北京市分行

2010 年末，中国建设银行股份有限公司北京市分行（以下简称建设银行北京市分行）本外币总资产 8 310.64 亿元，比上年增加1 405.01亿元，增长 20.35%。本外币存款余额 6 836.57 亿元，比上年增加 774.85 亿元，增长 12.78%；其中人民币存款余额 6 752.42 亿元，比上年增加 766.82 亿元，增长 12.81%。本外币贷款余额 2 970.66 亿元，比上年增加 247.36 亿元，增长 9.08%；其中人民币贷款余额 2 819.67 亿元，比上年增加 248.8 亿元，增长 9.68%。全年实现账面利润 90.24 亿元。

截至年末，建设银行北京市分行设分行 1 家、支行（含综合性城区支行、综合性县支行、单点行城区支行、网点行城区支行、网点行县支行）187 家、分理处 2 家、储蓄所 191 家，在职员工11 166人。

公司业务 抓住企业大额资金的流动，做好存款亿元客户资金的沉淀工作。主动营销北京市重点优质项目，取得北京市首条磁悬浮示范线（S1 线）24 亿元贷款银行资格。与北京市住房和城乡建设委员会签订战略合作协议。全额支持国贸三期 A 段项目建设，已经投放 29.5 亿元。城南行动工作小组就城南第一批重点项目进行深入营销，取得营销进展的项目共计 36 个，新开立结算账户 31 户。开展跨区域集团客户联动工作。成立小企业金融服务团队，开展为期一年的小企业客户

“千户工程”营销竞赛活动。截至年末，本外币企业存款余额4 331.04亿元，比上年增加572.92亿元；本外币对公贷款（含贴现）余额2 470.11亿元，比上年新增192.91亿元；累计实现对公中间业务净收入15.16亿元；全口径外汇存款88.73亿美元，各项外汇贷款余额22.91亿美元，国际结算量657.85亿美元；清算交易量69.27亿元人民币；累计发放贴现贷款297.04亿元，年末余额69.37亿元，实现贴现利息收入4.77亿元。

个人金融业务 推出高端客户股权投资绿色通道，扩展非金融服务范围，推出子女教育、便捷出境、高尔夫等个性化私人银行服务项目。截至年末，本外币个人存款时点余额2 305.55亿元，比上年新增201.93亿元，增长8.76%。本行考核口径理财产品（含黄金）、基金、保险、国债等重点产品销售量总计407.17亿元。个人高端客户7 971户，管理客户金融资产超过362亿元。新布放自助设备169台，其中ATM 87台，存取款一体机82台，在用自助设备总量1 587台。自助设备交易量14 007万笔，实现手续费收入9 277.75万元。

中间业务 实现中间业务总收入30.77亿元，比上年增加5.53亿元，增长22.92%。

房地产金融业务 房地产开发贷款投放金额150.52亿元，主要投放于普通住宅、经济适用房、保障性住房建设项目。调整个人贷款结构，把握贷款投放节奏，深化资产质量控制。率先在北京地区实现公积金项目贷款投放。全年自营性个人贷款年末余额500.71亿元，创历史新高，累计发放162.10亿元，实现新增54.38亿元，完成全年35亿元新增计划的155.37%。公积金个人住房贷款累计发放115.08亿元，年末余额359.81亿元，实现新增64.26亿元。实现中间业务收入7 141万元，完成计划5 826万元的122.57%。

银行卡业务 开展“博爱龙卡，真情无限”红十字会员龙卡营销活动和“月月刷卡，天天向上”、“蓝色吸引力”等地区性的主题营销活动。全年累计发放贷记卡148万张，净新增客户223 684户，信用卡账户活动率48.85%；信用卡消费交易额192.66亿元，同比增长23%；中间业务收入1.53亿元，同比增长34%。累计发展特约商户16 936家，其中MIS直联商户44家。

电子银行业务 以分流柜面业务、“提高电子银行账务性交易量比”为工作主线，以提升中间业务收入，拓展客户群体，扩大应用量为重点，采用公私联动、渠道互动、点对点管理、多层次营销等方式，有效地推动了电子银行业务健康快速发展。截至年末，电子银行客户新增188万户，累计客户规模达到782万户；累计交易量19 601万笔，累计交易金额80 260.68亿元，电子银行账务性交易量比达到61.93%；实现电子银行业务收入9 327万元。

内控及风险管理 深化风险管理体制改革，倡导风险服务和主动风险管理的价值理念，进行贷后管理专业化、集约化、标准化经营改革，成立贷后管理团队，形成网点推荐客户、中心专业经营、后台集中处理的一体化机制，发挥贷前严格把关、贷中规范操作、贷后统一催收的管理职能，提升风险管理能力。加强柜面会计业务管理，深化会计管理改革，制定了《北京市分行总会计工作规程》，充分发挥总会计柜面风险防范第一道关口的作用。组建六个特派员工作团队，对扁平化后城区各经营机构纪检监察工作实行垂直管理与直接领导；将城区综合经营机构的责任追究处理权限上收分行。

培训工作 举办各类培训和考试741期、65 448人次；开展文体活动1 643场次，参与44 298人次；开展竞赛培训等活动245场次，参加活动15 992人次；举办4期员工压力管理辅导员培训班，1 120人次参加了培训，培训满意度达100%。

（何冰）

交通银行股份有限公司北京市分行

2010年末，交通银行股份有限公司北京市分行（以下简称交通银行北京市分行）本外币资产总规模5 886.91亿元，比上年增加1 032.16亿元，增长21.26%。本外币全口径存款余额5 740.7亿元，比上年增加1 034.83亿元，增长21.99%；其中人民币各项存款4 247.61亿元，比上年增加753.41亿元，增长21.56%。本外币各项贷款（含买断式转贴现）2 614.84亿元，比上年增加614.34亿元，增长30.71%；其中实质性贷款2 509.45亿元，比上年增加672.64亿元，增长36.62%。实现本外币经营利润76.38亿元，比上年增加9.96亿元，增长15%。实现本外币拨备后利润76.06亿元，比上年增加11.08亿元，增长17.05%。人均拨备后利润176.55万元，人均经营利润177.29万元。

截至年末，交通银行北京市分行机构网点108家。其中，分行营业部1家，中心支行17家，直属支行2家，专业支行8家，二级支行80家。共有员工4 378名，平均年龄31岁。

公司金融业务 坚持以客户为中心的服务理念，为客户提供全面、优质的综合化、专业化服务。把握大型集团资金集中趋势，介入财务公司顾问业务，与中航油、中铁建、中国移动、中国南车等一批优质集团客户密切合作关系；加快发展年金业务，中标北京公交、中建材年金账管资格及中冶集团年金托管资格，全年企业年金新增账管规模12.71万人，托管规模增加14.28亿元；抓住中小企业发展契机，开创投贷联动模式，发行中关村高科技中小企业集合票据；加大民口科技重大专项资金代理业务营销力度，为35家课题单位开立特设账户，民口资金账户存款6.56亿元；配合国家解决城镇中低收入家庭基本住房问题，发放北京市首笔住房公积金支持保障性住房委托贷款。截至年末，人民币对公存款时点余额3 500.45亿元，比上年增加591.73亿元，增长20.34%。票据交易量在北京市场占比19.7%；货币市场交易量22 163亿元，同比增长42.52%，实现人民币资金利润9.41亿元。完成23只债券承销发行工作，实现承销收入2.14亿元；签约银团项目18笔，牵头7家银行筹组通州运河核心区94.16亿元银团贷款，为北京地区最大规模银团贷款项目。

个人金融业务 以综合服务为平台，发挥业务拓展联动效应，通过对不同层次客户的差异化服务，推进零售业务规模积累和发展转型，为个金业务快速发展奠定基础。全年新增私人银行客户1 049户、沃德财富客户20 332户、交银理财客户78 092户。截至年末，储蓄存款余额747.16亿元，比上年增加161.68亿元，增长27.61%。提前布局银行卡收单、二手房贷款、代理保险及黄金投资等业务，充分满足个人客户综合需求，及时把握市场动态，着力调整个贷业务结构，进一步加大e贷通产品宣传力度，促进消费类贷款投放实现质的突破。全年发放消费类贷款153.07亿元，比上年增加24.67亿元，增长19.21%。截至年末，个人贷款余额323.3亿元，比上年增加104.25亿元，增长47.59%。

国际业务 以市场为导向，积极把握业务发展机遇。发掘外币存款新亮点，大力营销远洋地产、广华物业、瑞金矿业、方兴地产等境外机构境内外汇账户存款；配合央企客户"走出去"战略需求，综合运用利率掉期、外汇期权等金融工具，为客户量身定制个性化金融服务方案；积极拓展跨境贸易人民币结算业务，全年共办理205笔184.45亿元，涉及客户74家。截至年末，国际结算量（含离岸）649.11亿美元，比上年增加108.66亿美元，增长20.09%。

基础管理 夯实基础性管理工作，进一步完善管理体系，优化网点布局，加强队伍建设。组建私人银行专业团队，重组电子银行条线，加强电子银行整体化管理，电子银行分流率61.22%，比上年提高5.82个百分点。结合北京城市规划，科学布设人工网点及自助设备，扩大服务覆盖面，全年新建网点4家、迁址6家、整体改造9家，新建沃德财富中心7家，沃德财富中心达到50家；新建离行式自助网点136家，调整81家，离行网点总数达到714家；坚持以专业化服务拓展市场，组建一批中小企业和个贷业务专业支行。与市委组织部和多家大专院校建立紧密合作关系，全力培育"本专业精、相关专业通"的综合型人才，举办各类培训202期、人均受训72学时，培养金融理财师576人、国际金融理财师72人、国际财资管理师56人、各级黄金投资分析师18人。

风险控制 推进全面风险管理体系建设，规范操作风险管理制度，优化信用风险管理流程，完成贷后管理达标工作，开展房地产压力测试，做好押品价值重估工作和减值贷款拨备管理，做到科学度量风险、确保风险可控。进一步加强清收工作，全年压降存量对公不良贷款36 358万元，存量个人不良贷款1 102万元；主动减退22户、38.77亿元。深入开展"内控和案防制度执行年"活动，上线应用反欺诈系统，全面启动同城票据交换影像项目；加大监督检查力度，网点检查覆盖面达到100%；落实"会计工作示范行"创建工作，组织实施会计副主管委派工作，开展服务质量监测和考核，加强客户意见管理，高质量完成世博服务工作，服务意识、服务手段、服务质量得到明显提升。

产品创新 办理交通银行系统内首笔四方协议项下境内外联动套利业务、同业账户透支业务，推出非美元慧兴利产品和掉期存款产品，开发信托优先股股权融资产品，研发挂钩财务公司信贷资产、企业应收账款、信托受益权等多种类型的理财产品，推出留学通、迁居乐、银典直通车、银典通等特色产品，开展私人银行客户委托贷款业务，满足客户多方面业务需求。为中电投集团办理集中代理式国内信用证业务，实现开证、交单及议付等环节全流程封闭办理。开办手机银行“便民通”及公积金代发特色业务，开通自助渠道银联卡缴费“三通”功能，投产个人网银批量转账产品，开发支付通 PLUS 产品、预付费卡系统和新版 EDC 外围清算系统。尝试现金跨行押运试点，开创北京市银行网点跨行押运先河。

（秦娜）

招商银行股份有限公司北京分行

2010 年末，招商银行股份有限公司北京分行（以下简称招商银行北京分行）总资产 2 619.9 亿元，比上年增加 118.4 亿元。本外币自营存款余额 2 206.1 亿元，比上年增加 75.5 亿元；其中人民币自营存款余额 2 110.0 亿元，比上年增加 161.0 亿元。本外币自营贷款余额1 099.8 亿元，比上年增加 170.4 亿元。按“五级分类”口径不良贷款率 0.14%，比上年下降 0.05 个百分点，不良贷款拨备覆盖率 1 059.47%。全年实现利润 50.1 亿元，比上年增加 13.8 亿元，增长 38.2%。

截至年末，招商银行北京分行共设有营业机构 53 家，其中年内新建成开业 5 家；在职员工 2 840 人。

二次转型 2010 年是招商银行二次转型的起步之年。二次转型是要在深入推进经营战略调整的基础上，加快转变经营方式，以降低资本消耗、提高贷款定价、控制财务成本、增加价值客户和确保风险可控为主要目标，实现内涵集约式发展。招商银行北京分行按照总行统一部署，进一步提升管理水平、加强创新，风险定价水平、资本使用效率、费用效率、员工效能、高价值客户占比与贡献度等指标明显提高，其中经风险调整后的资本回报率（RAROC）72.7%，按可比口径比上年提升 10.8 个百分点；资产收益率（ROA）1.96%，比上年提升 0.34 个百分点；人均利润 189 万元，比上年增加 44 万元；网均利润 9 937 万元，比上年增加 2 068 万元。

批发银行业务 与多家中央企业和市属企业集团客户合作，全年共承销 20 只企业短期融资券和中期票据；加强与信托公司、保险公司的合作，依托批发零售内部渠道资源整合，获得多只产品的托管资格，年末托管余额 677 亿元；全年完成国际结算量 313 亿美元，比上年增加 87 亿美元，增长 38.5%；依托招商银行的平台优势，境内外联动、离在岸联动业务取得了快速发展；继续推进中小企业专业化经营，创新推出“助力贷”系列产品，拓宽与第三方机构的合作，开发了一批优质中小企业客户，中小企业贷款余额比上年增长 48.9%。

零售银行业务 强化零售财富管理业务优势，通过完善资产配置理念、推出“三维理财”和“绝对回报”等资产配置方案、提供基金诊断和资产分析报告等售后服务，使基金、保险、信托、理财等产品销量大幅增长，管理客户总资产3 093亿元，比上年增加587亿元。个人信贷业务加快多元化发展和结构调整，大力推广个人消费贷款和经营贷款，个人贷款余额361亿元，比上年增加114亿元。零售客户群尤其是高价值客户群快速增长，其中私人银行客户、钻石客户和金葵花客户分别比上年增长50.9%、37.5%和25.8%。推出住房公积金联名卡，实现发卡量6.7万张。

内部管理和队伍建设 加强监管政策的传导和执行，主动把握敏感行业信贷状况，持续完善风险预警体系，践行主动风险管理；根据银监会“三个办法、一个指引”的要求，开展对贷款资金用途的检查和全面风险排查；通过完善风险经理协同作业机制并利用总行新一代信用风险管理系统进一步推行信用风险管理的全流程优化。实施会计柜面业务流程改造一期项目，提升会计柜面业务处理效率和风险防范水平，降低业务处理差错率。全面实施自行核查和支行内控评审会制度，使自查自纠成为常态化的管理手段；深化合规文化建设，开展“廉寓经营”教育，提升干部员工风险防范意识。持续优化用工结构，在人员配置和岗位设置上，以市场化为导向，继续向营销一线倾斜，向业务发展重点倾斜；注重人员的培训和挖潜，全年共举办各类培训近300场次，共有2.5万人次接受了培训；针对岗位特点，逐步推行差异化的考评办法，充分调动员工的积极性和主动性。

机构发展 年内，新设5家支行，营业机构达到53家；增设10家离行式自助银行和20台离行式自助设备。大力发展网上银行等电子服务渠道，网上“企业银行”净增有效客户2 389户，交易笔数替代率51%；零售网上银行专业版、快易理财客户增幅均超过100%；“网上信用证”、电子供应链产品、电子商业汇票等产品的交易量显著增长。

（乔佳晟）

上海浦东发展银行股份有限公司北京分行

2010年末，上海浦东发展银行股份有限公司北京分行（以下简称浦发银行北京分行）本外币资产总规模1 310亿元，比上年增加122亿元，增长10.27%。本外币一般性存款余额1 038.63亿元，比上年增加117亿元，增长12.69%；本外币各项贷款余额586亿元，比上年增加116.03亿元，增长24.71%。实现中间业务收入2.66亿元，比上年增加1.17亿元，增长77.9%。全年实现利润12.17亿元，比上年增加3.71亿元，增长43.95%。

截至年末，浦发银行北京分行共设有营业机构38家（含营业部），其中年内新建开业4家，员工1 252人。

结构调整 全年营业总收入中，中间业务净收入对税后净利润的贡献度上升到16.4%，其中理财业务、信贷资产转让、对公手续费、汇兑收入等增长较快，促使浦发银行北京分行收益结构逐渐改善。在新增贷款中，中小企业贷款余额占对公贷款比例同比增长1.73%，个人生产经营性贷款年内新增3.78亿元，同比增长96.54%，产品结构持续优化。加大对负债成本的计量，对公人民币活期日均存款同比增加81亿元，活期存款占比同比提高7个百分点，人民币存贷利差3.43%，业务结构趋向合理。

内部管理 通过强化管理提升实效，在年初完成分行部室机构精简整合的基础上，学习推广系统内先进分行的经验，开展文明部室评比活动，加强精细化管理。推行新的绩效考核方案，有效地调动了全员的积极性。组建营销团队作为新建网点的孵化器，就营销团队的组建、考核、配备、保障等方面明确了管理标准和要求，以保障新建网点的质量。逐步推行厅堂一体化管理，优化运营管理流程，推进营业网点功能转型。组织开展“运营员工百日劳动竞赛”、召开厅堂坐销、客户服务经验交流会、发布经验交流材料等，辅以考核与推动，有效地调动起各支行厅堂人员坐销工作的积极性。

风险控制管理 开展内控管理体系建设，全面梳理各项规章制度，对辖属单位建立案防工作考核卡，从组织、协调、推进和把握方面，建立起“三个办法、一个指引”长效工作机制；全面整理政府融资平台贷款，有针对性地进行整改。荣获北京银监局颁发的贯彻落实“三个办法、一个指引”先进单位奖。

队伍建设 开展创建“四强”党支部、争当“三优”共产党员等活动，发挥党员先锋模范作用。推行人才兴行战略，正式启动后备人才库的建设工作，将一批综合素质好、知识结构新、团队意识强的员工纳入后备人才库。推行《客户经理队伍管理办法》，完善客户经理的准入、培养、使用、考核、奖惩、问责、退出等方面的机制。通过薪酬奖励向营销岗位倾斜，强化非营销类岗位编制管理等方式，引导行内人才向客户经理岗位转型。实施全年不间断招聘模式，引进行外优秀人才，充实客户经理队伍。

（刘娣）

广发银行股份有限公司北京分行
（原广东发展银行股份有限北京分行，2011年4月8日更名）

2010年末，广发银行股份有限公司北京分行（以下简称广发银行北京分行）总资产984.50亿元，比上年增加171.43亿元，增长21.08%。本外币存款908.58亿元，比上年增加147.05亿元，增长19.31%；其中人民币存款823.10亿元，比上年增加85.77亿元，增长11.63%。本外币各项贷款609.04亿元，比上年增加107.06亿元，增长21.33%；其中人民币贷款588.76亿元，比上年增加107.97亿元，增长22.46%。实现利润13.18亿元，比上年增加6.52亿元，增长49.42%。

截至年末，广发银行北京分行营业网点32家；在岗人数1 201人，其中正式在编1 001人。

贷款业务 主动顺应宏观经济走势，严格执行各项宏观调控政策，积极把握市场机遇，合理安排贷款投放，实现了信贷业务持续、健康、有序的发展。通过落实“三个办法、一个指引”进一步强化对信贷资金流向的管理，通过追加有效担保、补充现金流等措施有效化解融资平台贷款的风险，通过提前收回等手段主动化解潜在风险资产项目，实现了2010年不良贷款零发生的佳绩，不良贷款进一步双降，保持了优异的资产质量。优化信贷资源配置，加大对中小企业信贷业务的投入力度，通过“好融通”和“生意金”等品牌产品支持优质中小企业的发展，取得了良好的社会效益和经济效益。

个人银行业务 个人业务获得全面发展。截至年末，储蓄余额70.30亿元，储蓄日均达66.41亿元，日均余额较上年增长32%；理财中间业务收入持续增长，薪加薪系列人民币理财产品的滚动推出，受到客户的一致好评。为支持中小企业发展，解决融资难问题，面向北京市场推出了生意金1+1个人经营贷款，同时配合信用卡、网银汇划等业务，为小企业主提供一揽子金融解决方案。

国际业务 重点推进本外币贸易融资项目开发、方案设计以及后续跟踪，充分利用总行贸易融资绿色通道优势，提高项目审批速度和通过率。加强对重点行业的研究，出台了重点行业营销方案和大宗商品风险预警制度，通过贸易链条的延伸，积累优质客户群。全年国际结算量1 032 868万美元，结售汇量393 219万美元，外汇中间业务收入8 824万元人民币。

信用卡业务 始终坚持以市场为导向，以品牌建设为中心、全力提升广发卡的市场美誉度和客户忠诚度的战略方针，秉承市场营销三“精”路线，即在精细、精致、精品上做文章，通过多样化、多层次、多渠道的营销宣传，实现了信用卡业务规模与效益的均衡发展。全年新增发卡量为20万张，全年累计消费额126亿元，信用卡收入达到5亿元，实现中间业务收入2亿元，实现利润4亿元。

票据业务 票据业务大幅增长，票据贴现量达102.87亿元，较上年增长44%，实现利差收入2 037万元，资金收益率有明显提高，全年平均资金收益率达7.34%。

提升服务质量 以提升服务为主题，确立2010年为“金融服务年”。围绕规范服务、夯实基础、强化培训、优化流程，提升核心竞争力等内容，从亮丽工程、窗口服务、投诉处理、电子服务及产品宣传等各环节、多角度推进。成立迎世博、迎亚运金融服务领导小组，召开动员大会，全面部署文明规范服务和世博、亚运金融服务工作。成立规范化服务品牌管理委员会，做到组织领导机制的充分到位。根据总行“争创全国一流商业银行”目标要求，制订了两到三年的改造计划，以优化和配置硬件设施为切入点，实施“二次亮丽”工程。加强大堂服务，制定并下发《大堂服务工作流程》，增强网点服务的统一性与规范性；加强人员配置，提升大堂服务水平。建立健全服务培训体系，开展系列培训活动。加大对客户有效投诉的处罚力度，明确规定服务投诉为扣减类指标。建立自我约束机制，引用了客户服务评价系统。

（陈悦喆）

兴业银行股份有限公司北京分行

2010年末，兴业银行股份有限公司北京分行（以下简称兴业银行北京分行）本外币总资产1 989.90亿元，比上年增加329.54亿元，增长19.85%。本外币各项存款余额1 094.07亿元，比上年增加110.36亿元，增长11.35%；本外币贷款余额561.17亿元，其中人民币贷款余额557.59亿元，比上年增加69.99亿元，增长14.35%。全年实现本外币账面利润（按九级分类计提专项准备后）23.77亿元，比上年增加5.67亿元，增长31.29%；实现本外币中间业务收入（含汇兑损益）42 743.31万元，比上年增加422.26万元，增长1.00%。按照五级分类口径统计，不良贷款余额7 254.02万元，比上年减少8.38万元，下降0.12%；不良贷款比率为0.13%，比上年下降0.02个百分点。

截至年末，兴业银行北京分行共设立33家分支机构，客户数超过4万户。

公司业务 截至年末，本外币公司日均存款777亿元，比年初增加148亿元；本外币公司存款余额842亿元。公司客户共计15 859户，其中有效客户2 031户，占公司客户的13%，比年初增加782户。现金管理客户14户，比年初增加7户；现金管理客户日均存款10.96亿元，比年初新增6.2亿元，完成计划的208.09%。客户经理一般性存款日均328亿元，人均存款日均1.63亿元。

同业业务 面对利差大幅缩窄的不利局面，坚持以同业核心客户培育和拓展为根本，努力降低同业负债成本，进一步拓宽资金运用渠道，推进同业中间业务发展。截至年末，人民币同业存款日均余额298亿元，比上年增加73亿元，增长32.44%；同业存款余额加权利率1.65%，比年初下降1.06个百分点。资金运用更趋多元化，信贷资产买入返售、同业拆放等同业传统资金业务和票据业务实现逆境维稳，全年实现利息收入5 900万元；同业借款业务实现利息收入6 200万元，成为同业资金运用新的增长点；全年共实现同业中间业务收入1 769万元，比上年增加994万元。

零售业务 截至年末，储蓄存款余额140.57亿元，比年初增加19.48亿元；储蓄存款日均123.12亿元，比年初增加28.64亿元，增长30%。个人贷款余额90.81亿元，比年初增加8.35亿元。全年累计销售本外币理财产品41.28亿元，比上年增长354%；代销基金类产品17.06亿元，代销银行保险产品9 048万元，代理贵金属业务交易量226.31亿元，代客外汇买卖业务交易量2.92亿美元。零售中间业务收入稳定增长，全年累计实现零售中间业务收入5 648万元，比上年增加844万元，增长17%，零售中间业务正逐步成为兴业银行北京分行稳定可持续收入的重要来源之一。

投行业务 通过债券承销业务、财务顾问等业务，培育了一批核心客户，实现了直接经济效益和综合效益的全面发展。启动首只并购贷款项目，探索创新投行业务品种。全年累计开发非金融企业债务融资工具客户22家，正式实施5家，新增注册规模85亿元，实现债券承销收入2 510万元；实施财务顾问12家，实现财务顾问收入10 003万元。

国际业务 全年累计办理国际结算22.6亿美元，结售汇业务19.58亿美元，比上年增长16.62%。办理信用证业务2.6亿美元。贸易融资业务实现快速发展，全年共办理进口押汇、出口押汇8 800万美元，比上年增加7 887万美元，增长863.86%。全年新增结算量1 000万美元以上的大客户10户。截至年末，各项外汇存款余额（含同业）2.16亿美元，各项外汇贷款余额5 410.61万美元；外汇业务综合收益4 674万元，其中中间业务收入2 077万元。

小企业业务 2010年6月，成立小企业中心，以福建商会等行业商会为平台，以群体客户为基础，以联贷联保为重点业务品种，开展“批发式”客户营销，小企业信贷业务取得快速发展。截至年末，小企业中心累计开立对公账户186户，发放贷款77 795万元，实现利息收入1 615万元。

风险控制 全面贯彻落实“三个办法、一个指引”，制定《兴业银行北京分行固定资产贷款办理流程指引》，完善新规实施的配套制度；推进政府融资平台项目贷款清理，组织开展“内控和案防制度执行年”活动。制定实施《风险基金管理办法》等规章制度，进一步健全风险管理制度。实施差别化转授权管理，加强对转授权执行情况的日常监测，严格授权管理，提升业务办理的规范性。完善授信后检查，梳理信贷资产，严控房地产信贷风险，有效管控经营中的各类风险，继续保持了较好的资产质量，保障了安全经营。

机构建设 实施大同业战略，将原市场金融部并入同业业务部，提高同业业务的利润贡献度。成立会计结算部，筹建贸易金融部，建设分行作业中心，将前后台操作进行科学划分。成立小企业中心，建立健全内部制度及业务流程，确保业务健康开展。推进经营机构的贵金属交易中心筹建工作和二级支行筹建工作，完善和丰富服务网络。筹建并开业亦庄支行、东四支行、石景山支行、昌平支行，年末营业机构达到33家。大力发展自助服务体系，全年新增ATM机具10台，自助机具达到170台。

电子化建设 成功改造分行中心机房设施、一级骨干网、支行生产线路和柜面生产设备，保障业务需求。实施模拟利润考核系统，开发客户信息识别暨反洗钱系统、结算账户电子审批系统，实现电信话费代收费、燃气代收费、朝外支行零售客户贵宾服务系统等项目，完成上海世博会、广州亚运会期间信息科技安全保障工作。网上银行业务稳步发展，网上银行企业客户6 038户，比上年净增2 520户，发生企业网上银行支付类交易20 582亿元；个人网银客户330 357户，较上年净增114 579户，发生个人网银交易881.34亿元。手机银行客户188 976户。

企业文化 坚持“围绕业务抓党建、抓好党建促发展”的宗旨，在全行范围内认真贯彻落实党的十七届五中全会精神和科学发展观，以党建工作带动纪检监察、工会和企业文化工作。着力加强作风建设，有力推进党风廉政建设和纪检监察工作，要求广大党员干部廉洁自律，确保各项工作平稳发展。开展丰富多彩的企业文化活动。成功举办十周年行庆晚会，拍摄十周年专题视频，编写《蓝色之恋　相伴十年》文集；成功举办新春职工联欢会、员工运动会、员工体检、女员工“三八”节慰问、迎新年卫生大清理活动、服务礼仪规范竞赛活动，进一步改善了员工的精神面貌，发挥企业文化凝聚人心和推动业务发展的作用。

（周旭坤）

深圳发展银行股份有限公司北京分行

2010年末，深圳发展银行股份有限公司北京分行（以下简称深发展北京分行）总资产855.38亿元，比上年增加154.75亿元，增长22.09%。本外币各项存款余额738.25亿元，比上年增加142.30亿元，增长23.88%；其中人民币各项存款余额688.05亿元，比上年增加116.47亿元，增长20.38%。本外币贷款余额（不含贴现）444.51亿元，比上年增加62.57亿元，增长16.38%；其中人民币贷款余额419.19亿元，比上年增加62.25亿元，增长17.44%。实现净利润2.53亿元，比上年增加0.39亿元，增长18.06%。

截至年末，深发展北京分行下辖24家营业网点，在岗职工1 081人，其中正式职工941人，外聘人员140人，平均年龄31岁。

公司业务　坚持“存款立行”的经营原则，以可持续发展为目标、以成本控制为核心，适时调整政策，有序调整存款结构。各条线联动进行交叉组合营销，实现中间业务收入多元化。推动贸易融资业务继续沿良性轨道发展，做大做强供应链金融。重点推进“1+N”核心企业营销，由单一的货押业务向围绕核心企业的供应链金融业务调整，上下游供应链的融资占比逐渐提高。大力推动融资租赁等重点保理业务发展，推进中小企业客户服务升级，提升市场份额。

国际业务　大力扎实做好市场推动工作，提高离岸业务对国际业务贡献度，离、在岸基础客户群体稳步增加，国际业务规模保持快速发展态势。

同业业务　不断加强同业合作、密切总分支行间合作。投资银行业务成为新的重要利润增长点。全年共完成发行短期融资券项目8期，主承销短期融资券42亿元，参团承销业务较上年大幅增加。

零售业务　实施个贷集中化销售模式，设立16家个人贷款中心，零售贷款部下设1家个人贷款营销中心。完善业务奖励机制和相关费用政策，优化零售贷款利率管理和二手房资金监管业务，提高零售贷款运营效率和收益水平。推广“飞跃项目”，调整组织架构、人员考核、明确客户分配体系、梳理零售销售工作，以过程管理的模式量化零售业务具体环节，形成一整套完整、切实可行的零售销售工作流程。

内控及风险管理　倡导“合规、健康、专业”的信贷风险文化，加强贷前、贷中、贷后各环节的分工合作、信息沟通，提高风险管理水平，不良贷款率继续保持在较低水平。优化部门职能和架构，将原货押监管职能扩展到对整个供应链金融业务全流程的管理，搭建了贸易融资业务集中化操作管理平台。提出“合规促发展，内控保平安”的合规口号，围绕“全年零案件，恢复监管评级”的目标，开展了“内控和案防制度执行年”、“案防·合规”活动月等大型合规内控活动。通过“啄木鸟”专项行动，合规征文和征集合规口号等方式，全面推进案防长效机制建设，高度重视安全保卫工作，加强员工安全教育，确保了全年无安全事件发生，荣获北京市公安局授予的集体三等功。

企业文化建设 以深发展北京分行成立10周年为契机，以“服务首都十周年，只想和你深发展”为宣传口号，组织编制《十周年行庆画册》，举办“十年发展 再创辉煌”员工联欢晚会及十周年行庆摄影比赛等系列活动。开展第九届业务技能比赛，组织春游、秋游和“为拼搏加油”活动，营造和谐的企业文化。积极履行社会责任，开展玉树地震捐款、社会公众教育服务日和“捐书赠节能灯”等公益活动。

队伍建设 建立人才稳定基金，制定相关管理办法，将224名骨干员工纳入了稳定计划。按业绩、按德才兼备的要求提拔年轻骨干，为其提供良好的事业发展平台。加强员工培训，深化重点项目，以“岗位学习阶梯”为出发点，围绕岗位学习阶梯、合规警示教育、常规培训项目及特色培训活动开展培训工作，促进员工职业发展。

（崔超）

中信银行股份有限公司总行营业部

2010年末，中信银行股份有限公司总行营业部（以下简称中信总行营业部）本外币资产总额3 237.0亿元，比上年增加259.7亿元，增长8.7%。本外币存款（含金融机构存款）折计人民币3 157.6亿元，比上年增加246.5亿元，增长8.5%；其中人民币存款余额2 872.64亿元，比上年增加259.7亿元，增长9.9%。本外币贷款折计人民币1 741.7亿元（含贴现），比上年增加239.7亿元，增长16%；其中人民币贷款1 602.3亿元（含贴现），比上年增加199.7亿元，增长14.2%。实现账面利润37.5亿元，比上年增加10.3亿元，增长38%。不良贷款余额2.8亿元，不良率为0.16%，同比下降0.05%，达到历年最低水平，优于北京地区中资银行0.79%、股份制银行0.39%的平均水平。

截至年末，中信总行营业部下设1家营业结算部，44家支行，员工1 812人。

公司银行业务 企业年金业务实现跨越式发展，接连夺得全国市场首单中央企业年金、北京市企业年金、出版行业年金，全年新增签约规模23亿元，同比增长379%。

资产业务，面对资本约束和中国银行业监督管理委员会对银信合作不断推出监管措施的双重压力，及时调整策略，开拓资产交换、北京金融资产交易所资产交易平台、单一信托计划等新渠道。截至年末，人民币公司一般性贷款余额 1 117 亿元，比上年增加 123.9 亿元，增长 12.5%。

负债业务，本外币公司一般性存款年末余额 2 515.6 亿元，比上年增加 389.4 亿元，增长 18.3%；同业负债方面，银行、非银行金融机构和股权投资基金三大主线积极推进，实现金融机构同业负债规模 306.35 亿元。

投资银行业务，直接融资业务发展迅速，发行债券 10 只，全年承销额 190 亿元，比上年增加 32 亿元，增长 20%；投资银行信贷资产年末余额 276.56 亿元，比上年增加 89.7 亿元，增长 48%。

票据业务，实现票据直贴累计发生额 608.71 亿元，票据直贴总量比上年增加 278.16 亿元，增长 84.15%，市场占比 22%；累计实现票据直贴利息收入 4.10 亿元，比上年增加 2.63 亿元，业务效益显著。

汽车金融业务，已涉足 16 个汽车主流品牌，主办全国 6 大汽车品牌网络，有效经销商达 119 户。经销商日均存款 15.80 亿元，累计融资额 152.03 亿元，厂商日均存款 46 亿元；实现中间业务收入 769 万元，经济利润 8 192 万元，不良率为零。

零售银行业务 加大对零售业务的投入，以财富管理和零售资产业务为突破口，大力发展个人信贷业务，努力实现以资产拉动负债、中间业务和其他零售产品销售，实现目标客户的积累。

零售资产业务，通过房地产对公贷款带动个人按揭贷款业务的工作思路，提高一手房按揭贷款业务规模，开发贷款带动按揭比例达到 90%。截至年末，一手房按揭贷款余额 233 亿元，比上年增加 63.54 亿元，增长 37.5%。二手房贷款及其他余额突破 136.4 亿元，其中二手房按揭贷款 67.4 亿元。

零售负债业务，形成了以理财、基金、保险、国债为外延的全方位财富管理体系，全年本外币储蓄日均余额 291.5 亿元，比上年增加 63.5 亿元，增长 28%；管理资产余额 491.65 亿元，比上年增加 121.79 亿元，增长 32.9%。

丰富“出国金融全程通”品牌内涵，开发希腊、塞浦路斯使馆代传递业务，并在全国范围内开办巴西使馆代收签证费业务；与美国使馆合作率先推出代传快递服务。截至年末，代理使馆业务实现手续费收入 923.37 万元，比上年增长 52.09%。

银行卡业务快速增长，先后研发了“中信国安联名卡”、“中信中网联名卡”等体育题材的联名卡项目。截至年末，银行卡业务交易量 491.16 亿元，比上年增长 244%；银行卡交易手续费收入 3 290.63万元，比上年增长 56%。

国际业务 克服人民币升值、外币资金头寸紧张等影响，全年完成国际业务收付汇量 540 亿美元，其中贸易项下实际收付汇累计 451 亿美元，比上年增长 11%。

中间业务 将加快发展中间业务作为“调结构”的核心，制订中间业务考核专项方案，形成了全辖发力、共同推动、业务快速发展的局面。截至年末，实现中间业务净收入 7.5 亿元，比上年增加 0.2 亿元，增长 3%；其中实现资金产品利润 1.36 亿元人民币，比上年增加 1 634 万元，增长 13%。

风险控制 明确“提高综合收益、扩大客户群体、加大加快创新、坚持合规经营”的授信基本原则，加强贷款风险定价管理，引导经营单位提高稀缺信贷资源的使用效率。截至年末，零售贷款逾期率1.397%，不良贷款余额3 506.18万元，不良率0.095%，资产质量保持优良水平。充实清算品牌“畅汇宝”，推出“环球报文速递”产品，拓宽光票托收业务服务范围，连续6年获得花旗银行评出的“清算直通率”奖。截至年末，清算总额59.6万亿元人民币，日均清算规模2 466亿元人民币；成功清算北京地区第一笔跨境贸易人民币结算业务。法律保全工作全年回收金额1.17亿元，其中不良贷款本金回收6 406.71万元。

网点建设 立足于战略转型和长远发展的预期，加大网点建设步伐，积极向金融资源丰富的商业区域倾斜，完成国奥村、媒体村、太阳宫、通州、金泰五家网点的新建和出国中心、富力、来福士三家支行的搬迁工作；制定自助银行业务发展规划，准备有序推进离行式自助网点铺设，进一步为零售业务的快速发展提供物理平台上的支持和保障。

（许小磊）

中国光大银行股份有限公司北京分行

2010年末，中国光大银行股份有限公司北京分行（以下简称光大银行北京分行）资产总额2 438亿元，比年初增加438亿元，增长22%。一般存款时点余额1 830亿元，比年初增加253亿元，增长16%；其中储蓄存款时点余额187亿元，比年初增加26.6亿元，增长17%。一般贷款余额897亿元，比年初增加138.6亿元，增长18%；其中个人贷款余额177.8亿元，比年初增加34.3亿元，增长24%。全年实现风险调整前利润超过30亿元，同比增长37%；实现中间业务净收入近8亿元，同比增长57%。

截至年末，光大银行北京分行共有营业网点49家，员工2 000多人。

公司银行业务 坚持以客户为中心，以市场为导向，扩大存贷款规模，提升发展速度，转变发展方式，依法合规经营，防控各类风险，增强盈利能力，取得良好的经营业绩。一是对公存款快速增长，公司客户时点存款年末余额同比增长16%；二是贷款业务稳步提高，对公全口径贷款年末余额同比增长17%；三是模式化经营见成效，初步形成了“中钢集团模式”、“北汽福田模式”等一批各具特色的模式化经营方案，带动了业务的增长和盈利水平的提高；四是中小企业经营发展喜人，全年新增中小企业贷款（不含贴现）42.5亿元，中小企业业务走上了持续、快速、稳健发展之路。

零售银行业务 坚持“做大零售业务，实现均衡发展”的工作思路，从零售业务基础入手，重点抓好渠道建设、营销宣传、队伍建设等工作，探索促进业务健康、持续发展的新项目、新模式，各项业绩迈上新的台阶。一是储蓄规模不断壮大；二是零售客户增长迅速，新增潜力以上客户近4万户；三是电子渠道布设完善，新增自助设备150台；四是银行卡业务发展迅速，发卡量突破130万张；社区维修资金卡、存贷合一卡等新卡种业务发展迅猛。

中间业务 拓展资本节约型业务，将中间业务作为业务结构调整的着力点，从而带动收入结构的调整。全年实现中间业务税后净收入增长57%；中间业务收入占净收入的18%，占风险调整后利润的33%。投行业务、贸易金融、信用卡业务分别创收超亿元，成为中间业务增收的有力推手。

风险管理 不良贷款年末余额比年初减少1.78亿元，不良贷款率降至0.11%，比年初下降0.26个百分点；对公贷款继续保持零不良，连续四年没有新增一起不良个人贷款，连续六年不良贷款大幅“双降”。光大银行北京分行被中国银行业监督管理委员会北京监管局评定为综合风险评估I级行。

模式化经营 积极推行模式化经营战略，初步形成了一批各具特色的模式化经营方案，带动了业务的增长和盈利水平的提高。全年模式化经营为光大银行北京分行带来了近300个客户、85亿元的新增存款和3亿元多的效益，成为开拓业务的有力推手。

（陆凝瑛）

中国民生银行股份有限公司总行营业部

2010年末，中国民生银行股份有限公司总行营业部（以下简称民生总行营业部）本外币总资产余额3 845.81亿元，比上年增加795.15亿元，增长26.06%。各项存款余额3 547.15亿元，比上年增加968.9亿元，增长37.58%；其中人民币存款余额3 468.18亿元，比上年增加954.14亿元，增长37.95%。各项贷款余额1 443.54亿元，比上年增加190.09亿元，增长15.15%。不良贷款率0.15%，比上年下降0.1个百分点。全年实现税前利润20.88亿元，比上年增加6.77亿元，增长47.98%。

截至年末，民生总行营业部下设支行48家（含营业部），在岗员工1 880人。

公司银行业务 根据国家宏观政策导向，结合北京地区经济特点、全行战略规划和自身发展实际，调整客户结构、业务结构，促进资产业务转型。加快推进民企发展战略，成立专业技术团队，实行名单制管理，与北京市工商联开展全面合作，全年向联想、物美等战略民企客户授信110亿元。通过交易链融资、经营性物业抵押贷款和租赁保理等业务，重点向租赁和商务服务业、公共管理和社会组织、制造业、建筑业、批发和零售业提供信贷支持，约占年内新增公司贷款的57%。针对北京总部经济特点，加大机构业务市场开发力度，存款规模大幅提升，历史上首次突破3 000亿元。截至年末，公司贷款余额1 036亿元，比上年增加44亿元，中小企业客户数量占公司贷款客户的35.7%；本外币公司存款余额3 108亿元，比上年增加948亿元，增长43.9%；对公中间业务收入57 285万元，比上年增加26 586万元，增长86.6%。

积极参与地方经济发展，全力支持“人文北京、科技北京、绿色北京”建设。辖内中关村西区支行正式挂牌“科技企业金融服务中心”，成为系统内中小企业金融试点特色支行。三年内向海淀区政府提供200亿元意向性授信，重点支持中关村国家自主创新示范区建设以及高新技术企业快速、健康发展。年末，对中关村“一区十园”贷款余额46.65亿元，比上年增加32.22亿元，其中中小企业贷款余额7.43亿元。辖内东单支行正式挂牌“绿色企业金融服务中心”，成为系统内首家绿色金融专营机构，半年内向绿色金融企业提供授信9.5亿元。正式加入“中小企业知识产权投融资公共服务联盟”，探索尝试知识产权质押、商标权质押等无形资产质押融资模式，向文化创意类企业提供授信近20亿元。

零售银行业务 从“产品、客户、团队、渠道”四个维度，全面提升零售银行业务能力，实现规模与效益双增长。截至年末，储蓄存款余额439.3亿元，比上年增加89.7亿元，增长25.7%；个人贷款余额408亿元，比上年增加147亿元，增长56.3%，余额和增量保持北京地区同业领先水平，个人贷款市场份额达18.51%，比上年提升0.86个百分点；金融资产余额608亿元，比上年增加158.2亿元，增长35.1%；客户结构持续改善，零售客户数349万户，比上年增加22.8万户，其中贵宾客户7.78万户，比上年增加9 900户；全年发卡41.8万张，累计发卡536.3万张。加强业务创新，推出存抵贷个人贷款理财账户、阳光私募、黄金融资等产品；引入担保公司，推出百分百抵押贷款；针对贵金属、理财、信托客户设计担保贷款。

个人经营性贷款 坚持“全面规划、批量开发、专业管理、集中运作”的原则，结合首都经济、产业结构特点，围绕核心商圈、供应链和销售链，为小微企业及个体工商户提供信贷支持，被北京银监局授予“2010年度小企业金融服务先进单位”。以“商贷通”为品牌的个人经营性贷款，包括散单抵押、行业协会、商会、市场商圈、设备按揭、核心企业上下游、租金按揭、品牌经销商和超市供应商信用贷款等多种业务模式，以及抵押、质押、保证、联保等11种担保方式，获中国银行业协会“2010年度服务小企业及三农双十佳特优金融产品奖”。全年与88家商会、行业协会开展业务合作，审批商圈类项目207个，授信345.47亿元；对什刹海、马连道、雅宝路、百荣世贸等京城特色商圈进行系统化开发，支持13 871家商户发展，提供317.16亿元资金支持，间接解决15.28万人的就业，涉及高科技、商贸物流、服务业、制造业、进出口贸易等众多领域。截至年末，“商贷通”贷款余额202亿元，比上年增加151亿元，增长了3倍；在个贷余额中的占比达49.5%，逐步取代住房按揭贷款主导地位；不良贷款率0.16%，资产质量良好。

资金业务 受下半年流动性趋紧导致资金市场利率上浮影响，通过资金拆借和资金存放，实现金融企业往来收入41.02亿元，同比上升77.03%，在总收入中的占比达33.88%。同业资金投放日均规模比上年增加56亿元。

中间业务 大力推动发债融资、公司理财、资产托管、企业年金、理财产品销售、贵金属交易等业务，实现中间业务收入58 332万元，比上年增加27 788万元，增长90.97%，在总收入中的占比较上年增加1.28个百分点。

风险管理 坚持审慎合规经营，从制度建设、流程再造、岗位设置、合同修订、系统更新、宣传培训、自查整改七个方面，严格贯彻落实“三个办法、一个指引”贷款新规，获北京银监局2010年度落实“三个办法、一个指引”优秀组织奖，员工被中国银行业协会评为“贷款新规百佳培训师”。开展政府融资平台贷款清理分类工作，逐户逐笔进行风险排查，采取追加担保、完善手续、额度压缩、收回等多种手段积极化解信贷风险，完成解包还原整改共12户，涉及金额177亿元。

企业文化建设 完善基层工会组织建设，建立健全各项规章制度，促使员工通过职代会参与企业决策，建立工会主席员工接待日制度，在工会网开辟“员工论坛”专栏，切实维护员工合法权益。成立员工瑜伽小组、合唱团、舞蹈团、摄影协会、书画协会、足球队、篮球队、乒乓球队、羽毛球队，组织“三八”、“五四”、“六一”、“八一”、“重阳”等主题系列活动。“中秋”佳节设“家”宴答谢优秀员工及员工亲属，并为员工父母送上中秋礼物。春节开展“送温暖”活动，看望退休员工、生病员工、家庭困难员工、特殊岗位员工。与学校、幼儿园共建解决员工子女“入学难”、“入托难”问题。组织员工捐款50万元，创建“中国民生银行·新长城自强班”，资助玉树地震灾区学生；组织员工捐款20万元，用于建设西南旱灾地区集中供水工程，积极践行企业社会责任，深化“民生家园”文化内涵。

（户艺霏）

华夏银行股份有限公司北京分行

2010年末，华夏银行股份有限公司北京分行（以下简称华夏银行北京分行）本外币资产余额1 380.94亿元，比上年增加81.16亿元，增长6.24%。本外币存款余额1 304.94亿元，比上年增加223.27亿元，增长20.64%；其中人民币存款余额1 287.23亿元，比上年增加224.08亿元，增长21.08%。本外币贷款余额741.08亿元，比上年增加143.11亿元，增长23.93%；其中人民币贷款余额707.41亿元，比上年增加129.44亿元，增长22.40%。全年实现中间业务收入29 385万元，比上年增加9 425万元，增长47.22%。全年实现利润13.14亿元，比上年增加2.17亿元，增长19.78%。

截至年底，华夏银行北京分行下辖47家支行，7个营销部，全行人数1 965人。

公司金融业务 紧紧围绕融入首都主流经济战略规划，以客户为中心，以市场为导向，以产品和服务为手段，实现了公司业务平稳、快速发展。拓宽营销渠道，在上市资金募集、企业验资、中期票据发行、总总联盟及土地整理和拆迁项目等方面取得营销突破，与市、区级多家土地整理储备中心和政府开发平台开展合作。积极支持北京市重点项目，在科技、文化创意、小企业等领域加大投放力度，全面推广“龙舟计划—中小企业金融服务商”品牌，中小企业授信客户达到333户，比年初增加32户。大力推动短期融资券、中期票据承销，全年新增承销量189.8亿元，实现收入5 779.58万元。客户订制理财产品、供应链金融业务、信托融资业务及收入结构不断优化，网银产品渠道建设和营销推广持续发展。截至年末，对公存款余额1 153.97亿元，比上年增加253.79亿元。

个人金融业务 以客户开发为中心，完善机制建设，实施零售业务批发化战略，个人业务保持了良好的发展势头。开展拆迁项目营销，运用华夏速通卡、理财产品工具以及产品交叉营销工具等，推动储蓄存款规模上台阶，储蓄存款年末余额159.73亿元。加强个贷业务宣传，组织营销竞赛，个人消费贷款年末余额147.38亿元，个人贷款五级不良及欠息贷款余额数比年初实现双降。年末，华夏速通卡发卡突破10万张，拉动储蓄存款5.2亿元，成为支持绿色北京、畅通出行、节能减排的一大特色产品。

渠道建设 全年新建支行网点6家，营业网点总数达到48家，完成5家老网点、分行后督中心、集中作业中心及一层营业大厅的改造工作，网点规范化程度和标准化水平得到提升。制定《个人业务特色支行管理规定》和科技特色支行建设方案，特色支行试点工作稳步推进。制定《金融服务考核管理办法》和《客户投诉管理实施细则》，坚持日常巡查和神秘顾客暗访相结合，落实整改通报制度；开展主管行长“当一天大堂经理”和“服务之星”评选活动，有针对性地进行礼仪培训；组织开展2010年质量月、公众教育服务日、“争优创星”网点服务竞赛等活动，推动网点服务水平持续、全面提升。全年新增自助设备80台，自助银行10家，POS机具2 136台，POS特约商户1 771家，个人网银有效户15 163户。

合规管理 成立专业条线合规专家小组，梳理专业制度，通过合规风险评价，促进经营单位持续提高合规经营水平。积极参与“促监管政策进基层行”活动，加强“三个办法、一个指引”宣讲，有效地开展“内控和案防制度执行年”活动。定期召开会计风险分析会，下发风险提示，归纳出支行办理业务的“六个关键点”和上门延伸服务八项要求；成立分行作业中心，同城提入业务实现全辖集中作业；初步拟定风险等级管理制度和经办人员风险识别制度，认真开展员工异常行为排查，确保了全年“零案件”目标的实现。

风险管控 坚持“有保有压”、“有进有退”的信贷政策，严把信贷项目和授信客户准入关，主动退出存量风险客户；加强贷后在线抽查和积分评价管理，定期开展风险排查，重点加强对信贷资金流向、7级以下低质客户和“两高一剩”行业客户的检查力度。以客户名单制管理及新信用评级为手段，加快退出低质低效客户；对政府融资平台，逐户排查，逐包打开、逐笔核对，进行有针对性地处置。全力推进违约贷款清收处置，年末不良贷款率比上年下降0.34个百分点，拨备覆盖率比上年上升0.3个百分点。

队伍建设与党建工作 深入实施“人才兴行”战略，全年引进正式行员228人，全行总人数达到1 965人。坚持党风廉政建设，实行“一岗双责”，形成“一级抓一级、一级对一级负责”的工作局面。稳步推进党建工作，积极开展“创先争优”、“群众心目中的好党员”和“爱企业、献良策、作贡献”活动。大力推进企业文化建设，举办了第六届职工运动会、第八届登山比赛和“华夏之夜”春节联欢晚会。以各类活动为载体，寓教于乐，普及“诚信、规范、和谐”的核心价值理念，干部员工的凝聚力得到增强。

（办公室）

渤海银行股份有限公司北京分行

2010年末，渤海银行股份有限公司北京分行（以下简称渤海银行北京分行）本外币总资产331.93亿元，比上年增加138.90亿元，增长71.96%；本外币各项存款余额326.19亿元，比上年增加137.70亿元，增长73.05%；本外币各项贷款余额127.80亿元，比上年增加17.29亿元，增长15.65%。实现拨备后利润2.18亿元，比上年增加0.34亿元，增长18.5%；按五级分类口径，不良贷款率仅为0.0055%，资产质量保持优良。

截至年末，渤海银行北京分行共设有营业机构（含分行营业部）6家，在岗正式员工311人。

公司金融业务 通过为核心客户提供存贷结合、存款与票据业务联动的综合化产品组合服务，全方位挖掘市场资源和客户潜力，提高客户综合贡献度。积极营销新客户，培育核心客户群。截至年末，新增对公客户171户，批发银行存款余额303.29亿元，比上年增加132.84亿元，增长77.93%。加强信贷业务创新，通过资产转让、银信合作发售理财产品、银行间相互购买资产、提前收回再贷等方式，做大贷款流量，提高信贷规模周转频率；推进“融资类保函”等资源节约型业务，有效地满足了优质客户的信贷需求。重点支持能源、制造、电力、文化等优势行业、优质项目以及综合回报高的客户，优化信贷结构，提高资产盈利能力。开展贸易融资业务，在供应链融资、经销商融资业务方面取得了良好成效；通过拓展投资银行业务，加强大中型商业银行资金同业业务合作，实现中间业务净收入3 695万元。

个人金融业务 围绕“以目标客户为中心，以市场需要为导向，以特色产品为核心竞争力”的经营理念，推进部门职能转变和网点经营模式调整，构建客户经理、大堂经理和理财经理三个团队，形成“引进客户—留住客户—提升客户”的链条工作关系，提升了营销合力。推出公用事业代理缴费平台、“柜面通”业务、上线渤海银行北京分行网站、成立首个金融理财工作室，搭建起了服务客户、沟通客户的有效平台。截至年末，储蓄存款22.90亿元，比上年增加4.87亿元，增长27%；个人贷款21.20亿元，比上年增加7.52亿元，增长55%；借记卡发卡59 670张，比上年增加13 032张，增长28%；个人客户数59 774位，比上年增加13 399位，增长29%；网上银行开户22 233户，比上年增加5 994户，增长37%。

内控与风险管理 夯实风险管理基础工作，先后制定了20余项制度，规范并明确了尽职审查、贷前调查、资料报送、系统录入、授信审批、贷后管理等相关要求，优化了业务审批流程。采用“地铁通行式”办法推进透明作业，实行时效承诺，促进了审查审批效率的有效提升。加强项目准入、授信审查、交易审核、放款审查和催收方式等关键环节管理，严把风险关，防范违规行为及案件的发生。认真推进“三个办法、一个指引”，加强信贷资金管理，提高贷后监控质量；落实内部控制的“三道防线”，开展一线自查和二三线检查，逐步推广合规文化和操作风险文化，有效地防范了操作风险与案件风险，全年无一起案件发生。开展“一对一、送培训”进支行等业务培训，建立风险管理信息交流机制，加速风险管理人才专业化进程，推动“学习型”风险管理队伍的建设。

企业文化建设 开展“比贡献、共成长”员工发展激励活动，对活动中涌现出的近40名营销能手和业务骨干给予转正和晋级奖励。建立健全培训体系，探索领先培训模式，全年共开设“销售案例分享会”、“领导力培训班”等各类培训课程226班，参训员工4 673人次。推出行长电子信箱，广泛听取群众的意见。举办“读一本好书、分享一种体验”征文活动、“渤海银行我的家”演讲比赛、书画摄影比赛、歌手大赛、职工运动会等文体活动。

（曹迎春）

北京银行股份有限公司

2010年末，北京银行股份有限公司（以下简称北京银行）资产总额7 332亿元，较年初增加1 997亿元，增长37.4%；存款总额5 577亿元，较年初增加1 107亿元，增长24.7%；贷款总额3 347亿元，较年初增加612.5亿元，增长22.4%。实现利润总额86亿元，较上年增加14.3亿元，增长20%；实现手续费及佣金净收入9.64亿元，较上年增加3.14亿元，增长48.3%。各项指标正常，资本充足率12.62%，核心资本充足率10.51%。不良贷款继续保持“双降”，不良贷款余额和比例分别较上年末下降4.75亿元和0.33个百分点，拨备覆盖率达到307.12%，较上年末提高91.43个百分点。在2010年英国《银行家》杂志全球1 000家银行排名中，北京银行一级资本排名跃升至155位。在世界品牌实验室权威发布2010年（第七届）中国500最具价值品牌排行榜上，北京银行品牌价值达65.66亿元，蝉联中国银行业第9位。

截至年末，北京银行共有网点194家，正式在册员工6 400余人。

公司业务 启动“十百千”行动计划，深化与系统客户的业务合作，加大重点项目、新农村建设和新兴行业的支持力度，成为国内首家提出软件融资品牌战略的银行。成功发放国内单笔最大的人民币并购银团贷款。推出中关村百家主动授信方案，开展“打造中国最佳中小企业银行”中小企业技援项目。创立全国首家文化创意特色支行。中小企业贷款余额及户数分别为1 207亿元、3 799户。其中，文化创意类中小企业贷款余额及户数分别达到59亿元、293户；科技类中小企业余额及户数分别达到58亿元、431户，塑造了文化金融、科技金融、绿色金融的特色品牌。

零售业务 组织召开储蓄存款突破千亿元动员大会、首届“超越财富杯”客户经理明星选拔大赛，启动零售战略及品牌战略技援、私人银行和“赢在网点”项目，打造“社区金管家”社区银行个人金融服务品牌，推出“短贷宝”个人经营性贷款。凭借网点转型、产品创新、流程改进等重大突破，再次获得亚洲银行家“中国最佳城市商业零售银行”荣誉。

中间业务 创新发布“代付盈”，成为债券结算代理业务优秀结算成员，并获得上海黄金交易所资金清算行资格。加强同业市场拓展力度，参与代销并托管首只基金“一对多”专户产品。继续推广“项目推荐顾问+信托计划代售+资金托管”组合营销模式，加大资产转让、同业借款和存放同业力度。

资本化运作 设立北银消费金融公司，这也是国内首家消费金融公司。截至年末，已发放2 600多万元贷款，以“小、快、灵”的服务特色，有效地满足了首都市民特别是中低收入者的金融需求。设立中荷人寿保险公司，成为首家获准入股保险公司的中小银行。目前，北京银行已初步搭建起了以银行业务为核心、保险和消费金融为辅的高度专业化、集约化、特色化综合金融服务平台。

区域化布局 年内，北京银行跨区域经营步伐明显加快，成立南京分行、济南分行、南昌分行，进一步巩固长三角、环渤海地区营销网络。截至年末，北京银行共有网点194家，其中北京地区159家，外埠35家，实现了环渤海、长三角、珠三角三大经济区域以及中西部市场的优势互补与联动发展，全国性经营网络战略布局日渐清晰。

国际化发展 年内，北京银行在荷兰成功设立阿姆斯特丹代表处，标志着中国中小银行国际化发展迈出崭新步伐。北京银行的业务网络已辐射国际，与境内外超过1 165家银行建立代理行关系，遍布全球五大洲、110个国家和地区，建立了美元、日元、港元、欧元、英镑等15个国际主要货币直接清算渠道。

风险管理 引进打分卡等国际先进风险防范技术和模型，加快建立以经济资本和经济增加值为核心指标的考核体系，构建操作风险管理框架制度体系、合规风险管理体系、反洗钱组织体系架构，搭建垂直审计的组织框架，构建起了全面风险管理体系。

信息化建设 启动十大科技攻关项目，着力推进IT战略规划技援项目和数据仓库建设项目，进一步提升信息系统对管理决策、业务拓展的支撑水平。随着顺义数据中心建设工作稳步推进、异地灾备中心入驻西安、第二代“网上支付跨行清算系统”的成功上线，北京银行的信息化建设已迈上了新台阶。

人才强行 积极稳妥推进干部人事制度改革，加强领导班子和干部队伍建设。建立起以“赛马”为核心、以“育马”为基础的开放竞争的选人、用人、育人机制，为人才脱颖而出开辟“绿色通道”。贯彻市委组织部、市国资委选派干部交流任职和挂职锻炼工作部署，通过全市干部交流挂职工作接收交流挂职干部3人，组织总行干部员工到分支行交流锻炼。为北银消费金融公司、中荷人寿保险公司配备董事及高管人员，干部队伍建设迈入内部培养与外部引进相结合、输入与输出双向流动的阶段。

（马志雄）

天津银行股份有限公司北京分行

2010年末，天津银行股份有限公司北京分行（以下简称天津银行北京分行）本外币各项资产186.5亿元，比上年增加54.1亿元，增长41%；本外币存款余额179亿元，比上年增加49亿元，增长38%；本外币贷款余额73.6亿元，比上年增加38.05亿元，增长107%。实现经营利润2.23亿元，比上年增加1.72亿元。

截至年末，天津银行北京分行共设7家支行及分行营业部，有员工225人。

公司银行业务 面对复杂的经济金融形势，不断调整发展方式，优化信贷结构，以“抓大不放小”的经营思路指引分行客户营销，以拓展综合贡献度高、附加值高的中小型法人客户群为目标，大力抢占北京中小企业市场，加快中小企业金融服务。根据北京市场特点，以网银手续费优惠为切入点，在全行范围内率先推出网银积分活动，客户网银月均交易量平稳地保持在30亿元以上。

个人银行业务 注重联动开发对公业务，实现公司、个金交叉营销，取得重大突破。探索并尝试“会议营销”、“顾问式营销”等新型营销方式，分别与长江证券、国都证券合作开展理财讲座，向客户推介符合实际需求的理财和融资方案，培养了一批零售核心客户群体。

内控与风险管理 梳理业务制度和流程，制定、修订了《天津银行北京分行票据业务出账审查操作规程（试行）》、《天津银行北京分行授信业务出账关键岗位有权签字人管理暂行办法》、《天津银行北京分行个人贷款出账细则》等规章制度。全年进行案件风险防控、案件风险滚动排查、信贷业务、内部控制、合规、离任稽核等各项检查10余次，对辖内机构进行反洗钱检查、存款风险排查、信贷人员变动评估20余次，对检查出的问题及时进行通报批评。将“三个办法、一个指引”全面落实于制度、流程、系统各个环节，通过培训、测试，做到全员掌握、全程控制、全面落实。坚持贷审会制度，严格把握信贷投向，提高审批效率，以防范风险和提高总行项目审批通过率为目标，规范贷前调查、贷时审查、贷后管理的各个环节。

激励机制 实施合理的考核机制，即管理人员序列、客户经理序列、会计结算人员序列三个条线考核和管理。制定并执行《天津银行北京分行管理人员综合考评办法（试行）》、《天津银行北京分行对公/零售客户经理考核办法》及《天津银行北京分行营业室人员综合考评办法（试行）》，通过积分制建立起奖罚分明、激励有效的考核制度，真正做到员工成长与天津银行北京分行发展共进退。

（张晓荣）

大连银行股份有限公司北京分行

2010年末，大连银行股份有限公司北京分行（以下简称大连银行北京分行）总资产57.19亿元，比上年减少30.51亿元。本外币存款余额52.91亿元，比上年减少18.9亿元，下降26.31%。本外币贷款40.32亿元，比上年增加22.52亿元，增长126.51%。不良贷款率为零。

截至年末，大连银行北京分行共有员工178人，设有西城1家支行，海淀1家支行筹备组。

公司业务 深化对存量客户的营销，实现合作关系由单纯的资产负债向财务顾问、结算等综合方向发展；通过开展资产业务，开发了一批大型优质和行业龙头企业客户，为下一步合作奠定基础；发挥公司业务和个人业务的联动效应，增强整体服务能力。截至年末，对公客户数量增长57.29%。

个人业务 组建个人业务直销客户经理团队，完善营销体系架构；通过召开例会、加大培训、开展内部挖掘等活动提高客户经理营销能力和工作执行力；创新“支付通”产品，开展工程机械按揭贷款，加大宣传“柜面通”业务，与小企业业务联动等，拓宽业务发展渠道。截至年末，各项储蓄存款余额5.19亿元，比上年增长118.9%；发放个人贷款269笔，余额2.98亿元。

小企业业务 健全部门岗位设置，完善激励约束机制，加强客户经理队伍建设，创新产品与服务，拓宽业务发展平台，提高信贷管理与风险防控水平，小企业业务获得快速增长。截至年末，小企业贷款余额比上年末增长312.39%，占全部贷款余额的11.56%。

内控与风险管理 建立督查督办制度，保证各项经营管理工作落到实处；制定《关于进一步加强规范化管理的通知》，规范工作秩序和工作纪律；配合总行、监管部门做好现场检查、意见反馈和整改工作，开展反洗钱培训，加强反洗钱基础建设工作；严格按照总行及监管部门“银行业内控和案防制度执行年”要求，扎实全面地推进案件专项治理工作。

（章劲松）

杭州银行股份有限公司北京分行

2010年末，杭州银行股份有限公司北京分行（以下简称杭州银行北京分行）各项存款余额151.39亿元，较上年末增长42.44%。其中，公司存款余额136.95亿元，小企业存款余额9.12亿元，储蓄存款余额5.32亿元。实现盈利19 956万元，利润增幅达144%。

截至年末，杭州银行北京分行拥有4

家支行；员工245人，其中正式职工217人，派遣工28人。

支持中小企业发展 设立以科技型中小企业为主要服务对象的中关村支行，并在成立初期对其信贷审批体制和权限进行单独制定，设定一定风险容忍度。针对“新三板”（中关村科技园区非上市股份有限公司代办股份报价转让系统）开发金融产品，凡在“新三板”市场已挂牌，或取得中关村管委会出具的《非上市公司股份报价转让试点资格确认函》的拟上市企业皆可获得授信。执行小企业授信业务“限时服务”的要求，推出“神州贷”业务，从客户申请受理、调查、审批到放款，一天即可办理完成。组建一支20余人的小企业专业团队，人均管理小企业客户约40户，累计给600多户小企业提供融资服务。截至年末，小企业贷款余额7.60亿元，较年初增加5.01亿元，增长193.44%；小企业存款余额9.12亿元，较年初增长55.10%。全年发放科技型中小企业贷款19 893.36万元共计84户；文化创意企业贷款年末余额31 236.45万元共计39户，其中中小企业文化创意贷款余额24 236万元，均无不良贷款。

绿色信贷 大力支持新能源、节能环保、低碳经济产业，严格限制两高行业（高耗能、高污染）中环境违法企业、环保不达标企业和项目贷款发放。截至年末，该类贷款余额26 500万元，较上年末增加20 500万元，增长342%。

金融（投行）同业业务 组建金融同业部，利用金融市场业务创新产品，引领理财业务发展。积极介入私募发债、REITS等推出后带来的机会，服务市场高端客户，满足市场多层次金融需求，通过信托、理财、小企业集合债等多种方式，支撑公司、小企业、零售业务，实现交叉联动。全年通过银信合作项目、邮储行合作、财务顾问业务等实现中间业务费收入近1 154万元。

国际业务规模显著提升 成立国际业务部，积极开拓北京地区外贸企业市场，组织专业人员与营销人员进行捆绑营销，突出专业性营销推进。全年共完成国际结算37 803万美元，比上年增长223.10%；累计办理进口押汇3 768万美元，比上年增长397.10%。

打造“环城带”金融服务网络 着力打造北京中心城区周边的“环城带”金融服务网络，先后开立了顺义支行、朝阳支行，作为服务“三农”和郊区中小企业的特色支行。

（孙昊）

南京银行股份有限公司北京分行

2010年末，南京银行股份有限公司北京分行（以下简称南京银行北京分行）资产总额185.49亿元，较年初增加123.91亿元。存款总额120.77亿元，较年初增加68.73亿元，增长132.07%；各项贷款余额72.72亿元，较年初增加12.65亿元，增长21.06%。全年实现净利润1.59亿元。

截至年末，南京银行北京分行共有3家支行；现有员工155人，其中博士学历员工1人，硕士学历员工37人，本科学历员工94人，平均年龄30岁。

公司业务 优化存款结构，科学管控贷款节奏，加强公私联动、链式营销。截至年末，对公存款余额104.56亿元，同比增加45.33亿元。对公贷款余额70.21亿元，其中中长期贷款余额29.2亿元，占贷款总量的40.24%。全年开展信贷资产转出业务15笔，腾挪出39.7亿元信贷规模。国际结算业务大幅提升，全年结算量1亿美元。

零售业务 加大转型力度，实现零售业务的精细化发展。截至年末，储蓄存款时点余额4.35亿元，日均余额2.70亿元。个人贷款业务依市场环境转型，以信易贷、诚易贷、购易贷、房易贷等资产业务带动传统零售业务。通过精细化转型和业务多元化发展，实现了盈利能力的显著提升。

中小企业业务 构建中小企业专营机构，打造高效的中小企业授信业务审批流程，建设激励约束机制，研发推广“易路同行—小企业成长伴侣”专业产品，开展政策发布会、银企座谈会、产品推介会，与担保公司、评估公司等中介机构开展广泛合作。截至年末，中小企业贷款余额14.28亿元，占贷款总额的21.02%。

内控及风险管理 贯彻落实“三个办法、一个指引”的监管要求，开展政府融资平台贷款清理工作，认真执行贷后检查，全面预防风险隐患，全力实践“内控与案防管理执行年”的各项工作。合理打造工作流程，出台相关规章制度近200项。年末，不良贷款额和不良率实现持续“双降”，抗风险能力水平稳步提升。

（党章）

盛京银行股份有限公司北京分行

2010年末，盛京银行股份有限公司北京分行（以下简称盛京银行北京分行）本外币各项资产合计215.8亿元，比上年增加166.7亿元，增长339.5%；本外币各项存款113.9亿元，比上年增加87.7亿元，增长334.7%；本外币各项贷款97.4亿元，比上年增加72.5亿元，增长291.2%；实现拨备前利润2.03亿元。不良贷款率保持为零。

截至年末，盛京银行北京分行共设支行（含分行营业部）2家，员工79人。

公司业务 依托总部型经济集中的区位优势，在风险可控的基础上抢抓商机，对中直、总部型、大型国有控股集团等优良客户资源，积极授信，实现信贷资产的有效投放。以授信客户作为营销平台，对信用度高、贸易关联度强的上下游企业延伸营销，实现了规模和效益同步增长。截至年末，本外币对公存款余额111.71亿元，比上年增加86.57亿元；各项贷款余额97.37亿元，比上年增加79.45亿元。

同业业务 贯彻总行区域发展战略部署，从多途径、多渠道入手，依托北京地区同业机构，与全国同业广泛联系，取得了较好的业绩。全年同业业务实现净利润3 000万元。

国际业务 加强国际业务管理与风险控制，采用标准化业务流程等手段，提高服务质量与效率；积极拓展新业务，如NRA账户、跨境人民币结算等，不断丰富国际业务的产品线。截至年末，外币存款2 880万美元。

机构发展 成立中关村支行，这是盛京银行北京分行在北京地区开设的第一家分支机构。截至年末，中关村支行已开立对公账户103户，其中基本户46户，储蓄账户197户，存款余额突破20亿元，日均存款3.3亿元，储蓄存款突破2 500万元，外币存款78万美元。

风险控制 以贯彻执行“三个办法、一个指引”为契机，组织协调各业务部门，重新梳理、优化信贷业务实施细则及操作流程，明确各岗位风险职责，打造贷前—贷时—贷后的全流程风险管理体系；调整和细化各业务环节操作，初步建立标准化业务审查流程；根据政策法规、业务种类、行业特点、企业类型等多种因素的综合评定，及时对各业务部门进行风险提示，规避各类不利因素带来的经营风险；着手建立合规管理组织架构，加强合规文化建设工作。2010年，盛京银行北京分行继续保持高资产质量水平，不良贷款率为零。

优质服务 深入开展“争做百佳优秀银行服务单位”活动，在坚持“站立服务、微笑服务、三声服务”的同时，着重规范员工日常行为礼仪，统一员工服务用语。秉承精诚待客，服务中小的经营服务理念，为周边商户无偿提供零钱兑换、残损币兑换等服务，共计兑换金额逾10万元；走入周边社区，为居民普及反假币知识及鉴别假币的实用技巧，提高居民识别假币的能力。

（牟鑫）

北京农村商业银行股份有限公司

2010年末，北京农村商业银行股份有限公司（以下简称北京农商行）资产总额3 358亿元，较上年末增长18%；各项存款余额3 008亿元，较上年末增长15%；全年实现拨备前利润31.7亿元，较上年末增长25.8%；监管指标大幅改善，资本充足率达到14%，核心资本充足率达到9%，拨备覆盖率达109%，五级不良贷款率较年初下降2.71个百分点。

截至年末，北京农商行管辖支行29家，机构网点694家。从业人员8 047人，其中在岗合同制员工6 601人、派遣制员工1 446人。

贷款业务 出台“城乡结合部重点村改造”金融服务指导意见，以“大三农”视角重新定位北京农商行涉农业务发展模式，打造城乡“二元化”业务结构体系。遵循“发展一批、调整一批、巩固一批、退出一批”的原则，推进客户和业务结构调整，健全集中审查审批机制，调整优化授信业务流程，信贷业务快速增长。截至年末，各项贷款余额1 390.7亿元，同比增长13.9%；涉农贷款余额432.77亿元，占全市涉农贷款余额的37.41%，较年初增加95.81亿元，高于全行贷款平均增速14.53个百分点，余额占比较年初增加3.5个百分点；农户贷款余额33.96亿元，占全市农户贷款余额的79.24%。

负债业务 增强主动负债意识，加强总支行联动，开展对公存款百日营销竞赛，狠抓拆迁补偿资金，负债业务稳步增长，存款规模突破3 000亿元。截至年末，各项存款达到3 008.4亿元，较年初增加391.6亿元，增长15%；其中储蓄存款净增213亿元。

中间业务 业务转型成效显现，中间业务增长迅猛，截至年末，实现中间业务收入5.42亿元，同比增长40.8%。其中，实现银行卡消费额195.4亿元，手续费收入1.8亿元；个金“1+4”考核成效显现，实现中间业务收入1.33亿元；完成国际结算和贸易融资9.2亿美元，实现外汇中间业务收入623.5万元；电子银行实现中间业务收入4 121万元，柜面替代率达59.6%；开展债券分销、短期融资券承销和代客理财业务，实现中间业务收入3 787万元。

金融市场业务 克服国家宏观经济政策波段性调整带来的诸多不利影响，合理摆布资产配置，实现金融市场业务健康发展、投资规模平稳增长，经营资产达1 526.2亿元，较年初增加113.8亿元；实现经营利润13.5亿元，同比增加5.5亿元，增长69.2%，资金运营收益显著提升。

金融创新 推出银行同业第一个专属银保品牌“凤凰随心保”，开通“银政惠民账户”，建设“乡村便利店”、“乡村自助店”，推出“凤凰亲情卡”和“亲情速汇通”，实施“新农家”农户贷款服务方案，将农户贷款产品分为“便利农贷、创业农贷、暖心农贷”三大系列，开办代理销售实物贵金属产品业务，开发设计出“国际一站通”、“金凤凰出国金融服务”系列金融服务产品，产品创新水平有效提升。

风险防控 完善全面风险管理委员会及其专业委员会工作规则，明确职责分工，健全风险管理机制，启动管辖支行全面风险管理体系建设。做好2010年已发放对公授信业务现场检查，建立风险预警管理体系和贷后管理评价体系，规范中介机构准入和运行管理。积极落实“三个办法、一个指引”，加大政府融资平台贷款的调查、监测和解包还原力度，加强银行承兑汇票管理。坚持落实“会计主管委派制”，实施会计基础工作合规工程，强化会计检查监督和营运风险控制能力。完善内部审计体制，将原总行、管辖支行两级稽核体制合并为总行审计稽核部垂直管理的一级审计管理体制，提高了内审部门的独立性。加强合规建设，加大操作风险管理力度，突出专项审计检查，强化内部控制。

信息科技 实现亦庄新数据中心的顺利切换，初步构建了北京农商行信息系统的生产、灾备、开发测试三中心雏形。完成信贷系统、个贷系统、资金债券系统、国际结算系统等约300个应用项目的开发及投产工作，建设业务处理监督中心，有力地促进了经营管理水平提升。成立信息科技管理委员会，规范、完善产品开发、测试和运维体系，健全科技管理机制。

内部管理 将“按规矩办事”治行理念和相关要求有效落实到各项经营管理工作中，推动全行稳健合规运行。按照依法合规、统筹协调、有序推进、衔接上市的原则，做好增资扩股及不良资产批量处置各项工作，并于年底顺利完成，共募集股份44.77亿股134亿元。深入推进总支行三级行政运行机制建设，加强行政运行效能考评。强化风险管理机制和问责机制建设，组织全行风险排查和财务检查，开展集中清理执行案件活动，土地确权工作取得进展。加强制度建设，分批分类开展规章制度的废、改、立工作。推进业务运行机制建设，搭建前中后台分离的集中作业及监督体系，实现同城票据交换业务的区域性集中处理，完成分理处对公账户迁移工作，开通行内转账支票通存通兑业务，投产运行票据集中提入处理平台，对法人客户授信业务管理体制和流程进行调整，优化个人金融业务流程，推进网点战略转型。对总行部门实行分类考核，改进支行绩效考评办法，建立“以利润贡献为基础”的分配体系。开展营业网点“合规　高效”劳动竞赛，4家营业网点获得中国银行业千佳文明规范服务示范单位称号，9家营业网点获得北京市银行业百佳文明规范服务示范单位称号。

（赵岩青）

北京延庆村镇银行股份有限公司

2010年末，北京延庆村镇银行股份有限公司（以下简称延庆村镇银行）资产余额26 142.71万元，存款余额22 278.31万元，各项贷款余额12 901万元，连续8个季度收息率100%，不良贷款率为零。实现利润总额421.1万元，弥补以前年度亏损246.67万元，扣除所得税费用24.99万元，实现净利润149.44万元。

截至年末，延庆村镇银行营业网点1个（营业部），在职员工21人。

资产业务　始终坚持“立足延庆，服务‘三农’，服务中小企业，服务百姓”的市场定位，将全部可用资金用于满足县域内的经济发展需要。结合自身优势，即“审批链条短，放款速度快”，解决了农户季节性、经营性的资金需求。截至年末，各项贷款369笔，余额12 901万元，全部为涉农贷款。其中，个人贷款355笔，余额11 078万元；中小企业贷款14笔1 823万元。累计发放涉农贷款499笔，累计发生额18 036万元；已还款130笔5 135万元。贷款主要投放于种植业、养殖业、农产品加工、民俗旅游、生态农业、新农村建设、新能源、建筑业、批发零售业、服务业等，覆盖了延庆全部15个乡镇，惠及万余农户，取得了较好的支农效应和经济效应。

负债业务　开展吸存劳动竞赛，充分调动员工的营销积极性，不定期的组织干部员工深入周边社区宣传延庆村镇银行的业务，解答相关问题，提高认知度，为吸存工作打下良好的基础。截至年末，各项存款22 278.31万元。其中，对公存款15 301.59万元，储蓄存款6 476.54万元，保证金存款500.18万元。

（于佳佳）

北京密云汇丰村镇银行有限责任公司

2010年末，北京密云汇丰村镇银行有限责任公司（以下简称密云汇丰村镇银行）各项存款余额14 179.26万元，比上年减少1 342.22万元，下降8.65%；各项贷款余额8 489.17万元，比上年增加6 594.17万元，增长347.98%。贷款履约情况良好，还本付息正常，不良贷款率为零。

截至年末，密云汇丰村镇银行在职员工36人。

存款业务 积极宣传村镇银行的支农、惠农措施，加强优质服务，吸引客户办理开户、结算业务，全年增加客户数400余户。

涉农贷款业务 与密云经济合作社合作，推出合作社社员联保贷款、公司+农户、无抵押个人小额贷款业务，有效地支持了密云县域农村经济的发展。截至年末，涉农贷款累计发放9 113万元，比上年增加6 393万元，增长235.04%。其中，向涉农公司累计发放贷款7 010万元，比上年增加4 290万元，增长157.72%；向涉农个人累计发放贷款2 003万元，比上年增加2 003万元。全年无违约客户，无不良资产。

风险管理 加强制度落实，全面梳理各项规章制度，每个岗位建立完整的制度、操作规程手册。强化风险控制，实施现金、反洗钱等关键环节的定期检查制度。对于开户、凭证、汇款等，每月进行风险自查，并与系统内其他银行进行互查。严格授权管理，对每一笔业务，根据不同种类、金额进行不同的级别授权，确保业务在授权范围内进行。认真进行安全管理，强化日常对监控、消防等环节的检查，制订方案，进行消防、防抢劫、灾难备份等演练，提高员工防控意识和技能。

（马小营）

中国邮政储蓄银行有限责任公司北京分行

2010年末，中国邮政储蓄银行有限责任公司北京分行（以下简称邮储银行北京分行）资产总额1 151.2亿元，其中零售信贷放款结余58.47亿元；负债总额1 151.2亿元，其中存款总额1 125.49亿元。

截至年末，邮储银行北京分行所属支行及代理网点共522家，其中一级支行（区县局支行）15个、二级支行（网点支行）259个、邮政代理网点248个。员工总计2 969人，其中分行机关管理人员287人。

个人金融业务 个人金融业务实现了快速发展。客户结构不断优化，客户贡献度和高价值客户有所提升。截至年末，人民币储蓄存款余额830亿元，年新增

115.66 亿元；个人客户 12 221 万户，其中 VIP 客户 51 万户，年新增 9.6 万户。结算业务规模不断扩大，信用卡、网上银行等新业务规模快速增长，其中信用卡结存卡量 4.06 万户，网银客户 65.6 万户；综合理财业务年销量 98.73 亿元。产品创新能力不断增强，创立了“玩转都市，畅游乡村”活动品牌，推广了三个系列的“祝福产品”。加强理财经理、产品经理和业务经理队伍的建设，在北京职工职业技能大赛中，邮储银行北京分行 1 名选手获“北京市 2010 年度十佳理财经理”荣誉称号，33 名选手荣获“北京市理财规划能手”称号，3 名选手获“北京市 2010 年度优秀理财规划师”荣誉称号。

零售信贷业务 秉承“服务三农、服务中小企业、服务百姓”的经营理念，推出了贴近农户需求的现代化农业小额贷款和专为满足北京市居民个人消费需求的个人综合消费贷款；与市农委、私个协深入开展了“送贷下乡”、“贷进年检”等活动，缓解了农户、中小企业和个体工商户的融资需求；与市团委在全市启动“贷动青春”活动，承诺三年内扶持 10 000名青年实现贷款创业。全年发放零售贷款 1.34 万笔 46 亿元，同比增长 64%；新增批发类资产业务 185 亿元，专项融资类资产业务 11 亿元。

公司业务 坚持以客户为中心，以项目营销、方案营销、联动营销为抓手，实施“争优、抓大、促小”的营销策略，夯实公司业务发展基础。截至年末，实现对公存款余额 306.71 亿元，年日均余额 127.45 亿元。

票据业务 2010 年 5 月，邮储银行北京分行成立资金同业部，全面负责票据转贴现和再贴现业务、代理托管业务、同业存放业务、银团贷款、信贷资产转让、同业机构理财等资金同业业务的管理和运营工作。自转贴现业务开办以来至年末，票据转贴现余额 44.62 亿元，累计票据交易量 1 534.48 亿元。

风控管理 以“服务业务发展，做实风险管理”为中心，进一步完善全面风险管理架构，强化风险管理委员会职能，提升一级支行信用风险与操作风险的识别与管控能力，初步搭建起横向以各部门风险联络员为抓手、纵向由一级支行总稽核牵头、风险稽查部支撑的风控管理网络；以风险信息的共享、分析、决策，风险指标的监测为切入点，着力提升风控管理水平；通过前、中、后台协调联动，识别业务潜在风险，提高信贷业务决策能力，突出“高风险、高监控”原则，将风险管理工作置于各项业务发展之中，形成风控合力；率先开展基本授权、差别授权、岗位授权等相关工作，授权管理取得突破；建立资产保全工作体系，不良贷款清收工作取得实效；扎实推进“业务行为规范年”各项活动，开展全员警示教育，为营造“全员合规、主动合规，合规创造价值”企业氛围夯实了基础。

网点及自助服务渠道建设 建立健全规章制度，改进工作流程，全面推进物理渠道、自助渠道的建设和客户服务的提升，优化网点布局，引入现代银行的管理理念，按功能进行分区，满足不同层次客户的需求。一般网点分为咨询引导区、个人现金区、VIP 现金区、对公业务区、理财区、自助服务区和辅助办公区。截至年末，全行提供金融服务的网点 522 家，ATM 投放量 833 台，自助银行 42 家，电话银行、网上银行业务相继上线。

金融信息化建设 加大金融信息化建

设步伐。2001 年 3 月 1 日，对公国际业务系统顺利通过现场验收。6 月 1 日，正式开通个人网上银行业务，实现转账汇款、外汇通、投资理财、信用卡、网上支付、个人贷款、查询挂失七大服务功能。7 月 20 日，国际结算系统正式试点上线，率先在全国开办外汇公司业务。9 月 17 日，集团客户现金管理系统上线，进一步提升服务总部（集团）型大客户能力。

建立大学生“村官”引进培养长效机制 自 2009 年起，率先搭建就业绿色通道，启动招聘卸任大学生“村官”工作。两年来，已录用大学生“村官”近 200 名，成为北京市第一个大规模招聘“村官”且招收人数最多的企业。

“贷动青春”助万名青年创业 2010 年 3 月 17 日，与团市委联合召开“贷动青春”青年创业小额贷款活动对接会，共同签署了《“贷动青春”北京市青年小额贷款工作邮储项目协议书》，承诺三年内扶持 1 万名青年实现贷款创业，以创业带动就业。该项目面向全市城镇个体工商户、微型和小型私营企业以及农村经营户，以邮储银行“好借好还”小额贷款产品为主，并可拓展至其他相关产品，其中小额贷款最高额度可达 20 万元，个人商务贷款最高额度可达 500 万元。

（洪秀玲）

中国华融资产管理公司北京办事处

2010 年，中国华融资产管理公司北京办事处（以下简称华融资产北京办事处）实现商业化收入 21 860 万元，完成公司下达确保任务的 295%，力争收入计划的 265%；实现利润 11 598 万元。可疑类资产处置收现11 069.76万元，完成公司下达全年可疑类资产确保任务的 100.63%。

资产管理 结合北京金融市场特点和华融资产办事处实际情况，制定了“四个确保、一个提升”的整体工作思路，出台了《关于做好当前资产管理工作的若干意见》，对资产管理业务的目标市场进行细分，以资产管理业务作为主攻方向，不断拓展资产管理的内涵和外延，推动各项业务的发展。截至年末，除收购银行信贷资产并反委托类业务以外，华融资产北京办事处通过收购并实施债务重组、财务顾问、资产整合等投资银行业务手段，管理的资产规模达到 24.55 亿元。

股权管理 开展商业化合作，将股权资产变为可创造商业化效益和可利用的资源。与多家债转股企业开展财务顾问、咨询服务等业务，全年实现商业化收入 733 万元。找准管理重心，提升股权质量。首钢新钢公司的股权转让处置方案已通过总部决策委员会审批，已向财政部报批；金鹰公司土地变更工作取得新进展；轻工雪花公司股权关系得到初步理顺；昊煜公司股权置换工作基本完成。如期完成股权价值的测算工作。

资产处置 加大可疑类资产处置力度，从打包处置和单户处置两个方向入手，寻找和创造处置机会，对重点投资者和中介机构紧抓不放，通过深入沟通和交流，最终以公开拍卖和公开转让的方式分别转让债权，实现可疑类资产处置的完美收官。全年可疑类资产处置收现11 069.76万元，完成公司下达全年可疑类资产确保任务的100.63%，完成力争任务的92.24%。

创新业务 重视与平台公司的业务合作，实施商业化转型以来，累计代理平台业务32笔，规模达到32.78亿元；深入研究债务重组及相关会计准则，创新理解资产管理业务内涵，设计出债务更新、债务转移、债务合并、以股抵债、结构性交易收购抵债资产、收购及反委托六种创新型债务重组模式；根据客户需求设计成本可算、风险可控、利润可获的业务产品，以创新理念不断拓展业务范围。

队伍建设 开展内部机构调整、部门负责人竞聘续聘和部门岗位双向选择、面向社会公开招聘新员工，建立老中青搭配、以老带新的梯形人才队伍。以“创先争优”为契机，开展“我能做什么”大讨论活动，营造比学赶帮超的工作氛围，增强创造力和凝聚力。完善长效机制，强化干部监督管理，以提高制度执行力为抓手，推进党风廉政建设深入开展。进一步完善和执行“三重一大”决策制度，充分发挥党委会、总经理办公会、职代会和各专业审查委员会在集体决策中的职能作用，规范领导干部用权行为，防范决策中的道德风险。

（袁宁）

中国长城资产管理公司北京办事处

2010年，中国长城资产管理公司北京办事处（以下简称长城资产北京办事处）面对严峻、复杂的经济金融形势，以及业务资源日渐匮乏带来的市场业务拓展艰难等问题，认真贯彻落实总公司年初工作会议精神，各项工作取得较好的成绩，全年实现商业化利润1 244万元，经营管理水平和规范化操作进一步提高。

业务工作 一是加快推进光大包资产精细运作和有效处置。制定“商业化资产经营处置工作抢先抓早、充分营销、精细规范运作，力争尽快完成年度收入任务”的策略，将商业化资产包现金回收目标逐一分解，加大尽职调查力度，挖掘资产价值，全方位地进行处置营销，取得较好的效果。二是做好政策性资产维权和处置工作。制定剩余政策性资产维权管理工作策略，跟踪债务人、保证人等近期的生产经营情况、资产负债情况、抵质押物的保管现状等重要信息，充分发现资产价值；做好远大中心房屋出租对外营销工作，提高房屋租赁价格，全年实现商业性租金收入600万元，政策性租金收入919.5万元。三是全力拓展市场，将收购资产包、拓展新资源作为中心工作，在人、财、物等方面向市场收包拓展业务倾斜。成功收购中信银行13 510万元16户企业的资产包；针对建设银行资产包招标，成立尽职调查小组，对43笔33户项目采取现场走访，对抵押物的抵押登记顺位及查封顺位分别到所在地区的建委和国土局进行查询，采取电子邮件及现场问答方式对各项目的问题向建设银行提出全面咨询，为估值的客观性打下良好的基础；

在了解到原华夏银行资产包有对外转让的意向后，组成专门小组开展资产尽职调查，与华夏银行就有关收购条件和价格等进行多次沟通谈判；代表总公司策划设计托管农商行 100 亿元不良资产竞标方案，并参会陈述。四是落实与华夏银行综合服务业务试点工作，努力寻找具有持续性、长效性的业务来支撑长城资产北京办事处的可持续发展。

（王凯）

中国东方资产管理公司北京办事处

2010 年，中国东方资产管理公司北京办事处（以下简称东方资产北京办事处）建设银行可疑类不良资产累计回收现金 31 亿元，当年净收现 1.6 亿元，其中个贷收现超 1 亿元。商业化业务累计实现利润 1.2 亿元。

债权处置 对可疑类资产处置工作，以个贷作为收现的主攻方向，以重大疑难项目作为突破口，对个贷资产中的重点项目进行充分研究和论证，探索不良资产市场化经营处置方式，借助外部资源提升资产处置能力，取得良好效果。现代花园项目实现预收现 2 156 万元，内蒙古地区剩余个贷资产整体实现预收现 600 万元，为内蒙古地区资产处置画上了一个完整的句号。重大疑难项目取得突破，中国兴发集团有限公司抵押房产项目，通过联合拍卖的处置方式，实现抵押物的变现，回收现金 3 940 万元。增值运作项目稳步推进，与中国建筑材料集团有限公司加强业务合作，对以前年度达成的债务重组方案进行优化调整，积极参与资本市场的同时确保可疑类资产收现水平。

商业化业务 贯彻公司商业化转型战略，适应北京区位特点、资产结构特点，要求业务部门在政策合规、买方尽职调查、利润测算、风险治理、交割环节等方面严格把控，在总结往年不良资产商业化收购经验的同时，继续多方寻找业务机会。与总公司辖内多家平台公司广泛接触，以其业务需求为导向开拓市场，及时收集、筛选、反馈信息，形成良性互动的机制，聚集人脉资源，向各家银行开展营销，在帮助平台公司获得银行授信及项目推荐方面进行了有效的尝试。

内部管理 把加强预算、预测、控制作为成本效益管理的抓手，通过按季分析预算执行情况，把实际费用控制在预算之内，结合当前阶段商业化业务特点，加强对业务事前、事中、事后的跟踪，适时调整预算，力求贴近工作实际。改进绩效考核管理办法，适应转型需要。派出业务骨干赴总公司相关部门及各平台公司，以工代训。加强树立依法合规经营理念，提升管理水平。全年召开经营审查委员会 52 次，审议项目 95 个。在上报方案集中度高的时点，仍然坚持程序合规、风险可控、定价合理的原则，在防控风险的前提下，加强事前沟通，寓管理于服务之中。

（冯继伟）

中国信达资产管理股份有限公司北京市分公司（原中国信达资产管理公司北京办事处，2010 年 8 月更名）

2010 年，中国信达资产管理股份有限公司北京市分公司（以下简称中国信达北京分公司）商业化业务回收现金 22.43 亿元。其中，中国银行资产现金回收 7.1 亿元，工商银行资产现金回收 7.71 亿元，交通银行资产现金回收 50 万元，其他商业化收购资产回收现金 7.2 亿元。买断政策性资产现金回收 3.89 万元，买断政策性股权资产现金回收 4 147 万元。商业化业务利润实现会计利润 7.1 亿元，当年利润计划完成率 110%。

截至年末，中国信达北京分公司正式员工 42 人。

债权项目处置 重点项目取得突破性进展。金马长城项目拍卖成功，回收现金 3.3 亿元；中商项目的现金加部分股权抵债的重组方案获得通过，回收现金 2 亿元；新疆海德项目成功办理过户并在总公司统一部署下完成与新疆分公司的交接工作；隆福大厦项目与北京市国有资产经营有限责任公司就一次性支付 3.27 亿元的整体转让方案达成一致意见；北大未名项目、碧溪项目、嘉裕房地产项目、恒利通项目及利达海洋馆项目均获得突破性进展。中小债权项目取得超期望值的回现。大发正大项目、三生实业项目完成债务重组，共计回收现金 3 435 万元，已办理项目终结；海南中商项目与其担保方——华联超市达成重组意向，收回款项 1 800 万元；赛蒂克计算机项目实现诉讼拍卖分配款 927.67 万元；首创轮胎项目顺利收回最后一笔款项 3 310 万元，已办理项目终结；个人住房贷款和个人车辆贷款项目取得重大突破，其中旺座、玫瑰园、长新花园等房地产贷款项目回收现金 11 239.24 万元。债权本金为 48 亿元的北方工业公司项目已签订债务重组协议，确定了分批还款的时间和金额；商业化收购的建元包、东方包的处置工作按计划有序推进，当年回收现金 1.07 亿元。

股权项目管理 股权处置方面，抓住金隅股份整体上市、回归 A 股的契机，将北京水泥厂的股权置换成金隅股份股权，提升了原有股权的价值；将信达证券作为财务顾问、承销商引入二商食品的改制工作；对无法成为中国信达北京分公司核心资产的昊煜公司、金花股份、中国租赁、海南新兴港务等股权项目加快处置。股权管理方面，配合总公司完成由建设银行转让的七星华电的股权收购工作；做好昊煜公司、二商食品、七星华电、轻工雪花、北京水泥厂、紫竹药业 6 家公司股东会、董事会、监事会工作及董事会、监事会选举工作；完成北京水泥厂的国有产权年检登记及东方石化国有产权注销登记工作。

市场业务开拓 大力挖掘存量不良资产资源的潜在价值。1 月，完成通产集团项目所涉及的广东发展银行股权过户工作，中国信达北京分公司持有广东发展银行 4 800 万股法人股，最终可回现不低于 3 亿元；8 月，北京二商食品股份有限公司成立，中国信达北京分公司持有的该公司下属14家企业不良债权本金2.57亿元转为北京二商食品股份有限公司5 786.1万股股份，实现了不良债权向优质股权的转换。开拓金融机构和非金融机构的不良资产市场化收购业务。借助信托手段，收购湖南中国银行庄胜项目债权，解决了庄胜项目房地产开发权问题，获得了971.14万元的收益；对北京地区非金融机构不良资产业务进行调查，走访二十多家单位，对参与非金融机构的不良资产市场运作的有关问题进行了有益的探索。加强与平台公司的互动合作。5月，邀请总公司集团协同部及信达租赁、信达证券等10家平台公司召开业务合作座谈会，就信达公司如何利用自身全面的金融服务功能与金隅集团开展更为广泛深入的合作进行沟通；完成对信达地产旗下子公司——青岛荣昌集团持股的青岛荣昌基础建设公司的应收账款的价值分析并形成尽职调查报告，协助将青岛荣昌基础建设公司股权转让给中联水泥集团；抽调专人配合西安商业银行完成其在北京设立分行的相关调研工作。

内部管理 全年共有43个方案上会审核，新进入诉讼程序的案件54个。ISO工作顺利通过中国信达北京分公司内审、IT顺利通过总部组织的信息安全与IT服务质量管理体系内部审核小组的非现场检查。

（卞艳艳）

北京国际信托有限公司

2010年末，北京国际信托有限公司（以下简称北京信托）净资产24.21亿元，实现收入总额6.37亿元，实现净利润3.63亿元；固有资产总额26.58亿元，负债总额2.37亿元，不良资产率为零。年内新增信托财产规模743亿元，受托管理的信托财产年末余额为742.74亿元。自2002年以来，受托管理的信托财产累计超过3 300亿元。

业务合作与创新 在资源类企业并购重组以及节能减排、低碳经济领域，适时抓住市场机遇，推出金融产品，已实现信托规模50亿元。将证券投资作为业务发展的重点，积极开展证券投资集合信托业务（阳光私募），稳步推进投顾模式的发展。加大与大渠道合作的方式发行信托产品，持续扩大产品运作规模，丰富产品线。与多家机构合作共同打造系列化创新型产品，成功发行了多只面向区县近70家中小企业提供资金支持的信托产品，投资覆盖众多高新技术领域与未来高成长行业，总规模8亿元。2010年9月，北京信托专职于PE投资的基金——富智阳光基金（有限合伙）正式成立，目前已完成了第一轮投资。适度开展房地产类金融产品，以保障性住房为服务对象，加大研发和推进保障房投资信托的力度；深化和完善基金化信托产品，提升标准化程度、可流通性和可交易性；抓住商业地产投资的机会，适度开展信托业务。创新推出了信泰四号信托产品，尝试通过银信保合作的新型方式，将银行理财资金投入保险资产管理计划。

风险管理及内控建设 遵循内部控制

的全面性、审慎性、独立性、有效性、适时性相互制约原则，实行公司内部授权控制、岗位分离、资产隔离、规范操作的政策和流程，建立董事会、监事会、风险管理委员会、高管层、各职能部门和业务管理部门在内的五个层次的组织体系，制定法人治理、信托财产管理、人力资源、文秘行政、财务管理、稽核审计等多项制度、实施细则和操作流程，建立在项目前期尽职调查和内部初审、法律文件的审查、风险管理委员会决策、财务和风险管理部门在资金拨付前的把关控制以及稽核审计部门和风险管理部门的追踪监控和评价预警五道“防火墙”，设立独立的信托业务运营管理部门，实施信托项目中后期管理的集中化、标准化，保障信托财产的安全性。

信息化工作 信息化工作已经逐步向统一数据平台过度、集中，进入全面的数据集成、网络集成的发展期。软件系统以信托系统为核心，由后台不断向中、前台延伸，逐渐覆盖全业务流程；硬件系统构建了全新的千兆交换网络，核心节点及外部链路实现了双机或双路容灾，信息安全机制初步确立，实现了办公及业务运营的网络物理隔离。目前，已完成信托业务财务核算模块、债券业务模块、中后期管理系统、用户管理系统 CRM、证券业务估值系统、银行间以及基金业务系统、反洗钱可疑交易识别和筛选系统、新 OA 办公系统、网络安全及灾备系统的建设，保证了内控措施的实行。

（朱佳音）

中国银联股份有限公司北京分公司

2010 年，中国银联股份有限公司北京分公司（以下简称北京银联）继续加大受理市场规范力度，重点清理一柜多机；优化受理市场结构，加大远郊区县受理市场拓展力度；巩固和提升银联标准卡市场份额，提高活卡率水平；创新业务发展，落实三通工程建设工作；组织开展联合营销和品牌宣传，培养持卡人用卡意识；加强技术运营工作，做好二代系统的推广应用；加强银行卡风险管理，打击银行卡犯罪活动，推动北京地区银行卡产业持续健康地发展。截至年末，北京地区联网商户 184 700 户，比上年增长 14.45%；POS 机具 288 500 台，比上年增长 16.33%；ATM 机具 13 422 台，比上年增长 27.38%，继续保持较快的增长速度。

截至年末，北京银联有市场部、业务部、技术部和办公室 4 个部门，在岗职工 40 名。

一、加大受理市场建设力度，重点清理一柜多机

在人民银行营业管理部的指导下，北京银联与成员银行制订了《北京地区“一柜多机”专项清理工作方案》，明确“存量商户逐步整改、增量商户严格控制”的原则，建立并切实执行月度例会制度，与成员银行共同推动一柜多机清理工作，全年已清理一柜多机商户 3 892 户。推动联网商户注册系统应用，基本完成商户信息注册工作，截至年末，注册率超过 99%。推动落实联网通用工作，协调相关商业银行改造 POS 终端，确保受

理各行的卡产品。北京银联制订并推动通过《2010年北京市银行卡联网通用标识规范使用检查评比方案》，规范银联标识的张贴和布放。与银行共同组成多个检查小组，每两个月进行一次联合检查，开展评比，并将结果向各银行通报。

二、优化受理市场结构，加大远郊区县市场拓展力度

制定《2010年北京地区收单机构受理市场发展评比活动方案》，每月进行评比，年终进行累计排名，鼓励成员银行拓展市场。全年，北京地区新增联网商户23 277户、联网终端40 590台。加大农村地区受理市场建设力度。全年新发展远郊区县直联银行卡特约商户2 196户，布放POS机3 848台；累计发展远郊区县直联银行卡特约商户8 960户，布放POS机12 415台。全年发生交易笔数1 550.31万笔、交易金额300.11亿元，分别同比增长11.53%和51.99%。组织“刷卡无障碍”评选活动和收银员竞赛活动，共评选出26个示范商户、7条示范街区、7个示范风景点和1个最佳推动收单机构。

三、创新业务发展，落实三通工程建设

2010年8月26日，全国首家实现财税库银业务上线，在全市11个区局的43个税务网点安装了缴税POS机。发挥联动优势，与北京银联商务公司、银联北京信息中心共同推进，12月1日建成市住建委商品房预售资金监管系统，有效地满足了政府部门对房地产宏观调控的需要。完成三通工程年度建设目标。截至年末，累计开通53项缴费业务；布放缴费终端3.9万台；实现了终端缴费、互联网缴费、手机缴费等缴费渠道的开通。

四、推动手机支付、互联网支付以及柜面通业务的发展

积极推广第三代手机支付业务，开通卡卡转账、通讯话费等6项缴费业务，全年共发生交易10 799笔，金额160万元。完成北京两家区域性银行接入银联互联网支付平台，累计发展373户互联网商户，交易额18.19亿元。开通北京农商行、渤海、浙商、盛京、大连、南京、杭州等七家银行的银联柜面通业务。

五、巩固和提升银联标准卡市场份额

推动发卡银行加大银联标准信用卡发行力度，组织中信、兴业、平安等银行的直销团队开展银联标准信用卡发卡竞赛活动。全年共发放银联标准信用卡300万张。组织银联标准卡“刷起来　够精彩”、“刷牡丹交通卡，享精美好礼”、“刷银联标准卡　礼送千万家”、“刷平安银行信用卡，刷出生活好滋味”、“刷银联标准卡，乐享美好食光”等刷卡促销活动。推动国内第一张采用PBOC2.0标准IC卡芯片和磁条复合的银联标准牡丹交通卡的发行，累计发放牡丹交通卡355万张。

为满足中国人日益增长的境外商务、旅游、学习的用卡需要，把境内商业银行的服务通过银联网络延伸到境外，中国银联积极展开国际受理网络建设。截至年末，银联卡可以在中国香港、中国澳门、中国台湾、新加坡、马来西亚、泰国、菲律宾、越南、柬埔寨、韩国、澳大利亚、新西兰、哈萨克斯坦、印度尼西亚、蒙古、法国、德国、比利时、卢森堡、土耳其、俄罗斯、瑞士、奥地利、丹麦、列支敦士登、日本、美国、荷兰、意大利、埃及、南非等64个国家和地区已开通的POS机刷卡消费，可在境外近100个国家和地区的ATM取款。

六、组织开展联合营销和品牌宣传，培养持卡人用卡意识

联合各商业银行开展银行卡宣传促销活动，增加百货和餐饮商户现场抽奖活动，加强在农村地区的宣传推广。7～12月活动期间，北京地区POS跨行交易总金额3 384.12亿元，同比增长35%。与石景山区政府共同举办第二届CRD刷卡节，在石景山啤酒节上进行品牌宣传。活动期间银联标准卡是唯一指定用卡，旨在扩大中国自主银行卡品牌的宣传。与农业银行北京市分行携手支持中国车手周勇出征国际汽车达喀尔拉力赛，使银联品牌标识亮相于国际赛场。

七、加强技术运营工作，做好二代系统的推广应用

完成银联多渠道业务梳理、方案编写、计划制订、业务适应性测试和切换实施细则编写等工作，2010年5月26日，完成多渠道系统切换工作。通过组织培训、印发正式文件、召开研讨会等方式，向成员银行宣传推广二代系统各项功能，推进二代系统的应用。

八、加强银行卡风险管理

贯彻落实142号和149号文中禁止异地收单、禁止个人结算账户用于信用卡收单等规定。积极配合人民银行做好2010年全国银行卡市场专项检查工作，11月全面完成北京7 000余户直联个人结算账户屏蔽信用卡受理工作。组织银行开展业务规则及风险防范方面的培训10余次，培训人员超过300人次。与市公安局内保局、经侦处保持密切沟通和协作，协助打击套现、伪卡欺诈犯罪。6月，配合市公安局开展集中打击涉嫌POS套现非法经营团伙专项行动，集中捣毁POS套现窝点15个，收缴POS机具22台，涉及非法经营资金4.5亿余元。做好辖内第三方机构的登记注册工作，出台《直联第三方机构管理办法暨入网流程》，按程序对直、间联第三方服务机构的注册材料进行审核。

（李涌）

中国银河证券股份有限公司

中国银河证券股份有限公司（以下简称银河证券）是经证监会批准，由中国银河金融控股有限责任公司作为主发起人，联合4家国内投资者共同发起设立，于2007年1月26日正式成立的全国性综合类证券公司，注册资本60亿元人民币，中央汇金投资有限责任公司为公司实际控制人。

截至年末，银河证券拥有银河创新资本管理有限公司和银河期货有限公司，香港子公司已获证监会核准设立。以证监局辖区为单位的代表处29家，营业部219家（含新设5家营业部），分布在全国30个省、自治区、直辖市的64个中心城市。共有员工10 555人。其中，在编员工4 458人，客户经理5 834人，内退员工262人，待岗员工1人。

证券经纪业务　银河证券在国内20个大中城市建立了26个网上交易镜像站点，网上交易占比超过80%。通过双子星、海王星两套网上交易系统，网站FLASH快速交易以及银河财神通手机证券，搭建起多通道、多方式的非现场交易体系。银河证券为近500万客户提供服务，客户资产达1.4万亿元。

投资银行业务 股权融资方面，完成了南方航空、中国银行、中国国航、中国人寿、中国平安、交通银行、中国神华、中煤能源、中国铝业、农业银行等多家大型企业的承销保荐工作，完成了近百个具有较大市场影响力的财务顾问项目。债券融资方面，长期服务于铁道部、国家电网、中国石化、国电集团、中国银行、交通银行等高端客户，债券承销总规模达1 887.75亿元。2010年，企业债券主承销规模337.83亿元。银河证券作为主承销商承销了首期540亿元汇金债券，承销了我国首只市政项目建设债券——贵阳金阳债。

资产管理业务 银河证券是证监会《证券公司定向资产管理业务实施细则》出台后，北京地区第一家获得定向资产管理业务资格的证券公司。秉承“为客户资产保值增值贯穿资产管理业务全过程”的核心理念，为客户提供多样化、专业化、个性化的资产管理服务。2009年至2010年末，先后发行了金星1号集合资产管理计划、北极星1号集合资产管理计划、福星1号限额特定集合资产管理计划，以及银河99指数集合资产管理计划。

研究咨询业务 投资研究总部下设的基金研究中心是国内第一家专业基金研究评价机构，在基金研究与基金评价上居于国内领先地位，所独立开发的基金研究业务规则、基金评价指标、基金分类体系已经成为国内基金行业的标准，2010年成为首批具备中国证券业协会基金评价会员资格的基金评价机构。

（宋暖）

中国国际金融有限公司

2010年，中国国际金融有限公司（以下简称中金公司）实现营业收入39.4亿元，实现利润总额9.5亿元，年末资产规模为261亿元；实现股票基金交易量5 121亿元，承销规模2 413亿元，资产管理规模为230亿元。

中金公司总部位于北京，在中国国内、中国香港、美国、英国、新加坡设有子公司，在上海设有分公司，在北京、上海、深圳等11个城市分别设有证券营业部，正式员工人数为1 841人。

证券经纪业务 国内个人客户经纪业务取得重大进展，成都、厦门、青岛、重庆和武汉五家新设营业部顺利开业，另有四家营业部也已通过证监会的审批，正式展开筹建工作。

投资银行业务 坚持综合化、国际化和创新化的发展道路，在股票承销、债券承销、兼并收购三大业务板块取得优异成绩，所参与的交易总规模超过1万亿元人民币。其中，股票承销6 482亿元，债券承销2 768亿元，兼并收购2 056亿元。投资银行业务的全球化布局获得突破性进展，继中国香港之后，在纽约、新加坡和伦敦相继成立了分支机构，并参与了普洛斯、通用汽车等多个国际企业的IPO发行。

资产管理业务 相继推出跟踪深证指数的境外ETF产品、股指期货基差套利的定向资产管理账户和被动型指数化投资的集合计划。截至年末，资产管理规模275亿元人民币。

（杨越）

中信建投证券有限责任公司

2010年，中信建投证券有限责任公司（以下简称中信建投证券）实现收入56.82亿元，净利润21.61亿元，净资产收益率25.82%。截至年末，总资产681亿元，净资产94亿元，客户数324万户。在中国证券监督管理委员会组织的证券公司分类评价中，获得A类AA级评级。

截至年末，中信建投证券在境内拥有125家证券营业部和11家期货营业部，共有正式员工3 940人。

股票承销及财务顾问业务 完成和顺电气、奥克股份、四维图新、中航电测、国腾电子、超日太阳、七星电子、乾照光电、香雪制药9单首次公开发行并上市项目；完成西南证券、京东方A、三峡水利、福田汽车4单非公开发行项目，以及方正科技配股、葛洲坝权证行权等股权再融资项目。中信建投证券成立五年来，累计完成40单股票主承销项目及116单财务顾问项目，股票主承销金额703.05亿元。

债券承销业务 完成第二期中国铁路建设债券、川发展债、海淀国资债、朝国资债、顺国资债、马建投债、芜湖建投债、航天科工债、红河开投债、北汽投债、杨浦投债、云南工投债、深圳机场债、南京高新债、首旅债、攀国投债、川煤债、大连装备债、中关村债等企业债券主承销项目，完成华夏银行股份有限公司、中信银行股份有限公司、北京银行股份有限公司、贵阳市商业银行股份有限公司等次级债券主承销项目。中信建投证券成立五年来，累计完成59单债券主承销项目，筹资1 789.88亿元。

资本市场业务 着力加强对国际国内资本市场数据统计、形势分析和新融资工具与新金融产品的研究，提高询价定价的专业化程度，为广大客户提供专业化金融服务。全年承做15单股票主承销项目和23单债券主承销项目的发行工作，独立完成了15单股票副主承销和分销项目与38单债券副主承销和分销项目。

中信建投证券自成立资本市场部以来，累计组织实施了35单股票主承销项目的发行工作，52单债券主承销项目的发行工作，承做股票副主承销和分销项目64单，承做债券副主承销和分销项目180单。

经纪业务 2010年，中信建投证券正式开展为期货公司提供中间介绍业务（IB业务），经纪业务产品线进一步完善。截至年末，经纪人队伍达到1 600多人。年内，完成7家证券营业部的异地迁址和5家证券营业部的新设工作，填补了中信建投在河南、山西、安徽、广西、云南、新疆、宁夏地区营业网点的空白，网点布局进一步优化。

2010年，中信建投证券完成股票基

金交易量 3.65 万亿元，市场占比 3.29%；成立五年来，累计完成股票基金交易量 12.76 万亿元。

机构业务 2010 年，中信建投证券机构业务新增资产 95 亿元，资产规模达到 246 亿元，同比增长 63%。其中，成功引进美国通用资产管理公司 3.5 亿美元资产，实现了 QFII 业务的新突破。此外，中信建投证券获准向保险机构投资者提供交易单元，为拓展保险公司业务打下良好基础。

基金业务 以“规范化、市场化、专业化”为原则，为以基金管理公司为主体的资产管理机构提供全面的研究服务与销售服务，实现研究业务与客户需求有效对接，依托广泛的营业网点以及与基金管理公司紧密的合作关系，向客户提供各类基金产品及基金专户理财产品的咨询、销售。全年销售各类基金产品 80.83 亿元，销售“一对多”基金专户理财产品 16 只。中信建投证券成立五年来，累计销售基金 737 亿元。

（朱勤）

中国民族证券有限责任公司

中国民族证券有限责任公司（以下简称民族证券）于 2002 年 4 月在北京成立，是证监会批准的综合类证券公司。截至年末，资产总额 116.06 亿元，净资本 13.45 亿元；客户资产总额 1 032 亿元，首次突破千亿元大关，股票基金交易量 7 300亿元；累计承销金额 62 亿元；全年累计实现营业收入 12.34 亿元，实现净利润 3.13 亿元，连续五年盈利。

截至年末，民族证券共有证券营业部 50 家，为遍布全国 83 万证券投资者提供优质服务。共有正式员工 2 073 名，其中硕士（含）以上学历 213 人，占员工总数 10% 以上。

证券经纪业务 通过营销拉力赛、股票机推广以及证企、银证合作等活动，拓宽经纪业务营销渠道；“通道 + 咨询 + 产品”的服务模式初具雏形，推出“民富齐实”经纪业务服务品牌和理财子产品，满足不同投资偏好客户的多样化需求。

投资银行业务 取得突破性发展，各项指标均创造了民族证券历史之最：其中保荐主承销项目 5 个，为历年承销金额最大的一年；保荐主承销 IPO 项目 3 个，为历年 IPO 承做家数最多的一年；储备 6 个 IPO 及再融资项目和 13 个改制辅导项目，为历年来项目储备最充足的一年。第一单创业板 IPO 项目——金刚玻璃，被深交所评为 5 家“创业板优秀企业”之一。

证券投资业务 大类资产配置实现了由权益类二级市场投资为主导，到权益类一级二级市场、基金投资、固定收益业务分层递进、均衡投资的根本性转变。完成了自营股指期货业务的前期准备工作，为此项业务的开展奠定了基础。

资产管理业务 在稳步开展定向资产管理业务的同时，完成了集合资产管理业务资格申报材料及制度流程制定，并于 6 月成功通过北京证监局的现场核查验收。在此基础上，民族证券第一只集合理财产品“金扬帆 1 号”集合计划的申报材料也已准备就绪。

研究咨询业务 研究服务贴近市场，水平大幅提升。在第八届新财富最佳分析师评选中，民族证券荣获2010年新财富最具潜力研究机构第一名；通过上门路演、联合调研、报告会等方式拓展机构客户群体，与22家机构投资者签订了研究服务协议。

创新业务 设立创新业务部，积极拓展创新业务。在做好融资融券、股指期货IB业务等前期准备的同时，启动了代办系统主办券商业务资格申请工作。

风险控制 进一步健全以高技术手段为支撑的合规管理、风险监控、稽核监察"三位一体"的风险管理体系，内控流程已涵盖了各项业务事前防范、事中监控和事后检查的环节，为民族证券的健康发展奠定了坚实的基础。

信息系统建设 上线集中账户管理系统，自主完成CRM系统二期的开发、建设并进入推广和试运行阶段，实施集中交易系统升级改造，顺利完成异地数据灾备，整体加固了系统防攻击、防病毒功能。

（总裁办）

华融证券股份有限公司

2010年，华融证券股份有限公司（以下简称华融证券）实现营业收入8.24亿元，同比增长12.85%；实现净利润3.6亿元，同比增长13.32%。截至年末，总资产77.98亿元，比同比增加11.81亿元；总负债48.58亿元，剔除客户资产因素后，增加4.16亿元。11月，根据股东大会和证监会的批文，将未分配利润和5.8亿元次级债转增资本，转增后实收资本24.03亿元。股东权益29.41亿元，同比增长46.60%。

截至年末，华融证券下设29家营业部和2家投行业务办事处，1家控股期货子公司，共有员工517人。

证券经纪业务 积极应对证券行业佣金率水平持续大幅下滑的形势，采取系列措施，努力优化经纪业务收入结构，业务市场份额继续提升。实施周末开户模式，启动发行"工行华融牡丹联名卡"；加大营业部实施证券经纪人、客户经理制度力度，全年共有13家营业部经纪人制度通过了监管部门的验收；开展结构化证券投资信托产品的销售业务，开发了与中信银行、北京银行、深圳发展银行的保证金第三方存管业务；深化与基金公司的业务合作，共推动260余只基金上线，以及南方策略优化基金等8只基金的营销。全年，尽管佣金率同比下降17.43%，但经纪业务实现收入4.01亿元，占营业收入总额的36%。股票基金累计总交易额为3 297亿元，同比增长22.16%；A股累计占有率为0.2974%，同比增长19.97%。

投资银行业务 投资银行业务取得新突破，业务领域不断拓展。承做完成了第一个保荐及主承销项目——杭氧股份IPO项目、第一个金融租赁企业债主承销项目——华融金融租赁股份有限公司金融债主承销项目、第一个可转债承销项目——中国工商银行可转债承销项目、第一个非公开发行方式收购上市公司项目——贵航集团收购中航三鑫财务顾问项目和第一个增发项目——特变电工增发联席主承销项目；承做的太行水泥重大资产重组、苏宁环球股权激励等财务顾问项目质量高，反响好。全年实现投行业务收入 1.47 亿元，同比增长 53.86%。

自营业务 以灵活稳健投资作为提升盈利能力的重要力量。上半年，根据市场运行态势，果断扩大投资规模，重点投向债券等固定收益类投资品种；下半年，根据市场变化，及时增加了股票等权益类产品的投资比重，在有效规避市场风险的前提下，着力提高投资收益。截至年末，华融证券共持有 30.62 亿元的投资品种，自营业务实现收入 1.97 亿元。

资产管理业务 资产管理业务持续高速增长，市场化运作取得实质性进展。对定向委托资产业务精耕细作，积极适当波段操作。推出华融证券第一只集合理财产品——华融稳健成长 1 号基金精选集合资产管理计划，成功募集基金份额 6.36 亿份，于年内正式上线运作。全年资产管理业务净收入 1.56 亿元（未经审计）。

研究咨询业务 着力推进研究咨询业务向市场化转型。成立证券研究委员会，建立证券推荐制度，探索与营业部之间进行互动和合作研究的新模式；开展市场宣传与营销，逐步开展为基金管理公司、中国华融及其债转股企业等提供卖方研究服务。全年累计刊发研究报告 1 010 篇，参加 CCTV、《中国证券报》等各类媒体节目制作、接受采访共计 495 次，向基金管理公司发送研究报告 617 篇，实现业务收入 589.7 万元。

风险控制管理 将财务控制、合规及风险管理、纪检和审计监察等有效结合，严格内部控制，优化风险管控。作为证监会指定的 8 家专项治理试点的国有及国有控股证券类企业之一，华融证券认真开展“小金库”自查清理工作；成立经营层面的风险管理委员会，进一步完善业务合规管理工作流程；及时调整反洗钱领导小组成员，不断完善和优化反洗钱监控系统，开展反洗钱宣传月活动；探索财务管理新技术，修订相关财务管理办法，推出全景经营绩效考核体系；建立信息隔离墙制度，运用设置风控阀值、股票池、限制清单等技术手段，对相关业务在物理、人员、信息系统、资金与账户等方面实施有效的隔离。

电子化建设 建立并完善覆盖所有营业网点的广域网、集中交易系统、网上交易平台、多个业务管理系统和业务支撑系统。制定《营业网点机房及信息系统建设参考标准》，所属全部营业网点已经参照该标准完成了标准化改造；构建完善的系统安全体系，借助入侵检测系统、防 DDOS 攻击系统等先进设备，结合切实有效的安全管理，实现了对黑客入侵、病毒传播等的有效防护；定期全网漏洞扫描、系统安全巡检等，有效地预防了安全事故的发生。

客户服务 积极探索推进营业部多功能、综合化经营模式，逐步开展资产管理业务、IB 业务等，以综合化的金融服务产品体系和灵活多样的服务方式不断满足客户的多元化金融服务需求。年内推出“华融开户有礼——将服务送到您的手中”的手机移动证券营销活动和“移动证券”客服升级项目，着力打造客户维护平台。

（胡松）

信达证券股份有限公司

信达证券股份有限公司（以下简称信达证券）是经证监会批准，由中国信达资产管理股份有限公司、中海信托股份有限公司、中国中材集团有限公司作为发起人，在收购原汉唐证券、辽宁证券的证券类资产，承继中国信达资产管理股份有限公司投资银行业务的基础上，于2007年9月设立，是国内金融资产管理公司系统第一家证券公司。信达证券注册地位于北京，注册资本25.69亿元人民币，在全国近30多个城市拥有68家证券营业部，下辖一家全资子公司——信达期货有限公司；共有员工1 300余人，其中65%以上具有本科、硕士和博士学历。

2010年末，信达证券总资产179.14亿元，比上年增长6.5%；净资产32.52亿元，比上年增长13.67%；净资本25.22亿元，比上年增长12.54%；净利润4.03亿元。全年累计实现股票基金交易量9 589.7亿元。

证券经纪业务 积极打造经纪业务核心竞争力，推出以“牵牛花”为核心的账户产品化项目，“牵牛花”移动理财终端获得市场广大客户的认可。客户资金增值计划经过多次研究论证，得到证监会、深交所、中国证券登记结算有限公司的重视和肯定，即将进入试点和推广。

投资银行业务 全年完成建设银行、乐普医疗、江海电容器等6家主承销保荐项目，完成开滦集团、连云港、渤海银行等各类债券承销项目40余个，完成信达地产、中国西电等财务顾问项目4个。

资产管理业务 2010年9月，信达证券第一只集合资产管理计划——信达满堂红集合资产管理计划设立，共募集资金12.14亿元，在当期13只券商集合理财产品中规模排名第3。

（李斌）

首创证券有限责任公司

首创证券有限责任公司（以下简称首创证券）于2000年在北京成立，其前身是首创证券经纪有限责任公司，2003年经过增资扩股后更名为首创证券有限责任公司。首创证券是一家具备证券经纪、承销、自营、投资咨询等业务资格的综合类证券公司，是北京首家获得规范类试点的证券公司。目前注册资本6.5亿元人民币，主要股东包括北京首都创业集团有限公司、北京能源投资（集团）有限公司等大型企业。截至年末，首创证券拥有两家控股子公司和15家营业部，正式员工852人。

2010年，首创证券实现营业收入106 458万元，实现利润总额51 929万元，实现净利润39 442万元，其中归属于母公司净利润 26 330 万元；年末总资产 66.91 亿元，净资产 21.23 亿元，母公司净资本 10.96 亿元。

证券经纪业务 重点建设了集合呼叫中心、客户关系管理系统、客户信息管理系统、手机炒股系统等软硬件设施于一体的客服支持平台，有效提升了整体客服水平。全年实现交易总量 2 615 亿元，其中股票基金交易量 2 598 亿元。

固定收益业务 随着买断式回购、代持等业务广泛开展，业务形式和模式已呈现多样化趋势。积极探索新的利润增长点，与核心客户合作开展撮合交易，无风险套利业务有了重大突破。全年实现交易量 1 000 亿元，实现收入 4 751 万元，实现利润 3 891 万元。

证券投资业务 建立了一整套包括自营账户管理、投资止盈止损管理、自营资金管理、证券股票池及审核稽核管理等投资决策监控制度，通过深化投研一体模式，有效提升了捕捉最佳投资机会和规避风险能力。

投资银行业务 以“让我们的客户成为行业的龙头，让行业的龙头成为我们的客户”为经营理念，汇集了一批经验丰富、具有海内外业务背景的高素质专业人才，可为客户提供公司融资、上市策划、兼并收购、战略投资、财务顾问、国资处置、项目融资、管理咨询、MBO 服务、私募融资等一体化金融服务。全年共完成 1 个主承销项目，1 个分销项目，9 个财务顾问项目，股票承销金额 50 400 万元。

信息系统建设 2010 年 5 月，首创证券自主设计的 IT 自动化运营管理系统正式投入使用，实现了日常运营维护工作、部分应急流程的自动化，在提高运营效率的同时，有力保障了信息系统安全稳定运行。

（刘谦）

国开证券有限责任公司

国开证券有限责任公司（以下简称国开证券）成立于 2010 年 8 月 25 日，由国家开发银行按照国务院批复的改革方案，在全额收购原航空证券有限责任公司全部股份的基础上增资设立。注册资本 23.7 亿元，总部位于北京，在国内主要省市如北京、上海、深圳、天津、保定等地设有 6 家营业部，现有正式员工 256 人。

国开证券经营范围主要包括证券经纪、证券投资咨询、证券交易、证券投资活动有关的财务咨询、证券承销、证券的自营买卖和证监会批准的其他业务。

2010 年，国开证券实现营业收入 1.93 亿元，净利润 5 696 万元（预核数，未经审计）；年末资产总额 40.13 亿元，负债总额 16.33 亿元。

证券经纪业务 积极组建经纪人团队，调整客户结构，加强客户服务，拓展基金分仓等机构业务，客户资产增长率逐步提高，业务实力不断加强。

固定收益业务 继承国家开发银行债券银行的优势，在做好建章建制等基础工作的同时，先后完成 3 个副主承销项目，成功取得了债券主承销商等资格。

投资银行业务 围绕财务顾问、并购、私募融资等主要产品，以天津、内蒙古、云南、上海等地区为重点，做好兼并收购、政府平台、“走出去”以及私募投融资等业务领域项目，累计开发项目20余个。推进国际合作业务发展，与上海电气、意大利因基波洛和曼达林基金三方签订了关于海水淡化技术的合作意向书等3项备忘录。开业至年末，新增投行及承销业务收入1 529万元。

（韩炜）

中国银河证券股份有限公司北京代表处

2010年，中国银河证券股份有限公司北京代表处（以下简称银河证券北京代表处）实现营业收入6.96亿元，实现税前利润4.8亿元，超额完成当年经营目标。

截至年末，银河证券北京代表处下辖14家营业部，共有员工850人。

证券经纪业务 2010年末，银河证券北京代表处辖内营业部客户数量38.4万户，客户总资产11 432.2亿元。全年完成股基交易量6 498.7亿元；开放式基金销售20.03亿元，其中基金申购13.8亿元，基金认购6.23亿元。

股指期货IB业务 2010年，银河证券北京代表处辖内共有8家营业部获取股指期货中间介绍业务资格，年末客户数量1 279户，比上年增长50.8%；客户总资产1.15亿元。

融资融券业务 组织辖内营业部开展融资融券业务，参加总部举办的融资融券业务培训及推荐人资格考试。地区营业部全年累开户397户，累计授信额度2.75亿元，年内成交金额超过12亿元。

合规管理 加强合规管理和风险防范工作，组织辖内营业部学习《加强证券经纪业务管理的规定》并落实相关工作；开展客户经理营销行为管理自查，由地区合规专员针对重点问题进行抽查并提出整改意见；组织辖内营业部员工根据总部《关于重申禁止员工买卖股票行为》的要求，书面承诺不进行股票交易。

（赵攀）

华夏基金管理有限公司

华夏基金管理有限公司（以下简称华夏基金）成立于1998年4月9日，是经证监会批准成立的首批全国性基金管理公司之一。公司总部设在北京，在北京、上海、南京、杭州、广州、深圳和成都设有分公司，在香港特别行政区设有子公司。华夏基金是首批全国社保基金投资管理人、首批企业年金基金投资管理人、境内首只ETF基金管理人、境内首批QDII基金管理人、境内唯一的亚债中国基金投资管理人以及特定客户资产管理人，是业务领域最广泛的基金管理公司之一。

截至年末，华夏基金公募基金资产规模2 247亿元，累计为投资人分红逾700亿元，是境内管理基金资产规模最大的基金管理公司。目前，华夏基金持有人户数已超过1 500万户。

公募基金 在市场大幅震荡的情况下，华夏基金加强风险控制，坚持稳健的投资风格，主动管理的股票型基金与混合型基金根据自身投资目标及投资策略，谨慎运作，整体业绩表现良好；固定收益类基金持续创造正回报；指数型基金继续紧密跟踪标的指数。全年为投资人实现分红逾275亿元，累计分红已超过700亿元。截至年末，华夏基金旗下共有23只开放式基金，2只封闭式基金，是境内管理基金数目最多、品种最全的基金管理公司之一。

机构业务 建立独立于公募基金的团队，在全国社保基金、企业年金基金、特定资产管理以及投资咨询等方面为机构客户提供服务；针对不同机构业务的特点，设计了风险收益特征各异的投资组合产品，包括稳健配置、增强债券、稳定收益等多个类型。目前机构业务占华夏基金管理资产总规模超过20%。

1. 全国社保基金管理。在全国社保基金理事会向基金业全面开放委托之前，华夏基金即担任了社保基金唯一的临时投资管理人，并于2002年成为全国社保基金首批正式投资管理人。华夏基金针对社保基金理事会制定的“价值投资、长期投资、责任投资”的理念，明确了各个委托组合的投资目标，并为之设计了对应的投资流程，完善了风控制度体系。几年来华夏基金凭借优良的业绩表现和严格的风险控制，赢得了委托方的认可，获得了多次追加委托。

2. 企业年金管理。2005年，华夏基金成为首批企业年金基金投资管理，至2010年末，运作规模达235亿元，客户分布于全国二十余个省、市、自治区，覆盖了银行保险、石油石化、电力能源、煤炭钢铁、机械制造、交通运输等多个行业。华夏基金根据客户不同的投资需求和收益预期制定了个性化的投资策略，依靠优异的投资管理能力为客户获得了满意的回报。在2007年的牛市、2008年的熊市、2009年和2010年的震荡市中，华夏基金管理的企业年金分别实现了63.3%、7.29%、10.78%、3.03%的正回报。

3. 特定资产管理。2008年，华夏基金获得特定客户资产管理资格，专户业务包括一对一专户、QDII专户和一对多专户三个类型。华夏基金整合自身在产品设计、投资研究、客户服务、后台支持等方面的优势与经验，委派专门的投资经理，配备专职客服为专户客户提供投资管理和组合运作咨询服务。

投资者教育 加强投资者教育与服务工作，广泛收集800多个基金投资常见问题，编著出版了《做一个理性的投资者——中国基金投资指南》一书，分发给投资者。举办各类巡回报告会以及理财讲座，在媒体开设投资者教育专栏，参展北京、上海等地金融博览会，向投资者提供理财咨询服务。

社会责任 践行企业社会责任，青海省玉树县发生地震灾害后，华夏基金及全体员工通过华夏人慈善基金会向灾区捐款100余万元，华夏基金香港公司向中联办捐款专户捐赠10万港元，并于10月采购优质燃煤200吨捐赠给灾区，用于9所学校、总计 11 239 名学生和教职工的冬季取暖。8 月，甘肃舟曲地区发生特大山洪泥石流灾害，华夏基金员工通过华夏人慈善基金会踊跃捐款，并组织志愿者亲赴灾区，为 8 个村、402 户、总计 1 061 位灾民送上援助物资。华夏人慈善基金会组织实施了山西天镇唐八里村机井援建项目、贵州新塘小学助学项目等由华夏基金及员工个人捐助的指定项目。

（董燕妍）

工银瑞信基金管理有限公司

2010 年末，工银瑞信基金管理有限公司（以下简称工银瑞信）资产管理规模近 900 亿元人民币，总资产 8.8 亿元人民币，净资产 6.9 亿元人民币，实现净利润 1.9 亿元人民币。

截至年末，工银瑞信有正式员工 163 人。其中，硕士以上学历人员超过 60%，有海外学习或工作背景（包括短期培训）的人员接近 40%，基金经理平均拥有 10 年以上的证券从业经验。

共同基金业务 2010 年，工银瑞信发行了工银瑞信中小盘成长股票型证券投资基金、工银瑞信全球精选股票型证券投资基金、工银瑞信双利债券型证券投资基金、深证红利交易型开放式指数证券投资基金、工银瑞信深证红利交易型开放式指数证券投资基金联接基金 5 只共同基金，其中工银瑞信双利债券型证券投资基金成功募集资金 141 亿元，成为 2010 年发行规模最大的基金。截至年末，工银瑞信共管理 16 只共同基金，资产规模约 579 亿元人民币。

社保资格 2010 年，工银瑞信获得全国社会保障基金境内投资管理人资格，成为拥有共同基金、企业年金基金、QDII、特定资产管理、社保基金管理业务资格的 12 家基金管理公司之一，也成为唯一一家全牌照的银行系基金管理公司。

企业年金和专户理财业务 2010 年，工银瑞信获得了多家客户的企业年金投资管理人合同，市场份额和行业影响力快速提升，旗下年金组合基本全部获得正回报。在专户理财业务方面，年末资产管理规模超过 200 亿元人民币。

风险管理 秉承“制度先行、程序至上、内控优先、规范运作”的管理原则，加强了四级制度体系制度流程和四大风险防线建设。坚持对投资风险、运作风险和法律合规风险进行事前、事中、事后的全程风险管理，不断强化监控设备和手段、加强异常交易监控、强化员工合规培训。自成立以来，工银瑞信从未发生违法违规事件，交易、运作、IT 等系统从未发生操作性风险。

（李可）

泰达宏利基金管理有限公司

泰达宏利基金管理有限公司（以下简称泰达宏利）成立于2002年6月，是中国首批合资基金管理公司之一，注册资本1.8亿元人民币。2010年末，资产管理规模约259亿元。

公募基金 2010年，泰达宏利推出泰达宏利中证财富大盘指数证券投资基金，共募集资金11.65亿元，有效认购总户数为11 891户。截至年末，泰达宏利共管理13只开放型基金。

社会责任 泰达宏利以实际行动展示企业社会责任感，开展的公益活动包括仁者基金——贫困学生资助活动、共建绿色家园——中国森林线大型公益活动、校企合作——南开大学金融创新论坛、金融科研项目资助、泰达宏利专项奖学金等。2010年12月7日，泰达宏利再次回到四川安县茶坪小学，捐赠8 000册图书和6个乒乓球桌，举办了“泰达宏利图书室”挂牌暨捐赠仪式。

（耿凯）

建信基金管理有限责任公司

2010年末，建信基金管理有限责任公司（以下简称建信基金）旗下共管理13只公募基金，资产管理规模485亿元。全年共募集9只特定多个客户资产管理计划，投资咨询及专户理财资产管理规模59亿元。

投资者教育 持续为投资者提供专业客观的资讯服务，在全国各地举办形式多样的理财知识讲座，全年累计场次超过200场，直接参与者超过1万人次；与新闻媒体合作，举办多场大型投资者交流活动，邀请来自研究机构的著名专家学者就当前资本市场的热点问题进行演讲和讨论，解答投资者的疑问，指导基金投资。

社会公益 重视履行企业社会责任，积极参与社会公益事业。与西北师范大学合作，捐资50万元设立奖助学金，奖励资助优秀的贫困学子；携手中国绿化基金会开展绿色公益活动，倡导投资者订制电子对账单，并捐资11余万元用于绿化环保事业；通过四川省青少年发展基金会，向广汉市新丰中学捐赠30万元，用于改善该校在“5·12”地震中遭到损坏的教学设施；青海玉树发生强烈地震、甘肃舟曲发生泥石流灾害后，建信基金及全体员工向灾区累计捐款35万余元。

（市场推广部）

中国国际期货有限公司

中国国际期货有限公司（以下简称中国国际期货）创立于1992年，主要股东为中期集团有限公司、中国中期投资股份有限公司，现有注册资本6亿元人民币，总部位于北京，在北京、深圳、上海、广州、大连、宁波、杭州、厦门、成都、苏州、福州、武汉、郑州、青岛、沈阳、长春、洛阳、安阳等地设立了28家营业部，现有员工690余人。

中国国际期货主要从事商品期货经纪、金融期货经纪业务。2006年，经中国证券监督管理委员会批准，设立中国国际期货（香港）有限公司。同年，该公司获香港证监会批准，在香港经营香港及国际期货业务。

2010年末，中国国际期货共有客户保证金46亿元，约占北京地区期货行业保证金总额的18%；总资产55亿元，净利润9 600余万元。

中国国际期货积极关注市场需求，在业务管理、产品服务、技术手段等领域不断进行创新。拥有统一结算系统和多套交易系统相结合的多交易中心灾备技术，实现了客户交易无缝切换；推出了系列化基础分析产品，自主研发了“快枪手”交易系统、中期数据库、衍生品实时风险预警与管理系统、策略宝变频程式化策略、中期商品指数等应用型金融产品系列。定期举办精品产业会议，为企业搭建平台，结合市场需求发起了“中小企业期货市场成长计划”、“走进企业，带专家上门会诊”、“区域产业结构优化助力计划”等创新活动。全新打造“柜台中期”、“网上中期”、“掌上中期”及“95162语音中期”四位一体的立体式服务体系，为客户提供全方位、高水准、专业化的优质期货顾问式服务。

宏源期货有限公司

2010年，宏源期货有限公司（以下简称宏源期货）实现收入9 532.41万元，比上年增长73.11%；客户成交金额2.76万亿元，比上年增长238.73%；实现利润3 040.41万元，比上年增长346.42%；代理期货交易金额2.76万亿元，比上年增长238.29%，其中股指期货成交金额9 900.58亿元。

年内，宏源期货增资1亿元，注册资本增至2亿元人民币。

截至年末，宏源期货公司在北京、上海、乌鲁木齐、南宁、杭州、大连、郑州设有7家营业部；员工总数为168人，其中本科以上学历占72%。

IB业务 发挥券商背景优势，将股指期货作为重点品种，将IB业务作为业务发展的重要渠道，协同全资股东宏源证券经纪业务部门，在重点地区策划和组织营销活动；加大 IB 业务培训力度，帮助证券营业部组建期货业务团队，开发和培养专业投资者，形成核心客户群体；与重点证券营业部合作，建设期货业务中心；为 IB 业务提供高效的支持和专业的服务。

服务体系 围绕重点品种充实研究咨询团队，提高研究咨询能力；完善考核激励和协作机制，加强与宏源证券研究所的协作，整合研究力量，推动研究成果的产品化和市场化；坚持技术进步，推进信息系统的升级和完善，引进金仕达的 CRM 系统和异常交易监控系统，提高客户管理工作的质量和效率。

风险管理 认真贯彻监管要求，健全风险管理体系，完善风险预警和处置系统，强化全员风险意识，落实风险动态跟踪报告制度，加强风险的事前分析预测和应对措施的研究，创新风险管理手段，提升风险管理工作水平，健全规章制度体系，全年累计修订和新建制度、办法、流程 72 项，开展了股指期货适当性制度、IB 业务和期货营业部等多项检查和稽核，顺利通过监管部门的现场检查。

团队建设 将人才战略作为打造核心竞争力的关键内容，开展总部业务部门负责人岗位双向选择竞争上岗试点，面向公司内外公开选聘人才，经过公开报名、资格审查和面试考评，确定了三个业务部门负责人人选。调整总部业务部门考核机制，明确业绩导向，严格过程跟踪，强调结果考核，鼓励业务部门摒弃小作坊、小生产思维，尽快做大规模，为宏源证券的持续稳定发展提供了坚实的保障。

（黄利）

国都期货有限公司

2010 年，国都期货有限公司（以下简称国都期货）客户月均权益为 30 982 万元，代理成交总量 1 555 万手，占全国成交总量的 0.50%，比上年提高 0.24 个百分点；代理成交总额 1.14 万亿元，占全国成交总额 0.37%，比上年提高 0.14 个百分点。

增资扩股 2010 年 11 月，经证监会和市工商管理局核准，国都期货注册资本增至 2 亿元。变更后的股东及股权结构为：国都证券有限责任公司出资 12 462 万元，占注册资本的 62.31%；中诚信托有限责任公司出资 7 538 万元，占注册资本的 37.69%。

股指期货 2010 年 4 月，股指期货在中国金融期货交易所上市交易。国都期货的股指期货业务成为经纪业务的重要组成部分，全年成交金额占公司总成交金额的 15.15%，成交量占公司总成交量的 1.25%。

IB 业务 年内，国都期货与控股股东——国都证券有限责任公司（以下简称国都证券）共同完成了 IB 业务各项准备工作，3 月各自通过监管部门的验收，国都证券所属 8 家营业部相继获得 IB 业务资格。按照监管机构要求，国都期货委托国都证券及其各营业部介绍客户参与期货交易，经纪业务可发展地区逐步扩大至全国主要行政区域中心城市。全年 IB 业务有交易客户数占公司有交易客户总数的25.2%，客户权益占公司客户总权益的15.32%。

内部审计 定期听取首席风险官对公司合规经营、风险管理和自有资金运作的专项报告，发挥其监督检查职能。指导首席风险官和稽核审查部，以中国内部审计准则为指导，以期货相关法律法规制度为依据，制定年度合规审计计划，开展内部审计工作。全年共对交易服务部、指令中心、风险控制部、结算部、技术部、财务部、综合管理部和所有营业部进行了内部审计，对中间介绍业务、反洗钱和居间人管理工作进行了专项审计。

（王蕊）

北京中期期货经纪有限公司

北京中期期货经纪有限公司（以下简称北京中期）前身是1992年由国家经贸委批准，物资部组建成立的中国国际期货公司。2005年8月，中国国际期货公司期货业务独立，成立北京中期期货经纪有限公司。现注册资本金1.4亿元，注册地为北京，在上海、北京、天津、西安、青岛、唐山、保定、邯郸、包头、宁波等地设立十多家营业部，现有员工300人左右。

北京中期拥有商品期货经纪、金融期货经纪业务资格，是大连商品交易所、郑州商品交易所、上海期货交易所会员，中国金融期货交易所结算会员，是中国期货业协会的理事单位、北京期货商会监事长单位。

2010年，北京中期期货总交易量为2 000多万手，期货合约总交易额1.7万亿元，手续费净收入1.1亿元，客户保证金规模近15亿元，期货业务经营呈现稳步增长态势。

客户服务 随着客户数量的不断增长，客户对服务、产品需求的日益提升，北京中期持续加大客户服务投入，组建大客户服务团队，引进行业内各种先进的软件系统，如 QFII 系统、VIP 客户交易平台、CTA 业务管理系统、CRM 客户管理系统、套利软件等。期货研究院建立了“研究产业—服务产业—开发产业”的研发模式，形成覆盖宏观经济、商品市场及金融市场的全方位、多层次的研发体系，为投资者提供年度投资报告、月报、周报、日评与日报等定期报告，以及热点解读、套利套保方案等系列研究产品；20多名高素质、专业化的分析师，为期货投资者及产业机构客户提供期货基础知识、风险管理、套期保值等一系列培训及产品服务。

银河期货有限公司

银河期货有限公司（以下简称银河期货）是经证监会批准，在国家工商行政管理总局注册，隶属中国银河金融控股有限责任公司旗下，中方股东为中国银河证券股份有限公司，外方股东为苏格兰皇家银行，现注册资本金为3亿元人民币。

银河期货注册地址为北京，在北京、上海、杭州、济南、福州、哈尔滨、大连、沈阳、郑州、长春、青岛、昆明、佛山、宁波设有14家营业部，可代理国内所有商品期货及金融期货交易。

截至年末，银河期货共有正式员工445人。其中，中高层管理人员29人，占员工总数的6.5%；大学以上学历312人，占员工总数的70%。

2010年，银河期货累计代理交易量7 242.17万手，同比增长131.4%；全年累计交易额8.65万亿元，同比增长362.57%；全年实现营业利润8 331.14万元，同比增长113.35%。2010年，银河期货在行业中的排名大幅提升，大连商品交易所综合排名第6名，上海期货交易所综合排名第4名，郑州商品交易所综合排名第16名，中国金融期货交易所综合排名第5名。

北京首创期货有限责任公司

2010年末，北京首创期货有限责任公司（以下简称首创期货）客户成交金额比上年增长158.45%；成交量比上年增长65.41%；保证金比上年增长78.49%。

截至年末，首创期货在北京、上海、大连、郑州、哈尔滨、昆明、济南、沈阳、厦门、天津、长沙、包头、重庆开设了13家营业部，现有员工258人。

系统建设 倾力打造数据资讯、套期保值、套利交易、程序化交易4个专业化服务平台，上线恒生股指期现套利系统，为机构客户在套利交易策略及套保择时策略方面的需求提供支持。推出YTSS股指期货交易决策支持系统，并基于该系统搭建了一个系统化、专业化的服务团队与服务流程，为参与股指期货交易的投资者更好地把握交易机会、提升风险控制能力提供了有效的帮助。

（杨少华）

中粮期货经纪有限公司

2010年，中粮期货经纪有限公司（简称中粮期货）营业收入25 800万元、手续费收入15 545万元，利润总额14 097万元、净利润11 379万元、成交额2.2万亿元、保证金规模68.7亿元。

2010年12月28日，中粮期货经中国证券监督管理委员会核准变更注册资本和股权，注册资本由3.5亿元变更为5.5亿元。

截至年末，中粮期货下设上海、大连、郑州、北京、深圳、杭州、南宁、厦门、张家港、青岛、成都10家营业部，共有在职员工258人。

（李雅婷）

中国人民财产保险股份有限公司北京市分公司

2010年，中国人民财产保险股份有限公司北京市分公司（以下简称人保财险北京市分公司）实现保费收入71.79亿元，同比增长22.76%，市场份额为33.09%；已赚净保费58.89亿元，同比增长31.19%；承担风险金额共计2.79万亿元；全年累计处理已决赔案116.37万件，已决赔款38.30亿元。

截至年末，人保财险北京市分公司下设21家支公司、8家中心营业部、3家营销服务部及其他下属机构，拥有2 100多家合作中介机构和2 500多人的员工队伍。

机动车辆保险业务 积极引领行业自律，推动商业车险和车险中介业务上平台；不断创新推出车险服务和产品，提升服务水平；开展新车保险营销活动，逐步推进销售体系建设和渠道业务合作。全年机动车辆保险累计实现保费收入56.24亿元，同比增加12.13亿元，增长27.50%。其中，交强险承保153.50万件，同比增长19.79%；保费累计收入12.25亿元，同比增加1.84亿元。全年处理车险已决赔款31.74亿元，同比增加4.88亿元，增长18.19%；车险已决件数113.38万件，同比增长2.97%。

非车险业务 注重非车险市场的开拓发展，取得了较好的经营业绩。财产险业务，继续抢抓大项目，完成了中国兵器工业集团公司、中国兵器装备集团公司、交通部海事局、中石油统保项目，招商银行等银行类统保项目的续保工作，加强和完善了重要客户项目团队的建设。货运险业务，成功中标中艺华海运输、天津中油技术国际代理公司的货运险项目，成功续保联合石化、联合石油、五矿、上海黄金交易、中钢集团等大中型项目。意外险业务，启动两险重点行业拓展计划，完成了中石化出境人员意外险、海事局团意险等重点客户的续保工作。政策性农业保险业务，继续做好影响“米袋子、菜篮子”工程的种养两业承保工作，推动主导业务高速发展。全年非车险业务实现保费收入15.50亿元，同比增加1.14亿元，增长7.94%。其中，财产险完成签单保费5.81亿元，责任信用险保费收入2.23亿元，船舶货运险保费收入3.30亿元，意外健康险保费收入8 454万元，农险保费收入2.81亿元。全年累计已决赔款6.29亿元，同比增加0.5亿元，增长8.64%。

车险信息平台建设 上线车险信息平台，实现了社会查询功能。该平台具有查询和保费浮动计算双重功能，既可查询交强险、商业车险承保和理赔信息，又能自动完成车险承保费率计算。实现了车辆承保政策、费率浮动公开透明，遏制了保险公司之间的不正当竞争。

提升综合服务能力 推出“金牌服务提升工程”、“客户接触环节服务提升活动”，开展“十一黄金周客户自驾游服务活动”等。提升95518专线服务质量，加强投诉处理效能，强化实名制执行。查询工作顺利启动并保持平稳运行，专线数据指标逐月提升。11月，专线服务水平91.8%、有效话务工作率41.3%、平均呼入通话时长129秒，三项主要考核指标均达到总公司考核满分标准。为客户提供近1.5万次车辆救援救助，为重要关系客户提供近万次酒后代驾。

（刘宁）

中国平安财产保险股份有限公司北京分公司

2010年，中国平安财产保险股份有限公司北京分公司（以下简称平安产险北京分公司）实现保费收入43.38亿元，同比增长68.7%。其中，车险保费收入32.25亿元，同比增长85.4%；财产险保费收入10.35亿元，同比增长36.9%；意健险保费收入0.79亿元，同比增长2.6%。实现承保利润总额2.33亿元。

截至年末，平安产险北京分公司共设有2家营业部，4家支公司，4家营销服务部。共有员工1 057人，其中后线员工424人，前线员工633人。

团体中心 一是制定团体中心直销系列、重点客户业务部、外资经纪业务部、综合金融业务部考核管理办法，规范团体渠道销售管理；制定《2010年应收保费管理办法》，加大对各层级人员长账龄应收的管控和考核。二是在中心、机构、团队三个层面制定全年营销行动方案，通过年中和年底的检视以及定期的团队走访，强化营销行动方案的跟踪落实。三是完成团队重组、销售人员定级、业务员出单机构调整、直销转型升级等工作。四是提升核保精细化手段，加强成本管控意识和技能，对所有财产险业务的核保工作要求采取逐单分险种成本核算的工作模式，改善业务品质。

个人中心 一是制定《北京分公司个人中心车行渠道基本管理办法》，对车行渠道人员进行日常管理及考核。二是开展车行渠道总对总项目促销、问题沟通、促销台账反馈、管理费对账工作。三是推进电话销售渠道管理，开展座席培训。

运营中心 一是完成车险查勘模式的

优化升级。将车险查勘人员按片区重新分组，搭建起金字塔形的作业层级，提高了理赔服务时效和案件处理质量。优化合作厂管理办法，推行差异化车险理赔服务。重新梳理复勘流程，开辟复勘外包新模式，全年复勘减损140万元，减损金额环比提升47%。二是修订内部管理制度及理赔工作流程，重新制定派工规则。针对外部客户，建立健全与客户的沟通机制，参与承保谈判、提供理赔流程培训以及制定有针对性的理赔方案；针对内部客户，定期反馈保单核保问题，及时解决理赔隐患。三是实现平安产险北京分公司电话中心向集团电话中心的平稳过渡，妥善安置电话中心原有57名座席人员的转岗工作。文档作业队伍逐步适应总公司的后援集中模式，实现了由操作职能为主向初审职能为主的转变。

资源支持中心 一是配合团体中心完成架构调整和搬迁工作，完成业务部门专职行政人员架构整合和定岗定责工作。下发关于《收回被盗车辆内部拍卖流程（试行）》和《车辆管理制度》的通知，组织被盗车和报废车的评估和拍卖工作。全年完成千余诉讼案件的收发、律师聘请、案件追踪工作，处理判决千余个。二是完成第一营业部税务登记变更、撤销宣武及海淀支公司税务登记工作，按月进行预算执行情况分析及考核，加大反洗钱工作力度，保持对各项单证指标的实时监控。三是制定文书档案和外包岗位管理办法，完善新人上岗手续，梳理外包人员和前线员工发薪流程，设置招聘专岗，建立面试题库。推广绩效管理活动，全年共组织8次“号角行动”绩效主题晨会，开通“绩效信箱”，编写《人在职场》。四是完善经营分析会议制度，制定分中心成本费用分摊规则和共保业务利润划分规则，筹划设立郊县四级机构。五是举办“综合金融大讲堂”1期、NEO新人培训3期、车险查勘定损专项培训14期，组织两核人员资格考试等近10期。六是开发了北京产险公交驾驶员管理系统、分公司问卷调查系统等应用系统。

（宋秀广）

华泰财产保险股份有限公司北京分公司

2010年，华泰财产保险股份有限公司北京分公司（以下简称华泰财险北京分公司）实现保费收入103 643.70万元，同比增长21.21%。其中，车险实现累计保费收入57 488.28万元，同比增长31.94%；非车险实现累计保费收入46 155.41万元，同比增长10.07%。累计实现承保利润16 338.62万元。

截至年末，华泰财险北京分公司共有8个支公司，在编员工408人。

车险业务 年初，由于对新形势下市场增量判断不足，承保政策中筛选业务的标准过于严格，车险保费同比增幅与市场平均水平存在差距。华泰财险北京分公司及时对市场形势作出判断，调整承保政策，将2009年1~2次出险业务列为优质业务，鼓励承保，同时适当调整非车商渠道的承保政策。自7月起，车险每月保费增幅高于行业平均水平，实现了车险规模的快速增长，年末车险整体保费增幅近40%。

非车险业务 在严防风险的同时采取灵活谨慎的核保政策，抓住市场机遇，取得一定的成效。火险续保客户稳定，重大客户的维护工作进展顺利；企业财产险增长缓慢，工程险占比进一步提高；水险同比增长31.87%，成为非车险的“利润中心”；责任险和意健险增长缓慢，大项目的流失直接导致预算难以达成。虽然非车险业务呈增长态势，但增长率与市场平均增长水平仍有一定距离。

营销体系改革 按照总公司的战略部署，稳步推进营销组织管理体系改革，将营销组织模式从产品驱动转向渠道驱动，最终实现向客户驱动的目标。通过制定相关政策和发展计划，宣导销售体系改革的基本思路，听取一线员工的意见，梳理业务渠道，建立渠道化销售模式，培养专业人才队伍，以全新的营销模式提高销售能力。12月，华泰财险北京分公司营销组织管理体系改革全面启动。

服务体系建设 核保方面，简化车险出单机构的工作手续，通过向各机构及出单点下发满意度调查问卷评，测核保人的业务水平和服务能力；周末增加窗口值班人员，延长核保时间，实现周末全天无间断核保；举办为期四个月的客户回馈活动。非车险业务引入风险工程师，专门为中小项目提供风险查勘以及风险控制服务。

理赔方面，车险业务增加上门服务的渠道数量，优化定损网络，扩大辐射领域和范围，提高节假日理赔服务效率，实施万元以下速赔，举办夏季客户回馈活动和人伤案件的增值服务，在各个理赔网点张贴理赔指南海报等方便客户查询，针对团体车险客户订制专门的服务方案。非车险业务，建立VIP客户档案，根据渠道、业务规模等条件确定名单，以便客户出险时提供便捷、快速的服务。

（于莲）

中国太平洋财产保险股份有限公司北京分公司

2010年，中国太平洋财产保险股份有限公司北京分公司（以下简称太平洋产险北京分公司）实现保费收入323 170万元，同比增长46.09%；全年累计赔款支出135 914万元，综合赔付率56.09%；实现报表利润2.6亿元。

截至年末，太平洋产险北京分公司共有8家支公司、818名员工。

机动车辆保险业务 推广渠道专业化管理，采取引导业务结构调整，对渠道实施差异化管理、分级管理、重点目标跟进等措施，使业务质量在前端就得到控制和保障。实施车险精细化管理，根据北京地区商业车险上平台的特殊情况，通过着力提升车险业务产品、渠道、客户等策略的协调性和有效性，继续实施向核心业务、核心区域和核心项目倾斜的资源配置政策，持续优化车险的内部结构。推动销售组织体系转型，通过强化成本控制与预算管理，适时完善车险业务发展策略，实现规模、速度和效益的最佳组合，积极发展电话营销，努力提升车险承保的盈利水平。全年机动车辆保险保费收入268 176万元，同比增长52.99%。

非车险业务 通过落实非车险经营责任制、调整承保政策、实施分险种考核、加强专业团队培训及业管部门内部建设等措施，着力加强销售组织建设与管理，提升非车险销售能力，推动责任险、意外险、货运险、家财险等核心业务的发展。继续完善以客户为中心的项目管理体系，巩固重大项目优势。全年非车险保费收入54 994万元，同比增长19.77%。

全面提升管理水平 把坚持改革和创新，规范经营，全面降低经营管理成本作为提升管理水平的主要措施，通过采取层层宣导、明察暗访、考核奖惩等措施，完善车险理赔核损员的管理和培训机制，有效地控制了经营成本。通过实施动态监控，严格预算和费用管理，切实把好票据真实性和事项真实性两个关口。完善内控制度，实施合规网络体系建设，组织开展对中介业务违法行为的整顿和自查自纠，持续开展合规现场检查。加强合规经营教育，认真落实总公司标准操作流程手册和岗位合规手册的要求，提高全体员工的合规意识、风险意识。

客户服务 坚持开展规范化服务达标活动，以明查暗访的形式，加大对窗口单位规范化服务的检查、监督工作。进一步修改和完善车险定损理赔服务流程，加强客户投诉管理，加大对违规服务的处罚力度。开展服务意识、服务观念、职业道德等方面的教育，请有实践经验的老员工和专家到各业务单位讲课，实施案例教育。开展岗位培训及业务竞赛。

（刘锦忠）

太平财产保险有限公司北京分公司

2010年，太平财产保险有限公司北京分公司（以下简称太平财险北京分公司）实现保费收入22 401.63万元，同比增长39.41%。其中，车险保费收入12 376.69万元，同比增长60.83%；非车险保费收入10 024.94万元，其中财产险保费收入4 762.31万元，责任险保费收入3 619.61万元。

截至年末，太平财险北京分公司共有支公司3家，营销服务部1家，在职人员168人。

车险业务 开展“首届车险运营岗位技能大练兵、大比武”竞赛，从保险基础知识、法律法规、车险管理制度、岗位专业知识等方面对全体员工进行培训，并进行了考试和模拟演练。健全理赔服务管理机制，针对定损难、理赔难等突出问题，制定切实有效的措施，提升理赔服务质量。建立岗位绩效考核机制、淘汰机制、培训机制，提升员工综合素质和专业技能，打造一支过硬的理赔队伍。加强服务网络体系建设，依托寿险信息平台，形成以四个定损中心为主体，品牌4S店为依托，以理赔人员为主体，公估公司人员和非全日制用工为依托的服务全市的方便快捷的服务体系。

非车险业务 通过开展“开路先锋”（家财险、意外险业务）和“船长之梦”（水险业务）竞赛，使财产险优质板块业务得到较快的发展。建立大项目、大客户和板块业务的理赔服务绿色通道，由专人负责追踪，进行项目的风险查勘、理赔知识培训等，使客户充分认识防灾防损的重要性，增强风险防范意识，在出险时能够按照正确的理赔流程进行索赔。

合规经营 根据总公司《案件责任追究管理办法》、《合规经营检查方案》，开展合规经营检查。成立检查小组，制订检查方案，对发现的问题提出整改措施、期限和责任人。加强和推进反洗钱工作，制订《二〇一〇年反洗钱工作计划》和《二〇一〇年度反洗钱宣传和培训工作方案》，开展二期反洗钱宣传月活动，进行了四次反洗钱知识测验。

企业文化 在全体党员范围内组织开展创先争优活动，认真做好入党积极分子的培养工作，吸引优秀员工和业务骨干向党组织靠拢，全年共发展六名新党员。7月1日，在中国共产党成立89周年之际，开展“铸魂聚力，服务发展”的主题活动，组织全体党员和入党积极分子参观爱国主义教育基地——中国人民抗日战争纪念馆和卢沟桥。开展“规范服务、提升品质、改进作风、提高效率”活动，进行“核心价值观”员工访谈，帮助员工规划职业生涯，增强全体员工的向心力和凝聚力；实施标准化作业流程和规范化管理，规范员工的基本工作行为；规范服务内容，提高工作效率；强化团队协作，实现协同效应；组织培训，提升专业化服务能力。

（刘佳）

中华联合财产保险股份有限公司北京分公司

2010年，中华联合财产保险股份有限公司北京分公司（以下简称中华财险北京分公司）实现保费收入6.79亿元，市场份额3.16%（来自北京保险行业协会数据），保费收入同比增加0.64亿元，增长10.43%；承担风险责任（承保业务的保险金额）1 592.28亿元。全年累计处理赔案14.46万件，支付赔款3.99亿元。总资产4.65亿元，实现净利润5 556.43万元。

截至年末，中华财险北京分公司下设12家支公司、2家营销服务部，与306家中介机构建立合作关系，拥有正式员工447人，服务网络覆盖全市18个区县。

机动车业务 面对同业竞争加剧及业务结构调整的双重压力，中华财险北京分公司利用商业车险上平台等有利机遇，积极研究对策，采取增强核保政策的适应性、鼓励业务机构提高续保率、深挖优质代理发展潜力、实施新渠道拓展方案等手段，确保车险业务稳步提升。全年累计承保机动车27.78万辆，车险业务保费收入5.25亿元，市场份额3.45%，同比增长8.41%。其中，商业险保费收入3.88亿元，同比增长12.79%；交强险保费收入1.39亿元，同比下降1.42%，保费占比20.47%。

非车险业务 将年度非车险工作重点

放在优化结构、保证效益上，严格控制高风险业务，加强对重大项目业务的分析和调控。坚持服务创新，率先在北京地区实行“理赔一卡通”支付服务，有效地规避了中间环节风险，提高了工作效率。全年非车险业务实现保费收入1.54亿元，同比增长18.46%，规模占比22.68%，同比上升1.51个百分点；农业险实现保费收入8 147.45万元，同比增长40.93%。

内控制度建设 按照总公司“巩固、提高、完善”的发展思路，不断深化集中管理工作，进一步合理设置分、支两级机构的理赔部门，实现车险、非车险和短期人身险理赔集中管理；成立承保中心，进行全险种承保的集中管控；加大费用预算管理力度，控制经营成本；加强审计工作，将审核范围覆盖全险种，坚持定期的风险排查和合规检查、开展保险案件责任追究清理工作等，全年未发生违规违法案件，未接到监管部门任何形式的行政处罚。

理赔质量年活动 以理赔质量年活动为契机，稳步推进各项理赔管理工作。建立客户回访制度，对理赔时效和客户服务满意度进行统计，及时发现理赔各环节存在的问题；实施人伤案件“三个百分百”服务，即“报案后100%电话回访、治疗中100%跟踪进程、重大案件100%入院慰访”；妥善处理诉讼案件，坚持百分之百出庭应诉，通过提前介入案情，争取庭前调节、庭上调节，全力降低诉讼金额，撤诉案件227笔，降低赔付金额448万元。

企业文化 着力构建和发展独特、鲜明的企业文化。4月17日，开展“忆过去携手并肩奋战七载，展未来同心协力再创辉煌”主题活动，开展专题晨会、座谈会、服务技能大比拼、登山、球赛等系列活动，加强了员工间的沟通与交流，增强了凝聚力；4月20日，参与北京金融工委组织的金融行业乒乓球比赛；5月，本着“情系中华、回报社会”的服务宗旨，组织全体员工向青海玉树灾区捐款；12月，响应总公司关于“二次创业三步走”的战略构想，组织筹划了“激情唱响二次创业”演讲比赛，充分调动广大员工投入二次创业的积极性与主动性。

（袁婕）

永安财产保险股份有限公司北京分公司

2010年，永安财产保险股份有限公司北京分公司（以下简称永安保险北京分公司）实现保费收入14 745.32万元，同比增长6.28%。其中，车险保费收入13 859.34万元，同比增长5.46%，非车险保费收入885.98万元，同比增长21%。

截至年末，永安保险北京分公司下设4家营销服务部及2个内设业务部，在职员工163人。

车险业务 着力进行业务调整，对不同类型客户推行差异化服务措施，有效提升车险业务品质和盈利能力；加强续保业务指引，鼓励优质业务发展，限制亏损、高风险业务，为车险业务的健康发展奠定了基础。

非车险业务 拓展非车险业务合作渠

道，以财产险重大项目为主要目标，重视续保客户的维护，实现了财产险业务的有效增长。全年财产险实现保费收入较上年增长 72%。

理赔服务 针对 2009 年赔付成本相对较高的问题，车险管理部梳理理赔标准，优化理赔流程，实行案件分类管理，从出险率、案件真实性、定损标准方面加以管控，努力降低各险种尤其是车险的赔付成本。定期对员工进行业务技能培训，建立和完善客户服务标准化流程。

风险防范 按照客户服务标准化、工作流程网络化、岗位职责制度化、合规稽核重点化、安全保密长效化的原则，开展"小金库"专项治理、中介业务自查自纠、合规经营检查工作，全年未受到各类内外部处罚。

企业文化 开展"服务在二线 满意在一线"倡议活动，增强二线员工的主动服务意识、服务态度及服务水平。组织党、团员和青年，开展 11 日排队日志愿服务活动、爬山竞赛等活动，增强了员工的凝聚力和企业活力。

（张菁莹）

华安财产保险股份有限公司北京分公司

2010 年，华安财产保险股份有限公司北京分公司（以下简称华安保险北京分公司）实现保费收入 10 946.70 万元，同比增长 46.93%；实现利润 450 万元。

截至年末，华安保险北京分公司下设 5 家支公司、14 家营销服务部，在职员工 101 人。

业务发展 认真筛选业务渠道，将资源向优质业务渠道倾斜；积极拓展新业务，寻找业务增长点；利用连锁营销服务网点优势，探索直销经营模式；加强业务培训，提升业务人员展业技能；实施激励方案，调动业务人员积极性；对机构采取差异化管理，促进业务持续有效益地发展。成功续保中国民生银行股份有限公司公务车辆机动车保险业务，中国检验认证（集团）有限公司财产一切险、公众责任险、机器损坏险、雇主责任险一揽子保险业务，天津地铁建工一切险保险业务；参与承保了鑫诺五号、鑫诺六号卫星保险业务。

风险管控 根据北京保险市场行情并结合自身发展情况，细化车险核保政策，对不同车辆、不同渠道制定差异化的承保条件，并不断进行调整和完善，注重承保品质，确保在风险可控下规模发展车险业务。非车险业务则采取积极开拓、谨慎承保的政策，提高承保质量，有效控制承保业务的风险水平。

提升客服水平 将资源配置适度向客户服务倾斜，通过采取日常培训、两核专业技术资格考试、上岗资格考试、落实岗位考核办法等措施，不断提升客服人员专业素养，力求客户服务与业务协调发展。重新梳理理赔流程，对客服工作人员采用量化考核指标，努力提升服务水平，满足客户多样化的需求，创建有华安特色的服务品牌。

（王海月）

天安保险股份有限公司北京分公司

2010年，天安保险股份有限公司北京分公司（以下简称天安保险北京分公司）实现保费收入22 984.83万元，同比增长189.80%，与承接目标任务相比，保费收入指标达成率为255.39%，险种结构良好，非车险占比达到40.87%；赔款支出5 664.91万元，其中历年保单赔款2 859.43万元，当年保单赔款2 805.48万元；简单已决赔付率24.65%，综合赔付率56.05%，同比上升21.82个百分点。

截至年末，天安保险北京分公司本部下设行政管理部、销售管理部、理赔服务部、计划财务部四个职能部门和5个本部业务处室；外设9个基层营业机构，其中1个支公司，8个营销服务部。共有员工158人。

（雷宝福）

中国大地财产保险股份有限公司北京分公司

2010年，中国大地财产保险股份有限公司北京分公司（以下简称大地保险北京分公司）累计实现保险业务收入2.38亿元，比上年增长19.32%，综合精算自留满期赔付率59.86%。

截至年末，大地保险北京分公司内设综合管理部、计划财务部、车险部、非车险部、人身险部、客户服务部、销售管理部、业务承保中心8个职能部门，下辖1个营销服务部、9个内设业务部、1个战略合作部；共有员工143人，其中劳动合同员工96人，劳务合同员工47人。

车险业务 以控制高风险业务为重点，以险别结构调整控制、差异化费用政策和核保政策为手段，在初步建立渠道分类评价体系的基础上，实施分渠道车险核保责任人制度，针对渠道承保需求，核保责任人在政策应用、问题沟通等方面全过程贯穿其中，根据业务质量、渠道诚信度、渠道管理规范性等情况，在部分渠道中实行赔付率等指标监控下的差异化核保政策；大力推广“规则引擎”的使用，8月，在系统内第一家推广24小时自动核保服务，年末车险自动核保率达到61%。全年实现车险保险业务收入1.29亿元。

非车险业务 以加强大项目运作为抓手，着重培育非车险团队对大型商业风险项目的公关能力和维护能力。实行专人负责制，对客户进行业务宣导、培训、制定防灾防损预案；根据北京市场大型商业风险项目集中在经纪公司的特点，主动维护现有经纪公司，大力拓展新的经纪公司；根据业务部门需求，开展险种理论实务、公关技巧等有针对性的培训，提高业务人员的综合素质。全年陆续投标70多个大项目，平均每月6~8个；实现非车险保险业务收入4 631万元。

人身险业务 强化应收保费的管控，建立应收保费周报制度，及时监控应收保费清收进展，对渠道和业务人员逐一进行督促提醒，及时解决应收保费清理过程中遇到的问题；制定《人身险保单保全规则》、《人身险承保管理规定》，对人身险业务的承保、保全提出了明确的要求，有效地控制人身险业务承保环节的操作风险。全年实现人身险保险业务收入6 216万元。

服务能力 根据北京市地理特点，依照“点、线、面”的规划逐步形成覆盖全市的服务网络。建立案件检查长效机制，充分发挥专职检查人的作用；打假骗赔活动，全年共破获虚假赔案56笔，挽回经济损失107万元。与4S店签订合作直赔协议，形成品牌全、覆盖广的4S店合作网络。推行理赔服务新举措，在控制赔付率的前提下，进一步简化服务流程，如小额案件快速处理、重点客户上门服务、PDA现场定损等，使理赔服务更加便捷、高效。

渠道建设 从销售支持、合作模式方面入手，加强销售策划、销售推动、售后服务工作，重点抓好汽车整车相关的产业链渠道，以优质4S店渠道和专业代理渠道为核心，以汽车维修企业、汽车俱乐部为辅助，建立了核心渠道与传统渠道相结合的车险销售渠道体系。根据现有车险渠道的业务量、赔付率、管理水平、诚信度、客户结构等状况进行综合分类，以渠道业务规模及总成本核算为基础，在各项合作政策支持等方面给予相应的倾斜，初步建立起渠道差异化分类管理体系。

（赵东平）

中国人寿保险股份有限公司北京市分公司

2010年，中国人寿保险股份有限公司北京市分公司（以下简称中国人寿北京市分公司）实现寿险保费收入100.05亿元，同比增长24.83%；年金业务新增中标客户28家，基金总规模47.05亿元（含集团业务），占北京年金市场的90%。已为151万北京市民提供了个人寿险保障，为11 000家大中型企业提供了员工人身意外、企业养老、医疗保障等团体寿险服务。全年处理各种赔付、给付近54万件次，金额超过17亿元。

内部管控 深入开展县支公司内控自查自纠整改，切实提升风险防范化解能力。对关键岗位的检查步入制度化、规范化轨道，全面开展对经营管理异常情况的监测和评估。配合人民银行开展反洗钱检查，上线反洗钱可疑交易系统。贯彻落实党风廉政建设责任，制定《党委巡视工作暂行办法》、《2010年巡视工作实施方案》，对33个经营单位进行了巡视检查，对45名领导干部进行了民主评议。开展以“制度学习、案例警示”为主题的反腐倡廉教育活动，稳步推进效能监察工作。组建兼职销售督察员队伍，加强专业化技能培训，进一步夯实基层单位销售风险管控基础。强化风险预警系统的运用，全面启动营销员信用品质管理。组织开展销售督察专项检查，治理销售误导行为，防控销售领域关键风险点。

队伍建设 推行干部竞聘制，对助理以上干部152人进行重新竞聘，86人通过竞聘上岗，66名干部进行了分流。实行与考核结果相挂钩的任期聘任制，探索“能上能下”、“能出能进”的人力资源管理机制。建立员工“双向选择”上岗制度，共有1 540名员工参与，其中有21名员工进入公司内部人力资源市场，优化了员工队伍结构。推进各项培训计划的实施，共组织培训班267期，实际参训人数15 704人。

品牌建设 2010年，中国人寿北京市分公司独家承保军人保险，与俄罗斯保险公司签署协议建立中俄旅游安全保险合作机制，承保北京国际铁人三项赛事，被全国金融工委授予“全国模范职工之家”称号，蝉联《新京报》“年度综合实力十强保险企业”。

企业文化 在基层党组织和党员中开展创先争优活动，建立健全基层党组织，城区党支部由9个增加到14个，全系统党支部总数33个；在营销单位开展营销员党员“亮身份、树形象”活动，充分发挥党员的模范带头作用。积极推进以“争先创优”为主题的企业文化建设，组织羽毛球比赛、乒乓球比赛、足球比赛等活动，都受到了员工的好评。创建学习型组织，建立“电子书屋”，搭建职工之家建设平台，为发展和谐劳动关系提供桥梁纽带作用。

（徐福军）

中国平安人寿保险股份有限公司北京分公司

2010年，中国平安人寿保险股份有限公司北京分公司（以下简称平安人寿北京分公司）实现规模保费收入133.80亿元，同比增长15.65%。其中，个险规模保费收入99.00亿元，团险规模保费收入2.17亿元①，银保规模保费收入32.63亿元。累计办理理赔49 061件，理赔及死伤医疗给付金额3.89亿元，年金及满期给付15.93亿元。拥有客户358余万名，保单497余万件。为客户提供预约上门服务62 655次，完成95511首问受理件122 505件。

截至年末，平安人寿北京分公司共设有34家营销服务部，在职内勤员工809名，返聘人员5名，银行专管员216名，续期收费员83名，个人代理人19 741名。

个人营销业务 以“一条主线、两大人群、三大平台”构建人力发展体系，深化目标管理，激发层级增员意愿，夯实平台运作基础。截至年末，个人代理人达19 741名，同比增长10%；营业部由126个发展为138个，新增营业组330个，新增营业部26个，3人晋升为业务总监。8月，推出金领移动展业模式，将无纸化、电子化的低碳环保理念付诸实践，全自动化的销售平台支持客户了解产品、完成投保、获得核保结果、现场交纳保费获得保

① 自2009年7月1日起，平安寿险账套下原团险产品全部转移至平安养老金公司，故团险系列无在售产品，保费收入为原团险产品的部分续期保费收入，新单保费收入已全部转移至平安养老金公司，故团险保费收入不作同比比较。

险保障。全年实现规模保费收入 99.00 亿元，同比增长 27.20%，其中新单规模保费收入 32.07 亿元，同比增长 34.74%。

银行代理业务 秉持“趸期并重”的经营方针，在渠道建设、业务推动和人才培训等多方面不断推陈出新，坚持以万能险产品为主打，第四季度顺应市场变化，推出分红险新产品，进一步深化与工商银行、中国银行、建设银行、交通银行、邮政储蓄银行、农村商业银行、汇丰银行等渠道的合作，积极开拓农业银行、招商银行等新渠道，整体上保持了北京市场网均产能的领先地位。全年销售 32.63 亿元，其中，期缴保费 9 137 万元，期缴同比增长 21 倍。

重大承保与理赔 完善理赔服务，其中包括：理赔结案后向申请人和代办人发送短信；向非身故理赔申请的客户邮寄慰问卡、理赔申请单证以及单证填写样本；投保人登录平安官方网站，注册一账通用户之后，即可实现网上理赔报案、网络查询理赔进度；对于在理赔申请书中预留电子邮件的客户，通过电子邮件平台向其发送理赔决定通知书。10 月，赔付恶性肿瘤患者苏某重大疾病及医疗保险金 1 031 707.23元，豁免保费 174 210 元，是平安人寿北京分公司 2010 年度最大单笔理赔款。承保黄某投保寿险 1 000 万元、意外险 100 万元，年度累计承保保额 1 100 万元，是平安人寿北京分公司 2010 年最大承保契约。

客户服务 继续倡导和深耕P－STAR 五星级服务理念，将“五星式”服务意识融入日常工作，形成了良好的服务文化氛围。5 月，启动“绿色承诺　平安启航”第十五届客户服务节活动。大力倡导低碳环保生活理念，开展了开幕式暨专家巡讲活动、少儿系列比赛、社区趣谜晚会和电影晚会、闭幕式暨夏令营活动，客服节历时 3 个月，参与人数达 6 万人次。利用中国平安集团综合金融的服务优势，围绕健康、快乐、幸福等主题为 VIP 会员举办了“同游梦公园　共享家甜蜜”巧克力公园亲子活动、“倡·低碳　享·平安”高尔夫邀请赛、“绿色承诺，平安邀您一起行动”收获金秋采摘活动、“祥兔迎新，平安贺岁”VIP 贺岁电影周等活动，2 140 多名 VIP 客户参与。为 12 000 多名铂金卡及钻石卡 VIP 会员赠送了生日礼物，为 400 多名 VIP 客户提供了住院探视服务。

企业文化建设 开展了“合理化建议”、“寻找最美的微笑”柜面微笑之星评选、“群英荟萃　共话服务”辩论赛等活动，举办了“激情跨越，健康成长”管理干部培训班，推广了绩效文化“使命必达”号角行动，开展了“绿色承诺　平安中国”低碳 100 行动，成立了制度审计委员会，举行了为应对天灾、意外或人为恶意（恐怖）等重大事故出现的“业务持续计划”（BCP）演习。

社会公益 青海省玉树藏族自治州玉树县发生地震后，平安人寿北京分公司员工捐款 286 189.25 元，帮助灾区人民重建家园。开展“城乡共建”实践活动，履行社会企业责任。活动期间，实施“中国平安希望小学维护计划”、“中国平安希望小学优秀教师奖励计划”，向房山区蒲洼乡平安希望小学捐赠价值 2 万元的教学设备，推荐 2 位优秀教师王昆杰、狄妍获得 1 000 元/人的优秀教师奖励金，邀请学校师生参加“群星璀璨　大道平安”晚会。

（吴泽慧）

中国太平洋人寿保险股份有限公司北京分公司

2010年，中国太平洋人寿保险股份有限公司北京分公司（以下简称太平洋寿险北京分公司）实现保费收入49.37亿元。其中，个人营销业务实现新单保费收入2.81亿元，同比增长23.79%；银邮业务实现保费收入32.6亿元，其中期缴保费收入占比显著提高，银邮业务期缴保费5.39亿元，同比增长61.38%；团体业务实现保费收入2.2亿元，其中意外险保费收入0.51亿元；续期业务实现保费收入11.76亿元，同比增长57.43%。

截至年末，太平洋寿险北京分公司下辖10家支公司，在职内勤员工285名，营销员3 834名，银行保险系列外勤员工420名、团体业务系列外勤员工72名。

个人营销业务 以基本法宣导为核心，实施人才增募新突破；以培训支持为核心，持续推动优秀业务人员成长；积极调整产品结构，以传统保障型产品为销售重点，为消费者提供具备充分保障功能的保险产品。全年个人营销业务实现新单保费收入2.81亿元，同比增长23.79%。

银邮业务 不断拓宽经营渠道，着力创新销售模式；根据市场变化适时完成组织架构调整，推动行销支持，强化队伍基础管理，提高综合素质；大力推动产品结构调整，提升期缴业务占比，期缴业务呈现高增长态势。全年共实现保费收入32.6亿元，其中期缴保费收入5.39亿元，同比增长61.38%。

团体业务 引入寿险意义与功用培训，提升销售专业力；扩展团险客户服务广度；关注市场企划，针对细分市场创新产品；凭借品牌、服务、专业能力，成功赢得北京团险市场数个大项目。全年实现保费收入2.2亿元，其中意外险保费收入0.51亿元。

客户服务 从信息沟通着手，以短信提醒的形式，根据客户需求，陆续开通了划账成功/不成功提醒、续期缴费提醒、给付提醒、保单失效时间提醒、质押贷款到期提醒、理赔短信提醒，涵盖了承保、保全、续期、给付、理赔等各个重要环节。在原有理赔案件处理过程的基础上，细化复杂理赔案件处理流程和理赔人员职责，通过对每个关键节点、过程细节的控制管理，达到稳妥、高效处理的目的，提升理赔案件的效率与质量。开展亲子欢乐会、少儿书画大赛、客户电影节、岁末贺年等活动，为客户提供多样化的增值服务，提升品牌形象和客户满意度。

企业文化 以企业文化核心要素为基础，不断提升内勤为外勤服务、上级为下级服务、全员为客户服务的“三全服务”理念，通过学习《企业文化手册》，规范员工礼仪，明确公司远景，统一员工思想，加强企业文化建设。开办宏观经济走向分析、管理分享等培训课程，开展感恩活动、员工俱乐部、摄影比赛等系列文化建设活动，为打造一支责任心强、专业素质高的寿险团队奠定了基础。

（王维宁）

泰康人寿保险股份有限公司北京分公司

2010年，泰康人寿保险股份有限公司北京分公司（以下简称泰康人寿北京分公司）实现总规模保费收入77.1亿元，同比增长37%。其中，个险保费收入11.04亿元，同比增长15.97%，其中新契约保费4.29亿元，同比增长24%；团险保费收入6.8亿元，同比下降26%；银保保费收入55.94亿元，同比增长45%。

截至年末，泰康人寿北京分公司下设18家支公司，22个营销服务部，在职内勤员工406人，营销持证业务员5 101人，电话销售369人，团险134人，银保713人。

个险营销业务 坚持以传统型保险为销售重点，注重业务品质，主动规范代理人的展业行为，大力倡导合规经营理念，全年个人业务实现新契约规模保费4.29亿元，同比增长24%，期交标准保费2.25亿元，连续三年取得高速增长。

团险业务 秉承专业成就价值，管理创造利润，服务促进业务的经营理念，以渠道建设为基础，以组织发展为重点，抓团队、调结构、稳增长、促利润，使团险业务逐步走向集约化经营、规范化管理、程序化运行、标准化运作、制度化建设的良性轨道。全年实现员福规模保费6.8亿元，年金签约规模保费14亿元。

银行保险业务 渠道建设和组织发展稳步加强，与15条渠道开展合作，成功开拓光大银行新渠道，持续稳固北京银行、民生银行、深圳发展银行、中信银行、华夏银行等渠道；率先组建客户资源管理团队，为客户提供差异化创新经营与服务，满足客户不同的理财需求；开展续满期服务，开拓中小股份制银行，力求与渠道合作共赢，为营销模式的创新作出探索。全年实现规模保费55.94亿元，再创历史新高；期交业务实现4.5亿元，同比增长230%。

电话行销业务 发展电话行销创新渠道，业务自建、外包齐头并进，全年累计实现标准保费收入8 637万元，同比增长122%；组织架构搭建日趋完善，在线销售人员突破500人。

特色理赔 开辟理赔绿色通道，推出代理人康乃馨理赔住院探视服务、康乃馨升级版理赔实时赔付、高风险地区住院客户夜间探视等特色服务，着力解决理赔难问题，保证出险客户及时得到赔付。

社会公益 秉承“服务公众，回馈社会”的宗旨，在昌平打工子弟学校建立“泰康图书室”，捐赠千余册学习书籍；独家为2010年秋季北京国际长走活动参与者无偿提供保险服务。

（田雪）

新华人寿保险股份有限公司北京分公司

2010年，新华人寿保险股份有限公司北京分公司（以下简称新华人寿北京分公司）全年实现总保费收入102.35亿元，同比增长52.74%。其中，个险总保费收入34.81亿元，其中个险新单保费收入9.67亿元；银保总保费收入62.78亿元，其中银保新单保费收入47.61亿元；团险总保费收入4.94亿元。

截至年末，新华人寿北京分公司下设11家支公司，11家营销服务部；员工总数11 816人，其中在职人数1 852人，聘用离退休人员11人，保险代理人9 953人。

个人营销业务 贯彻“管理、价值、和谐、发展”的八字方针，根据销售节奏制定详尽的推动策略，突出核心业务价值，不断取得突破；夯实基础管理，开展荣誉体系建设，加大培训力度，引导绩优文化，提升作业能力，团队产能不断提高，人均产能同比上升32.23%，件均标保同比上升40.83%，年末绩优人力同比上升66.26%。

团体业务 贯彻发展核心价值业务精神，依照“千百十”计划推动运营，深挖客户资源，以客户积累、机构拓展为重点，大力发展有价值的短期险业务，团体业务发展迅速，结构调整效果显著，全年业务同比增长32%，市场份额稳步提高。

银行代理业务 坚持核心业务发展策略，着力发展期缴业务，与工商银行、中国银行、农业银行、交通银行合作有突破性进展；进驻优秀网点，扩大产品类型，进一步满足客户各方面保险需求。完善培训、督导体系，加强队伍建设和基础管理。

健康险业务 坚持以优化业务结构、加强队伍建设、强化基础管理、提升后援能力为切入点，通过晨会、夕会、经理例会管理，加强业务追踪，加大培训力度，引入晨会视频教学，做到天天有培训，提升队伍作业能力。短期险保费收入首次突破亿元，同比增长18%。

风险管控 强化风险管理体系建设，制定《合同管理办法》、《授权管理办法》、初步拟定完成《北京分公司风险管理体系建设和运行纲要》、《北京分公司产品销售信息资料管理办法》；坚持预防为主，深入开展合规教育，通过专项会议、晨会广播、专项考试等多种形式，加大反洗钱宣传和培训力度；开展“彩虹项目”、“反洗钱内部模拟检查”、“合规经营整改”等内部控制评估和风险排查工作。

客户服务 年内，新设海育大厦、密云、大兴三家客服中心。推行综合柜员制，确保岗位职责落实到位。临柜递交简易小额理赔业务确保在半小时内结案，结案率显著提升。开展“少儿书画大赛”活动。设计《高端客户俱乐部服务手册》，整合高端客户服务内容。

（王宇天）

太平人寿保险有限公司北京分公司

2010年，太平人寿保险有限公司北京分公司（以下简称太平人寿北京分公司）实现总保费收入23.46亿元。其中，个人业务保费收入1.85亿元，同比增长36.0%；团体业务保费收入0.92亿元，同比增长16.5%；银行代理业务保费收入14.4亿元，同比增长45.2%；续期业务实现保费收入6.29亿元，同比增长70.9%。

截至年末，太平人寿北京分公司下辖10个营销服务部，在职内勤员工230人，个人代理人2 235人，银行保险客户经理177人，续期服务专员44人。

个人业务 继续深化专业化运作"八大体系"，通过固化各类会议经营，规划明确合理的营销节奏，通过不断的业务创新，实现了业绩的持续高点，全年实现新契约规模保费1.85亿元。注重业务品质、客户服务和续期经营，大力倡导有品质的发展，全年累计个险13个月保费继续率达到91.5%，累计个险25个月保费继续率达到95.9%，双项指标均超越太平人寿设定的精算假设。

团体业务 开展专业化、系统化、流程化的理赔外包服务工作，修订完善协议审核、各岗基本操作及跨部门交叉作业流程，对关键岗位人员业务操作合规性进行系统的指导和培训；完善团体运营部差错管理办法、理赔签批权限管理办法，明确职责要求；建立重大案件处理及沟通理赔合议制度，妥善处理个案；成功续保施耐德、塞纳德系列、博士伦、苏司兰等大型企业。

银行代理业务 坚持推进专业化经营体系，优化队伍结构，创新渠道合作模式，逐步深入周单元经营，开展理财沙龙及高端客户开发，实现了趸、期交双项业务均衡发展，全年累计实现新契约总保费收入14.4亿元。其中，趸交业务实现保费收入12.24亿元，首次突破10亿元保费平台，同比增长48.5%；期交保费收入2.16亿元，同比增长28.6%。始终坚持业务与品质并重的发展战略，通过月度品质管理委员会和运营沟通会的召开，保证了新契约品质和合规管理工作的持续推进。全年，银行代理业务累计期交13个月保费继续率96.2%、25个月保费继续率97.0%，两项指标均超越太平人寿设定的精算假设，位列系统前列。

多元行销 2010年是多元行销的第一个完整经营年。通过不断开拓新渠道，完善制度，加强队伍建设，多元行销实现了快速成长，实现保费收入845万元，同比增长113%，人力发展同比增长190%，实现了跨越式成长。

客户服务 始终以"诚信为本、客户需求"为服务宗旨，通过优化柜面服务流程、建立柜面服务标准、调整VIP客服项目、加强VIP体检通道建设、改进理赔探视工作，为客户提供高效、快捷、便利的专业服务。举办丰富多彩的客户服务活动，为客户提供高附加值服务。举办了以"爱在我心中"为主题的少儿书画大赛及多场子女教育、色彩、理财等方面的专题讲座，开展了“客户大回访”活动，对客户的资料信息进行了更新，并在客户“新年电影招待会”上，对积极参与回访的客户举行了幸运大抽奖活动，赢得了客户的广泛赞誉。

社会公益 以回馈社会、帮扶社会弱势群体为己任，开展丰富多彩的社会公益活动。为张北希望小学建立了“爱心图书室”，组织员工慰问智障儿童及福利院的老人们，参加“绿色助学公益植树活动”；青海玉树地震发生后，发起“灾难无情，太平有爱”的捐款活动，全体员工捐款4.6万余元。

（张永）

民生人寿保险股份有限公司北京分公司

2010年，民生人寿保险股份有限公司北京分公司（以下简称民生人寿北京分公司）实现保费收入31 267.61万元，同比增长80.9%。其中，个人业务（包括个险、中介渠道）规模保费收入11 000.42万元，同比增长21.98%，含新单业务保费收入2 211.77万元，含续期业务保费收入8 788.65万元；银邮业务规模保费收入19 722.18万元，含趸交保费12 347.23万元，含期交保费收入4 096万元，含续期保费收入3 278.95万元；团险业务保费收入545.01万元。

截至年末，民生人寿北京分公司下辖9个营销服务部。

个人业务 狠抓机构建设，不断夯实队伍架构，以新法普及和新人育成为核心，提升有效人力，以富贵系列主打产品的推广作为辅助的专业化个险营销模式，固化销售节奏，形成统一营销文化。截至年末，个人代理人634名，持证率100%；个人代理新单业务保费收入2 116.59万元，累计个险13个月继续率82.63%，累计个险25个月继续率93.84%。

银邮业务 根据总公司的统一部署，采取期趸缴相结合的经营理念，有节奏的进行业务推动，促使期趸结合的业务模式日趋成熟完善，实现了与北京银行、工商银行、民生银行、邮政储蓄银行四大渠道的密切合作，网点增长率比上年增长24.2%，提前并超额完成总公司下达的任务，实现规模保费收入19 722.18万元，其中期缴保费收入4 096万元。

团险业务 以短期意外伤害保险为主，以个险营销员销售中小企业团体意外伤害保险业务为综合开拓主线，合理管控风险，积累优质客户，注重合规经营，禁止团单个做、洗钱、非法集资、承诺固定回报等种种违规行为，全年实现保费收入545.01万元。

中介业务 自2008年确立了重点合作战略以来，与嘉信等几家中介代理机构建立了良好的合作关系，通过定期对代理机构人员进行培训，改善中介渠道的客户服务等，重点合作机构的产能得到一定提升。全年累计中介新单业务保费收入95.18万元，续期业务保费收入1 537.62万元。

客户服务 以建立“规范化、标准化、专业化、精细化”的客户服务体系为目标，通过24小时客户服务热线95596全天候无间隙服务、非常“6+1”快速理赔机制等，为客户提供及时、便捷、周到的售后服务。全年共赔付案件1 892件，平均结案时间2.5天，30日结案率99.48%。举办第五届客户服务嘉年华活动，以“关爱儿童　关爱未来”为主题，组织了专题讲座、乒乓球比赛、平谷希望小学捐助等系列活动。

社会责任　始终坚持“植根民众　造福民生”的经营理念，积极践行企业社会责任。6月18日，在民生大厦举办以“感恩回馈　相约民生”为主题的大型客户答谢会，100多名客户应邀参加；12月24日，与平谷区黄松峪小学结成手拉手共建单位，为学生、教职员工送上节日礼物。

（邹伟）

大公国际资信评估有限公司

2010年，大公国际资信评估有限公司（简称大公公司）完成各种信用评级2 100项。其中，债务工具类评级360多项；非债项类评级1 700多项。完成4个高新科技项目，其中评级数据分析平台、风险预警管理信息系统软件开发获国家知识产权局软件著作权认证。

截至年末，大公公司员工总数300多人，其中分析师近200人，硕士、博士人员达90%，大公博士后科研工作站研究人员20多名。

以标准创新带动技术创新、产品创新、科研成果与组织管理跻身全国先进水平

2010年，大公公司发布的《大公国家信用评级标准》、《大公国家信用评级方法》和国家信用风险评价体系是目前国际同类研究中前沿、系统的科研成果。全年共推出50多项自主研发成果，包括美国次贷危机对证券公司的影响分析、人民币国际化与信用评级研究、金融机构内部评级等研究项目在国内都属于首次。大公博士后科研人员全年有两人两项研究课题首次获中国博士后管委会博士后基金特别资助；四人四项课题分获得中国博士后管委会博士后基金一等和二等资助。

信用体系建设　2010年，大公公司以创新专业的信用解决方案服务国家和各地的信用体系建设，在上海出席2010国际金融中心研讨会，在云南参加滇池泛亚财金货币合作大通道建设高峰会议，在天津与人民银行合作举办外部信用评级产品在风险管理中的应用研讨会，在内蒙古助办第三届东北地区信用论坛，积极推进以信用信息服务体系、金融机构内部评级体系、信用风险管理人才培养为中心的信用服务基础体系构建。

开创民族品牌　2010年，大公公司组织或出席十余个包括博鳌亚洲论坛、亚洲/中东政府主权基金圆桌会议等国际性论坛和会议，与十几个国家和国际组织的官员、同业专家进行合作交流，使民族评级机构发展和新型国际评级体系构建成为国际社会关注的焦点与热点，提别是发布国家信用评级报告、回击美国证交会拒绝在美评级申请，以及针对量化宽松货币政策下调美国信用等级等，提升了大公品牌国内与国际的影响力。

国际化发展 2010年，大公公司分三批发布了64个国家和地区的信用等级和一次对美国的跟踪评级，在国际社会引起强烈反响，特别是两次发布美国的信用等级，对市场产生明显效应。首次实现了亚洲开发银行等国际业务的收入，首批对马来西亚等国家企业的国际评级业务已经启动。与瑞银、瑞典SEB银行、美国PFC能源和荷兰Rabobank等十余个知名国际机构洽商，开展各类风险评价技术交流。大公公司在博鳌亚洲论坛年会、中国信用评级高峰论坛、中日韩信用评级论坛等国际性会议和专业论坛所发表的《构建新型国家信用评级标准》、《改革国际评级体系需要战略共识》等文章和倡议，得到国际社会的广泛关注和积极评价。

（田京海）

北京资信评级有限公司

2010年，北京资信评级有限公司（以下简称北京资信）在国际和国内金融危机的影响逐步向好但依然严峻的经济形势下，在全体员工的不懈努力下，经过内部挖潜和外部开拓，主营业务收入和经营利润较上年有所增长，实现利润总额同比增长31.21%。

股权变更 2010年，北京信用担保业协会将其所持有的北京资信股份全部转给北京信用管理有限公司。转股工作历时数月，北京资信于7月28日领取了新的工商营业执照。

业务合作 北京资信在保证中关村企业评级、担保机构评级等原有大项目平稳运行的前提下，积极开拓新的市场，与其他单位开展了关于海淀区私营企业信用状况课题、北京中关村电子产品交易商会开展企业征信工作等项目的合作。

规范业务管理 2009年6月至2010年12月，人民银行对北京资信在信贷市场从事信用评级工作进行了3次现场检查。北京资信针对人民银行出具的现场检查意见，积极进行整改，认真分析检查评级工作中存在的问题，并以此为契机，完善规章制度，梳理工作流程，明确职责分工，建立事后督察，推动了各项工作的有效开展。

（钱锋）

六、文件与规章

北京市人民政府

关于推进首都科技金融创新发展的意见

京政发〔2010〕32号

各区、县人民政府，市政府各委、办、局，各市属机构：

为深入贯彻落实科学发展观，切实加强科技和金融的资源结合，促进经济发展方式转变，提高自主创新能力，结合本市实际，现就全面推进首都科技金融创新发展提出如下意见：

一、指导思想和工作目标

指导思想。以邓小平理论和“三个代表”重要思想为指导，深入贯彻落实科学发展观，抓住建设中关村国家自主创新示范区的有利契机，坚持先行先试原则，完善科技金融体系，构建科技金融创新机制，促进科技与金融有机结合，加快首都科技金融创新发展，全面推进“人文北京、科技北京、绿色北京”建设，为建设中国特色世界城市奠定基础。

工作目标。在市委、市政府及市金融服务工作领导小组领导下，通过创新科技金融产品，完善科技金融市场，聚合科技金融组织，聚集科技金融人才，建立起与首都科技地位相匹配、与首都金融资源相适应的科技金融服务体系，把北京建设成为具有国际影响力的科技金融创新中心。

二、加快建设中关村科技金融创新中心

（一）推进首都科技金融综合改革试验。支持海淀区充分发挥创新资源优势，重点在科技金融主体聚集、多层次资本市场服务体系建设、金融工具创新、公共服务平台建设等方面开展先行先试。着力集聚各类科技金融主体和要素，支持以科技企业为主要服务对象的金融机构总部及区域总部落户发展。研究探索在中关村科技金融创新中心（以下简称创新中心）开展区域性股权交易市场、保险机构（含社保机构）股权投资业务、小额贷款公司引入外资和吸引民间资本等试点工作，综合运用短期融资券、中期票据、集合票据、集合资金信托计划、企业债券、无担保债券等各种金融工具支持科技企业发展。

（二）优化创新发展环境与服务。统筹利用中关村发展专项资金和海淀区相关资金，研究制定鼓励天使投资发展的政策，健全和完善创业投资风险补偿政策，落实好本市促进股权投资基金发展的政策措施。进一步加大对入驻创新中心金融机构的政策扶持力度。打造科技金融公共服务体系，建立科技金融综合统计分析平台，协调整合政策、资金、项目、信息等资源，为创新中心内的金融机构提供全面高效的工作、人才和生活服务支持。研究探索行政管理体制改革试点工作，优化投融资审批环境，将外资审批、消防等方面的行政审批权限进一步下放到海淀区。

三、加快完善科技信贷支持体系

（三）建立政银企专项工作机制。由市金融局会同人民银行营业管理部、北京银监局、中关村管委会等相关部门以及各区县政府、在京银行业金融机构共同构建政银企科技金融专项工作机制，推动建立协调联动机制、合作创新机制、信息共享机制、风险共担机制、联合信贷机制和信用增进机制，建设网上信息交流和融资服务平台。

（四）建立风险评估咨询机制。组建科技信贷风险评估咨询专家库，建立科技信贷风险评估专家咨询机制，为商业银行审批科技企业贷款提供专家人选，鼓励金融机构对重点科技项目提供专业化的融资咨询服务，组织金融专家和科技专家为科技企业融资活动提供志愿服务。

（五）鼓励设立科技信贷专营机构。积极落实相关支持政策，鼓励银行业金融机构进一步增加为科技型企业服务的特色支行、信贷专营机构、科技金融事业部等机构，并实施单独的考核和奖励政策，建立授信尽职免责制度，简化贷款审批流程，提高审批效率和放款速度。

（六）深化小额贷款公司试点工作。积极探索多种形式的小额贷款公司设立模式，实施贷款投向的分类指导和监管，鼓励结算银行为小额贷款公司提供融资支持，构建良好的小额信贷支持服务体系。鼓励小额贷款公司为中关村国家自主创新示范区内的科技企业提供资金支持，适当放宽小额贷款的额度限制。

（七）逐步扩大科技信贷创新产品规模。在中关村国家自主创新示范区内，鼓励扩大中小企业信用贷款试点规模，增加合作银行数量，鼓励其在风险可控前提下提高对中小企业信用贷款的审批效率。积极开展知识产权质押贷款，市知识产权局和市工商局等有关部门要为开展知识产权质押贷款创造条件；推广海淀区知识产权质押贷款贴息政策，鼓励有条件的区县研究制定业务风险补贴等政策措施支持开展知识产权质押贷款。探索知识产权质押贷款质权处置途径，扩大知识产权质押贷款规模。

（八）鼓励开展科技金融服务创新。鼓励银行业金融机构开发适合多个企业参与的集合信贷产品，对技术联盟、战略联盟、销售联盟，或是紧凑的上下游企业自律组织联盟进行集合授信支持。鼓励通过并购贷款支持科技企业发展；支持金融机构开展软件外包贷款、集成电路贷款、文化创意贷款、节能减排贷款等产品和服务创新；采用股权质押贷款、保理、融资租赁等多种融资手段，拓宽企业融资渠道。鼓励金融机构及相关中介机构为科技企业做好结算咨询、财务顾问等金融服务。

四、加快拓展科技企业市场融资体系

（九）推动科技企业在创业板上市。加快建立推动企业创业板上市的政策支持体系、上市培育体系和信息支撑体系。加强对科技企业改制、上市过程的综合配套服务，鼓励科技企业改制并给予费用补贴，有针对性地组织上市培训工作，建立北京市企业上市资源数据库和企业上市网。发挥中关村国家自主创新示范区科技企业资源丰富的优势，集中力量培育一批创新能力强、成长快、前景好的创业板上市企业，做大做强中关村板块。

（十）推动债务融资创新。加快推动科技企业在银行间市场融资，与银行间市场交易商协会建立长期全面合作机制，积极支持中债信用增进投资公司在京发展。建立科技企业在银行间市场融资的绿色通道，鼓励其发行短期融资券、中期票据、集合票据等融资工具。大力发展企业票据融资市场，扩大票据发行规模。拓宽科技企业债券融资渠道，满足企业中长期发展资金需求。积极推动科技中小企业发行集合债券，并给予政策支持。

（十一）发展中关村代办股份转让系统。支持中关村代办股份转让系统制度创新，探索建立做市商制度和资本市场转板制度，增进市场流动性和活跃度。大力培育试点企业资源，进一步扩大试点规模。把中关村代办股份转让系统建设成为统一监管下的全国性场外交易市场。

（十二）发展各类产权交易市场。创新技术交易服务模式，大力扶持技术投资机构发展，推出技术投资基金和科技信托基金，广泛吸引社会资本参与科技成果产业化，支持中国技术交易所发展成为具有国际影响力的技术交易市场。加快发展知识产权交易市场，创新版权产业投融资模式，鼓励设立新媒体版权权益投资基金，推动设立文化产权交易所。依托北京环境交易所建立环境权益交易平台，以市场化机制推动节能减排创新试点和节能环保技术发展。

五、加快发展股权投资服务体系

（十三）发展天使投资和创业投资。积极落实国家对创业投资企业发展的税收优惠政策，创业投资企业采取股权投资方式投资于未上市中小高新技术企业2年以上的，可以按照其投资额的70%，在股权持有满2年的当年抵扣该创业投资企业的应纳税所得额；当年不足抵扣的，可以在以后纳税年度结转抵扣。推动国家产业技术研发资金在京参股设立创业投资基金。鼓励天使投资和创业投资对具有创新精神、自主技术和市场潜力的科技企业直接投资。

（十四）发展股权投资基金。充分发挥北京股权投资发展基金引导作用，发挥科技产业投资基金、绿色产业投资基金和文化创意产业投资基金的带动作用，鼓励市场化股权投资机构在京注册发展，形成“1 + 3 + N”的股权投资市场机构体系。鼓励各类资金投资于北京股权投资发展基金和其他市场化股权投资基金，鼓励社保基金、银行资金、保险资金、信托资金、境内外合格机构投资者和成熟个人投资者支持本市股权投资基金业发展。

（十五）发展股权投资基金管理机构。鼓励在京股权投资管理机构提升管理水平，加强团队建设，优化投资管理。吸引一批优秀的外资股权投资机构在京设立管理公司，发起设立股权投资基金，对外资股权投资基金在资本金结汇等方面给予先行先试的政策支持。推动外资与境内股权投资机构的合资合作，提升股权投资管理的国际化水平和国际竞争力。

（十六）建设股权投资服务平台。加强股权投资基金与银行、证券、保险等相关金融机构的合作，为股权投资机构在基金设立募集、中介服务、项目退出等环节，提供专业化服务。建立市、区县两级政府和北京股权投资基金协会一体化、一站式股权投资服务体系。市金融局和相关部门要加大对股权投资机构吸引聚集力度，制定有利于股权投资在京注册、发展的便利机制和激励机制；区县政府要做好落地服务工作；北京股权投资基金协会要加强对会员的服务与自律管理。

六、加快完善科技保险创新体系

（十七）完善创新科技保险产品。创新保险对科技企业的服务模式，将保险服务拓展到企业成长的各个阶段。鼓励和推动科技企业投保企业财产险、高管和关键研发人员意外与健康险、关键研发设备险等科技保险，按照规定对投保企业给予保费补贴。建立科技企业保险理赔绿色通道，提高科技保险理赔服务水平。

（十八）推进中关村科技保险创新试点。加大对中关村自主创新产品的保险支持力度，建立并完善政府采购首台（套）重大技术装备、自主创新产品首购风险的保险补偿机制，通过政府保费补贴、投保与招投标评分相结合等办法，降低首台（套）使用方风险。鼓励中关村企业、保险公司和商业银行联合开展国内外应收账款信用保险及贸易融资创新。积极争取中关村科技企业商业补充养老保险、补充医疗保险的税收优惠政策。鼓励保险资金通过债权、股权等方式投资中关村科技企业。

（十九）发挥高新技术企业出口信用保险作用。推动中国出口信用保险公司加大对中关村高新技术企业的支持力度，提供专业、高效的风险管理咨询和评估服务，对企业自身信用评级和海外买家资信调查费用给予优惠，对购买统保保险的科技企业给予保险费率优惠。按本市支持企业短期出口信用险相关规定，对有关投保企业给予保费补助。

七、加快发展科技企业信用增强体系

（二十）加大融资性担保支持。积极落实国家对融资性担保机构的各项奖励政策，鼓励担保机构加入再担保体系。加大市与区县对政策性担保机构的支持力度，鼓励政策性担保机构对战略性新兴产业领域的高新技术企业扩大担保规模。

（二十一）建立信用信息归集和共享机制。充分利用人民银行企业和个人征信管理系统，依法归集和整合工商、税务、海关等部门的科技企业基础信用信息，建立北京市科技企业信用信息系统，完善科技企业信用信息库。建立和完善企业信用信息共享机制，进一步促进科技企业信用信息的采集、使用和共享，推动统一征信平台建设。

（二十二）建设科技企业信用评价体系。政府部门、金融机构、投资机构、信用评级机构、会计师事务所等机构共同开展对科技企业的综合信用评定，充分发挥信用自律组织作用，建立完善的企业信用评价体系。建立信用增进机制，创新信用增进模式，采取企业集合增信、担保公司联合增信、再担保公司放大增信规模、投保信用保险增信的方式，为科技企业融资提供信用增进服务。树立守信企业典型，每年评选奖励若干信用良好企业，鼓励金融机构为其降低综合融资成本。

（二十三）发展科技金融中介组织。发展律师、注册会计师、资产评估、信息咨询、资讯、信用管理等科技金融中介服务。规范信用评级机构及其从业人员的行为，增强信用评级机构的公信力，推动提高评级报告质量，扩大评级报告的应用范围。培育一批首都金融中介机构优质资源，发挥行业协会作用，推动中介机构加强科技金融服务。

八、加快构建科技金融组织保障体系

（二十四）发挥投融资服务平台作用。加大对重点领域和重点项目的投融资支持力度，通过金融手段促进中央企业科技成果转化和项目落地，为科技企业和自主创新项目提供综合性金融服务。

（二十五）创新组合金融服务模式。组合银行、证券、保险、基金、信托、租赁、天使投资、创业投资、股权投资、担保等各类机构，创新融资方式和服务模式，形成满足不同类型、不同成长阶段科技企业的金融服务联盟。金融服务联盟以多种形式搭建覆盖范围广、功能齐全的融资支持服务平台，为科技企业提供集中统一的结构融资服务。

（二十六）聚集科技金融专业人才。支持各类高等院校培训高层次的科技金融创新人才。引进国际著名工商管理培训机构，加强本土培训机构发展。组织科技企业金融培训班，建立由金融管理部门、金融机构、专家学者、专业人士和科技创业者等参与的科技金融讲师团。组织在京金融和科技人才开展国内外交流合作，加大海外高层次科技金融人才引进力度。每年从金融机构和科技企业中评定若干科技金融人才，并给予政策奖励。

本意见实施过程中遇到的问题由市金融局牵头组织协调。

二〇一〇年十月二十一日

中国人民银行营业管理部

关于做好2010年辖内信贷工作促进首都经济平稳较快发展的意见

银管发〔2010〕33号

辖内各银行：

按照人民银行工作会议部署，结合北京市委十届七次全会要求，2010年辖内中外资银行（以下简称各银行）信贷工作的总体要求是：认真落实适度宽松的货币政策，把握好信贷投放的力度、节奏和重点，大力推进信贷产品、组织和机制创新，全面提升金融服务水平，切实防范信贷风险，促进经济发展方式转变和经济结构调整，推动首都经济平稳较快发展。现就做好信贷工作，提出如下意见：

一、把握好信贷投放的力度、节奏和重点，促进首都经济平稳较快发展

（一）保持好信贷投放的力度。中央经济工作会议要求，继续实施适度宽松的货币信贷政策，着力提高政策的针对性和灵活性。各银行要改进工作理念和方法，大力开展金融创新，打造专业化团队和组织，完善信贷考评和激励机制，优化业务流程，切实提高对经济形势的适应性和信贷投放的灵活性。2010年信贷投放应结合宏观形势变化、自身业务发展需要及风险管控能力等因素，努力实现信贷总量适度增长，既要满足经济增长对信贷的合理需求，又要防止信贷投入过快引发的风险，切实巩固首都经济回升向好势头。

（二）掌握好信贷投放的节奏。北京市委十届七次全会提出，将投资调控主线由“扩大规模保增长”向“调整结构优化增长”转换，切实抓好六个“着力”，更加注重提高经济增长的质量和效益。各银行要按照“优化增长”的工作要求，根据贷款需求的实际进度，努力保持信贷投放的均衡增长，合理配置信贷资源，切实防范信贷投放在月度间、季度间的大起大落，努力构建收益稳定、运行安全、社会效益良好的信贷格局，促进首都经济平稳较快发展。

（三）抓好信贷投放的重点。各银行要抓住“调结构”的重大机遇，切实落实《中国人民银行　中国银行业监督管理委员会关于进一步加强信贷结构调整促进国民经济平稳较快发展的指导意见》（银发〔2009〕92号）要求，大力支持符合首都经济发展方向的循环经济、低碳经济、绿色经济，重点关注北京市倡导的现代服务业、现代制造业、高技术产业。加大对中小企业、民生工程和社会薄弱环节的信贷支持力度。

二、贯彻“有保有控”的信贷政策，努力推动首都产业结构优化升级

（四）切实支持重点产业调整与振兴。各银行要切实落实《中国人民银行　银监会　证监会　保监会关于进一步做好金融服务支持重点产业调整振兴和抑制部分行业产能过剩的指导意见》（银发〔2009〕386号）要求，实施“有保有控”的信贷政策，密切跟踪宏观经济走势，严格执行国家宏观调控政策，积极支持企业技术改造和淘汰落后产能，重点支持国家出台的13项重点产业振兴规划及北京市7项重点产业振兴规划和5项生产性服务业振兴规划。对不符合重点产业调整和振兴规划以及相关产业政策要求，未按规定程序审批或核准的项目，尤其是国家明令限期淘汰的落后产能、违法违规审批、未批先建、边批边建等项目，不提供任何形式的贷款。

（五）加大对高新技术产业的信贷支持。为支持中关村国家自主创新示范区建设，人行营业管理部与国家外汇管理局北京外汇管理部出台了《关于加强科技金融服务工作支持中关村国家自主创新示范区建设的指导意见》（银管发〔2009〕221号），并与中关村管委会、海淀区政府签订了金融合作协议。各银行要利用示范区核心区的“先行先试”政策，大力开展科技金融创新试点，大力探索为科技企业服务的新机制、新业务和新产品。加强对电子信息、生物医药、航空航天、新材料、清洁能源、现代农业、先进制造等重点领域的金融支持，扶持符合发展方向的高新技术企业。

（六）促进文化创意产业发展。各银行要积极落实《中国人民银行营业管理部　中国银行业监督管理委员会北京监管局关于印发〈关于金融支持首都文化创意产业发展的指导意见〉的通知》（银管发〔2009〕144号），坚持以市场需求为导向，完善信贷业务管理模式，逐步建立有利于文化创意企业发展的信贷服务模式。大力促进软件、网络及计算机服务，新闻出版，设计服务和广播、电视、电影等优势行业发展，推进文化艺术、旅游休闲娱乐、广告会展、艺术品交易等行业快速成长。

（七）开拓新兴产业和低碳经济信贷业务。各银行要积极落实《中国人民银行营业管理部关于加强“绿色信贷”建设支持首都节能减排工作的意见》（银管发〔2008〕184号）要求，坚持“绿色信贷”原则，研究北京市经济特点和产业发展方向，抓好对战略性新兴产业和低碳经济的信贷支持工作。大力扶持发展新能源、可再生能源、资源综合利用技术等各种适应性技术，切实支持服务外包、物流、新能源装备制造业等新兴行业发展，促进北京成为全国乃至全球的绿色技术研发中心。

（八）维护房地产市场平稳健康发展。各银行要认真贯彻落实《国务院办公厅关于促进房地产市场平稳健康发展的通知》（国办发〔2010〕4号）要求，坚持公平、有序竞争，严格执行信贷标准。对土地储备开发项目，要按照土地信贷政策要求给予资金支持，促进集约节约利用土地。大力支持中低价位、中小套型普通商品住房建设，支持限价商品房、公共租赁住房、经济适用住房、廉租房建设。严格执行房地产项目资本金要求，对不符合信贷政策规定的房地产开发企业或开发项目，严禁发放房地产开发贷款。严格执行个人住房贷款的政策要求，在支持居民首次贷款购买普通自住房的同时，要严格执行二套住房购房贷款管理，合理引导住房消费，抑制投资投机性购房需求。对已利用贷款购买住房、又申请购买第二套（含）以上住房的家庭（包括借款人、配偶及未成年子女），贷款首付款比例不得低于40%，贷款利率严格按照风险定价。

三、加强重点项目信贷支持与管理，促进形成以大项目带动重点产业发展的新格局

（九）加大对高端产业集聚区项目的信贷支持。2010年，北京市计划安排200个重点建设项目，其中核心区和拓展区项目68个，发展新区和涵养区项目95个，跨区县项目37个，具体项目名称及投资计划将随后下发。各银行要积极关注高端产业、重点园区项目的进展，加大中航工业园、京东方八代线、北汽福田新能源汽车产业园等重大现代制造业项目建设的信贷支持；加大中关村软件园、中国移动国际信息港、微软（中国）研发集团总部等重大生产性服务业项目的信贷支持；加大对中国动漫游戏城、凤凰国际传媒中心、文化游乐园等重大文化创意产业项目的信贷支持；加大支持商务中心区、金融街扩区和丽泽金融商务区建设。

（十）合理满足重大项目的资金需求。2010年北京市计划安排306亿元，重点支持六大领域建设项目。其中安排65亿元用于交通基础设施项目；安排35亿元用于环境建设项目；新城、重点镇和新农村发展关键项目，民生改善项目，重点资源和能源保障项目分别安排40亿元，加快带动性强的产业项目建设。各银行要积极配合政府投资资金，继续支持重大基础设施项目建设，对进入基础设施、市政公用事业等领域民营企业申请贷款的，在防范风险的前提下，提供必要的资金支持。严格执行国家规定的贷款标准和贷款条件，严格执行固定资产投资项目最低资本金制度。继续支持在建、续建项目，严格新开工项目贷款审核，把握好新增中长期项目贷款在新、老项目间的合理匹配。

（十一）加强政府融资平台贷款管理。2010年北京市政府计划安排49亿元融资平台专项支持资金，继续加大对市、区融资平台建设的支持。各银行要密切与相关部门联系，加强政府融资平台贷款管理，继续支持在建、续建政府融资平台项目，严格新开工项目的贷款审核。跟踪融资平台的运行情况，重点关注贷款项目的现金流状况，掌握全面、真实、准确的融资平台情况和数据，切实落实还款安排，防范政府融资平台贷款风险。

四、加大对中小企业、民生工程及社会薄弱环节的信贷支持，促进首都经济和谐发展

（十二）加快中小企业信贷创新。各银行要根据《关于进一步促进中小企业发展的若干意见》（国发〔2009〕36号）精神，加大中小企业金融产品创新力度，对符合条件的中小企业给予信贷支持。对于文化创意产业、生产性服务业、现代制造业等有前景的中小企业，可通过业主个人负连带责任、收益权质押等信贷方式给予支持。对于新能源、物联网、服务外包等高科技中小企业，可以开展知识产权、版权、收益权等质押贷款业务。逐步扩大权利质押贷款范围，开展融资租赁、应收账款质押、知识产权质押、股权质押、代办股权质押等产品创新。积极探索与非银行金融机构的合作，研发“风险投资+信贷”的融资产品，实现中小企业从初创期到成熟期的融资衔接。

（十三）增强小额信贷促就业作用。鼓励各银行按照《辖内银行开办小额担保贷款业务申办规程》（银管发〔2009〕139号）要求，积极申办小额担保贷款业务。经办银行要在保证资金安全的前提下尽量简化贷款手续，缩短审批时间，对信用记录好、贷款使用效率高的借款人，在贷款利率、额度和期限方面予以适当优惠。鼓励各银行向劳动密集型小企业发放贴息贷款，加大对大学生“村官”创业就业的信贷支持，发挥小额担保贷款推动创业促就业的作用。

（十四）拓展国家助学贷款覆盖面。国家助学贷款承办银行要进一步优化助学贷款申办程序，拓展助学贷款对贫困学生的覆盖面，继续推进生源地助学贷款工作，扩大农村地区生源地助学贷款投放。及时改进金融服务，按规定合理确定助学贷款利率、期限和偿还方式。加强与高校、贷款学生的沟通联系，加大国家助学贷款业务宣传，培养社会诚信意识，推动助学贷款体系的完善与发展。

（十五）加大“三农”及城乡一体化的信贷支持。各银行要坚持城乡统筹发展方略，有效增加“三农”金融服务供给。大力支持农村地区基础设施建设，不断加大对农产品加工业的支持力度，促进农业产业化经营。推进林权抵押贷款，积极推动和做好集体林权改革与林业发展服务工作。稳妥支持城乡结合部土地储备项目开发和郊区城镇化、小城镇建设，帮助农村劳动力转移就业。发展农村消费信贷市场，提供现代金融服务手段，促进农业增产、农民增收，支持首都率先形成城乡经济社会一体化发展新格局。

（十六）继续推进经济适用房开发贷款创新试点工作。经申请获准开展经济适用住房开发贷款创新试点的银行要继续做好试点工作，在开发企业取得“四证”前，以开立资金专户、严格的第三方支付制度防范资金风险，向经济适用住房试点项目提供必要的资金支持。

五、着力提升消费信贷发展层次，拓展“扩大内需”的战略空间

（十七）保持汽车消费信贷稳定增长。各银行要认真贯彻国家促进消费、扩大内需的各项政策，完善汽车消费信贷制度和业务流程，实现资信调查、信贷办理、车辆抵押、违约处置等消费信贷全过程规范化、法制化管理。积极开展汽车融资性租赁、购车储蓄等业务，促进汽车消费信贷模式多元化发展。

（十八）拓展消费信贷范围。各银行要抓住扩大消费的历史机遇，积极研发综合消费信贷产品，支持汽车摩托车下乡、淘汰黄标车、家电以旧换新等政策措施，扩大旅游会展、文化艺术、新闻出版、广播、电视、电影等综合消费信贷规模。要努力拓展非义务教育、耐用消费品、健康养老等领域的消费信贷业务，发展新兴领域消费信贷业务，大力促进文化精神消费，扩大特色消费和时尚消费。

（十九）改善消费信贷环境。各银行要加强网上银行建设，推进软件、网络及计算机服务、设计信息服务，提升休闲娱乐等行业的网银支付水平。改善银行卡用卡环境，推动商贸购物、文化艺术、旅游广告、商品交易等行业的刷卡消费，大力促进消费市场的繁荣发展。

六、营造良好的金融生态环境，着力畅通信贷政策传导渠道

（二十）强化外部激励机制建设。人行营业管理部将进一步推进外部激励机制建设，深入开展“信贷政策导向效果评估工作”，完善中小企业、节能减排、小额信贷、助学贷款等信贷政策导向效果评估，坚持勉励约谈、表彰激励和会议通报制度，大力推进信贷产品、组织和机制创新。鼓励各银行优化审批程序，提高审批效率。在条件允许的情况下，建立专营机构或部门，下移审批、经营重心。对涉农票据、县域企业及中小金融机构签发、承兑、持有的票据优先办理再贴现。

（二十一）推进信用环境建设。人行营业管理部将继续探索将市相关部门掌握的企业及个人信息纳入征信系统，为银行信贷提供重要决策依据。继续加强与相关部门合作，借助“首都之窗”等相关政府网站、信息共享体系等多种形式，共同搭建政策支持信息、信贷需求信息、金融服务信息对接平台，加强信息交流，改善信贷环境。各银行要按照统一要求，做好内部组织协调，通过“人行营业管理部征信管理网上办公系统”，为在本行开立基本账户的中小企业建立信用档案；涉农金融机构要加快实现农户信用档案电子化，完善农户信用评价体系。

二〇一〇年二月十日

中国人民银行营业管理部
中国银行业监督管理委员会北京监管局
北京市金融工作局
北京市经济和信息化委员会

关于印发《关于加强辖内银行业金融机构小企业信贷工作的指导意见》的通知

银管发〔2010〕227 号

辖内各银行：

为切实加强和改善对北京小企业的金融服务，积极支持小企业健康发展，中国人民银行营业管理部、中国银行业监督管理委员会北京监管局、北京市金融工作局、北京市经济和信息化委员会联合制定了《关于加强辖内银行业金融机构小企业信贷工作的指导意见》。现印发给你们，请认真领会文件精神并积极贯彻落实。

特此通知。

二〇一〇年十一月十二日

关于加强辖内银行业金融机构小企业信贷工作的指导意见

为贯彻《国务院关于进一步促进中小企业发展的若干意见》（国发〔2009〕36号）、《中国人民银行银监会 证监会 保监会关于进一步做好中小企业金融服务工作的若干意见》（银发〔2010〕193号）文件精神，进一步推进辖内中外资银行（以下简称各银行）加强小企业信贷机制建设，提高金融服务北京市小企业发展的水平和效率，加快首都经济结构调整，促进经济平稳、较快、可持续发展，提出如下意见：

一、转变思想，更新观念，充分认识到小企业信贷业务发展的重要意义

（一）充分认识发展小企业信贷业务对于提升银行自身经营水平、促进经济整体协调发展的重要意义。小企业在促进北京市经济结构调整、推动经济增长、创造就业机会、增加居民收入以及保持社会稳定方面发挥着越来越重要的作用。各银行应充分认识到深化小企业金融服务的重要社会意义，要认识发展小企业信贷业务给银行自身业务发展带来的机遇和挑战，要看到发展小企业信贷业务有利于银行优化自身信贷结构，拓宽服务领域，培育新的盈利点。各银行要把小企业信贷投放作为信贷经营业务的重要战略，积极稳妥地拓展小企业信贷业务，确保小企业信贷投放的增速要高于全部贷款增速，增量要高于上年，进一步促进首都经济金融的平稳协调可持续发展。

（二）探索建立符合首都经济特点、有利于小企业发展的信贷管理模式。北京市以经济结构调整为着力点，全面贯彻落实科学发展观和党的十七大会议精神，努力构建社会主义和谐社会，努力实现首都经济又好又快的发展态势。各银行应强化建设“首善之区”的首都意识，抓住北京市经济结构调整的历史机遇，坚持区别对待、有保有压的信贷原则，逐步建立与完善有利于小企业信贷业务发展的授信审批、风险定价、信息共享、考核激励、信用调查、内部评级、风险防控、贷后管理等信贷机制建设，夯实有利于小企业信贷机制发展的服务体系建设，探索建立符合首都经济结构调整方向的信贷管理模式，优化信贷结构，创新信贷产品，合理配置信贷资源。

二、紧密结合首都小企业经营特点，加快小企业特色机制建设和创新

（三）建立便捷高效的小企业授信审批机制。各银行要在控制风险的前提下考虑合理下放小企业贷款的审批权限，优化简化审批流程，适当减少审批层级，提高贷款审批效率。鼓励有条件的银行为小企业开办一站式金融服务，研究推动小企业贷款网络在线审批，为小企业客户提供快捷的服务，对于有经常业务往来的小企业可设置快速通道，以适应小企业贷款业务“小、频、急”的特点。

（四）完善小企业贷款利率的风险定

价体系。各银行可根据风险水平、筹资成本、管理费用、贷款目标收益、资本回报要求以及目前市场利率水平等因素在法律规定限度内自主确定贷款利率，根据小企业的特点实行差别定价，并在风险发生变化时，随时自主调整，坚持推进风险定价体系建设，最大限度满足小企业的信贷需求。

（五）完善小企业信息共享机制建设。各银行应将小企业基本信息和贷款记录及时纳入中国人民银行企业信用信息基础数据库。小企业贷款记录应至少包括以往所有贷款申请情况和相应的贷款偿还情况，以及贷款逾期情况，贷款逾期情况应包括逾期贷款类别（包括固定资产贷款和流动资金贷款两种）、逾期天数、逾期贷款还款情况及贷款余额、担保及代偿情况等信息，应确保信息录入的及时性、全面性和实时更新，以进一步完善小企业信息共享机制。

（六）构建科学合理的小企业信贷考核激励约束机制。各银行要根据北京地区小企业信贷业务发展的现状与特点，以内部转移定价为基础对小企业信贷业务进行独立的成本、利润核算，综合考虑小企业的成长情况、资产规模、行业结构、盈利状况等，研究制定经营绩效与风险管理并重的业绩考核奖励办法。尽快出台针对小企业信贷的操作管理规程，准确评价小企业信贷人员的绩效，严格界定小企业信贷人员的责任，对小企业信贷业务进行合规性检查和稽核，做到尽职者免责，失职者问责，使小企业信贷人员的收入水平、职级晋升等个人利益能与其业务量、效益和贷款质量等综合绩效指标挂钩，充分调动信贷人员工作积极性。

（七）探索建立小企业信贷产品创新机制。各银行应制定符合小企业客户特点的市场策略，积极开展产品创新，推出符合小企业不同需求的贷款产品和金融服务。鼓励各银行在风险可控的前提下，充分利用授信、开证、押汇、保理、融资租赁等传统融资手段，推动以动产、知识产权、股权、林权、保函、出口退税池等质押贷款业务，并逐步扩大权利质押贷款范围。有条件的银行应加快推进电子银行业务，提高电子商业汇票在小企业客户中的使用率。各银行间应依法合规开展同业合作，增加对小企业的贷款支持，缓解小企业融资难的问题。

（八）建设规范化的贷款营销机制。针对小企业单笔贷款规模小、收益与成本不匹配等现实情况，在营销模式上，各银行要逐步建立标准化的小企业信贷营销操作流程，注重以批量营销方式，实现群体化服务和规模效应。积极创新营销方式，比如开展链式营销，从大型企业或核心企业入手，了解掌握关键部门业务联系，挖掘上下游小企业客户资源。推进整体营销策略，建立组织营销与个体营销联动机制，充分发挥组织职能，提高信贷营销的深度与广度。积极参与和搭建各类小企业金融服务平台，密切与管理部门、担保机构、行业协会、商会、产业集聚园区、交易市场管理方等的合作，有效利用第三方的小企业信息优势。

（九）构建小企业信用调查和评级机制。各银行对于小企业的信贷申请应注重现场调查，在认真审核财务信息的基础上，还要注意收集非财务信息作为参考，减少借贷双方的信息不对称。积极探索建立合理的小企业信用评级体系，结合小企业的行业特征、市场信誉、发展前景、还款能力等要素进行综合评判，并注意小企业内外部评级结果的结合使用。

（十）改善小企业信贷风险防控机制。各银行要认真分析和研究北京地区小企业的发展特点和趋势，结合企业所属行业、发展阶段、核心技术、自主创新能力等情况，建立有效的小企业贷款跟踪监测体系。各银行应针对小企业客户风险状况制定相应的风险管理业务规则，逐步建立与小企业业务性质、规模和复杂程度相适应、完善、可靠的市场风险管理体系。不断提高贷后管理水平，随时掌握小企业贷款的总体情况和风险状况，并采取计收罚息、降低信用评级等措施。

三、完善配套组织机制建设，为小企业信贷工作提供组织保障和技术支持

（十一）建立健全小企业信贷专业服务机构。各银行可根据自身的经营定位和发展方向，整合优势资源，设立并完善小企业信贷服务部门，通过细分市场和目标客户，深入研究小企业中群体化的融资需求，为小企业提供专业化的金融产品和金融服务，加强对小企业信贷业务的组织领导和业务拓展。鼓励各银行设立小企业金融服务专营机构，专营机构应单列信贷计划、单独配置人力资源和财务资源、单独客户认定与信贷评审、单独会计核算，构建专业化的经营与考核体系，不断增强小企业金融服务的专业性，积累专营机构运营经验，推动北京特色产业发展。中国邮政储蓄银行北京分行要加快改造机构网点，完善小额贷款功能，创新信贷产品，提升对微小企业、个体工商户等重点客户的金融服务。

（十二）打造小企业信贷服务专业团队。各银行可根据自身信贷业务特点、小企业客户的结构、行业特点和融资需求等，积极提升业务人员对小企业信贷业务的营销能力和风险控制能力，促进信贷人员深入了解小企业经营方式、管理特点、商业模式、盈利方式等，充实小企业信贷专业服务人员，打造小企业专业化团队，提高金融服务的质量和水平。

（十三）创造良好的小企业信贷信息环境。各银行应加强与相关部门合作，积极参加银政企座谈会及培训会，搭建银政企合作交流平台，努力掌握政策信息、同业信息和企业信息，为拓展小企业信贷提供良好的信息环境。

四、坚持“有保有压”的信贷支持原则，做好小企业信贷工作

（十四）强化对经营规范、财务制度健全的小企业信贷支持。对于有市场、有效益、讲信誉的小企业，在贷款规模、期限、抵质押、担保方式上尽量给予支持。对于产权明晰、管理规范、资产负债率低、生产经营稳定、财务制度健全、具有稳定现金流的企业，要积极提供信贷支持。

（十五）增强对首都特色产业小企业的信贷支持。对于具有北京特色的文化创意产业、生产性服务业、现代制造业、高新技术产业等有前景的小企业，对于新能源、物联网、服务外包、新闻出版、广播、电视、电影、旅游、广告会展、艺术品交易等行业的小企业，在风险可控的前提下，可以给予知识产权、版权、收益权等质押贷款支持。对于软件、网络及计算机服务、设计服务、文化艺术、休闲娱乐等有潜力、有前景的小企业，可综合考虑业主及主要股东的个人资信情况，推出业主或股东负连带责任、收益权质押等方式的信贷支持。

（十六）加大对重点产业小企业的信贷支持力度。加大信贷投入，以鼓励小企业向“专、精、特、新”的方向发展，形成小企业与大中企业、集团分工协作、专业互补的关联产业群体。对于为重点行业、主体企业或重点项目配套的生产型、服务型、贸易型小企业应给予重点支持。对于符合节能减排经济、循环经济特点的小企业应加大信贷支持力度。对于能带动农业增产、农民增收的产加销、贸工农一体化经营企业，以及从事粮食收购、调销、储运、加工和转化的粮食企业，要积极给予信贷支持。

（十七）审慎开展对限制性行业小企业的信贷支持。各银行应强化忧患意识、前瞻意识和大局意识，认真执行《国务院关于进一步加强淘汰落后产能工作的通知》（国发〔2010〕7号），深入分析和研究首都产业的发展情况、相关问题，建立与完善风险监测系统，不断提高抵御风险综合能力，维护首都金融业的健康稳定可持续发展。各银行要坚持有保有压的原则，明确支持重点，严格控制过剩产能和“两高一资”行业贷款；对于利用淘汰设备、技术落后、质量低劣、污染严重、浪费资源、国家明令关停的小企业不得发放贷款；对于利用各种手段逃废银行债务或不守信用、长期拖欠银行贷款本息的小企业，审慎发放贷款。

五、大力推进小企业金融环境建设，为小企业信贷工作提供外部服务和支持

（十八）积极推动和发展小企业金融服务体系建设。各银行不得在小企业开户业务上设置门槛，积极推动小企业金融服务体系不断完善。大力推进小企业资产评估、信用评级、贷款担保、信用保险、抵质押登记、资产保全等中介服务机构的建立健全。充分发挥担保公司的作用，鼓励和引导担保机构降低反担保门槛，政策性担保机构适当提高代偿率及代偿损失率。推动成立各类小企业贷款风险补偿基金、融资担保基金、贷款奖励基金、非营利性小企业再担保公司，合理分担小企业贷款风险。推进建立健全知识产权、版权等各类无形资产二级交易市场，逐步推动将产权交易所纳入多层次资本市场体系，完善无形资产评估、转让和登记等相关制度，为企业知识产权交易、并购及风险投资退出拓宽渠道。

（十九）加快外部激励机制建设。结合对小企业贷款的月度监测，人行营业管理部、北京银监局等部门将进一步加强窗口指导、政策宣传、风险提示，有效实施信贷投向监测分析制度。进一步发挥信贷政策导向效果评估中的小企业信贷评估导向作用，尝试建立良好的外部激励机制，推动各银行加快小企业信贷产品、机制创新，促进小企业信贷的良性发展。

（二十）积极推动信息服务平台的搭建和完善。人行营业管理部、北京银监局、北京市金融工作局、北京市经信委等部门积极搭建“北京市中小企业金融服务平台”，各银行要积极参与小企业金融信息共享服务平台的搭建工作，收集整理小企业金融服务方面的组织、机制和产品创新情况，主动提交并及时更新，合力营造适合小企业健康发展的金融服务环境。

中国人民银行营业管理部
北京市农村工作委员会
北京市金融工作局
中国银行业监督管理委员会北京监管局

关于金融支持首都率先形成城乡经济社会发展一体化新格局的指导意见

银管发〔2010〕70号

各政策性银行北京市分行、各国有商业银行北京市分行、各股份制商业银行在京营业机构、各城市商业银行北京分行、北京银行、北京农村商业银行、辖内各村镇银行、中国邮政储蓄银行北京分行，各区县农委、金融办：

为全面贯彻《中共中央关于推进农村改革发展若干重大问题的决定》（中发〔2008〕16号）、《中共中央　国务院关于加大统筹城乡发展力度　进一步夯实农业农村发展基础的若干意见》（中发〔2010〕1号）和《中共北京市委关于率先形成城乡经济社会发展一体化新格局的意见》（京发〔2008〕30号）等文件精神，充分发挥金融在城乡一体化发展中的积极作用，提高农村金融服务质量和水平，加快首都农村改革发展步伐，现提出如下意见：

一、坚持统筹发展，准确把握金融服务首都城乡一体化发展的方向

（一）金融服务首都城乡一体化发展的指导思想。金融服务首都城乡一体化发展要全面贯彻落实党的十七大和十七届三中、四中全会以及中央经济工作会议精神，深入贯彻落实科学发展观，坚持城乡统筹发展方略，有效增加郊区农村金融服务供给，合理规划信贷资金区域投向，促进郊区农村产业结构升级，推动农业持续增产、农村持续发展、农民持续增收。

（二）金融服务首都城乡一体化发展的目标任务。根据首都城乡发展实际，加快建立主体健全、功能完善、服务优质、运行高效、竞争适度、风险可控的城乡一体化金融服务体系。不断充实郊区农村金融服务力量，加大郊区信贷投放力度，深化组织、机制和产品创新，大力培育新型农村金融组织，全力满足“三农”发展和城乡一体化金融服务需求。全面提升农村地区支付服务效率和质量，力争到2012年农村地区非现金支付量比2009年增长20%，促进城乡支付服务一体化发展。

（三）金融服务首都城乡一体化发展的工作原则。坚持银政企合作，深化各级政府部门、金融管理部门与银行的合作机制，促进银企沟通对接，有效利用政府支农政策资金，充分发挥金融的放大作用。

坚持产业金融结合，准确把握各郊区县产业结构调整方向，着力支持适合区县功能定位要求的各类产业，以融资链覆盖产业链，以产业链巩固融资链。坚持基础设施先行，支持农村地区基础设施建设，加快构建便捷、通达的农村路网体系、公交系统和电力通讯设施，在道路交通、供水供热、能源通信、垃圾处理等方面实现城乡基础设施建设一体化。坚持以人为本，以丰富多样的金融产品满足农民日益增长的金融需求，以及时便捷的信贷供给支持农民增收致富，以现代化的金融服务手段改善农民生产生活条件。

二、推进体制创新，积极服务首都农村各项改革和制度建设

（四）大力支持农村进一步稳定和完善基本经营制度。鼓励银行通过金融产品创新满足农民在以转包、出租、互换、转让、股份合作等形式流转土地承包经营权过程中产生的融资需求，支持农民专业合作社开展生产、加工和产品营销活动。推进农村集体经济产权制度改革，支持新型集体经济组织发展产业、壮大实力，促进农民就业并增加财产性收入。大力配合首都林权制度改革工作，在条件成熟的情况下，积极开办林权抵押贷款、林农小额信用贷款和林农联保贷款等业务，合理确定林业贷款期限和利率。

（五）加快推进首都农村金融体系建设。加强农业信贷、农业保险、农业投资、农业担保、农村信用、涉农上市公司培育等首都农村金融体系建设，对银行在郊区农村设立支行实行市场准入审批的“绿色通道”，引导银行加快增设和合理布局郊区网点，推进村镇银行、农村资金互助社等新型农村金融机构发展，实现在郊区农村金融服务薄弱区域村镇银行设立全覆盖，有序引导社会资金投资设立小额贷款公司，满足“三农”金融需求。推动政策性融资担保机构把农民专业合作社纳入服务范围，支持有条件的农民专业合作社兴办农村资金互助社。鼓励银行在开展农村金融业务过程中研究利用新型农村金融资源，主动开拓多方参与、优势互补、利益共享、风险分担的新型业务模式。

（六）形成金融服务城乡一体化的政策合力。进一步加强金融管理部门与相关政府部门间的协作，大力推进金融政策与财税政策、产业政策的协调配合。加大对支农金融机构和支农贷款的财税政策支持力度，落实涉农贷款税收优惠、定向费用补贴、增量奖励等政策，完善支农贷款风险补偿机制，为金融机构服务首都城乡一体化发展提供更多、更实、更优惠的激励政策，促进银农、银政合作长期、协调、可持续发展。

（七）深化金融服务城乡一体化的组织、机制和产品创新。鼓励银行建立服务首都城乡一体化发展的专业部门和专业队伍，进一步健全适合涉农业务特点的内部管理机制。引导银行对涉农信贷业务实行单独考核和单独奖励，充分调动工作人员开拓相关业务的积极性。大力开发具有针对性、个性化、专业化的金融产品，不断探索新的信贷形式，满足农村经济主体多元化的融资需求。

三、突出产业特色，着力支持都市型现代农业和适合首都农村特点的非农产业发展

（八）创新适应都市型现代农业发展的金融产品。加强都市型现代农业农产品服务体系建设，鼓励银行进一步发展设施农业信贷业务，设计开发科学合理的信贷产品和贷款模式，重点支持“两区两带多群落”规划区内的设施农业项目建设，顺应现代农业发展新形势，积极开发推广产权式农业项目贷款等信贷创新产品。

（九）加大对农产品加工业的支持力度。鼓励银行以农业产业化龙头企业为依托，大力发展“企业+农户”、“企业+农业专业合作组织+农户”、“企业+基地+农户”等多种形式的信贷模式，促进农业产业化经营。

（十）完善有利于农业加快发展的外资外贸环境。继续推动贸易投资便利化，促进都市型现代农业和适合首都农村特点的非农产业等外向型经济发展。鼓励银行积极开展农产品出口信贷创新，探索信贷与出口信用保险、农业保险相结合的风险防范机制。

（十一）改进面向农产品市场流通体系的金融服务。引导各银行将金融服务由支持农产品生产环节向支持农产品流通、消费环节延伸，妥善为中大型农产品批发市场建设提供信贷资金，支持农产品仓储、流通、信息等市场基础环境建设。大力开发支持系统，加快票据业务在农村地区批发市场、农贸交易市场、小商品市场等场所的推广应用。

（十二）支持符合区域功能定位的低碳高端非农产业发展。各银行应积极支持郊区县引进和发展适合自身特点的先进制造业、高技术产业、生产性服务业和文化创意产业，有效落实“有保有控”的信贷政策，促进地方优化产业结构，培育新兴产业。支持乡村旅游业发展，重点加大对沟域经济乡村旅游产业带和农业主题园区建设的信贷支持力度。

四、把握重点环节，选好城乡基础设施建设一体化过程中的金融服务切入点

（十三）增加对农村、农业基础设施建设的信贷投放。在风险可控前提下，鼓励银行继续为新农村“五项基础设施”建设工程和“农村亮起来、农民暖起来、农业资源循环起来”工程提供优质高效的金融服务，开发支持“新民居”建设的金融产品。有效配合财政资金支持农村路网体系、公交系统和电力通讯设施建设，支持全市2015年实现大部分区县通轨道交通的建设目标。

（十四）支持城乡结合部地区改革发展。鼓励银行继续加大对城乡结合部改革试点地区的金融支持力度，积极支持城乡结合部、城中村改善基础设施，整治村容环境，发展新兴产业。探索完善信贷资金与财政资金的配合机制，有效引入社会资金，稳妥支持城乡结合部土地储备项目开发和回迁房、保障性住房、普通商品住房等项目建设。

（十五）完善郊区城镇化进程和小城镇建设金融服务工作。各银行应贯彻北京城市总体规划、功能区域发展规划和各区县新城规划，支持新城增强新兴产业支撑能力、公共服务辐射能力和转移人口承载能力。按照全市小城镇规划布局，支持小城镇交通网络、垃圾处理、集中供水和污水处理等基础设施建设，协助培育镇域主导产业。支持棚户区改造项目建设，及时总结经济适用房开发贷款项目经验，帮助郊区困难群众改善居住环境。

五、围绕农民需求，大力改善郊区农村金融服务状况

（十六）丰富促进农民增收致富的金融手段。各银行应积极贯彻落实金融促进就业的各项政策措施，充分发挥小额担保贷款的政策效应，帮助农村转移劳动力以创业促就业。有效借助农业担保体系科学设计农户信贷产品，为农民增收致富提供便捷的信贷服务。积极拓展涉农信贷领域，探索开展大学生“村官”创业金融服务。继续推动“国债下乡”，满足农民日益增长的多元化理财需求。

（十七）着力发展农村消费信贷市场。鼓励银行加快推出适合“家电下乡”、“汽车下乡”、“建材下乡”的农户消费信贷产品，积极开展住房装修贷款、助学贷款等消费贷款新业务，加大对兴办农家店的信贷投放。引导消费金融公司探索开展涉农消费信贷业务的新途径。大力构筑适合农户特点的消费信贷营销网络，逐步探索将生活性消费贷款从农户小额信用贷款中分离出来，使其向专业化方向发展。在条件成熟的情况下推动惠农信用卡业务发展，培育广大农民的用卡习惯。

（十八）支持郊区教育医疗等公共服务机构建设。有效发挥财政资金的杠杆效应，支持郊区农村教育医疗等公共服务机构建设，探索符合农村医疗卫生体系建设和中小学校、职业技术学校校舍建设融资需求特点的金融支持模式，均衡城乡教育医疗资源配置。为农村电力、通讯、广播、电视系统建设升级提供便利的金融服务，促进城乡社会事业全面发展。

（十九）利用现代金融手段促进农民享受一体化的公共服务。支持银行充分利用支付结算系统方便及时地为农民发放财政直补资金、社保资金，有效借助手机、固定电话、有线电视网络和互联网等多种手段创新通讯业务费、燃气费、水费等公用事业费缴纳方式，改善郊区农村银行卡受理环境，降低现金使用量，采取多种方式拓宽农村支付渠道。

（二十）持续优化农村金融生态环境。继续大力建设“三信工程”，推进农村信用体系建设。构建农户电子信用档案，建立适合农村经济主体特点的信用评价体系。加强郊区农村金融法制宣传教育，增强农民的反假币意识和能力。加强农村地区信用及金融知识宣传普及，提高农村经济主体的信用意识。促进郊区农村金融消费者树立维权意识和风险意识，提高识别和防范非法集资风险的能力，维护郊区农村金融秩序稳定。

二〇一〇年四月一日

中国银行业监督管理委员会北京监管局

北京银监局关于加强辖内银行个人住房贷款业务管理的通知

京银监通〔2010〕23号

各国有商业银行北京市分行、各股份制商业银行在京营业机构、北京银行、北京农村商业银行、辖内各村镇银行、各城市商业银行北京分行、中国邮政储蓄银行北京分行、辖内各外资银行：

近年来，辖内商业银行（以下简称银行）个人住房贷款总量快速增长，对促进地方经济发展和满足居民个人住房消费需求起到了积极作用。但在个人住房贷款业务开展过程中，担保机构的担保责任保证不足，银行放宽借款人购买非住宅项目的贷款标准、住房抵押贷款登记管理不审慎，以及借款人多头贷款引发的套利和风险等问题，增加了银行风险，不利于个人住房贷款市场的有序竞争和健康发展。为加强贷款管理，促进个人住房贷款业务健康发展，现就有关事项通知如下：

一、办理二手房贷款应严格实行先抵押后放款

为防范银行个人住房贷款风险，降低部分担保机构超出自身担保保证能力过度担保给银行带来的风险隐患，银行在办理二手房贷款业务中，必须严格执行“抵押在先、放款在后”制度。银行在办妥二手房贷款所对应房产的抵押登记、取得房屋他项权利证前，不得向借款人发放二手房贷款。以房屋为抵押的个人综合消费贷款、个人抵押贷款、个人循环贷款和个人经营性贷款等非个人住房贷款类的其他个人贷款，应比照二手房贷款实行“抵押在先、放款在后”的制度。

二、严禁向非住宅项目发放个人住房按揭贷款

银行在向各类非住宅项目发放个人购房贷款时，应严格执行《关于加强商业性房地产信贷管理的通知》（银发〔2007〕359号）中关于购买“商业用房”贷款首付款比例不得低于50%、贷款期限不得超过10年、贷款利率不得低于同期同档次利率的1.1倍等有关规定。严禁对购买实际用途为个人住宅，但规划用途为商业或工业等非住宅项目的借款人比照个人住房按揭贷款条件降低首付款比例和给予利率优惠。对以“商住两用房”名义申请贷款的，首付款比例不得低于45%，贷款期限和利率水平按照商业性用房贷款管理规定执行。

三、严防多头贷款引发的套利和偿付风险

银行应强化对个人住房贷款的“三查”工作，防范借款人购买多套住房并向不同银行申请多笔个人住房贷款所引发的风险。在个人住房贷款贷前调查和贷款审批过程中，对人民银行征信系统显示被其他银行以审贷等原因查询征信记录比较频繁的借款人，应采取核实申请资料、延伸调查、签署承诺书和补充协议等方式，防止借款人隐瞒实际购房和贷款情况，利用时间差向不同银行同时申请办理多笔个人住房贷款享受首套待遇和超出自身还款能力购房引起的风险。在贷后检查中，对存在疑点的个人住房贷款，应采取查询征信记录、电话核实、现场验证等方式排查风险隐患，对出现问题的贷款及时采取补救措施，降低贷款风险。

四、加强个人住房贷款抵押登记管理

银行应切实加强个人住房贷款抵押登记管理。一是银行办理个人住房贷款业务，不得全权委托中介机构等外包人员办理房屋权属抵押登记手续等业务，对办理权属抵押登记过程中领取房屋他项权利证等关键环节，必须由银行人员负责或予以控制。二是银行在委托其他机构办理个人住房抵押登记申请或解除时，应强化密钥和密码管理，必须使用市住建委核发给银行的密钥进行抵押登记申请或解除，网上输机等关键环节的业务操作原则上应在银行营业场所进行。三是个人住房贷款的房屋他项权利证入库保管前，银行应采取核对房屋抵押登记信息等方式，核实权证的真实性并留存相应证明材料，落实审核责任和抵押物持续管理要求。

辖内各银行应于2010年4月20日前落实本通知要求，完善个人住房贷款业务操作流程及相关管理制度，提高个人住房贷款业务风险管理能力，规范个人住房贷款业务市场竞争行为。各银行应将落实本通知的情况于4月底前报告我局，并督促所属分支机构在执行过程中做好对客户的解释和服务等工作，将执行中遇到的问题及时向我局反映。

特此通知。

二〇一〇年四月七日

北京银监局关于进一步规范辖内商业银行个人理财产品销售行为的通知

京银监通〔2010〕70号

国家开发银行在京营业机构、各国有商业银行北京市分行、辖内各股份制商业银行、北京银行、北京农村商业银行、辖内各村镇银行、各城市商业银行北京分行、中国邮政储蓄银行北京分行、辖内各外资银行：

中国银监会《商业银行个人理财业务管理暂行办法》（银监会令〔2005〕第2号，以下简称《办法》）、《商业银行个人理财业务风险管理指引》（银监发〔2005〕63号，以下简称《指引》）颁发以来，商业银行个人理财业务得到了进一步规范。但部分商业银行仍然存在违规销售理财产品的行为，如宣传材料无风险揭示、客户风险评估流于形式、预期收益率缺乏测算依据等。为促进辖内商业银行个人理财业务健康有序发展，保护广大投资者的利益，现就合规销售理财产品的有关要求通知如下：

一、各商业银行应严格按照《办法》、《指引》等理财业务监管规定，依法、合规销售理财产品，防范理财业务风险。理财产品的销售文本至少应符合《办法》和《指引》的有关具体规定（见附件）。对理财产品销售文本不合规的银行，我局将依法从严处罚，并追究相关责任人的责任。

二、各商业银行接到本通知后，应立即对照理财产品销售的各项合规性要求，对存续期内和正在发售的理财产品的宣传材料、产品说明书及销售协议等销售文本和理财产品销售行为的合规性进行全面梳理和排查，对自查中发现的违规问题立即整改，并于2010年9月15日前将自查及整改报告报送我局。

我局将严格按照银监会要求加强对辖内商业银行理财产品销售的合规监管，通过暗访、专项检查和常规检查等多种方式进行检查。如发现违规问题，将严格按照《中华人民共和国银行业监督管理法》以及《办法》的有关规定，采取限期整改、暂停销售、责令处理责任人员或依法实施行政处罚等措施予以惩治。

特此通知。

二〇一〇年七月二十七日

关于理财产品销售文本应重点关注的有关规定

中国银监会《商业银行个人理财业务管理暂行办法》（以下简称《办法》）、《商业银行个人理财业务风险管理指引》（以下简称《指引》）等理财业务监管法规对个人理财产品销售文本作出了明确而具体的规定，其中应重点关注以下规定：

一、关于宣传资料的重点规定

（一）宣传资料上包含产品风险揭示；

（二）产品风险揭示以通俗、醒目的文字表达；

（三）产品风险揭示说明了最不利的投资情形和投资结果；

（四）宣传资料中如有出现“预期收益率”或“最高收益率”字样，应同时提供科学、准确的测算依据和测算方式；

（五）宣传资料中如有对某项业务或产品以往业绩的描述或未来业绩的预测，应指明所引用的期间和信息的来源，并提示以往业绩和未来业绩的预测并不是产品最终业绩的可靠依据。

依据：《办法》第四十条，《指引》第二十九条、第五十七条，以及银监会《关于进一步规范商业银行个人理财业务有关问题的通知》（银监办发〔2008〕47号）第三条。

二、关于产品说明书及销售协议的重点规定

（一）产品说明书中应包含风险揭示内容，风险揭示应当充分、清晰、准确，确保客户能够正确理解；

（二）保证收益理财计划和保本浮动收益理财计划的风险提示内容应至少包括以下完整语句：“本理财计划有投资风险，您只能获得合同明确承诺的收益，您应充分认识投资风险，谨慎投资”；

（三）非保本浮动收益理财计划的风险提示内容应至少包括以下完整语句：“本理财计划是高风险投资产品，您的本金可能会因市场变动而蒙受重大损失，您应充分认识投资风险，谨慎投资”；

（四）产品说明书或产品销售协议中应设计客户风险确认栏（包括客户抄录栏和签字栏）；

（五）客户风险确认栏应完整载明以下语句：“本人已经阅读上述风险提示，充分了解并清楚知晓本产品的风险，愿意承担相关风险”，并在此语句之下留出足够的空间供客户完整抄录。

依据：《指引》第二十九条、第三十条、第五十条和第五十一条。

中国证券监督管理委员会北京监管局

关于学习落实《关于加强证券经纪业务管理的规定》的通知

京证机构发〔2010〕89 号

辖区各证券经营机构：

为加强证券公司证券经纪业务的监管，规范证券经纪业务活动，保护投资者的合法权益，日前，中国证监会发布了《关于加强证券经纪业务管理的规定》（证监会公告〔2010〕11 号，以下简称《规定》）并将于 2010 年 5 月 1 日起施行。《规定》对证券经纪业务集中管理、公平竞争、客户管理与客户服务、人员管理、证券营业部管理控制、技术系统、责任追究机制及相关监管措施等进行了规范，明确了证券经纪业务相关业务环节的具体要求和监管标准，是证券经纪业务管理的重要依据。为贯彻落实《规定》的各项要求，加强证券经纪业务管理，现就有关问题通知如下：

一、学习领会《规定》精神，贯彻落实《规定》的具体要求

各证券经营机构应当认真学习、深刻领会《规定》的具体要求，做好落实工作。各机构应对照《规定》，逐条自查，认真检查、梳理在证券经纪业务各环节存在的不足和问题，进一步修订、完善证券经纪业务管理制度、合规管理制度等相关制度，制订切实可行的落实方案。

辖区各证券经营机构应于 2010 年 5 月 31 日前向我局报送自查报告及落实方案。在京证券公司及证券经纪业务分公司可统一上报。我局将在审阅各机构报送材料的基础上，结合现场检查工作对落实情况进行抽查。对不按《规定》要求贯彻落实的机构，我局将依法采取相关监管措施。

二、加强证券经纪业务管理，切实落实相关监管要求

各证券经营机构应按照《证券法》、《证券公司监督管理条例》、《证券公司合规管理施行规定》、《证券经纪人管理暂行规定》、《证券营业部信息技术指引》及本规定等法律法规，进一步加强证券经纪业务管理，切实落实相关监管要求：

（一）进一步加强对证券经纪业务营销活动的管理，规范证券营销人员执业行为，杜绝非现场开户、不规范转销户、代客理财及全权委托等违法违规行为。

1. 各证券经营机构应加强对包括内部营销人员和证券经纪人在内的证券营销人员的管理，参照证券经纪人管理制度，建立健全对内部营销人员的管理制度。

2. 各证券经营机构不得与营销人员签订非全日制劳动合同，对历史遗留的非全日制营销人员应认真梳理并制定相关清理方案，于 2010 年底前平稳有序的清理、规范完毕。

3. 各证券经营机构应进一步完善证券营销人员的绩效考核制度和激励机制，

不得将营销人员收入与客户开户数、交易量简单挂钩，考核内容应包括营销人员行为的合规性、服务的适当性、客户投诉情况等，并占一定权重，避免营销人员采取不正当竞争手段，片面追求营销业绩，损害客户合法权益。

4. 各证券经营机构应加强对证券营销人员的合规培训，强化其合规意识，通过制度设计和流程安排加强对证券营销人员执业行为的管理，切实做到事前防范、事中监督及事后查处。

5. 各证券经营机构应做好证券营销人员的执业注册登记工作，确保其取得执业证书之前不得展业。各机构应按照我局2008 年 12 月下发的《关于正式启用北京证券经营机构营销人员备案管理系统的通知》（京证机构发〔2008〕197 号），做好证券营销人员在系统中的登记备案工作。

（二）遵守“自愿、有偿、诚实信用”原则，加强佣金管理，公平竞争，以提升客户服务水平促进业务发展。

各证券经营机构应加强佣金管理，采取正当、合理的竞争方式，以客户需求为导向，以提供高质量、多层次的专业服务为手段，自觉维护北京辖区证券市场秩序，推动证券经纪业务发展。

（三）提升客户管理与服务水平，建立健全客户分类和适当性管理制度，持续、有针对性地开展投资者教育工作。

1. 各证券经营机构应进一步规范签约、开户流程，完善开户过程中了解客户和客户分类的要求，将了解客户、风险揭示、规则讲解等投资者教育工作嵌入业务流程，加强对股指期货、融资融券等新业务及新开户客户的适当性管理。

2. 各证券经营机构应建立依据交易信息对客户进行持续动态分类的机制，持续、有针对性地开展投资者教育工作，向客户提供与其风险承受能力相适应的产品和服务。

3. 各证券经营机构应加强对投资咨询业务的管理，确保从事投资咨询业务的人员具备执业资格，其执业行为符合《证券、期货投资咨询管理暂行办法》等相关法规要求。

（四）加强对证券经纪业务的合规管理，充分发挥合规管理人员的作用，切实规范证券经纪业务活动。

1. 各证券经营机构应进一步加强对证券经纪业务活动的合规管理，选择适当人员担任合规管理人员，充分发挥各级、各岗位合规和风控人员作用，及时发现、报告、纠正证券经纪业务中存在的问题。

2. 各证券经营机构应完善证券经纪业务合规管理人员的岗位职责、报告路线、考核方式等，充分发挥合规管理人员的监督作用，防范合规风险。

特此通知。

二〇一〇年五月五日

关于北京辖区期货经营机构加强对居间人和代客理财管理的指导意见

京证期货发〔2010〕204号

北京辖区各期货经营机构：

根据近期我局收到的投诉情况看，随着期货市场发展步伐加快，参与市场的投资者和各类机构明显增多，期货经营机构员工涉嫌参与代客理财活动和居间人及其他机构涉嫌误导、诈骗投资者等违法违规问题有所抬头。为切实保护投资者利益，维护北京期货市场秩序，辖区各期货经营机构需要有针对性地加强内控管理工作。现就规范员工从业行为管理，加强居间人管理，防范利用期货理财、投资咨询名义等损害投资者利益等方面工作提出如下意见：

一、做好制度建设和教育培训工作，杜绝员工参与非法代客理财活动

1. 完善员工行为守则，规范员工从业行为。

各机构要切实做好并完善内部制度建设，在管理制度中增加防范员工参与非法代客理财活动的规定。各机构经营管理负责人要首先认清员工非法代客理财行为的危害性，高度重视防范工作。要针对员工守则，经常性地有组织地进行员工教育培训。要向全体员工讲清员工非法代客理财的危害性，把禁止员工参与非法代客理财等不法行为作为铁律，通过深入细致的宣传教育工作，使之深入人心，成为员工自觉遵守的规矩。

2. 强化内控机制，规避代客理财风险。

各机构要加强内控机制，建立能够对开户、客服、市场、研发、技术等业务进行有效监控和隔离的内部隔离墙机制。对于经营场所内部办公区域和客户交易区域，要切实做到有效隔离。各机构要切实执行开户工作双人复核制度，对于确需离柜开户的客户，要有开户岗人员陪同办理开户手续，使用公司或营业部的影像采集设备采集影像并完整保留影像的属性信息和拍摄数据；开户复核人员要严格审核合同、相关附件及影像资料，并做好客户回访工作。离柜开户使用的期货经纪合同和影像采集设备应该有领用使用的书面记录，对领用时间、交还时间、保管人、影像采集对象和领用人情况进行书面记录。期货公司或期货营业部认为登记影像采集设备不便的，可以采用留存开户岗工作人员与客户在开户现场合影的影像资料的方式替代，但是该替代方式一经确定，非经总经理和首席风险官批准不得变更。

3. 充分利用技术手段，提升内控防范水平。

各机构要充分利用技术手段，做好网络监控、严格系统权限管理、内外网隔离和重要数据记录、保存及备份工作。各机构使用的全部计算机设备，必须配置固定的IP地址，做好IP地址分配表的管理工作，留存书面的IP地址分配表。IP地址变更的，应当由技术部门负责人和使用人所在部门负责人签字批准，1 年内变更超过3 次（含3 次）的，应当由副总经理以上高管签字批准。书面的 IP 地址分配表和 IP 地址变更记录应至少保留 5 年。期货机构认为固定 IP 可能导致系统安全风险的，可以采用动态 IP 分配机制，但是要确保 IP 地址严格有效管理，必须做到IP 地址可控、可查、可追溯，否则将承担代客理财的连带监管责任。各机构要对内部各信息子系统登录实行严格的权限控制和记录，技术部门要做好交易系统日志管理，全面记录、保存，并做好备份。对于办公区域内的计算机设备，应当应用技术手段关闭交易端口。对于现场客户使用的计算机，要做好使用权限管理。除技术人员外，公司从业人员及工作人员未经批准不得单独使用现场交易区域的计算机设备。公司从业人员使用现场交易区域的计算机设备应当进行书面登记，记录使用人、使用原因和使用时间。各机构对办公区域和客户交易区域要做好出入记录，进行有效的录像监控，监控记录要做好备份。

4. 加强信息公示和合规培训，切实保护投资者权益。

辖区各机构要加强信息公示工作，应当在开户区和客户交易区内的明显位置用明显的方式明示禁止本机构及工作人员非法开展代客理财业务。各机构不论以离柜或临柜方式开户，均应当向客户提交禁止本机构及工作人员开展代客理财业务及其法律后果和风险的书面声明并在开户资料中保存，该声明只能由客户本人签署。辖区各公司要在合规培训计划中，增加由首席风险官主持开展关于防范从业人员代客理财、内部隔离墙制度的专项培训，该专项培训每年至少开展一次。公司应当评估培训效果，并就培训情况和效果在首席风险官工作报告中说明。

二、各机构要加强对居间人的管理，切实保护投资者利益

1. 完善居间人管理制度。

各机构要制定完善的居间人管理制度，确定居间人管理部门和分管居间人的公司高管。居间人管理制度应当包括但不限于：居间人准入条件、行为准则、风险提示、退出标准和罚则等。各机构要与居间人签订书面协议，协议最长不得超过2年，应当由总部签署居间人协议并留存居间人协议原件备查，涉及营业部的居间人协议至少一式三份。各机构要严把居间人准入关，签订居间协议前，应当核实居间人身份，登录中国期货业协会网站查询诚信记录。不得与有不良诚信记录的居间人签订协议。

2. 建立居间人档案。

各机构要建立详细的居间人档案，档案应当包括但不限于居间人基本资料、业务情况和诚信记录等资料。机构应当定期对居间人的业务情况和诚信记录进行评估，按照居间人管理制度中的退出标准确定是否继续合作。北京证监局要求辖区各期货机构审慎使用居间人开展业务，以保护投资者利益为最大原则，对居间人进行严格管理，鼓励辖区各期货机构开展居间人管理制度创新。

3. 做好涉及居间人的客户的管理工作。

各机构对于居间人开发的客户，在有效执行开户工作双人复核制度的同时，应当临柜办理开户业务或由开户岗人员上门办理开户手续，详细提示风险，口头及书面声明居间人身份，并做好合同及相关资料的签收登记保存工作。辖区各期货机构居间人不得参与开户环节的任何工作。各机构对涉及居间人的客户要予以重点关注，对于交易频繁、手续费留存较高而亏损较大的客户，各机构要予以特别关注，可通过适当方式向投资者提示风险。

三、加强对客户委托理财的风险提示

1. 各期货机构要针对客户委托理财可能面临的风险进行有效提示。要有效利用公司网站、交易系统、宣传资料、客户培训、电话回访等方式进行投资者教育，要相应丰富投资者教育的内容，提醒客户选择代客理财时应注意的事项，提示期货交易及代客理财的风险。各机构应当在期货交易风险提示说明书中明示客户参与代客理财应注意的风险；尤其要对员工参与代客理财的违法性、其他机构或个人代客理财承诺及预期高额回报等代客理财活动的风险性进行重点提示。风险提示说明书应有客户抄写和签字部分。风险提示书的基本建议稿由北京期货商会提供。

2. 各机构要善意协助投资者加强自我保护。要善意提醒投资者注意考量代客理财机构的资质和能力；要善意提示投资者认真审查委托理财合同、关注委托理财合同中涉嫌不合理的或欺诈的条款。对于代客理财账户发生异常动向，应予以关注和分析，提示投资者及时关注账户变动和风险情况，保护自身权益。

3. 加强客户电话回访。各机构要切实防范客户电话回访工作，要制定标准的回访话述和详细的电话回访工作底稿，电话回访话述要增加代客理财有关内容，并做好回访复核工作。各机构在进行客户回访时，应当增加禁止本机构及工作人员开展代客理财业务的声明。回访记录要书面和录音留存，录音部分要做好备份，相关人员要签字留痕。通过电话回访发现问题的，要及时调查、处理。

四、加强监督检查和责任追究制度建设

1. 各公司应确定首席风险官及合规部门作为加强员工代客理财等监督检查工作的责任部门，营业部要有专人负责此项工作。本指导意见适用于北京辖区期货公司和期货营业部。

2. 各机构要定期或不定期地检查员工执行上述规定的情况，并要完善责任追究机制，对从业人员参与非法代客理财等违规行为要严肃追究责任。对于代客理财行为中涉嫌违法违规、损害投资者利益的，要采取果断措施予以制止或者及时向有关部门报告。

3. 各公司及营业部自 2011 年 1 月 1 日起要对本机构居间人开展业务情况和客户的委托理财情况进行摸底自查。居间人自查方面：各机构要建立居间人档案，包括居间人名单、基本资料、业务情况、客户情况、代理交易情况、诚信情况及投诉情况。客户委托理财自查方面：要重点清理本单位工作人员参与代客理财的问题；对于其他代客理财情况，也要有组织地进行排查，并按本通知要求做好整改完善工作。各公司及营业部应当根据自身客户数量、保证金存量及居间人情况，确定抽样数量，通过核查电话录音、电话回访、核对账户交易及查询的 IP 地址和 MAC 地址等方式进行自查。自查清理工作要在 2011 年 2 月底前完成，并向我局报送自查报告，自查报告应当由公司首席风险官和总经理签字，自查工作底稿应存档备查。

在各机构自查工作完成后，我局将适时组织进行抽查，对于抽查中发现的问题，尤其是员工非法代客理财问题，将根据有关法规严肃处罚，并依据期货公司分类评价有关规定将有关问题纳入评价范围。对于其他代客理财方面存在明显问题的，将对相关高管采取谈话提醒等监管措施。

特此通知。

附件：关于期货委托理财特别风险揭示内容的建议

二〇一〇年十二月三十一日

关于期货委托理财特别风险揭示内容的建议

各会员单位：

为规范期货公司内控和风险管理工作，经会长办公会议讨论决定，现就针对期货委托理财活动进行风险揭示的有关内容发给你们，请参考。

期货委托理财（又称代客理财），是指投资者作为委托方，为实现委托资金增值的目的，以特定的条件，将资金委托他人（受托方）进行期货交易的行为。为保护投资者利益，根据《期货交易管理条例》，我公司现特向您提示期货委托理财的风险如下：

一、您应当充分了解期货交易的风险特征，审慎评估自身的经济承受能力、风险控制能力、身体及心理承受能力并决定自己是否适合参与期货交易和从事期货委托理财。对于从事期货交易或委托理财业务可能导致您的财产损失风险应有清醒认识，慎重对待委托理财中的高额回报承诺。

二、您从事期货委托理财前，应对以下事项认真审查，必要时，应聘请专业人士出具意见：

（一）受托方的信誉、资质和能力；

（二）期货委托理财的合同或协议条款，是否公平合理、符合国家法律规章的规定，是否存在欺诈性条款，尤其应关注损失或收益的界定、是否存在资金被转移的风险等。

三、您从事期货委托理财时，还应注意以下事项：

（一）经常了解期货账户的权益变化、了解受托方的交易过程以及该过程是否符合委托理财合同的约定。

（二）期货账户应当遵守期货交易所和我公司的相关规定，同时，您有义务配合期货交易所和我公司的规范要求及监管措施。

（三）不得选择期货公司或期货营业部的工作人员作为您的受托方。

（四）如果您对期货交易账户的任何情况出现疑问，请立即与我公司工作人员联系。

北京期货商会

中国保险监督管理委员会北京监管局
北京市农村工作委员会

关于印发《北京市政策性农业保险承保业务经营规范（试行）》的通知

京保监发〔2010〕119号

中国人民财产保险股份有限公司北京市分公司、中华联合财产保险股份有限公司北京分公司：

为进一步规范我市政策性农业保险业务的经营管理，切实维护投保人及被保险人的权益，防范政策性农业保险经营风险，北京保监局会同北京市农委，共同研究制定了《北京市政策性农业保险承保业务经营规范（试行）》，现印发给你们，请遵照执行。

二〇一〇年四月十二日

北京市政策性农业保险承保业务经营规范（试行）

为进一步规范北京市政策性农业保险承保业务管理，切实维护投保人及被保险人的权益，防范政策性农业保险经营风险，特制定本规范。

一、被保险人确认

（一）被保险人的确认应遵循被保险人在保险事故发生时应当对保险标的具有保险利益的原则。保险公司不得将对保险标的不具有保险利益的村委会、养殖协会、合作组织等机构确认为被保险人。

（二）保险公司核心业务系统应记录投保清单上的被保险人明细情况，以便出险时核验被保险人信息。

（三）保险公司应要求代投保的村委会或集体经济组织填写投保清单。投保清单须包含以下信息：被保险人姓名、身份证号码或组织机构代码证号、联系方式、投保险种、投保数量、地块位置（种植业）、养殖地点（养殖业）、耳号标识（奶牛保险）、被保险人签章或按手印。代投保的村委会或集体经济组织对上述信息核对无误后，加盖公章。

二、保险标的确认

（一）保险公司在对保险标的进行现场查验时，须调查保险标的权属情况，应要求被保险人出具投保地块的土地承包经营权证书或土地承包经营租赁合同。确实无法提供土地权属证明的，可以由村委会或集体经济组织出具相关证明材料。

（二）种植业保险承保业务中，保险公司在确认投保数量时，遵循以下确认原则：

对于被保险人直接投保的，投保数量须以被保险人出具的土地承包经营权证书或土地承包经营租赁合同载明的土地面积为准。无法提供土地权属证明的，投保数量以村委会或集体经济组织出具的相关证明为准。

对于村委会或集体经济组织等代投保的，投保数量须以经村委会或集体经济组织等机构盖章确认的投保清单为准。

保险公司应将确认投保数量的相关证明资料留存复印件，归入承保档案，妥善保存。

（三）保险公司承保果类作物险种（包括西瓜、苹果、桃、梨、葡萄、柿子、樱桃、枣）应以铁路、公路、河流、山麓、建筑物等作参照物，绘制地块草图，以便出险后及时准确查找到出险地块。

（四）养殖业保险承保业务中，投保生猪、能繁母猪、奶牛保险的，投保数量须以当地畜牧、防疫部门登记的存栏数量为准。

投保种猪保险的，投保数量须以当地畜牧、防疫管理部门登记的自有能繁母猪存栏数量的20倍为准。

上述投保标的均须具有耳号标识，否则保险公司不得承保。

（五）保险公司应到养殖场所实地查验，对养殖场所及其经营许可证件拍照留存，如实填写查验记录表，并要求被保险人签字确认。投保奶牛保险的，须逐头拍照，建档留存。

三、说明义务履行

（一）保险公司应履行保险条款中“保险责任”、“责任免除”、“投保人和被保险人权利及义务”等重要内容的说明义务，提供的投保单应附保险条款，并要求投保人在投保单上签字、盖章或按手印，确认已经了解保险条款的重要内容。

（二）村委会、养殖协会、合作组织等机构为投保人代被保险人投保的，保险公司应要求投保人集中组织被保险人召开宣传说明会，现场讲解保险条款的重要内容，同时应向被保险人发放所投保险种的保险条款。

保险公司可以结合农村实际，采取其他灵活多样的说明义务履行方式，但原则上应“说明到户”。

（三）保险公司履行说明义务的有关内容、时间、地点、对象及说明方式等信息应作相应登记，并妥善留存图片或视听资料，以备查验。

四、保险单签发

（一）保险公司签发政策性农业保险保单，应遵循“见费出单”原则，即保险公司收到被保险人（农户）应缴纳的保费后，方可打印保单。

（二）保险公司收取被保险人（农户）应缴纳的保费时间以保险公司向投保人或被保险人开具保费发票或保费收据为准。村委会、养殖协会、合作组织等机构代投保的，保费收取时间应以代投保机构缴纳至保险公司的时间为准。

（三）政策性农业保险应执行保单或保险凭证发放到户的原则。对于被保险人直接投保的，保险单签发给被保险人，并要求被保险人当场签收保单。对于村委会、养殖协会、合作组织等机构代投保的，保险公司应当向每一位被保险人签发保险凭证。

（四）保险单、保险凭证均应有统一编号，须加盖承保业务专用章。自2010年7月1日起，保险凭证信息应全部进入核心业务系统，实现电脑联网出具保险单及保险凭证。

五、核保业务操作

（一）保险公司可实行分公司集中核保制度或分级授权核保制度。

（二）实行分公司集中核保制度的保险公司，应设置专岗、专职、专人负责农业保险核保工作，并向北京市政策性农业保险工作协调小组办公室报备专职农业保险核保人的有关情况。

（三）实行分级授权核保制度的保险公司，应逐级设置核保人，并向北京市政策性农业保险工作协调小组办公室报备各级核保人以及核保权限。

（四）保险公司应制定政策性农业保险核保业务操作流程及对核保人的考核办法。各级农险核保人应经保险公司统一培训后，方可上岗。

（五）保险公司应严格执行关键岗位分离制度，核保人不得兼做业务，更不得兼任核赔人。

六、展业宣传资料

（一）保险公司用于政策性农业保险展业宣传的各类资料均须由分公司统一组织设计及印刷，并加印“×××保险公司北京分公司印制”字样。

（二）保险公司分支机构根据区域险种发展特点，确需单独印制个性化宣传资料的，须向分公司申请，经分公司批准后，须加印“×××保险公司北京分公司监制”字样。

（三）宣传资料的内容不得违反北京市政策性农业保险统颁条款的规定。宣传资料均须加印使用年限，过期作废。

七、承保单证管理

（一）农业保险承保单证主要包括投保单、投保清单、保险标的查验记录表、保险单、保险凭证、批单、保险业专用发票及保险费收据等。

（二）保险公司应对上述单证统一印制、统一管理，对重要单证要建立入库、发放、领用、核销、作废等登记制度。

（三）承保档案管理应严格遵循各公司档案管理相关制度规定，并及时按险种分类编号、装订入册。承保档案归档入库时间不得晚于保单签发后30个工作日。

八、其他

（一）本规范所称保险公司均指在北京市行政辖区内开展政策性农业保险业务的各保险公司北京分公司及其分支机构。

（二）如遇特殊情况，须报北京市政策性农业保险工作协调小组办公室，经同意后执行。

（三）本规范自2010年5月1日起施行。

中国保险监督管理委员会北京监管局

关于北京地区实施酒后驾驶与机动车交强险费率联系浮动制度的通知

京保监发〔2010〕73号

各中资财产保险公司北京分公司、英大泰和财产保险股份有限公司营业部、北京保险行业协会：

根据公安部、中国保险监督管理委员会联合下发的《关于实行酒后驾驶与机动车交强险费率联系浮动制度的通知》要求，北京市公安局公安交通管理局（以下简称北京市交管局）、中国保险监督管理委员会北京监管局（以下简称北京保监局）共同研究制定了北京地区实施酒后驾驶与机动车交强险费率联系浮动制度实施办法。现就有关问题通知如下：

一、自2010年3月1日起，北京地区交强险费率浮动在实施与道路交通事故相联系的基础上，增加与酒后驾驶违法行为相联系的浮动因子。

二、北京地区交强险费率与酒后驾驶违法行为相联系的浮动标准为：上年每发生一次饮酒后驾驶违法行为的，被驾驶机动车次年交强险费率上浮15%；上年每发生一次醉酒后驾驶违法行为的，被驾驶机动车次年交强险费率上浮30%。与酒后驾驶违法行为相联系的比率＝饮酒后驾驶违法行为次数×15%＋醉酒后驾驶违法行为次数×30%，累计费率上浮不超过60%。

交强险最终保险费计算方法是：交强险最终保险费＝交强险基础保险费×（1＋与道路交通事故相联系的浮动比率＋与酒后驾驶违法行为相联系的浮动比率）

三、北京市交管局自2010年3月1日起于每日9:00前将酒后驾驶违法行为信息完整、准确地传送到北京车险信息平台。酒后驾驶违法行为信息在原有数据基础上，增加车档序号信息。

四、为保证北京地区实施酒后驾驶违法行为与交强险费率联系浮动制度的公平合理性，交强险保费的浮动比例由北京车险信息平台统一计算。

各在京经营交强险业务的保险公司（以下简称各保险公司）应切实做好业务系统的修改、调试等各项准备工作，并调整《机动车交通事故责任强制保险费率浮动告知书》，增加上年度酒后驾驶违法行为信息记录告知的相关内容；北京保险行业协会应及时组织保险公司认真做好交强险信息库以及相关信息系统的调整、完善工作，确保该制度的顺利实施。

五、北京市交管局与北京保险业建立异议处理机制。北京保险行业协会应组织指导各保险公司制定异议处理流程，当投保人对酒后驾驶违法行为信息记录有异议时，保险公司应协助投保人及时与北京市交管局联系，核实信息记录的准确性。

六、各保险公司应督促各分支机构严

格执行经营交强险业务的各项规定，严禁通过违规批单退费、虚列营业费用等各种方式变相提高或降低交强险费率。

七、北京市交管局与北京保监局将进一步研究完善其他严重交通违法行为与交强险、商业车险费率联系浮动的相关制度。

二〇一〇年二月二十五日

关于加强北京机动车辆保险中介业务管理的通知

京保监发〔2010〕273号

各财产保险公司北京分公司，各在京直接经营业务财产保险公司总公司，北京保险行业协会、北京保险中介行业协会：

为提高北京机动车辆保险经营数据的真实性，解决机动车辆保险市场存在的虚挂中介业务套取手续费、委托无合法资格的机构从事保险销售活动以及保险中介机构虚开《保险中介服务统一发票》等违法违规问题，现就加强机动车辆保险中介业务管理问题通知如下：

一、加强对合作保险中介机构资质的管理

各保险公司应委托具有合法资质的保险中介机构代理销售机动车辆保险业务。保险公司核心业务系统应增加对保险中介机构资质关键信息的自动校验比对功能。凡未取得保险监管部门核发许可证，或许可证过期，或许可代理险种不包括机动车辆保险业务的保险中介机构，核心业务系统应自动终止其出单权限。

二、加强对机动车辆保险中介业务的出单管理

（一）各保险公司应加强对机动车辆保险中介业务出单网点的管理。各保险公司应对保险中介机构远程出单网点采取数字证书（USBKEY）方式与远程出单计算机“一一绑定”，禁止未经授权出单的计算机接入。“终端机”等无法使用前述方式管理的特殊机型，可以采取POS机具编号方式绑定。原则上每一远程出单网点只能设置1台出单计算机。

保险公司营业网点的出单计算机应通过锁定IP地址方式进行绑定管理。

（二）各保险公司营业网点出具机动车辆保险中介业务的，分公司应指定专门部门和人员对业务来源真实性逐笔签署审核意见，并与投保单、保单等共同作为业务档案归档留存。同时，在公司核心业务系统内逐笔记录该中介业务的“保险公司审批人名称和代码”。

（三）各保险公司核心业务系统应增加机动车辆保险中介业务相关数据信息以及中介业务真实性识别校验功能。对于远程出单网点出具机动车辆保险中介业务保单的，数据信息应包括“保险中介机构名称”、“保险中介机构许可证编号”、“数字证书（USBKEY）编码或POS机具编号”、“保险公司经办人名称和代码”、“保险公司核保人员名称和代码”以及“手续费比例”等。对于保险公司营业网点出具的机动车辆保险中介业务，信息应包括“保险中介机构名称”、“保险中介机构许可证编号”、“出单计算机IP地址”、“保险公司经办人名称和代码”、“保险公司核保人员名称和代码”、“保险公司审批人员名称和代码”以及“手续费比例”等。

保险公司核心业务系统应对远程出单网点出具的机动车辆保险中介业务来源真实性进行自动识别校验。凡“保险中介机构名称”、“保险中介机构许可证编号”与“数字证书（USBKEY）编码或POS机具编号”不匹配的业务应自动终止出单权限。

（四）对于机动车辆保险中介业务，保险公司应在保险单相应位置打印“本保单属于保险中介业务，中介机构为××公司（相关中介机构全称）”字样或标识等相应内容，向被保险人公开信息，按照中国保监会颁布的《承保理赔信息客户自主查询制度》要求接受被保险人查询。

三、加强对机动车辆保险中介业务手续费的管理

（一）各保险公司财务系统应严格按照核心业务系统记录的手续费比例自动计提手续费应付金额。

（二）各保险公司财务人员应严格审核《保险中介服务统一发票》开具单位和盖章单位的一致性。对于发票要素不一致的保险中介业务，一律不得支付手续费，并向分公司稽核部门反馈相关信息，由其调查处理。

（三）各保险公司应按财务系统记录的机动车辆保险中介业务手续费计提金额，采取无背书功能的“网上银行”转账支付方式，逐笔全额划入与《保险中介服务统一发票》盖章单位名称一致的银行账户。

（四）各保险公司财务系统应增加机动车保险中介业务逐笔保单的手续费支付信息。具体包括“保险中介机构名称”、“保单号”、“保单确认码”、“保险中介服务统一发票号码”、“发票开具单位（签章单位）”、“发票金额”以及“支付日期”、“网银流水号”、“收款单位名称”、“财务凭证号”、“手续费支付金额”。

四、完善北京车险信息平台的技术功能

北京保险行业协会应调整北京车险信息平台系统，确保车险信息平台系统具有以下功能：

（一）北京车险信息应与各保险公司的核心业务系统和财务系统实时对接，完整接收记录保险公司上传的机动车辆保险中介业务信息和手续费信息。

（二）北京车险信息平台应记录北京保监局提供的保险中介机构信息，保险公司提供的出单网点信息、出单计算机绑定信息和保险公司从业人员信息，并适时调整更新。

（三）北京车险信息平台应增加机动车辆保险中介业务异常数据检索功能和出单权限终止功能。定期筛查保险公司涉嫌委托无资质机构开展保险业务、虚挂保险中介业务、虚假使用《保险中介服务统一发票》等违规问题的异常数据，并上报北京保监局。

（四）北京车险信息平台应实现与北京市地税局税收征管系统的对接，建立《保险中介服务统一发票》开具、使用等信息数据交换机制。

五、有关工作要求

（一）保险公司应及时调整完善核心业务、财务、中介机构管理等相关信息系统功能，保证本通知第二、三部分规定的各项数据信息能够实时准确上传至北京车险信息平台，并积极配合北京保险行业协会做好北京车险信息平台功能完善改造工作。

（二）北京保险行业协会应制定下发业务技术需求方案和系统接口改造方案，完善北京车险信息平台功能，并督促指导各保险公司完成相关信息系统的改造工作。

北京保监局将针对北京保险行业协会上报的机动车辆保险中介业务异常数据筛查情况，结合日常监管，确定重点检查对象，严肃查处违法违规行为，切实提高机动车辆保险经营数据的真实性，有效规范机动车辆保险市场秩序。

本通知自2010年10月1日起执行。

二〇一〇年七月二十八日

北京市金融工作局

关于推动本市信用销售健康发展的实施意见

京金融〔2010〕26号

为贯彻落实商务部、财政部、中国人民银行、银监会、保监会《关于推动信用销售健康发展的意见》（商秩发〔2009〕88号），和中国人民银行、银监会《关于进一步加强信贷结构调整促进国民经济平稳较快发展的指导意见》（银发〔2009〕92号）中积极发展消费信贷的意见，推动本市信用销售健康发展，结合本市实际，提出以下实施意见：

一、充分认识推动信用销售健康发展的重要意义

（一）信用销售是企业通过分期付款、延期付款等方式向单位或个人销售商品或服务的交易方式。通过信用销售，卖方企业可以提前锁定目标市场，扩大销售规模；买方企业可以以较少的资金投入和较长的支付周期，扩大采购规模，提高资金利用效率；消费者可以扩大即期消费，提高生活质量。发展信用销售，是本市落实中央扩大内需要求的重要抓手，有助于刺激消费增长，扩大消费规模；有助于加快资金周转，提高经济运行效率。

（二）信用销售的持续健康发展，需要金融机构的积极参与。通过鼓励商业银行针对信用销售创新融资方式，丰富融资工具，可以帮助企业解决信用销售中的融资困难；通过依法推进企业和个人专用信用报告在非金融领域的使用，促进信用信息的社会共享，优化社会信用环境；通过引导保险机构发展国内贸易信用保险，可以帮助企业分担信用销售风险；通过鼓励信用服务机构开发信用服务产品，可以满足企业信用管理需求。本市鼓励引导金融机构与企业合作开展信用销售业务，积极创新业务品种，向企业提供融资、保险、担保、结算等服务，完善社会信用体系，实现本市信用销售的健康发展。

二、推进信用销售模式创新

（三）鼓励金融机构与商业服务业企业合作开展信用销售。鼓励商业银行、担保公司等金融机构加强与商业服务业企业合作，充分发挥商业银行在提供资金，担保公司在信用增级方面的作用，积极进行业务创新，开发各种类型的信用销售业务。

（四）积极发展信用卡消费信贷。探索开发适合中小商户的结算账户管理模式，推进建立灵活科学的手续费率定价机制，支持商业银行通过公平竞争不断扩大信用卡合作商户的覆盖面。鼓励商业银行加大产品创新力度，开发针对不同客户群体的信用卡。在风险可控前提下，对资信良好的信用卡申请者和使用者合理增加信用额度扩大持卡人规模。引导商业银行与商户加强合作，增加分期付款商品种类，并不断改善刷卡环境，扩大信用卡消费总量。

（五）积极发展商业服务业企业的信用销售。鼓励大型零售企业直接开展或与信用机构联合开展信用销售业务，试点推出赊账卡及其他信用销售产品。鼓励中小商业服务业企业与信用担保机构合作推出以便利消费和小额短期为特点的签账式信用销售产品。鼓励各类服务业企业直接或与商业银行、信用担保机构合作，开发家装、综合家政服务、旅游等专项联合信用产品。

三、积极发展信用销售融资

（六）积极发展信用销售信贷。鼓励商业银行创新信贷模式，积极充分利用应收账款质押登记公示系统，发展动产、仓单、应收账款等质押贷款方式，为商业服务业企业提供多种融资渠道。鼓励商业银行开办商业承兑汇票贴现业务，积极推动商业信用发挥作用，解决生产型企业货款占压问题。

（七）发展信用保险项下的贸易融资。建立信用销售、信用保险和银行信贷衔接机制，鼓励保险机构进行产品创新，积极开展信用保险保单融资等业务，发展信用保险项下的贸易融资，解决信用销售中的融资困难。

（八）发展信用担保项下的贸易融资。鼓励担保公司对企业授信，以担保为手段促进商业承兑汇票签发、背书、贴现，加强商业承兑汇票的流转。

（九）积极推进消费金融机构的健康发展。积极推进消费金融公司试点，鼓励符合条件的出资人发起设立消费金融公司，推进消费金融公司与商业服务业企业开展合作，办理个人耐用消费品贷款及一般用途个人消费贷款。积极支持汽车生产企业在京设立汽车金融公司。积极引导小额贷款公司创新业务品种，开发适合农村市场信用销售发展的信贷产品，促进农村地区的消费增长。

四、建立完善风险防范、分担和处置机制

（十）推进信用信息共享交换工作。完善信贷征信系统建设，逐步建立金融业统一征信平台。推进金融机构与工商、税务、海关、公安、审计、环保、法院、公积金管理、公共事业等机构间信用信息的共享交换，扩大非银行信息的采集范围，依照有关法律法规为金融机构、政府部门、企业和个人提供方便、快捷、高效的征信服务。探索建立商业服务企业信用交易数据交换共享信息平台。

（十一）促进国内贸易信用保险的发展。引导保险公司通过规模经营、科学管理降低承保风险和成本，减轻企业保费负担。鼓励保险机构为企业提供国内贸易应收账款信用保险服务，承担企业开拓市场中面临的信用风险。研究建立财政扶持机制，鼓励企业购买信用保险。

（十二）积极发展信用销售再担保。积极研究再担保机制推进信用销售发展的具体方式，不断拓展再担保机制的业务范围，鼓励再担保机构扩展业务。

（十三）加快应收账款流转。鼓励商业银行或信用担保公司推出“结算快车”等应收账款流转产品，加快商业零售企业与供应商结算速度。积极推进商业保理业务试点，通过企业之间的资金合作，促进应收账款流转。鼓励银行为信用销售商业服务业企业和担保公司建立专项账户，开展专项托收，解决分期还款困难。

五、促进和规范信用销售相关服务业的发展

（十四）积极发展信用服务业。支持引导信用服务机构的健康发展，拓展信用服务领域，积极开发信用征信、信用评估、信用担保、信用保理、信用咨询等信用产品和服务。支持本市信用服务机构加快信用产品和服务创新，满足政府和社会的需求。积极培育信用市场，鼓励政府部门、金融机构和企业应用信用产品和服务，支持本市信用服务机构做大做强。

（十五）规范发展商账追收服务业。加强对商账追收服务业的行业管理，明确准入标准和经营范围，制定行业行为规范和从业人员执业规则，促进应收账款追收、管理的规范化和专业化。

（十六）积极发展资产处置服务业。发展拍卖、估价、居间服务等资产处置服务业，探索建立抵债资产流转平台，促进抵债资产流转，加速资产变现，提高资金周转效率。

六、加强统筹协调，稳步推进落实

（十七）市金融局协调金融机构与商业服务业企业合作开展信用销售模式创新，为信用销售发展提供融资支持服务，推进本市金融信用体系建设，推进本市融资性担保机构的规范健康发展。市商务委积极引导商业服务业企业创新信用销售模式，扩大信用销售规模，推进商业服务业企业信用交易数据交换共享。市财政局研究建立促进信用销售发展的财政扶持机制。市经济信息化委会同人民银行营业管理部、市工商局推进建立全市企业和个人信用信息共享交换机制。

（十八）人民银行营业管理部加强信贷征信系统建设，扩大信息采集范围。北京银监局、北京保监局积极鼓励商业银行和保险机构拓展信用销售业务，发展信用销售融资，发展信用保险。

（十九）各区（县）金融、商务、财政、经济信息化等部门，要高度重视信用销售工作，依据地区和行业特点，稳步推进，确保各项工作措施落实到位。

（二十）建立推动信用销售工作的协调配合机制。市金融局牵头，会同市商务委、市财政局、市经济信息化委等有关部门与人民银行营业管理部、北京银监局、北京证监局、北京保监局等相关部门，建立联席会议制度，定期通报信用销售发展情况，分析研究工作中需要协调解决的有关问题。

附：

2010年文件与规章目录选编

中国人民银行营业管理部

1. 关于进一步加强北京农村商业银行“三农”金融服务工作的指导意见

银管发〔2010〕17号

2. 关于做好2010年辖内信贷工作促进首都经济平稳较快发展的指导意见

银管发〔2010〕33号

3. 关于下发2010年北京市银行业金融机构反洗钱工作要点的通知

银管发〔2010〕39号

4. 关于下发2010年北京市证券期货业金融机构反洗钱工作要点的通知

银管发〔2010〕40号

5. 关于下发2010年北京市保险业金融机构反洗钱工作要点的通知

银管发〔2010〕42号

6. 关于贯彻国办发〔2010〕4号文件精神促进本市房地产市场平稳健康发展的实施意见

银管发〔2010〕47号

7. 关于印发《北京市妇女创业就业小额担保贷款财政贴息管理办法》的通知

银管发〔2010〕59号

8. 关于进一步加强假币报表及实物收缴管理工作的通知

银管发〔2010〕66号

9. 关于金融支持首都率先形成城乡经济社会发展一体化新格局的指导意见

银管发〔2010〕70号

10. 关于金融支持北京市2010年重点建设项目有关事宜的通知

银管发〔2010〕74号

11. 关于印发《北京农村地区支付服务环境改善工作2010年实施方案》的通知

银管发〔2010〕85号

12. 关于印发推动北京生物医药产业跨越发展的金融激励试点方案及工作管理办法的通知

银管发〔2010〕86号

13. 北京市公安局　人民银行营业管理部关于建立打击银行卡犯罪协作工作机制的意见

银管发〔2010〕93号

14. 关于建立警银共建反假货币工作站的通知

银管发〔2010〕95号

15. 关于2010年加强人民币收付业务监管工作的通知

银管发〔2010〕100号

16. 关于成立跨境贸易人民币结算试点工作领导小组的通知

银管发〔2010〕104号

17. 关于鼓励银行业金融机构在东城区对绿色企业加强金融服务的意见

银管发〔2010〕108号

18. 关于印发《中国人民银行营业管理部执法检查工作指引》和《中国人民银行营业管理部综合执法检查工作规定》的通知

银管发〔2010〕130号

19. 关于进一步完善金融支持大学生“村官”创业富民监测制度的补充通知

银管发〔2010〕134号

20. 关于落实商业性个人住房贷款中第二套住房认定标准有关问题的通知

银管发〔2010〕140号

21. 关于印发《核准类银行结算账户电子审批系统建设实施计划》及《电子审批系统与商业银行数据交换接口规范》的通知

银管发〔2010〕163号

22. 关于印发《北京市金融机构重大事项报告制度》的通知

银管发〔2010〕215号

23. 关于印发《关于加强辖内银行业金融机构小企业信贷机制建设的指导意见》的通知

银管发〔2010〕227号

24. 关于印发《中国人民银行营业管

理部发行基金保管库达标升级考核实施细则（试行）》的通知

银管发〔2010〕248 号

25. 关于北京市电子商业汇票系统有关问题的通知

银管发〔2010〕260 号

26. 关于印发中关村国家自主创新示范区科技金融创新工程工作方案的通知

银管发〔2010〕273 号

27. 关于印发《北京市融资性担保公司管理暂行办法》和开展融资性担保公司规范工作意见的通知

银管发〔2010〕274 号

中国银行业监督管理委员会北京监管局

1. 北京银监局关于加强 2010 年在京外资银行营业性机构外部审计工作有关要求的函

京银监函〔2010〕5 号　1 月 29 日

2. 北京银监局关于进一步加强离行式自助银行安全管理工作的通知

京银监通〔2010〕12 号　2 月 9 日

3. 北京银监局办公室关于加强辖内村镇银行案件防控　严格案件信息管理的通知

京银监办〔2010〕38 号　3 月 8 日

4. 北京银监局办公室关于印发《北京银监局贯彻落实“三个办法、一个指引”工作实施方案》的通知

京银监办〔2010〕46 号　3 月 15 日

5. 北京银监局关于印发《北京银行业贯彻落实“三个办法、一个指引”工作实施方案》的通知

京银监通〔2010〕20 号　3 月 23 日

6. 北京银监局办公室关于印发《北京银监局监管评级审核上报程序暂行办法》的通知

京银监办〔2010〕60 号　4 月 1 日

7. 北京银监局办公室关于印发《北京银监局政务信息工作管理办法》的通知

京银监办〔2010〕61 号　4 月 2 日

8. 北京银监局关于加强辖内银行个人住房贷款业务管理的通知

京银监通〔2010〕23 号　4 月 7 日

9. 北京银监局办公室关于印发《北京银监局关于政府融资平台贷款风险化解评估工作推进方案》的通知

京银监办〔2010〕92 号　5 月 5 日

10. 北京银监局关于建立大额不良贷款分析报告制度的通知

京银监通〔2010〕49 号　5 月 11 日

11. 北京银监局关于加强监管信息网使用和管理的通知

京银监通〔2010〕54 号　5 月 31 日

12. 北京银监局关于规范业务营销行为有关问题的通知

京银监通〔2010〕65 号　7 月 7 日

13. 北京银监局办公室关于印发《北京银监局行政许可事项分类分级审批管理办法》的通知

京银监办〔2010〕140 号　7 月 22 日

14. 北京银监局关于进一步规范辖内商业银行个人理财产品销售行为的通知

京银监通〔2010〕70 号　7 月 27 日

15. 北京银监局办公室关于加强新闻舆情监测工作的通知

京银监办〔2010〕164 号　9 月 1 日

16. 北京银监局关于进一步推进地方政府融资平台贷款清理工作的通知

京银监通〔2010〕86 号　10 月 14 日

17. 北京银监局关于印发《2010 年北京地区银行业公众教育日活动方案》的通知

京银监通〔2010〕88 号 10 月 25 日

18. 北京银监局关于进一步明确 2010 年北京地区银行业公众教育服务日活动有关要求的通知

京银监通〔2010〕95 号 11 月 16 日

19. 北京银监局办公室关于进一步加强安全工作的通知

京银监办〔2010〕219 号 11 月 25 日

20. 北京银监局关于做好辖内银行业金融机构电子政务传输系统建设工作的通知

京银监通〔2010〕101 号 12 月 3 日

中国证券监督管理委员会北京监管局

证券类

1. 关于北京辖区证券公司 2009 年年度报告审计工作有关事宜的通知

京证机构发〔2010〕4 号

2. 关于加强证券营销人员执业行为管理切实规范转户销户行为的通知

京证机构发〔2010〕6 号

3. 关于进一步规范证券投资咨询公司有关行为的通知

京证机构发〔2010〕82 号

4. 关于学习落实《关于加强证券经纪业务管理的规定》的通知

京证机构发〔2010〕89 号

5. 关于加强辖区证券公司及证券营业部融资融券业务试点工作的通知

京证机构发〔2010〕195 号

6. 关于落实《证券投资顾问业务暂行规定》和《发布证券研究报告暂行规定》有关事项的通知

京证机构发〔2010〕201 号

7. 关于进一步加强证券营销人员执业行为管理的通知

京证机构发〔2010〕216 号

8. 关于外资证券类机构驻京代表处 2009 年度工作报告报送及监管工作要求的通知

京证监发〔2010〕25 号

基金类

9. 关于进一步加强拟任基金经理和离任基金经理管理的通知

京证基金发〔2010〕1 号

10. 关于基金参与新股网下申购业务风险管理工作的通知

京证基金发〔2010〕10 号

11. 关于进一步加强基金公司监察稽核及风控岗位人员配置工作的通知

京证基金发〔2010〕12 号

期货类

12. 关于下发《北京地区期货营业部日常监管指导意见》的通知

京证期货发〔2010〕152 号

13. 关于北京辖区期货经营机构加强对居间人和代客理财管理的指导意见

京证期货发〔2010〕204 号

中国保险监督管理委员会北京监管局

1. 关于共同打击保险“三假”犯罪行为有关问题的通知

京保监发〔2010〕51 号 1 月 18 日

2. 关于印发《北京保监局、北京市公安局内保局、交管局关于建立北京地区联合打击车险骗赔工作机制的会议纪要》的通知

京保监发〔2010〕41 号 1 月 19 日

3. 关于规范统计人员信息报告工作的通知

京保监发〔2010〕44 号 1 月 27 日

4. 关于北京地区实施酒后驾驶与机动车交强险费率联系浮动制度的通知

京保监发〔2010〕73 号 2 月 25 日

5. 关于印发《北京市政策性农业保险承保业务规范（试行）》的通知

京保监发〔2010〕119 号 4 月 12 日

6. 关于进一步规范意外险业务的通知

京保监发〔2010〕173 号 5 月 17 日

7. 关于通报和披露信访投诉情况等有关问题的通知

京保监发〔2010〕181 号 5 月 21 日

8. 关于加强北京机动车辆保险中介业务管理的通知

京保监发〔2010〕273 号 7 月 28 日

9. 关于落实保监会有关银保专管员监管要求的通知

京保监发〔2010〕318 号 8 月 24 日

10. 关于推广使用中国保监会中介监管信息系统的通知

京保监发〔2010〕319 号 8 月 27 日

11. 北京保监局关于系统申报设立保险专业中介法人机构有关事宜的公告

京保监公告〔2010〕10 号 8 月 27 日

12. 关于北京地区保险中介从业人员继续教育管理工作有关事项的通知

京保监发〔2010〕370 号 9 月 30 日

13. 关于严格执行《保险法》第 34 条有关要求的通知

京保监发〔2010〕413 号 11 月 10 日

14. 关于规范寿险营销员电话展业行为的通知

京保监发〔2010〕414 号 11 月 10 日

15. 关于进一步做好北京地区保险公司代收代缴车船税工作的通知

京保监发〔2010〕430 号 11 月 24 日

16. 关于北京健康保险信息平台建设有关工作的通知

京保监发〔2010〕431 号 11 月 30 日

七、专题与调研

关于贯彻落实九部委指导意见推动金融支持文化产业振兴的调研报告

中国人民银行营业管理部货币信贷管理处

2009年9月26日，国务院公布了《文化产业振兴规划》，2010年3月26日，九部委联合出台《关于金融支持文化产业振兴和发展繁荣的指导意见》（以下简称九部委指导意见）。文化产业作为国家战略层面的重点产业，已正式迈上改革开放和现代化建设前台。近期，人民银行营业管理部就辖内金融机构落实九部委指导意见的现状及工作中遇到的问题，进行了深入调研。

一、北京文化产业发展及金融支持情况

近年来，在北京市委、市政府的领导下，北京市坚持政府引导、市场主导、企业主体的发展模式，结合首都城市功能定位和经济社会发展目标，采取一系列措施，着力推进文化产业繁荣与发展。2006年4月北京市成立了由市委、市政府牵头，市委宣传部、市文化局等23个委办局参加的文化产业领导小组，负责全市文化产业发展的统筹决策。由市委宣传部牵头，制定出台了《促进文化产业发展的若干政策》，在此基础上，从扶持重点文化行业、发挥财政资金效益、加强产业配套支持等方面先后出台了19个扶持政策；设立文化产业发展专项资金，形成了系统配套的政策体系。北京市文化产业促进中心积极推动文化产业与金融合作，先后与北京银行、交通银行北京市分行、工商银行北京市分行签订金融支持文化产业发展战略合作协议，并编印出版《文化创意产业动态》，推动文化产业信息交流。文化产业领导小组还在加速产业积聚区发展、促进文化企业上市融资、完善文化市场交易体系、深化文化体制改革等方面开展了大量富有成效的工作，有力保障了北京文化产业的健康发展。

2004～2008年，北京文化产业增加值从613.6亿元增加到1 346.4亿元，年均增长21.7%，占GDP的比重从10.1%提高到12.1%；2009年，在国际金融危机背景下，北京文化产业逆势上扬，实现增加值1497.7亿元，现价增速11.2%，占GDP的比重达到12.6%，创历史新高。文化产业增加值在第三产业中的占比仅次于金融业，位居第二，在北京经济中的支柱地位进一步确定。目前北京市有各类文化企业5万多家，其中规模以上企业近8 000家，占全市规模以上企业总数的13.7%。全市文化企业从业人员100多万人，占全市第三产业从业人员的18.2%。

为大力推动金融支持北京文化产业发展，一直以来，人民银行营业管理部切实履行职责，深入探索研究，多方采取措施，努力改善文化企业的融资环境，取得了明显的成效。《文化产业振兴规划》和九部委指导意见发布后，人民银行营业管

理部充分认识金融支持文化产业发展的重要意义，积极谋划，深入落实，引导辖内银行机构不断优化信贷结构，统筹配置信贷资源，为文化企业提供实实在在的服务。具体措施包括：切实抓好九部委指导意见的贯彻实施工作，制定金融支持首都文化产业发展具体工作安排。从信贷指导、评比表彰、信息服务、调查研究、金融培训、外汇管理等十个方面，对金融支持首都文化产业发展进行了部署。积极支持信贷专营机构试点，大胆创新金融支持文化产业发展的新方式。召开文化金融专题座谈会，为辖内银行交流文化金融创新经验提供平台。开展文化企业信贷工作评比表彰活动，建立信贷政策的外部激励机制。深入开展文化金融专项调研，积极推进金融服务首都文化产业向纵深发展。在人民银行营业管理部和相关部门的大力引导和推动下，辖内金融机构紧密结合北京文化产业特点和自身实际情况，在促进金融支持文化产业发展方面进行了有益的探索，发挥了积极的作用。据人民银行营业管理部信贷专项统计数据，截至2010年3月末，辖内中资银行文化产业贷款余额为217.4亿元，比上年同期增长70.9%，累计支持了606户文化企业发展。

二、辖内金融机构支持文化产业发展的主要做法及成效

（一）积极寻求银政企合作，构建产融合作信贷平台

北京银行与北京市文化产业促进中心（以下简称市文促中心）达成合作协议，每年为文化企业提供50亿元授信；设立“文化产业金融服务中心”文化专营机构。工商银行北京市分行于2010年初与市文促中心签署战略合作协议，每年为文化企业提供100亿元授信。

（二）创新担保方式，推出“软”资产质押贷款

国家开发银行北京市分行提出了“版权信托+收益权质押担保”的文化企业贷款融资模式。北京银行以版权质押方式向华谊兄弟提供总额为1亿元的多个电视剧项目打包贷款，是国内第一笔对电视剧制作行业提供无专业担保公司担保的版权质押贷款。

（三）推进业务流程再造，为文化企业打造综合化服务产品

民生银行为高端客户提供“非凡理财艺术品投资计划”等系列理财产品。工商银行北京市分行将“版权质押+个人连带保证”引入信贷管理流程。一些金融机构还向文化企业提供诸如结算、理财、网银、供应链融资、信用卡等综合化金融服务。

（四）深入挖掘营销切入点，研发个性化信贷服务模式

一些银行深入研究文化产业特点，多方面挖掘信贷切入点。北京农村商业银行将中央确定的35个文化体制改革试点单位作为重点营销对象，为北京青年报提供3.5亿元流动资金信用贷款授信。

（五）借助国际品牌和全球网络优势，做好文化企业“走出去”一揽子金融服务

北京银行用不到三周的时间为天创国际演艺制作交流有限公司提供了1年期、700万元的文艺演出贷款，以支持其《功夫传奇》等演艺剧目赴海外演出。

三、辖内金融机构贯彻九部委指导意见中遇到的主要问题

（一）支持中小文化企业发展的专项财政政策仍然缺乏

北京市及9个区县已设立文化产业发

展专项资金，在撬动社会资源、支持文化企业发展方面起到了积极的引导作用。但据银行和企业反映，扶持资金主要支持文化集聚区和重点获奖项目，中小文化企业，特别是小型文化企业很难获得资金支持。另外，在充分调动商业银行加大文化金融业务创新、提高支持中小文化企业发展的积极性方面还需要财政政策的支持。

（二）中小文化企业信用担保体系建设力度尚有不足

《北京市文化产业担保资金管理办法》的出台对缓解文化企业融资担保难问题起到了切实的推进作用，但在实际运作中还存在以下不足：一是担保公司文化企业担保项目是否可以获得补助存在不确定性，业务开展动力不足。二是文化产业担保资金来源于文化产业发展专项资金，资金的支持力量不足。三是尚未成立专业的中小文化企业担保公司，对中小文化企业的支持力度还显不足。

（三）文化企业知识产权质押融资存在操作障碍

一是评估标准不统一使知识产权价值难以确定。如某行曾聘请两家不同的评估机构对同一项知识产权进行价值评估，最终评估值差异超过一千万元，最后只得放弃知识产权质押担保方式。二是知识产权价值评估难以确定，使商业银行在开展知识产权质押贷款业务时，难以落实《担保法》的规定。三是版权属于无形资产，市场存在小众性。即便进行了质押登记，但一旦文化企业出现经营困难无力偿还贷款时，银行很难找到合适的交易对象，文化产权的处置变现在周期和价值实现上有着不可预测性。

（四）知识产权出质登记制度政出多门、程序复杂

知识产权质押登记涉及不同的登记机关，各登记机关所发布的登记程序内容不相一致，登记期限和费用也各不相同。办理一笔版权质押登记一般需要两三个月的时间，如果出质人以两项以上的知识产权共同出质，其登记程序更为复杂。

（五）金融服务创新与文化企业资金需求仍不匹配

一是受制于专业人才不足、担保体系和风险补偿机制不完善、贷后风险监测控制手段不够等因素，商业银行还没有形成科学的文化企业信贷管理模式。二是缺乏针对文化企业信贷的专项激励机制和风险容忍政策。三是针对文化企业特色的信贷创新还远远不足，不少个性化文化企业难以得到贷款。四是对比国外信用保险在文化企业信贷业务中分险增信的成熟做法，信用保险在支持文化企业融资方面还没有发挥作用。

四、相关政策建议

（一）建立专门扶持中小文化企业发展的专项财政政策

一是使中小文化企业，特别是小型文化企业能得到贷款贴息、保费补贴、项目补贴、政府采购和后期奖励等专项的财政支持。二是通过对商业银行中小文化企业贷款业务给予风险补贴、税收优惠、专项奖励等财政支持，鼓励商业银行不断提高对中小文化企业的金融支持力度。

（二）加大中小文化企业信用担保体系建设力度

一是建立中小文化企业担保公司，真正发挥出担保在支持金融服务小文化企业发展中的桥梁作用。二是设立中小文化企业专项担保资金，专项服务于文化企业，特别是实力较弱的中小文化企业。三是尽早明确对合作担保公司担保业务补贴及补助认定标准。

（三）加强知识产权评估作价的标准化建设

一是对知识产权评估作价设定统一标准，为银行拓展文化企业信贷业务，落实《担保法》相关规定扫清障碍。二是成立专业权威的知识产权评估机构，有效提高金融服务文化企业的效率。三是加快文化产权交易市场化建设，为质押知识产权的处置变现提供高效的平台。

（四）适应文化产业的不同特点开展金融创新

一是商业银行应尽快形成满足文化产业需要的专门的信贷管理模式，不断提高金融服务水平。二是建立针对文化企业信贷的专项激励考评机制和风险容忍政策，真正做到尽职者免责，失职者问责。三是加快服务于文化企业的金融产品创新步伐，满足文化企业的个性化金融需求。四是探索发挥信用保险在支持文化企业融资方面的作用，鼓励保险公司加强与商业银行、担保公司和文化企业的合作。

（五）健全中介机构服务体系营造良好的文化金融发展环境

一是修订和完善相关知识产权质押登记的管理办法，营造良好的法律和制度环境。二是整合各担保机构和社会信用评级机构等中介机构的信息资源，形成文化企业综合服务体系。三是将文化企业信息纳入企业征信管理系统，为银行信贷提供良好的征信环境。四是将文化产权交易所逐步纳入多层次资本市场体系，为文化企业产权交易、并购及风险投资退出拓宽渠道。五是整合社会中介服务资源，加强对信用评级、价值评估、法律咨询、融资担保、信息咨询等行业的管理。

（课题组成员：龙非、魏海滨、李海辉、童怡华）

北京中资银行地方投融资平台贷款投放情况、问题和建议

中国人民银行营业管理部调查统计处

2009年地方政府大规模举债引起各方对地方投融资平台贷款风险的广泛关注。根据人民银行总行统一安排，人民银行营业管理部对2009年和2010年1月份北京中资商业银行地方投融资平台（不包含中央政府投融资平台）贷款情况进行了调查。调查显示：地方投融资平台贷款发展平稳，但仍存在信息不对称、贷款周期长、持续融资需求大等问题，在当前价格形势下，一定程度上压缩了货币政策的操作空间，建议疏控并举、有保有压，差别化地对待各级政府融资平台融资需求，在客观、科学地评估风险的基础上，规范政府投融资平台运作，改善融资结构。

一、2010年1月地方政府投融资平台贷款情况

（一）金融支持较为理性，贷款发展较平稳

与其他六省（津、沪、苏、浙、渝、粤）1月份的数据相比，北京中资银行对

地方政府提供了较理性的金融支持，地方投融资平台贷款投放较为平稳。

一是贷款余额相较不高。1月末，北京中资银行的地方投融资平台贷款余额位列第六，仅高于重庆；占全市中资金融机构人民币贷款（不含票据融资，下同）的占比位列第五，高于浙江、广东。二是贷款增量相较最少。1月份，北京中资银行地方投融资平台贷款新增额位列七省最末；占全市中资金融机构人民币贷款新增额的占比仅高于广东、浙江。三是流向仍趋土地储备。如1月份北京地区三家银行合计向北京土地储备中心朝阳分中心新发放55亿元的土地储备贷款，占北京市地方投融资平台1月份贷款新增额的近五成。

（二）平台负债率普遍较高，还贷主要依靠财政收入

从2009年地方投融资平台贷款抽样问卷调查（样本数量51家，占北京市政府投融资平台总数37.5%。其中市级10家，区级39家，乡镇级2家）结果看，目前北京市政府投融资平台平均资产负债率在70%~80%，4成以上区级政府投融资平台的资产负债率超过80%。从负债结构看，所有样本平台公司均反映银行贷款仍是其项目资金的主要来源，银行贷款在样本平台公司融资总额中的占比在70%以上。

问卷调查中样本平台公司选择看，平台公司还贷资金主要来源依次为：财政拨款（74.5%），土地出让收入（41.2%），项目经营收入（29.4%），政府设立的偿债基金（17.6%），其他来源（17.6%），银行续贷（9.8%）。

（三）平台募集资金主要用于基础设施建设和土地储备投资，多数项目自身盈利能力较弱

北京各级政府组建融资平台的目的主要是为城市基础设施建设和市政公用事业筹集资金。由于首都经济社会发展的特殊性，许多基础设施项目公益性较强，项目本身不产生收益或自身收益不足以偿还全部贷款本息。以北京地区某商业银行对已投入运行的北京市地铁5号线项目贷款合同执行情况为例，地铁票款收入仅能勉强覆盖地铁运营成本和贷款利息。项目还款来源主要依赖市政府财政拨款。

二、当前政府投融资平台存在的问题及风险

2008年以来，北京市各级融资平台通过大量融资，有力地推动了首都基础设施建设和城市化进程，为应对金融危机冲击和提振内需，实现经济较快复苏发挥了重要作用，也使得银行贷款短期内快速大量向政府投融资平台集聚，给经济发展带来一定程度的不确定性。

（一）贷款集中度显著提高，风险高度集中

被调查样本政府投融资平台公司中，半数以上表示2010年新开工项目投资额将超2009年，八成多表示2010年的信贷资金需求不低于2009年。政府投融资平台公司的项目通常为中长期基础设施建设，资金需求量大、使用周期长，这不但导致贷款集中度显著提高、风险高度集中银行体系甚至单家金融机构，同时，由于项目建设周期较长，为确保项目的持续投入与运营，未来几年的信贷投放规模极可能保持较高的被动增长。

（二）信息不对称，银行贷后管理难度较大

由于政府信用对商业银行的巨大吸引力和银行间信息不畅等原因，一家银行不但很难对某个项目资本金来源、资本金到位情况进行有效监控，甚至要跟踪了解本

行贷款的真实用途都比较困难。在借款人可能并非资金使用人和直接受益人的情况下，贷款资金极易脱离平台公司控制，承建项目以基础设施为主，较难实施项目资产抵押工作，造成项目不具备担保条件或抵押资产变现难度大。这些因素使得商业银行较难进行资金监管和贷后管理。

（三）地方政府的融资总量难以监测和评估，存在一定的系统性风险

政府融资平台投资的城市基础设施项目多为公益性或准公益性项目，社会效益重于经济效益，通过项目改善商业环境，吸引产业集群，带动项目周边土地增值和扩大税收给地方政府带来的间接收益要远大于项目直接经营收益。因此，目前商业银行对政府融资平台的信用评价完全取决于本级政府的综合财力，而非平台本身还款能力。银行更需要了解掌握政府财政收支、财政偿还能力的情况，而实际上，银行往往只能依靠经验和一些不完整的资料来做评价。目前于重点项目的融资尚没有形成公开的市场竞标机制，平台项目为了保持强势地位，往往回避银团贷款方式，与多家银行分别签订合作协议。由于没有共同的信息平台，银行不但无法从总量上掌握融资平台的融资总量，对单个政府投融资平台多头授信、过度授信的情况时有发生。

（四）项目周期较长，银行信贷资金存在一定的流动性风险

地方投融资平台贷款多数期限较长，短则 3～5 年，长则 10 多年。中长期贷款快速膨胀使商业银行信贷结构不平衡，资产负债期限错配的问题更加突出，流动性风险加大。很多政府投融资平台虽然资产规模很大，但大部分是城市道路、桥梁等非经营性资产，既不能产生收益，出现债务危机时也无法变现。大量储备土地和项目收费权等抵质押品不但估值、兑现困难，也可能引发政府推高房地产价格和提高收费水平的冲动。

三、建议疏控并举、有保有压，引导和规范政府融资平台运作

（一）提高政府融资平台透明度，客观、科学地评估政府投融资平台风险

一是建议地方政府建立投融资项目信息共享平台和重点项目融资的公开市场竞标机制。二是建议借鉴国外成熟经验，建立一套既符合地方财政综合债务状况，又能反映地方财政整体风险程度及其变化发展趋势的风险控制标准，以监测和预防债务风险发生。

（二）改善政府投融资平台融资结构，鼓励银行分散风险

一是对于政府融资平台融资需求，引导商业银行尽量以银团贷款方式支持，同时增强银行间的信息沟通，建立利益共享、风险共担的分摊机制。二是降低准入门槛，鼓励政府融资平台通过信托计划、BOT 以及银行间市场发行中期票据等方式多渠道融资。三是加强国内债券市场建设，尽快试点推出政府融资平台贷款为基础的资产支持证券，化解存量。

（三）建立地方政府投融资责任制度，规范政府投融资平台运作

一是建立地方政府投融资责任制度，各级政府的债务必须与其财力相匹配，期限尽量与政府任期相一致，防止出现过度负债；二是建立偿付基金保障机制，每年在财政收入中拿出一定比例作为银行偿付基金；三是对以财政收入作为贷款担保的行为进行立法规范，从而使政府财政对地方融资平台的隐性担保转变为显性、合规担保。

（四）分类对待、有保有压，差别化地对待各级政府融资平台贷款风险

在防范风险的同时，需要对不同级别和类型的政府融资平台进行分类对待。从北京市情况看，市级政府依法成立的、债务结构相对单一的投融资平台风险基本可控。随着政府层级的下移，本级财政实力减弱，政府投融资平台的债务风险逐渐增大，尤其是一些县级政府投融资平台应当纳入重点监控风险的行列。

（课题组成员：刘晔、贺杰、李媛）

关于北京市小额贷款公司试点工作情况的调研报告

中国人民银行营业管理部货币信贷管理处

人民银行营业管理部经对北京市11家已开业小额贷款公司调研发现：小额贷款公司在有效配置金融资源、引导资金流向“三农”和中小企业方面发挥了积极作用，但同时也遇到了诸多发展瓶颈和障碍。促进小额贷款公司可持续发展需要在明确定位、创新机制、完善政策等方面拿出切实举措。

一、小额贷款公司基本情况

2009年1月初，北京市出台了《北京市小额贷款公司试点实施办法》（京政办发〔2009〕2号），正式启动小额贷款公司试点工作。截至2009年12月末，全市已有21家小额贷款公司获准设立。

（一）半数以上公司注册资本金在1亿元以上

21家公司注册资本合计19.85亿元，其中13家公司注册资金在1亿元及以上，北京中关村小额贷款股份有限公司注册资金额最高，为3亿元，其余8家公司注册资金均为5 000万元。

（二）股权结构以国有资本主导

北京市小额贷款公司先期试点阶段发起人以国有或国有控股企业为主。北京市农业投资有限公司作为发起人目前已投资设立7家小额贷款公司，其他已获批小额贷款公司的大股东也多为国有企业或国有控股企业。

（三）总体经营状况较好

截至2009年12月末，11家已开业小额贷款公司贷款余额达到7.7亿元，无不良贷款。初步统计，已开业公司2009年合计实现利息收入2 048.7万元，营业利润531.6万元，税后利润367.3万元。

二、小额贷款公司运行情况

（一）贷款主要投向“三农”和中小企业

全市已开业小额贷款公司累计发放涉农贷款占各项贷款累放额的比重约50%；郊区县小额贷款公司涉农贷款余额占比超过80%。涉农信贷主要投向种养殖业、农产品加工销售、农业合作社项目、大学生“村官”及党员创业项目以及农民转移就业项目。

全市已开业小额贷款公司累计投放中小企业贷款占各项贷款累放额的45%。

在支持中小企业发展中，城区小额贷款公司业务形成了特色。北京中关村小额贷款股份有限公司借鉴“硅谷银行”经验，与创投机构进行资本接力；与专业孵化器合作，给予园区内企业优惠贷款和“绿色通道”贷款；对“瞪羚”企业、政府科技重点扶持企业、金融贴息企业进行信贷支持；尝试发放个人创业贷款等。

（二）贷款期限集中在半年左右

全市小额贷款公司贷款期限平均约为7.6个月。据调研，小额贷款公司为防止客户还贷因意外因素而出现逾期，一般会要求客户将贷款期限预留1~2个月的富余空间并鼓励客户提前还贷，因此从实际业务发展看，平均实际贷款期限在半年以内，比平均合同贷款期限少1~2个月。

小额贷款公司累放贷款合同期限分布占比表

1月以下	1~3个月	3~6个月	6~12个月	1年以上
1.09%	12.11%	27.93%	58.75%	0.12%

数据来源：人民银行营业管理部专项监测。

（三）贷款利率控制在基准利率4倍以内

目前，全市小额贷款公司贷款平均年利率为17.52%，自然人贷款平均利率为17.02%，企业贷款平均利率为19.12%；涉农贷款平均利率为18.25%，中小企业贷款平均利率为18.01%。

三、小额贷款公司信贷管理情况

（一）放贷审批流程相对简捷

小额贷款公司放贷审批环节较少，放贷手续简单，全部信贷流程通常在一周以内即可完成。北京兴宏小额贷款有限公司推出的“特A类贷款快速通道”，从贷款申请到资金到账最快仅需2小时。部分小额贷款公司将总经理的信贷权限设定在100万元以下，超权限贷款提交董事会审议。

（二）抵质押贷款比例总体较低

全市小额贷款公司累计发放抵押、质押贷款占比分别约为30%、12%，保证贷款占比超过40%。北京市利源小额贷款股份有限公司推出的公司信用贷款、北京金典小额贷款股份有限公司施行的五户联保贷款等无抵质押条件的贷款方式受到客户普遍欢迎。

（三）信贷风险控制手段较为灵活

在贷款抵押率总体较低的情况下，小额贷款公司风险防范措施主要有以下几种：

一是主要围绕“熟人社圈”开展业务。由于地理、人际关系等方面原因，小额贷款公司对贷款客户信息掌握程度较高，能够做到“贷熟不贷生，熟中再选优”，通过建立熟人经济圈来消除道德风险。

二是既关注企业实际经营状况又重视实际控制人品质。小额贷款公司审贷不局限于财务报表指标信息，更多关注企业发展态势、产品市场前景、实际控制人的人品和能力等指标。

三是结合实际创新贷款保证方式。针对借款人抵、质押物不足的情况，小额贷款公司尝试创新贷款保证方式。北京兴宏小额贷款有限公司设立了11种“押品”，包括结婚证、户口簿、律师证、会计证等与借款人工作生活关系密切的证件。

四是通过与保险公司合作规避风险。为防范借款人因出现人身意外事故而致使不能正常还贷的情况，部分小额贷款公司与保险公司合作推出了“贷款+保险”的连带产品，将小额贷款公司设定为保险“第一受益人”，以规避或减少因意外事件造成的贷款损失。

四、小额贷款公司发展中面临的问题和潜在风险

（一）融资渠道狭窄，后续发展资金不足

小额贷款公司不吸收公众存款，资金来源为股东缴纳的资本金、捐赠资金，以及来自不超过两个银行业金融机构的一定比例的融入资金。相比“三农”和中小企业旺盛的信贷需求，小额贷款公司资金面紧张的状况在所难免。2009 年 11 月开始放贷的北京农投首诚小额贷款股份有限公司（注册资金 1 亿元），截至年末营业不足两个月已累计放贷 9 627.5 万元，可贷资金已所剩无几。

目前，北京市小额贷款公司已尝试通过增资扩股和向金融机构融资两个渠道来解决业务发展资金瓶颈问题，但仍面临困难：

一是融资成本较高。由于小额贷款公司不属于金融企业，与金融机构之间的资金融通成本无法参照同业拆借利率，只能以一般性工商企业身份承担贷款利率，总融资成本达到 8% 左右，大大压缩了小额贷款公司融资收益空间。

二是资金使用受限。小额贷款公司通过担保方式获取银行贷款后，在使用该资金放贷时，往往还需要经担保公司审批同意，制约了小额贷款公司发放贷款的自主性和灵活性。

（二）税收负担较重，相关扶持政策缺位

目前小额贷款公司按照普通工商企业纳税，按营业额（利息收入）全额缴纳 5.55% 的营业税及附加，此外须缴纳 25% 的所得税及部分印花税。由于营业税征缴时只计收入而未考虑成本，因此造成小额贷款公司税赋高于其他企业。小额贷款公司既享受不到金融机构按利差征税的特殊政策，也不能像农村金融机构一样享受国家税收减免补贴的优惠政策，因此在起步之初负担较为沉重，降低了以利润弥补风险的能力。

（三）业务属性特殊，潜在风险值得关注

在无金融机构参股的情况下，小额贷款公司培养信贷队伍、形成商业模式、健全内控制度、增强风险防控能力都需要一个过程，在此过程中潜在风险主要集中在两方面：

一是贷款业务持续扩张，推动信用风险加大。伴随着信贷业务逐步拓展，小额贷款公司与贷款客户间信息不对称的现象将会日益突出，信用风险难免积聚。由于技术原因，目前北京市小额贷款公司还未接入征信系统，客户信用风险识别手段严重缺乏。

二是内部管理尚需完善，隐含操作风险。小额贷款公司缺乏独立的后台监督服务体系，加之人员有限（大多公司员工在 10 人以内），复核制度、双人会签制度等内部管理流程也可能在实际运营中流于形式，由此产生操作风险隐忧不可忽视。同时，已开业的小额贷款公司普遍缺乏符合自身业务特点的信贷、会计等业务系统，账务处理和统计分析完全依靠 Excel 手工操作，相关重要数据信息和档案资料尚未实现异地备份。

五、关于促进小额贷款公司可持续发展的思考与建议

（一）必须坚持小额贷款公司制度设计初衷

我国设立小额贷款公司的根本目的是通过组织创新方式弥补正规金融的不足，

解决“三农”和中小企业融资难问题。坚持“不吸收公众存款”的经营原则、巩固“小额、分散、灵活”的信贷特色，是小额贷款公司的立足之本和发展之道。只有坚持不吸收公众存款，小额贷款公司才不会引发挤兑等系统性金融风险，能够在自有资金范围内，通过自我约束、自控风险来从事贷款业务，接受市场优胜劣汰；只有坚持“小额、分散、灵活”放贷，才能确保公司资金周转快捷、信贷风险分散，同时提高“三农”和中小企业贷款可获得性。

（二）谨慎推进小额贷款公司向村镇银行改制工作

从实践来看，村镇银行在解决“三农”融资难题方面作用有限，主要是发挥着一般银行网点的存储汇兑、支付结算功能。在农村地区用正规金融机构置换小额信贷组织，对于缓解“三农”融资困难的负面作用可能要大于正面作用。

（三）稳步扩大小额贷款资本金实力

鼓励股东增资扩股。同时借鉴国际经验，实行小额贷款公司“股本年度增持制度”，即以小额贷款公司注册资本为基础，实行日常招股制度并年度增加注册；小额贷款公司股权允许内部转让，转让价格为招股价格。

（四）探索创新小额贷款公司资金来源途径

一方面，可以尝试发行小额贷款公司集合债券，为其筹集长期、稳定、低价资金。另一方面，还可以参照孟加拉等国经验，研究设立专业化的全国性小额信贷批发融资基金，从银行间市场以较低利率“批发”资金，再“零售”给各小额贷款公司。

（五）积极尝试小额贷款公司与银行合作共赢模式

政策性融资担保机构应积极为小额贷款公司向银行融资提供担保，综合利用小额贷款公司的业务资源优势和银行的资金优势，推动在农村地区缺乏网点的大型银行利用小额贷款公司平台将资金回流农村。

（六）不断加大对小额贷款公司的政策支持力度

一方面将小额贷款公司纳入中央财政新型农村金融机构定向费用补贴范畴，按其上年贷款平均余额的2%给予财政补贴；另一方面加大地方财税政策支持力度，按照小额贷款公司涉农贷款比重高低给予差异化补贴，引导小额贷款公司坚持服务“三农”方向定位，并帮助其实现财务上的可持续发展。

（课题组成员：雷晓阳、魏海滨、吴逾峰）

中关村创投机构发展状况、成因分析及相关问题研究

中国人民银行营业管理部经常项目管理处

中关村作为国家自主创新示范区，以其众多具有高成长性的优质科技企业为国

内外创投机构所青睐。从近十年发展情况看，创投机构为中关村创业企业提供资金支持和先进的管理方式，涌现了众多的成功案例。但总体上看，创投机构在北京仍处于发展的初级阶段，只有不断给予政策支持，才能确保创投机构长期健康发展，使北京成为真正的创投中心。

一、中关村创投机构发展的基本情况

（一）中关村创业投资在全国连续五年居领先地位

据市工商局数据显示，截至2009年底，在京注册的股权投资公司及投资管理公司为235家，其中136家在中关村。2009年，创投机构披露的对中关村的投资案例为107个，投资总额约为69亿元人民币，分别占全国的22.4%和37.5%。中关村的创业投资以电子信息产业为主，投资案例数占中关村总数的67%，投资额占71%，环保、新能源、新材料等清洁技术产业成为中关村第二大投资领域。

（二）中关村核心区成为创投企业最为密集的区域

海淀区作为中关村国家自主示范区的核心区，以良好的扶持政策和独有的科技成为创投机构最为集中的地区。在海淀区注册的创投机构有137家，占全市的59%，2009年北京市新注册的44家创投机构中有41家注册在海淀。

（三）2006年至2009年北京市投资案例始终保持在较高水平

中关村企业强劲的发展势头，是创投机构在这一地区快速发展的根本动力。2006年以来北京市投资案例总数一直维持在100例以上，即使在金融危机期间这一数字依然保持高位。由图1可见，2009年北京市股权投资行业延续了2008年的良好状态，共发生包括创业投资、私募股权投资（PIPE和战略投资除外）股权投资案例115个，比2008年增长7个，预计这种活跃状态将延续到2010年。

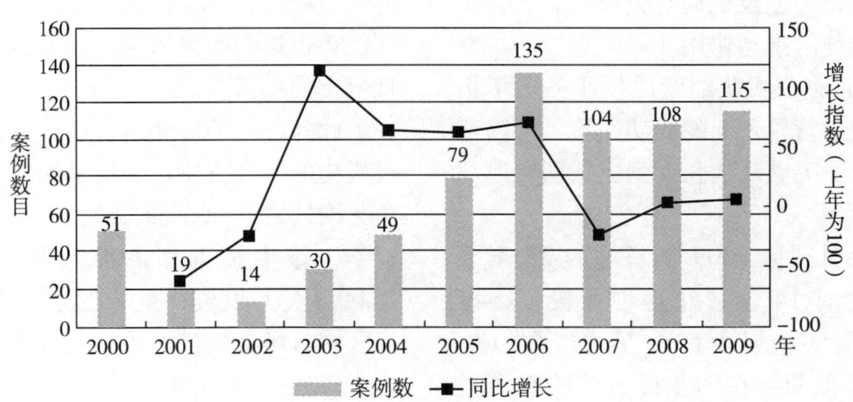

图1 北京市投资案例变化情况（2000~2009）

二、创投企业在中关村快速发展的成因分析

（一）中关村科技企业是极适用于创投企业投资的优质企业群体

1. 科技企业聚集，形成集约式创投客户群体

中关村规模以上核心企业有2万余家，核心企业中有非上市股份有限公司300多家，正在改制及拟改制企业500多家，形成了不同层次的创投客户群体。这

些高科技企业普遍具有自主知识产权和核心产品，行业影响力较大且集中分布于“一区十园”，利于创投企业发现目标企业和降低营销及管理成本，市场前景广阔。

2. 科技企业成长性强、规模扩展迅速、利润率高的特点，与创投企业所追逐的客户群体特质相契合

中关村50%以上利润率的企业较多，且投资回报期一般在三至七年，而创投企业从入资到取得回报一般不超过十年，三至七年正是创投企业较为理想的投资回报期。

（二）政府为科技企业搭建的多层次融资平台，为企业健康、快速进入资本市场融资提供了良好的政策导向和阶梯式服务，助推作用明显

中关村管委会以及十个园区不仅出台了针对企业改制上市不同阶段的补贴政策，而且为企业提供资本市场融资方面的政策指导，为创投机构与企业间成功合作起到了极佳的推动作用。

（三）创投团队经营风投业务多年积聚的企业经营管理上的成功经验，可以帮助科技企业突破从成长期到成熟期所遇到的管理瓶颈

中关村园区2009年新增的23家上市企业中有14家曾获得创业投资，占2009年园区新增上市企业的半数以上（61%），前两批在创业板上市的8家企业全部获得创业投资或股权投资基金的支持。创业机构不仅给成长中的科技企业带来了发展所需资金，更带来了企业迫切需要的国际化管理，以及通过上市筹集资金做大做强的成功管理经验，有效解决园区企业成长阶段管理人才和经验不足问题。

三、中关村创投机构的行业投资特点

（一）TMT行业投资依然占据主流

中关村集中了大量高新技术产业，创投案例主要集中于TMT企业中，2009年中关村地区的股权投资案例体现出了这一特点。在包括网络服务、电子商务、网络产业、通信产业和IT产业的TMT领域中，中关村地区2009年共有73起投资案例发生，占到全部111起案例的65.8%。其中IT产业以35个案例数高居榜首，其次是通讯产业和网络产业，医疗健康和教育产业在本年度的投资案例中也占据了一定比重，共有10个案例发生。

（二）环保产业及新兴商业模式受到青睐

2009年中关村地区对环保产业的投资案例高达6起，创下历年之最，而2008年此案例数为零。这表明，随着国家对低碳经济领域的日益重视和产业政策的逐渐倾斜，中关村在环保产业领域的创新优势也逐渐得以体现，并开始涌现出一批优质的项目资源。

此外，新的商业运行模式也得到了创投机构的资金支持。如最具影响力的电子商务网站之一京东商城2009年获得今日资本、雄牛资本和老虎基金三家机构9 600万美元投资，是金融危机以来中国互联网市场金额最大的一笔融资。

（三）国际知名投资机构开始关注中关村企业，一家企业获得多家机构联合投资，以及一家企业获得投资机构多轮投资的案例增多，且投资数额大

同一家企业由于业绩骄人，受关注度极高，常出现同时吸引多家投资机构投资或被投资机构多轮投资的现象。如作为国内网络视频行业的第一品牌，优酷网获得

Maverick Capital、Sutter Hill Ventures、贝恩投资、成为基金和 Brookside 等多家机构的 4 000 万美元联合投资；再如 2008 年曾获得创业投资机构 6 800 万元人民币第一轮风险投资的恒泰艾普石油天然气技术服务股份有限公司，2009 年获得中信证券金石投资、北京百衲投资有限公司等第二轮 1 亿元人民币注资。

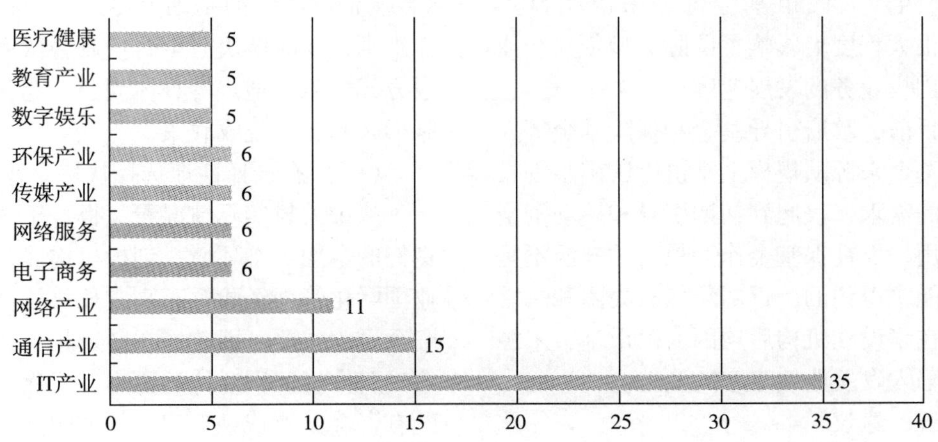

图 2　中关村创业投资案例数量主要行业分布（2009）

四、现行政策对创投企业的主要影响

（一）税收优惠幅度及制度本身有待进一步完善

目前创投机构享受税收优惠政策的主体框架仍是国税 2007 年 31 号文的相关内容，从政策上看一是优惠对象仅为中小高新技术企业，政策受益面较小。近几年创投机构及科技企业发展速度较快，而高新技术企业做大做强是政府所提倡的，理应成为税收政策的优惠重点，因此应适当扩大政策优惠范围和支持力度。二是存在公司制企业重复纳税问题，即公司制企业作为法人实体，在公司层面需要交纳企业所得税，而分红时股东作为自然人或法人同样需要交纳所得税。

（二）接受外商投资的中资企业工商、税务注册变更手续亟待简化

目前，中资企业在外资创投机构入资后，必须在工商管理局进行企业性质的变更，之后要将税务管理部门更改到涉外税务管理部门，在取得回报进行相关股权置换等工作后，还要重新变更回中资企业。若被投资企业准备上市，在接受证监会审查时还需对外资股股东是否有关联交易等诸多环节进行说明。此外，按税务管理部门的要求，企业更换税务管理部门时要接受税务审计。据了解，企业不愿因这些手续给自己今后上市和经营造成麻烦，而放弃与创投机构合作的案例占已洽谈案例的半数以上。

（三）外汇管理政策对创投企业的制约

按现行外汇管理政策，创投企业入资国内企业后，只能在被投资企业层面结汇，结汇要在企业有支付需求时才可以，同时要在当天支付到供货方。对此，创投企业反映一是存在重复审批问题，即在设立基金阶段需要履行审批手续，在投资阶段仍需要基金和被投资企业同时履行审批手续；二是由于无法在基金层面结汇，导

致被投资企业需要在工商税务等方面进行一系列的变更，手续繁琐，资金到位时间难以掌握；三是在人民币升值的大背景下，企业会出现一定的汇率损失。

（四）人民币基金资金来源明显不足，很大程度上影响了国际大型创投企业在华创投业务的发展速度

目前，政府引导基金和保险基金等人民币基金来源从规模上来讲无法满足创投机构的需求，仅起到初期引导和撬动资金的作用，而社保基金作为最大的来源不是谁都能拿得到的。近两年黑石集团和凯雷集团在华设立机构后均因人民币基金来源问题陷入发展业绩寥寥的境地。

五、建议

（一）根据创投机构运作特点，合理简化工商税务变更手续

创投机构资金回报期在七年左右，最长不超过十年，与中外合资企业所注入的资本金有本质区别。建议工商管理部门对此只作统计上的备案，不强行规定变更企业性质。如能进行这一政策调整，一是企业不需要两次变更税务管理机构及接受相关税务审计；二是企业免予入资前及撤资后的工商变更手续；三是企业改制上市的相关审计、评估等手续以及需要说明的相关事项均大大简化，可以收到一举多得的政策效果，大大减轻企业人力财力上的不必要支出。

（二）不断营造有利于创投机构发展的法律环境

在专业性法规方面，应尽快出台《股权投资基金管理办法》，以解决现行法规层级不高、部分规章制度之间不兼容的问题；在税务管理法规方面，扩大税收优惠的范围，简化行政审批程序；在新《合伙企业法》的基础上尽快出台相关操作细则，及时解决有限合伙制合伙人的缴税方式、时机地点等具体问题；完善信托制形式基金的税收政策。

（三）有选择性地选择扶持企业

从中关村实际情况看，得益于中关村良好的金融生态环境，创投机构成功的企业国际化管理经验对于高成长科技企业比资金更为重要。因此，在制定相关扶持政策时要体现区别对待的原则，要优先支持既有资金又有成熟管理团队的创投机构。此外，纯人民币基金将成为今后几年的增长热点，因此在人民币基金来源问题上同样要体现区别对待原则。在注重引进国际大型创投机构的同时，对本土具有成功企业管理经验的优秀创投机构制定鼓励性政策，保障其持久健康发展。

（四）在相关部门的支持和配合下，可适度调整外汇管理政策

一是可考虑在中关村进行资本金结汇改革试点，通过专户监管的方式允许中关村企业先行结汇，增加企业用汇便利度；二是在商务部进行相关政策调整的情况下，允许在中关村创投机构有条件的基金层面结汇，方便创投机构投资行为；三是加强外汇法规的宣传力度，引导企业更好理解和运用相关外汇管理政策。

（课题组负责人：毛钢锤）

关于金融支持北京地区十二五时期房地产市场平稳健康发展的研究报告

中国银行业监督管理委员会北京监管局

一、北京地区房地产市场发展状况回顾

1998 年，国发〔1998〕23 号文[①]要求停止住房实物分配、逐步实行住房分配货币化，标志着我国房地产正式走向市场；2004 年，国土资发〔2004〕71 号文[②]要求所有经营性土地一律公开竞价出让，标志着我国房地产完全市场化。同时，针对房地产的调控措施也日益增多，2003 年、2005 年和 2006 年针对房地产市场中存在的问题和不合理现象，政府和各相关部门出台了一系列政策进行规范；2008 年和 2009 年，为了应对金融危机保障经济健康稳定发展，又出台一系列优惠政策对房地产市场进行扶持。2010 年上半年，为遏制部分城市房地产价格非理性快速上涨，从中央到地方密集出台了旨在平抑房价、促进房地产市场平稳健康发展的一系列房地产市场调控政策。北京地区房地产市场在顺应全国经济和政策大环境的同时也展现了自身的特点和问题。

（一）房地产在北京地区经济发展中占有重要地位

一是房地产业生产总值在地区国民生产总值中的占比呈稳步上升态势。1999 年，北京房地产业生产总值仅为 69.5 亿元，占地区生产总值的 3.2%，经过十年发展，房地产业生产总值增长近 12 倍，年均增速达到 29.12%[③]，比同期地区生产总值的平均增速（18.52%[④]）高 10.6 个百分点，在地区生产总值中的占比也上升到 7.55%，上升 4.35 个百分点（见图 1）。

二是长期以来北京地区房地产开发投资在固定资产投资中占有重要地位。1999 年，北京地区房地产投资额为 422 亿元，十年间增长近 5 倍，年均增长 18.69%。除个别年份外，房地产投资占固定资产投资总额的比重基本在 50% 左右，而北京地区固定资产投资在地区生产总值中的占比大约在 40% 的水平，因此，可以说房地产投资对北京地区经济总量的贡献度大约在 20% 左右。

（二）北京地区房地产市场长期处于供求不平衡状态

一是住宅用地供应总量和结构不合理，不能满足人口增长的长期需求。表 1 显示，2002 ~ 2009 年，北京常住人口增加 332 万人，按北京市人均住房面积 24.1[⑤] 平方米计算，需要为新增人口提供 8 001.2 万平方米住房面积。同期住宅供

---

① 《关于进一步深化城镇住房制度改革加快住房建设的通知》。

② 《关于继续开展经营性土地使用权招标拍卖挂牌出让情况执法监察工作的通知》。

③ 未按可比价折算。

④ 未按可比价折算。

⑤ 根据 2002 ~ 2008 年北京市城镇居民人均住房面积和农村居民人均住房面积加权平均所得，权重城镇居民 75%，农村居民 25%。

地面积为12 718公顷，以容积率1.5计算，规划建筑面积可达19 077万平方米，是需求量的2.38倍。但是我们注意到，这一期间供地主要集中在能够协议转让的2002～2004年（占70%），这部分土地被开发商大量囤积，在后续很长时间内没有形成有效供给。如果以实施招拍挂制度的2005～2009年为界，这一期间需要为新增人口提供的住房面积为6 314.2万平方米，而同期供地能够形成的住宅面积为5 913万平方米，相差400万平方米。另一方面，大量住宅供地位置远离北京城区，据调查2006～2009年五环外住宅用地供应占比达到了84.7%，无法满足人们对地理位置的要求，供地结构不合理进一步加剧了住宅用地的供需失衡。

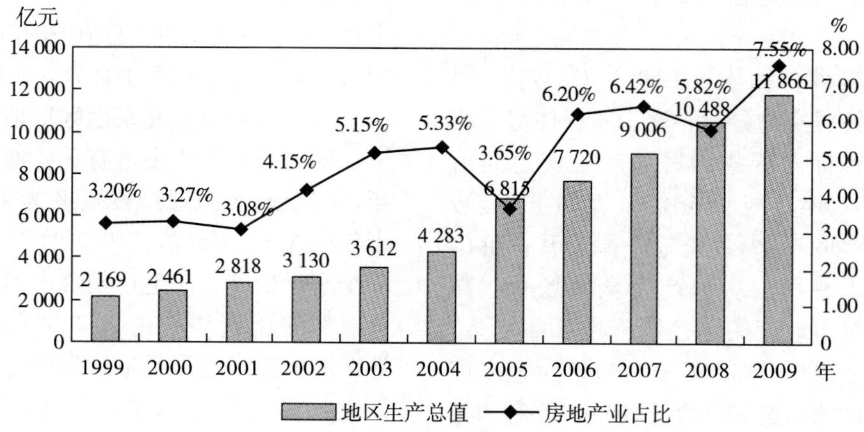

数据来源：北京市统计局。

图1　北京地区房地产业生产总值占比情况

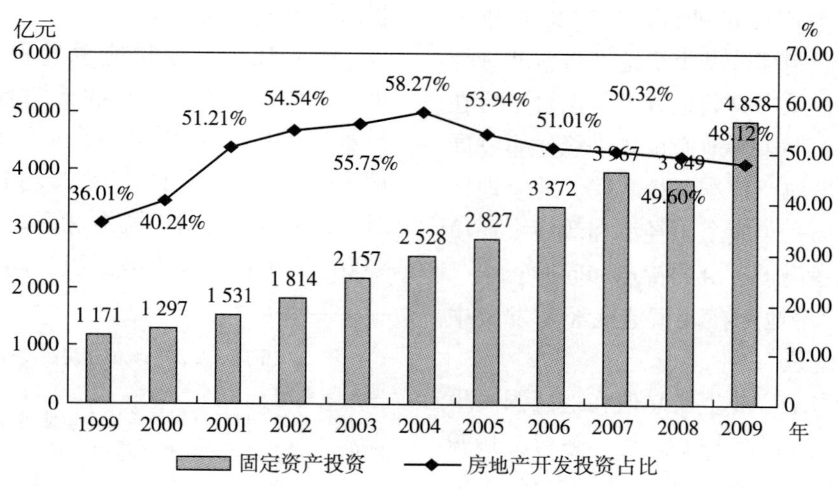

数据来源：北京市统计局。

图2　北京地区房地产投资占比情况

表1 北京地区住宅供地与人口情况

年份	住宅供地面积（公顷）	常住人口（万人）
2002	1 931	1 423
2003	3 035	1 456
2004	3 810	1 493
2005	880	1 538
2006	709	1 581
2007	656	1 633
2008	839	1 695
2009	858	1 755

数据来源：北京市统计局。

二是住宅开、竣工面积呈下降态势，面对首都住房的“刚性”需求，中期供给能力明显不足。图3显示，2004年以来北京住宅开、竣工面积逐步下降，2009年住宅竣工面积虽同比增长15.3%，但主要是2008年住宅竣工面积大幅下滑的原因，2009年住宅竣工面积较2007年下降13%、较2006年下降26%。北京住房“刚性”需求呈现三多特点：一是每年毕业留京或进京的外地学生、转业军人以及调入北京工作的其他人员安置型“刚性”需求多（2004年以来北京常住人口年均增加52万人）；二是本地居民改善型“刚性”需求多（北京户籍人口在1 200万，以三口之家计算有400万户，每10年更换一次住房计算，每年的需求量在40万套）；三是投资型“刚性”需求多（首先是本地居民的投资需求，2009年第四季度北京城镇居民购房需求问卷调查显示购房需求中21.3%是投资性需求；其次是京外居民和单位对首都住房的投资需求，如“温州炒房团”、“山西煤老板”和各类驻京办等）。

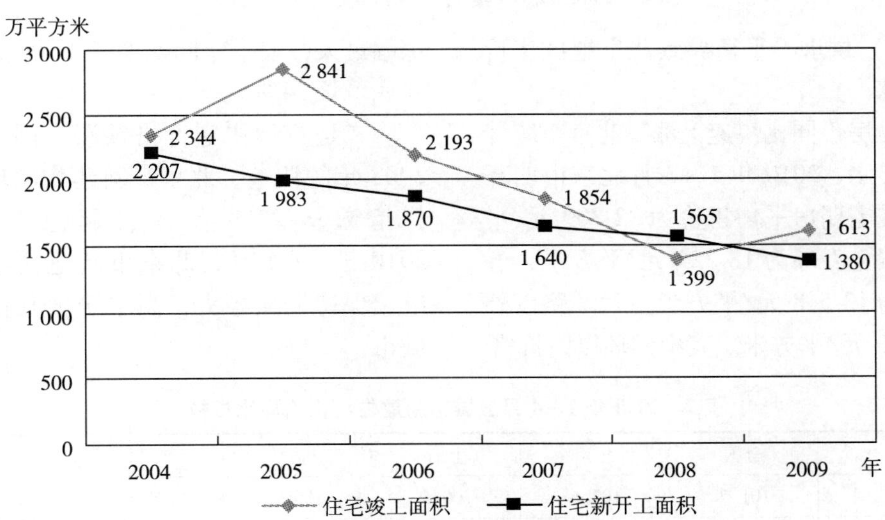

数据来源：北京市统计局。

图3 北京地区住宅开竣工面积情况

三是期、现房可售供应量去库存化明显，短期内极易出现供不应求、价格暴涨局面。图4显示，2009年2月开始，北京期、现房库存量开始持续减少，截至2010年4月30日，期、现房合计可售套数87 440套、面积1 179万平方米，已跌破2007年的最低点，再创历史新低，其中期房库存更是一度低于6万套。库存量不足[①]无法起到市场调节的作用，难以应对突发的市场需求，容易造成供不应求、价格暴涨的局面，北京2010年第一季度的房价飙升即有此因素在内。

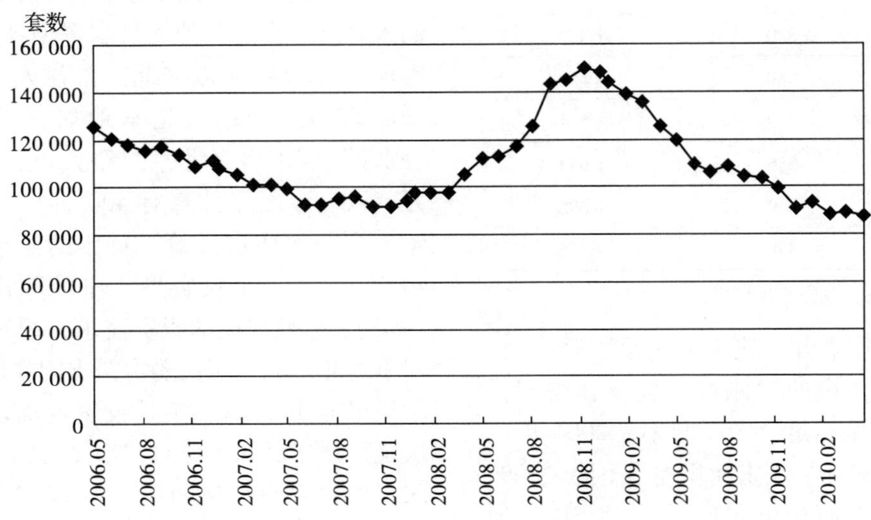

数据来源：北京市房地产交易管理网。

图4　2006～2010年北京可售期、现房套数

（三）供求不平衡导致北京地区房价快速上涨

一是房价同比快速上涨。北京市统计局数据显示，2010年1～3月北京市四环路以内住宅期房平均售价为32 809元/平方米，四至五环为18 724元/平方米，五至六环为13 518元/平方米，六环路以外为11 090元/平方米。其中四环以内价格涨幅最大，较上年同期增长117%，较上年底增长54%。

二是新建住宅价格领涨全国。经过2008年的调整，北京市新建住宅环比价格指数从2009年3月起稳步上涨。2010年1～4月，北京市新建住宅价格继续保持上涨势头，高于全国其他主要城市。

表2　2010年1～4月五城市新建住宅价格环比指数

	全国	北京	上海	杭州	广州	深圳
2010年1月	101.7	102.5	100.6	100.9	101.6	100.5
2010年2月	101.3	100.8	100.1	100.1	100.1	100.8
2010年3月	101.2	102	100.9	100	98.3	100.2
2010年4月	101.4	102.6	100.8	102.7	99.7	100.6

数据来源：国家统计局。

① 专家认为北京地区期、现房库存量应在10万套以上。

二、北京地区保障性住房政策措施和建设情况

（一）北京地区保障性住房政策措施介绍

1998年10月，北京市人民政府办公厅发布《关于加快经济适用住房建设的若干规定（试行）》（京政办发〔1998〕54号），以回龙观、天通苑、建东苑等为代表的19个首批经济适用住房项目在北京市房地产交易中心集中展示，拉开了经济适用房在北京大规模开发的序幕。2001年8月，《北京市城镇廉租住房治理试行办法》的出台，标志着北京廉租房政策开始实施。2008年3月，《北京市限价商品住房管理办法（试行）》启动了北京更高层次的保障性住房建设。2009年4月，北京市建委住房保障办组织召开三区三片棚户区工作调度会，棚户区改造全面推开。2009年8月，《北京市公共租赁住房管理办法（试行）》出台，住房保障体系进一步向“夹心层”延伸。至此，北京市基本建立起符合首都特点的廉租房、公租房、经济适用房、限价商品房合理衔接的分层次住房保障体系。

（二）北京地区保障性住房建设状况

2003～2008年，北京市累计完成经济适用房投资445亿元，累计竣工面积1 722万平方米，共计137 209套住房，累计销售1 315万平方米，123 504套住房，解决了一大批低收入人群的住房问题（见表3）。2009年，北京市新开工政策性住房面积938万平方米，竣工229万平方米，全市政策性住房施工面积占住宅施工面积的38%。2009年推进门头沟采空棚户区、通州老城棚户区改造和丰台南苑棚户区改造工作，目前已建设筹集房源160万平方米，搬迁安置居民8 000多户，是北京市历史上棚户区改造规模最大的一年。同时，北京市进一步完善旧城房屋保护和修缮，建立长效机制，2009年改善了2.45万平方米房区居民居住条件，继续实施“无城镇危房”工程，全面完成城镇危房解危1 052户。结合新农村建设，推动危旧房改造工作，新建、改造抗震节能住宅2.1万户。

表3　2003～2008年北京经济适用房建设和销售情况

年份	完成投资（亿元）	施工面积（万平方米）	竣工面积（万平方米）	竣工套数	销售面积（万平方米）	销售套数
2008	54	728	134	9 966	108	13 461
2007	54	711	237	17 223	100	9 324
2006	81	807	323	25 422	176	16 311
2005	66	891	356	29 409	304	28 821
2004	98	890	309	27 399	306	28 054
2003	92	903	363	27 790	320	27 533
合计	445	—	1 722	137 209	1 315	123 504

数据来源：北京市统计局。

2010年将进一步加大政策性住房建设力度，明确2010年要实现“两个50%

的目标”：即政策性住房建设用地供应要占到全市住房建设用地供应总量的50%以上；2010 年新开工建设和收购政策性住房13.6 万套，占全市住宅开工套数比例的50%以上，竣工政策性住房 4.6 万套。

三、北京辖内银行业金融机构房地产信贷业务运行情况

（一）辖内银行业金融机构对北京房地产市场发展的支持情况

一是房地产开发贷款年均增速基本与房地产投资增速相当。截至 2009 年末，辖内中资银行房地产业贷款余额 3 691 亿元，比 2003 年末增加 2 357 亿元，增长近 2 倍，年均增速达到 18.49%，比同期同口径贷款总额年均增速高 1.92 个百分点，与北京市房地产投资年均增速（18.69%）基本相同，较好地支持了北京房地产市场的发展。图 5 显示，2003 ~ 2009 年有两个时期贷款增长较快：2006 年第一季度至 2007 年第三季度，贷款增加 791 亿元，主要原因是当时北京房价快速上涨，房地产开发过热所致；2009 年后三季度，贷款增加 1 235 亿元，主要原因是北京市政府为拉动经济发展，加大土地储备力度，当年新增土地开发投资1 000亿元所致。

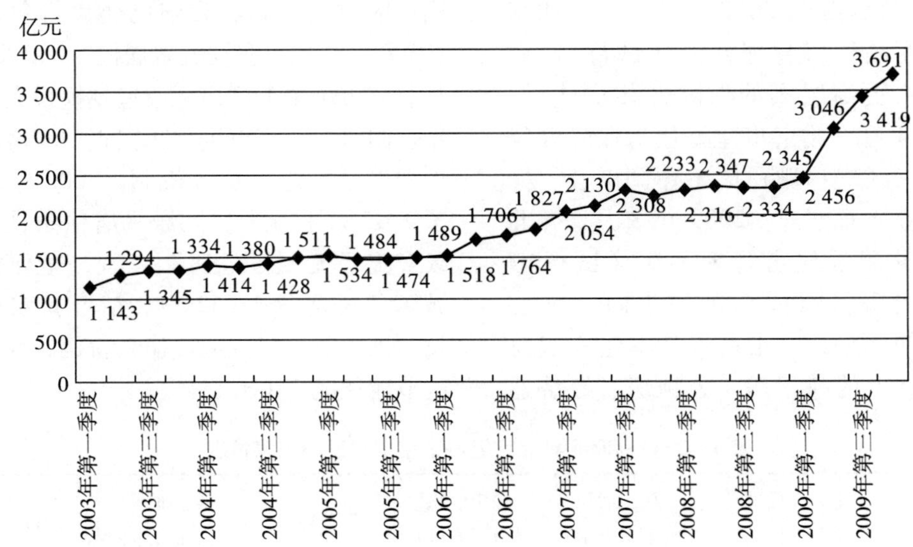

数据来源：人民银行。

图 5　2003 ~ 2009 年北京中资银行房地产开发贷款余额

二是个人住房消费贷款较好地满足了居民购房需求。截至 2009 年末，辖内中资银行个人住房按揭贷款余额 3 022 亿元，比 2003 年末增加 1 686 亿元，增长近 1.3 倍，年均增速达到 14.57%，极大地支持了北京地区个人住房消费需求。图 6 显示，2003 ~ 2009 年有两个时期贷款增长较快，一是 2003 ~ 2005 年，贷款年均增速 23.06%，二是 2009 年贷款增长25.48%。有一个时期贷款出现负增长，即 2008 年。这也充分说明了房地产市场发展与银行信贷增长有着紧密的关系。

三是保障性住房贷款初具规模。自1998 年北京市启动保障性住房建设工程以来，北京银行业从履行社会责任与实现商业利益、风险与收益匹配两个平衡角度出发，建立健全保障性住房信贷管理机制，研究开发符合保障性住房特点的金融产品与服务方式，大力支持北京市保障性住房建设，取得积极成效。截至2010年4月末，辖内银行业金融机构经济适用房贷款余额97.72亿元，棚户区改造贷款余额46.6亿元，廉租房贷款余额3亿元。

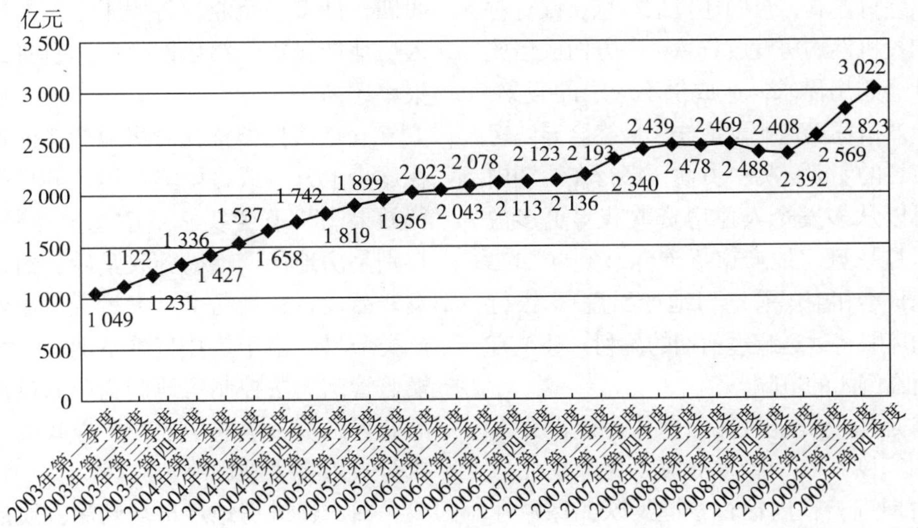

数据来源：人民银行。

图6　2003～2009年北京中资银行个人住房按揭贷款余额

四是辖内银行业金融机构房地产贷款整体抗压能力较强。近期，我局按照银监会统一工作部署对辖内银行业金融机构房地产贷款进行了压力测试，结果显示辖内房地产贷款整体抗压能力较强。在轻度压力情景①假设下，北京开展测试的银行机构房地产不良贷款余额将达到105.11亿元，比基准情形下的房地产不良贷款增加25.33亿元，房地产贷款不良率将达到1.58%，比基准情形下的房地产贷款不良率提高0.38个百分点，预计新增损失3.54亿元。在中度压力情景②假设下，北京开展测试的银行机构房地产不良贷款余额将达到122.65亿元，比基准情形下的房地产不良贷款增加42.87亿元，房地产贷款不良率将达到1.84%，比基准情形下的房地产贷款不良率提高0.64个百分点，预计新增损失10.76亿元。在重度压力情景③假设下，北京开展测试的银行机构房地产不良贷款余额将达到168.32亿元，比基准情形下的房地产不良贷款增加88.54亿元，房地产贷款不良率将达到2.53%，比基准情形下的房地产贷款不良率提高1.33个百分点，预计新增损失23.30亿元。

（二）平衡信贷支持房地产健康发展和保持银行可持续发展双重目标需要解决的问题

一是银行对投资和投机性购房需求发放的贷款过多，不利于住房市场的可持续发展。据调查，北京辖内银行按揭贷款中首套房、二套房以及多套房（二套以上）贷款

① 房地产价格下降10%以及利率上升27个基点。
② 房地产价格下降20%以及利率上升54个基点。
③ 房地产价格下降30%以及利率上升108个基点。

各占三分之一左右。二套房和多套房（特别是多套房）中很多为投资性购房，甚至有一些是专业投机客，他们利用杠杆效应购入远高于自身实际购买力的房产，等房价上涨赚取差价盈利，再归还贷款本息。银行对投资和投机性购房发放贷款，一方面成倍放大了社会购房需求，造成供不应求的假象，使房地产市场迅速积聚泡沫，最终会导致房地产市场的崩溃；另一方面，银行在短期内也许可以从多发个人住房贷款获得更多盈利，但是一旦房地产市场泡沫破裂（如二十世纪日本和中国香港房地产崩盘），银行产生的坏账将远远超过前期的盈利，甚至有可能面临倒闭的危险。

二是信贷资金对保障性住房建设介入深度和广度不够，严重滞缓了保障性住房体系的推进。辖内银行普遍反映，保障性住房建设项目大都存在资本金不能足额及时到位、后期销售进度无法控制的情况。特别是无收益或非经营性的廉租住房、经济租赁房等项目，既没有有效的担保方式，第二还款来源（租金收入）也不足以还本付息（甚至付息都困难）。商业银行从自身经营发展出发一般只对可以销售的经济适用房和限价房项目发放贷款，而对其他保障性住房持消极态度。

三是政府的银行贷款过多，不利于土地市场的健康发展。一方面银行信贷资金是“土地财政”的启动资金，使政府能够在短期内形成大量土地储备；另一方面沉重的银行负债也迫使地方政府不得不依赖高价转让土地这一“良药”。高价地王的频频出现，已经成为助推房价快速上涨的重要原因，对房地产市场的健康发展带来不利影响。

四是银行贷后监管体系还有漏洞，容易造成信贷资金被挪用进入房地产市场。例如，2010 年上半年北京市出现的三个地王，虽然没有证据表明信贷资金直接用于购地，但是资金均来自集团母公司，不排除其中有部分信贷资金的可能。再如，部分银行反映，2009 年由于经济形势不明朗，许多小企业都将用于生产的贷款投入房地产投资，结果回报率比自身经营回报率还高。

五是信托类贷款对房地产业的投入正在逐步上升，或将影响房地产调控政策执行效果。2010 年实施贷款总量控制以来，特别是房地产调控措施收紧后，信托理财类产品发行数量猛增，大量资金流入房地产类项目。由于信托贷款不纳入贷款总规模监管，无法控制房地产企业通过理财产品获得融资，政府房地产调控政策措施的执行效果将受到影响。

四、促进房地产市场健康发展的金融政策建议

（一）尽快建立和完善多层次的保障性住房融资渠道，加快推进保障性住房体系建设进程

完善而发达的保障性住房体系是保持房地产市场健康可持续发展的重要基础，从国际经验看，保障性住房融资方式走过了一条从间接融资为主导到间接融资与直接融资并存再到直接融资为主导的发展路径。从我国国情出发，现阶段应在政府主导下以间接融资为主，从保障性住房可持续发展的长远角度看，应逐步过渡到以直接融资为主。

一是商业银行对有稳定预期现金流的经济适用房、两限房项目，应在落实风险管控措施前提下加大支持力度；对建设手续正在办理的项目，应综合评估项目总体风险与还款风险，确定贷款是否可以发放及发放的额度与阶段。同时，商业银行应进一步强化贷款封闭式管理流程，设立保

障性住房贷款不良容忍度，建立健全相应的激励约束机制。同时，建议财政给予银行一定比例贴息，发挥信贷资金的杠杆效应；建议税务部门对贷款利息收入减免营业税；对廉租房、公租房建设资金支持应以政府出资为主，建议发行专项债券以弥补资金缺口，银行在落实政府回购协议后，可以按照政府出资额适度地投放一定比例的短期信贷资金。

二是进一步加大住房公积金参与保障性住房建设支持力度。目前，大量住房公积金在商业银行闲置沉淀，没有充分发挥应有的作用，建议进一步扩大住房公积金支持保障性住房建设的额度，同时将住房公积金投资方向由单一的国债扩展到金融债券、基金、信托、理财等较高收益保本型金融产品，扩大住房公积金使用覆盖面，尽量涵盖下岗职工、小型私企雇员、私营企业合同工、进城劳务工等中低收入人群。

三是建立保障性住房抵押贷款债券市场，修订完善资本市场相关的法律法规，完善交易制度、交易流程、信息披露制度及风险管控机制，通过结构化证券融资，使保障性住房抵押贷款更具灵活性。

四是以保障性住房收益为保障，通过基金、信托、理财、证券等一系列创新产品进行融资，弥补保障性住房建设资金不足。

（二）尽快建立和完善涵盖个人信贷信息、产权登记信息等内容的征信系统，坚决限制投资和投机性购房贷款需求

应尽快建立和完善涵盖个人信贷信息、产权登记信息等内容的征信系统，银行应实施严格的差别化个人住房贷款政策：对购买首套住房的贷款客户按照国家相关规定给予优惠政策；对购买二套住房的贷款客户银行应进行尽职调查，如确是用于改善居住条件，可以在确保覆盖风险和潜在损失的基础上给予支持，如发现是投资性需求的应予以拒绝；对购买三套及以上住房的贷款客户应直接予以拒绝。

（三）持续深入推动银行业金融机构坚决贯彻落实“三个办法、一个指引”，建立真正的“实贷实付”信贷文化，彻底杜绝信贷资金流入房地产市场的可能

通过“三个办法、一个指引”的执行，一是能够使银行机构有效监控信贷资金用途，提升银行信贷资金使用的透明度，降低信贷资金被挪用进入房地产市场的风险。二是通过明确信贷资金支用方式和资金流向监控管理措施的落实，有效控制信贷资金支付过程中的风险，避免信贷资金在使用过程中流入房地产项目。三是使得商业银行贷后管理工作更为主动，且更容易开展，特别是对可以从事房地产开发的大型集团公司，能够减少贷后检查难以落实到位和走过场等现象的发生。

（四）加强对信托类贷款的监测和管理，防止房地产企业借道信托类理财产品获得融资，从而削弱房地产调控政策的执行效果

一是加强对信托类贷款的监测和统计，必要时可建立台账制度要求各信托公司按月报送贷款投向等相关情况，建议将信托贷款纳入信贷总量控制进行管理。

二是密切关注信托类理财产品的发展，特别是以房地产项目为投资对象的理财产品要加以控制，要求银行机构严格按照“成本可算、风险可控、信息披露”原则，加强发行产品的合规和风险管理，切实维护消费者合法权益。同时，也避免房地产企业能够通过信托理财产品轻易获得资金，从而影响房地产调控政策的执行效果。

（李明明）

促进北京健康保险可持续发展的思考和对策

中国保险监督管理委员会北京监管局

近些年，北京健康保险市场体系不断完善、服务能力日益提高，在支持多层次社会保障体系建设方面发挥了积极作用，但也面临产品有效供给不足、风险管控能力薄弱、市场非理性竞争等诸多问题。北京保监局对此进行了专题研究，对促进北京健康险可持续发展作了一些思考。

一、北京健康保险发展现状

北京健康险业务起步于20世纪80年代，20多年特别是近5年来，发展较快。一是市场主体快速增加。经营健康险的市场主体由2006年初的31家增加到2010年的70家，形成了产险、寿险和专业健康险公司多种主体共同竞争的局面。二是业务规模稳步增长。2010年健康险保费收入达64亿元，居全国首位，5年来年均增长13%，累计赔付支出79.8亿元，积累长期健康保险责任准备金172.2亿元。三是产品供给日益丰富。健康险已形成了疾病、医疗、失能收入损失以及护理保险四类产品体系，为城镇职工和居民、农村人口、学生、老人等各个群体提供了多样化的医疗保障服务。四是发展基础逐步夯实。行业积累了20余年健康险经营经验，除专业健康险公司外，一些综合性保险公司建立了独立的核算、精算、风险管理等制度和信息系统；全行业共有健康险管理人员562名，核保等专业技术人员平均从业时间达6.8年。

北京健康保险在自身较快发展的同时，功能作用也得到进一步发挥。一是支持北京城镇基本医保制度改革。2001年，北京保险业推出了与社会基本医疗保险对接的企业补充医疗保险，保障了公费医疗向社会保险的平稳过渡。2010年保障人群180万人，投保率约为20%，赔款对参保人医疗费用支出的补偿率达35%。二是填补社会保障空白。商业健康险作为多层次医疗保障体系的组成部分，较好地发挥了拾遗补阙的作用。例如，自1982年起，保险公司提供的中小学生意外伤害和意外医疗保险（统称学平险），填补了政府对学生儿童保险保障的空白。2010年共有122万学生儿童投保，投保率近50%，6.3万名学生得到赔付，赔付金额达4 460万元。三是满足高端人群的特需医疗需求。保险公司与全国151家非社保医疗、健康管理机构和20家社保医院合作，2010年累计为3.5万人次在京外籍人士提供了与其本国无差异的高端医疗保险保障和服务。

二、存在的主要问题

（一）健康险在医疗保障体系中发挥的作用仍然有限。总体来看，北京健康险仍处于发展的初级阶段。一是业务占比低。保险公司的健康险业务占比为6.6%，而成熟保险市场一般达30%左右，健康险增速始终低于同期寿险增速。健康保险保费在北京市民医疗费用支出中的占比仅在10%左右。二是产品保障程度不高。北京市场上千种在售产品有84%为医疗费用报销型产品和重大疾病产品，产品设计雷同，且大部分医疗保险产品责任不包含自费药费用，保障程度不高；失能收入损失、护理保险等产品数量仅占3%，业务规模仅占健康险的3.2%。我局调查显示，有63%的受访者认为现有健康保险产品无法满足需要。

（二）健康险经营管理水平较低。一是健康险信息化发展滞后。对39家保险公司调查发现，只有5家建立了独立的健康保险信息系统，28家公司仅在寿险业务系统中设有健康险信息处理模块，其余6家公司未对健康险业务实施信息化管理。二是风险管控能力不足。保险公司对诊疗行为的合理性及必要性没有能力干预，只是简单地承担“买单人”的角色；现有健康保险核保、理赔技术相对较弱，多数保险公司沿用了寿险管理方法，尤其在企业补充医疗保险领域，业务经营严重依赖社保政策和社保风险控制机制。三是缺乏有效的经验数据积累。据调查，39家经营企业补充医疗保险的公司仅14家在系统中录入疾病和就诊医院名称等信息，8家公司部分录入，其余不录入，大量被保险人诊疗信息、医疗机构和医务人员行为记录等有用信息都散失在纸质档案中，无法进行数据挖掘和使用。同时，经验数据匮乏也使健康险产品定价的科学性、合理性不高。

（三）健康险服务能力有待提高。一是理赔过程繁琐，理赔周期较长。调查显示，影响理赔服务质量的首要因素是“理赔时效”（61.0%），第二位的是“理赔资料繁简”（59.6%），有66.7%的受访者认为健康保险理赔服务应当更加简便快捷。从实际操作看，一名企业补充医疗保险被保险人出险后，需要经过医疗单据上交企业、企业向保险公司索赔，保险公司分割费用、录入数据、审核单据、理赔支付等诸多环节，程序相当繁琐。北京社保部门推行“社会保障卡”后，实现了“持卡就医，即时结算”，参保人群的报销流程明显简化。二是服务意识淡漠。保险公司往往按照自己思路经营业务，不能及时跟进社会需求变化提供有效服务。比如，2007年北京市推出“一老一小”社保政策，原有的学平险产品与社会医疗保险的保障责任存在交叉重叠，但在政策实施初期，保险公司没有及时采取行动调整产品和服务，损害了被保险人的利益。

（四）健康险市场非理性竞争。一是非理性竞争问题突出。保险公司往往把健康险业务作为获取其他业务的“敲门砖”，主要采取低价竞争策略而不是服务竞争争揽客户。例如，盲目扩大企业补充医疗保险的保障责任，降低免赔额，甚至“零免赔”，免赔额以上的医疗费用报销比例则高达90%甚至100%，从而放弃了保险公司必要的风险控制手段。二是行业合作缺失。行业内缺少有效的机制和信息系统支持各公司数据共享和风险控制，防范投保人道德风险难度很大。例如，个别赔付率很高的企业补充医疗保险客户利用保险公司信息不对称，每年更换保险公司，以获得低价承保，保险公司亏损严重，行业经营效益持续恶化。2001~2009年企业补充医疗保险平均赔付率高达92.7%[①]，其中2001年、2003年、2005年和2006年4年的赔付率均超过100%。

① 此数据仅为风险型企业补充医疗保险数据，不含受托业务基金数据。

（五）健康险经营行为不规范。如企业补充医疗保险领域，倒签单问题普遍存在，个别保单向前追溯长达半年之久，为公司经营带来很大风险。通过调查39家保险公司发现，有74%的保险公司明确表示存在倒签单问题，38%的公司表示超过半数的业务保险起期发生了追溯。

分析问题产生的原因是多方面的。首先，从行业内部来看，保险公司重保费不重质量的观念仍然根深蒂固，对健康险发展缺乏长远考虑，短期行为严重；有的公司健康险业务已经逐步边缘化，从属于团险部或相关部门，也没有作为单独险种来考核；行业的专业人才、信息系统、数据积累等基础建设仍有待加强，专业化经营能力严重不足。其次，从外部环境来看，保险公司、被保险人、医院三方对就医行为和医疗消费的信息不对称问题非常突出，单个保险公司与医疗机构谈判能力较弱，难以建立足以影响医疗行为和医药费用支出的深层次合作机制；商业健康险和社会医疗保险未形成发展合力，没有建立起对定点医院、参保人行为的合作管理机制，没有实现建立信息共享制度；商业健康险发展的税收鼓励政策不到位，影响了社会购买商业健康保险的积极性。据了解，多个国家政府为了促进健康险发展，对健康保险投保人和保险公司提供了税收优惠政策。如美国政府鼓励公司为雇员投保医疗保险，并给予公司相应的免税优惠，同时规定了长期护理保险的保险金不计入应税收入的条件。在德国，民众参加商业健康险的每月人均保费为月收入的14%，这部分保险费支出由雇主和员工分别负担50%，且双方都可以在税前予以抵扣。澳大利亚政府规定，参加医疗照顾计划并购买商业健康保险的客户可享受保费补贴。

三、促进健康保险可持续发展的几点思考

北京作为拥有1 800万人口的大都市，社会结构、人群结构极为复杂，建立多层次的社会医疗保障体系对于有效满足广大民众日益增长的、多样化的医疗保障需求有重要意义，对于构建“和谐北京”、建设“中国特色世界城市”具有重要意义。未来北京健康保险发展应立足两个定位：一是要成为北京多层次医疗保障体系的重要组成部分。必须站在整个医疗保障体系的角度看待商业健康险和社会基本医疗保险的合作发展问题，推动形成双方互相衔接、配合的一体化发展模式。二是要实现专业化、规范化经营。健康险必须走专业化发展道路，依托专业的人才、产品、风险管控平台及其他相关资源，实现可持续发展。

北京健康险发展需要实现“防范风险、改善服务、控制成本”三个目标。“防范风险”是指保险公司建立较为健全的健康险风险防范措施及内部控制制度，从事健康保险业务的管理和销售人员具备特定的专业素质和职业技能。行业建立起统一的健康险风险防范体系，逐步形成健康险反欺诈系统，实现数据资源有效共享。“改善服务”是指疾病保险、医疗保险、失能收入损失保险和长期护理保险各险种实现均衡发展，形成基本满足不同行业、不同层次消费者需求的产品体系。商业健康服务能力实现质的提升，建立全过程的健康管理服务链，部分业务实现实时赔付。“控制成本”是指保险公司数据分析、精算水平大幅提升，保险产品定价准确，保险公司与医疗机构、第三方服务机构的合作不断深化，形成有效的专业健康险盈利模式。

按照“两个定位”和“三个目标”的要求，监管部门可以在四个方面采取措施，主动引领和促进健康险实现科学发展。

（一）推动行业开展多层次、多形式的广泛合作，提高健康险整体经营管理水平。一是推动行业建立健康险信息平台，进一步整合行业健康险信息资源，对北京市民的疾病发生情况、就医情况以及医疗资源使用等信息开展统计分析，为保险公司产品开发、风险控制提供科学依据。2010年，北京保险业集合行业力量启动了健康险信息平台建设，目前已基本完成即将投入运行，该信息平台具有“数据积累”、“风险控制”、“实时赔付”等功能，为北京健康险发展奠定了坚实基础。二是依托健康险信息平台，推动行业开展健康险标准化工作。规范保险公司承保、理赔和信息录入等管理要求，统一明确健康险的经营基础和条件；建立健康保险经营规则，明确起付线、封顶线、共保比例等风险控制原则；制定健康险经营自律公约，通过信息平台管控，约束恶性竞争行为。三是指导行业协会建立行业性的商业保险定点医院管理制度，成立工作管理委员会，统一与医疗机构签署定点合作协议，定期评价医院和医生的医疗行为；探索建立驻院代表制度，加强事中风险控制。四是进一步加强从业人员管理，逐步建立从业人员准入、考核和资格认证体系，促进保险公司加大专业人才培养力度，提高行业竞争能力。五是指导行业协会提高专业化管理能力，成立意外险和健康险专业委员会，专门负责健康保险和意外险的行业合作事宜。

（二）以北京市新医改为契机，促进商业健康保险与社会基本医疗保险的协调发展。着力推动北京市构建商业健康险和基本医疗保险相衔接的一体化医疗保障体系。一是以健康险信息平台为基础，逐步实现商业医疗保险和社会基本医疗保险的信息共享，行业变“被动理赔”为“主动理赔”。二是加强与社会保障部门沟通，推动实现企业补充医疗保险与基本医疗保险同步“即时结算”，提高行业服务水平，据调查，有78.3%的受访者希望商业健康保险与社保同时进行实时结算。三是推动保险公司和社保部门采取协同配合的方式控制风险，在设计医疗保障制度和保险产品时共同考虑风险控制措施，双方共同对医疗机构实施巡查、预警，通过干预过度诊疗行为等方式防范道德风险。

（三）鼓励和引导健康险产品和服务创新，切实提高有效供给能力。根据健康险信息平台数据积累情况，明确重点发展领域，引导保险公司加大关注力度，推动产品和服务的多元化发展，切实满足市场真实需求。比如，针对北京老龄化问题，引导保险公司研发适合老年人医疗保障需求的医疗保险产品、护理保险产品，积极探索健康保险与健康管理相结合的综合保障服务模式。监管部门可以通过设立保护期等多种手段，鼓励保险公司开展健康险产品和服务创新。

（四）进一步加大政策沟通协调力度，优化健康险发展环境。国际经验和各省市的健康险发展实践表明，健康险能否充分发挥作用，主要依赖政府的定位和政策支持。监管部门有必要进一步加强与政府的沟通协调。一是争取在制度设计上明确商业健康保险和社会医疗保险的边界，界定双方在经营领域上的区别，便于保险公司明确探索的领域和范围，避免与社会医疗保险形成冲突。二是争取出台健康保险财税政策，通过给予一定的税收优惠，引导和激励民众购买商业健康险产品，充分发挥风险保障作用。

（邹婧）

附：

2010年专题与调研目录选编

中国人民银行营业管理部 2010年优秀调研报告

一等奖

1. “新政”调控下北京市房地产市场状况及发展趋势分析（调查统计处）

2. 房地产新政下北京市城镇居民购房需求调查（调查统计处）

3. 关于北京市小额贷款公司试点工作情况的调研报告（货币信贷管理处）

二等奖

1. 关于住房信贷调控政策的建议与思考（货币信贷管理处）

2. 关于贯彻落实九部委指导意见 推动金融支持文化产业振兴的调研报告（货币信贷管理处）

3. 分类安排、全市统筹，创新“城中村”改造融资模式（货币信贷管理处）

4. 通胀预期管理需要政策组合拳（金融研究处）

5. 商业银行流动性风险亟待关注（调查统计处）

6. 我国商业银行存贷利差与发达国家比较分析（金融研究处）

7. 北京中资银行地方投融资平台贷款投放情况、问题和建议（调查统计处）

8. 贸易融资和表外融资业务发展、问题及政策建议（国际收支处）

9. 北银消费金融公司试点运行情况及政策建议（征信管理处）

10. 我国债券市场主体评级级别上调情况研究（征信管理处）

11. 后危机时期发达国家政府债务膨胀的影响、应对及未来可能的政策组合（金融研究处）

12. 应分步调整对外担保与境外期货外汇管理政策（资本项目管理处）

13. 留京大学生住房问题调研报告（金融研究处）

14. 第三方支付业务监管现状及建议（清算中心）

15. 北京农村“三信工程”建设情况调查——以北京农村商业银行为例（征信管理处）

16. 关于构建北京市现代化现金运行体系的探索（货币金银处）

17. 我国上市商业银行2009年经营状况分析（会计财务处）

18. 关于进一步完善营业管理部党风廉政建设责任制考核体系初探（纪检监察办公室）

19. 行政处罚决定公开问题研究（法律事务处）

20. 行政许可制度改革的反思与展望——以经济发展权利实现为视角（法律事务处）

三等奖

1. 支付清算组织洗钱风险研究（反洗钱处）

2. 个人异常外汇资金跨境流动及监管研究（经常项目管理处）

3. 房地产新政下北京市房地产市场低迷与税收高速增长并存（国库处）

4. 外汇金宏系统对加强国际收支统计监测工作的影响研究（国际收支处）

5. 日本银行二代实时全额清算系统建设对中国的启示（清算中心）

6. 营业管理部老年大学开展现状及需求情况的调查与思考（离退休干部处）

7. 我国移动支付业务发展现状与影响因素研究（支付结算处）

8. 消费信贷对我国居民消费需求的影响及政策研究（办公室）

9. 发挥非金融机构作用解决硬币沉淀问题——美国 Coin Star 公司的经验和启示（货币金银处）

10. 区域性金融系统洗钱风险评估与研究（反洗钱处）

11. 规范银行境外投资管理　完善“走出去”金融支持体系（资本项目管理处）

12. 北京市银行卡坏账不良情况的调研报告（支付结算处）

13. 后危机时代宏观审慎监管研究综述以及对我国的启示（金融稳定处）

14. 金融危机后完善我国衍生金融工具会计监管的建议（营业室）

15. 基于模糊层次综合分析法的人民银行内部控制评价（内审处）

16. 建立人民银行多层次养老保险制度初探（人事处）

17. 投资过度、货币政策首要目标与货币超额供给现象研究（外汇检查处）

18. 北京地区外资银行存款保险问题调查研究（金融稳定处）

19. 对人民银行对账工作监督管理的思考（事后监督中心）

20. 浅论低碳经济融资状况——基于国内外情况的综述（外汇检查处、货币金银处）

21. 人民币国际化的策略和风险防范（外汇综合业务处）

22. 中关村创投机构发展状况、成因分析及相关问题研究（经常项目管理处）

23. 银行掉期型远期结汇产品与现行外汇政策的冲突（外汇检查处）

24. 文化创意产业的发展战略选择（外汇综合业务处）

25. 北京农村地区国库经收业务发展环境调研分析（国库处）

26. 完善银行结售汇业务管理的思考（国际收支处）

27. 浅析几种预算管理理念在央行部门预算管理中的应用（会计财务处）

八、统计资料

北京市2010年暨“十一五”期间国民经济和社会发展统计公报

北京市统计局　国家统计局北京调查总队

2011年2月

2010年，全市人民在党中央、国务院和市委、市政府的正确领导下，深入学习实践科学发展观，认真贯彻落实各项宏观调控政策，全市经济在调整中继续平稳复苏回升，转变经济发展方式稳步推进，社会发展和谐稳定，“十一五”规划顺利完成。

一、综合

经济增长：初步核算，全年实现地区生产总值13 777.9亿元，比上年增长10.2%。其中，第一产业增加值124.3亿元，下降1.6%；第二产业增加值3 323.1亿元，增长13.6%；第三产业增加值10 330.5亿元，增长9.1%。

表1　2010年地区生产总值

指　　标	绝对量（亿元）	比上年增长（%）
地区生产总值	13 777.9	10.2
第一产业	124.3	-1.6
第二产业	3 323.1	13.6
工业	2 701.6	14.7
建筑业	621.5	8.2
第三产业	10 330.5	9.1
交通运输、仓储和邮政业	640.6	10.7
信息传输、计算机服务和软件业	1 242.2	16.5
批发和零售业	1 878.4	20.9
住宿和餐饮业	276.0	3.1
金融业	1 838.0	8.6
房地产业	937.2	-21.5
租赁和商务服务业	964.4	14.4
科学研究、技术服务和地质勘查业	912.9	7.8
水利、环境和公共设施管理业	71.7	3.0
居民服务和其他服务业	81.8	6.3
教育	475.9	3.3
卫生、社会保障和社会福利业	233.2	5.6
文化、体育和娱乐业	304.4	12.9
公共管理和社会组织	473.8	9.1

“十一五”期间，全市地区生产总值年均增长11.4%，低于“十五”时期平均增速0.7个百分点；其中三次产业年均分别增长1.4%、9.5%和12.3%。三次产业结构由2005年的1.3∶29.1∶69.6变化为2010年的0.9∶24.1∶75。

财政：全市完成地方财政收入（一般预算）2 353.9亿元，比上年增长16.1%。其中，实现增值税和营业税210亿元和855.4亿元，分别增长16.8%和13.7%，实现企业所得税和个人所得税513.1亿元和215.3亿元，分别增长19.2%和21.1%。地方财政支出（一般预算，含中央追加支出）2 716亿元，增

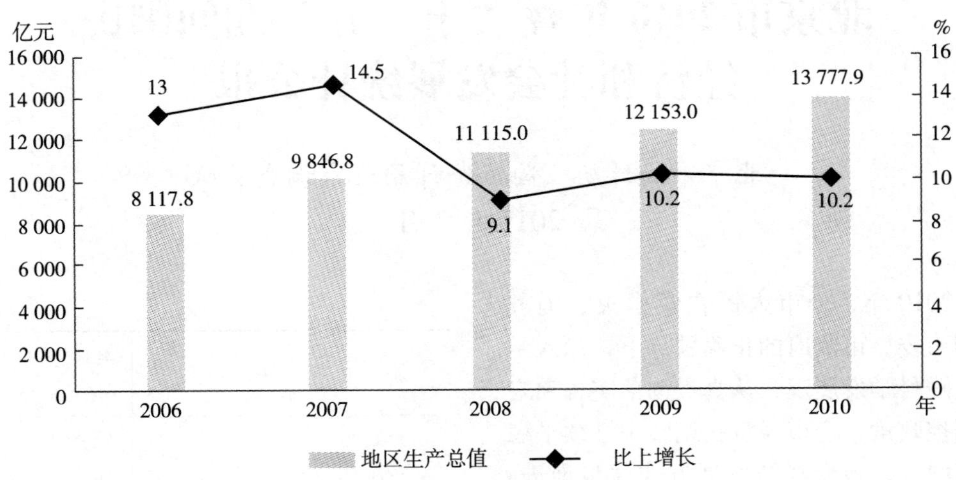

图1　2006～2010年地区生产总值及增长速度

长17.1%。其中，用于教育、科学技术、社会保障和就业的支出分别增长22.9%、41.6%和18%。

全市完成国税、地税税收（费）收入6 456.6亿元，比上年增长1.9%。其中，地税税收（费）收入2 104.9亿元，比上年增长18.8%。

“十一五”期间，地方财政收入（一般预算）和支出（一般预算，含中央追加支出）累计分别达到8 827.9亿元和9 941亿元，分别是“十五”时期的2.7倍和2.6倍。

价格：居民消费价格涨幅低开高走，第四季度明显加大。10月份突破3%，11月份超过4%，12月份继续走高，达到4.7%。全年居民消费价格比上年上涨2.4%，涨幅高于上年3.9个百分点。其中，低收入层居民消费价格上涨4%；食品价格上涨5.5%，非食品价格上涨1%；消费品价格上涨1.9%，服务项目价格上涨3.7%。

表2　居民消费价格涨跌幅度

单位：%

指　　标	2010年	其中：低收入层	2009年	其中：低收入层
居民消费价格总水平	2.4	4.0	-1.5	-1.0
食　品	5.5	7.9	2.4	0.9
其中：水产品	10.6	13.9	4.5	-1.3
菜	24.1	25.1	10.2	16.1
干鲜瓜果	9.6	14.7	6.4	-2.9
烟酒及用品	1.1	1.0	2.2	3.5
衣　着	-1.6	2.8	-1.6	-1.3
家庭设备用品及维修服务	-0.6	-0.3	0.3	1.6
医疗保健和个人用品	1.5	1.1	-0.1	0.2
交通和通信	0.8	-1.8	-4.1	-3.0
娱乐教育文化用品及服务	-0.6	-0.4	-2.4	1.9
居　住	5.0	6.5	-10.2	-12.5

农产品生产价格比上年上涨6.5%。工业品出厂价格上涨2.2%；原材料、燃

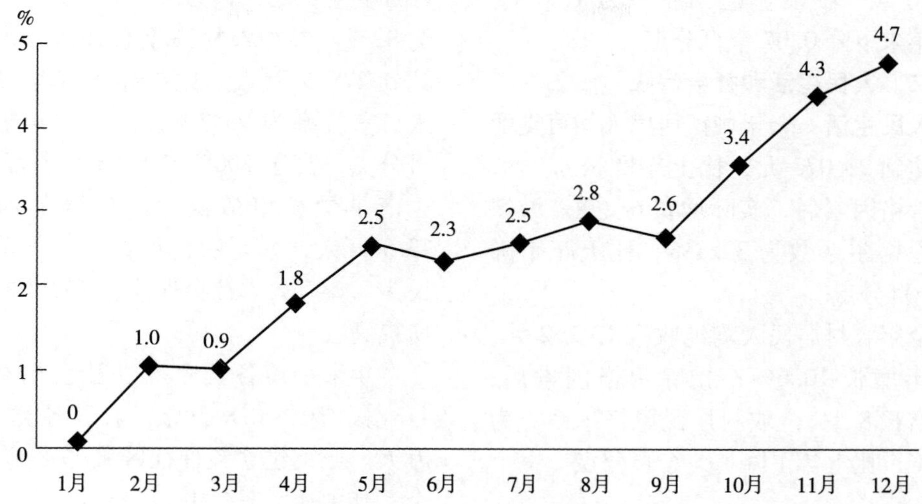

图 2　2010 年居民消费价格月度同比涨跌幅度

料、动力购进价格上涨 10.5%。固定资产投资价格上涨 2.5%。土地交易价格上涨 15.9%。

房屋销售价格自 5 月开始逐步走稳，月度同比涨幅持续小幅回落。全市房屋销售价格从 4 月同比上涨 14.7% 回落到 10 月上涨 11.1%、11 月上涨 9.1%，12 月进一步回落到上涨 6.3%。其中新建住宅价格从 5 月上涨 22% 回落到 12 月上涨 9.9%；二手住宅价格从 4 月上涨 8.4% 回落到 12 月上涨 2.6%。全年房屋销售价格比上年上涨 11.5%，其中新建住宅上涨 18%，二手住宅上涨 5%。

就业： 全市城镇新增就业 44.6 万人，比上年增加 2.2 万人。年末全市城镇实有登记失业人员 7.73 万人，比上年末减少

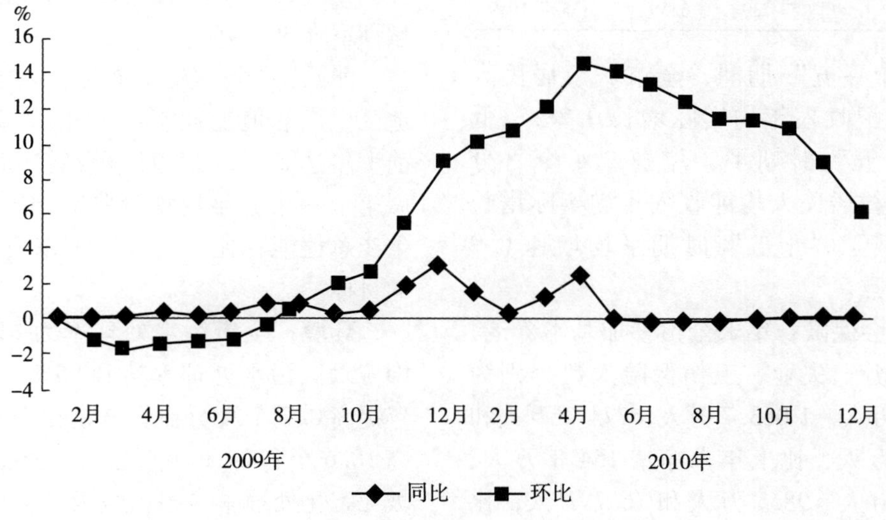

图 3　2009～2010 年房屋销售价格月度同比及环比涨跌幅度

0.43 万人。城镇登记失业率为 1.37%，比上年末下降 0.07 个百分点。

二、人民生活和社会保障

人民生活：全年城镇居民人均可支配收入达到 29 073 元，比上年增长 8.7%；扣除价格因素后，实际增长 6.2%。城镇居民恩格尔系数为 32.1%，比上年下降 1.1 个百分点。

全年农村居民人均纯收入 13 262 元，比上年增长 10.6%；扣除价格因素后，实际增长 8.1%。农村居民恩格尔系数为 30.9%，比上年下降 1.5 个百分点。

表 3　2010 年城乡居民家庭收入情况

指　标	城镇居民		农村居民	
	人均可支配收入（元）	比上年增长（%）	人均纯收入（元）	比上年增长（%）
全市	29 073	8.7	13 262	10.6
低收入户	13 692	13.2	5 358	8.2
中低收入户	20 842	10.5	9 033	10.6
中等收入户	25 990	8.9	11 903	10.3
中高收入户	32 595	7.0	15 789	10.7
高收入户	53 739	6.5	26 335	10.9

"十一五" 期间，全市城镇居民人均可支配收入年均实际增长 9.2%，低于"十五"时期平均增速 2.4 个百分点。农村居民人均纯收入年均实际增长 9%，低于"十五"时期平均增速 0.9 个百分点。

社会保障：年末全市参加基本养老、基本医疗、失业、工伤保险人数分别为 982.5 万人、1 063.7 万人、774.2 万人和 823.8 万人，比上年末净增 154.8 万人、125.3 万人、98.5 万人和 76.7 万人；比 2005 年末净增 462.5 万人、488.9 万人、379.6 万人和 494.9 万人。年末农村居民参加养老保险人数为 159.3 万人，参保率为 92%。参加农村新型合作医疗的人数达到 278.5 万人，比上年末净增 3.5 万人，参合率为 96.7%，高于上年末 1 个百分点，高于 2005 年末 16.4 个百分点。全市享受城市最低生活保障的居民为 13.7 万人，享受农村最低生活保障的农民为 8.2 万人。社会保障相关待遇标准有所提高。

年末全市各类收养性社会福利单位 418 家，床位 6.8 万张，收养各类人员 3 万人。城镇建立各种社区服务设施 3 689 个，其中社区服务中心 175 个。

三、水资源、能源、环境与安全生产

水资源：全年水资源总量 23.9 亿立方米，比上年增长 9.6%。全市总用水量 35.7 亿立方米，比上年增长 0.6%。其中，生活用水 15 亿立方米，增长 2%；工业用水 5.2 亿立方米，与上年持平；农业用水 11.6 亿立方米，比上年下降 3.3%。全市万元地区生产总值水耗为 29.9 立方米，比上年下降 8.71%。"十一五"期间，全市万元地区生产总值水耗累计下降 39.54%。

能源："十一五" 前四年，全市万元地区生产总值能耗累计下降 23.5%，提前 1 年达到《北京市国民经济和社会发展第十一个五年规划纲要》中万元地区生产总值能耗比"十五"期末下降 20% 的目标。

环境：全市污水处理率为 81%，其中城六区污水处理率达到 95%，均比上年提高 0.7 个百分点，分别比 2005 年提高 18.6 个和 24.9 个百分点。全市生活垃圾无害化处理率（根据垃圾产生量计算）为 96.7%，比上年提高 0.4 个百分点，比 2005 年提高 15.5 个百分点。市区空气质量达到二级和好于二级的天数为286天，比上年增加1天，占全年总天数的78.4%，比上年提高0.3个百分点，比2005年提高14.3个百分点。

全市城市绿化覆盖率达到45%，比上年提高0.6个百分点，比2005年提高3个百分点。林木绿化率达到53%，比上年提高0.4个百分点，比2005年提高2.5个百分点。

安全生产：全年共发生道路交通、生产安全、火灾、铁路交通、农业机械死亡事故1 062起，死亡1 176人。与上年相比，事故增加13起，死亡人数增加19人，分别上升1.2%和1.6%。亿元地区生产总值生产安全事故死亡率为0.09；道路交通每万车死亡人数为2.03人；工矿商贸从业人员每10万人死亡人数为1.45人；煤矿每百万吨死亡人数为1.57人。

四、城市建设

道路建设：年末全市公路里程21 201公里，比上年末增加446公里；其中，高速公路里程903公里，比上年末增加19公里。城市道路里程6 380公里，比上年末增加133公里。

公共交通：年末全市公共电汽车运营线路713条，比上年末增加21条，比2005年末增加120条；轨道交通运营线路14条，比上年末增加5条，比2005年末增加10条。公共电汽车运营线路长度18 743公里，比上年末增加473公里，比2005年末增加529公里；轨道交通运营线路长度336公里，比上年末增加108公里，比2005年末增加222公里。公共电汽车运营车辆2.2万辆，比上年末下降0.8%，比2005年末增长16.5%；轨道交通运营车辆2463辆，比上年末增长22.3%，比2005年末增长1.5倍。全年公共电汽车客运总量50.4亿人次，比上年下降2.3%，比2005年增长12.1%；轨道交通客运总量18.4亿人次，比上年增长29.3%，比2005年增长1.7倍。

公用事业：全年自来水销售量8.7亿立方米，与上年持平。其中，生产运营用水1.3亿立方米，居民家庭用水4.2亿立方米，均与上年持平。

北京地区用电量达到809.9亿千瓦时，比上年增长9.6%。其中生产用电670.6亿千瓦时，增长9.9%；城乡居民生活用电139.3亿千瓦时，增长8.2%。

全年液化石油气供应总量29万吨，比上年下降21.6%；天然气供应总量（不含燕山石化）72亿立方米，增长12.5%。年末共有燃气家庭用户623万户，比上年末增长3.8%；其中天然气家庭用户445万户，增长6%。全市燃气管线达到15 500公里，比上年末增长1.2%。

全市集中供热面积4.5亿平方米，比上年增长2.4%。

五、农业、工业和建筑业

农业：全年实现农业（第一产业）增加值124.3亿元，比上年下降1.6%。粮食播种面积22.3万公顷，比上年减少0.3万公顷；粮食产量115.7万吨，比上年下降7.3%。

全市共有农业观光园13 03个，比上年增加9个；观光园总收入17.8亿元，比上年增长16.7%。民俗旅游实际经营户7 979户，比上年减少726户；民俗旅游总收入7.3亿元，增长20.7%。种业收入14.6亿元，比上年增长13.5%。已利用设施农业占地面积18 323公顷，比上年下降2.3%；实现收入40.7亿元，增长20.1%。

工业：全年实现工业增加值2 701.6亿元，比上年增长14.7%。其中，规模以上工业企业增加值增长15%。在规模以上工业中，高技术制造业、现代制造业增加值分别增长15.1%和16.3%。规模以上工业销售产值13 068.9亿元，比上年增长21.6%。其中内销产值11 436.9亿元，增长23.7%；出口交货值1 632亿元，增长8.8%。产品销售率为98.81%。

表4 2010年规模以上工业企业增加值增长速度

指　　标	比上年增长（%）
工业增加值	15.0
其中：国有及国有控股企业	14.0
其中：电力、热力的生产和供应业	14.1
通信设备、计算机及其他电子设备制造业	18.7
交通运输设备制造业	22.8
黑色金属冶炼及压延加工业	3.0
医药制造业	12.3
专用设备制造业	25.4
化学原料及化学制品制造业	8.1
通用设备制造业	23.0
石油加工、炼焦及核燃料加工业	4.6

“十一五”期间，全市工业增加值年均增长9.1%，低于“十五”时期平均增速2.9个百分点。

全年工业经济效益综合指数为233.96%，比上年提高38.98个百分点。规模以上工业企业实现利润1 007.7亿元，比上年增长34.8%。其中，国有及国有控股企业实现利润545亿元，增长50.2%。交通运输设备制造业实现利润169.5亿元，增长61.2%；电力、热力的生产和供应业实现利润220.7亿元，增长43.4%；医药制造业实现利润56亿元，增长17.9%；通信设备、计算机及其他电子设备制造业实现利润76亿元，增长11.8%。全年规模以上工业企业上缴税金797.8亿元，增长21.4%。

建筑业：全年实现建筑业增加值621.5亿元，比上年增长8.2%。全市具有资质等级的总承包和专业承包建筑业企业完成建筑业总产值5 196亿元，比上年增长28%；本年新签合同额6 969.8亿元，增长23.7%。

“十一五”期间，全市建筑业增加值年均增长11.3%，低于“十五”时期平均增速3.2个百分点。

六、新产业

全年文化创意产业实现增加值1 692.2亿元，比上年增长13.6%；占地区生产总值的比重为12.3%，与上年持平，比2005年提高2.6个百分点。高技术产业实现增加值866.5亿元，增长11.3%；占地区生产总值的比重为6.3%，比上年下降0.1个百分点，比2005年下降0.9个百分点。生产性服务业实现增加值6 642亿元，增长17%；占地区生产总值的比重为48.2%，比上年提高1.5个百分点，比2005年提高8个百分点。

七、固定资产投资与房地产开发

固定资产投资：全年完成全社会固定资产投资5 493.5亿元，比上年增长13.1%。

分登记注册类型看，国有内资单位完成投资1 907.3亿元，比上年下降17.7%；非国有内资单位完成投资3 179.1亿元，增长51.6%；外商及港澳台单位完成投资

407.1亿元，下降8.5%。

分城乡看，城镇投资5 002.6亿元，增长14.3%；农村投资490.9亿元，增长2.2%。

分产业看，第一产业投资43.2亿元，下降24.8%；第二产业投资528.1亿元，增长28.4%，其中工业投资522.3亿元，增长28.6%；第三产业投资4 922.3亿元，增长12.1%。

表5　2010年分行业固定资产投资

行业名称	投资额（亿元）	比上年增长（%）
总　计	5 493.5	13.1
农、林、牧、渔业	43.2	－24.8
采矿业	9.3	－59.8
制造业	355.3	63.3
电力、燃气及水的生产和供应业	157.8	－4.7
建筑业	5.7	10.2
交通运输、仓储和邮政业	736.1	0.8
信息传输、计算机服务和软件业	143.3	2.4
批发和零售业	30.8	52.3
住宿和餐饮业	36.1	－10.5
金融业	30.3	309.7
房地产业	3 196.2	17.2
租赁和商务服务业	27.7	4.9
科学研究、技术服务和地质勘查业	85.3	40.5
水利、环境和公共设施管理业	378.2	5.1
居民服务和其他服务业	6.8	3.4
教育	88.8	34.8
卫生、社会保障和社会福利业	39.1	－5.7
文化、体育和娱乐业	71.9	－7.1
公共管理和社会组织	51.6	－38.9

全年完成基础设施投资1 403.5亿元，下降4%，主要投向交通运输和公共服务业，交通运输投资720.5亿元，所占比重为51.3%，公共服务业投资359.1亿元，所占比重为25.6%。

房地产开发：全年完成房地产开发投资2 901.1亿元，比上年增长24.1%。其中住宅投资1 509亿元，增长66.4%；办公楼投资259.1亿元，增长55.4%；商业营业用房投资336.3亿元，增长67.5%。

表6　2010年房地产开发和销售主要指标

指　标	单位	绝对数	比上年增长（%）
房地产开发投资	亿元	2 901.1	24.1
其中：住宅	亿元	1 509.0	66.4
商品房施工面积	万平方米	10 300.9	6.0
其中：住宅	万平方米	6 176.0	11.2
其中：新开工面积	万平方米	2 974.2	32.4
其中：住宅	万平方米	2 063.4	49.5
商品房竣工面积	万平方米	2 386.7	－10.9
其中：住宅	万平方米	1 498.5	－7.1
商品房销售面积	万平方米	1 639.5	－30.6
其中：住宅	万平方米	1 201.4	－36.1
商品房待售面积	万平方米	1 482.7	9.7
其中：住宅	万平方米	511.9	19.9
本年资金来源	亿元	5 790.6	－5.5
其中：国内贷款	亿元	1 439.1	－39.2
自筹资金	亿元	1 763.0	71.7
定金及预收款	亿元	1 611.0	－3.2

政策房建设：全市完成政策性住房投资412.7亿元。年末政策性住房施工面积4 023.4万平方米，其中，新开工面积1 958.5万平方米。全年政策性住房竣工

面积 495.1 万平方米。住宅销售面积 203.5 万平方米。

“十一五”期间，全市完成全社会固定资产投资 21 538.5 亿元，是“十五”时期的 2 倍；五年间年均增长 14.4%，低于“十五”时期平均增速 3.3 个百分点。其中，累计完成基础设施投资 6 137.3亿元，是“十五”时期的 2.7 倍，五年间年均增长 24.3%，高于“十五”时期平均增速 15.8 个百分点；累计完成房地产开发投资 10 863.2 亿元，是“十五”时期的 1.8 倍，五年间年均增长 12%，低于“十五”时期平均增速 17 个百分点。

八、国内贸易、对外经济、旅游和开发区

国内贸易：全年实现社会消费品零售额 6 229.3 亿元，比上年增长 17.3%。

限额以上批发和零售企业中，汽车类实现零售额 1 619.5 亿元，比上年增长 33.9%；石油及制品类实现零售额 430.8 亿元，增长 25.8%；金银珠宝类实现零售额 197.2 亿元，增长 61.2%；家用电器和音像器材类实现零售额 189.3 亿元，增长 17.6%；通讯器材类实现零售额 130.6 亿元，增长 33.9%。

“十一五”期间，全市累计实现社会消费品零售额 23 315.2 亿元，是“十五”时期的 2 倍；五年间年均增长 16.4%，高于“十五”时期平均增速 4.5 个百分点。

全年销售机动车 143.2 万辆，比上年增长 24.7%。其中，新车 91.6 万辆，增长 30.4%；旧车 51.6 万辆，增长 15.7%。“十一五”期间，全市累计销售机动车 497 万辆，是“十五”时期的 2.6 倍。其中，新车 294.5 万辆，是“十五”时期的 2.2 倍；旧车 202.5 万辆，是“十五”时期的 3.3 倍。

对外经济：全年北京地区进出口总额 3 014.1 亿美元，比上年增长 40.3%。其中出口 554.7 亿美元，增长 14.7%；进口 2 459.4 亿美元，增长 47.8%。

“十一五”期间，北京地区进出口总额累计达到 11 389.3 亿美元，是“十五”时期的 2.9 倍。其中出口 2 482 亿美元，进口 8 907.3 亿美元，分别是“十五”时期的 2.7 倍和 3 倍。

全年批准合同外资 84.9 亿美元，比上年增长 2.1%。实际利用外资金额 63.6 亿美元，增长 4%。其中，租赁和商务服务业占 27.6%；房地产业占 22.3%；信息传输、计算机服务和软件业占 15%；制造业占 10.8%。

“十一五”期间，全市累计实际利用外资 281.8 亿美元，是“十五”时期的 2.3 倍。

全年境外投资中方实际投资额 6.9 亿美元，比上年增长 1.3 倍；“十一五”期间累计投资 10 亿美元。对外承包工程、劳务合作和设计咨询实现营业额 26 亿美元，比上年增长 14.5%；“十一五”期间累计实现营业额 83.3 亿美元，是“十五”时期的 4 倍。

旅游：全年接待入境旅游者 490.1 万人次，比上年增长 18.8%。其中，外国人 421.6 万人次，增长 23%；港、澳、台同胞 68.4 万人次，下降 1.7%。旅游外汇收入 50.4 亿美元，增长 15.8%。全年接待国内旅游者 1.8 亿人次，增长 10.1%。国内旅游收入 2 425.1 亿元，增长 13.1%。国内外旅游收入总计达到 2 767.9亿元，增长 13.3%。全年出境游人数 272.7 万人次，增长 1.1 倍。

"十一五"期间，全市共接待入境旅游者2 107.4万人次，国内旅游者7.6亿人次，均为"十五"时期的1.4倍。累计实现国内外旅游收入11 334.6亿元，是"十五"时期的1.8倍；其中旅游外汇收入224.7亿美元，国内旅游收入9 712.9亿元，分别是"十五"时期的1.5倍和2倍。

开发区：年末全市共有开发区19个，累计招商企业38 658家，比上年末增加2 614家；其中投产开业企业21 992家，减少470家。各类开发区实现总收入17 909.7亿元，比上年增长18.6%；实现利润1 470.7亿元，增长19.4%；应缴税金801.9亿元，增长12.4%。

中关村国家自主创新示范区投产开业企业15 754家，实现总收入15 489.3亿元，比上年增长19.1%；出口总额223.1亿美元，增长7.1%；实现利润1 293亿元，增长15.2%；应缴税金664.7亿元，增长10.6%。

北京经济技术开发区投产开业企业1 592家，实现总收入3 500亿元，比上年增长7.3%；实现利润329.4亿元，增长15.9%；应缴税金177.7亿元，增长18.3%。

九、交通运输和邮电

交通运输：全年货物周转量511.8亿吨公里，比上年增长16%。其中，铁路257.5亿吨公里，增长12.2%；公路101.6亿吨公里，增长15.6%；民航46.4亿吨公里，增长30.7%；管道106.4亿吨公里，增长20.3%。铁路、公路、民航、管道各种运输方式货物周转量比重分别为50.3%、19.8%、9.1%和20.8%。

全年旅客周转量1 326.9亿人公里，比上年增长15.7%。其中，铁路99.6亿人公里，增长6.4%；公路287.1亿人公里，增长7.2%；民航940.3亿人公里，增长19.8%。铁路、公路、民航三种运输方式旅客周转量比重分别为7.5%、21.6%和70.9%。

年末全市机动车拥有量480.9万辆，比上年末增长19.7%，比2005年末增长86.2%。民用汽车452.9万辆，分别比上年末和2005年末增长21.7%和1.1倍；其中私人汽车374.4万辆，私人汽车中轿车拥有量275.9万辆，分别比上年末增长24.7%和26.5%，比2005年末增长1.4倍和1.8倍。

邮电：全年实现邮电业务总量1 111.7亿元。其中，邮政业务总量48.7亿元；电信业务总量1 063亿元。年末固定电话用户累计达到885.6万户，其中城市电话用户696.4万户，农村电话用户189.2万户。全年新增移动电话用户292.3万户，年末累计达到2 117.7万户。全年短信业务总量达到368.7亿条，比上年增长1.2%。互联网用户数548.7万户，增长8.7%。全年发送邮政函件6.8亿件，增长5.3%；特快专递2 982万件，下降2.9%。

十、金融

存贷款：年末全市金融机构（含外资）本外币存款余额66 584.6亿元，比年初增加9 628.1亿元，增加额比上年少2 546.8亿元。其中人民币存款余额64 453.9亿元，比年初增加10 183.9亿元，增加额比上年少1 859.1亿元。

年末全市金融机构（含外资）本外币贷款余额36 479.6亿元，比年初增加5 428.2亿元，增加额比上年少2 454.8亿元。其中人民币贷款余额29 563.8亿元，比年初增加4 143.5亿元，增加额比上年少1 134.1亿元。

证券：全年证券市场各类证券成交额87 575.4亿元，比上年下降5%。其中股票成交额79 843.1亿元，增长1.9%；基金成交额1 714.9亿元，下降23.9%；债券成交额3 384.3亿元，增长88.9%。年末股票市场累计开户数475.1万户，比上年末增加49万户。

保险：全年实现原保险保费收入966.5亿元，比上年增长38.6%。其中，财产险保费收入212.3亿元，增长29.1%；人身险保费收入754.2亿元，增长41.5%。全年各类保险赔付支出199.7亿元，比上年增长1.9%。其中财产险赔付93.7亿元，增长9.8%；人身险赔付105.9亿元，下降4.3%。

十一、教育、科学技术、文化、卫生和体育

教育：全市共有52所普通高校和118个科研机构培养研究生，全年研究生教育招生8万人，在学研究生22.5万人，毕业生5.9万人。全市89所普通高等院校全年招收本专科学生15.5万人，在校生57.8万人，毕业生15万人。

全市普通高中招生6.6万人，在校生19.8万人，毕业生6.2万人；初中招生10.2万人，在校生31万人，毕业生10.1万人；普通小学招生11.4万人，在校生65.3万人，毕业生10.3万人；幼儿园在园幼儿27.7万人。各类中等职业教育（含技工学校）招生7.1万人，在校生21.9万人，毕业生7.1万人。特殊教育招生967人，在校生7 981人，毕业生1 914人。

年末全市共有民办小学21所，在校学生3.3万人；民办普通中学73所，在校学生3.7万人；民办高等教育77所（含民办高校和民办其他高等教育机构），在校学生15.7万人。成人高校24所，在校学生26.6万人（含普通高校成人本专科生）。

科学技术：全年研究与试验发展（R&D）经费支出758亿元，比上年增长13.4%；相当于地区生产总值的5.5%，与上年持平，比2005年提高0.05个百分点。

全市研究与试验发展（R&D）活动人员26万人，比上年增长2.8%。专利申请量与授权量分别为5.7万件和3.4万件，分别比上年增长14.1%和46.2%；其中发明专利申请量与授权量分别为3.3万件和1.1万件，增长14.1%和22.4%。全年共签订各类技术合同5.1万项，增长1.8%；技术合同成交总额1 579.5亿元，增长27.8%。“十一五”期间，专利申请量与授权量累计分别达到21万件和10万件，均比“十五”时期增长1.5倍。累计签订技术合同25.6万项，实现技术合同成交额5 422.8亿元，分别比“十五”时期增长64%和2.8倍。

文化：年末全市共有公共图书馆25个，总藏量4 451万册。全市拥有全国重点文物保护单位98处，市级文物保护单位224处。全市拥有注册博物馆156座。年末有线电视用户达到439.9万户，有线电视入户率为90%。北京地区13条院线102家影院共放映电影72.6万场，观众2 774万人次，票房收入11.8亿元。北京地区出版报纸259种，出版期刊3 030种，出版图书15.5万种。全市共有国家综合档案馆17个，已开放档案87.5万卷。

卫生：年末全市共有卫生机构6 531

个，比上年末减少72个，比2005年末增加1 713个；其中医院551个，卫生院115个。卫生机构共有床位9.4万张，比上年末增加0.4万张，比2005年末增加1.5万张；其中医院8.5万张。全市卫生技术人员达到16.4万人，比上年末增加4 064人，比2005年末增加4.5万人；其中执业（助理）医师6.3万人，注册护士6.5万人。全市医疗机构共诊疗14 148.4万人次。全年报告甲乙类传染病发病率266.39/10万，死亡率1.14/10万。

体育：年末全市共有体育场馆6 151个。全市共有优秀体育运动员1 100人，获得国际性比赛奖牌81枚，其中金牌52枚，银牌15枚。获得全国性比赛奖牌157枚，其中金牌59枚，银牌38枚。

公报注释：

1. 本公报中2010年数据均为初步统计数。与上年相比增速为2010年初步统计数与上年统计年鉴数比较结果。

2. 地区生产总值及其中各产业、各行业增加值绝对数按现价计算，增长速度均按可比价计算。

3. 常住人口情况待第六次全国人口普查结果汇总及评估完毕后以普查公报等形式发布。年末全市户籍人口1 257.8万人，比上年末增加12万人。

4. 恩格尔系数是指居民食品支出占消费支出总额的比重。

5. 根据国家有关规定，2010年能耗数据待国家统计局审核评估后另行发布。

6. 万元地区生产总值水耗按2005年不变价格计算。如按现价计算，2010年万元地区生产总值水耗为25.91立方米。

7. 规模以上工业企业是指年主营业务收入500万元及以上的全部法人工业企业；限额以上批发零售企业是指年主营业务收入2 000万元及以上批发企业和年主营业务收入500万元及以上零售企业。

8. 新产业增加值绝对数和增长速度均按现价计算。

9. 中关村国家自主创新示范区与北京经济技术开发区数据均包括中关村国家自主创新示范区亦庄园。

10. 邮电业务总量按2000年不变价格计算。

11. 公报中部分数据合计数或相对数由于计量单位取舍不同而产生的计算误差，均未作机械调整。

（一）北京市主要经济社会指标

表1.1 主要年份国民经济和社会发展总量与速度指标

项目	总量指标								速度指标（%） 指数（2010年为以下各年）						
	1990	1995	2000	2005	2007	2008	2009	2010	1990	1995	2000	2005	2007	2008	2009
人口与就业															
人　口															
年末全市常住人口（万人）	1 086.0	1 251.1	1 363.6	1 538.0	1 633.0	1 695.0	1 755.0	1 961.9	180.7	156.8	143.9	127.6	120.1	115.7	111.8
按性别分															
男性人口	545.0	627.0	710.9	778.7	829.0	861.6	896.2	1 013.0	185.9	161.6	142.5	130.1	122.2	117.6	113.0
女性人口	541.0	624.1	652.7	759.3	804.0	833.4	858.8	948.9	175.4	152.0	145.4	125.0	118.0	113.9	110.5
按城乡分															
城镇人口	798.0	946.2	1 057.4	1 286.1	1 379.9	1 439.1	1 491.8	1 686.4	211.3	178.2	159.5	131.1	122.2	117.2	113.0
乡村人口	288.0	304.9	306.2	251.9	253.1	255.9	263.2	275.5	95.7	90.4	90.0	109.4	108.9	107.7	104.7
年末户籍人口（万人）	1 032.2	1 070.3	1 107.5	1 180.7	1 213.3	1 229.9	1 245.8	1 257.8	121.9	117.5	113.6	106.5	103.7	102.3	101.0
就　业															
从业人员年末人数（万人）	627.1	665.3	619.3	878.0	942.7	980.9	998.3	1 031.6	164.5	155.1	166.6	117.5	109.4	105.2	103.3
#城镇单位在岗职工人数	454.9	470.9	434.2	448.4	478.9	526.1	560.4	587.7	129.2	124.8	135.4	131.1	122.7	111.7	104.9
年末实有城镇登记失业人员（万人）	1.67	2.19	3.32	10.57	10.63	10.33	8.16	7.73	462.9	353.0	232.8	73.1	72.7	74.8	94.7
宏观经济															
国民经济核算															
地区生产总值（亿元）	500.8	1 507.7	3 161.7	6 969.5	9 846.8	11 115.0	12 153.0	14 113.6	865.6	494.8	303.7	171.6	132.6	121.6	110.3
第一产业	43.9	73.5	79.3	88.7	101.3	112.8	118.3	124.4	122.9	117.7	109.9	107.0	104.1	102.9	98.4
第二产业	262.4	645.8	1 033.3	2 026.5	2 509.4	2 626.4	2 855.5	3 388.4	709.7	423.7	269.9	157.6	126.6	125.5	113.7
第三产业	194.5	788.4	2 049.1	4 854.3	7 236.1	8 375.8	9 179.2	10 600.8	1 157.0	576.3	326.5	178.7	135.5	120.4	109.3
人均地区生产总值（元/人）	4 635	12 690	24 127	45 993	61 274	66 797	70 452	75 943	502.4	316.1	214.2	139.9	114.7	108.9	102.4
固定资产投资															
全社会固定资产投资（亿元）	179.2	841.5	1 297.4	2 827.2	3 966.6	3 848.5	4 858.4	5 493.5	3 065.6	652.8	423.4	194.3	138.5	142.7	113.1
#房地产开发投资	22.5	352.8	522.1	1 525.0	1 995.8	1 908.7	2 337.7	2 901.1	12 893.8	822.3	555.7	190.2	145.4	152.0	124.1
#国有单位	154.2	514.2	765.8	897.7	1 343.0	1 388.6	2 316.8	1 907.3	1 236.9	370.9	249.1	212.5	142.0	137.4	82.3

续表

项目	总量指标								速度指标（%）						
									指数（2010 年为以下各年）						
	1990	1995	2000	2005	2007	2008	2009	2010	1990	1995	2000	2005	2007	2008	2009
全社会房屋施工面积（万平方米）	2 864.9	5 524.3	6 995.9	14 096.2	14 146.7	14 145.3	14 380.6	15 572.1	543.5	281.9	222.6	110.5	110.1	110.1	108.3
全社会房屋竣工面积（万平方米）	1 081.2	1 530.2	2 358.2	4 679.2	3 866.4	3 840.7	4 252.6	3 908.4	361.5	255.4	165.7	83.5	101.1	101.8	91.9
财　政															
地方财政收入（亿元）	74.0	115.3	398.4	1 007.4	1 882.0	2 282.0	2 678.8	3 810.9	5 149.2	3 306.4	956.6	378.3	202.5	167.0	142.3
#一般预算			345.0	919.2	1 492.6	1 837.3	2 026.8	2 353.9			682.3	256.1	157.7	128.1	116.1
地方财政支出（亿元）	66.5	154.4	490.3	1 137.3	2 067.7	2 400.9	2 820.9	4 065.0	6 110.9	2 632.7	829.0	357.4	196.6	169.3	144.1
#一般预算			443.0	1 058.3	1 649.5	1 959.3	2 319.4	2 717.3			613.4	256.8	164.7	138.7	117.2
价格指数（上年 =100）															
居民消费价格指数（%）	105.4	117.3	103.5	101.5	102.4	105.1	98.5	102.4							
商品零售价格指数（%）	104.1	112.6	98.9	99.7	100.8	104.4	97.8	100.4							
农产品生产价格指数（%）	101.9	130.6	95.0	102.9	114.4	112.3	98.3	106.5							
工业品出厂价格指数（%）	107.9	107.3	102.5	101.3	99.7	103.3	94.4	102.2							
原材料、燃料、动力购进价格指数（%）	114.8	106.7	100.0	111.4	105.0	115.8	88.6	110.5							
固定资产投资价格指数（%）		113.9	101.0	100.7	102.8	107.8	97.1	102.5							
能源消费总量（万吨标准煤）	**2 709.7**	**3 533.3**	**4 144.0**	**5 521.9**	**6 285.0**	**6 327.1**	**6 570.3**	**6 954.1**	**256.6**	**196.8**	**167.8**	**125.9**	**110.6**	**109.9**	**105.8**
产　业															
农村经济															
耕地面积（万公顷）	41.3	39.4	32.9	23.3	23.2	23.2									
农林牧渔业总产值（现价）（亿元）	70.2	164.4	188.6	239.3	272.3	303.9	315.0	328.0	467.2	199.5	173.9	137.1	120.5	107.9	104.1
主要农产品产量（万吨）															
粮　食	264.6	259.8	144.2	94.9	102.1	125.5	124.8	115.7	43.7	44.5	80.2	121.9	113.3	92.2	92.7
蔬　菜	356.1	397.3	466.3	373.1	340.1	321.3	317.1	303.0	85.1	76.3	65.0	81.2	89.1	94.3	95.5
禽　蛋	25.8	28.5	16.0	16.0	15.6	15.2	15.4	15.1	58.5	53.0	94.4	94.4	96.8	99.3	98.3
牛　奶	21.7	20.6	30.3	64.2	62.2	66.4	67.4	64.1	295.3	311.1	211.5	99.8	103.0	96.5	95.1
肉类	26.8	39.8	50.5	53.3	47.9	45.1	47.2	46.3	172.7	116.4	91.7	86.9	96.8	102.6	98.0

注：1. 地区生产总值绝对值按现价计算，发展速度按可比价格计算。

2. 2007 年及以前在岗职工人数包括乡及乡以上独立核算法人单位，不包括乡镇企业、私营单位和个体工商户；2008 年及以后包括乡镇企业。

续表

项　目	总量指标								速度指标（%）						
									指数（2010年为以下各年）						
	1990	1995	2000	2005	2007	2008	2009	2010	1990	1995	2000	2005	2007	2008	2009
工　业															
工业增加值（现价，规模以上）（亿元）		473.1	776.0	1 627.0	2 159.4	2 037.6	2 282.2	2 751.7							
工业总产值（现价，规模以上）（亿元）	625.9	1 493.3	2 842.0	6 946.2	9 648.4	10 413.1	11 039.1	13 699.8	2 188.8	917.4	482.0	197.2	142.0	131.6	124.1
轻工业	262.2	472.2	719.3	1 164.9	1 505.5	1 674.3	1 766.7	2 000.1	762.8	423.6	278.1	171.7	132.9	119.5	113.2
重工业	363.7	1 021.1	2 122.7	5 781.3	8 142.9	8 738.8	9 272.4	11 699.8	3 216.9	1 145.8	551.2	202.4	143.7	133.9	126.2
工业企业主要经济指标（规模以上）															
资产总计（亿元）	498.3	2 582.6	4 612.7	12 829.8	16 215.5	16 802.4	19 540.7	22 750.6	4 565.6	880.9	493.2	177.3	140.3	135.4	116.4
负债总额（亿元）		1 528.8	2 676.4	4 706.7	6 508.3	8 085.0	9 874.6	11 548.1		755.4	431.5	245.4	177.4	142.8	116.9
主营业务收入（亿元）	610.5	1 590.4	2 821.4	7 279.1	10 440.2	11 275.8	12 173.1	14 807.1	2 425.4	931.0	524.8	203.4	141.8	131.3	121.6
利润总额（亿元）	48.9	85.3	127.1	413.5	695.6	557.0	742.9	1 028.3	2 102.9	1 205.6	809.1	248.7	147.8	184.6	138.4
建　筑															
建筑业施工企业总产值（亿元）	94.7	426.6	812.5	1 894.0	2 576.8	3 066.2	4 059.7	5 196.0	5 486.8	1 218.0	639.5	274.3	201.6	169.5	128.0
建筑业施工企业年末从业人员（万人）	60.2	82.6	56.6	67.2	51.7	47.0	56.2	59.9	99.5	72.5	105.8	89.1	115.9	127.4	106.6
运　输															
货物周转量（亿吨公里）	268.8	323.1	299.6	457.7	449.0	454.2	441.2	513.7	191.1	159.0	171.4	112.2	114.4	113.1	116.4
铁　路	206.7	239.3	200.2	310.8	268.5	253.5	229.4	257.5	124.5	107.6	128.6	82.8	95.9	101.6	112.2
公　路	57.5	76.2	82.6	85.5	79.3	84.1	87.9	101.6	176.8	133.3	122.9	118.8	128.1	120.8	115.6
民　航	4.5	7.5	16.8	28.2	37.6	35.7	35.5	48.2	1 080.3	643.8	287.7	171.3	128.3	135.2	135.8
管　道	0.15	0.07	0.04	33.3	63.7	80.9	88.4	106.4				319.8	167.1	131.4	120.3
旅客周转量（亿人公里）	119.8	207.7	314.0	838.1	960.3	1 042.0	1 146.5	1 399.5	1 168.2	673.9	445.7	167.0	145.7	134.3	122.1
邮　电															
邮电业务总量（亿元）	11.9	56.1	214.7	413.0	672.6	800.8	917.5	1 108.9			516.4	268.5	164.9	138.5	120.9
固定电话用户（万户）	33.3	150.5	451.2	943.5	914.5	884.9	893.1	885.6	2 659.9	588.3	196.3	93.9	96.8	100.1	99.2

续表

项目	总量指标								速度指标（%）						
									指数（2010年为以下各年）						
	1990	1995	2000	2005	2007	2008	2009	2010	1990	1995	2000	2005	2007	2008	2009
主线普级率（线/百人）	3.1	12.0	33.1	61.3	56.0	52.2	50.9	45.1							
移动电话用户（万户）	0.3	16.9	347.2	1 459.8	1 598.3	1 616.2	1 825.4	2 117.7	705 900.0	12 530.8	609.9	145.1	132.5	131.0	116.0
移动电话普及率（户/百人）	0.03	1.4	25.5	94.9	97.9	95.3	104.0	107.9							
商　业															
社会消费品零售额（亿元）	345.1	950.4	1 658.7	2 911.7	3 835.2	4 645.5	5 309.9	6 229.3	1 805.1	655.4	375.6	213.9	162.4	134.1	117.3
吃类商品	136.8	405.7	471.4	751.0	940.4	1 073.3	1 180.0	1 331.0	972.9	328.1	282.3	177.2	141.5	124.0	112.8
穿类商品	45.6	138.9	198.8	282.4	359.3	411.7	473.8	548.4	1 202.7	394.8	275.9	194.2	152.7	133.2	115.8
用类商品	154.6	387.9	932.0	1 643.7	2 205.2	2 799.4	3 278.2	3 884.0	2 512.3	1 001.3	416.7	236.3	176.1	138.7	118.5
烧类商品	8.1	17.9	56.5	234.6	330.3	361.1	377.9	465.9	5 751.5	2 602.6	824.5	198.6	141.0	129.0	123.3
对外经济贸易和旅游															
北京地区进出口总额（亿美元）	236.4	370.4	494.0	1 255.1	1 930.0	2 716.9	2 147.9	3 016.6	1 276.1	814.4	610.6	240.3	156.3	111.0	140.4
进口额	192.3	267.9	374.3	946.4	1 440.7	2 141.9	1 664.3	2 462.2	1 280.4	919.1	657.8	260.2	170.9	115.0	147.9
出口额	44.1	102.5	119.7	308.7	489.3	575.0	483.6	554.4	1 257.1	540.9	463.2	179.6	113.3	96.4	114.6
实际利用外商直接投资额（亿美元）	2.8	14.0	24.6	35.3	50.7	60.8	61.2	63.6	2 271.4	454.3	258.5	180.2	125.4	104.6	104.0
接待入境旅游者人数（万人次）	100.0	207.0	282.1	362.9	435.5	379.0	412.5	490.1	490.1	236.8	173.7	135.1	112.5	129.3	118.8
旅游外汇收入（亿美元）	6.6	21.8	27.7	36.2	45.8	44.6	43.6	50.4	763.6	231.2	181.9	139.2	110.0	113.0	115.8
金融保险															
金融机构（含外资）本外币存款余额（亿元）			11 526.0	28 969.9	37 700.3	43 980.7	56 960.1	66 584.6			577.7	229.7	176.6	151.4	116.9
金融机构（含外资）本外币贷款余额（亿元）			6 407.9	15 335.5	19 861.5	23 010.7	31 052.9	36 479.6			569.3	237.9	183.7	158.5	117.5
原保险保费收入（亿元）			93.4	498.2	498.1	585.9	697.6	966.5			1 034.7	194.0	194.0	164.9	138.5

注：1. 工业增加值按生产法计算。

2. 邮电业务总量2000年及以前按1990年不变价格计算，以后按2000年不变价格计算。

续表

项目	总量指标								速度指标（%）						
									指数（2010年为以下各年）						
	1990	1995	2000	2005	2007	2008	2009	2010	1990	1995	2000	2005	2007	2008	2009
教育、文化、科技、卫生															
教　育															
在校学生数（万人）		238.0	229.9	226.4	319.6	320.9	321.4	330.0		138.6	143.5	145.7	103.2	102.8	102.7
专任教师数（万人）		17.7	16.7	17.5	19.6	19.9	20.4	20.7		117.0	123.7	118.3	105.6	103.8	101.4
文　化															
公共图书馆总藏数（万册、万件）	2 205	2 629	3 020	3 626	3 940	4 100	4 368	4 613	209.2	175.5	152.7	127.2	117.1	112.5	105.6
专业艺术剧团国内演出场次（场）	7 527	6 728	7 610	8 934	10 076	10 663	9 684	10 483	139.3	155.8	137.8	117.3	104.0	98.3	108.3
科　技															
研究与试验发展经费内部支出（亿元）			155.7	379.5	527.1	620.1	668.6	821.8			527.8	216.5	155.9	132.5	122.9
技术合同成交总额（亿元）	20.3	41.2	140.3	434.4	882.6	1 027.2	1 236.2	1 579.5	7 792.3	3 836.5	1 125.9	363.6	179.0	153.8	127.8
专利授权量（件）	2 268	4 025	5 905	10 100	14 954	17 747	22 921	33 511	1 477.6	832.6	567.5	331.8	224.1	188.8	146.2
卫　生															
卫生机构个数（个）	4 953	4 955	6 176	4 818	6 189	6 523	6 603	6 539	132.0	132.0	105.9	135.7	105.7	100.2	99.0
卫生机构病床数（万张）	5.9	6.7	7.1	7.9	8.4	8.6	9.0	9.3	157.3	138.8	130.4	117.5	110.9	107.7	103.1
卫生技术人员数（万人）	11.2	11.6	11.6	12.0	13.9	15.0	16.0	17.1	153.3	147.5	148.1	142.7	122.8	114.1	106.6
#执业医师	5.1	5.4	5.2	5.1	5.5	5.9	6.2	6.6	129.5	121.9	127.9	130.3	119.9	112.2	105.8
注册护师（士）	3.5	3.7	4.0	4.3	5.1	5.5	6.2	6.7	194.7	183.3	168.7	156.9	132.3	121.6	109.3
生活与环境															
婚　姻															
登记结婚对数（万对）	9.3	8.5	8.0	9.7	11.8	14.8	18.2	13.8	148.5	163.1	172.2	143.0	117.1	93.6	76.0
离婚对数（万对）	1.5	2.0	2.7	3.4	3.7	3.8	4.1	4.4	298.1	218.1	165.2	128.4	120.1	116.9	106.5
居　住															
城镇居民人均住宅使用面积（平方米）	11.17	13.34	16.75	20.13	21.50	21.56	21.61	19.49							
农村居民人均住房面积（平方米）	20.62	24.74	28.91	36.94	39.54	39.40	39.42	40.62	197.0	164.2	140.5	110.0	102.7	103.1	103.0

续表

项目	总量指标								速度指标（%）						
									指数（2010年为以下各年）						
	1990	1995	2000	2005	2007	2008	2009	2010	1990	1995	2000	2005	2007	2008	2009
生　活															
城镇居民人均可支配收入（元）	1 787.1	5 868.4	10 350	17 653	21 989	24 725	26 738	29 073	1 626.8	495.4	280.9	164.7	132.2	117.6	108.7
农村居民人均纯收入（元）	1 297.1	3 208.5	4 687	7 860	9 559	10 747	11 986	13 262	1 022.4	413.3	283.0	168.7	138.7	123.4	110.6
金融机构（含外资）储蓄存款余额（亿元）				8 315.8	9 743.5	12 538.1	15 329.2	17 585.2				211.5	180.5	140.3	114.7
定　期				5 586.8	6 029.4	8 440.9	9 960.8	11 052.0				197.8	183.3	130.9	111.0
活　期				2 729.0	3 714.1	4 097.3	5 368.3	6 533.2				239.4	175.9	159.5	121.7
工　资															
城镇单位在岗职工工资总额（亿元）	118.9	382.0	695.5	1 520.1	2 194.3	2 874.3	3 227.2	3 789.1	3 186.8	991.9	544.8	249.3	172.7	131.8	117.4
城镇单位在岗职工平均工资（元）	2 653	8 144	15 726	34 191	46 507	54 913	58 140	65 683	2 475.8	806.5	417.7	192.1	141.2	119.6	113.0
市政建设															
全社会用电量（亿千瓦时）	150.5	222.6	384.4	570.5	667.0	689.7	739.1	809.9	538.2	363.9	210.7	142.0	121.4	117.4	109.6
自来水销售总量（亿立方米）	5.3	6.8	7.5	7.2	7.8	8.1	8.7	8.9	169.2	131.4	118.3	124.6	114.7	110.4	102.7
居民燃气用户（万户）	176.1	219.8	291.9	458.5	556.4	591.0	600.0	634.2	360.1	288.5	217.3	138.3	114.0	107.3	105.7
城市公共交通客运量（亿人次）	33.5	37.2	40.7	51.8	48.8	59.3	65.9	69.0	206.1	185.6	169.6	133.2	141.3	116.4	104.7
环　境															
城市绿化覆盖率（%）	28.00	32.68	36.50	42.00	43.00	43.50	44.40	45.00							
污水处理率（%）	7.3	19.4	39.4	62.4	76.2	78.9	80.3	81.0							
空气质量二级及好于二级的天数（天）			177	234	246	274	285	286							

注：1. 北京地区用电量来源于北京市电力公司，2000年以前工业用电量不包含输配损失和发电企业自产自用电量。

2. 从2001年开始，有关职工的指标调整为在岗职工的指标。2007年及以前城镇单位在岗职工工资包括乡及乡以上独立核算法人单位，不包括乡镇企业、私营单位和个体工商户；2008年及以后包括乡镇企业。

3. 城镇住户调查的口径范围：2006年及以前年份抽样调查样本覆盖城八区；2007年样本覆盖18个区县，共3 000户；2008年及以后调查样本为5 000户。

4. 2004～2007年的城镇居民人均住宅使用面积根据2007年房屋普查进行了调整。

5. 离婚对数包括在民政部门登记的对数和经法院调离和判离的对数。

6. 2010年起，卫生机构中的卫生院数据并入到社区卫生服务中心（站）等其他卫生机构。

表1.2　地区生产总值（1978～2010年）

单位：亿元

年　份	地区生产总值	第一产业	第二产业			第三产业	人均地区生产总值（元/人）	人均地区生产总值（美元/人）
				工业	建筑业			
1978	108.8	5.6	77.4	70.2	7.2	25.8	1 257	797
1979	120.1	5.2	85.2	77.4	7.8	29.7	1 358	908
1980	139.1	6.1	95.8	86.9	8.9	37.2	1 544	1 009
1981～1985	**950.9**	**62.3**	**589.4**	**515.5**	**73.9**	**299.2**		
1981	139.2	6.6	92.5	82.7	9.8	40.1	1 526	895
1982	154.9	10.3	99.8	89.3	10.5	44.8	1 671	883
1983	183.1	12.8	112.7	98.8	13.9	57.6	1 943	983
1984	216.6	14.8	130.7	114.0	16.7	71.1	2 262	972
1985	257.1	17.8	153.7	130.7	23.0	85.6	2 643	900
1986～1990	**1 978.7**	**162.9**	**1 084.3**	**917.3**	**167.0**	**731.5**		
1986	284.9	19.1	165.8	141.2	24.6	100.0	2 836	821
1987	326.8	24.3	182.6	154.5	28.1	119.9	3 150	846
1988	410.2	37.1	221.3	189.5	31.8	151.8	3 892	1 046
1989	456.0	38.5	252.2	212.8	39.4	165.3	4 269	1 134
1990	500.8	43.9	262.4	219.3	43.1	194.5	4 635	969
1991～1995	**4 847.2**	**289.6**	**2 220.4**	**1 833.5**	**386.9**	**2 337.2**		
1991	598.9	45.8	291.5	255.6	35.9	261.6	5 494	1 032
1992	709.1	49.1	345.9	293.0	52.9	314.1	6 458	1 171
1993	886.2	53.7	419.6	339.2	80.4	412.9	8 006	1 389
1994	1 145.3	67.5	517.6	417.9	99.7	560.2	10 240	1 188
1995	1 507.7	73.5	645.8	527.8	118.0	788.4	12 690	1 520
1996～2000	**12 084.0**	**387.8**	**4 277.7**	**3 450.5**	**827.2**	**7 418.5**		
1996	1 789.2	75.0	714.7	576.2	138.5	999.5	14 254	1 714
1997	2 077.1	77.2	781.8	635.9	145.9	1 218.1	16 621	2 005
1998	2 377.2	77.9	840.6	670.4	170.2	1 458.7	19 128	2 310
1999	2 678.8	78.4	907.3	724.0	183.3	1 693.1	21 407	2 586
2000	3 161.7	79.3	1 033.3	844.0	189.3	2 049.1	24 127	2 915
2001～2005	**26 032.9**	**423.4**	**7 759.7**	**6 446.2**	**1 313.5**	**17 849.8**		
2001	3 708.0	80.8	1 142.4	938.8	203.6	2 484.8	26 980	3 260
2002	4 315.0	82.4	1 250.0	1 021.2	228.8	2 982.6	30 730	3 713
2003	5 007.2	84.1	1 487.2	1 224.5	262.7	3 435.9	34 777	4 202
2004	6 033.2	87.4	1 853.6	1 554.7	298.9	4 092.2	40 916	4 943
2005	6 969.5	88.7	2 026.5	1 707.0	319.5	4 854.3	45 993	5 615
2006～2010	**55 346.2**	**545.6**	**13 571.1**	**11 103.4**	**2 467.7**	**41 229.5**		
2006	8 117.8	88.8	2 191.4	1 821.8	369.6	5 837.6	52 054	6 530
2007	9 846.8	101.3	2 509.4	2 082.8	426.6	7 236.1	61 274	8 058
2008	11 115.0	112.8	2 626.4	2 131.7	494.7	8 375.8	66 797	9 618
2009	12 153.0	118.3	2 855.5	2 303.1	552.4	9 179.2	70 452	10 314
2010	14 113.6	124.4	3 388.4	2 764.0	624.4	10 600.8	75 943	11 218

注：1. 本表按当年价格计算。人均地区生产总值按常住人口计算。

2. 为了便于比较使用，本表中地区生产总值三次产业数据按国家2002年版国民经济行业分类标准核算。

3. 根据全国第二次农业普查和全国第二次经济普查结果对1997～2008年数据进行了修订（下同）。

表 1.3 地区生产总值指数（上年 =100）（1978 ~ 2010 年）

单位:%

年份	地区生产总值	第一产业	第二产业	工业	建筑业	第三产业	人均地区生产总值
1978	110.5	109.0	115.1	112.4	153.0	97.7	109.1
1979	109.7	105.0	109.2	110.1	108.4	113.2	107.4
1980	111.8	109.3	110.1	110.1	110.3	118.5	109.8
1981	99.5	109.1	96.3	95.3	106.4	106.0	98.3
1982	107.4	113.4	105.8	105.8	106.1	109.9	105.6
1983	116.4	107.5	113.6	111.5	132.3	124.2	114.5
1984	117.4	106.8	116.1	115.7	118.8	121.8	115.6
1985	108.7	106.3	111.0	109.1	124.7	104.4	106.9
1986	108.0	100.1	104.8	105.0	103.7	115.7	104.6
1987	109.6	113.4	105.6	105.5	106.3	116.7	106.1
1988	112.8	111.2	112.1	113.0	106.5	114.1	111.0
1989	104.4	101.1	108.9	108.4	112.2	97.3	103.1
1990	105.2	103.3	101.1	101.9	95.6	113.3	104.0
1991	109.9	103.7	107.5	112.6	81.6	114.5	108.9
1992	111.3	103.1	112.2	110.3	125.7	111.9	110.5
1993	112.3	103.2	113.0	110.5	128.5	113.1	111.4
1994	113.7	102.8	114.1	113.5	117.0	115.0	112.5
1995	112.0	92.0	107.7	107.7	107.6	120.5	105.4
1996	109.0	97.2	106.2	106.1	107.0	113.4	103.1
1997	110.1	102.9	108.1	108.7	105.1	113.2	110.6
1998	109.5	101.1	109.6	108.7	114.2	110.1	110.1
1999	110.9	102.8	112.0	112.8	108.0	110.6	110.1
2000	111.8	103.1	111.4	113.2	102.1	112.9	106.8
2001	111.7	103.7	109.5	110.2	106.6	113.1	106.5
2002	111.5	102.7	108.4	107.8	110.9	113.3	109.1
2003	111.1	98.9	112.0	112.2	110.7	111.2	108.3
2004	114.1	99.4	117.0	119.3	106.3	113.1	111.4
2005	112.1	98.1	110.1	110.9	106.3	113.4	109.1
2006	113.0	100.6	110.5	109.5	116.0	114.3	109.8
2007	114.5	102.2	112.7	113.1	110.9	115.4	111.1
2008	109.1	101.1	100.8	100.2	103.7	112.5	105.4
2009	110.2	104.6	110.4	108.8	118.5	110.2	106.3
2010	110.3	98.4	113.7	114.9	108.3	109.3	102.4

注：本表按可比价格计算。

表 1.4 地区生产总值指数（1978 年 =100）（1978 ~2010 年）

单位:%

年份	地区生产总值	第一产业	第二产业			第三产业	人均地区生产总值
				工业	建筑业		
1978	100.0	100.0	100.0	100.0	100.0	100.0	100.0
1979	109.7	105.0	109.2	110.1	108.4	113.2	107.4
1980	122.6	114.8	120.2	121.2	119.6	134.1	117.9
1981	122.0	125.2	115.8	115.5	127.2	142.2	115.9
1982	131.1	142.0	122.5	122.2	135.0	156.3	122.4
1983	152.6	152.6	139.2	136.3	178.6	194.1	140.2
1984	179.1	163.0	161.6	157.7	212.1	236.4	162.0
1985	194.7	173.3	179.3	172.0	264.5	246.8	173.2
1986	210.3	173.5	187.9	180.6	274.3	285.5	181.2
1987	230.4	196.7	198.5	190.6	291.6	333.2	192.2
1988	259.9	218.7	222.5	215.3	310.6	380.2	213.4
1989	271.4	221.1	242.3	233.4	348.5	369.9	220.0
1990	285.5	228.4	244.9	237.9	333.1	419.2	228.8
1991	313.8	236.9	263.3	267.8	271.8	479.9	249.1
1992	349.2	244.2	295.4	295.4	341.7	537.0	275.3
1993	392.2	252.0	333.8	326.4	439.1	607.4	306.7
1994	445.9	259.1	380.9	370.5	513.7	698.5	345.0
1995	499.4	238.4	410.2	399.0	552.8	841.7	363.7
1996	544.3	231.7	435.7	423.4	591.5	954.5	374.9
1997	599.3	238.4	471.0	460.2	621.7	1 080.5	414.6
1998	656.2	241.0	516.2	500.2	710.0	1 189.6	456.5
1999	727.7	247.7	578.1	564.2	766.8	1 315.7	502.8
2000	813.6	255.4	644.0	638.7	782.9	1 485.4	536.8
2001	908.8	264.8	705.2	703.8	834.6	1 680.0	571.7
2002	1 013.3	271.9	764.4	758.7	925.6	1 903.4	623.9
2003	1 125.8	268.9	856.1	851.3	1 024.6	2 115.9	676.0
2004	1 284.5	267.3	1 001.6	1 015.6	1 089.1	2 393.1	753.1
2005	1 440.3	262.2	1 102.8	1 126.3	1 157.7	2 714.9	821.5
2006	1 627.5	263.8	1 218.6	1 233.3	1 342.9	3 102.0	902.0
2007	1 863.3	269.6	1 373.4	1 394.9	1 489.3	3 580.0	1 002.3
2008	2 033.0	272.6	1 384.4	1 397.7	1 544.4	4 027.6	1 056.1
2009	2 240.4	285.2	1 528.7	1 520.8	1 829.4	4 437.6	1 122.7
2010	2 471.2	280.6	1 738.1	1 747.4	1 981.2	4 850.3	1 149.6

注：本表按可比价格计算。

表 1.5　按行业分地区生产总值（2000～2010 年）

单位：亿元

项　　目	2000	2001	2002	2003	2004	2005	2006	2007	2008	2009	2010
地区生产总值	**3 161.7**	**3 708.0**	**4 315.0**	**5 007.2**	**6 033.2**	**6 969.5**	**8 117.8**	**9 846.8**	**11 115.0**	**12 153.0**	**14 113.6**
第一产业	**79.3**	**80.8**	**82.4**	**84.1**	**87.4**	**88.7**	**88.8**	**101.3**	**112.8**	**118.3**	**124.4**
第二产业	**1 033.3**	**1 142.4**	**1 250.0**	**1 487.2**	**1 853.6**	**2 026.5**	**2 191.4**	**2 509.4**	**2 626.4**	**2 855.5**	**3 388.4**
工　业	844.0	938.8	1 021.2	1 224.5	1 554.7	1 707.0	1 821.8	2 082.8	2 131.7	2 303.1	2 764.0
建筑业	189.3	203.6	228.8	262.7	298.9	319.5	369.6	426.6	494.7	552.4	624.4
第三产业	**2 049.1**	**2 484.8**	**2 982.6**	**3 435.9**	**4 092.2**	**4 854.3**	**5 837.6**	**7 236.1**	**8 375.8**	**9 179.2**	**10 600.8**
交通运输、仓储和邮政业	220.6	254.2	281.1	309.0	356.8	403.3	455.2	497.5	498.9	556.6	712.0
信息传输、计算机服务和软件业	164.4	210.1	278.6	378.0	449.6	586.6	696.4	870.5	999.1	1 066.5	1 214.1
批发与零售业	372.5	424.1	463.0	515.5	587.7	704.3	872.0	1 098.2	1 426.7	1 525.0	1 888.5
住宿和餐饮业	81.2	97.2	122.0	112.6	163.3	182.3	218.4	245.0	274.4	262.5	317.3
金融业	425.2	487.5	561.9	635.6	713.8	840.2	982.4	1 302.8	1 519.2	1 603.6	1 863.6
房地产业	144.0	203.6	298.0	341.9	436.1	493.7	658.3	821.5	844.6	1 062.5	1 006.5
租赁和商务服务业	118.8	137.0	214.2	231.6	276.6	360.7	447.1	623.6	765.3	809.6	953.2
科学研究、技术服务与地质勘查业	123.0	178.7	209.2	246.2	276.5	347.4	438.6	566.2	706.7	816.9	941.1
水利、环境和公共设施管理业	23.4	25.2	27.3	30.5	34.6	40.5	47.0	51.8	59.1	67.2	75.3
居民服务和其他服务业	36.2	42.2	54.7	64.1	79.6	80.2	85.3	82.1	74.9	73.9	99.3
教　育	102.3	148.8	159.6	206.2	267.4	289.4	320.6	365.2	402.1	444.1	516.2
卫生、社会保障和社会福利业	55.3	67.7	73.7	87.2	105.9	118.2	140.3	162.6	187.8	213.0	254.5
文化、体育与娱乐业	84.5	96.9	111.6	125.0	142.7	170.2	189.0	223.1	247.4	259.0	294.6
公共管理与社会组织	97.7	111.6	127.7	152.5	201.6	237.3	287.0	326.0	369.6	418.8	464.6

注：本表按当年价格计算；行业按国家 2002 年版国民经济行业分类标准核算。

表1.6　按行业分地区生产总值指数（上年=100）（2000～2010年）

单位：%

项　　目	2000	2001	2002	2003	2004	2005	2006	2007	2008	2009	2010
地区生产总值	**111.8**	**111.7**	**111.5**	**111.1**	**114.1**	**112.1**	**113.0**	**114.5**	**109.1**	**110.2**	**110.3**
第一产业	**103.1**	**103.7**	**102.7**	**98.9**	**99.4**	**98.1**	**100.6**	**102.2**	**101.1**	**104.6**	**98.4**
第二产业	**111.4**	**109.5**	**108.4**	**112.0**	**117.0**	**110.1**	**110.5**	**112.7**	**100.8**	**110.4**	**113.7**
工　业	113.2	110.2	107.8	112.2	119.3	110.9	109.5	113.1	100.2	108.8	114.9
建筑业	102.1	106.6	110.9	110.7	106.3	106.3	116.0	110.9	103.7	118.5	108.3
第三产业	**112.9**	**113.1**	**113.3**	**111.2**	**113.1**	**113.4**	**114.3**	**115.4**	**112.5**	**110.2**	**109.3**
交通运输、仓储和邮政业		103.8	104.1	104.0	108.7	105.9	107.6	108.0	104.1	103.0	111.7
信息传输、计算机服务和软件业		112.3	119.2	126.3	111.2	121.2	113.1	116.8	114.9	106.8	110.6
批发与零售业		112.4	109.1	111.2	112.0	117.7	118.3	122.3	124.9	109.3	120.9
住宿和餐饮业		109.0	117.2	90.7	136.6	106.9	115.5	107.6	98.0	96.7	115.2
金融业		113.1	112.4	110.6	107.1	113.2	111.4	121.4	107.8	106.4	108.6
房地产业		131.1	130.4	110.8	119.2	108.3	121.9	105.2	94.8	122.0	85.8
租赁和商务服务业		104.5	132.2	103.2	110.1	121.6	117.3	123.8	123.3	111.6	110.0
科学研究、技术服务与地质勘查业		130.1	111.5	112.4	108.9	117.4	119.4	121.1	125.6	121.9	107.9
水利、环境和公共设施管理业		94.8	102.0	103.8	104.7	113.0	110.3	104.3	114.5	119.9	104.7
居民服务和其他服务业		102.9	111.8	108.6	115.0	97.4	100.6	91.9	91.7	104.1	125.5
教　育		125.0	108.8	129.0	125.2	106.3	107.4	111.2	110.5	109.0	108.5
卫生、社会保障和社会福利业		115.6	106.4	112.1	116.7	111.2	113.1	108.7	113.9	113.6	111.6
文化、体育与娱乐业		104.3	107.7	106.7	108.6	115.4	107.8	109.7	113.6	107.3	106.2
公共管理与社会组织		105.3	108.1	112.4	125.0	113.6	116.6	109.6	108.3	110.9	105.3

注：本表按可比价计算；行业按国家2002年版国民经济行业分类标准核算。

表 1.7　部分新兴产业增加值（2004～2010 年）

单位：亿元

项　目	2004	2005	2006	2007	2008	2009	2010
地区生产总值	6 033.2	6 969.5	8 117.8	9 846.8	11 115.0	12 153.0	14 113.6
文化创意产业	**573.0**	**674.1**	**823.2**	**1 008.3**	**1 346.4**	**1 489.9**	**1 697.7**
文化艺术	22.6	32.2	35.3	38.8	42.7	48.8	53.7
新闻出版	108.1	106.8	135.3	142.2	153.7	159.8	171.8
广播、电视、电影	54.9	78.0	73.5	102.7	120.1	124.5	138.6
软件、网络及计算机服务	229.2	266.6	375.5	483.4	703.1	710.5	847.1
广告会展	47.8	51.0	52.2	64.9	112.2	98.5	127.4
艺术品交易	11.5	7.1	10.1	13.8	20.5	30.9	43.0
设计服务	29.9	31.6	40.2	49.2	52.8	76.4	84.2
旅游、休闲娱乐	27.0	37.6	48.4	50.2	58.4	60.7	69.5
其他辅助服务	42.0	63.2	52.7	63.1	82.9	179.8	162.4
信息产业	**867.3**	**1 152.7**	**1 344.5**	**1 668.3**	**1 759.8**	**1 762.9**	**1 989.2**
电子信息设备制造	216.6	303.5	343.5	391.6	331.5	260.2	282.5
电子信息设备销售和租赁	87.7	127.7	157.2	229.7	233.1	235.1	261.4
电子信息传输服务	285.7	355.6	381.7	462.8	382.6	445.6	480.0
计算机服务和软件业	163.9	231.0	314.7	407.8	616.5	620.8	734.1
其他信息相关服务	113.4	134.9	147.4	176.4	196.1	201.2	231.2
高技术产业	**370.6**	**504.4**	**606.4**	**729.6**	**852.3**	**778.4**	**888.8**
核燃料加工	0.2	0.2		-0.4			0.0
信息化学品制造	1.5	1.1	1.7	1.7	2.7	2.0	3.3
医药制造业	46.2	49.7	56.4	78.1	114.4	127.2	150.1
航空航天器制造	16.8	17.7	23.8	25.2	27.0	28.6	34.6
电子及通信设备制造业	144.3	214.8	248.3	265.9	234.1	189.4	204.3
电子计算机及办公设备制造业	48.4	65.3	63.6	88.2	64.8	33.2	36.4
医疗设备及仪器仪表制造业	53.3	52.0	73.5	82.7	86.6	89.0	88.3
公共软件服务	59.9	103.6	139.1	188.2	322.7	309.0	371.8

续表

项　目	2004	2005	2006	2007	2008	2009	2010
现代制造业		**602.7**	**679.7**	**779.3**	**836.2**	**895.2**	**1 082.3**
电子类		260.5	289.1	323.0	268.8	202.9	222.9
机电类		132.6	154.2	169.6	212.0	243.5	263.3
交通类		130.0	142.7	178.3	206.5	279.0	400.7
医药类		55.0	66.1	84.6	124.1	141.6	165.7
其他类		24.6	27.6	23.8	24.8	28.2	29.7
现代服务业	**2 669.6**	**3 206.8**	**3 870.0**	**4 933.1**	**5 660.0**	**6 264.7**	**7 026.3**
信息传输、计算机服务和软件业	449.6	586.6	696.4	870.5	999.1	1 066.5	1 214.0
金融业	713.8	840.2	982.4	1 302.8	1 519.2	1 603.6	1 863.6
科学研究、技术服务和地质勘查业	276.5	347.4	438.6	566.2	706.7	816.9	941.1
卫生和社会保障业	100.7	112.9	133.8	155.1	171.2	192.9	226.3
文化、体育和娱乐业	142.7	170.2	189.0	223.1	247.4	259.0	294.6
房地产业	436.1	493.7	658.3	821.5	844.6	1 062.5	1 006.5
商务服务业	268.7	350.4	434.1	608.8	748.7	791.7	930.9
环境管理业	14.1	16.0	16.8	19.9	21.0	27.5	33.1
教　育	267.4	289.4	320.6	365.2	402.1	444.1	516.2
生产性服务业	**2 261.0**	**2 802.1**	**3 409.4**	**4 425.2**	**5 355.3**	**5 676.1**	**6 705.0**
流通服务	544.5	667.2	844.9	1 062.1	1 365.0	1 379.5	1 733.0
信息服务	449.6	586.6	696.4	870.5	999.1	1 066.5	1 214.1
金融服务	713.8	840.2	982.4	1 302.8	1 519.2	1 603.6	1 863.6
商务服务	276.6	360.7	447.1	623.6	765.3	809.6	953.2
科技服务	276.5	347.4	438.6	566.2	706.7	816.9	941.1
信息服务业		**721.5**	**843.8**	**1 047.0**	**1 195.2**	**1 267.6**	**1 445.3**
信息传输服务		308.4	309.4	375.6	265.7	319.6	309.4
信息技术服务		231.0	314.7	407.8	616.5	620.8	734.1
信息内容服务		182.1	219.7	263.6	313.0	327.2	401.8
物流业			**368.0**	**383.5**	**423.4**	**427.7**	**493.7**
交通运输、邮政、仓储业			306.2	318.1	324.2	326.1	382.9
流通加工、配送、包装业			61.8	65.4	99.2	101.6	110.8

表 1.8　全社会固定资产投资资金来源情况（1978～2010 年）

单位：亿元

年　份	上年末结余资金	本年资金来源小计	国家预算内资金	国内贷款	债　券	利用外资	自筹资金	其他资金
1978		22.5	16.9					
1979		26.5	19.2					
1980		33.2	18.5					
1981		31.4	15.4					
1982		34.5	14.1					
1983		38.5	16.0					
1984		52.2	22.5					
1985		77.8	30.4					
1986		94.5	33.0					
1987		126.2	43.1					
1988		149.4	37.4					
1989		123.1	35.0	12.8		18.2	44.5	12.6
1990		136.2	34.4	22.8		15.2	52.3	11.5
1991		151.1	35.5	28.2		13.9	65.5	8.0
1992		216.7	42.2	40.1		14.9	109.9	9.6
1993	54.3	425.2	47.1	79.2	1.6	28.0	205.2	64.1
1994	71.1	695.7	64.1	91.5	0.8	96.9	331.2	111.2
1995	200.8	915.8	70.3	122.7	1.1	187.3	339.8	194.6
1996	204.9	926.1	76.7	152.8	1.0	161.2	330.5	203.9
1997	183.1	1 016.7	86.3	194.3		139.2	383.4	213.5
1998	207.1	1 140.1	98.4	223.8	17.0	132.1	450.2	218.6
1999	212.1	1 183.8	136.2	262.2	1.4	82.7	461.3	240.0
2000	293.1	1 439.1	107.0	373.8	0.6	51.5	505.6	400.6
2001	325.5	1 796.8	136.7	429.4	2.5	35.6	595.6	597.0
2002	433.2	2 075.3	108.5	543.8	1.9	41.5	672.8	706.8
2003	542.7	2 674.0	78.4	755.2		52.6	887.9	899.9
2004	654.6	3 712.8	118.6	804.7		120.5	1 245.7	1 423.3
2005	924.4	4 553.7	128.8	1 055.8		70.9	1 452.8	1 845.4
2006	1 043.8	4 927.3	126.4	1 347.5	32.7	76.2	1 532.2	1 812.3
2007	1 202.2	6 193.0	102.2	1 513.3	22.4	82.8	2 195.6	2 276.7
2008	1 469.5	5 184.7	104.2	1 394.2	35.5	80.0	2 016.4	1 554.5
2009	1 321.7	8 702.2	118.1	3 038.5	17.5	39.3	2 441.3	3 047.4
2010	2 109.1	8 327.8	99.5	2 218.7	4.3	43.8	3 209.1	2 752.4

注：1978～1992 年不含房地产开发和农村投资；1993～2003 年不含农村投资。

表 1.9　全社会固定资产投资及新增固定资产（按行业分）（2010 年）

单位：万元

行　业	投资额			新增固定资产		
	合　计	中　央	地　方	合　计	中　央	地　方
合　　计	**54 935 179**	**6 706 048**	**48 229 130.5**	**25 658 257**	**4 306 584**	**21 351 673.44**
农、林、牧、渔业	**403 782**	**4 670**	**399 112**	**300 352**	**872**	**299 480**
农　业	195 674		195 674	198 870		198 870
林　业	99 260		99 260	36 377		36 377
畜牧业	54 723	4 670	50 053	29 019	872	28 147
渔　业	3 729		3 729	770		770
农、林、牧、渔服务业	50 396		50 396	35 316		35 316
采矿业	**92 667**		**92 667**	**37 561**		**37 561**
煤炭开采和洗选业	27 224		27 224	9 840		9 840
石油和天然气开采业	1 201		1 201	1 201		1 201
黑色金属矿采选业	63 242		63 242	25 520		25 520
有色金属采选业						
非金属矿采选业	1 000		1 000	1 000		1 000
制造业	**3 552 822**	**428 146**	**3 124 676**	**2 192 975**	**370 595**	**1 822 380**
农副食品加工业	45 795		45 795	19 719		19 719
食品制造业	98 117		98 117	54 715		54 715
饮料制造业	120 621		120 621	54 484		54 484
烟草制品业	11 554	11 554		107 667	107 667	
纺织业	6 787		6 787	4 448		4 448
纺织服装、鞋、帽制造业	31 223		31 223	35 601		35 601
皮革、毛皮、羽毛（绒）制造业	2 072		2 072			
木材加工及木、竹藤、棕、草制品	9 510		9 510	9 510		9 510
家具制造业	41 151		41 151	21 360		21 360
造纸及纸制品业	11 580		11 580	5 562		5 562
印刷业和记录媒介的复制	53 470	19 458	34 012	60 213	7 530	52 683
文教体育用品制造业	4668		4668	636		636
石油加工、炼焦及核燃料加工业	67 101	58 141	8 960	87 644	78 684	8 960
化学原料及化学制品制造业	210 529	138 041	72 488	72 177	45 623	26 554
医药制造业	15 4287	10 028	144 259	74 971	181	74 790
化学纤维制造业	2 824		2 824	92		92
橡胶制品业	18 881		18 881	7 691		7 691
塑料制品业	79 193	34 872	44 321	39 941		39 941
非金属矿物制品业	104 632	1 300	103 332	69 975	1 367	68 608
黑色金属冶炼及压延加工业	22 306		22 306	605 545		605 545
有色金属冶炼及压延加工业	11 032	4 789	6 243	7 707		7 707
金属制品业	49 595		49 595	42 538		42 538
通用设备制造业	124 127		124 127	57 005		57 005

注：本表分行业数据不含农户投资。

续表

行　业	投资额			新增固定资产		
	合　计	中　央	地　方	合　计	中　央	地　方
专用设备制造业	178 196	49 281	128 915	118 607	34 343	84 264
交通运输设备制造业	661 858	89 784	572 074	293 751	90 234	203 517
电气机械及器材制造业	173 138		173 138	94 992		94 992
通信设备、计算机及其他电子设备制造业	1 163 010	6 858	1 156 152	158 948	1 232	157 716
仪器仪表及文化、办公用机械制造业	58 583		58 583	27 066		27 066
工艺品及其他制造业	11 411	4 040	7 371	17 349	3 734	13 615
废弃资源和废旧材料回收加工业	25 571		25 571	43 061		43 061
电力、燃气及水的生产和供应业	**1 577 698**	**95 727**	**1 481 971**	**1 142 226**	**280 020**	**862 206**
电力、热力的生产和供应业	1 222 442	90 705	1 131 737	948 530	274 998	673 532
煤气生产和供应业	168 358	380	167 978	57 365	380	56 985
水的生产和供应业	186 898	4 642	182 256	136 331	4 642	131 689
建筑业	**57 446**	**24 387**	**33 059**	**23 077**	**6 665**	**16 412**
房屋和土木工程建筑业	32 654	13 713	18 941	15 387	6 665	8 722
建筑安装业	14 809	10 674	4 135	1 074		1 074
建筑装饰业	6 409		6 409	3 042		3 042
其他建筑业	3 574		3 574	3 574		3 574
交通运输、仓储和邮政业	**7 337 036**	**2 102 482**	**5 234 554**	**5 275 026**	**1 423 585**	**3 851 441**
铁路运输业	771 350	751 057	20 293	43 755	43 755	
道路运输业	973 557		973 557	2 055 746		2 055 746
城市公共交通业	4 107 907	885	4 107 022	1 743 114	885	1 742 229
航空运输业	1 343 103	1 312 207	30 896	1 376 327	1 363 054	13 273
管道运输业						
装卸搬运和其他运输服务业	9 421	977	8 444	2 077	977	1 100
仓储业	97 363	3 787	93 576	49 276	10 949	38 327
邮政业	34 335	33 569	766	4 731	3 965	766
信息传输、计算机服务和软件业	**1 433 149**	**556 957**	**876 192**	**744 047**	**358 547**	**385 500**
电信和其他信息传输服务业	908 101	312 981	595 120	563 136	317 231	245 905
计算机服务业	289 560	226 203	63 357	96 075	6 600	89 475
软件业	235 488	17 773	217 715	84 836	34 716	50 120
批发与零售业	**307 968**	**21 989**	**285 979**	**237 978**	**24 100**	**213 878**
批发业	89 518	13 562	75 956	119 752	21 287	98 465
零售业	218 450	8 427	210 023	118 226	2 813	115 413
住宿和餐饮业	**360 724**	**68 932**	**291 792**	**332 963**	**144 959**	**188 004**
住宿业	307 925	68 753	239 172	285 299	144 780	140 519
餐饮业	52 799	179	52 620	47 664	179	47 485

续表

行　业	投资额			新增固定资产		
	合　计	中　央	地　方	合　计	中　央	地　方
金融业	**303 052**	**224 937**	**78 115**	**151 374**	**115 147**	**36 227**
银行业	249 348	199 140	50 208	144 680	108 624	36 056
证券业	18 150	6 150	12 000	6 150	6 150	
保险业	31 153	19 647	11 506	544	373	171
其他金融活动	4 401		4 401			
房地产业	**31 494 182**	**1 489 626**	**30 004 556**	**11 192 144**	**505 320**	**10 686 824**
租赁和商务服务业	**276 578**	**32 121**	**244 457**	**170 175**	**80 550**	**89 625**
租赁业	44 173	2 380	41 793	44 961	2 380	42 581
商务服务业	232 405	29 741	202 664	125 214	78 170	47 044
科学研究、技术服务与地质勘查业	**853 372**	**567 340**	**286 032**	**459 039**	**365 175**	**93 864**
研究与试验发展	583 021	425 473	157 548	377 925	329 593	48 332
专业技术服务业	106 036	65 360	40 676	37 654	32 736	4 918
科技交流和推广服务业	163 842	76 507	87 335	42 987	2 846	40 141
地质勘查业	473		473	473		473
水利、环境和公共设施管理业	**3 782 473**	**35 326**	**3 747 147**	**1 246 961**	**272**	**1 246 689**
水利管理业	618 877	33 868	585 009	254 535		254 535
环境管理业	587 802		587 802	316 292		316 292
公共设施管理业	2 575 794	1 458	2 574 336	676 134	272	675 862
居民服务和其他服务业	**67 441**	**2 079**	**65 362**	**40 316**	**2 254**	**38 062**
居民服务业	30 687	20	30 667	27 970	70	27 900
其他服务业	36 754	2 059	34 695	12 346	2 184	10 162
教　育	**888 171**	**331 400**	**556 771**	**607 596**	**279 587**	**328 009**
卫生、社会保障和社会福利业	**390 546**	**145 717**	**244 829**	**199 091**	**38 378**	**160 713**
卫　生	344 437	141 825	202 612	144 136	26 652	117 484
社会保障业	2 203		2 203	1 758		1 758
社会福利业	43 906	3 892	40 014	53 197	11 726	41 471
文化、体育与娱乐业	**719 182**	**371 177**	**348 005**	**400 562**	**107 044**	**293 518**
新闻出版业	26 472	11 247	15 225	3 471	3 471	
广播、电视、电影和音像业	259 270	245 320	13 950	61 917	58 711	3 206
文化艺术业	266 058	102 223	163 835	261 494	26 931	234 563
体　育	68 601	4 649	63 952	57 977	17 931	40 046
娱乐业	98 781	7 738	91 043	15 703		15 703
公共管理与社会组织	**515 769**	**203 035**	**312 734**	**443 934**	**203 514**	**240 420**
中国共产党机关	20 065	20 065		25 685	25 685	
国家机关	436 525	178 239	258 286	340 198	171 128	169 070
人民政协和民主党派	811	811		5 771	5 771	
群众团体、社会团体和宗教组织	3 920	3 920		930	930	
基层群众自治组织	54 448		54 448	71 350		71 350

表1.10 全社会房屋建筑施工及竣工面积（1978～2010年）

单位：万平方米

年份	施工面积	#住宅	竣工面积	#住宅	中央	地方
1978	956.3	456.8	407.0	190.4	158.7	248.3
1979	1 340.6	780.2	537.6	304.9	235.2	302.4
1980	1 704.1	1 037.0	648.4	396.9	315.8	332.6
1981～1985			**3 941.6**	**2 383.4**	**1 723.2**	**2 218.4**
1981	1 875.8	1 189.9	726.9	462.6	327.2	399.7
1982	1 938.6	1 210.1	728.3	463.8	303.7	424.6
1983	1 952.1	1 163.6	775.5	514.0	312.3	463.2
1984	2 351.9	1 327.1	818.7	437.6	352.7	466.0
1985	2 802.7	1 599.2	892.2	505.4	427.3	464.9
1986～1990			**5 142.4**	**2 939.9**	**2 635.1**	**2 507.3**
1986	2 760.7	1 557.4	906.5	532.7	424.5	482.0
1987	2 578.0	1 273.2	1 042.2	608.9	507.8	534.4
1988	2 642.2	1 226.2	1 065.6	623.5	499.6	566.0
1989	2 450.8	1 167.8	1 046.9	601.8	565.8	481.1
1990	2 864.9	1 561.9	1 081.2	573.0	637.4	443.8
1991～1995			**6 206.7**	**3 707.2**	**1 869.2**	**4 337.5**
1991	2 818.0	1 612.0	1 036.4	601.8	396.2	640.2
1992	3 126.8	1 784.7	1 111.4	681.2	399.3	712.1
1993	3 607.5	1 866.4	1 158.0	654.8	320.5	837.5
1994	4 460.9	2 315.1	1 370.7	832.1	366.8	1 003.9
1995	5 524.3	2 897.6	1 530.2	937.3	386.4	1 143.8
1996～2000			**9 644.3**	**5 979.9**	**2 726.7**	**6 917.6**
1996	5 633.2	2 696.9	1 517.5	870.4	452.0	1 065.5
1997	5 819.4	2 881.3	1 625.7	996.8	492.2	1 133.5
1998	6 496.1	3 473.7	1 821.5	1 093.1	508.4	1 313.1
1999	6 556.5	3 754.8	2 321.4	1 519.9	655.3	1 666.1
2000	6 995.9	4 083.3	2 358.2	1 499.7	618.8	1 739.4
2001～2005			**17 781.6**	**11 992.2**	**1 733.0**	**16 048.6**
2001	8 203.3	5 226.4	2 554.6	1 804.9	490.6	2 064.0
2002	9 697.7	6 193.3	3 121.8	2 191.4	441.8	2 680.0
2003	11 262.2	7 011.3	3 222.8	2 322.3	242.1	2 980.7
2004	13 121.9	7 513.1	4 203.2	2 649.5	301.9	3 901.3
2005	14 096.2	8 043.2	4 679.2	3 024.1	256.6	4 422.6
2006～2010			**20 059.1**	**10 993.8**	**2 002.6**	**18 056.4**
2006	14 069.2	7 113.0	4 191.0	2 391.6	388.6	3 802.4
2007	14 146.7	6 788.8	3 866.4	2 098.0	399.6	3 466.8
2008	14 145.3	6 656.3	3 840.7	1 871.1	496.8	3 343.9
2009	14 380.6	7 058.4	4 252.6	2 369.6	388.4	3 864.2
2010	15 572.1	7 932.9	3 908.4	2 263.5	329.2	3 579.1

注：2007年及以前，表中数据不包含农村农户房屋施工和竣工面积。

表1.11　全社会房屋建筑施工及竣工面积

单位：万平方米

项　　目	2010	2009	占竣工面积比重（%）	
			2010	2009
施工总面积	**15 572.1**	**14 380.6**		
竣工总面积	**3 908.4**	**4 252.6**	**100.0**	**100.0**
按隶属关系分				
中　央	329.2	388.4	8.4	9.1
地　方	3 579.1	3 864.2	91.6	90.9
#国　有	324.2	547.6	8.3	12.9
集　体	77.3	116.7	2.0	2.7
按功能区分				
首都功能核心区	184.9	323.0	4.7	7.6
城市功能拓展区	1 681.1	1 954.3	43.0	46.0
城市发展新区	1 665.2	1 649.4	42.6	38.8
生态涵养发展区	377.1	325.9	9.6	7.7

表 1.12　房地产开发情况（1990～2010 年）

年　份	房地产开发企业个数（个）	本年完成的土地开发面积（万平方米）	房地产开发投资额（亿元）			按用途分			按投资构成分		商品房销售额（亿元）		商品房销售面积（万平方米）	
				#土地开发投资	#土地购置费	#住宅	#写字楼（办公楼）	#商业营业用房	#建筑安装工程	#设备工器具购置		#住宅		#住宅
1990			22.5			12.3			18.4				142.2	
1991～1995		**2 169.9**	**568.4**			**264.8**			**341.9**		**218.7**	**191.2**	**855.6**	**816.5**
1991	40	305.9	24.0			14.0			16.8		22.0	21.6	154.0	152.5
1992	42	590.0	33.7			20.0			20.7		25.5	24.7	159.1	153.0
1993	74	182.5	58.4	4.6	2.5	38.1			43.4	0.4	41.0	41.0	182.0	182.0
1994	81	382.5	99.5	11.6	4.0	50.3			69.3	0.9	60.4	40.8	168.6	149.0
1995	623	709.0	352.8	58.7	52.4	142.4	71.5	35.2	191.7	8.4	69.8	63.1	191.9	180.0
1996～2000		**1 501.9**	**1 979.5**	**131.8**	**161.5**	**950.7**	**351.5**	**161.3**	**1 280.6**	**95.5**	**1 251.4**	**1 032.3**	**2 416.7**	**2 199.2**
1996	554	239.8	328.2	33.0	15.0	124.9	84.2	35.2	222.0	17.0	94.7	70.8	215.3	183.1
1997	601	419.8	330.3	22.2	23.9	132.9	91.1	29.2	208.0	19.8	164.1	140.4	290.9	256.2
1998	585	195.0	377.4	22.7	28.4	168.0	78.5	36.1	250.7	20.7	214.4	179.8	409.2	377.0
1999	716	187.2	421.5	24.6	36.6	236.6	52.5	30.2	278.6	16.8	307.5	232.0	544.4	484.7
2000	893	460.1	522.1	29.3	57.6	288.3	45.2	30.6	321.3	21.2	470.7	409.3	956.9	898.2
2001～2005		**4 124.3**	**5 974.0**	**177.6**	**993.6**	**3 239.5**	**696.1**	**368.3**	**3 498.9**	**137.8**	**5 329.6**	**4 624.5**	**10 084.3**	**9 354.8**
2001	1 142	1 162.7	783.8	38.1	115.6	464.2	72.0	41.7	438.0	22.3	609.9	531.7	1 205.0	1 127.5
2002	1 508	925.0	989.4	44.0	149.2	586.7	97.3	57.6	572.7	31.5	813.8	716.7	1 708.3	1 604.4
2003	1 546	1 088.2	1 202.5	39.5	213.2	633.0	142.7	61.3	716.2	24.3	898.0	789.2	1 895.8	1 771.1
2004	2 704	634.2	1 473.3	36.5	275.8	776.0	187.9	94.8	872.1	35.4	1 249.1	1 085.1	2 472.0	2 285.8
2005	3 123	314.2	1 525.0	19.4	239.8	779.5	196.2	112.9	881.8	42.3	1 758.8	1 501.8	2 803.2	2 566.0
2006～2010			**10 863.2**	**125.5**	**3 642.0**	**5 211.5**	**1 055.2**	**1 270.8**	**4 550.5**	**255.0**	**12 507.0**	**9 221.0**	**10 121.4**	**8 049.8**
2006	2 882	840.5	1 719.9	35.7	477.9	863.6	216.7	226.0	953.2	55.5	2 159.0	1 626.3	2 607.6	2 205.0
2007	2 688	248.7	1 995.8	25.6	644.7	991.7	242.2	267.4	1 015.3	58.9	2 514.7	1 846.0	2 176.6	1 731.5
2008	3 433	351.5	1 908.7	24.0	639.0	940.6	170.5	240.4	829.6	48.6	1 658.3	1 201.4	1 335.4	1 031.4
2009	3 171	364.0	2 337.7	28.7	587.7	906.6	166.7	200.7	841.6	45.7	3 259.7	2 486.8	2 362.3	1 880.5
2010	3 190		2 901.1	11.5	1 292.7	1 509.0	259.1	336.3	910.8	46.3	2 915.4	2 060.5	1 639.5	1 201.4

注：2005 年及以前的商品房销售面积为竣工后的全部商品房销售面积，2006 年及以后为期房与现房销售面积之和。

表1.13　商品房

单位：万平方米

项　　目	2010	2009
施工面积	**10 300.9**	**9 719.1**
#本年新开工面积	2 974.2	2 246.6
#住　宅	6 176.0	5 551.9
#本年新开工面积	2 063.4	1 380.3
竣工面积	**2 386.7**	**2 678.6**
#住　宅	1 498.5	1 613.2
销售面积	**1 639.5**	**2 362.3**
#住　宅	1 201.4	1 880.5
待售面积	**1 482.7**	**1 351.4**
#住　宅	511.9	426.8

注：商品房销售面积为竣工后的全部商品房销售面积，包括期房和现房。

表1.14　经济适用房

项　　目	合　　计		#住　　宅	
	2010	2009	2010	2009
完成投资　（万元）	679 156	1 008 860	489 805	679 914
施工面积　（万平方米）	756.2	795.1	572.7	628.7
竣工面积　（万平方米）	203.9	120.3	144.6	98.2
住宅竣工套数　（套）	19 795	10 646	19 795	10 646
本年新开工面积　（万平方米）	190.5	181.8	156.3	149.1
住宅销售面积　（万平方米）	49.5	82.2	49.5	82.2
住宅销售套数　（套）	6 891	10 777	6 891	10 777

注：2005年及以前的经济适用房销售面积为竣工后的全部经济适用房销售面积；2006年及以后为期房和现房销售之和。

表1.15　限价商品房

项　　目	合　　计	
	2010	2009
完成投资额　（亿元）	149.7	177.7
施工面积　（万平方米）	1 575.9	1 445.5
#住　宅　（万平方米）	1 305.4	1 212.4
竣工面积　（万平方米）	261.5	100.0
#住　宅　（万平方米）	219.3	82.7
住宅竣工套数　（套）	26 368	9 599
本年新开工面积　（万平方米）	225.0	683.5
#住　宅　（万平方米）	205.4	615.3
住宅销售面积　（万平方米）	154.0	121.2
住宅销售套数　（套）	19 167	14 432

资料来源：北京市住房和城乡建设委员会。

表 1.16 廉租房

项目		合计	
		2010	2009
完成投资额	（亿元）	9.0	14.5
施工面积	（万平方米）	99.3	100.2
#住　宅	（万平方米）	92.5	93.4
竣工面积	（万平方米）	13.9	9.1
#住　宅	（万平方米）	12.9	8.3
住宅竣工套数	（套）	3 088	1 905
本年新开工面积	（万平方米）	7.2	20.4
#住　宅	（万平方米）	7.2	19.9
配租户数	（户）	5 266	7 609

注：配租户数包括摇号实物配租和租金补贴两种。

资料来源：北京市住房和城乡建设委员会。

表 1.17 公租房

项目		合计	
		2010	2009
完成投资额	（亿元）	18.6	5.5
施工面积	（万平方米）	178.7	52.5
#住　宅	（万平方米）	163.6	48.0
竣工面积	（万平方米）	15.8	0.0
#住　宅	（万平方米）	15.1	0.0
住宅竣工套数	（套）	2 044	0
本年新开工面积	（万平方米）	122.5	52.5
#住　宅	（万平方米）	113.3	48.0

资料来源：北京市住房和城乡建设委员会。

表1.18 地方财政收支（1978~2010年）

单位：亿元

年份	地方财政收入	地方一般预算收入								基金预算收入
			税收收入						非税收入	
				#增值税	#营业税	#个人所得税	#企业所得税	#城市维护建设税		
1978	50.46		18.25							
1979	47.75		19.41							
1980	51.29		21.22							
1981~1985	**234.27**		**191.96**	**8.34**	**11.46**	**0.61**	**43.77**	**2.16**		
1981	49.12		24.22			0.02	1.76			
1982	47.25		25.81	0.05		0.05	1.43			
1983	39.84		38.03	1.30		0.07	11.70			
1984	45.62		43.91	2.20	1.23	0.13	12.70			
1985	52.44		59.99	4.79	10.23	0.34	16.18	2.16		
1986~1990	**337.13**		**397.96**	**65.02**	**103.00**	**7.29**	**116.89**	**16.67**		
1986	60.34		60.83	7.61	13.19	0.97	20.46	2.51		
1987	63.62		67.77	9.09	15.42	1.54	21.87	2.70		
1988	68.11		84.04	15.10	21.11	1.23	27.70	3.37		
1989	71.05		91.09	16.75	25.33	1.53	24.31	3.74		
1990	74.01		94.23	16.47	27.95	2.02	22.55	4.35		
1991~1995	**456.48**		**643.24**	**136.88**	**228.80**	**35.46**	**105.24**	**34.07**		
1991	77.02		100.58	19.53	30 78	2.56	20.59	4.77		
1992	80.25		110.54	22.29	35.86	3.15	19.08	5.13		
1993	84.10		148.19	42.30	52.07	4.30	14.20	6.57		
1994	99.85		120.53	25.54	45.63	9.24	21.70	7.18		
1995	115.26		163.40	27.22	64.46	16.21	29.67	10.42		

续表

年份	地方财政收入	地方一般预算收入								基金预算收入
			税收收入						非税收入	
				#增值税	#营业税	#个人所得税	#企业所得税	#城市维护建设税		
1996~2000	**1 341.65**		**1 397.26**	**185.46**	**570.06**	**190.18**	**223.71**	**70.84**		
1996	150.90		201.32	29.53	81.61	22.67	37.22	11.36		
1997	209.91	182.32	235.82	32.67	97.54	28.76	41.05	12.74	-53.50	27.59
1998	262.01	229.45	272.23	37.58	113.00	36.49	41.42	14.12	-42.78	32.56
1999	320.44	281.37	315.10	39.72	128.86	45.88	45.99	15.27	-33.74	39.07
2000	398.39	345.00	372.79	45.96	149.05	56.38	58.03	17.35	-27.79	53.39
2001~2005	**3 611.96**	**3 244.40**	**3 216.46**	**367.43**	**1 389.75**	**355.88**	**566.23**	**147.84**	**27.94**	**367.57**
2001	507.68	454.17	475.00	59.00	181.35	79.52	86.07	20.53	-20.83	53.51
2002	600.96	533.99	539.87	66.69	227.79	61.29	100.00	24.91	-5.88	66.97
2003	665.94	592.54	588.96	75.26	263.69	57.21	93.70	28.85	3.58	73.40
2004	830.03	744.49	726.50	68.88	333.16	73.34	121.70	34.72	17.99	85.55
2005	1 007.35	919.21	886.13	97.60	383.76	84.52	164.76	38.83	33.08	88.14
2006~2010	**11 889.54**	**8 827.85**	**8 453.62**	**800.72**	**3 321.83**	**801.97**	**1 965.28**	**317.03**	**374.23**	**3 061.69**
2006	1 235.78	1 117.15	1 076.82	117.80	460.99	102.28	213.86	45.17	40.33	118.63
2007	1 882.04	1 492.64	1 435.67	134.84	601.06	135.20	309.34	56.63	56.97	389.40
2008	2 282.04	1 837.32	1 775.58	158.34	651.78	171.33	497.52	63.95	61.75	444.71
2009	2 678.77	2 026.81	1 913.97	179.73	752.60	177.84	430.42	71.28	112.84	651.96
2010	3 810.91	2 353.93	2 251.59	210.01	855.40	215.33	513.09	80.00	102.34	1 456.98

注：1. 地方财政收支数为决算数。

2. 2006 年及以前农业生产和农业事业费为农业支出、林业支出、水利气象支出的合计；文教科卫事业费为文体广播事业费、教育支出、科学支出、医疗卫生支出的合计。自 2007 年开始，财政支出按新科目设置，具体内容见表 1.21。

资料来源：北京市财政局。

续表

年份	地方财政支出	#地方一般预算支出	#基本建设	#农业生产和农业事业费	#文教科卫事业费	#教育事业费	#科学事业费
1978	20.38		10.89	0.84	2.43	1.46	0.04
1979	20.06		10.07	0.86	2.94	1.77	0.05
1980	14.87		5.65	0.75	3.22	1.93	0.06
1981~1985	**111.40**		**39.75**	**4.69**	**24.82**	**14.04**	**0.57**
1981	14.85		5.95	0.71	3.65	2.15	0.08
1982	16.80		6.44	0.80	4.17	2.37	0.09
1983	19.61		6.47	0.83	4.63	2.65	0.10
1984	27.15		10.06	1.12	5.53	3.00	0.12
1985	32.99		10.83	1.23	6.84	3.87	0.18
1986~1990	**272.89**		**55.78**	**12.81**	**59.36**	**30.48**	**2.68**
1986	44.27		11.22	1.57	8.20	4.45	0.19
1987	49.67		10.47	1.91	9.21	4.79	0.58
1988	52.93		10.53	2.88	11.46	6.04	0.58
1989	59.50		11.70	3.15	13.67	7.00	0.57
1990	66.52		11.86	3.30	16.82	8.20	0.76
1991~1995	**473.64**		**51.07**	**22.74**	**131.96**	**73.30**	**7.37**
1991	67.98		9.35	3.67	17.68	9.41	1.01
1992	71.74		8.57	3.98	19.72	10.56	1.10
1993	80.99		10.35	4.33	24.08	13.10	1.30

续表

年份	地方财政支出	#地方一般预算支出	#基本建设	#农业生产和农业事业费	#文教科卫事业费	#教育事业费	#科学事业费
1994	98.53		9.37	4.93	29.81	17.22	1.62
1995	154.40		13.43	5.83	40.67	23.01	2.34
1996～2000	**1 646.07**		**182.00**	**57.35**	**393.12**	**216.14**	**21.91**
1996	187.45		21.66	7.42	51.66	29.57	2.94
1997	262.20	236.39	24.89	9.85	63.83	35.97	3.74
1998	307.55	280.68	32.50	10.70	72.79	41.31	4.11
1999	398.53	355.19	45.46	13.13	84.52	49.22	4.91
2000	490.34	443.00	57.49	16.25	120.32	60.07	6.21
2001～2005	**4 219.74**	**3 878.85**	**387.63**	**145.23**	**907.72**	**524.16**	**55.81**
2001	614.92	559.11	92.96	19.58	124.08	72.26	7.27
2002	683.98	628.35	64.31	23.50	146.72	85.82	8.78
2003	809.39	734.80	71.99	26.18	175.64	98.82	10.76
2004	974.17	898.28	73.94	33.33	208.96	121.39	13.26
2005	1 137.28	1 058.31	84.43	42.64	252.32	145.87	15.74
2006～2010	**12 765.99**	**9 942.31**					
2006	1 411.58	1 296.84	99.30	60.91	312.60	175.18	19.32
2007	2 067.65	1 649.50					
2008	2 400.93	1 959.29					
2009	2 820.86	2 319.37					
2010	4 064.97	2 717.32					

表 1.19　地方财政收支增长速度及相当于地区生产总值比例（1978～2010 年）

单位:%

年　份	增长速度（上年＝100）				相当于地区生产总值比例			
	地　方 财政收入	#一般预算收入	地　方 财政支出	#一般预算支出	地　方 财政收入	#一般预算收入	地　方 财政支出	#一般预算支出
1978	18.0		27.6		46.4		18.7	
1979	-5.4		-1.6		39.8		16.7	
1980	7.4		-25.9		36.9		10.7	
1981～1985					**24.6**		**11.7**	
1981	-4.2		-0.1		35.3		10.7	
1982	-3.8		13.1		30.5		10.8	
1983	-15.7		16.7		21.8		10.7	
1984	14.5		38.4		21.1		12.5	
1985	14.9		21.5		20.4		12.8	
1986～1990					**17.0**		**13.8**	
1986	15.1		34.2		21.2		15.5	
1987	5.4		12.2		19.5		15.2	
1988	7.1		6.6		16.6		12.9	
1989	4.3		12.4		15.6		13.0	
1990	4.2		11.8		14.8		13.3	
1991～1995					**9.4**		**9.8**	
1991	4.1		2.2		12.9		11.4	
1992	4.2		5.5		11.3		10.1	
1993	4.8		12.9		9.5		9.1	

续表

年份	增长速度（上年＝100）				相当于地区生产总值比例			
	地方财政收入	#一般预算收入	地方财政支出	#一般预算支出	地方财政收入	#一般预算收入	地方财政支出	#一般预算支出
1994	9.9		21.7		8.7		8.6	
1995	21.8		56.7		7.6		10.2	
1996～2000					**11.1**		**13.6**	
1996	30.9		21.4		8.4		10.5	
1997	25.5		39.9		10.1	8.8	12.6	11.4
1998	24.8	20.0	17.4	18.7	11.0	9.7	12.9	11.8
1999	22.3	22.6	29.6	26.5	12.0	10.5	14.9	13.3
2000	24.3	22.7	23.0	24.7	12.6	10.9	15.5	14.0
2001～2005					**13.9**	**12.5**	**16.2**	**14.9**
2001	27.4	31.6	25.4	26.2	13.7	12.2	16.6	15.1
2002	25.8	25.9	11.2	12.4	13.9	12.4	15.9	14.6
2003	17.2	18.2	18.3	16.9	13.3	11.8	16.2	14.7
2004	28.3	29.7	20.4	22.3	13.8	12.3	16.1	14.9
2005	21.4	23.5	16.7	17.8	14.5	13.2	16.3	15.2
2006～2010					**21.5**	**16.0**	**23.1**	**18.0**
2006	22.7	21.5	24.1	22.5	15.2	13.8	17.4	16.0
2007	52.3	33.6	46.5	27.2	19.1	15.2	21.0	16.8
2008	21.3	23.1	16.1	18.8	20.5	16.5	21.6	17.6
2009	17.4	10.3	17.5	18.4	22.0	16.7	23.2	19.1
2010	42.3	16.1	44.1	17.2	27.0	16.7	28.8	19.3

资料来源：北京市财政局。

表 1.20　地方财政收入

项　　目	绝对数（万元）		2010年为2009年%	构　成（%）	
	2010	2009		2010	2009
合　　计	**38 109 056**	**26 787 737**	**142.3**	**100.0**	**100.0**
一般预算收入	**23 539 301**	**20 268 089**	**116.1**	**61.8**	**75.7**
#增值税	2 100 089	1 797 320	116.8	5.5	6.7
营业税	8 554 046	7 525 977	113.7	22.4	28.1
个人所得税	2 153 282	1 778 368	121.1	5.7	6.6
城市维护建设税	800 033	712 794	112.2	2.1	2.7
固定资产投资方向调节税	563				0.0
耕地占用税	101 853	114 108	89.3	0.3	0.4
企业所得税	5 130 941	4 304 220	119.2	13.5	16.1
国有资本经营收入	-277 941	-235 242	118.2		
企业所得税退税	-5 269	-6 054	87.0		
罚没收入、行政事业性收费收入	627 633	561 403	111.8	1.6	2.1
基金预算收入	**14 569 755**	**6 519 648**	**223.5**	**38.2**	**24.3**

资料来源：北京市财政局。

表 1.21　地方财政支出

项　　目	绝对数（万元）		2010年为2009年%	构　成（%）	
	2010	2009		2010	2009
合　　计	**40 649 711**	**28 208 643**	**144.1**	**100.0**	**100.0**
一般预算支出	**27 173 174**	**23 193 658**	**117.2**	**66.8**	**82.2**
#一般公共服务	2 395 705	2 122 099	112.9	5.9	7.5
教　　育	4 502 155	3 656 677	123.1	11.1	13.0
科学技术	1 789 154	1 263 072	141.7	4.4	4.5
文化体育与传媒	793 630	747 524	106.2	2.0	2.6
社会保障和就业	2 758 992	2 342 924	117.8	6.8	8.3
医疗卫生	1 868 247	1 666 270	112.1	4.6	5.9
环境保护	608 541	540 459	112.6	1.5	1.9
交通运输	1 549 851	1 470 666	105.4	3.8	5.2
城乡社区事务	2 943 014	3 478 192	84.6	7.2	12.3
农林水事务	1 586 398	1 420 063	111.7	3.9	5.0
政府性基金支出合计	**13 476 537**	**5 014 985**	**268.7**	**33.2**	**17.8**

资料来源：北京市财政局。

表 1.22　八大类居民消费价格指数（1978～2010 年）

（上年 = 100）

年份	居民消费价格指数	#服务项目价格指数	食品	#粮食	#油脂	#肉禽及其制品	#水产品	#鲜类	#鲜果	烟酒及用品	衣着	家庭设备用品及维修服务	医疗保健和个人用品	交通和通信	娱乐教育文化用品及服务	居住
1978	100.6	100.0	101.2	100.0	100.0		100.6	114.5	101.6		100.0		100.4		100.1	
1979	101.8	101.2	102.2	100.0	100.0		107.2	100.2	99.5		99.3		103.7		104.5	
1980	106.0	95.5	108.2	100.0	100.0		131.3	114.1	106.7		99.5		101.5		100.8	
1981	101.3	100.4	102.9	100.0	100.0		100.0	111.4	100.8		99.4		101.4		100.3	
1982	101.8	100.1	104.2	100.0	100.0		100.0	104.7	94.3		96.7		101.4		100.1	
1983	100.5	100.3	101.5	100.0	100.0		100.0	104.9	119.1		97.0		103.0		98.1	
1984	102.2	103.1	102.8	99.3	100.6		106.6	106.8	112.1		101.2		107.4		100.0	
1985	117.6	108.1	126.6	104.6	116.3		235.3	162.0	148.6		103.0		106.5		101.6	
1986	106.8	107.9	109.6	103.6	132.4		129.7	106.7	121.4		101.3		102.2		100.8	
1987	108.6	107.6	111.3	104.6	103.5		116.1	118.4	124.0		104.0		103.1		103.5	
1988	120.4	106.0	123.9	114.4	120.7		144.9	133.5	124.4		125.1		131.5		114.4	
1989	117.2	104.6	112.5	109.5	129.2		114.5	105.1	112.0		126.2		119.5		133.1	
1990	105.4	118.2	103.7	104.5	101.9		101.7	107.1	98.6		110.3		111.0		93.5	
1991	111.9	142.9	111.2	132.2	137.4		102.0	118.4	111.1		105.7		105.0		94.4	
1992	109.9	122.8	111.5	134.3	110.9		101.8	115.1	104.6		103.3		114.8		92.8	
1993	119.0	133.8	120.7	134.6	111.8		109.3	114.5	109.2		109.2		115.1		99.7	

续表

年份	居民消费价格指数	#服务项目价格指数	食品	#粮食	#油脂	#肉禽及其制品	#水产品	#鲜类	#鲜果	烟酒及用品	衣着	家庭设备用品及维修服务	医疗保健和个人用品	交通和通信	娱乐教育文化用品及服务	居住
1994	124.9	136.1	126.7	144.0	133.8	138.2	125.6	128.5	114.9		124.7	112.7	113.2	104.9	118.7	124.1
1995	117.3	128.3	121.1	135.2	109.0	123.2	111.1	124.3	129.5		117.5	108.3	102.6	100.3	100.8	113.2
1996	111.6	120.0	107.7	112.2	90.8	101.5	104.5	113.7	104.6		119.1	104.6	110.1	102.1	110.1	129.2
1997	105.3	117.5	102.2	96.8	100.7	107.0	109.7	95.0	94.0		102.9	105.4	105.2	100.3	98.1	121.2
1998	102.4	121.3	97.1	96.4	103.3	93.2	94.8	93.9	89.5		105.9	97.5	108.6	99.0	97.8	104.7
1999	100.6	107.9	97.7	97.9	99.4	92.3	95.5	106.2	101.4		99.4	96.5	115.8	98.3	98.8	101.0
2000	103.5	116.2	97.9	91.4	85.8	98.4	107.3	98.4	88.4		102.6	96.3	113.5	92.3	97.8	117.9
2001	103.1	115.9	101.5	95.0	87.5	102.6	96.9	100.2	101.5	101.5	100.4	97.0	98.7	100.8	114.2	104.2
2002	98.2	99.4	98.0	98.5	94.7	98.9	95.7	84.7	94.5	100.6	95.9	97.0	100.2	99.5	96.6	101.9
2003	100.2	100.7	103.2	99.1	114.1	100.9	102.5	145.4	111.4	100.2	97.1	97.7	100.1	97.8	98.3	101.6
2004	101.0	101.8	104.8	120.6	117.0	110.1	107.1	95.0	104.1	101.2	98.9	96.9	99.2	95.7	101.5	101.4
2005	101.5	101.3	104.9	104.6	98.0	103.8	104.7	111.9	111.0	100.0	100.1	99.7	98.0	97.5	99.7	105.9
2006	100.9	101.2	102.8	101.6	101.5	99.4	101.9	112.8	112.0	99.9	99.7	101.2	101.1	99.3	98.7	101.4
2007	102.4	101.3	109.2	107.4	117.3	128.7	108.8	109.9	100.8	101.8	100.0	100.4	100.3	95.7	99.2	103.5
2008	105.1	99.9	116.1	108.9	121.3	125.1	120.1	108.1	112.9	106.0	99.1	104.4	102.0	97.6	98.0	103.0
2009	98.5	94.8	102.4	105.6	83.9	95.2	104.5	111.9	109.4	102.2	98.4	100.3	99.9	95.9	97.6	89.8
2010	102.4	103.7	105.5	109.6	100.9	101.2	110.6	124.0	112.3	101.1	98.4	99.4	101.5	100.8	99.4	105.0

表 1.23 多基期居民消费价格指数（2010 年）

项目	1978 = 100	1980 = 100	1990 = 100	2000 = 100	2005 = 100
居民消费价格指数	**709.4**	**657.3**	**305.9**	**113.8**	**109.6**
#服务项目价格指数	**2 622.9**	**2 616.2**	**1 126.3**	**120.4**	**100.7**
食品	**1 028.9**	**931.7**	**373.2**	**159.0**	**140.8**
#粮食	1 035.1	1 035.1	701.3	161.0	137.5
油脂	675.9	675.9	265.5	132.6	122.3
肉禽及其制品	1 128.0	912.8	391.8	180.4	154.1
水产品	2 593.1	1 841.9	289.4	163.8	154.0
菜	2 668.0	2 360.3	649.3	231.9	182.9
#鲜菜	2 960.4	2 591.1	643.9	243.8	185.9
干菜及菜制品	671.5	647.0	311.1	130.5	138.9
调味品	899.6	926.2	456.2	130.3	123.7
干鲜瓜果	1 128.3	1 054.5	289.3	178.3	150.3
烟酒及用品	**431.9**	**431.9**	**197.2**	**115.4**	**111.4**
衣着	**335.8**	**343.4**	**205.5**	**88.6**	**95.6**
#服装	351.1	362.2	212.4	89.4	96.4
衣着材料	254.1	255.0	179.7	97.2	103.6
鞋袜帽	352.6	357.7	209.0	84.4	93.0
家庭设备用品及维修服务	**277.0**	**275.4**	**145.1**	**94.0**	**105.8**
医疗保健和个人用品	**641.0**	**589.3**	**261.3**	**101.0**	**104.8**
交通和通信	**105.7**	**105.7**	**89.1**	**82.2**	**89.6**
娱乐教育文化用品及服务	**214.6**	**209.6**	**110.6**	**102.2**	**93.0**
居住	**604.9**	**813.2**	**596.0**	**118.0**	**101.9**
#租房	1 631.3	2 579.4	2 558.9	130.9	114.4
水、电、燃料	717.9	717.9	592.0	157.5	106.4

表 1.24 居民消费价格分类指数（2010 年）

项目	2009 = 100	项目	2009 = 100
居民消费价格指数	**102.4**	肉禽及其制品	101.2
#低收入层价格指数	**104.0**	蛋	107.7
#非食品价格指数	**101.0**	水产品	110.6
#服务项目价格指数	**103.7**	菜	124.1
#消费品价格指数	**101.9**	调味品	101.0
食品	**105.5**	糖	104.4
粮食	109.6	茶及饮料	101.6
淀粉	108.3	干鲜瓜果	109.6
干豆类及豆制品	107.3		
油脂	100.9	糕点饼干面包	99.9

续表

项　　目	2009＝100	项　　目	2009＝100
液体乳及乳制品	102.8	个人用品及服务	104.6
在外用膳食品	102.6	化妆美容用品	99.9
其他食品	102.1	清洁化妆用品	99.8
烟酒及用品	**101.1**	个人饰品	114.0
		个人服务	99.8
烟草	99.9	**交通和通信**	**100.8**
酒	102.7	交　通	103.3
吸烟、饮酒用品	98.0	交通工具	96.9
衣　着	**98.4**	车用燃料及零配件	112.7
服装	98.0	车辆使用及维修	104.6
衣着材料	101.0	市区公共交通费	101.7
鞋袜帽	99.3	城市间交通费	104.6
衣着加工服务	102.0	通　信	95.9
家庭设备用品及维修服务	**99.4**	通信工具	79.8
耐用消费品	97.2	通信服务	100.0
室内装饰品	99.1	**娱乐教育文化用品及服务**	**99.4**
床上用品	100.4	文娱用耐用消费品及服务	89.2
家庭日用杂品	99.9	教育	102.9
家庭服务及加工维修服务	108.7	文化娱乐	99.7
医疗保健和个人用品	**101.5**	旅游	102.6
医疗保健	100.6	**居　住**	**105.0**
医疗器具及用品	100.3	建房及装修材料	101.4
中药材及中成药	106.1		
西药	99.0	租　房	110.0
保健器具及用品	99.9	自有住房	108.3
医疗保健服务	100.0	水、电、燃料	102.0

表1.25　农产品生产价格指数

（上年＝100）

项　　目	2010	2009
总指数	**106.5**	**98.3**
农业产品	109.8	106.2
#粮食	112.8	103.1
蔬菜	109.7	105.6
林业产品	152.6	83.5
牧业（畜产品）	102.3	92.0
#肉牛	98.6	100.8
肉羊	108.0	102.3
奶产品	110.7	89.6
猪	99.0	78.3
肉禽（毛重）	99.0	98.0
禽蛋	107.7	101.2
渔业	102.9	96.3

表 1.26　工业品出厂价格指数

（上年=100）

项　　目	2010	2009
总指数	**102.2**	**94.4**
按轻、重工业分		
轻工业	98.7	96.2
以农产品为原料	102.1	98.9
以非农产品为原料	97.4	95.3
重工业	103.8	93.6
采掘	113.4	96.3
原料	112.4	97.2
加工	98.8	91.5
按生产、生活资料分		
生产资料	102.7	93.3
采掘	105.7	96.0
原料	113.4	97.3
加工	98.3	91.5
生活资料	100.3	99.1
食品	101.7	99.2
衣着	100.3	99.7
一般日用品	99.9	100.1
耐用消费品	98.7	98.6

表 1.27　原材料、燃料、动力购进价格指数

（上年=100）

项　　目	2010	2009
总指数	**110.5**	**88.6**
燃料、动力类	121.3	85.1
黑色金属材料类	115.4	79.8
#钢材	108.4	82.5
其他	142.8	77.6
有色金属材料和电线类	121.6	81.1
化工原料类	111.7	82.3
木材及纸浆类	104.2	97.0
建筑材料及非金属矿类	102.7	99.4
其他工业原材料及半成品类	99.0	95.3
农副产品类	106.6	88.2
纺织原料类	102.8	97.6

表1.28 房地产价格指数（1998~2010年）

（上年=100）

项　目	1998	1999	2000	2001	2002	2003	2004	2005	2006	2007	2008	2009	2010
土地交易价格指数	**101.0**	**100.2**	**100.0**	**100.0**	**100.0**	**100.6**	**102.5**	**103.8**	**105.2**	**109.4**	**111.6**	**104.0**	**115.9**
居住用地	100.4	100.2	100.0	100.0	100.0	101.0	102.2	103.7	106.3	105.9	114.6	104.5	117.8
工业用地	98.8	100.1	100.0	100.0	100.0	99.5	104.8	105.0	105.3	110.7	109.1	99.4	107.7
商业营业用地	100.3	100.3	100.0	100.0	100.0	99.3	103.5	104.4	103.8	112.7	113.3	103.8	114.1
其他用地	104.7	100.3	100.0	100.0	100.0	101.7	101.3	103.2	102.2	104.1	119.4	107.9	
房屋租赁价格指数	**99.8**	**98.5**	**166.6**	**125.5**	**107.6**	**108.5**	**103.4**	**102.4**	**102.9**	**102.7**	**101.8**	**98.9**	**113.0**
住　宅	100.0	100.4	199.4	133.2	109.3	113.4	106.4	103.1	104.4	103.4	102.4	98.8	114.6
办公楼	98.8	87.3	97.0	104.5	102.8	98.1	93.8	97.8	98.6	100.4	97.4	100.3	105.3
商业营业用房	98.6	95.8	96.0	101.2	99.9	96.6	100.8	102.7	100.1	101.6	98.9	97.1	101.3
工业仓储用房	100.0	100.0		105.1	114.3	100.0	102.6	100.0	102.4	100.3			
其　他	93.6	91.9	99.0					105.5	100.1	100.1	100.4	101.4	105.4
物业管理价格指数								**100.5**	**100.8**	**100.1**	**100.2**	**100.0**	**100.2**
#住　宅								100.6	101.2	100.1	100.0	99.9	100.0
办公楼								100.1	99.0	100.7	100.7	100.3	101.0
商业营业用房								100.0	100.0	100.0	100.3	100.2	100.6

表 1.29　5 000 户城镇居民家庭每人每年现金收入（2010 年）

单位：元

项　　目	全市平均	低收入户 20%	中低收入户 20%	中等收入户 20%	中高收入户 20%	高收入户 20%	2010 年为 2009 年%
家庭总收入	**33 360**	**16 088**	**24 436**	**29 762**	**37 204**	**60 961**	**108.8**
#可支配收入	29 073	13 692	20 842	25 990	32 595	53 739	108.7
工资性收入	23 099	11 971	18 243	19 918	25 330	41 047	109.4
工资及补贴收入	22 724	11 708	18 058	19 670	24 972	40 186	110.0
其他劳动收入	375	263	185	248	358	861	84.7
经营净收入	1 170	407	530	822	848	3 378	106.8
财产性收入	656	106	119	304	388	2 475	111.8
利息收入	43	20	10	38	41	113	78.2
股息与红利收入	125	5	15	31	23	576	112.6
保险收益	8	1	5	1	7	28	66.7
其他投资收入	115	1		1	7	594	234.7
出租房屋收入	361	75	88	231	300	1 160	120.3
知识产权收入							
其他财产性收入	4	4	1	2	10	4	6.8
转移性收入	8 435	3 604	5 544	8 718	10 638	14 061	107.0
#养老金或离退休金	7 434	2 863	5 015	8 088	9 821	11 672	112.5
社会救济收入	57	273	11	1	7	1	103.6
辞退金	3	2	11				12.0
保险收入	3	4	3	2	…	5	18.7
#失业保险金	2	4	3	1			100.0
赡养收入	161	75	70	113	188	374	74.9
捐赠收入	214	125	142	151	178	491	65.6
提取住房公积金	262	7	29	78	151	1 095	78.4
记账补贴	258	233	243	257	272	287	99.6
出售财物收入	**109**	**8**	**43**	**89**	**16**	**406**	**24.2**
借贷收入	**17 525**	**9 369**	**13 631**	**14 873**	**19 161**	**31 399**	**102.6**

注：人均可支配收入实际增长 6.2%。

表1.30　5 000户城镇居民家庭每人每年现金支出（2010年）

单位：元

项　　目	全市平均	低收入户20%	中低收入户20%	中等收入户20%	中高收入户20%	高收入户20%	2010年为2009年%
家庭总支出	**26 921**	**14 640**	**21 399**	**23 695**	**29 272**	**46 721**	**105.9**
消费性支出	19 934	11 478	16 611	18 683	22 433	31 085	111.4
#服务性消费支出	5 600	3 036	4 633	4 992	6 261	9 277	112.7
购房与建房支出	1 049	309	118	3	501	4 540	62.9
购　房	1 009	151	116	3	485	4 511	62.2
建　房	40	158	2	…	16	29	87.0
转移性支出	2 392	732	1 477	1 778	2 482	5 684	94.1
交纳所得税	639	72	252	378	662	1 909	106.3
捐赠支出	1 099	444	789	878	1 181	2 272	104.1
购买彩票	12	6	10	14	15	17	50.0
赡养支出	402	102	273	328	376	958	70.4
各种非储蓄性保险支出	200	94	133	144	204	440	90.1
#车辆保险支出	135	29	94	94	159	310	111.6
其他转移性支出	40	14	20	36	44	88	58.0
财产性支出	155	30	95	95	181	386	66.5
社会保障支出	3 391	2 091	3 098	3 136	3 675	5 026	110.2
个人交纳的养老基金	1 188	874	1 137	1 115	1 219	1 610	111.4
个人交纳的住房公积金	1 732	835	1 511	1 582	1 966	2 816	111.4
个人交纳的医疗基金	396	326	381	378	410	493	108.8
个人交纳的失业基金	68	51	64	58	73	92	81.9
其他社会保障支出	7	5	5	3	7	15	87.5
借贷支出	**23 469**	**10 639**	**16 424**	**20 605**	**26 457**	**44 508**	**101.8**
#存入储蓄款	22 392	10 343	15 937	20 030	25 582	41 225	105.4
归还借款	122	17	15	50	77	471	63.9
储蓄性保险支出	174	60	80	135	166	449	80.6
购买有价证券	90	7	1	29	20	412	20.2
归还住房贷款	429	84	263	239	471	1 128	61.7
归还汽车贷款	33		5	28	6	132	100.0

表1.31　5 000户城镇居民家庭平均每人年消费性支出（2010年）

单位：元

项　　目	全市平均	低收入户 20%	中低收入户 20%	中等收入户 20%	中高收入户 20%	高收入户 20%	2010年为 2009年%
消费性支出	**19 934**	**11 478**	**16 611**	**18 683**	**22 433**	**31 085**	**111.4**
食　品	6 393	4 514	5 698	6 458	7 104	8 294	107.7
衣　着	2 088	1 122	1 733	1 912	2 388	3 353	116.3
居　住	1 577	1 126	1 166	1 298	1 756	2 618	122.2
家庭设备用品及服务	1 378	738	1 038	1 301	1 552	2 318	112.4
医疗保健	1 327	809	1 079	1 325	1 573	1 886	95.5
交通和通信	3 421	1 318	2 697	3 087	3 898	6 250	123.6
#汽　车	1 065	193	799	968	1 285	2 134	134.1
教育文化娱乐服务	2 902	1 542	2 585	2 618	3 192	4 652	109.3
其他商品和服务	848	309	615	684	970	1 714	101.8
#服　务	297	104	206	228	350	619	112.5

注：人均消费性支出实际增长8.8%。

表1.32　5 000户城镇居民家庭消费性支出构成（2010年）

单位:%

项　　目	全市平均	低收入户 20%	中低收入户 20%	中等收入户 20%	中高收入户 20%	高收入户 20%	2010年比2009年增、减百分点2010
消费性支出	**100.0**	**100.0**	**100.0**	**100.0**	**100.0**	**100.0**	
食　品（恩格尔系数）	32.1	39.3	34.3	34.6	31.7	26.7	−1.1
衣　着	10.4	9.8	10.4	10.2	10.7	10.8	0.4
居　住	7.9	9.8	7.0	6.9	7.8	8.4	0.7
家庭设备用品及服务	6.9	6.4	6.3	7.0	6.9	7.4	0.1
医疗保健	6.7	7.1	6.5	7.1	7.0	6.1	−1.1
交通和通信	17.2	11.5	16.2	16.5	17.4	20.1	1.7
教育文化娱乐服务	14.6	13.4	15.6	14.0	14.2	15.0	−0.2
其他商品和服务	4.2	2.7	3.7	3.7	4.3	5.5	−0.5

表1.33　3 000户农民家庭平均每人年纯收入（2010年）

单位：元

项　　目	全市平均	低收入户 20%	中低收入户 20%	中等收入户 20%	中高收入户 20%	高收入户 20%	2010年为 2009年%
合　　计	**13 262**	**5 358**	**9 033**	**11 903**	**15 789**	**26 335**	**110.6**
生产性收入	**9 864**	**4 162**	**7 346**	**9 005**	**11 693**	**18 526**	**109.7**
工资性收入	8 007	3 238	5 950	7 478	9 954	14 535	110.1
在非企业组织中劳动的报酬	831	147	378	444	1 171	2 230	100.2
在企业劳动得到的报酬	3 187	1 115	2 177	3 049	4 152	5 931	106.7
在其他单位劳动得到的报酬	3 989	1 976	3 395	3 985	4 631	6 374	115.3
家庭经营纯收入	1 857	924	1 396	1 527	1 739	3 991	108.0
从第一产业得到	934	488	778	839	892	1 793	99.9
#牧业收入	280	27	147	138	143	1 038	102.6
从第二产业得到	120	46	13	26	102	457	118.8
从第三产业得到	803	390	605	662	745	1 741	117.4
#交通运输业收入	404	127	312	305	375	979	100.2
非生产性收入	**3 398**	**1 196**	**1 687**	**2 898**	**4 096**	**7 809**	**113.6**
转移性收入	1 808	822	1 113	1 724	2 367	3 283	113.7
财产性收入	1 590	374	574	1 174	1 729	4 526	113.4

表 1.34　3 000 户农民家庭平均每人年生活消费支出（2010 年）

单位：元

项　目	全市平均	低收入户 20%	中低收入户 20%	中等收入户 20%	中高收入户 20%	高收入户 20%	2010 年为 2009 年%
合　计	**10 109**	**5 786**	**7 476**	**9 550**	**11 993**	**16 891**	**110.6**
食品支出	**3 121**	**2 060**	**2 657**	**3 056**	**3 585**	**4 489**	**105.4**
#谷 物	287	267	289	292	294	298	112.5
蔬菜及制品	290	220	261	290	323	370	127.2
肉、禽、蛋、奶及制品	722	508	624	743	822	956	98.9
衣着支出	**779**	**384**	**527**	**667**	**997**	**1 432**	**111.3**
#服装支出	496	229	320	409	632	956	116.4
居住支出	**2 201**	**1 228**	**1 492**	**2 306**	**2 477**	**3 768**	**124.1**
#住　房	1 204	544	670	1 274	1 357	2 370	136.0
燃　料	538	405	488	587	593	642	112.8
家庭设备用品及服务支出	**564**	**278**	**406**	**488**	**713**	**1 011**	**94.3**
#耐用消费品	334	137	237	281	439	623	93.3
家庭日用杂品	159	107	125	147	184	245	95.8
医疗保健支出	**897**	**619**	**707**	**780**	**1 101**	**1 356**	**103.8**
交通和通信支出	**1 322**	**592**	**813**	**1 164**	**1 628**	**2 626**	**119.3**
#交通工具	542	210	210	461	666	1 278	139.7
通讯工具	97	42	70	90	143	155	105.4
通信费	373	220	316	374	436	549	101.1
文教娱乐用品及服务支出	**983**	**504**	**733**	**877**	**1 188**	**1 736**	**102.5**
#文娱用机电消费品	210	74	164	169	235	441	106.6
书报杂志	16	11	14	16	22	18	84.2
学杂费	257	213	253	258	279	287	82.1
文娱费	217	68	87	148	304	530	124.0
其他商品及服务支出	**242**	**121**	**141**	**212**	**304**	**473**	**136.7**
#服务性支出	60	23	29	71	79	110	127.7

表 1.35　规模以上工业总产值（1984～2010 年）

单位：亿元

年 份	合 计	轻 工 业	重 工 业	#大中型工业
1984	276.2	118.0	158.2	178.7
1985	324.2	135.8	188.4	213.7
1986～1990	**2 448.3**	**1 039.7**	**1 408.6**	**1 691.2**
1986	336.5	140.8	195.7	231.6
1987	387.6	160.1	227.5	272.1
1988	495.6	212.5	283.1	345.4
1989	602.7	264.1	338.6	408.3
1990	625.9	262.2	363.7	433.8
1991～1995	**5 826.7**	**1 936.6**	**3 890.1**	**3 770.8**
1991	730.2	298.1	432.1	507.4
1992	860.0	306.5	553.5	587.4
1993	1 166.6	361.9	804.7	747.6
1994	1 576.6	497.9	1 078.7	990.7
1995	1 493.3	472.2	1 021.1	937.7
1996～2000	**10 382.8**	**3 026.2**	**7 356.6**	**5 765.7**
1996	1 590.6	509.1	1 081.5	962.3
1997	1 819.7	577.8	1 241.9	999.6
1998	1 947.0	598.2	1 348.8	1 059.8
1999	2 183.5	621.8	1 561.7	1 090.9
2000	2 842.0	719.3	2 122.7	1 653.1
2001～2005	**23 980.6**	**4 911.1**	**19 069.5**	**16 858.4**
2001	3 270.1	842.4	2 427.7	2 298.4
2002	3 620.2	882.4	2 737.8	2 434.7
2003	4 410.8	936.7	3 474.1	3 183.9
2004	5 733.3	1 084.7	4 648.6	3 699.3
2005	6 946.2	1 164.9	5 781.3	5 242.1

续表

年份	合计	轻工业	重工业	#大中型工业
2006～2010	**53 010.4**	**8 204.7**	**44 805.7**	**40.357.2**
2006	8 210.0	1 258.2	6 951.8	6 237.9
2007	9 648.4	1 505.5	8 142.9	7 365.9
2008	10 413.1	1 674.3	8 738.8	7 898.9
2009	11 039.1	1 766.7	9 272.4	8 349.3
2010	13 699.8	2 000.0	11 699.8	10 505.3

注：1. 工业总产值按现价计算。

2. 规模以上工业：2000 年以前各年为乡及乡以上工业口径；2000～2006 年调整为全部国有及年主营业务收入在 500 万元及以上非国有工业口径；2007 年及以后调整为年主营业务收入 500 万元及以上的全部法人工业企业。

表 1.36 规模以上高技术制造业总产值（2010 年）

单位：亿元

项目	2010
合计	**3 004.9**
按登记注册类型分	
内资	674.2
国有	39.1
集体	2.4
股份合作企业	5.1
联营企业	0.4
有限责任公司	274.6
股份有限公司	231.7
私营企业	120.9
其他	
港澳台商投资	474.5
外商投资	1 856.2
按高新技术领域分	
核燃料加工	0.0
信息化学品制造	12.3
医药制造业	372.8
航空航天器制造	86.3
电子及通信设备制造业	1 850.4
电子计算机及办公设备制造业	404.3
医疗设备及仪器仪表制造业	278.8

表 1.37　社会消费品零售额（1978~2010 年）

单位：亿元

年份	社会消费品零售额	按地区分			按经济类型分			
		市	县	县以下	国有经济	集体经济	个体经济	其他经济
1978	44.2	34.5	5.3	4.4	37.2	7.0		
1979	53.3	42.5	5.9	4.9	45.1	8.1	0.1	
1980	62.8	50.5	6.7	5.6	50.2	12.1	0.4	0.1
1981~1985	**472.7**	**377.9**	**50.1**	**44.7**	**313.2**	**149.1**	**9.4**	**1.0**
1981	70.7	57.1	7.5	6.1	50.0	19.7	0.7	0.3
1982	75.4	60.3	8.3	6.8	52.6	21.8	0.9	0.1
1983	86.4	68.8	9.6	8.0	57.9	27.0	1.4	0.1
1984	105.8	84.4	10.8	10.6	70.4	33.4	1.8	0.2
1985	134.4	107.3	13.9	13.2	82.3	47.2	4.6	0.3
1986~1990	**1 239.8**	**1 033.1**	**113.4**	**93.3**	**676.2**	**439.2**	**117.2**	**7.2**
1986	155.0	128.8	12.8	13.4	89.4	53.9	11.2	0.5
1987	188.9	155.8	17.4	15.7	103.8	69.0	15.5	0.6
1988	256.0	213.1	23.1	19.8	141.4	92.3	21.6	0.7
1989	294.8	244.8	27.7	22.3	158.9	101.9	31.1	2.9
1990	345.1	290.6	32.4	22.1	182.7	122.1	37.8	2.5
1991~1995	**3 239.5**	**2 551.7**	**429.8**	**258.0**	**1 534.8**	**912.8**	**610.4**	**181.5**
1991	408.3	343.7	38.1	26.5	218.9	140.2	46.2	3.0
1992	503.0	421.4	48.0	33.6	269.8	163.3	66.1	3.8
1993	611.2	495.3	69.6	46.3	313.7	186.8	101.4	9.3
1994	766.6	603.5	104.1	59.0	344.0	196.8	175.1	50.7
1995	950.4	687.8	170.0	92.6	388.4	225.7	221.6	114.7
1996~2000	**6 811.7**	**5 288.4**	**502.7**	**1 020.6**	**2 207.3**	**1 277.5**	**1 453.8**	**1 873.1**
1996	1 061.6	763.7	109.9	188.0	361.8	249.7	277.8	172.3
1997	1 208.5	929.0	101.4	178.1	423.9	284.9	271.7	228.0
1998	1 373.6	1 094.7	88.5	190.4	396.2	266.0	279.3	432.1
1999	1 509.3	1 192.6	96.5	220.2	501.2	230.8	296.5	480.8
2000	1 658.7	1 308.4	106.4	243.9	524.2	246.1	328.5	559.9
2001~2005	**11 671.8**	**9 635.6**	**395.2**	**1 641.0**	**2 018.0**	**899.0**	**2 179.6**	**6 575.2**
2001	1 831.4	1 438.8	117.2	275.4	517.1	190.0	385.5	738.8
2002	2 005.2	1 564.7	127.6	312.9	491.4	179.7	397.3	936.8
2003	2 296.9	1 840.3	106.4	350.2	538.7	242.1	408.0	1 108.1
2004	2 626.6	2 286.8	22.2	317.6	236.6	142.8	459.4	1 787.8
2005	2 911.7	2 505.0	21.8	384.9	234.2	144.4	529.4	2 003.7
2006~2010	**23 315.2**				**1 342.9**	**569.9**	**3 612.8**	**17 789.5**
2006	3 295.3	2 848.6	26.4	420.3	245.0	137.5	665.8	2 247.0
2007	3 835.2	3 330.7	32.0	472.5	294.6	116.4	727.4	2 696.8
2008	4 645.5	4 050.9	38.3	556.3	248.0	106.9	609.3	3 681.3
2009	5 309.9	4 634.7	41.8	633.4	257.6	100.0	790.9	4 161.4
2010	6 229.3				297.8	109.1	819.4	5 003.0

注：1. 1978~2003 年社会消费品零售额按 2004 年第一次经济普查数据进行了修订，2004 年为第一次经济普查数据，2005~2007 年数据按第二次经济普查进行了修订，2008 年数据为第二次经济普查数据。

2. 国有经济包括国有、国有联营、国有独资公司。

3. 集体经济包括集体、集体联营、股份合作公司。

4. 根据统计制度，2010 年起，社会消费品零售额取消按市、县、县以下及按行业分组。

续表

年　份	按行业分			按商品类别分			
	批发零售贸易业	餐饮业	其他行业	吃类商品	穿类商品	用类商品	烧类商品
1978	40.7	1.7	1.8	18.0	8.9	16.0	1.3
1979	48.3	2.2	2.8	20.8	11.3	19.7	1.5
1980	54.8	2.8	5.2	24.9	13.4	22.9	1.6
1981～1985	**396.4**	**22.7**	**53.6**	**180.9**	**85.1**	**196.2**	**10.5**
1981	59.4	3.6	7.7	28.0	14.5	26.5	1.7
1982	63.2	3.8	8.4	29.7	13.7	30.3	1.7
1983	72.8	4.1	9.5	34.0	15.7	34.8	1.9
1984	89.1	4.9	11.8	39.6	18.7	45.2	2.3
1985	111.9	6.3	16.2	49.6	22.5	59.4	2.9
1986～1990	**993.2**	**77.4**	**169.2**	**494.9**	**166.7**	**551.8**	**26.4**
1986	126.2	8.6	20.2	60.7	22.8	68.0	3.5
1987	150.0	11.4	27.5	77.4	27.4	80.2	3.9
1988	203.6	17.6	34.8	100.6	36.0	114.9	4.5
1989	235.5	18.2	41.1	119.4	34.9	134.1	6.4
1990	277.9	21.6	45.6	136.8	45.6	154.6	8.1
1991～1995	**2 394.4**	**248.2**	**596.9**	**1 261.4**	**481.3**	**1 422.2**	**74.6**
1991	326.7	26.1	55.5	158.2	53.7	187.6	8.8
1992	390.4	36.1	76.5	193.6	66.9	230.5	12.0
1993	451.7	51.3	108.2	220.7	96.5	277.6	16.4
1994	553.4	62.3	150.9	283.2	125.3	338.6	19.5
1995	672.2	72.4	205.8	405.7	138.9	387.9	17.9
1996～2000	**4 808.5**	**448.6**	**1 554.6**	**2 177.0**	**858.9**	**3 576.5**	**199.3**
1996	755.2	78.6	227.8	427.5	152.5	461.8	19.8
1997	815.3	83.3	309.9	447.9	161.6	565.6	33.4
1998	994.9	94.0	284.7	399.8	167.2	764.2	42.4
1999	1 064.5	93.4	351.4	430.4	178.8	852.9	47.2
2000	1 178.6	99.3	380.8	471.4	198.8	932.0	56.5
2001～2005	**9 438.5**	**904.7**	**1 328.6**	**3 061.2**	**1 218.6**	**6 722.7**	**669.3**
2001	1 296.7	111.0	423.7	528.7	221.9	1 016.9	63.9
2002	1 446.8	129.2	429.2	540.2	219.9	1 167.4	77.7
2003	1 930.8	145.5	220.6	596.4	252.3	1 356.4	91.8
2004	2 227.0	250.2	149.4	644.9	242.1	1 538.3	201.3
2005	2 537.2	268.8	105.7	751.0	282.4	1 643.7	234.6
2006～2010				**5 343.5**	**2 107.9**	**14 019.4**	**1 844.4**
2006	2 883.2	289.0	123.1	818.8	314.7	1 852.6	309.2
2007	3 366.4	346.2	122.6	940.4	359.3	2 205.2	330.3
2008	4 049.5	454.2	141.8	1 073.3	411.7	2 799.4	361.1
2009	4 662.3	503.7	143.9	1 180.0	473.8	3 278.2	377.9
2010				1 331.0	548.4	3 884.0	465.9

表 1.38　北京地区对外经济贸易（1980～2010年）

年份	进出口总额（万美元）	出口	#高新技术产品	#机电产品	进口	#高新技术产品	#机电产品
1980							
1981～1985							
1981							
1982							
1983	3 059 926	1 468 740			1 591 186		
1984	3 559 284	1 751 704			1 807 580		
1985	3 254 341	437 398			2 816 943		
1986～1990	**13 945 243**	**1 865 234**			**12 080 009**		
1986	3 060 236	371 282			2 688 954		
1987	2 670 466	354 374			2 316 092		
1988	2 988 576	395 887			2 592 689		
1989	2 861 489	302 343			2 559 146		
1990	2 364 476	441 348			1 923 128		
1991～1995	**14 305 670**	**3 547 263**			**10 758 405**		
1991	2 424 137	457 114			1 967 023		
1992	2 498 241	561 037		157 835	1 937 204	271 005	731 359
1993	2 791 700	669 930		151 133	2 121 769	302 965	885 074
1994	2 888 079	834 205		194 937	2 053 873	421 071	1 121 082
1995	3 703 513	1 024 977		281 810	2 678 536	407 176	1 225 200
1996～2000	**17 397 285**	**5 011 639**		**1 609 152**	**12 385 646**	**2 242 338**	**5 049 210**
1996	2 931 833	811 975		254 450	2 119 858	240 903	733 641
1997	3 038 852	961 103		271 119	2 077 749	346 166	766 288
1998	3 050 608	1 051 293		325 390	1 999 315	347 556	909 222
1999	3 435 951	990 352		320 852	2 445 599	567 687	1 213 857
2000	4 940 041	1 196 916	226 549	437 341	3 743 125	740 026	1 426 202
2001～2005	**39 258 570**	**9 270 820**	**2 525 916**	**4 291 246**	**29 987 748**	**5 318 558**	**10 501 427**
2001	5 149 809	1 177 236	263 382	477 568	3 972 572	992 797	1 883 151
2002	5 250 529	1 261 386	314 174	570 971	3 989 142	916 363	1 701 504
2003	6 850 017	1 688 682	396 489	715 359	5 161 335	990 357	1 949 077
2004	9 457 572	2 056 926	580 929	970 117	7 400 647	1 053 395	2 271 805
2005	12 550 643	3 086 590	970 942	1 557 231	9 464 052	1 365 646	2 695 890
2006～2010	**113 918 161**	**24 817 747**	**8 781 469**	**14 861 935**	**89 100 414**	**11 589 524**	**25 107 110**
2006	15 803 663	3 795 398	1 388 925	2 170 700	12 008 265	1 704 997	3 786 847
2007	19 299 976	4 892 639	1 797 751	2 862 301	14 407 337	2 360 093	4 477 646
2008	27 169 290	5 749 961	1 906 381	3 354 179	21 419 329	2 417 936	4 987 666
2009	21 479 103	4 835 807	1 751 571	3 080 447	16 643 296	2 357 239	5 194 072
2010	30 166 129	5 543 942	1 936 840	3 394 308	24 622 187	2 749 258	6 660 878

注：进出口总额为海关统计的北京地区进出口数据（包括中央单位）。

资料来源：北京市商务委员会、中华人民共和国北京海关。

续表

年　份	批准外商直接投资企业项目个数（个）	实际利用外商直接投资额（万美元）	对外承包工程、劳务合作和设计咨询		
			合同数（份）	合同金额（万美元）	完成营业额（万美元）
1980	4				
1981～1985	**124**				
1981	3				
1982	4				
1983	5		9	218	837
1984	29		9	2 801	502
1985	83		12	852	2 083
1986～1990	**709**		**329**	**7 319**	**5 107**
1986	63		30	446	1 535
1987	72	9 534	37	547	696
1988	148	50 278	46	885	802
1989	185	31 846	111	1 685	1 018
1990	241	27 696	105	3 756	1 056
1991～1995	**10 912**	**410 896**	**617**	**72 816**	**46 357**
1991	724	24 482	114	3 202	1 897
1992	2 208	34 984	130	8 889	3 140
1993	3 753	66 693	143	29 397	9 748
1994	2 675	144 460	114	15 715	18 783
1995	1 552	140 277	116	15 613	12 789
1996～2000	**4 100**	**989 794**	**597**	**170 372**	**149 661**
1996	868	155 290	116	67 689	43 057
1997	790	159 286	107	35 640	29 629
1998	651	206 415	180	25 526	31 009
1999	644	223 004	90	25 232	26 167
2000	1 147	245 799	104	16 285	19 799
2001～2005	**7 821**	**1 231 631**	**695**	**272 576**	**207 625**
2001	1 147	177 000	105	21 439	18 628
2002	1 370	178 964	73	27 949	23 160
2003	1 362	214 675	117	48 271	34 926
2004	1 806	308 354	128	81 185	59 630
2005	2 136	352 638	272	93 732	71 281
2006～2010		**2 818 387**	**1 424**	**1 594 749**	**832 698**
2006	2 106	455 191	232	176 752	83 518
2007	2 177	506 572	317	236 881	94 077
2008	1 897	608 172	486	558 714	168 416
2009	1 423	612 094	190	336 223	226 893
2010		636 358	199	286 179	259 794

表1.39　北京地区海关进出口贸易总额（按登记注册类型、贸易方式分）

项　　目	金额（万美元）		2010年为2009年%	构　成（%）	
	2010	2009		2010	2009
出口	**5 543 942**	**4 835 807**	**114.6**	**100.00**	**100.00**
按登记注册类型分					
内资企业	3 328 713	2 826 329	117.8	60.04	58.45
国有企业	2 844 261	2 475 046	114.9	51.30	51.18
集体企业	58 081	37 452	155.1	1.05	0.77
其　他	426 372	313 831	135.9	7.69	6.49
外商投资企业	2 215 229	2 009 478	110.2	39.96	41.55
中外合资	1 474 423	1 416 706	104.1	26.60	29.30
中外合作	7 838	1 066	735.6	0.14	0.02
外商独资	732 967	591 706	123.9	13.22	12.24
按贸易方式分					
#一般贸易	2 495 718	2 026 220	123.2	45.02	41.90
来料加工装配贸易	555 435	408 926	135.8	10.02	8.46
进料加工贸易	1 777 012	1 728 752	102.8	32.05	35.75
对外承包工程货物	496 779	488 266	101.7	8.96	10.10
出料加工贸易	473	379	124.9		0.01
进口	**24 622 187**	**16 643 296**	**147.9**	**100.00**	**100.00**
按登记注册类型分					
内资企业	19 854 334	13 317 632	149.1	80.64	80.01
国有企业	17 739 093	12 541 351	141.4	72.05	75.35
集体企业	104 807	85 536	122.5	0.43	0.51
其　他	2 010 434	690 745	291.1	8.17	4.15
外商投资企业	4 767 854	3 325 664	143.4	19.36	19.98
中外合资	1 070 598	929 217	115.2	4.35	5.58
中外合作	6 139	81 149	7.6		0.49
外商独资	3 691 117	2 315 298	159.4	14.99	13.91
按贸易方式分					
#一般贸易	21 846 963	14 298 041	152.8	88.73	85.91
来料加工装配贸易	862 481	639 038	135.0	3.50	3.84
进料加工贸易	602 491	668 298	90.2	2.45	4.02
外商投资企业进口设备、物品	68 104	103 867	65.6	0.28	0.62
租赁贸易	137 318	146 041	94.0	0.56	0.88

资料来源：中华人民共和国北京海关。

表 1.40 北京地区海关进出口贸易总额（按国别、地区分）

项　　目	金额（万美元）		2010 年为 2009 年%	构　成（%）	
	2010	2009		2010	2009
出口按国别（地区）分	**5 543 942**	**4 835 807**	**114.6**	**100.00**	**100.00**
#中国香港	401 337	311 600	128.8	7.24	6.44
中国澳门	21 089	18 498	114.0	0.38	0.38
中国台湾	144 276	115 659	124.7	2.60	2.39
日　本	360 212	277 809	129.7	6.50	5.74
新加坡	274 511	197 405	139.1	4.95	4.08
韩　国	236 142	246 797	95.7	4.26	5.10
越　南	210 778	146 211	144.2	3.80	3.02
伊　朗	100 341	87 719	114.4	1.81	1.81
印　度	286 547	223 255	128.3	5.17	4.62
印度尼西亚	143 329	128 790	111.3	2.59	2.66
英　国	90 825	123 228	73.7	1.64	2.55
德　国	153 782	135 076	113.8	2.77	2.79
法　国	81 101	68 355	118.6	1.46	1.41
意大利	72 445	50 737	142.8	1.31	1.05
匈牙利	144 337	133 502	108.1	2.60	2.76
俄罗斯联邦	82 619	56 847	145.3	1.49	1.18
美　国	427 875	323 157	132.4	7.72	6.68
澳大利亚	100 676	80 750	124.7	1.82	1.67
进口按国别（地区）分	**24 622 187**	**16 643 296**	**147.9**	**100.00**	**100.00**
#中国香港	230 997	177 130	130.4	0.94	1.06
日　本	1 527 664	1 203 479	126.9	6.20	7.23
新加坡	169 590	196 180	86.4	0.69	1.18
韩　国	1 087 780	887 943	122.5	4.42	5.34
沙特阿拉伯	2 284 961	1 600 651	142.8	9.28	9.62
英　国	277 739	139 837	198.6	1.13	0.84
德　国	1 752 243	1 167 582	150.1	7.12	7.02
法　国	195 599	146 648	133.4	0.79	0.88
意大利	166 388	181 679	91.6	0.68	1.09
瑞　士	914 011	127 467	717.1	3.71	0.77
比利时	65 336	59 941	109.0	0.27	0.36
俄罗斯联邦	1 008 223	719 058	140.2	4.09	4.32
加拿大	190 075	154 609	122.9	0.77	0.93
美　国	1 566 163	1 234 115	126.9	6.36	7.42
澳大利亚	921 904	562 455	163.9	3.74	3.38
阿　曼	740 124	403 498	183.4	3.01	2.42
安哥拉	2 015 835	1 308 549	154.1	8.19	7.86

资料来源：中华人民共和国北京海关。

表1.41　外商投资企业实际利用外资情况

单位：万美元

项　　目	2010	2009	项　　目	2010	2009
实际利用外商直接投资额	**636 358**	**612 094**	租赁和商务服务业	175 580	225 888
按登记注册类型分			其他行业	83 887	66 244
合资经营	91 335	91 049	**按外商国别（地区）分**		
合作经营	22 890	32 249	#中国香港	312 863	270 295
独资经营	516 766	448 912	英属维尔京群岛	76 255	123 201
外商投资股份制	5 367	39 884	开曼群岛	45 209	41 389
按产业分			日本	40 692	23 905
第一产业	1 246	3 833	韩国	14 725	17 601
第二产业	71 899	88 536	美国	21 370	18 628
第三产业	563 213	519 725	新加坡	24 888	12 600
按行业分			巴巴多斯	941	2 384
农、林、牧、渔业	1 246	3 833	德国	22 344	14 308
制造业	68 496	75 364	毛里求斯	7 179	5 615
建筑业	411	2 493	百慕大	4 860	4 441
信息传输、计算机服务和软件业	95 453	94 752	萨摩亚	1 705	1 310
批发与零售业	66 032	55 411	荷兰	10 639	4 906
住宿和餐饮业	3 525	8 427	法国	3 700	6 349
房地产业	141 728	79 682	英国	1 120	4 242

资料来源：北京市商务委员会。

表 1.42　外商投资企业投产开业情况

项　目	企业单位数（个）		从业人员平均人数（人）	
	2010	2009	2010	2009
合　计	**4 472**	**4 733**	**1 122 720**	**1 086 723**
按登记注册类型分				
港澳台商投资企业	1 504	1 563	389 209	384 234
与港澳台商合资	584	626	144 211	136 474
与港澳台商合作	153	165	24 624	26 019
港澳台商独资	729	735	178 836	171 758
港澳台商投资股份有限公司	38	37	41 538	49 983
外商投资企业	2 968	3 170	733 511	702 489
中外合资	971	1 067	274 219	289 459
中外合作	134	154	20 839	21 136
外商独资	1 788	1 862	409 990	359 734
外商投资股份有限公司	75	87	28 463	32 160
按行业分				
农、林、牧、渔业	0		0	
制造业	1 325	1 379	374 829	352 183
建筑业	104	114	28 605	25 560
信息传输、计算机服务和软件业	600	678	174 331	165 041
批发与零售业	472	430	139 984	114 372
住宿和餐饮业	227	246	91 461	105 537
房地产业	425	442	57 426	51 622
租赁和商务服务业	609	671	83 638	78 680
其他行业	710	773	172 446	193 728
按三次产业分				
第一产业				
第二产业	1 446	1 511	411 539	387 059
第三产业	3 026	3 222	711 181	699 664

注：1. 本表统计范围为限额以上法人企业。

2. 北京市主要经济社会指标选自《北京市统计年鉴（2011)》。

（二）金融业务综合统计

表2.1　北京市金融机构（含外资）本外币信贷收支统计

单位：亿元

项目名称	2010年		2009年	
	余额	比年初	余额	比年初
一、各项存款	66 585	9 628	56 960	12 175
1. 企事业单位存款	32 349	4 771	30 475	6 460
（1）活期存款	16 983	2 623	14 415	3 431
（2）定期存款	15 366	2 148	16 060	3 028
2. 储蓄存款	17 585	2 256	15 329	2 791
（1）活期储蓄	6 533	1 167	5 368	1 290
（2）定期储蓄	11 052	1 089	9 961	1 501
3. 信托存款				
4. 委托存款	301	-160	462	73
5. 其他存款	16 349	2 761	10 694	2 851
二、所有者权益	1 444	320	1 125	69
其中：实收资本	358	69	289	9
三、其他	-26 743	-3 442	-25 680	-3 934
资金来源总计	41 285	6 506	32 405	8 311

项目名称	2010年		2009年	
	余额	比年初	余额	比年初
一、各项贷款	36 480	5 428	31 053	7 883
1. 短期贷款	8 597	933	7 587	411
2. 中长期贷款	26 180	5 090	21 164	6 382
3. 信托贷款				
4. 委托贷款	78	-22	100	55
5. 其他贷款	710	190	520	269
6. 票据融资	906	-763	1 669	759
7. 各项垫款	8	0	13	7
二、有价证券及投资	4 806	1 078	1 352	427
资金运用总计	41 285	6 506	32 405	8 311

表 2.2　北京市中资金融机构本外币信贷收支统计

单位：亿元

项目名称	2010 年		2009 年	
	余额	比年初	余额	比年初
一、各项存款	64 898	9 091	55 805	11 969
1. 企事业单位存款	30 989	4 249	29 632	6 236
（1）活期存款	16 503	2 555	14 001	3 318
（2）定期存款	14 486	1 694	15 631	2 919
2. 储蓄存款	17 399	2 250	15 149	2 765
（1）活期储蓄	6 477	1 159	5 320	1 272
（2）定期储蓄	10 922	1 091	9 829	1 494
3. 信托存款				
4. 委托存款	301	-160	462	73
5. 其他存款	16 208	2 752	10 562	2 894
二、所有者权益	1 330	308	1 022	65
其中：实收资本	279	68	212	9
三、其他	-26 075	-3 117	-25 353	-3 781
资金来源总计	40 152	6 281	31 474	8 253

项目名称	2010 年		2009 年	
	余额	比年初	余额	比年初
一、各项贷款	35 352	5 202	30 152	7 832
1. 短期贷款	8 062	838	7 147	368
2. 中长期贷款	25 718	5 033	20 759	6 381
3. 信托贷款				
4. 委托贷款	78	-22	100	55
5. 其他贷款	678	182	495	266
6. 票据融资	808	-830	1 637	756
7. 各项垫款	8	0	13	7
二、有价证券及投资	4 800	1 080	1 322	422
资金运用总计	40 152	6 281	31 474	8 253

表2.3　北京市金融机构（含外资）人民币信贷收支统计

单位：万元

项目名称	2010年		2009年	
	余额	比年初	余额	比年初
一、各项存款	644 538 707	101 839 065	542 754 713	120 430 038
1. 企业存款	312 812 029	46 387 005	295 388 497	63 933 799
（1）活期存款	164 878 040	26 556 260	138 861 665	33 190 575
（2）定期存款	147 933 989	19 830 746	156 526 832	30 743 224
2. 财政存款	9 860 416	2 607 428	7 252 988	1 644 653
3. 机关团体存款	82 319 596	14 438 872	16 426 430	4 544 044
4. 储蓄存款	170 031 122	23 310 171	146 720 956	27 168 397
（1）活期储蓄	63 078 637	11 820 897	51 282 082	12 470 015
（2）定期储蓄	106 952 485	11 489 274	95 438 874	14 698 382
5. 农业存款	12 013 593	907 111	11 657 983	3 713 681
6. 信托存款				
7. 委托存款	2 924 375	-1 617 760	4 544 553	678 094
8. 其他存款	54 577 576	15 806 237	60 763 307	18 747 371
二、金融债券	2 046 390	300 243	1 746 146	149 968
三、应付及暂收款	11 479 897	2 229 781	9 282 276	112 720
其中：应付利息	6 143 527	621 293	5 522 235	619 303
四、同业往来（来源方）	32 476 731	-6 040 796	42 616 090	13 651 222
其中：境外同业往来	94 529	48 702		
五、行内资金往来（来源方）				
六、各项准备	4 038 399	649 442	3 389 666	505 693
其中：贷款损失准备	3 624 456	529 241	3 095 924	515 811
七、所有者权益	13 047 980	2 749 781	10 304 695	763 266
其中：实收资本	3 215 039	691 981	2 528 057	123 537
八、其他	-25 344 246	-8 870 366	-20 275 290	-7 140 062
资金来源总计	682 283 858	92 857 151	589 818 297	128 472 845

续表

项目名称	2010 年		2009 年	
	余额	比年初	余额	比年初
一、各项贷款	295 637 779	41 434 680	254 217 908	52 775 302
（一）境内贷款	295 527 197	41 425 969	254 217 908	254 217 909
1. 短期贷款	79 560 565	7 156 080	71 629 509	2 897 472
2. 中长期贷款	206 083 368	42 130 195	164 789 774	41 636 238
3. 信托贷款				
4. 融资租赁				
5. 委托贷款	775 491	-217 825	995 736	546 883
6. 票据融资	9 033 850	-7 643 930	16 677 774	7 627 644
其中：贴现	9 033 850	-7 643 930	16 677 774	7 627 644
7. 各项垫款	73 922	1 448	125 115	67 066
（二）境外贷款	110 582	8 711		
二、有价证券及投资	47 784 691	10 945 348	36 839 363	6 579 030
三、应收及预付款	3 861 534	345 007	3 549 942	158 581
其中：应收利息	1 578 911	-487 073	2 068 474	456 933
四、同业往来（运用方）	4 724 631	-337 364	5 427 026	-712 905
其中：境外同业往来	109 508	-423 605		
五、行内资金往来（运用方）	324 226 158	39 537 394	284 667 141	68 830 475
六、金银占款				
七、外汇占款	618 762	535 242	83 520	143 922
八、固定资产	3 639 885	163 712	3 500 487	537 119
九、库存现金	1 766 975	234 071	1 532 909	161 321
十、投资性房地产	23 442	-939		
资金运用总计	682 283 858	92 857 151	589 818 297	128 472 845

表 2.4　北京市中资金融机构人民币信贷收支统计

单位：万元

项目名称	2010 年		2009 年	
	余额	比年初	余额	比年初
一、各项存款	630 251 936	95 975 876	534 288 253	118 038 841
1. 企业存款	300 455 621	40 932 655	288 443 798	61 859 241
（1）活期存款	161 014 562	25 721 758	135 819 131	32 232 235
（2）定期存款	139 441 059	15 210 897	152 624 667	29 627 006
2. 财政存款	9 860 416	2 607 428	7 252 988	1 644 653
3. 机关团体存款	82 319 596	14 438 872	16 426 430	4 544 044
4. 储蓄存款	168 762 992	23 100 383	145 662 614	26 963 432
（1）活期储蓄	62 718 158	11 743 550	50 998 949	12 362 266
（2）定期储蓄	106 044 834	11 356 833	94 663 664	14 601 165
5. 农业存款	12 013 593	907 111	11 657 983	3 713 681
6. 信托存款				
7. 委托存款	2 924 375	－1 617 760	4 544 553	678 094
8. 其他存款	53 915 343	15 607 187	60 299 888	18 635 697
二、金融债券	2 046 390	300 243	1 746 146	149 968
三、应付及暂收款	10 203 089	1 664 939	8 570 319	144 205
其中：应付利息	6 077 611	591 817	5 485 795	638 038
四、同业往来（来源方）	33 096 053	－6 139 896	44 829 964	14 067 089
其中：境外同业往来	94 529	48 702		
五、行内资金往来（来源方）				
六、各项准备	3 936 616	615 082	3 321 839	489 220
其中：贷款损失准备	3 522 703	494 897	3 028 111	498 917
七、所有者权益	12 447 275	2 679 070	9 768 977	691 632
其中：实收资本	2 794 261	675 520	2 123 741	90 000
八、其他	－18 370 419	－4 731 998	－18 269 830	－5 838 034
资金来源总计	673 610 940	90 363 317	584 255 669	127 742 922

续表

项目名称	2010年		2009年	
	余额	比年初	余额	比年初
一、各项贷款	287 481 406	39 445 247	248 050 968	52 147 986
（一）境内贷款	287 481 406	39 445 247	248 050 968	52 147 986
1. 短期贷款	75 743 842	6 381 995	68 585 688	2 886 277
2. 中长期贷款	202 813 882	41 578 836	161 970 959	41 089 282
3. 信托贷款				
4. 融资租赁				
5. 委托贷款	775 491	-217 825	995 736	546 883
6. 票据融资	8 074 269	-8 299 207	16 373 470	7 558 479
其中：贴现	8 074 269	-8 299 207	16 373 470	7 558 479
7. 各项垫款	73 922	1 448	125 115	67 066
（二）境外贷款				
二、有价证券及投资	47 784 691	10 956 383	36 828 327	6 582 145
三、应收及预付款	3 375 651	-167 166	3 576 233	200 195
其中：应收利息	1 515 172	-512 491	2 030 152	463 406
四、同业往来（运用方）	4 724 631	-337 364	6 043 482	-858 348
其中：境外同业往来	109 508	-423 605		
五、行内资金往来（运用方）	324 226 158	39 537 394	284 667 141	68 830 475
六、金银占款				
七、外汇占款	618 762	535 242	83 520	143 922
八、固定资产	3 624 735	163 572	3 485 477	534 659
九、库存现金	1 751 463	230 947	1 520 521	161 888
十、投资性房地产	23 442	-939		
资金运用总计	673 610 940	90 363 317	584 255 669	127 742 922

表2.5 北京市外资银行人民币信贷收支统计

单位：万元

项目名称	2010年		2009年	
	余额	比年初	余额	比年初
一、各项存款	14 286 771	5 863 189	8 466 460	2 391 197
1. 企业存款	12 356 408	5 454 351	6 944 699	2 074 558
（1）活期存款	3 863 478	834 502	3 042 533	958 340
（2）定期存款	8 492 930	4 619 849	3 902 166	1 116 218
2. 机关团体存款				
3. 储蓄存款	1 268 130	209 788	1 058 342	204 965
（1）活期储蓄	360 479	77 347	283 133	107 748
（2）定期储蓄	907 651	132 441	775 209	97 217
4. 农业存款				
5. 其他存款	662 233	199 050	463 419	111 674
二、代理财政性存款				
三、金融债券				
四、应付及暂收款	1 276 808	564 842	711 957	-31 485
其中：应付及预提利息	65 916	29 477	36 439	-18 734
五、卖出回购资产				-2 051
六、向中央银行借款				
七、同业往来	1 257 941	-51 705	1 266 769	-235 014
1. 同业存放	1 077 172	163 535	870 760	-143 623
2. 同业拆借	180 769	-215 240	396 009	-91 391
八、行内资金往来				
九、委托存款及委托投资基金（净）				
十、代理金融机构委托贷款基金				
十一、各项准备	101 783	34 360	67 827	16 474
其中：贷款损失准备	101 753	34 345	67 812	16 894
十二、所有者权益	600 704	70 712	535 717	71 633
其中：实收资本	420 778	16 461	404 316	33 537
十三、其他	-6 388 696	-3 348 906	-3 045 911	-1 126 801
资金来源总计	11 135 311	3 132 491	8 002 820	1 083 952

续表

项目名称	2010年		2009年	
	余额	比年初	余额	比年初
一、各项贷款	8 156 373	1 989 433	6 166 940	627 316
（一）境内贷款	8 045 791	1 980 722	6 166 940	6 166 941
1. 短期贷款	3 816 724	774 085	3 043 822	11 196
2. 中长期贷款	3 269 487	551 360	2 818 815	546 956
3. 票据融资	959 580	655 277	304 304	69 165
其中：贴现	959 580	655 277	304 304	69 165
4. 各项垫款				
（二）境外贷款	110 582	8 711		
二、有价证券及投资		-11 036	11 036	-3 115
三、应收及预付款	485 882	512 173	-26 291	-41 614
其中：应收利息	63 740	25 418	38 322	-6 473
四、买入返售资产				
五、存放中央准备金存款	629 925	-113 665	743 589	-157 393
六、存放中央银行特种存款				
七、缴存中央银行财政性存款				
八、同业往来	1 847 618	752 461	1 095 157	659 325
1. 存放同业	326 012	47 704	278 308	195 476
2. 拆放同业	1 521 606	704 757	816 849	463 849
九、行内资金往来				
十、代理金融机构贷款				
十一、库存现金	15 513	3 124	12 388	-567
十二、外汇占款				
十三、投资性房地产				
资金运用总计	11 135 311	3 132 491	8 002 820	1 083 952

表 2.6 北京市金融机构（含外资）外汇信贷收支统计

单位：万美元

项目名称	2010年		2009年	
	余额	比年初	余额	比年初
一、各项存款	3 217 305	-717 165	3 931 706	196 634
1. 单位活期存款	747 431	-25 496	774 497	164 936
2. 单位定期存款	865 124	268 010	597 115	-66 547
3. 储蓄存款	878 963	-83 328	962 291	109 452
其中：定期存款	538 746	-72 107	610 613	46 328
4. 信托存款				
5. 委托存款	13 609	3 156	10 454	8 189
6. 其他类存款	563 723	-911 591	1 470 980	-23 150
7. 境外存款	148 454	32 085	116 369	3 754
二、境外筹资	64 426	5 888	58 538	19 012
三、同业存放	698 936	630 140	105 253	-383 984
四、应付及暂收款	465 715	225 981	240 224	-29 987
其中：应付及预提利息	23 791	1 918	21 874	-38 567
五、同业拆入	151 077	53 657	97 420	-95 851
六、外汇买卖	91 664	84 553	7 110	19 586
其中：结售汇	93 876	81 186	12 690	28 131
七、境内联行存放	4 002 570	1 895 462	2 124 494	2 124 494
八、境外联行存放	44 436	-52 647	76 985	-61 008
九、证券业务款项				
十、各项准备	30 428	3 554	26 929	7 335
其中：贷款损失准备	30 203	3 526	26 732	7 411
十一、所有者权益	210 395	71 721	138 368	-10 182
其中：实收资本	54 484	798	53 686	-4 931
十二、其他	2 003 205	147 242	1 825 343	1 941 428
资金来源总计	10 980 157	2 348 387	8 632 368	3 727 478

续表

项目名称	2010 年		2009 年	
	余额	比年初	余额	比年初
一、各项贷款	10 442 578	2 195 749	8 246 829	3 819 912
（一）境内贷款	5 147 606	1 360 269	2 623 977	1 144 156
1. 境内短期贷款	954 325	354 382	600 762	206 740
2. 境内中长期贷款	3 118 613	694 884	1 260 350	548 791
3. 进出口贸易融资	961 447	312 545	648 060	385 826
4. 票据融资	4 669	2 620	2 089	-5 361
其中：贴现	4 555	2 645	1 951	-5 302
5. 融资租赁				
6. 信托贷款				
7. 委托贷款				
8. 各项垫款	1 220	-58	1 278	3
9. 境外筹资转贷款	107 332	-4 105	111 437	8 158
（二）境外贷款	5 294 973	835 480	5 622 852	2 675 756
二、有价证券及投资	41 077	-22 918	63 996	26 378
三、应收及预付款	409 138	211 413	198 322	-32 248
其中：应收及预付利息	50 732	6 812	44 000	-14 661
四、存放同业	33 493	6 604	26 890	-27 898
其中：存放境外同业	33 493	6 604	26 890	-27 415
五、拆放同业	4 509	-19 769	24 278	-9 721
六、存放境内联行				-52 952
七、存放境外联行	12 526	-27 082	39 607	6 337
八、证券业务占款				
九、库存现金	36 836	4 390	32 445	-2 332
资金运用总计	10 980 157	2 348 387	8 632 368	3 727 478

表 2.7　北京市中资金融机构外汇信贷收支统计

单位：万美元

项目名称	2010 年		2009 年	
	余额	比年初	余额	比年初
一、各项存款	2 827 304	-656 583	3 479 679	244 631
1. 单位活期存款	606 740	-6 635	613 500	139 035
2. 单位定期存款	817 960	277 926	540 035	-63 984
3. 储蓄存款	788 948	-64 546	853 494	101 838
其中：定期存款	479 508	-51 260	530 528	49 658
4. 信托存款				
5. 委托存款	13 609	3 156	10 454	8 189
6. 其他类存款	563 723	-901 591	1 460 980	58 987
7. 境外存款	36 323	35 107	1 216	566
二、境外筹资	64 426	5 888	58 538	19 012
三、同业存放	1 150 908	693 267	130 553	-381 321
四、应付及暂收款	219 128	65 619	153 837	-65 763
其中：应付及预提利息	21 579	1 534	20 047	-29 739
五、同业拆入	32 176	30 313	1 863	-564
六、外汇买卖	91 664	84 553	7 110	19 586
其中：结售汇	93 876	81 186	12 690	28 131
七、境内联行存放	3 992 958	1 855 046	2 134 924	1 943 106
八、境外联行存放	3 844	-3 413	7 257	7 257
九、证券业务款项				
十、各项准备	24 349	3 833	20 516	6 748
其中：贷款损失准备	24 124	3 805	20 319	6 770
十一、所有者权益	128 495	62 130	66 545	-5 665
其中：实收资本				
十二、其他	1 742 539	86 187	2 022 727	1 983 794
资金来源总计	10 277 792	2 226 840	8 083 549	3 770 821

续表

项目名称	2010年		2009年	
	余额	比年初	余额	比年初
一、各项贷款	9 971 595	2 141 531	7 830 064	3 836 533
（一）境内贷款	4 773 800	1 315 770	2 294 652	1 157 743
1. 境内短期贷款	736 611	319 055	418 356	153 863
2. 境内中长期贷款	3 011 700	698 725	1 149 597	614 384
3. 进出口贸易融资	916 824	302 178	613 806	381 422
4. 票据融资	113	-25	179	-87
其中：贴现			41	-28
5. 融资租赁				
6. 信托贷款				
7. 委托贷款				
8. 各项垫款	1 220	-58	1 278	3
9. 境外筹资转贷款	107 332	-4 105	111 437	8 158
（二）境外贷款	5 197 795	825 762	5 535 412	2 678 790
二、有价证券及投资	32 489	-22 526	55 014	17 396
三、应收及预付款	213 270	101 352	112 515	-91 099
其中：应收及预付利息	47 015	5 047	42 047	-2 977
四、存放同业	22 991	9 091	20 901	-20 895
其中：存放境外同业	22 991	9 091	13 901	-27 412
五、拆放同业		-6 734	31 734	31 382
其中：拆放境外同业		-6 734	6 734	6 382
六、存放境内联行				
七、存放境外联行	3 355	27	3 329	-36
八、证券业务占款				
九、库存现金	34 091	4 098	29 993	-2 461
资金运用总计	10 277 792	2 226 840	8 083 549	3 770 821

表 2.8　北京市外资银行外汇信贷收支统计

单位：万美元

项目名称	2010 年		2009 年	
	余额	比年初	余额	比年初
一、各项存款	390 001	-60 581	452 027	-47 997
1. 单位活期存款	140 691	-18 861	160 997	25 901
2. 单位定期存款	47 164	-9 916	57 080	-2 563
3. 储蓄存款	90 014	-18 782	108 796	7 614
其中：定期存款	59 238	-20 847	80 085	-3 331
4. 其他存款	575	-10 028	10 603	-81 990
5. 境外存款	111 556	-2 994	114 550	3 041
二、境内中长期筹资				
三、卖出回购资产				
四、境外筹资				
五、向中央银行借款				
六、中央银行存款				
七、应付及暂收款	246 587	160 362	86 386	35 776
其中：应付及预提利息	2 212	384	1 828	-8 828
八、同业存放	33 984	-10 875	43 414	12 186
九、同业拆入	118 901	-41 656	160 557	-90 641
十、委托基金存款（净）				
十一、外汇买卖				
十二、境内联行存放	8 470	67 434	-38 590	230 389
十三、境外联行存放	40 592	-49 234	69 727	-68 265
十四、各项准备	6 079	-279	6 413	588
其中：贷款损失准备	6 079	-279	6 413	642
十五、所有者权益	81 900	9 591	71 822	-4 517
其中：实收资本	54 484	798	53 686	-4 931
十六、其他	-44 649	21 889	-66 543	-22 554
资金来源总计	881 864	96 650	785 214	44 966

续表

项目名称	2010 年		2009 年	
	余额	比年初	余额	比年初
一、各项贷款	470 983	54 218	416 765	-16 621
（一）境内贷款	373 805	44 499	329 325	-13 587
1. 境内短期贷款	217 715	35 327	182 406	52 876
2. 境内中长期贷款	106 913	-3 841	110 754	-65 592
3. 进出口贸易融资	44 622	10 368	34 255	4 404
4. 票据融资	4 555	2 645	1 910	-5 274
其中：贴现	4 555	2 645	1 910	-5 274
5. 各项垫款				
6. 境外筹资转贷款				
（二）境外贷款	97 177	9 719	87 440	-3 034
二、投资	37 949	-4 699	42 649	9 146
1. 购买有价证券	35 361	-4 307	39 667	6 164
2. 其他投资	2 589	-392	2 981	2 981
三、应收及预付款	195 868	110 061	85 807	58 851
其中：应收及预付利息	3 717	1 765	1 952	-11 684
四、买入返售资产				
五、存放中央银行	753	-371	1 124	-1 392
六、存放同业	46 765	-1 926	48 691	-2 789
七、拆放同业	117 630	-33 816	151 446	-8 731
八、存放境内联行				
九、存放境外联行	9 171	-27 108	36 279	6 373
十、库存现金	2 745	292	2 453	129
资金运用总计	881 864	96 650	785 214	44 966

表 2.9 2006～2010 年北京市金融机构存贷款情况

单位：亿元、%

项　目　名　称	2010 年	2009 年	2008 年	2007 年	2006 年
一、存款总量					
金融机构（含外资）本外币	66 585	56 960	43 981	37 700	33 793
比上年增长	16.9	27.5	16.7	11.6	16.7
中资金融机构本外币	64 898	55 805	43 095	37 087	33 484
比上年增长	16.3	27.7	16.2	10.8	16.3
中资金融机构本币	63 025	53 429	41 500	35 014	31 179
比上年增长	18.0	28.7	18.5	12.3	16.6
外资银行本外币	1 687	1 155	886	613	309
比上年增长	46.0	21.7	44.6	98.2	82.8
附一：企业存款本外币	32 349	30 475	24 311	22 050	19 177
比上年增长	18.3	26.1	10.3	15.0	17.4
附二：储蓄存款本外币	17 585	15 329	12 538	9 743	9 515
比上年增长	14.7	22.3	28.7	2.4	14.4
#储蓄存款本币	17 003	14 672	11 955	9 113	8 705
二、贷款总量					
金融机构（含外资）本外币	36 480	31 053	23 011	19 861	18 132
比上年增长	17.5	35.0	16.7	13.4	18.6
中资金融机构本外币	35 352	30 152	22 161	19 054	17 632
比上年增长	17.2	36.1	17.1	12.1	18.0
中资金融机构本币	28 748	24 805	19 431	17 360	15 487
比上年增长	15.9	27.7	12.8	14.5	12.7
外资银行本外币	1 128	901	850	807	500
比上年增长	25.1	6.0	5.3	61.5	47.5
附三：短期贷款本外币	8 597	7 587	7 110	6 418	5 377
比上年增长	13.3	6.7	12.7	19.5	4.3
短期贷款本币	7 956	6 859	6 807	6 077	5 096
比上年增长	16.0	5.5	14.0	19.4	6.3
附四：中长期贷款本外币	26 180	21 164	14 688	12 218	11 143
比上年增长	23.7	44.1	20.5	13.5	29.7
中长期贷款本币	20 608	16 197	12 222	10 927	9 449
比上年增长	27.2	35.0	12.2	19.6	20.5

注：本表中各指标增长速度按可比口径计算，项目附一、附二、附三、附四数据口径均为北京市金融机构（含外资）。

表 2. 10　北京市中资银行人民币存贷款（区县表）

单位：亿元

区县名称	各项存款				
		企业存款	储蓄存款	农业存款	其他存款
全市合计	**62 042**	**29 853**	**16 874**	**1 201**	**14 113**
首都功能核心区	27 591	15 075	4 591	73	7 853
东城区	6 140	3 681	1 307	11	1 142
西城区	16 605	9 289	1 900	52	5 364
崇文区	1 965	1 105	714	5	141
宣武区	2 881	999	670	5	1 206
城市功能拓展区	27 516	12 371	8 946	527	5 672
朝阳区	9 915	5 203	3 423	159	1 130
丰台区	3 483	1 204	1 615	170	494
石景山区	1 118	611	365	21	120
海淀区	13 000	5 354	3 542	177	3 928
城市发展新区	5 609	2 008	2 664	470	467
昌平区	1 115	338	593	103	81
通州区	1 105	329	566	98	112
顺义区	1 147	555	450	83	58
大兴县	1 454	534	646	121	152
房山区	789	251	410	65	63
生态涵养发展区	1 326	400	673	131	121
门头沟区	259	88	127	27	18
平谷区	278	82	140	28	28
密云县	295	80	162	23	30
怀柔区	322	102	150	41	29
延庆县	172	47	95	13	17

注：本表机构包括政策性银行、国有商业银行、股份制商业银行、城市商业银行、农村商业银行、邮政储蓄银行。

续表

区 县 名 称	各项贷款			
		短期贷款	中长期贷款	其他贷款
全市合计	**28 175**	**7 379**	**19 983**	**813**
首都功能核心区	15 047	3 888	10 478	681
东城区	2 635	801	1 809	26
西城区	10 409	2 547	7 280	583
崇文区	938	238	697	3
宣武区	1 064	302	693	70
城市功能拓展区	10 644	2 968	7 590	87
朝阳区	4 831	1 040	3 727	64
丰台区	1 412	377	1 032	2
石景山区	345	100	243	2
海淀区	4 057	1 451	2 588	19
城市发展新区	2 086	427	1 619	39
昌平区	293	36	256	1
通州区	339	29	296	14
顺义区	569	166	401	3
大兴区	694	157	516	22
房山区	191	40	150	1
生态涵养发展区	398	96	296	6
门头沟区	58	9	49	0
平谷区	103	18	85	1
密云县	103	30	72	1
怀柔区	89	26	59	3
延庆县	45	14	31	0

表 2. 11　北京市中资金融机构贷款行业分布

单位：亿元、亿美元

行业名称	本外币		人民币		外币	
	余额	比年初	余额	比年初	余额	比年初
贷款总计	**34 152. 1**	**5 945. 9**	**27 548. 3**	**4 688. 3**	**997. 1**	**214. 2**
A. 农、林、牧、渔业	188. 5	32. 4	185. 1	31. 8	0. 5	0. 1
B. 采矿业	2 353. 8	344. 0	1 074. 9	-4. 6	193. 1	56. 9
C. 制造业	3 548. 9	618. 0	3 272. 4	523. 5	41. 8	15. 1
D. 电力、燃气及水的生产和供应业	2 832. 0	271. 6	2 793. 6	261. 4	5. 8	1. 7
E. 建筑业	947. 5	227. 6	866. 3	192. 3	12. 3	5. 5
F. 交通运输、仓储和邮政业	3 718. 9	1 133. 8	3 236. 7	1 063. 1	72. 8	12. 6
G. 信息传输、计算机服务和软件业	587. 3	-364. 8	575. 6	-362. 4	1. 8	-0. 3
H. 批发和零售业	2 403. 1	405. 7	1 828. 0	332. 0	86. 8	13. 4
I. 住宿和餐饮业	226. 2	2. 0	223. 8	4. 0	0. 4	-0. 3
J. 金融业	228. 9	60. 8	100. 9	58. 7	19. 3	0. 9
K. 房地产业	4 475. 8	1 159. 3	4 464. 1	1 167. 2	1. 8	-1. 1
L. 租赁和商务服务业	1 908. 6	481. 4	1 760. 0	416. 8	22. 4	10. 2
M. 科学研究、技术服务和地质勘查业	122. 0	38. 4	120. 3	37. 5	0. 3	0. 1
N. 水利、环境和公共设施管理业	1 622. 3	-28. 2	1 618. 9	-29. 6	0. 5	0. 2
O. 居民服务和其他服务业	376. 0	166. 3	219. 8	42. 6	23. 6	18. 8
P. 教育	100. 6	-14. 6	100. 2	-14. 6	0. 1	0. 0
Q. 卫生、社会保障和社会福利业	42. 5	1. 9	42. 2	2. 0	0. 1	0. 0
R. 文化、体育和娱乐业	102. 8	13. 9	102. 6	14. 9	0. 0	-0. 1
S. 公共管理和社会组织	696. 9	111. 3	692. 9	108. 5	0. 6	0. 4
T. 国际组织						
对境外贷款	3 399. 4	441. 6	0. 1	0. 1	513. 3	80. 1
个人贷款	4 270. 0	843. 4	4 269. 9	843. 3		0. 0
其中：农户贷款	42. 9	1. 4	42. 9	1. 4		

注：贷款总计不包括委托贷款、票据融资。

表 2.12　北京市中外资银行大中小企业贷款情况

单位：亿元

项目	大型企业贷款	中型企业贷款	小型企业贷款
贷款合计	**13 979.1**	**5 218.1**	**2 064.0**
A. 农、林、牧、渔业	102.2	65.6	23.1
B. 采矿业	971.6	98.6	25.7
C. 制造业	2 622.4	522.7	199.2
D. 电力、燃气及水的生产和供应业	2 168.3	328.7	110.3
E. 建筑业	653.1	182.5	56.1
F. 交通运输、仓储和邮政业	2 348.1	266.3	67.4
G. 信息传输、计算机服务和软件业	426.5	98.7	61.1
H. 批发和零售业	1 157.1	392.7	371.6
I. 住宿和餐饮业	90.6	123.0	29.9
J. 金融业	33.8	46.2	9.8
K. 房地产业	1 454.1	1 682.0	446.5
L. 租赁和商务服务业	825.7	572.6	385.2
M. 科学研究、技术服务和地质勘查业	81.1	21.0	10.7
N. 水利、环境和公共设施管理业	847.7	568.6	166.0
O. 居民服务和其他服务业	65.3	93.0	56.9
P. 教育	14.4	19.6	4.6
Q. 卫生、社会保障和社会福利业	16.0	7.7	2.6
R. 文化、体育和娱乐业	42.2	33.8	24.2
S. 公共管理和社会组织	58.7	94.8	13.1
T. 国际组织			

表 2.13　北京市中外资银行房地产信贷情况

单位：亿元、%

项目	2010 年	2009 年	同比
合计	**8 242.3**	**6 727.7**	**22.5**
一、房地产开发贷款	4 497.1	3 465.9	29.8
1. 地产开发贷款	2 192.1	1 500.0	46.1
其中：政府土地储备机构贷款	1 902.6	1 286.6	47.9
2. 房产开发贷款	2 305.0	1 966.0	17.2
（1）住房开发贷款	1 346.4	1 158.8	16.2
其中：经济适用房开发贷款	116.3	74.2	56.9
其中：集资、合作建房贷款			
（2）商业用房开发贷款	462.7	481.3	-3.9
（3）其他房产开发贷款	496.0	325.9	52.2
二、购房贷款	3 745.2	3 261.8	14.8
1. 企业购房贷款	67.6	63.7	6.0
（1）商业用房贷款	65.2	61.2	6.5
（2）住房贷款	2.4	2.5	0.0
2. 个人购房贷款	3 677.6	3 198.1	15.0
（1）个人商业用房贷款	201.4	158.9	26.7
（2）个人住房贷款	3 476.2	3 039.2	14.4
a. 新建房贷款	2 384.9	2 204.3	8.2
其中：抵押贷款	2 266.0	2 075.0	9.2
b. 再交易房贷款	1 091.3	834.9	30.7
三、证券化的房地产贷款			
1. 证券化个人住房贷款			
2. 其他证券化房地产贷款			
附：个人购买经济适用房贷款	17.0	23.0	-25.8

表 2.14　北京市中资银行个人贷款情况

单位：亿元、%

项目	2010 年	2009 年	同比
个人贷款合计	**4 267.3**	**3 377.7**	**26.3**
（一）个人消费贷款	3 754.9	3 156.0	19.0
1. 住房贷款	3 390.5	2 976.8	13.9
2. 汽车贷款	23.8	31.0	-23.1
3. 助学贷款	14.3	14.4	-1.1
4. 其他贷款	326.3	133.7	144.0
（二）个人经营性贷款	512.4	221.8	131.1

表 2.15　北京市金融机构现金收支情况

单位：亿元

项　目　名　称	2010 年	2009 年	2008 年	2007 年	2006 年
现金收入合计	**31 001.6**	**28 455.6**	**27 248.2**	**28 986.3**	**23 484.4**
商品销售收入	2 764.6	2 394.5	2 292.0	2 378.6	2 468.4
服务业收入	1 199.2	1 059.3	1 052.4	1 097.3	1 020.0
行政税费收入	28.4	25.5	36.1	42.2	37.5
城乡个体经营收入	160.2	136.6	114.1	131.9	144.0
储蓄存款收入	23 369.9	21 076.5	19 285.7	21 470.0	17 236.7
其他金融机构收入	76.5	121.2	121.3	122.6	133.2
汇兑收入	88.0	106.5	197.9	267.6	203.9
有价证券及其他投资性收入	29.6	26.0	29.7	41.3	55.8
其他收入	3 285.2	3 509.5	4 118.9	3 434.8	2 135.4
其中：兑换外币收入	78.8	3 492.8	104.5	106.2	49.4
现金支出合计	**31 149.2**	**28 490.5**	**27 238.9**	**28 748.0**	**23 301.0**
工资性支出	898.2	1 197.2	1 172.6	1 170.2	1 150.1
农副产品采购支出	137.3	136.2	161.1	179.2	161.4
工矿及其他产品采购支出	56.9	79.1	119.6	164.6	174.7
行政企事业管理与经营费支出	2 055.6	1 807.4	1 813.5	1 853.2	1 830.7
城乡个体经营支出	246.0	254.1	242.2	265.6	347.7
储蓄存款支出	25 094.6	21 104.1	19 112.2	21 145.3	16 924.1
其他金融机构支出	27.0	34.4	31.9	95.5	136.1
汇兑支出	52.9	49.2	60.7	82.6	59.8
有价证券及其他投资性支出	30.8	31.4	38.7	68.9	42.2
其他支出	2 549.9	3 797.4	4 486.3	3 723.1	2 250.7
其中：兑换外币支出	89.5	79.3	182.9	287.1	223.4

以上统计报表单位：中国人民银行营业管理部调查统计处。

表 2.16　北京辖区直接外债余额

单位：亿美元

年份	总计	为上年（%）	中长期债务	占总计（%）	短期债务	占总计（%）
2006	1 047.44	111.79	791.66	75.58	255.78	24.42
2007	1 272.75	121.51	960.81	75.49	311.94	24.51
2008	1 332.33	104.68	889.25	66.74	443.08	33.26
2009	1 407.33	105.63	1 057.35	75.13	349.98	24.87
2010	1 913.88	135.99	1 124.31	58.75	789.57	41.25

制表单位：国家外汇管理局北京外汇管理部资本项目管理处。

表 2.17　2010 年北京市银行系统发行储蓄类国债（凭证式）统计

单位：亿元

期　数	金　额
第一期	89.53
第二期	71.60
第三期	53.77
第四期	44.60
第五期	40.66
合　计	300.16

表 2.18　2010 年北京市银行系统发行储蓄类国债（电子式）统计

单位：亿元

期　数	金　额
第一期	13.08
第二期	19.14
第三期	7.25
第四期	9.70
第五期	12.14
第六期	17.22
第七期	10.74
第八期	20.22
第九期	9.45
第十期	20.31
第十一期	3.39
合　计	142.64

制表单位：中国人民银行营业管理部国库处。

表 2.19　证券市场交易量及保险业务情况（1995 ~ 2010 年）

单位：亿元

年　份	证券市场交易量	股票交易	基金交易	债券交易	权证交易	其他交易	原保险保费收入	保险赔付支出
1995	1 619.04	520.48		152.31		946.25		
1996	5 224.77	2 900.63		2 324.06		0.07		
1997	7 934.42	3 900.93		3 844.82		188.67	102.52	
1998	10 241.50	3 426.37	187.02	6 435.43		192.68	88.62	
1999	10 694.46	5 268.19	341.74	5 005.52		79.01	91.82	29.88
2000	14 456.98	9 136.52	346.02	4 825.91		148.53	93.44	28.44
2001	12 596.50	5 339.61	400.61	6 729.69		126.60	141.32	31.98
2002	12 565.91	3 788.22	485.77	8 216.53		75.39	234.07	46.92
2003	23 369.83	5 041.4	110.45	18 048.37		169.60	282.54	48.01
2004	18 512.92	7 247.72	78.94	10 928.92		257.33	279.30	55.31
2005	9 322.49	4 343.65	91.30	4 567.28		320.26	498.20	75.40
2006	19 557.06	14 851.55	298.27	2 075.20		2 332.04	411.60	83.99
2007	97 978.66	77 487.83	1 534.96	2 060.09	9 756.74	7 139.04	498.10	135.38
2008	62 773.56	46 231.27	1 389.37	4 052.52	9 587.51	1 512.89	585.95	188.93
2009	94 549.12	80 867.36	1 717.02	1 754.94	9 534.09	675.70	697.60	196.01
2010	86 328.20	78 808.61	2 269.42	2 927.19	2 181.29	141.68	966.46	199.65

注：证券数据由北京证监局提供；保险数据由北京保监局提供。

表 2.20　证券市场交易量（上年 =100）

单位：亿元

项　　目	2010 年	2009 年	2010 年为 2009 年%
合　　计	**86 328.2**	**94 549.12**	**91.31**
股票交易	78 808.61	80 867.36	97.45
基金交易	2 269.42	1 717.02	132.17
债券交易	2 927.19	1 754.94	166.8
债券现货交易	528.65	478.35	110.52
债券回购交易	2 398.54	1 276.59	187.89
权证交易	2 181.29	9 534.09	22.88
其他交易	141.68	675.7	20.97

表 2.21　北京辖区证券公司客户交易结算资金第三方存管上线情况统计

公司营业部总数（个）	累计已上线客户数量（户）	本期上线客户数量（户）	实施第三方存管的客户交易结算资金金额（亿元）
549	7 780 249.00	52 416.00	1 454.08

表 2.22　北京辖区证券公司服务特定机构或产品相关信息统计

类别	数量（个）	租用席位（交易单元）数量（个）	证券账户数量（个）	指定或托管的证券市值（亿元）
证券投资基金公司		1 351		
信托产品或信托公司			1 794	397.33
通过公司进行交易的 QFII	60			
其他				

表 2.23　北京辖区证券营业部产品销售情况

类别	产品	金额（万元）	收入（万元）
销售本公司产品	理财产品销售	424 294.13	1 309.14
	其他产品销售	3 428.88	0.26
	小计	427 723.01	1 309.39
代理销售其他公司产品	基金产品销售	2 894 442.79	9 680.13
	证券公司理财产品销售	40 079.58	56.59
	债券销售	85 162.36	11.54
	其中：国债销售	32 943.54	4.01
	公司债销售	11 780.98	2.71
	企业债销售	22 790.43	4.57
	信托产品销售		
	其他产品销售	4 185.84	58.22
	小　计	3 023 870.57	9 806.48
	合　计	3 451 593.57	11 115.87

表 2.24　北京辖区基金管理公司业务综合统计

指标	2010 年 12 月		2009 年 12 月	
	绝对值	同比增长	绝对值	同比增长
主要经营地在辖区基金管理公司数（家）	11		11	-8.33
其中：中外合资基金管理公司数（家）	5		5	
辖区法人基金管理公司数（家）	7		7	
其中：中外合资基金管理公司数（家）	3		3	
辖区法人基金管理公司管理基金数（只）	84	-0.294118	119	19
其中：封闭式基金数（只）	3	-0.625	8	
开放式基金数（只）	81	-0.27027	111	20.65
辖区法人基金管理公司管理基金季末总规模（亿份）	4 032.06	-0.398367	6 701.86	-8.01
其中：封闭式基金总规模（亿份）	96.43	-0.7191	343.29	55.03
开放式基金总规模（亿份）	3 935.63	-0.381051	6 358.57	-9.99
辖区法人基金管理公司管理基金资产季末净值（亿元）	4 486.88	-0.41094	7 617.02	28.39
其中：封闭式基金资产净值（亿元）	105.06	-0.724541	381.4	128.84
开放式基金资产净值（亿元）	4 381.82	-0.39441	7 235.62	25.49
辖区法人基金管理公司 QDII 总规模（亿份）	237.72	-0.536843	513.26	-7.03
辖区法人基金管理公司 QDII 总净值（亿元）	215.69	-0.451868	393.5	46.64
辖区法人基金管理公司本季度新发基金数（只）	4	-0.789474	19	-5
辖区法人基金管理公司本季度新发基金季末净值（亿元）	209.07	-0.81307	1 118.44	122.09
辖区法人基金管理公司本季度新发基金募集规模（亿份）	210.24	-0.812024	1 118.44	122.09
辖区法人基金管理公司新发基金数（只）	14	-0.9863	1 021.89	146.33

表 2. 25　北京辖区上市公司情况统计（2006～2010 年）

项目	2006 年	2007 年	2008 年	2009 年	2010 年
股票市价总值（亿元）	50 029. 48	204 030. 16	76 855. 88	128 026. 81	114 891. 62
其中：股票流通市值（亿元）		15 891. 21	8 548. 53	47 089. 22	67 463. 69
境内上市公司数（A、B 股）（家）	92	103	109	126	164
境内上市外资股（B 股）（家）	1	1	1	1	1
境外上市公司数（H 股）（家）	10	16	19	21	22

以上统计表制表单位：北京证监局。

表 2. 26　北京市保险业务统计

单位：万元、%

指标项目	2010 年	2009 年	增长率
一、原保险保费收入	9 664 550. 64	6 975 952. 11	38. 54
1. 财产险	2 123 030. 12	1 644 197. 29	29. 12
其中：机动车辆保险	1 528 396. 77	1 095 789. 7	39. 48
2. 人身意外伤害险	136 956. 82	102 890. 96	33. 11
3. 健康险	639 665. 74	568 334. 93	12. 55
4. 寿险	6 764 897. 96	4 660 528. 94	45. 15
二、赔付支出	1 996 506. 43	1 960 117. 24	1. 86
1. 财产保险	937 079. 1	853 643. 96	9. 77
其中：机动车辆保险	763 325. 68	655 579. 83	16. 44
2. 人身意外伤害险	16 164. 62	21 480. 49	32. 89
3. 健康险	224 860. 34	188 794. 64	19. 10
4. 寿险	813 086. 5	901 514. 01	−9. 81

注：1. “原保险保费收入”为按《企业会计准则（2006）》设置的统计指标，指保险企业确认的原保险合同保费收入。

2. “原保险赔付支出”为按《企业会计准则（2006）》设置的统计指标，指保险企业支付的原保险合同赔付款项。

3. 原保险保费收入、原保险赔付支出为本年累计数。

4. 上述数据来源于各公司报送的保险数据，未经审计。

表 2.27　北京市各财产保险公司业务统计

单位：万元、%

	公司名称	本年累计			
		保费收入	同比增长	赔款支出	同比增长
中资	人保股份京分	717 907.01	22.76	326 879.31	13.79
	大地财产京分	23 955.3	22.10	6 234.93	-1.90
	中华联合京分	67 904.74	10.43	31 580.91	-11.77
	太保财京分	323 170.24	46.09	118 294.77	25.20
	平安财京分	433 849.93	68.70	123 305	45.67
	华泰京分	103 643.7	21.21	26 198.74	-2.06
	天安京分	22 984.83	189.80	4 756.1	95.54
	华安京分	10 946.7	46.93	3 643.87	506.20
	永安京分	14 745.32	6.28	9 039.79	-3.71
	太平保险京分	22 401.63	39.41	3 834.31	-16.70
	民安京分	2 864.14	-27.81	1 512.55	-13.51
	中银保险京分	9 661.03	-14.09	2 605.93	-38.02
	永诚京分	25 430.93	11.70	11 277.07	63.93
	安邦京分	25 307.73	7.21	15 478.13	29.53
	信达财险京分（虚拟）	19 370.92	1 253.30	742.75	
	安华农业京分	3 352.6	-54.88	2 131.18	-45.13
	天平车险京分	15 939.7	17.46	5 696.85	-6.32
	阳光财产京分	38 046.62	66.49	15 590.96	16.69
	都邦京分	8 151.82	-36.52	5 345.95	-24.93
	渤海京分	1 125.72	-35.10	1 133.94	-43.05
	华农京分	4 149.38	33.97	2 246.75	-17.17
	国寿财产京分	73 129.9	37.21	28 624.37	0.97
	安诚京分	3 732.4	-48.26	2 396.55	-49.99
	长安责任京分	5 080.22	-66.05	7 098.62	-7.58
	英大财产京分（虚拟）	111 934.98	75.21	872.22	657.20
	浙商财产京分	7.1		2.55	
	紫金财产京分	5 767.74		383.59	
小计		2 094 562.34	27.61	756 907.69	15.88
外资	美亚京分	4 538.34	360.79		
	太阳联合京分	1 664.19	7 604.17		
	三井京分	5 001.39			
	三星京分	6 906.79	15.87		
	利宝互助京分	11 427.57	171.89	3 841.6	713.66
	苏黎世京分（虚拟）	18 751.19	53.72		
	现代财产京分（虚拟）	11 131.64	38.72	1 898.6	36.45
	中意财产京分（虚拟）	15 973.88	76.64	677.79	28.98
小计		75 394.98	86.45	6 417.99	168.64
合计		2 169 957.32	29.03	763 325.68	16.44

注：虚拟是指未设立北京分公司的保险公司在北京开展的业务。

表 2.28 北京市各人身保险公司业务统计

单位：万元、%

公司	原保费收入	同比	退保金	同比	赔款支出	同比	死伤医疗给付	同比	满期给付	同比	年金给付	同比
国寿股份京分	972 482.28	25.20	124 778.67	36.19	38 341.59	20.08	19 363.83	9.68	126 263.42	-27.88	15 439.49	3.68
太保寿京分	494 255.83	53.30	69 943.05	46.55	2 437.97	-3.62	3 680.81	20.45	91 137.08	5.72	5 610.85	1.88
平安寿京分	1 337 959.77	15.65	137 145.36	10.50	13 290.94	-48.99	25 611.86	7.98	105 159.27	-19.69	54 187.89	14.71
新华京分	1 023 485.60	51.88	116 381.76	0.50	13 020.07	17.23	8 472.25	18.40	37 744.84	-44.98	26 156.32	-12.47
泰康京分	771 034.25	34.76	158 468.23	-31.19	11 458.36	29.57	6 645.56	34.05	15 300.54	-4.39	7 772.71	34.35
太平人寿京分	234 633.25	49.10	41 284.90	16.03	4 165.88	7.17	1 113.24	-32.63	1 567.56	-57.97	6 315.82	153.71
民生人寿京分	35 564.58	103.41	2 077.68	-84.65	215.81	-36.36	261.45	17.37	2 698.73	-56.07	748.49	120.60
生命人寿京分	104 136.27	190.00	6 835.83	95.62	349.04	46.66	129.93	13.42	15 615.83	2 725.29	0.18	-91.98
国寿存续京分	28 173.40	-1.18	1 437.42	-17.99	86.73	0.03	2 798.81	15.75	4 559.79	-67.56	22 931.17	46.91
平安养老京分	41 936.37	169.49	291.86	447.27	14 845.64	898.50	2.22				108.66	157.54
合众人寿京分	39 876.19	26.31	18 532.77	240.03	1 326.91	-61.72	186.88	32.63	2 352.45	15 195.10	143.41	100.20
太平养老京分	271.79				2.32							
平安健康京分	6 820.73	15.07	181.57	13 004.10	2 327.31	3.52	808.64	1 094.89				
人保健康京分	26 108.69	25.26	575.43	-1.35	7 449.88	-16.86	51.39	-23.12	13 681.78	65.93		
华夏人寿京分	36 107.24	139.90	3 844.65	-82.99	856.96	177.09	131.37	8 745.91			10.48	40.56
正德人寿京分	17 629.85	128.36	3 676.45	134.05	17.87	-28.26	40.81	716.13				
信泰京分	6 029.60	42.00	510.67	-34.70	976.83	26.62	1.50		1.04		24.24	
嘉禾人寿京分	51 570.36	68.43	5 315.89	-18.22	408.11	183.71	154.82	50.74			79.18	135.31
长城京分	74 540.99	47.96	6 553.25	48.38	425.99	-75.87	188.45	162.54			164.46	-24.30
昆仑健康京分	14 946.62	83.16	37.46	2 263.40	5 761.72	394.56	30.18	338.66	4 157.00	162.69		
人保寿险京分	357 485.69	68.00	19 631.71	53.84	2 221.60	133.39	605.74	22.18	573.45	199.30	43 091.69	-46.95
国华人寿京分	29 734.95	101.42	2 036.31	878.07	300.63	169.21	5.00	54.19			4.63	199.67
国寿养老京分（虚拟）												
英大人寿京分	72 409.60	28.90	3 130.02	152.81	355.28	4.05	774.62	58.46	94.87		69.88	-51.66
泰康养老京分												

续表

公司	原保费收入	同比	退保金	同比	赔款支出	同比	死伤医疗给付	同比	满期给付	同比	年金给付	同比
幸福人寿京分	59 391.85	-4.24	3 608.77	79.79	2 702.91	134.90	79.74	89.44			9.24	-75.54
阳光人寿京分	144 013.23	202.33	3 545.53	-91.15	237.65	69.91	330.86	286.14	379.56	1 493.63		
百年人寿京分	6 143.81		9.50		13.63							
中邮人寿京分	6 854.78	1 240.39	0.27	-25.01								
安邦人寿京分（虚拟）	102.84		1.15		1.26							
中宏人寿京分	4 804.55	22.25	159.26	-37.14	26.14	-48.58	47.48	106.42	2.00	-77.78	46.31	29.67
中德安联京分	26 175.57	26.44	1 734.85	173.22	74.18	115.26	36.72	165 390.73			71.67	
金盛京分	17 360.05	29.96	2 522.47	6.83	2 658.61	67.72	83.59	32.20			234.41	-15.97
信诚京分	112 145.67	13.31	15 509.01	53.08	1 183.50	61.08	785.63	-4.52	700.23	83.00		
中意京分	368 007.04	111.27	22 506.65	22.66	11 319.96	31.70	1 093.46	160.29	23 637.18	34.05	159 550.81	7.47
光大永明京分	180 604.43	174.02	18 817.31	254.50	3 877.11	9.00	392.28	-12.76			143.49	43.36
友邦京分	171 982.22	0.06	31 545.55	1.67	5 471.47	2.21	2 253.65	16.02	30.41	-89.21	1 068.82	-33.44
首创安泰京分	47 384.32	88.15	6 628.23	82.33	12.94	74.63	285.71	234.50	7.46		16.95	-9.52
中英人寿京分	92 648.93	16.96	21 229.35	130.87	2 145.58	90.30	474.62	41.63	5 333.46	508.31	896.54	-17.89
海康人寿京分	40 389.18	40.26	7 016.56	-20.69	3 646.87	1 331.83	77.33	-86.89	3 561.27		296.62	346.32
招商信诺京分	67 092.34	403.70	7 798.13	132.08	1 799.77	54.54	31.42	1 471.00			158.88	115.40
恒安标准京分	27 709.82	20.76	7 515.44	28.42	2 646.44	48.69	213.66	108.98			73.21	
瑞泰人寿京分（虚拟）	55 691.03	65.15	21 509.64	7.64			47.83	139.15				
中美大都会京分(虚拟)	126 833.80	9.47	21 986.93	44.34	180.62	13.43	1 801.19	-8.02	6.15		44.24	254.09
中法人寿京分（虚拟）	22 238.50	-17.67	1 551.94	168.05			36.80	43.44				
华泰人寿北分	96 609.37	95.26	12 776.89	-57.62	873.83	-2.04	160.06	37.07			11.04	-63.52
国泰人寿京分	1 788.65	76.60	336.10	1 125.08	1 012.67	382.75	10.60	302.74	3.50		18.64	3 627.09
中航三星京分（虚拟）	29 990.46	36.68	897.14	121.99	632.40	78.62	39.40	97.01	14.15	-45.98	68.00	153.64
新光海航京分（虚拟）	11 437.01	715.62	109.27	1 484.98	41.88	3 777.78	41.56				6.08	
合计	7 494 593.32	41.56	931 986.91	0.48	161 202.85	20.38	79 382.92	14.21	454 583.05	-14.33	345 574.52	-2.74

注：虚拟是指未设立北京分公司的保险公司在北京开展的业务。

表 2. 29　北京市财产保险公司各险种保费收入与赔付支出统计

单位：万元、%

险 种 名 称	保费收入	同比增长	赔款支出	同比增长
1. 企业财产保险	241 799. 12	35. 44	63 641. 41	-42. 43
2. 家庭财产保险	2 911. 3	142. 39	806. 72	-4. 60
其中：投资型家财险	28. 92	-49. 8	5. 93	-75. 09
3. 机动车辆保险	1 528 396. 77	39. 48	763 325. 68	16. 44
其中：交强险	331 206. 71	23. 16	137 851. 75	26. 68
4. 工程保险	59 571. 57	4. 59	11 337. 19	4. 82
5. 责任保险	85 905. 52	39. 5	26 566. 65	52. 50
6. 信用保险	18 981. 07	-81. 61	5. 57	-99. 47
7. 保证保险	1 170. 1	250. 64	495. 48	-65. 10
其中：机动车辆消费贷款保证保险	32. 57	-62. 54	-166. 99	-147. 06
其中：个人贷款抵押房屋保证保险	-2 166. 85	39. 82	344. 47	-39. 08
8. 船舶保险	10 442. 21	120. 47	14 005. 89	1 771. 67
9. 货物运输保险	97 160. 76	36. 04	21 075. 41	-2. 13
10. 特殊风险保险	29 831. 06	-16. 42	11 766. 8	39. 31
11. 农业保险	36 664. 09	8. 33	23 287. 18	-7. 13
12. 健康险	15 673. 28	11. 76	10 220. 38	-9. 06
其中：投资型健康险		999 999. 00		999 999. 00
13. 意外伤害保险	31 253. 92	32. 6	8 463. 62	44. 89
其中：投资型意外险	-0. 03	90. 57	625. 91	70. 66
14. 其他险	10 196. 55	414. 75	765. 14	397. 76
合计	2 169 957. 32	29. 03	955 763. 1	9. 77

表 2. 30　北京市人身保险公司各险种保费收入与赔付支出统计

单位：万元

险种名称	原保险保费收入	赔款支出	死伤医疗给付	满期给付	年金给付	退保金
一、寿险小计	6 764 897. 96		31 722. 38	435 789. 60	345 574. 52	871 416. 43
1. 普通寿险	353 230. 38		13 958. 68	28 282. 89	94 578. 84	26 503. 15
（1）定期寿险	20 782. 19		3 795. 85	26. 98		265. 66
（2）两全寿险	196 457. 09		3 524. 08	27 212. 91	7 118. 31	8 894. 51
（3）终身寿险	70 830. 16		4 539. 41	99. 10		3 934. 53
（4）年金保险	65 160. 95		2 099. 33	943. 89	87 460. 52	13 408. 45
2. 分红寿险	5 015 880. 81		11 617. 59	379 559. 62	249 458. 16	381 890. 94
（1）定期寿险						
（2）两全寿险	4 039 089. 43		9 841. 77	375 179. 98		226 741. 47
（3）终身寿险	138 616. 89		1 135. 47	25. 94		4 568. 17
（4）年金保险	838 174. 50		640. 35	4 353. 70		150 581. 30
3. 投资连结保险	216 677. 82		1 442. 93	15 018. 37		162 771. 80
4. 万能保险	1 179 108. 95		4 703. 18	12 928. 72	1 537. 52	300 250. 54

续表

险种名称	原保险保费收入	赔款支出	死伤医疗给付	满期给付	年金给付	退保金
二、意外伤害险小计	105 702.90	13 016.87				
1. 一年期以内业务	8 498.21	783.55				
2. 一年期业务	93 503.57	12 233.32				
3. 一年期以上业务	3 701.13					
三、健康险小计	623 992.46	148 185.98	47 660.54	18 793.44		60 570.48
1. 短期业务	204 486.47	148 185.99				
2. 长期业务	419 505.99		47 660.54	18 793.44		60 570.48
合计	7 494 593.32	161 202.85	79 382.92	454 583.05	345 574.52	931 986.91

以上统计表制表单位：北京保监局。

表 2.31 中国人民银行对金融机构存款利率

单位：年利率%

项目	2002-02-21	2003-12-21	2005-03-17	2006-04-28	2006-08-19	2007-03-18	2007-05-19	2007-07-21
一、金融机构存款								
准备金存款	1.89	1.89	1.89	1.89	1.89	1.89	1.89	1.89
超额准备金	1.89	1.62	0.99	0.99	0.99	0.99	0.99	0.99
欠交准备金	按日利率万分之六计收利息	同前		同前		同前		
二、保险公司存款	1.89	1.89		1.89	1.89	1.89	1.89	1.89
三、邮政储蓄转存款①	4.347	4.131				同前		

项目	2007-08-22	2007-09-15	2007-12-21	2008-11-27	2008-12-23	2009-12-31	2010-10-20	2010-12-26
一、金融机构存款								
准备金存款	1.89	1.89	1.89	1.62	1.62	1.62	1.62	1.62
超额准备金	0.99	0.99	0.99	0.72	0.72	0.72	0.72	0.72
欠交准备金							同前	
二、保险公司存款	1.89	1.89	1.89					
三、邮政储蓄转存款①								

注：①2002 年 12 月 31 日银发〔2002〕393 号文，规定从 2003 年 1 月 1 日起邮政储蓄转存款利率暂调整为 4.131%。2003 年 9 月 1 日银发〔2003〕177 号文，规定自 2003 年 8 月 1 日起，邮政储蓄新增存款转存人民银行的部分，按照金融机构准备金存款利率（年利率为 1.89%）计息；此前的邮政储蓄在人民银行的转存款暂按现行转存款利率计息（年利率为 4.131%）。

表 2.32　中国人民银行对金融机构贷款利率

单位：年利率%

项目	2002－02－21	2004－03－25	2005－01－01	2006－04－28	2006－08－19	2007－03－18	2007－05－19	2007－07－21	2007－08－22
一、对金融机构贷款									
1. 再贷款（不含农村信用社）	①								
二十天以内	2.7	3.33							
三个月以内	2.97	3.6							
六个月以内	3.15	3.78							
一年	3.24	3.87							
2. 再贴现	2.97	3.24							
3. 逾期贷款	按日利率万分之五计收利息	同前				同前			
二、对农村信用社再贷款	②								
二十天以内	1.71	1.71	2.7	3.015	3.015				
三个月以内	1.98	1.98	2.97	3.285	3.285				
六个月以内	2.16	2.16	3.15	3.465	3.465				
一年	2.25	2.25	3.24	3.555	3.555				

项目	2007－09－15	2007－12－21	2008－01－01	2008－11－27	2008－12－23	2009－12－31	2010－10－20	2010－12－26	
一、对金融机构贷款									
1. 再贷款（不含农村信用社）									
二十天以内			4.14	3.06	2.79	2.79	2.79	3.25	
三个月以内			4.41	3.33	3.06	3.06	3.06	3.55	
六个月以内			4.59	3.51	3.24	3.24	3.24	3.75	
一年			4.68	3.6	3.33	3.33	3.33	3.85	
2. 再贴现			4.32	2.97	1.8	1.8	1.8	2.25	
3. 逾期贷款							同前		
二、对农村信用社再贷款									
二十天以内			3.42	2.88	2.34	2.34	2.34	2.8	
三个月以内			3.69	3.15	2.61	2.61	2.61	3.05	
六个月以内			3.87	3.33	2.79	2.79	2.79	3.25	
一年			3.96	3.42	2.88	2.88	2.88	3.35	

注：①2004 年 3 月 24 日银发〔2004〕59 号文，决定从 2004 年 3 月 25 日起，用于金融机构头寸调节和短期流动性支持的各档次再贷款利率，在现行再贷款基准利率基础上加 0.63 个百分点。其中，20 天以内再贷款利率为 3.33%，3 个月以内为 3.6%，6 个月以内为 3.78%，1 年以内为 3.87%。

②2004 年 3 月 24 日银发〔2004〕59 号文，农村信用社再贷款（不含紧急贷款）浮息采取逐步到位的政策。2004 年，保持现行农村信用社再贷款利率政策不变，即在再贷款基准利率基础上下浮 0.99 个百分点；2005 年 1 月 1 日起，农村信用社再贷款利率执行再贷款基准利率；2006 年 1 月 1 日起，农村信用社再贷款利率在再贷款基准利率基础上加点，加点幅度按同期人民银行确定的流动性再贷款利率加点幅度减半执行。农村信用社再贷款按合同利率执行到期，合同期内不分段计息。

表2.33 金融机构存

项目	2002－02－21	2004－10－29	2006－04－28	2006－08－19	2007－03－18	2007－05－19	2007－07－21	2007－08－22	2007－09－15
一、活期存款	0.72	0.72	0.72	0.72	0.72	0.72	0.81	0.81	0.81
二、定期存款									
1. 整存整取									
三个月	1.71	1.71	1.71	1.8	1.98	2.07	2.34	2.61	2.88
半年	1.89	2.07	2.07	2.25	2.43	2.61	2.88	3.15	3.42
一年	1.98	2.25	2.25	2.52	2.79	3.06	3.33	3.6	3.87
二年	2.25	2.7	2.70	3.06	3.33	3.69	3.96	4.23	4.5
三年	2.52	3.24	3.24	3.69	3.96	4.41	4.68	4.95	5.22
五年	2.79	3.60	3.60	4.14	4.41	4.95	5.22	5.49	5.76
2. 零存整取、整存零取、存本取息									
一年	1.71	1.71	1.71	1.8	1.98	2.07	2.34	2.61	2.88
三年	1.89	2.07	2.07	2.25	2.43	2.61	2.88	3.15	3.42
五年	1.98	2.25	2.25	2.52	2.79	3.06	3.33	3.6	3.87
3. 定活两便	按一年以内定期整存整取同档次利率60%执行	按一年以内定期整存整取同档次利率60%执行	同前	同前					
三、协定存款	1.44	1.44	1.44	1.44	1.44	1.44	1.53	1.53	1.53
四、通知存款									
一天	1.08	1.08	1.08	1.08	1.08	1.08	1.17	1.17	1.17
七天	1.62	1.62	1.62	1.62	1.62	1.62	1.71	1.71	1.71

款利率

单位：年利率%

2007 - 12 - 21	2008 - 10 - 09	2008 - 10 - 30	2008 - 11 - 27	2008 - 12 - 23	2009 - 12 - 31	2010 - 10 - 20	2010 - 12 - 26
0. 72	0. 72	0. 72	0. 36	0. 36	0. 36	0. 36	0. 36
3. 33	3. 15	2. 88	1. 98	1. 71	1. 71	1. 91	2. 25
3. 78	3. 51	3. 24	2. 25	1. 98	1. 98	2. 2	2. 5
4. 14	3. 87	3. 6	2. 52	2. 25	2. 25	2. 5	2. 75
4. 68	4. 41	4. 14	3. 06	2. 79	2. 79	3. 25	3. 55
5. 4	5. 13	4. 77	3. 6	3. 33	3. 33	3. 85	4. 15
5. 85	5. 58	5. 13	3. 87	3. 6	3. 6	4. 2	4. 55
3. 33	3. 15	2. 88	1. 98	1. 71	1. 71	1. 91	2. 25
3. 78	3. 51	3. 24	2. 25	1. 98	1. 98	2. 2	2. 5
4. 14	3. 87	3. 6	2. 52	2. 25	2. 25	2. 5	2. 75
					同前	同前	
1. 53	1. 53	1. 53	1. 17	1. 17	1. 17	1. 17	1. 17
1. 17	1. 17	1. 17	0. 81	0. 81	0. 81	0. 81	0. 81
1. 71	1. 71	1. 71	1. 35	1. 35	1. 35	1. 35	1. 35

表2.34 金融机构贷

项目	2002－02－21	2004－10－29	2005－03－17	2006－04－28	2006－08－19	2007－03－18	2007－05－19	2007－07－21	2007－08－22
一、短期贷款									
六个月以内（含六个月）	5.04	5.22	5.22	5.4	5.58	5.67	5.85	6.03	6.21
六个月至一年（含一年）	5.31	5.58	5.58	5.85	6.12	6.39	6.57	6.84	7.02
二、中长期贷款									
一至三年（含三年）	5.49	5.76	5.76	6.03	6.3	6.57	6.75	7.02	7.2
三至五年（含五年）	5.58	5.85	5.85	6.12	6.48	6.75	6.93	7.2	7.38
五年以上	5.76	6.12	6.12	6.39	6.84	7.11	7.2	7.38	7.56
三、贴现	在再贴现利率基础上，按不超过同期贷款利率（含浮动）加点	在再贴现利率基础上，按不超过同期贷款利率（含浮动）加点				同前			
四、个人住房贷款									
1. 个人住房公积金贷款									
五年以下（含五年）	3.6	3.78	3.96	4.14	4.14	4.32	4.41	4.5	4.59
五年以上	4.05	4.23	4.41	4.59	4.59	4.77	4.86	4.95	5.04
2. 自营性个人住房贷款①									
五年以下（含五年）	4.77	4.95	取消优惠利率，改按商业性贷款利率执行	同前	同前	同前			
五年以上	5.04	5.31							

注：①自2006年8月19日起，商业银行个人住房贷款利率的下限扩大为贷款基准利率的0.85倍，其他商业性贷款利率下限仍保持0.9倍不变。②自2008年10月27日起，商业银行个人住房贷款利率的下限扩大为贷款基准利率的0.7倍，其他商业性贷款利率下限仍保持0.9倍不变。

以上统计表制表单位：中国人民银行营业管理部货币信贷管理处。

款利率

单位：年利率%

2007－09－15	2007－12－21	2008－09－16	2008－10－09	2008－10－30	2008－11－27	2008－12－23	2009－12－31	2010－10－20	2010－12－26
6.48	6.57	6.21	6.12	6.03	5.04	4.86	4.86	5.1	5.35
7.29	7.47	7.2	6.93	6.66	5.58	5.31	5.31	5.56	5.81
7.47	7.56	7.29	7.02	6.75	5.67	5.4	5.4	5.6	5.85
7.65	7.74	7.56	7.29	7.02	5.94	5.76	5.76	5.96	6.22
7.83	7.83	7.74	7.47	7.2	6.12	5.94	5.94	6.14	6.4
								同前	
4.77	4.77	4.59	4.32	4.05	3.51	3.33	3.33	3.5	3.75
5.22	5.22	5.13	4.86	4.59	4.05	3.87	3.87	4.05	4.3

表 2.35　2010 年北京市银行卡发卡量和机具统计

单位：台/张

单位名称	发卡量	借记卡	准贷记卡	贷记卡	其中，银联标识卡	其中，银联标准卡 6 字头	银行网点数	自助银行数	自助缴费终端		自助存款机数	自助存取款机		
									总数	其中，开通跨行转账		总数	其中，开通跨行转账	其中，受理外卡
邮储	12 219 590	12 219 590	0	0	3 096 363	7 303 372	521	42	80			94		94
工行	24 029 177	18 089 902	177 740	5 761 535	24 029 177	13 598 302	562	—	—	—	—	914	—	914
农行	8 289 540	7 601 614	42 213	645 713	8 184 884	7 061 653	292	215	335	0	0	884	0	884
中行	5 716 729	4 014 044	337 408	1 365 277	0	861 408	254	143	248		0	422		422
建行	12 497 799	10 956 959	31 484	1 509 356	9 089 984	4 655 104	383	333	0	0	0	477	0	477
交行	7 107 944	7 107 897	47		6 953 262	5 345 107	108	29	242	0	0	161	161	161
中信	3 357 055	2 177 365		1 179 690	0	1 493 406	44	13	38	0	1	107	107	107
光大	3 160 299	3 160 299	0	0		1 273 487	50	57	345	0	0	74	74	74
华夏	1 022 740	1 022 740	0	0	884 586	1 385 501	48	61	0	0	5	87	87	87
民生	7 165 027	5 054 012		2 111 015	7 165 027	661 228	47	92	0	0	0	101	101	47
广发	1 998 133	520 805		1 477 328	0	365 062	32	37	0	0	180	180	180	180
深发	1 189 787	515 722		674 065	300 837	3 859 118	24	25	0	0	0	28	28	28
招行	4 831 975	4 831 975			575 232	1 576 359	56	79			0	341	339	339
兴业	1 351 580	937 865		413 715	1 351 580	590 601	33	31	0	0	0	36	0	0
浦发	1 497 736	1 497 736	479 518	250 255	767 963	265 828	38	44	37	37	0	67	67	62
北京银行	8 502 006	7 942 226		559 780	234 712	4 924 412	154	108	529	529	8	162	162	152
廊坊银行	300 104	300 104	0	0	0	267 223	22	19	0	0		0	0	0
北京农商行	5 796 307	5 796 307			5 796 307	5 316 345	694	295	697	0	0	251	251	170
天津银行	4 655	4 299	0	356	4 655	3 435	7	0	0	0	2	0	0	0
渤海银行	59 670	59 670	0	0	59 670	55 163	6	0	0	7	7	7	10	10
东亚银行	17 959	17 959				21 498	5	—	5	5	—	1	1	—
杭州银行	8 421	7 077	0	1 344	1 528	1 436	5	5	0	0	0	7	7	7
大连银行	5 312	5 312	0	176	5 312	69 309	2	2	0	0	0	0	0	0
平安银行						247 306								
合计	110 129 545	93 829 090	1 068 410	15 949 605	68 494 239	61 201 663	3 380	1 623	2 556	578	203	4 394	1 568	4 208

说明：1. ATM 取款机合计总数、入网数、开通跨行转账数中包括直联 ATM 总数 178 台。

2. 以上数据由各成员机构上报数据汇总而成，发卡量为截至 2010 年 12 月底的累计的时点数据。其中只有“银联标准卡”的数据来自北京银联发卡简报的发卡量累计。

3. 直联商户数和直联 POS 数由北京银联提供。

4. 表中空白部分和“—”是成员机构没有填写，实际情况不明。

续表

单位名称	ATM 情况				本行商户情况				直联商户情况	本行 POS 情况			直联 POS 数
	总数	其中，入网数	其中，开通跨行转账	其中，受理外卡	总数	入网数	其中，受理外卡	其中，MIS 商户	直联结算商户	总数	其中，入网数	其中，受理外卡	
邮储	687	687		687	2 975	2 975	26	2	2 975	4 592	4 592	26	4 592
工行	1 760	1 760	—	1 760	26 732	26 732	8 655	49	7 701	51 927	51 927	29 885	—
农行	676	676	0	676	4 643	4 643	967	18	3 151	5 961	5 961	1 522	3 664
中行	737	737		737	32 382	32 382	23 099	42	5 102	48 264	48 264	48 264	6 946
建行	1 043	1 043	0	1 043	16 936	16 936	6 572	44	914	24 423	24 423	9 958	979
交行	891	891	891	891	29 736	29 736	18 113	22		37 275	37 275	37 275	
中信	94	94	94	94	1 586	1 586	204	6	825	506	506	131	973
光大	266	266	266	266	0	0	0	0	979	0	0	0	1 154
华夏	364	364	364	364	2 813	2 813	0	2	4 308	3 204	3 204	0	6 828
民生	183	183	183	45	0	0	0	0	2 451	0	0	0	2 914
广发	58	58	58	58	2	2	0	0	1 636	2	2	2	2 049
深发	37	37	37	37	0	0	0	0	843	0	0	0	1 069
招行	235	235	235	235	3 104	3 104	1 328	0	1 426	4 012	4 012	0	2 047
兴业	131	131	131	0	0	0	0	0	3 063	0	0	0	3 574
浦发	95	95	95	92	0	0	0	0	3 989	0	0	0	4 134
北京银行	452	452	452	435	0	0	0	0	4 718	0	0	0	8 598
廊坊银行	0	66	66	66	0	0	0	0	236	0	0	0	314
北京农商行	966	966	966	966	0	0	0	0	12 797	0	0	0	17 434
天津银行	9	9	0	0	0	0	0	0	70	0	0	0	70
渤海银行	10	10	0	0	0	0	0	0	0	0	0	0	12
东亚银行	72	72	72	72	74	68	22	—	68	180	162	—	162
杭州银行	4	4	4	4									
大连银行	3	3	3	0	13	13	0	0	13	13	13	0	13
平安银行													
合计	8 766	8 832	3 910	8 524	120 983	120 977	58 986	185	57 265	180 346	180 328	127 063	67 526

制表单位：中国银联北京分公司

表 2.36　2010 年中国人民银行发行普通纪念币一览表

名　称	发行日期	材　质	规　格	面值（元）	图　案		铸造数量（万枚）
					正　面	背　面	
2010 年贺岁普通纪念币	2010－11－09	黄铜合金	直径 25mm	1	主景为“中国人民银行”行名、“1元”和汉语拼音字母“YIYUAN”及“2010”年号	主景图案为一个戴着虎头帽的儿童敲打腰鼓，背景为燃放的鞭炮和布老虎图案，内缘下方刊“庚寅”字样。	3 000
上海世界博览会普通纪念币	2010－11－09	钢芯镀镍	直径 25mm	1	主图案为上海世界博览会会徽，会徽上方为“中华人民共和国”字样，下方是微缩文字“EXPO 2010 SHANGHAI CHINA”。内缘下方刊“2010”年号	主图案为上海世界博览会吉祥物“海宝”，背景图案为城市建筑群，内缘上方刊“中国 2010 年上海世博会”字样，左下方刊“1 元”面额。	6 000
“和”字书法普通纪念币（第二组）	2010－11－09	黄铜合金	直径 25mm	1	主景为国徽，其上方刊“中华人民共和国”国名，下方刊“壹圆”面额和“2010”年号	主景图案为隶书“和”字，上方为多种字体书写的“和”字，背景以书法的飞白手法衬托	1 000
环境保护普通纪念币（第二组）	2010－11－09	黄铜合金	直径 25mm	1	主景为国徽，其上方刊“中华人民共和国”国名，下方刊“壹圆”面额和“2010”年号	主景图案为三个手拉手的人物形象，背景为图案化的地球和叶子，象征人类携手共同参与保护自然环境，内缘左侧刊“环境保护”字样。	1 000

制表单位：北京市钱币学会。

（三）金融机构业务统计

表 3.1 国家开发银行北京市分行人民币信贷收支统计

单位：万元

项目名称	余额	比年初	项目名称	余额	比年初
一、各项存款	3 661 311	1 138 863	一、各项贷款	33 190 144	2 256 265
1. 企业存款	2 888 569	1 137 306	（一）境内贷款	33 190 144	2 256 265
（1）活期存款	1 195 115	398 984	1. 短期贷款	4 740 049	-742 406
（2）定期存款	1 693 454	738 322	（1）个人贷款及透支		
2. 机关团体存款			其中：个人消费贷款		
3. 储蓄存款			（2）单位普通贷款及透支	4 540 049	-942 406
（1）活期储蓄			（3）普通并购贷款	200 000	200 000
（2）定期储蓄			（4）银团贷款		
4. 农业存款			（5）贸易融资		
5. 其他存款	772 742	1 557	2. 中长期贷款	28 449 989	2 998 567
二、代理财政性存款			（1）个人贷款		
三、金融债券			其中：个人消费贷款		
四、应付及暂收款	60 941	22 025	（2）单位普通贷款	25 509 600	1 621 004
其中：应付及预提利息	10 749	4 406	（3）普通并购贷款	589 150	276 000
五、卖出回购资产			（4）银团贷款	2 351 240	1 101 563
六、向中央银行借款			（5）贸易融资		
七、同业往来	23 014	-1 995 193	3. 票据融资	105	105
1. 同业存放	23 014	-1 995 193	其中：贴现	105	105
2. 同业拆借			4. 各项垫款		
八、行内资金往来	30 572 548	3 419 320	（二）境外贷款		
九、委托存款及委托投资基金（净）			二、有价证券及投资		
1. 委托存款及委托投资基金			三、应收及预付款	72 812	20 236
2. 减：委托贷款及委托投资			其中：应收利息	71 366	19 987
十、代理金融机构委托贷款基金			四、买入返售资产		
十一、各项准备			五、存放中央准备金存款	1 177 182	65 218
其中：贷款损失准备			六、存放中央银行特种存款		
十二、所有者权益	553 467	91 394	七、缴存中央银行财政性存款		
其中：实收资本			八、同业往来	312 335	312 335
十三、其他	-116 100	-21 769	1. 存放同业	312 335	312 335
			2. 拆放同业		
			九、行内资金往来		
			十、代理金融机构贷款		
			十一、库存现金		
			十二、外汇占款	2 709	587
			十三、投资性房地产		
资金来源总计	34 755 181	2 654 640	资金运用总计	34 755 181	2 654 640

表 3.2　中国进出口银行北京分行人民币信贷收支统计

单位：万元

项目名称	余额	比年初	项目名称	余额	比年初
一、各项存款	181 624	-98 616	一、各项贷款	3 446 886	629 053
1. 企业存款	119 047	-100 962	（一）境内贷款	3 446 886	629 053
（1）活期存款	72 633	-42 962	1. 短期贷款	159 786	-504 805
（2）定期存款	46 414	-58 000	（1）个人贷款及透支		
2. 机关团体存款			其中：个人消费贷款		
3. 储蓄存款			（2）单位普通贷款及透支	136 995	-301 005
（1）活期储蓄			（3）普通并购贷款		
（2）定期储蓄			（4）银团贷款		
4. 农业存款			（5）贸易融资	22 791	-203 800
5. 其他存款	62 577	2 346	2. 中长期贷款	3 287 100	1 133 858
二、代理财政性存款			（1）个人贷款		
三、金融债券			其中：个人消费贷款		
四、应付及暂收款	33 335	12 372	（2）单位普通贷款	1 730 954	733 406
其中：应付及预提利息	30 288	15 391	（3）普通并购贷款		
五、卖出回购资产			（4）银团贷款	224 895	
六、向中央银行借款			（5）贸易融资	1 331 251	400 452
七、同业往来			3. 票据融资		
1. 同业存放			其中：贴现		
2. 同业拆借			4. 各项垫款		
八、行内资金往来	3 156 611	669 911	（二）境外贷款		
九、委托存款及委托投资基金（净）			二、有价证券及投资		
1. 委托存款及委托投资基金			三、应收及预付款	6 257	1 155
2. 减：委托贷款及委托投资			其中：应收利息	5 396	1 080
十、代理金融机构委托贷款基金			四、买入返售资产		
十一、各项准备			五、存放中央准备金存款	19 996	-32 587
其中：贷款损失准备			六、存放中央银行特种存款		
十二、所有者权益	83 970	13 984	七、缴存中央银行财政性存款		
其中：实收资本			八、同业往来	29	
十三、其他	17 630	-28	1. 存放同业	29	
			2. 拆放同业		
			九、行内资金往来		
			十、代理金融机构贷款		
			十一、库存现金	2	2
			十二、外汇占款		
			十三、投资性房地产		
资金来源总计	3 473 171	597 623	资金运用总计	3 473 171	597 623

表 3.3　中国农业发展银行北京市分行人民币信贷收支统计

单位：万元

项目名称	余额	比年初	项目名称	余额	比年初
一、各项存款	633 199	431 796	一、各项贷款	4 152 640	850 535
1. 企业存款	541 120	422 007	（一）境内贷款	4 152 640	850 535
（1）活期存款	440 882	327 142	1. 短期贷款	1 090 399	－123 263
（2）定期存款	100 238	94 865	（1）个人贷款及透支		
2. 机关团体存款	87 251	11 038	其中：个人消费贷款		
3. 储蓄存款			（2）单位普通贷款及透支	1 090 399	－123 263
（1）活期储蓄			（3）普通并购贷款		
（2）定期储蓄			（4）银团贷款		
4. 农业存款			（5）贸易融资		
5. 其他存款	4 828	－1 250	2. 中长期贷款	1 227 111	1 008 057
二、代理财政性存款	80 464	－16 523	（1）个人贷款		
三、金融债券			其中：个人消费贷款		
四、应付及暂收款	6 920	3 613	（2）单位普通贷款	990 262	771 209
其中：应付及预提利息			（3）普通并购贷款		
五、卖出回购资产			（4）银团贷款	236 849	236 849
六、向中央银行借款			（5）贸易融资		
七、同业往来	2 249	－899 373	3. 票据融资	1 835 130	－34 259
1. 同业存放	2 249	－899 373	其中：贴现	1 835 130	－34 259
2. 同业拆借			4. 各项垫款		
八、行内资金往来	3 815 448	－967 354	（二）境外贷款		
九、委托存款及委托投资基金（净）			二、有价证券及投资		
1. 委托存款及委托投资基金			三、应收及预付款	214	－1 529
2. 减：委托贷款及委托投资			其中：应收利息	116	－1 615
十、代理金融机构委托贷款基金			四、买入返售资产		
十一、各项准备			五、存放中央准备金存款	16 793	7 358
其中：贷款损失准备			六、存放中央银行特种存款		
十二、所有者权益	39 023	4 262	七、缴存中央银行财政性存款		
其中：实收资本			八、同业往来	403 462	－2 300 205
十三、其他	－3 960	－209	1. 存放同业	403 462	－2 300 205
			2. 拆放同业		
			九、行内资金往来		
			十、代理金融机构贷款		
			十一、库存现金	218	40
			十二、外汇占款	16	13
			十三、投资性房地产		
资金来源总计	4 573 343	－1 443 787	资金运用总计	4 573 343	－1 443 787

表3.4 中国工商银行北京市分行人民币信贷收支统计

单位：万元

项目名称	余额	比年初	项目名称	余额	比年初
一、各项存款	161 881 178	16 271 541	一、各项贷款	34 149 145	4 121 635
1. 企业存款	52 330 724	4 517 664	（一）境内贷款	34 149 145	4 121 635
（1）活期存款	25 564 643	2 547 064	1. 短期贷款	5 284 616	51 083
（2）定期存款	26 766 081	1 970 599	（1）个人贷款及透支	25 375	11 499
2. 机关团体存款	51 713 674	4 831 615	其中：个人消费贷款	20 376	9 213
3. 储蓄存款	54 325 735	5 448 122	（2）单位普通贷款及透支	3 550 272	-791 918
（1）活期储蓄	19 634 200	3 728 633	（3）普通并购贷款		
（2）定期储蓄	34 691 535	1 719 490	（4）银团贷款		
4. 农业存款	5 382	-1 105	（5）贸易融资	1 708 969	831 502
5. 其他存款	3 505 663	1 475 245	2. 中长期贷款	28 816 645	5 864 015
二、代理财政性存款	5 972 138	3 338 504	（1）个人贷款	5 634 435	712 527
三、金融债券		-86	其中：个人消费贷款	5 481 302	683 047
四、应付及暂收款	2 595 381	321 135	（2）单位普通贷款	22 081 275	4 870 275
其中：应付及预提利息	1 506 808	194 677	（3）普通并购贷款	50 000	50 000
五、卖出回购资产			（4）银团贷款	1 050 935	231 213
六、向中央银行借款			（5）贸易融资		
七、同业往来	20 644 816	-4 872 514	3. 票据融资	47 885	-1 793 464
1. 同业存放	20 644 816	-4 872 514	其中：贴现	47 885	-1 793 464
2. 同业拆借			4. 各项垫款		
八、行内资金往来			（二）境外贷款		
九、委托存款及委托投资基金（净）	32		二、有价证券及投资	22 475 830	6 644 900
1. 委托存款及委托投资基金	7 602 201	3 284 897	三、应收及预付款	417 597	137 070
2. 减：委托贷款及委托投资	7 602 169	3 284 897	其中：应收利息	402 590	153 946
十、代理金融机构委托贷款基金			四、买入返售资产	891 085	374 463
十一、各项准备	194 280	-10 593	五、存放中央准备金存款	541 833	-503 270
其中：贷款损失准备	180 184	-10 366	六、存放中央银行特种存款		
十二、所有者权益	1 668 575	291 051	七、缴存中央银行财政性存款	5 549 139	1 697 050
其中：实收资本			八、同业往来	2 121 900	1 160 400
十三、其他	455 581	-32 424	1. 存放同业	600 000	600 000
			2. 拆放同业	1 521 900	560 400
			九、行内资金往来	127 025 361	1 702 224
			十、代理金融机构贷款		
			十一、库存现金	362 935	94 986
			十二、外汇占款	-122 845	-122 845
			十三、投资性房地产		
资金来源总计	193 411 981	15 306 614	资金运用总计	193 411 981	15 306 614

表3.5 中国农业银行北京市分行人民币信贷收支统计

单位：万元

项目名称	余额	比年初	项目名称	余额	比年初
一、各项存款	42 970 006	8 995 771	一、各项贷款	16 674 736	3 854 102
1. 企业存款	20 004 906	3 069 219	（一）境内贷款	16 674 736	3 854 102
（1）活期存款	11 399 088	2 965 509	1. 短期贷款	5 384 842	-63 469
（2）定期存款	8 605 817	103 710	（1）个人贷款及透支	73 452	44 512
2. 机关团体存款	3 565 929	1 423 071	其中：个人消费贷款	57 942	30 218
3. 储蓄存款	14 847 871	2 942 775	（2）单位普通贷款及透支	5 175 202	-230 249
（1）活期储蓄	7 103 998	1 766 652	（3）普通并购贷款		
（2）定期储蓄	7 743 874	1 176 123	（4）银团贷款		-7 500
4. 农业存款			（5）贸易融资	136 187	129 768
5. 其他存款	4 551 301	1 560 705	2. 中长期贷款	11 075 113	4 839 171
二、代理财政性存款	1 802	1 244	（1）个人贷款	1 717 205	283 941
三、金融债券			其中：个人消费贷款	1 674 262	263 123
四、应付及暂收款	534 415	135 663	（2）单位普通贷款	8 379 401	4 064 443
其中：应付及预提利息	378 102	113 523	（3）普通并购贷款	247 980	228 180
五、卖出回购资产			（4）银团贷款	730 527	262 608
六、向中央银行借款			（5）贸易融资		
七、同业往来	1 691 820	-700 599	3. 票据融资	211 308	-922 780
1. 同业存放	1 691 820	-700 599	其中：贴现	211 308	-922 780
2. 同业拆借			4. 各项垫款	3 474	1 180
八、行内资金往来			（二）境外贷款		
九、委托存款及委托投资基金（净）	2 749	1 368	二、有价证券及投资	213 100	-91 638
1. 委托存款及委托投资基金	4 745 986	598 087	三、应收及预付款	52 270	-6 833
2. 减：委托贷款及委托投资	4 743 237	596 719	其中：应收利息	29 393	10 194
十、代理金融机构委托贷款基金	599 305	331 360	四、买入返售资产	677 106	677 106
十一、各项准备	495 091	72 490	五、存放中央准备金存款	211 204	96 409
其中：贷款损失准备	492 503	72 541	六、存放中央银行特种存款		
十二、所有者权益	419 274	99 124	七、缴存中央银行财政性存款	154 816	141 044
其中：实收资本			八、同业往来	105 102	-115 000
十三、其他	-923 189	-57 444	1. 存放同业	30 102	-190 000
			2. 拆放同业	75 000	75 000
			九、行内资金往来	26 958 407	3 968 899
			十、代理金融机构贷款	599 305	331 360
			十一、库存现金	145 559	24 547
			十二、外汇占款	-330	-1 021
			十三、投资性房地产		
资金来源总计	45 791 274	8 878 976	资金运用总计	45 791 274	8 878 976

表 3.6　中国银行北京市分行人民币信贷收支统计

单位：万元

项目名称	余额	比年初	项目名称	余额	比年初
一、各项存款	51 381 107	6 493 614	一、各项贷款	17 647 123	1 264 896
1. 企业存款	28 267 615	419 172	（一）境内贷款	17 647 123	1 264 896
（1）活期存款	14 564 603	-1 134 080	1. 短期贷款	4 199 862	506 043
（2）定期存款	13 703 012	1 553 252	（1）个人贷款及透支	39 234	-6 042
2. 机关团体存款	4 104 207	2 919 982	其中：个人消费贷款	39 214	-5 264
3. 储蓄存款	13 554 972	1 284 225	（2）单位普通贷款及透支	3 596 441	423 317
（1）活期储蓄	4 267 780	700 977	（3）普通并购贷款		
（2）定期储蓄	9 287 191	583 248	（4）银团贷款		-70 000
4. 农业存款	23 899	2 125	（5）贸易融资	564 187	158 769
5. 其他存款	5 430 414	1 868 109	2. 中长期贷款	12 786 967	1 111 161
二、代理财政性存款	138	-569	（1）个人贷款	3 563 955	-232 305
三、金融债券			其中：个人消费贷款	3 495 753	-235 879
四、应付及暂收款	938 788	-147 597	（2）单位普通贷款	8 086 519	755 086
其中：应付及预提利息	438 202	-379 105	（3）普通并购贷款	74 175	-8 825
五、卖出回购资产			（4）银团贷款	1 062 319	597 206
六、向中央银行借款			（5）贸易融资		
七、同业往来	7 009 315	3 890 681	3. 票据融资	660 294	-352 308
1. 同业存放	7 009 315	3 890 681	其中：贴现	660 294	-352 308
2. 同业拆借			4. 各项垫款		
八、行内资金往来			（二）境外贷款		
九、委托存款及委托投资基金（净）			二、有价证券及投资	201 922	-10 698
1. 委托存款及委托投资基金	5 124 024	2 111 386	三、应收及预付款	118 704	-926 246
2. 减：委托贷款及委托投资	5 124 024	2 111 386	其中：应收利息	80 468	-908 278
十、代理金融机构委托贷款基金			四、买入返售资产		
十一、各项准备	351 761	38 596	五、存放中央准备金存款	1 008 667	513 154
其中：贷款损失准备	314 320	47 615	六、存放中央银行特种存款		
十二、所有者权益	537 216	150 072	七、缴存中央银行财政性存款	21 441	6 388
其中：实收资本			八、同业往来	6 159 539	4 068 596
十三、其他	-2 653 290	-2 639 300	1. 存放同业	4 027 131	2 933 001
			2. 拆放同业	2 132 408	1 135 595
			九、行内资金往来	31 620 945	2 265 017
			十、代理金融机构贷款		
			十一、库存现金	159 870	18 395
			十二、外汇占款	626 824	585 996
			十三、投资性房地产		
资金来源总计	57 565 036	7 785 497	资金运用总计	57 565 036	7 785 497

表 3.7 中国建设银行北京市分行人民币信贷收支统计

单位：万元

项目名称	余额	比年初	项目名称	余额	比年初
一、各项存款	67 524 204	7 667 788	一、各项贷款	28 196 712	2 488 369
1. 企业存款	30 546 564	3 990 784	（一）境内贷款	28 196 712	2 488 369
（1）活期存款	20 181 579	3 072 897	1. 短期贷款	7 884 243	1 496 167
（2）定期存款	10 364 986	917 887	（1）个人贷款及透支	54 884	14 856
2. 机关团体存款	7 475 959	1 326 888	其中：个人消费贷款	37 636	6 701
3. 储蓄存款	22 766 811	2 057 512	（2）单位普通贷款及透支	7 535 267	1 475 291
（1）活期储蓄	8 214 439	1 025 439	（3）普通并购贷款		
（2）定期储蓄	14 552 373	1 032 073	（4）银团贷款		
4. 农业存款	12 497	-43 743	（5）贸易融资	294 093	6 020
5. 其他存款	6 722 373	336 346	2. 中长期贷款	19 618 748	2 498 320
二、代理财政性存款	5 454	-157	（1）个人贷款	4 950 622	529 663
三、金融债券			其中：个人消费贷款	4 749 029	466 184
四、应付及暂收款	713 916	58 281	（2）单位普通贷款	14 665 600	1 969 873
其中：应付及预提利息	496 438	38 257	（3）普通并购贷款		
五、卖出回购资产			（4）银团贷款		
六、向中央银行借款			（5）贸易融资	2 525	-1 216
七、同业往来	8 662 409	1 747 678	3. 票据融资	693 721	-1 506 119
1. 同业存放	8 662 409	1 747 678	其中：贴现	693 721	-1 506 119
2. 同业拆借			4. 各项垫款		
八、行内资金往来			（二）境外贷款		
九、委托存款及委托投资基金（净）	25	3 990	二、有价证券及投资	174 513	-57 627
1. 委托存款及委托投资基金	8 038 164	1 930 235	三、应收及预付款	166 295	15 601
2. 减：委托贷款及委托投资	8 038 139	1 926 245	其中：应收利息	156 684	26 241
十、代理金融机构委托贷款基金			四、买入返售资产	1 050 000	646 000
十一、各项准备	55 424	-1 567	五、存放中央准备金存款	234 543	19 212
其中：贷款损失准备	11	11	六、存放中央银行特种存款		
十二、所有者权益	198 938	78 499	七、缴存中央银行财政性存款	73 385	47 567
其中：实收资本			八、同业往来	60 614	59 962
十三、其他	-7 346	-9 606	1. 存放同业	60 149	59 997
			2. 拆放同业	465	-35
			九、行内资金往来	46 981 509	6 308 420
			十、代理金融机构贷款		
			十一、库存现金	215 453	17 401
			十二、外汇占款		
			十三、投资性房地产		
资金来源总计	77 153 023	9 544 905	资金运用总计	77 153 023	9 544 905

表3.8 交通银行北京市分行人民币信贷收支统计

单位：万元

项目名称	余额	比年初	项目名称	余额	比年初
一、各项存款	42 476 060	7 534 118	一、各项贷款	22 945 609	3 862 805
1. 企业存款	25 483 275	3 555 643	（一）境内贷款	22 945 609	3 862 805
（1）活期存款	11 218 156	2 651 111	1. 短期贷款	4 890 551	-1 146 123
（2）定期存款	14 265 119	904 533	（1）个人贷款及透支	22 328	9 241
2. 机关团体存款	158 617	107 343	其中：个人消费贷款	15 328	2 381
3. 储蓄存款	7 471 559	1 616 779	（2）单位普通贷款及透支	4 473 662	-1 231 214
（1）活期储蓄	3 386 480	930 123	（3）普通并购贷款		
（2）定期储蓄	4 085 079	686 656	（4）银团贷款	72 795	-62 705
4. 农业存款	65	-8 440	（5）贸易融资	321 765	138 555
5. 其他存款	9 362 544	2 262 793	2. 中长期贷款	17 001 238	5 591 498
二、代理财政性存款	41	-260	（1）个人贷款	3 210 634	1 033 287
三、金融债券			其中：个人消费贷款	3 039 498	981 248
四、应付及暂收款	1 671 359	696 551	（2）单位普通贷款	9 821 135	2 566 507
其中：应付及预提利息	781 817	157 058	（3）普通并购贷款	7 500	7 500
五、卖出回购资产			（4）银团贷款	3 961 968	1 984 204
六、向中央银行借款			（5）贸易融资		
七、同业往来	12 192 920	3 406 883	3. 票据融资	1 053 820	-582 571
1. 同业存放	12 192 920	3 406 883	其中：贴现	1 053 820	-582 571
2. 同业拆借			4. 各项垫款		
八、行内资金往来			（二）境外贷款		
九、委托存款及委托投资基金（净）	1 549 538	139 639	二、有价证券及投资	250	-100
1. 委托存款及委托投资基金	5 842 777	-882 866	三、应收及预付款	968 083	303 951
2. 减：委托贷款及委托投资	4 293 239	-1 022 505	其中：应收利息	176 765	91 703
十、代理金融机构委托贷款基金			四、买入返售资产	1 379 877	753 477
十一、各项准备	175 281	-17 015	五、存放中央准备金存款	655 409	368 105
其中：贷款损失准备	175 281	-17 015	六、存放中央银行特种存款		
十二、所有者权益	285 627	-72 064	七、缴存中央银行财政性存款	120	-89
其中：实收资本			八、同业往来	31 111	-1 123 825
十三、其他	-613 904	-237 540	1. 存放同业	31 111	-645 825
			2. 拆放同业		-478 000
			九、行内资金往来	31 658 114	7 282 108
			十、代理金融机构贷款		
			十一、库存现金	98 361	3 889
			十二、外汇占款	-11	-10
			十三、投资性房地产		
资金来源总计	57 736 922	11 450 312	资金运用总计	57 736 922	11 450 312

表 3.9 招商银行北京分行人民币信贷收支统计

单位：万元

项目名称	余额	比年初	项目名称	余额	比年初
一、各项存款	21 100 275	1 610 397	一、各项贷款	10 323 960	1 774 689
1. 企业存款	9 237 362	1 304 052	（一）境内贷款	10 323 960	1 774 689
（1）活期存款	5 854 802	1 456 757	1. 短期贷款	3 094 349	－177 287
（2）定期存款	3 382 560	－152 705	（1）个人贷款及透支	148 206	40 840
2. 机关团体存款	149 178	－274 400	其中：个人消费贷款	115 215	15 761
3. 储蓄存款	9 807 293	1 080 893	（2）单位普通贷款及透支	2 810 533	－291 555
（1）活期储蓄	5 346 676	950 542	（3）普通并购贷款		
（2）定期储蓄	4 460 617	130 351	（4）银团贷款	58 000	24 500
4. 农业存款			（5）贸易融资	77 610	48 928
5. 其他存款	1 906 442	－500 148	2. 中长期贷款	7 058 579	2 010 296
二、代理财政性存款	3	－20	（1）个人贷款	3 459 851	1 096 272
三、金融债券			其中：个人消费贷款	3 219 300	931 890
四、应付及暂收款	296 622	78 335	（2）单位普通贷款	2 705 888	509 683
其中：应付及预提利息	228 543	55 177	（3）普通并购贷款	40 990	40 990
五、卖出回购资产			（4）银团贷款	837 456	377 707
六、向中央银行借款	25 734	25 734	（5）贸易融资	14 394	－14 356
七、同业往来	3 358 778	69 472	3. 票据融资	171 032	－58 320
1. 同业存放	3 358 778	69 472	其中：贴现	171 032	－58 320
2. 同业拆借			4. 各项垫款		
八、行内资金往来			（二）境外贷款		
九、委托存款及委托投资基金（净）			二、有价证券及投资		
1. 委托存款及委托投资基金	4 157 973	2 114 041	三、应收及预付款	28 745	10 882
2. 减：委托贷款及委托投资	4 157 973	2 114 041	其中：应收利息	24 423	9 018
十、代理金融机构委托贷款基金			四、买入返售资产	1 291 547	271 547
十一、各项准备	152 427	20 161	五、存放中央准备金存款	127 433	4 253
其中：贷款损失准备	152 098	20 174	六、存放中央银行特种存款		
十二、所有者权益	252 213	179 802	七、缴存中央银行财政性存款	1 579	36
其中：实收资本			八、同业往来	188 239	－625 968
十三、其他	50 166	2 559	1. 存放同业	1 239	－706 968
			2. 拆放同业	187 000	81 000
			九、行内资金往来	13 182 362	534 598
			十、代理金融机构贷款		
			十一、库存现金	92 353	16 403
			十二、外汇占款		
			十三、投资性房地产		
资金来源总计	25 236 218	1 986 440	资金运用总计	25 236 218	1 986 440

表 3.10　上海浦东发展银行北京分行人民币信贷收支统计

单位：万元

项目名称	余额	比年初	项目名称	余额	比年初
一、各项存款	10 206 740	1 114 174	一、各项贷款	5 755 787	1 217 300
1. 企业存款	7 046 690	775 612	（一）境内贷款	5 755 787	1 217 300
（1）活期存款	3 264 264	848 537	1. 短期贷款	1 618 378	-85 050
（2）定期存款	3 782 426	-72 925	（1）个人贷款及透支	75 901	24 563
2. 机关团体存款	425 938	148 095	其中：个人消费贷款	16 211	-6 552
3. 储蓄存款	1 473 163	290 288	（2）单位普通贷款及透支	1 466 493	-185 597
（1）活期储蓄	472 412	104 174	（3）普通并购贷款		
（2）定期储蓄	1 000 751	186 114	（4）银团贷款		
4. 农业存款			（5）贸易融资	75 984	75 984
5. 其他存款	1 260 949	-99 821	2. 中长期贷款	4 109 276	1 278 206
二、代理财政性存款	1		（1）个人贷款	995 753	321 627
三、金融债券			其中：个人消费贷款	943 522	298 465
四、应付及暂收款	176 393	-190 414	（2）单位普通贷款	2 742 443	818 947
其中：应付及预提利息	160 184	-94 813	（3）普通并购贷款	6 240	6 240
五、卖出回购资产			（4）银团贷款	364 840	131 392
六、向中央银行借款			（5）贸易融资		
七、同业往来	2 322 370	1 168	3. 票据融资	28 133	24 144
1. 同业存放	2 322 370	1 168	其中：贴现	28 133	24 144
2. 同业拆借			4. 各项垫款		
八、行内资金往来			（二）境外贷款		
九、委托存款及委托投资基金（净）	119 915	-17 839	二、有价证券及投资	16 944	-4 113
1. 委托存款及委托投资基金	1 333 053	1 027 092	三、应收及预付款	55 193	-226 146
2. 减：委托贷款及委托投资	1 213 138	1 044 931	其中：应收利息	40 757	-121 812
十、代理金融机构委托贷款基金			四、买入返售资产		
十一、各项准备	85 906	-5 924	五、存放中央准备金存款	343 212	23 962
其中：贷款损失准备	80 308	1 670	六、存放中央银行特种存款		
十二、所有者权益	116 679	35 759	七、缴存中央银行财政性存款	16	-172
其中：实收资本			八、同业往来	328 257	-466 551
十三、其他	30 484	5 815	1. 存放同业	105 257	-639 551
			2. 拆放同业	223 000	173 000
			九、行内资金往来	6 526 720	392 504
			十、代理金融机构贷款		
			十一、库存现金	32 213	6 137
			十二、外汇占款	146	-182
			十三、投资性房地产		
资金来源总计	13 058 488	942 739	资金运用总计	13 058 488	942 739

表 3.11　广东发展银行北京分行人民币信贷收支统计

单位：万元

项目名称	余额	比年初	项目名称	余额	比年初
一、各项存款	8 230 985	857 691	一、各项贷款	5 887 593	1 079 712
1. 企业存款	6 511 323	665 253	（一）境内贷款	5 887 593	1 079 712
（1）活期存款	3 020 996	283 632	1. 短期贷款	1 904 752	275 458
（2）定期存款	3 490 327	381 621	（1）个人贷款及透支	11 246	4 578
2. 机关团体存款	166 959	99 481	其中：个人消费贷款	4 677	-381
3. 储蓄存款	702 939	86 316	（2）单位普通贷款及透支	1 839 487	230 987
（1）活期储蓄	236 085	25 913	（3）普通并购贷款		
（2）定期储蓄	466 854	60 403	（4）银团贷款		-5 126
4. 农业存款			（5）贸易融资	54 019	45 019
5. 其他存款	849 764	6 641	2. 中长期贷款	3 979 106	895 951
二、代理财政性存款			（1）个人贷款	532 990	82 731
三、金融债券			其中：个人消费贷款	468 843	50 683
四、应付及暂收款	68 749	-2 906	（2）单位普通贷款	2 771 187	864 719
其中：应付及预提利息	49 986	-8 964	（3）普通并购贷款		
五、卖出回购资产			（4）银团贷款	674 160	-52 268
六、向中央银行借款			（5）贸易融资	769	769
七、同业往来	346 389	19 098	3. 票据融资	3 735	-91 697
1. 同业存放	346 389	19 098	其中：贴现	3 735	-91 697
2. 同业拆借			4. 各项垫款		
八、行内资金往来			（二）境外贷款		
九、委托存款及委托投资基金（净）			二、有价证券及投资	28 921	1 276
1. 委托存款及委托投资基金	1 276 053	453 548	三、应收及预付款	21 250	-9 355
2. 减：委托贷款及委托投资	1 276 053	453 548	其中：应收利息	18 172	-10 465
十、代理金融机构委托贷款基金			四、买入返售资产		-75 000
十一、各项准备	10 458	-2 389	五、存放中央准备金存款	242 922	104 207
其中：贷款损失准备	10 458	-2 389	六、存放中央银行特种存款		
十二、所有者权益	131 486	68 652	七、缴存中央银行财政性存款	1 131	26
其中：实收资本			八、同业往来	242 144	229 648
十三、其他	-2 321 319	-2 271 781	1. 存放同业	242 144	229 648
			2. 拆放同业		
			九、行内资金往来	14 302	-2 672 373
			十、代理金融机构贷款		
			十一、库存现金	27 508	9 674
			十二、外汇占款	977	550
			十三、投资性房地产		
资金来源总计	6 466 748	-1 331 635	资金运用总计	6 466 748	-1 331 635

表 3.12　兴业银行北京分行人民币信贷收支统计

单位：万元

项目名称	余额	比年初	项目名称	余额	比年初
一、各项存款	10 831 550	1 103 656	一、各项贷款	5 575 859	699 826
1. 企业存款	7 108 947	549 703	（一）境内贷款	5 575 859	699 826
（1）活期存款	3 842 990	439 619	1. 短期贷款	1 437 855	382 725
（2）定期存款	3 265 957	110 084	（1）个人贷款及透支	40 967	20 872
2. 机关团体存款	1 782 081	293 244	其中：个人消费贷款	5 195	-8 803
3. 储蓄存款	1 381 005	201 780	（2）单位普通贷款及透支	1 396 889	361 853
（1）活期储蓄	517 553	50 350	（3）普通并购贷款		
（2）定期储蓄	863 452	151 430	（4）银团贷款		
4. 农业存款	33 774	-11 287	（5）贸易融资		
5. 其他存款	525 743	70 216	2. 中长期贷款	3 926 910	151 882
二、代理财政性存款			（1）个人贷款	867 153	62 624
三、金融债券			其中：个人消费贷款	795 714	50 427
四、应付及暂收款	110 091	19 404	（2）单位普通贷款	2 285 163	6 890
其中：应付及预提利息	62 535	6 434	（3）普通并购贷款		
五、卖出回购资产			（4）银团贷款	774 594	82 369
六、向中央银行借款			（5）贸易融资		
七、同业往来	3 277 754	344 877	3. 票据融资	211 094	165 219
1. 同业存放	3 277 754	344 877	其中：贴现	211 094	165 219
2. 同业拆借			4. 各项垫款		
八、行内资金往来			（二）境外贷款		
九、委托存款及委托投资基金（净）	544	-653	二、有价证券及投资	896 699	745 191
1. 委托存款及委托投资基金	2 747 602	328 382	三、应收及预付款	21 593	9 576
2. 减：委托贷款及委托投资	2 747 058	329 035	其中：应收利息	20 011	9 376
十、代理金融机构委托贷款基金			四、买入返售资产	723 793	678 793
十一、各项准备	64 167	13 136	五、存放中央准备金存款	100 013	17 523
其中：贷款损失准备	63 071	12 104	六、存放中央银行特种存款		
十二、所有者权益	230 938	50 864	七、缴存中央银行财政性存款	1 333	14
其中：实收资本			八、同业往来	1 115 725	797 119
十三、其他	-95 103	-24 293	1. 存放同业	6 725	-2 881
			2. 拆放同业	1 109 000	800 000
			九、行内资金往来	5 966 872	-1 438 874
			十、代理金融机构贷款		
			十一、库存现金	18 053	-2 175
			十二、外汇占款		
			十三、投资性房地产		
资金来源总计	14 419 940	1 506 992	资金运用总计	14 419 940	1 506 992

表3.13 深圳发展银行北京分行人民币信贷收支统计

单位：万元

项目名称	余额	比年初	项目名称	余额	比年初
一、各项存款	6 880 520	1 164 715	一、各项贷款	4 338 721	6 569
1. 企业存款	3 313 727	-126 209	（一）境内贷款	4 338 721	6 569
（1）活期存款	1 568 751	-142 568	1. 短期贷款	1 911 929	279 647
（2）定期存款	1 744 976	16 359	（1）个人贷款及透支	7 758	3 830
2. 机关团体存款	1 034 720	965 746	其中：个人消费贷款	4 822	2 179
3. 储蓄存款	474 527	66 842	（2）单位普通贷款及透支	1 837 374	209 020
（1）活期储蓄	198 349	42 518	（3）普通并购贷款		
（2）定期储蓄	276 178	24 324	（4）银团贷款		
4. 农业存款	5 246	2 993	（5）贸易融资	66 797	66 797
5. 其他存款	2 052 300	255 343	2. 中长期贷款	2 251 889	340 887
二、代理财政性存款			（1）个人贷款	1 220 161	142 207
三、金融债券			其中：个人消费贷款	1 119 938	89 310
四、应付及暂收款	86 899	40 298	（2）单位普通贷款	692 428	187 513
其中：应付及预提利息	51 819	20 216	（3）普通并购贷款		
五、卖出回购资产			（4）银团贷款	339 300	11 167
六、向中央银行借款			（5）贸易融资		
七、同业往来	757 090	-15 768	3. 票据融资	146 775	-615 906
1. 同业存放	757 090	-15 768	其中：贴现	146 775	-615 906
2. 同业拆借			4. 各项垫款	28 128	1 941
八、行内资金往来			（二）境外贷款		
九、委托存款及委托投资基金（净）			二、有价证券及投资		-38 944
1. 委托存款及委托投资基金	592 568	154 354	三、应收及预付款	39 841	31 535
2. 减：委托贷款及委托投资	592 568	154 354	其中：应收利息	7 250	763
十、代理金融机构委托贷款基金			四、买入返售资产	952 137	619 477
十一、各项准备	35 265	8 402	五、存放中央准备金存款	62 945	12 772
其中：贷款损失准备	35 132	8 392	六、存放中央银行特种存款		
十二、所有者权益	25 569	4 563	七、缴存中央银行财政性存款	4	-780
其中：实收资本			八、同业往来	200 050	199 994
十三、其他	17 571	-2 372	1. 存放同业	200 050	199 994
			2. 拆放同业		
			九、行内资金往来	2 202 968	369 394
			十、代理金融机构贷款		
			十一、库存现金	6 248	-179
			十二、外汇占款		
			十三、投资性房地产		
资金来源总计	7 802 914	1 199 838	资金运用总计	7 802 914	1 199 838

表3.14　中信银行总行营业部人民币信贷收支统计

单位：万元

项目名称	余额	比年初	项目名称	余额	比年初
一、各项存款	26 059 301	4 439 565	一、各项贷款	16 022 708	1 997 007
1. 企业存款	17 517 368	3 177 097	（一）境内贷款	16 022 708	1 997 007
（1）活期存款	8 942 801	2 369 535	1. 短期贷款	4 578 903	695 225
（2）定期存款	8 574 566	807 562	（1）个人贷款及透支	12 312	5 368
2. 机关团体存款	3 514 521	305 024	其中：个人消费贷款	4 743	-2 201
3. 储蓄存款	3 476 165	842 776	（2）单位普通贷款及透支	4 331 995	585 389
（1）活期储蓄	1 016 148	371 181	（3）普通并购贷款		
（2）定期储蓄	2 460 017	471 595	（4）银团贷款		
4. 农业存款			（5）贸易融资	234 595	104 468
5. 其他存款	1 551 247	114 668	2. 中长期贷款	10 281 423	1 731 679
二、代理财政性存款			（1）个人贷款	3 681 972	1 182 774
三、金融债券			其中：个人消费贷款	3 618 408	1 171 905
四、应付及暂收款	300 602	54 453	（2）单位普通贷款	6 164 954	530 312
其中：应付及预提利息	157 082	13 565	（3）普通并购贷款	164 757	164 757
五、卖出回购资产			（4）银团贷款	269 740	-146 164
六、向中央银行借款			（5）贸易融资		
七、同业往来	2 667 054	-1 842 476	3. 票据融资	1 157 982	-429 897
1. 同业存放	2 667 054	-1 842 476	其中：贴现	1 157 982	-429 897
2. 同业拆借			4. 各项垫款	4 400	
八、行内资金往来			（二）境外贷款		
九、委托存款及委托投资基金（净）	680 485	-376 119	二、有价证券及投资	146 668	-38 494
1. 委托存款及委托投资基金	6 555 326	3 189 851	三、应收及预付款	67 460	20 843
2. 减：委托贷款及委托投资	5 874 840	3 565 970	其中：应收利息	37 634	13 663
十、代理金融机构委托贷款基金			四、买入返售资产	2 159 403	377 476
十一、各项准备	173 913	57 806	五、存放中央准备金存款	602 909	158 981
其中：贷款损失准备	172 652	57 806	六、存放中央银行特种存款		
十二、所有者权益	267 515	84 834	七、缴存中央银行财政性存款	1 561	-855
其中：实收资本			八、同业往来	608 378	-193 648
十三、其他	66 596	37 167	1. 存放同业	516 726	201 546
			2. 拆放同业	91 652	-395 194
			九、行内资金往来	10 559 237	61 365
			十、代理金融机构贷款		
			十一、库存现金	30 386	-292
			十二、外汇占款	16 757	72 848
			十三、投资性房地产		
资金来源总计	30 215 467	2 455 230	资金运用总计	30 215 467	2 455 230

表3.15 中国光大银行北京分行人民币信贷收支统计

单位：万元

项目名称	余额	比年初	项目名称	余额	比年初
一、各项存款	17 433 207	1 708 154	一、各项贷款	8 049 421	1 616 381
1. 企业存款	10 986 049	1 646 998	（一）境内贷款	8 049 421	1 616 381
（1）活期存款	4 230 291	188 624	1. 短期贷款	3 347 770	1 108 850
（2）定期存款	6 755 758	1 458 374	（1）个人贷款及透支	2 819	828
2. 机关团体存款	3 055 177	525 022	其中：个人消费贷款	2 819	828
3. 储蓄存款	1 715 078	274 094	（2）单位普通贷款及透支	2 432 087	743 660
（1）活期储蓄	550 109	29 832	（3）普通并购贷款		
（2）定期储蓄	1 164 969	244 262	（4）银团贷款	115 948	115 948
4. 农业存款			（5）贸易融资	796 916	248 414
5. 其他存款	1 676 903	-737 960	2. 中长期贷款	4 549 785	535 834
二、代理财政性存款			（1）个人贷款	1 775 668	342 734
三、金融债券			其中：个人消费贷款	1 405 786	243 591
四、应付及暂收款	306 832	68 993	（2）单位普通贷款	2 480 455	351 798
其中：应付及预提利息	247 780	50 310	（3）普通并购贷款		
五、卖出回购资产			（4）银团贷款	278 207	-139 426
六、向中央银行借款			（5）贸易融资	15 455	-19 272
七、同业往来	3 156 048	1 002 076	3. 票据融资	151 866	-28 303
1. 同业存放	3 156 048	1 002 076	其中：贴现	151 866	-28 303
2. 同业拆借			4. 各项垫款		
八、行内资金往来			（二）境外贷款		
九、委托存款及委托投资基金（净）	2 263 272	1 331 298	二、有价证券及投资	71 306	35 901
1. 委托存款及委托投资基金	2 645 268	1 437 187	三、应收及预付款	19 509	4 850
2. 减：委托贷款及委托投资	381 996	105 889	其中：应收利息	17 630	5 518
十、代理金融机构委托贷款基金			四、买入返售资产	1 181 598	831 731
十一、各项准备	127 974	34 148	五、存放中央准备金存款	410 260	56 999
其中：贷款损失准备	127 752	34 387	六、存放中央银行特种存款		
十二、所有者权益	148 915	84 659	七、缴存中央银行财政性存款	411	101
其中：实收资本			八、同业往来	982 290	-1 786
十三、其他	41 333	4 213	1. 存放同业	467 390	-416 686
			2. 拆放同业	514 900	414 900
			九、行内资金往来	12 732 707	1 686 268
			十、代理金融机构贷款		
			十一、库存现金	30 079	3 096
			十二、外汇占款		
			十三、投资性房地产		
资金来源总计	23 477 581	4 233 541	资金运用总计	23 477 581	4 233 541

表3.16 华夏银行北京分行人民币信贷收支统计

单位：万元

项目名称	余额	比年初	项目名称	余额	比年初
一、各项存款	12 872 304	2 240 756	一、各项贷款	7 074 057	1 294 363
1. 企业存款	9 890 399	2 446 734	（一）境内贷款	7 074 057	1 294 363
（1）活期存款	5 333 962	1 098 199	1. 短期贷款	2 772 507	411 308
（2）定期存款	4 556 437	1 348 535	（1）个人贷款及透支	55 031	－16 399
2. 机关团体存款	210 305	207 040	其中：个人消费贷款	39 368	－19 961
3. 储蓄存款	1 505 490	338 320	（2）单位普通贷款及透支	2 717 476	428 006
（1）活期储蓄	648 056	146 908	（3）普通并购贷款		
（2）定期储蓄	857 434	191 412	（4）银团贷款		
4. 农业存款			（5）贸易融资		－299
5. 其他存款	1 266 110	－751 338	2. 中长期贷款	4 294 359	888 934
二、代理财政性存款	133	124	（1）个人贷款	1 500 654	191 929
三、金融债券			其中：个人消费贷款	1 125 897	160 855
四、应付及暂收款	242 776	13 615	（2）单位普通贷款	2 793 704	887 576
其中：应付及预提利息	71 076	22 447	（3）普通并购贷款		
五、卖出回购资产			（4）银团贷款		－190 570
六、向中央银行借款			（5）贸易融资		
七、同业往来	394 551	－1 405 271	3. 票据融资	3 597	－2 589
1. 同业存放	394 551	－1 405 271	其中：贴现	3 597	－2 589
2. 同业拆借			4. 各项垫款	3 595	－3 290
八、行内资金往来			（二）境外贷款		
九、委托存款及委托投资基金（净）			二、有价证券及投资	52 619	－1 346
1. 委托存款及委托投资基金	3 703 981	3 568 646	三、应收及预付款	166 457	37 368
2. 减：委托贷款及委托投资	3 703 981	3 568 646	其中：应收利息	33	13
十、代理金融机构委托贷款基金			四、买入返售资产		
十一、各项准备	122 413	－5 076	五、存放中央准备金存款	253 957	100 340
其中：贷款损失准备	120 414	－3 557	六、存放中央银行特种存款		
十二、所有者权益	119 310	19 031	七、缴存中央银行财政性存款	144	124
其中：实收资本			八、同业往来	2 431	－3 848
十三、其他	25 409	7 723	1. 存放同业	2 431	－3 848
			2. 拆放同业		
			九、行内资金往来	6 190 231	－561 103
			十、代理金融机构贷款		
			十一、库存现金	37 000	5 012
			十二、外汇占款		－8
			十三、投资性房地产		
资金来源总计	13 776 897	870 902	资金运用总计	13 776 897	870 902

表 3.17　中国民生银行总行营业部人民币信贷收支统计

单位：万元

项目名称	余额	比年初	项目名称	余额	比年初
一、各项存款	35 364 900	10 224 456	一、各项贷款	14 435 404	1 900 243
1. 企业存款	18 120 760	2 387 213	（一）境内贷款	14 435 404	1 900 243
（1）活期存款	9 520 982	1 633 291	1. 短期贷款	5 067 254	1 061 702
（2）定期存款	8 599 778	753 922	（1）个人贷款及透支	1 566 037	1 262 996
2. 机关团体存款	2 601 941	641 881	其中：个人消费贷款	10 602	-3 865
3. 储蓄存款	4 247 955	886 024	（2）单位普通贷款及透支	3 501 217	-201 294
（1）活期储蓄	1 392 846	568 117	（3）普通并购贷款		
（2）定期储蓄	2 855 108	317 907	（4）银团贷款		
4. 农业存款			（5）贸易融资		
5. 其他存款	10 394 243	6 309 338	2. 中长期贷款	9 350 871	868 039
二、代理财政性存款		-1	（1）个人贷款	2 514 576	207 137
三、金融债券			其中：个人消费贷款	1 920 563	-62 857
四、应付及暂收款	774 777	204 433	（2）单位普通贷款	5 891 335	344 342
其中：应付及预提利息	727 419	200 298	（3）普通并购贷款		
五、卖出回购资产			（4）银团贷款	944 960	316 560
六、向中央银行借款			（5）贸易融资		
七、同业往来	1 127 848	-387 687	3. 票据融资	17 279	-29 498
1. 同业存放	1 127 848	-387 687	其中：贴现	17 279	-29 498
2. 同业拆借			4. 各项垫款		
八、行内资金往来			（二）境外贷款		
九、委托存款及委托投资基金（净）			二、有价证券及投资		
1. 委托存款及委托投资基金	603 490	-29 598	三、应收及预付款	502 044	113 477
2. 减：委托贷款及委托投资	603 490	-29 598	其中：应收利息	42 804	9 794
十、代理金融机构委托贷款基金			四、买入返售资产	8 000	-20 000
十一、各项准备	210 150	54 813	五、存放中央准备金存款	505 182	-55 917
其中：贷款损失准备	208 937	54 779	六、存放中央银行特种存款		
十二、所有者权益	206 032	63 756	七、缴存中央银行财政性存款	30	-3
其中：实收资本			八、同业往来	1 541 331	1 531 035
十三、其他	67 955	-24 463	1. 存放同业	1 329 331	1 329 035
			2. 拆放同业	212 000	202 000
			九、行内资金往来	20 704 228	6 654 004
			十、代理金融机构贷款		
			十一、库存现金	55 443	12 468
			十二、外汇占款		
			十三、投资性房地产		
资金来源总计	37 751 661	10 135 306	资金运用总计	37 751 661	10 135 306

表3.18 渤海银行北京分行人民币信贷收支统计

单位：万元

项目名称	余额	比年初	项目名称	余额	比年初
一、各项存款	2 312 114	510 950	一、各项贷款	1 277 999	172 863
1. 企业存款	1 490 329	162 796	（一）境内贷款	1 277 999	172 863
（1）活期存款	790 606	277 763	1. 短期贷款	270 525	-181 706
（2）定期存款	699 723	-114 967	（1）个人贷款及透支	2 875	1 240
2. 机关团体存款	206 190	164 671	其中：个人消费贷款	1 078	-557
3. 储蓄存款	228 716	48 716	（2）单位普通贷款及透支	266 693	-174 861
（1）活期储蓄	128 087	42 921	（3）普通并购贷款		
（2）定期储蓄	100 628	5 794	（4）银团贷款		
4. 农业存款	201	-402	（5）贸易融资	957	-8 085
5. 其他存款	386 678	135 169	2. 中长期贷款	1 006 936	354 194
二、代理财政性存款			（1）个人贷款	209 164	73 965
三、金融债券			其中：个人消费贷款	186 205	54 043
四、应付及暂收款	86 569	77 111	（2）单位普通贷款	771 022	253 479
其中：应付及预提利息	15 576	8 668	（3）普通并购贷款		
五、卖出回购资产			（4）银团贷款	26 750	26 750
六、向中央银行借款			（5）贸易融资		
七、同业往来	916 718	899 110	3. 票据融资	539	376
1. 同业存放	916 718	899 110	其中：贴现	539	376
2. 同业拆借			4. 各项垫款		
八、行内资金往来			（二）境外贷款		
九、委托存款及委托投资基金（净）			二、有价证券及投资		
1. 委托存款及委托投资基金			三、应收及预付款	72 501	70 374
2. 减：委托贷款及委托投资			其中：应收利息	3 749	1 922
十、代理金融机构委托贷款基金			四、买入返售资产	212 185	212 185
十一、各项准备			五、存放中央准备金存款	222 249	184 883
其中：贷款损失准备			六、存放中央银行特种存款		
十二、所有者权益	21 807	3 434	七、缴存中央银行财政性存款		
其中：实收资本			八、同业往来	110 961	110 811
十三、其他	-12 404	3 094	1. 存放同业	961	811
			2. 拆放同业	110 000	110 000
			九、行内资金往来	1 426 628	742 464
			十、代理金融机构贷款		
			十一、库存现金	2 281	119
			十二、外汇占款		
			十三、投资性房地产		
资金来源总计	3 324 803	1 493 698	资金运用总计	3 324 803	1 493 698

表 3.19　浙商银行北京分行人民币信贷收支统计

单位：万元

项目名称	余额	比年初	项目名称	余额	比年初
一、各项存款	1 779 150	917 749	一、各项贷款	649 640	107 837
1. 企业存款	1 498 045	756 825	（一）境内贷款	649 640	107 837
（1）活期存款	722 997	339 010	1. 短期贷款	273 649	-80 254
（2）定期存款	775 048	417 815	（1）个人贷款及透支	8 074	7 449
2. 机关团体存款	48 713	7 802	其中：个人消费贷款	1 446	821
3. 储蓄存款	46 766	17 246	（2）单位普通贷款及透支	265 575	-87 703
（1）活期储蓄	36 642	25 375	（3）普通并购贷款		
（2）定期储蓄	10 124	-8 129	（4）银团贷款		
4. 农业存款	9 412	-8 389	（5）贸易融资		
5. 其他存款	176 215	144 266	2. 中长期贷款	365 163	177 263
二、代理财政性存款			（1）个人贷款	413	413
三、金融债券			其中：个人消费贷款		
四、应付及暂收款	3 229	1 240	（2）单位普通贷款	364 750	176 850
其中：应付及预提利息	765	739	（3）普通并购贷款		
五、卖出回购资产			（4）银团贷款		
六、向中央银行借款			（5）贸易融资		
七、同业往来	466 657	401 563	3. 票据融资	10 828	10 828
1. 同业存放	466 657	401 563	其中：贴现	10 828	10 828
2. 同业拆借			4. 各项垫款		
八、行内资金往来			（二）境外贷款		
九、委托存款及委托投资基金（净）			二、有价证券及投资	107 000	107 000
1. 委托存款及委托投资基金	112 800	112 800	三、应收及预付款	3 097	1 245
2. 减：委托贷款及委托投资	112 800	112 800	其中：应收利息	1 639	591
十、代理金融机构委托贷款基金			四、买入返售资产	174 287	154 287
十一、各项准备			五、存放中央准备金存款	72 124	31 982
其中：贷款损失准备			六、存放中央银行特种存款		
十二、所有者权益	33 824	32 291	七、缴存中央银行财政性存款		
其中：实收资本			八、同业往来	936 320	915 999
十三、其他	7 358	-460	1. 存放同业	502 420	482 099
			2. 拆放同业	433 900	433 900
			九、行内资金往来	347 468	34 086
			十、代理金融机构贷款		
			十一、库存现金	282	-53
			十二、外汇占款		
			十三、投资性房地产		
资金来源总计	2 290 218	1 352 384	资金运用总计	2 290 218	1 352 384

表 3.20　北京银行人民币信贷收支统计（全国）

单位：万元

项目名称	余额	比年初	项目名称	余额	比年初
一、各项存款	55 642 845	10 660 050	一、各项贷款	32 736 574	5 977 627
1. 企业存款	37 709 402	5 878 272	（一）境内贷款	32 736 574	5 977 627
（1）活期存款	25 265 787	3 510 932	1. 短期贷款	11 002 410	2 471 111
（2）定期存款	12 443 615	2 367 340	（1）个人贷款及透支	297 702	149 172
2. 机关团体存款	1 675 579	388 927	其中：个人消费贷款	198 733	50 298
3. 储蓄存款	9 864 781	2 555 771	（2）单位普通贷款及透支	10 027 984	1 726 621
（1）活期储蓄	2 624 309	345 054	（3）普通并购贷款		-11 920
（2）定期储蓄	7 240 472	2 210 717	（4）银团贷款	418 400	412 400
4. 农业存款	6 290	6 068	（5）贸易融资	258 324	194 838
5. 其他存款	6 386 793	1 831 012	2. 中长期贷款	21 546 906	4 159 658
二、代理财政性存款	2 057	2 057	（1）个人贷款	4 142 110	1 695 409
三、金融债券	1 647 074	300 192	其中：个人消费贷款	3 869 355	1 539 474
四、应付及暂收款	514 966	88 727	（2）单位普通贷款	14 047 550	-16 402
其中：应付及预提利息	345 268	113 708	（3）普通并购贷款	172 950	154 950
五、卖出回购资产	3 974 175	3 624 175	（4）银团贷款	3 175 444	2 321 425
六、向中央银行借款			（5）贸易融资	8 852	4 276
七、同业往来	6 147 000	4 681 892	3. 票据融资	185 433	-653 142
1. 同业存放	4 784 000	3 418 892	其中：贴现	185 433	-653 142
2. 同业拆借	1 363 000	1 263 000	4. 各项垫款	1 825	
八、行内资金往来	6 930	4 115	（二）境外贷款		
九、委托存款及委托投资基金（净）	19 844	4 543	二、有价证券及投资	16 342 074	4 253 315
1. 委托存款及委托投资基金	3 821 703	27 260	三、应收及预付款	333 840	83 609
2. 减：委托贷款及委托投资	3 801 859	22 717	其中：应收利息	280 181	82 055
十、代理金融机构委托贷款基金	176	63	四、买入返售资产	6 520 018	2 236 798
十一、各项准备	830 951	102 029	五、存放中央准备金存款	10 155 715	3 610 183
其中：贷款损失准备	690 908	104 752	六、存放中央银行特种存款		
十二、所有者权益	4 263 834	507 001	七、缴存中央银行财政性存款	13 812	730
其中：实收资本	622 756		八、同业往来	6 088 228	3 772 756
十三、其他	-541 404	-48 843	1. 存放同业	3 906 981	2 569 711
			2. 拆放同业	2 181 247	1 203 045
			九、行内资金往来		
			十、代理金融机构贷款	176	63
			十一、库存现金	200 281	-6 428
			十二、外汇占款	94 520	-1 482
			十三、投资性房地产	23 210	-1 170
资金来源总计	72 508 448	19 926 001	资金运用总计	72 508 448	19 926 001

表 3.21　北京银行人民币信贷收支统计（北京）

单位：万元

项目名称	余额	比年初	项目名称	余额	比年初
一、各项存款	47 215 643	7 370 257	一、各项贷款	22 661 738	2 123 168
1. 企业存款	32 041 030	3 882 787	（一）境内贷款	22 661 738	2 123 168
（1）活期存款	21 682 657	2 240 802	1. 短期贷款	6 584 597	581 560
（2）定期存款	10 358 373	1 641 985	（1）个人贷款及透支	238 241	104 801
2. 机关团体存款	1 506 336	299 630	其中：个人消费贷款	182 737	49 392
3. 储蓄存款	9 132 609	2 171 038	（2）单位普通贷款及透支	5 721 876	-93 839
（1）活期储蓄	2 438 370	275 482	（3）普通并购贷款		-11 920
（2）定期储蓄	6 694 239	1 895 556	（4）银团贷款	413 400	407 400
4. 农业存款	5 532	5 404	（5）贸易融资	211 080	175 118
5. 其他存款	4 530 136	1 011 398	2. 中长期贷款	16 028 730	1 922 172
二、代理财政性存款	50	50	（1）个人贷款	2 952 973	711 124
三、金融债券	1 647 074	300 192	其中：个人消费贷款	2 700 866	574 742
四、应付及暂收款	458 403	60 894	（2）单位普通贷款	9 944 281	-1 097 274
其中：应付及预提利息	307 256	98 463	（3）普通并购贷款	111 900	93 900
五、卖出回购资产	3 974 175	3 624 175	（4）银团贷款	3 019 576	2 214 422
六、向中央银行借款			（5）贸易融资		
七、同业往来	4 715 938	3 972 600	3. 票据融资	46 586	-380 564
1. 同业存放	3 352 938	2 709 600	其中：贴现	46 586	-380 564
2. 同业拆借	1 363 000	1 263 000	4. 各项垫款	1 825	
八、行内资金往来			（二）境外贷款		
九、委托存款及委托投资基金（净）	19 844	4 543	二、有价证券及投资	16 342 074	4 253 315
1. 委托存款及委托投资基金	3 382 290	-142 456	三、应收及预付款	313 447	72 696
2. 减：委托贷款及委托投资	3 362 446	-146 999	其中：应收利息	260 095	71 410
十、代理金融机构委托贷款基金			四、买入返售资产	4 206 052	-77 168
十一、各项准备	716 980	57 399	五、存放中央准备金存款	9 614 518	3 316 314
其中：贷款损失准备	576 937	60 122	六、存放中央银行特种存款		
十二、所有者权益	4 166 395	447 346	七、缴存中央银行财政性存款	11 807	-1 275
其中：实收资本	622 756		八、同业往来	5 583 873	3 285 359
十三、其他	-594 723	-60 572	1. 存放同业	3 402 626	2 082 314
			2. 拆放同业	2 181 247	1 203 045
			九、行内资金往来	3 282 139	2 816 449
			十、代理金融机构贷款		
			十一、库存现金	186 401	-10 119
			十二、外汇占款	94 520	-685
			十三、投资性房地产	23 210	-1 170
资金来源总计	62 319 779	15 776 884	资金运用总计	62 319 779	15 776 884

表 3.22　天津银行北京分行人民币信贷收支统计

单位：万元

项目名称	余额	比年初	项目名称	余额	比年初
一、各项存款	1 789 194	484 368	一、各项贷款	736 891	381 375
1. 企业存款	1 427 236	313 773	（一）境内贷款	736 891	381 375
（1）活期存款	861 165	46 354	1. 短期贷款	346 426	121 851
（2）定期存款	566 071	267 419	（1）个人贷款及透支	3 361	3 361
2. 机关团体存款	40 670	40 670	其中：个人消费贷款	1 548	1 548
3. 储蓄存款	40 940	22 296	（2）单位普通贷款及透支	343 065	121 015
（1）活期储蓄	19 607	9 651	（3）普通并购贷款		
（2）定期储蓄	21 333	12 645	（4）银团贷款		
4. 农业存款			（5）贸易融资		-2 525
5. 其他存款	280 348	107 629	2. 中长期贷款	390 465	259 895
二、代理财政性存款			（1）个人贷款	45 239	40 847
三、金融债券			其中：个人消费贷款	42 382	37 990
四、应付及暂收款	6 752	5 630	（2）单位普通贷款	345 226	219 048
其中：应付及预提利息	5 838	5 000	（3）普通并购贷款		
五、卖出回购资产			（4）银团贷款		
六、向中央银行借款			（5）贸易融资		
七、同业往来	7 220	5 515	3. 票据融资		-371
1. 同业存放	7 220	5 515	其中：贴现		-371
2. 同业拆借			4. 各项垫款		
八、行内资金往来			（二）境外贷款		
九、委托存款及委托投资基金（净）		-1	二、有价证券及投资	240 000	240 000
1. 委托存款及委托投资基金	13 620	13 619	三、应收及预付款	1 047	538
2. 减：委托贷款及委托投资	13 620	13 620	其中：应收利息		
十、代理金融机构委托贷款基金			四、买入返售资产		
十一、各项准备			五、存放中央准备金存款	150 088	34 079
其中：贷款损失准备			六、存放中央银行特种存款		
十二、所有者权益	23 138	17 243	七、缴存中央银行财政性存款		
其中：实收资本			八、同业往来	81 591	80 013
十三、其他	6 810	-1 840	1. 存放同业	1 591	13
			2. 拆放同业	80 000	80 000
			九、行内资金往来	621 803	-226 138
			十、代理金融机构贷款		
			十一、库存现金	1 694	1 048
			十二、外汇占款		
			十三、投资性房地产		
资金来源总计	1 833 114	510 915	资金运用总计	1 833 114	510 915

表 3.23 大连银行北京分行人民币信贷收支统计

单位：万元

项目名称	余额	比年初	项目名称	余额	比年初
一、各项存款	529 163	-188 948	一、各项贷款	403 259	225 233
1. 企业存款	354 610	-234 767	（一）境内贷款	403 259	225 233
（1）活期存款	249 385	-191 501	1. 短期贷款	283 086	143 331
（2）定期存款	105 225	-43 266	（1）个人贷款及透支	3 672	3 672
2. 机关团体存款	2 830	-8 770	其中：个人消费贷款	3 172	3 172
3. 储蓄存款	49 482	25 779	（2）单位普通贷款及透支	279 414	139 659
（1）活期储蓄	19 875	4 407	（3）普通并购贷款		
（2）定期储蓄	29 607	21 372	（4）银团贷款		
4. 农业存款	3 670	-8 526	（5）贸易融资		
5. 其他存款	118 571	37 336	2. 中长期贷款	120 174	82 003
二、代理财政性存款			（1）个人贷款	30 904	19 760
三、金融债券			其中：个人消费贷款	30 504	19 360
四、应付及暂收款	2 954	546	（2）单位普通贷款	82 000	64 973
其中：应付及预提利息	2 161	98	（3）普通并购贷款		
五、卖出回购资产			（4）银团贷款	7 270	-2 730
六、向中央银行借款			（5）贸易融资		
七、同业往来		-80 000	3. 票据融资		-100
1. 同业存放		-80 000	其中：贴现		-100
2. 同业拆借			4. 各项垫款		
八、行内资金往来			（二）境外贷款		
九、委托存款及委托投资基金（净）			二、有价证券及投资	31 443	30 869
1. 委托存款及委托投资基金	17 551	13 662	三、应收及预付款	4 233	3 789
2. 减：委托贷款及委托投资	17 551	13 662	其中：应收利息	696	357
十、代理金融机构委托贷款基金			四、买入返售资产		
十一、各项准备	7 551	5 865	五、存放中央准备金存款	19 927	-1 048
其中：贷款损失准备	7 551	5 865	六、存放中央银行特种存款		
十二、所有者权益	1 481	-1 208	七、缴存中央银行财政性存款	24	24
其中：实收资本			八、同业往来	1 490	1 336
十三、其他	13 535	-226	1. 存放同业	1 490	1 336
			2. 拆放同业		
			九、行内资金往来	93 808	-523 835
			十、代理金融机构贷款		
			十一、库存现金	500	-339
			十二、外汇占款		
			十三、投资性房地产		
资金来源总计	554 685	-263 970	资金运用总计	554 685	-263 970

表 3. 24　杭州银行北京分行人民币信贷收支统计

单位：万元

项目名称	余额	比年初	项目名称	余额	比年初
一、各项存款	1 513 052	451 132	一、各项贷款	721 796	246 867
1. 企业存款	1 169 877	453 982	（一）境内贷款	721 796	246 867
（1）活期存款	461 183	26 980	1. 短期贷款	474 940	110 848
（2）定期存款	708 694	427 002	（1）个人贷款及透支	42 947	35 318
2. 机关团体存款	109 468	106 410	其中：个人消费贷款	4 457	1 275
3. 储蓄存款	53 458	1 061	（2）单位普通贷款及透支	431 993	75 530
（1）活期储蓄	19 282	-5 835	（3）普通并购贷款		
（2）定期储蓄	34 176	6 896	（4）银团贷款		
4. 农业存款	10 067	3 865	（5）贸易融资		
5. 其他存款	170 182	-114 186	2. 中长期贷款	232 559	126 225
二、代理财政性存款			（1）个人贷款	2 925	2 188
三、金融债券			其中：个人消费贷款	2 925	2 188
四、应付及暂收款	10 395	5 289	（2）单位普通贷款	229 634	124 037
其中：应付及预提利息	9 239	5 484	（3）普通并购贷款		
五、卖出回购资产			（4）银团贷款		
六、向中央银行借款			（5）贸易融资		
七、同业往来	223 000	223 000	3. 票据融资	14 297	9 794
1. 同业存放	223 000	223 000	其中：贴现	14 297	9 794
2. 同业拆借			4. 各项垫款		
八、行内资金往来			（二）境外贷款		
九、委托存款及委托投资基金（净）			二、有价证券及投资	45 000	45 000
1. 委托存款及委托投资基金	61 785	61 785	三、应收及预付款	1 441	1 321
2. 减：委托贷款及委托投资	61 785	61 785	其中：应收利息	250	250
十、代理金融机构委托贷款基金			四、买入返售资产		
十一、各项准备	9 867	4 615	五、存放中央准备金存款	65 886	-44 437
其中：贷款损失准备	9 867	4 615	六、存放中央银行特种存款		
十二、所有者权益	19 756	11 431	七、缴存中央银行财政性存款		
其中：实收资本			八、同业往来	890	347
十三、其他	7 551	-883	1. 存放同业	890	347
			2. 拆放同业		
			九、行内资金往来	947 534	444 910
			十、代理金融机构贷款		
			十一、库存现金	1 074	576
			十二、外汇占款		
			十三、投资性房地产		
资金来源总计	1 783 621	694 584	资金运用总计	1 783 621	694 584

表 3.25　南京银行北京分行人民币信贷收支统计

单位：万元

项目名称	余额	比年初	项目名称	余额	比年初
一、各项存款	1 207 323	686 903	一、各项贷款	727 201	126 468
1. 企业存款	926 550	481 021	（一）境内贷款	727 201	126 468
（1）活期存款	424 445	185 751	1. 短期贷款	428 518	-36 252
（2）定期存款	502 105	295 270	（1）个人贷款及透支	9 688	7 923
2. 机关团体存款	110 841	103 834	其中：个人消费贷款	6 058	4 293
3. 储蓄存款	43 476	29 463	（2）单位普通贷款及透支	418 830	-44 175
（1）活期储蓄	18 577	12 965	（3）普通并购贷款		
（2）定期储蓄	24 899	16 498	（4）银团贷款		
4. 农业存款	7 814	7 047	（5）贸易融资		
5. 其他存款	118 642	65 538	2. 中长期贷款	292 632	157 019
二、代理财政性存款			（1）个人贷款	9 332	3 719
三、金融债券			其中：个人消费贷款	4 768	3 374
四、应付及暂收款	10 475	8 970	（2）单位普通贷款	233 500	173 500
其中：应付及预提利息	7 562	7 025	（3）普通并购贷款		
五、卖出回购资产	29 671	29 671	（4）银团贷款	49 800	-20 200
六、向中央银行借款			（5）贸易融资		
七、同业往来	580 988	580 988	3. 票据融资	6 051	5 701
1. 同业存放	580 988	580 988	其中：贴现	6 051	5 701
2. 同业拆借			4. 各项垫款		
八、行内资金往来		-83 839	（二）境外贷款		
九、委托存款及委托投资基金（净）			二、有价证券及投资		
1. 委托存款及委托投资基金	120 000	70 000	三、应收及预付款	3 699	2 788
2. 减：委托贷款及委托投资	120 000	70 000	其中：应收利息	3 617	2 776
十、代理金融机构委托贷款基金			四、买入返售资产	726 613	726 613
十一、各项准备	143	143	五、存放中央准备金存款	15 302	2 137
其中：贷款损失准备	143	143	六、存放中央银行特种存款		
十二、所有者权益	15 929	15 929	七、缴存中央银行财政性存款		
其中：实收资本			八、同业往来	482	479
十三、其他	8 479	-828	1. 存放同业	482	479
			2. 拆放同业		
			九、行内资金往来	379 183	379 183
			十、代理金融机构贷款		
			十一、库存现金	528	269
			十二、外汇占款		
			十三、投资性房地产		
资金来源总计	1 853 008	1 237 937	资金运用总计	1 853 008	1 237 937

表 3.26　盛京银行北京分行人民币信贷收支统计

单位：万元

项目名称	余额	比年初	项目名称	余额	比年初
一、各项存款	1 119 041	861 969	一、各项贷款	973 703	724 445
1. 企业存款	674 677	433 374	（一）境内贷款	973 703	724 445
（1）活期存款	526 904	353 601	1. 短期贷款	196 760	128 560
（2）定期存款	147 773	79 773	（1）个人贷款及透支	560	560
2. 机关团体存款	12 320	12 320	其中：个人消费贷款	560	560
3. 储蓄存款	20 813	10 546	（2）单位普通贷款及透支	196 200	128 000
（1）活期储蓄	11 282	4 587	（3）普通并购贷款		
（2）定期储蓄	9 531	5 959	（4）银团贷款		
4. 农业存款	97	97	（5）贸易融资		
5. 其他存款	411 134	405 632	2. 中长期贷款	776 943	665 943
二、代理财政性存款			（1）个人贷款	210	210
三、金融债券			其中：个人消费贷款	210	210
四、应付及暂收款	4 986	4 120	（2）单位普通贷款	776 733	665 733
其中：应付及预提利息	3 756	3 548	（3）普通并购贷款		
五、卖出回购资产	149 827	-52 754	（4）银团贷款		
六、向中央银行借款			（5）贸易融资		
七、同业往来	841 452	841 447	3. 票据融资		-70 058
1. 同业存放	841 452	841 447	其中：贴现		-70 058
2. 同业拆借			4. 各项垫款		
八、行内资金往来		-30 305	（二）境外贷款		
九、委托存款及委托投资基金（净）			二、有价证券及投资		
1. 委托存款及委托投资基金			三、应收及预付款	2 070	2 070
2. 减：委托贷款及委托投资			其中：应收利息	2 013	2 013
十、代理金融机构委托贷款基金			四、买入返售资产	616 165	413 584
十一、各项准备			五、存放中央准备金存款	19 350	6 377
其中：贷款损失准备			六、存放中央银行特种存款		
十二、所有者权益	20 346	20 314	七、缴存中央银行财政性存款		
其中：实收资本			八、同业往来	168	-163
十三、其他	-29 415	-3 963	1. 存放同业	168	-163
			2. 拆放同业		
			九、行内资金往来	494 277	494 277
			十、代理金融机构贷款		
			十一、库存现金	504	238
			十二、外汇占款		
			十三、投资性房地产		
资金来源总计	2 106 237	1 640 828	资金运用总计	2 106 237	1 640 828

表 3.27　上海银行北京分行人民币信贷收支统计

单位：万元

项目名称	余额	比年初	项目名称	余额	比年初
一、各项存款	671 420	671 420	一、各项贷款	791 877	791 877
1. 企业存款	584 044	584 044	（一）境内贷款	791 877	791 877
（1）活期存款	471 811	471 811	1. 短期贷款	595 280	595 280
（2）定期存款	112 233	112 233	（1）个人贷款及透支		
2. 机关团体存款	3 408	3 408	其中：个人消费贷款		
3. 储蓄存款	21 002	21 002	（2）单位普通贷款及透支	595 280	595 280
（1）活期储蓄	11 618	11 618	（3）普通并购贷款		
（2）定期储蓄	9 384	9 384	（4）银团贷款		
4. 农业存款	820	820	（5）贸易融资		
5. 其他存款	62 146	62 146	2. 中长期贷款	164 772	164 772
二、代理财政性存款			（1）个人贷款	2 411	2 411
三、金融债券			其中：个人消费贷款	2 411	2 411
四、应付及暂收款	7 183	7 183	（2）单位普通贷款	162 361	162 361
其中：应付及预提利息	2 347	2 347	（3）普通并购贷款		
五、卖出回购资产			（4）银团贷款		
六、向中央银行借款			（5）贸易融资		
七、同业往来	961 567	961 567	3. 票据融资	31 825	31 825
1. 同业存放	961 567	961 567	其中：贴现	31 825	31 825
2. 同业拆借			4. 各项垫款		
八、行内资金往来			（二）境外贷款		
九、委托存款及委托投资基金（净）			二、有价证券及投资		
1. 委托存款及委托投资基金	25 795	25 795	三、应收及预付款	916	916
2. 减：委托贷款及委托投资	25 795	25 795	其中：应收利息		
十、代理金融机构委托贷款基金			四、买入返售资产		
十一、各项准备			五、存放中央准备金存款	61 380	61 380
其中：贷款损失准备			六、存放中央银行特种存款		
十二、所有者权益	5 376	5 376	七、缴存中央银行财政性存款		
其中：实收资本			八、同业往来	138	138
十三、其他	8 402	8 402	1. 存放同业	138	138
			2. 拆放同业		
			九、行内资金往来	799 129	799 129
			十、代理金融机构贷款		
			十一、库存现金	508	508
			十二、外汇占款		
			十三、投资性房地产		
资金来源总计	1 653 948	1 653 948	资金运用总计	1 653 948	1 653 948

表 3.28　江苏银行北京分行人民币信贷收支统计

单位：万元

项目名称	余额	比年初	项目名称	余额	比年初
一、各项存款	1 025 622	1 025 622	一、各项贷款	410 528	410 528
1. 企业存款	776 739	776 739	（一）境内贷款	410 528	410 528
（1）活期存款	364 961	364 961	1. 短期贷款	291 999	291 999
（2）定期存款	411 778	411 778	（1）个人贷款及透支	64	64
2. 机关团体存款	177 787	177 787	其中：个人消费贷款	64	64
3. 储蓄存款	25 902	25 902	（2）单位普通贷款及透支	291 935	291 935
（1）活期储蓄	8 050	8 050	（3）普通并购贷款		
（2）定期储蓄	17 852	17 852	（4）银团贷款		
4. 农业存款	500	500	（5）贸易融资		
5. 其他存款	44 694	44 694	2. 中长期贷款	114 475	114 475
二、代理财政性存款			（1）个人贷款	2 475	2 475
三、金融债券			其中：个人消费贷款	1 803	1 803
四、应付及暂收款	4 550	4 550	（2）单位普通贷款	112 000	112 000
其中：应付及预提利息	2 987	2 987	（3）普通并购贷款		
五、卖出回购资产			（4）银团贷款		
六、向中央银行借款			（5）贸易融资		
七、同业往来	295 482	295 482	3. 票据融资	4 054	4 054
1. 同业存放	295 482	295 482	其中：贴现	4 054	4 054
2. 同业拆借			4. 各项垫款		
八、行内资金往来			（二）境外贷款		
九、委托存款及委托投资基金（净）	228	228	二、有价证券及投资		
1. 委托存款及委托投资基金	292 228	292 228	三、应收及预付款	1 729	1 729
2. 减：委托贷款及委托投资	292 000	292 000	其中：应收利息	856	856
十、代理金融机构委托贷款基金			四、买入返售资产	280 651	280 651
十一、各项准备			五、存放中央准备金存款	15 115	15 115
其中：贷款损失准备			六、存放中央银行特种存款		
十二、所有者权益	1 247	1 247	七、缴存中央银行财政性存款	7	7
其中：实收资本			八、同业往来	65 170	65 170
十三、其他	9 526	9 526	1. 存放同业	170	170
			2. 拆放同业	65 000	65 000
			九、行内资金往来	563 352	563 352
			十、代理金融机构贷款		
			十一、库存现金	103	103
			十二、外汇占款		
			十三、投资性房地产		
资金来源总计	1 336 655	1 336 655	资金运用总计	1 336 655	1 336 655

表 3.29　宁波银行北京分行人民币信贷收支统计

单位：万元

项目名称	余额	比年初	项目名称	余额	比年初
一、各项存款	133 159	133 159	一、各项贷款	49 290	49 290
1. 企业存款	106 661	106 661	（一）境内贷款	49 290	49 290
（1）活期存款	71 441	71 441	1. 短期贷款	23 120	23 120
（2）定期存款	35 220	35 220	（1）个人贷款及透支	20	20
2. 机关团体存款			其中：个人消费贷款	20	20
3. 储蓄存款	8 321	8 321	（2）单位普通贷款及透支	23 100	23 100
（1）活期储蓄	8 027	8 027	（3）普通并购贷款		
（2）定期储蓄	294	294	（4）银团贷款		
4. 农业存款			（5）贸易融资		
5. 其他存款	18 177	18 177	2. 中长期贷款		
二、代理财政性存款			（1）个人贷款		
三、金融债券			其中：个人消费贷款		
四、应付及暂收款	571	571	（2）单位普通贷款		
其中：应付及预提利息	4	4	（3）普通并购贷款		
五、卖出回购资产			（4）银团贷款		
六、向中央银行借款			（5）贸易融资		
七、同业往来			3. 票据融资	26 170	26 170
1. 同业存放			其中：贴现	26 170	26 170
2. 同业拆借			4. 各项垫款		
八、行内资金往来			（二）境外贷款		
九、委托存款及委托投资基金（净）			二、有价证券及投资		
1. 委托存款及委托投资基金			三、应收及预付款		
2. 减：委托贷款及委托投资			其中：应收利息		
十、代理金融机构委托贷款基金			四、买入返售资产		
十一、各项准备			五、存放中央准备金存款	46 838	46 838
其中：贷款损失准备			六、存放中央银行特种存款		
十二、所有者权益	－1 307	－1 307	七、缴存中央银行财政性存款		
其中：实收资本			八、同业往来	3 891	3 891
十三、其他	8 616	8 616	1. 存放同业	3 891	3 891
			2. 拆放同业		
			九、行内资金往来	40 532	40 532
			十、代理金融机构贷款		
			十一、库存现金	488	488
			十二、外汇占款		
			十三、投资性房地产		
资金来源总计	141 039	141 039	资金运用总计	141 039	141 039

表3.30　北京农村商业银行人民币信贷收支统计

单位：万元

项目名称	余额	比年初	项目名称	余额	比年初
一、各项存款	30 067 024	3 900 802	一、各项贷款	13 903 175	1 694 989
1. 企业存款	4 562 593	567 590	（一）境内贷款	13 903 175	1 694 989
（1）活期存款			1. 短期贷款	4 575 696	565 746
（2）定期存款	4 562 593	567 590	（1）个人贷款及透支	116 223	-51 825
2. 机关团体存款		-25 231	其中：个人消费贷款	4 747	2 713
3. 储蓄存款	13 020 081	2 129 281	（2）单位普通贷款及透支	4 307 883	465 981
（1）活期储蓄	3 485 714	424 278	（3）普通并购贷款		
（2）定期储蓄	9 534 366	1 705 003	（4）银团贷款		
4. 农业存款	11 882 526	957 966	（5）贸易融资	151 590	151 590
5. 其他存款	601 825	271 195	2. 中长期贷款	7 873 977	2 699 045
二、代理财政性存款	30 568	30 568	（1）个人贷款	752 276	-186 910
三、金融债券	250 000		其中：个人消费贷款	614 895	-120 991
四、应付及暂收款	479 594	41 851	（2）单位普通贷款	6 522 893	2 417 675
其中：应付及预提利息	289 384	32 233	（3）普通并购贷款		
五、卖出回购资产	964 830	472 830	（4）银团贷款	598 808	468 280
六、向中央银行借款			（5）贸易融资		
七、同业往来	440 874	194 376	3. 票据融资	1 421 001	-1 571 420
1. 同业存放	140 874	-105 624	其中：贴现	1 421 001	-1 571 420
2. 同业拆借	300 000	300 000	4. 各项垫款	32 501	1 617
八、行内资金往来			（二）境外贷款		
九、委托存款及委托投资基金（净）			二、有价证券及投资	6 342 739	-970 138
1. 委托存款及委托投资基金	919 893	811 785	三、应收及预付款	148 973	78 892
2. 减：委托贷款及委托投资	919 893	811 785	其中：应收利息	78 264	75 664
十、代理金融机构委托贷款基金			四、买入返售资产	2 498 675	726 727
十一、各项准备	875 784	273 190	五、存放中央准备金存款	5 956 781	1 462 399
其中：贷款损失准备	724 788	132 302	六、存放中央银行特种存款		
十二、所有者权益	1 278 824	498 573	七、缴存中央银行财政性存款	48 926	48 926
其中：实收资本	955 225	447 720	八、同业往来	4 147 671	1 760 922
十三、其他	-1 145 456	-584 498	1. 存放同业	4 147 671	1 760 922
			2. 拆放同业		
			九、行内资金往来	27 724	5 043
			十、代理金融机构贷款		
			十一、库存现金	167 148	19 700
			十二、外汇占款		
			十三、投资性房地产	232	232
资金来源总计	33 242 042	4 827 692	资金运用总计	33 242 042	4 827 692

表 3.31　中国邮政储蓄银行北京分行人民币信贷收支统计

单位：万元

项目名称	余额	比年初	项目名称	余额	比年初
一、各项存款	11 368 012	3 392 011	一、各项贷款	576 738	131 987
1. 企业存款	3 005 378	2 202 784	（一）境内贷款	576 738	131 987
（1）活期存款	2 660 092	1 952 144	1. 短期贷款	78 738	24 476
（2）定期存款	345 286	250 640	（1）个人贷款及透支	78 738	24 476
2. 机关团体存款	48 963	24 701	其中：个人消费贷款	822	-466
3. 储蓄存款	8 300 719	1 156 613	（2）单位普通贷款及透支		
（1）活期储蓄	3 519 002	474 244	（3）普通并购贷款		
（2）定期储蓄	4 781 718	682 369	（4）银团贷款		
4. 农业存款	11 776	7 892	（5）贸易融资		
5. 其他存款	1 176	22	2. 中长期贷款	399 061	234 934
二、代理财政性存款			（1）个人贷款	399 061	234 934
三、金融债券			其中：个人消费贷款	323 192	181 128
四、应付及暂收款	29 464	91 772	（2）单位普通贷款		
其中：应付及预提利息	3 049	8 578	（3）普通并购贷款		
五、卖出回购资产		-561 618	（4）银团贷款		
六、向中央银行借款			（5）贸易融资		
七、同业往来	27 475	-151 964	3. 票据融资	98 939	-127 423
1. 同业存放	27 475	-151 964	其中：贴现	98 939	-127 423
2. 同业拆借			4. 各项垫款		
八、行内资金往来			（二）境外贷款		
九、委托存款及委托投资基金（净）			二、有价证券及投资	16 000	
1. 委托存款及委托投资基金	100 812	-41 592	三、应收及预付款	4 741	4 016
2. 减：委托贷款及委托投资	100 812	-41 592	其中：应收利息	2 089	1 962
十、代理金融机构委托贷款基金			四、买入返售资产	350 805	-154 152
十一、各项准备	2 822	2 822	五、存放中央准备金存款	3 702	3 602
其中：贷款损失准备	1 669	1 669	六、存放中央银行特种存款		
十二、所有者权益	25 299	25 299	七、缴存中央银行财政性存款	2	1
其中：实收资本			八、同业往来	20 125	18 276
十三、其他	13 123	7 630 403	1. 存放同业	20 125	18 276
			2. 拆放同业		
			九、行内资金往来	10 416 227	10 416 227
			十、代理金融机构贷款		
			十一、库存现金	77 854	8 766
			十二、外汇占款		
			十三、投资性房地产		
资金来源总计	11 466 195	10 428 724	资金运用总计	11 466 195	10 428 724

表 3.32　信托公司人民币信贷收支统计（北京）

单位：万元

项目名称	余额	比年初	项目名称	余额	比年初
一、各项存款		-171	一、各项贷款	39 300	-17 765
1. 信托存款			1. 信托贷款		
2. 委托存款			其中：中长期信托贷款		
（1）委托存款			2. 委托贷款		
（2）委托投资基金			3. 票据融资		
3. 保证金存款			其中：贴现		
4. 其他存款		-171	4. 融资租赁		
二、金融债券		-37	5. 各项垫款		
三、应付及暂收款	28 567	-23 767	6. 其他贷款	39 300	-17 765
其中：应付及预提利息			二、委托投资		
四、长期借款			三、投资	375 106	82 328
五、证券业务款项		-3	四、应收及预付款	36 120	16 788
六、卖出回购资产			其中：应收利息	48	48
七、向中央银行借款			五、证券业务占款		
八、同业往来			六、经营租赁		
1. 同业存放			七、买入返售资产		
2. 同业拆借			八、缴存中央银行准备金存款		
九、代理金融机构贷款基金			九、存放中央银行特种存款		
其中：人行委托专项贷款基金			十、同业往来	79 265	18 286
十、各项准备	726	-146	1. 存放同业	79 265	18 286
其中：贷款损失准备	393	-178	2. 拆放同业		
十一、所有者权益	551 899	32 526	十一、代理金融机构贷款		
其中：实收资本	360 480		其中：代理人行专项贷款		
十二、其他	-51 399	91 232	十二、库存现金	2	-3
			十三、外币占款		
资金来源总计	529 793	99 634	资金运用总计	529 793	99 634

表 3.33　财务公司人民币信贷收支统计（北京）

单位：万元

项目名称	余额	比年初	项目名称	余额	比年初
一、各项存款	2 565 492	287 161	一、各项贷款	2 490 128	239 455
1. 企业存款	1 788 031	503 016	1. 短期贷款	837 200	272 900
（1）活期存款	1 432 089	559 474	2. 中长期贷款	862 704	169 647
（2）定期存款	355 942	-56 458	3. 委托贷款	775 491	-217 825
2. 机关团体存款			4. 信托贷款		
3. 委托存款及投资基金	775 491	-217 825	其中：中长期信托贷款		
（1）委托存款	775 491	-217 825	5. 票据融资	14 733	14 733
（2）委托投资基金			其中：贴现	14 733	14 733
4. 信托存款			6. 融资租赁		
5. 保证金存款	1 969	1 969	7. 各项垫款		
6. 其他存款			二、委托投资		
二、金融债券	149 316	175	三、投资	6 540	-16 320
三、应付及暂收款	14 217	-5 958	四、应收及预付款	25 358	24 444
其中：应付及预提利息	9 940	-1 051	其中：应收利息	2 978	2 358
四、长期借款			五、证券业务占款		
五、证券业务占款			六、经营租赁		
六、卖出回购资产			七、买入返售资产		
七、向中央银行借款			八、存放中央银行准备金存款	183 248	37 579
八、同业往来			九、存放中央银行特种存款		
1. 同业存放			十、同业往来	498 950	181 644
2. 同业拆借			1. 存放同业	498 950	181 644
九、代理金融机构贷款基金			2. 拆放同业		
其中：中央银行委托贷款基金			十一、代理金融机构贷款		
十、各项准备	10 799	104	其中：代理人行专项贷款		
其中：贷款损失准备	10 799	104	十二、现金	1	1
十一、所有者权益	468 777	184 988	十三、外汇占款		
其中：实收资本	355 000	125 000			
十二、其他	-4 375	335			
资金来源总计	3 204 225	466 805	资金运用总计	3 204 225	466 805

表3.34 国家开发银行北京市分行外汇信贷收支统计

单位：万美元

项目名称	余额	比年初	项目名称	余额	比年初
一、各项存款	20 698	-76 094	一、各项贷款	7 009 907	1 400 391
1. 单位活期存款	5 180	-36 958	（一）境内贷款	1 884 841	593 394
2. 单位定期存款	15 050	-37 177	1. 境内短期贷款	35 336	23 336
3. 储蓄存款			2. 境内中长期贷款	1 809 599	580 337
其中：定期存款			3. 进出口贸易融资		
4. 其他存款	468	-1 960	4. 票据融资		
5. 境外存款			5. 各项垫款		
二、境内中长期筹资			6. 境外筹资转贷款	39 906	-10 279
三、卖出回购资产			（二）境外贷款	5 125 066	806 997
四、境外筹资			二、投资		
五、向中央银行借款			1. 购买有价证券		
六、中央银行存款			其中：购买境外有价证券		
七、应付及暂收款	1 284	1 226	2. 其他投资		
其中：应付及预提利息	270	226	其中：投资境外		
八、同业存放	2		三、应收及预付款	23 246	8 809
（1）境内同业存放			其中：应收及预付利息	30 242	3 247
（2）境外同业存放	2		四、买入返售资产		
九、同业拆入			五、存放中央银行		
（1）境内同业拆入			其中：缴存准备金		
（2）境外同业拆入			六、存放同业		
十、委托基金存款（净）			（1）存放境内同业		
十一、外汇买卖	409	98	（2）存放境外同业		
十二、境内联行存放	6 921 788	1 440 026	七、拆放同业		
十三、境外联行存放			（1）拆放境内同业		
十四、各项准备			（2）拆放境外同业		
其中：贷款损失准备			八、存放境内联行		
十五、所有者权益	88 981	43 942	九、存放境外联行		
其中：实收资本			十、库存现金		-1
十六、其他	-8				
资金来源总计	7 033 153	1 409 198	资金运用总计	7 033 153	1 409 198

表 3.35　中国进出口银行北京分行外汇信贷收支统计

单位：万美元

项目名称	余额	比年初	项目名称	余额	比年初
一、各项存款	18 878	15 201	一、各项贷款	125 954	10 233
1. 单位活期存款	16 651	13 776	（一）境内贷款	125 954	10 233
2. 单位定期存款			1. 境内短期贷款		
3. 储蓄存款			2. 境内中长期贷款	97 647	23 082
其中：定期存款			3. 进出口贸易融资	27 730	-12 849
4. 其他存款	2 227	1 425	4. 票据融资		
5. 境外存款			5. 各项垫款		
二、境内中长期筹资			6. 境外筹资转贷款	577	
三、卖出回购资产			（二）境外贷款		
四、境外筹资			二、投资		
五、向中央银行借款			1. 购买有价证券		
六、中央银行存款			其中：购买境外有价证券		
七、应付及暂收款	72	-67	2. 其他投资		
其中：应付及预提利息	70	-67	其中：投资境外		
八、同业存放			三、应收及预付款	139	-105
（1）境内同业存放			其中：应收及预付利息	139	-24
（2）境外同业存放			四、买入返售资产		
九、同业拆入			五、存放中央银行		
（1）境内同业拆入			其中：缴存准备金		
（2）境外同业拆入			六、存放同业	19	-21
十、委托基金存款（净）			（1）存放境内同业	19	-21
十一、外汇买卖			（2）存放境外同业		
十二、境内联行存放	104 186	-12 346	七、拆放同业		
十三、境外联行存放			（1）拆放境内同业		
十四、各项准备			（2）拆放境外同业		
其中：贷款损失准备			八、存放境内联行		
十五、所有者权益	2 477	209	九、存放境外联行		
其中：实收资本			十、库存现金		
十六、其他	499	7 111			
资金来源总计	126 112	10 107	资金运用总计	126 112	10 107

表 3.36　中国农业发展银行北京市分行外汇信贷收支统计

单位：万美元

项目名称	余额	比年初	项目名称	余额	比年初
一、各项存款	1	-16	一、各项贷款		-14
1. 单位活期存款	1	-16	（一）境内贷款		-14
2. 单位定期存款			1. 境内短期贷款		-14
3. 储蓄存款			2. 境内中长期贷款		
其中：定期存款			3. 进出口贸易融资		
4. 其他存款			4. 票据融资		
5. 境外存款			5. 各项垫款		
二、境内中长期筹资			6. 境外筹资转贷款		
三、卖出回购资产			（二）境外贷款		
四、境外筹资			二、投资		
五、向中央银行借款			1. 购买有价证券		
六、中央银行存款			其中：购买境外有价证券		
七、应付及暂收款			2. 其他投资		
其中：应付及预提利息			其中：投资境外		
八、同业存放			三、应收及预付款		
（1）境内同业存放			其中：应收及预付利息		
（2）境外同业存放			四、买入返售资产		
九、同业拆入			五、存放中央银行		
（1）境内同业拆入			其中：缴存准备金		
（2）境外同业拆入			六、存放同业		
十、委托基金存款（净）			（1）存放境内同业		
十一、外汇买卖	2	2	（2）存放境外同业		
十二、境内联行存放			七、拆放同业		
十三、境外联行存放			（1）拆放境内同业		
十四、各项准备			（2）拆放境外同业		
其中：贷款损失准备			八、存放境内联行	4	-1
十五、所有者权益			九、存放境外联行		
其中：实收资本			十、库存现金		
十六、其他					
资金来源总计	4	-14	资金运用总计	4	-14

表 3.37 中国工商银行北京市分行外汇信贷收支统计

单位：万美元

项目名称	余额	比年初	项目名称	余额	比年初
一、各项存款	306 749	-91 883	一、各项贷款	377 394	92 417
1. 单位活期存款	67 668	13 960	（一）境内贷款	377 394	92 417
2. 单位定期存款	51 132	-32 188	1. 境内短期贷款	17 633	11 917
3. 储蓄存款	163 119	-432	2. 境内中长期贷款	192 377	21 930
其中：定期存款	101 462	-10 320	3. 进出口贸易融资	128 213	53 566
4. 其他存款	24 829	-73 222	4. 票据融资	77	23
5. 境外存款			5. 各项垫款		
二、境内中长期筹资			6. 境外筹资转贷款	39 093	4 981
三、卖出回购资产			（二）境外贷款		
四、境外筹资	35 031	866	二、投资	2 046	-101
五、向中央银行借款			1. 购买有价证券	2 046	-101
六、中央银行存款			其中：购买境外有价证券	2 046	2 046
七、应付及暂收款	10 232	-553	2. 其他投资		
其中：应付及预提利息	1 385	-361	其中：投资境外		
八、同业存放	104 864	5 875	三、应收及预付款	444	-587
（1）境内同业存放	104 864	5 875	其中：应收及预付利息	275	195
（2）境外同业存放			四、买入返售资产		
九、同业拆入			五、存放中央银行		
（1）境内同业拆入			其中：缴存准备金		
（2）境外同业拆入			六、存放同业	3 271	-475
十、委托基金存款（净）			（1）存放境内同业	2 132	-364
十一、外汇买卖	-20 351	-15 347	（2）存放境外同业	1 140	-111
十二、境内联行存放			七、拆放同业		
十三、境外联行存放			（1）拆放境内同业		
十四、各项准备	337		（2）拆放境外同业		
其中：贷款损失准备	337		八、存放境内联行	67 807	-192 444
十五、所有者权益	8 805	512	九、存放境外联行	3 032	320
其中：实收资本			十、库存现金	6 131	639
十六、其他	14 460	297			
资金来源总计	460 126	-100 233	资金运用总计	460 126	-100 233

表 3.38　中国农业银行北京市分行外汇信贷收支统计

单位：万美元

项目名称	余额	比年初	项目名称	余额	比年初
一、各项存款	209 807	61 483	一、各项贷款	317 755	118 458
1. 单位活期存款	11 061	-7 552	（一）境内贷款	317 755	118 458
2. 单位定期存款	74 444	19 495	1. 境内短期贷款	24 087	-3 645
3. 储蓄存款	9 655	216	2. 境内中长期贷款	237 812	116 768
其中：定期存款	6 301	-57	3. 进出口贸易融资	55 853	5 339
4. 其他存款	114 648	49 324	4. 票据融资	2	-4
5. 境外存款			5. 各项垫款		
二、境内中长期筹资			6. 境外筹资转贷款		
三、卖出回购资产			（二）境外贷款		
四、境外筹资			二、投资		
五、向中央银行借款			1. 购买有价证券		
六、中央银行存款			其中：购买境外有价证券		
七、应付及暂收款	1 963	-1 853	2. 其他投资		
其中：应付及预提利息	1 847	1 349	其中：投资境外		
八、同业存放	7 465	730	三、应收及预付款	1 507	-2 525
（1）境内同业存放	7 465	730	其中：应收及预付利息	1 325	582
（2）境外同业存放			四、买入返售资产		
九、同业拆入			五、存放中央银行		
（1）境内同业拆入			其中：缴存准备金		
（2）境外同业拆入			六、存放同业	456	-1 586
十、委托基金存款（净）		335	（1）存放境内同业	456	-1 586
十一、外汇买卖	80	-21	（2）存放境外同业		
十二、境内联行存放	94 228	54 983	七、拆放同业		
十三、境外联行存放			（1）拆放境内同业		
十四、各项准备			（2）拆放境外同业		
其中：贷款损失准备			八、存放境内联行		
十五、所有者权益	1 025	-1 223	九、存放境外联行		
其中：实收资本			十、库存现金	1 707	103
十六、其他	6 857	15			
资金来源总计	321 425	114 451	资金运用总计	321 425	114 451

表 3.39 中国银行北京市分行外汇信贷收支统计

单位：万美元

项目名称	余额	比年初	项目名称	余额	比年初
一、各项存款	689 709	-555 754	一、各项贷款	760 753	106 763
1. 单位活期存款	116 893	-7 547	（一）境内贷款	760 753	106 763
2. 单位定期存款	161 779	109 621	1. 境内短期贷款	173 872	1 363
3. 储蓄存款	344 886	-53 211	2. 境内中长期贷款	288 329	-13 729
其中：定期存款	204 316	-33 884	3. 进出口贸易融资	294 032	119 941
4. 其他存款	31 966	-638 326	4. 票据融资		
5. 境外存款	34 185	33 710	5. 各项垫款		
二、境内中长期筹资			6. 境外筹资转贷款	4 519	-812
三、卖出回购资产			（二）境外贷款		
四、境外筹资			二、投资		-203
五、向中央银行借款			1. 购买有价证券		
六、中央银行存款			其中：购买境外有价证券		
七、应付及暂收款	11 229	1 360	2. 其他投资		-203
其中：应付及预提利息	9 513	1 894	其中：投资境外		
八、同业存放	1 942 295	469 944	三、应收及预付款	5 244	-2 328
（1）境内同业存放	1 942 223	469 949	其中：应收及预付利息	4 853	-2 493
（2）境外同业存放	72	-5	四、买入返售资产		
九、同业拆入			五、存放中央银行		
（1）境内同业拆入			其中：缴存准备金		
（2）境外同业拆入			六、存放同业	144 303	68 396
十、委托基金存款（净）			（1）存放境内同业	144 303	68 903
十一、外汇买卖	94 740	88 802	（2）存放境外同业		-508
十二、境内联行存放			七、拆放同业	56 117	30 383
十三、境外联行存放	3 844	-3 413	（1）拆放境内同业	56 117	31 117
十四、各项准备	12 292	2 594	（2）拆放境外同业		-734
其中：贷款损失准备	12 198	2 593	八、存放境内联行	1 802 349	-191 070
十五、所有者权益	12 160	5 687	九、存放境外联行		-200
其中：实收资本			十、库存现金	14 655	3 002
十六、其他	17 152	5 521			
资金来源总计	2 783 421	14 741	资金运用总计	2 783 421	14 741

表 3. 40　中国建设银行北京市分行外汇信贷收支统计

单位：万美元

项目名称	余额	比年初	项目名称	余额	比年初
一、各项存款	127 706	6 136	一、各项贷款	229 130	5 806
1. 单位活期存款	43 167	450	（一）境内贷款	227 855	4 531
2. 单位定期存款	23 424	11 892	1. 境内短期贷款	38 817	10 195
3. 储蓄存款	43 673	-4 031	2. 境内中长期贷款	136 854	-20 492
其中：定期存款	29 997	-3 410	3. 进出口贸易融资	31 500	13 591
4. 其他存款	17 302	-2 314	4. 票据融资		
5. 境外存款	140	140	5. 各项垫款		
二、境内中长期筹资			6. 境外筹资转贷款	20 685	1 238
三、卖出回购资产			（二）境外贷款	1 275	1 275
四、境外筹资	20 775	1 214	二、投资		
五、向中央银行借款			1. 购买有价证券		
六、中央银行存款			其中：购买境外有价证券		
七、应付及暂收款	1 900	-523	2. 其他投资		
其中：应付及预提利息	532	-129	其中：投资境外		
八、同业存放	759 630	690 824	三、应收及预付款	1 666	1 109
（1）境内同业存放	758 507	689 932	其中：应收及预付利息	1 308	822
（2）境外同业存放	1 123	892	四、买入返售资产		
九、同业拆入			五、存放中央银行		
（1）境内同业拆入			其中：缴存准备金		
（2）境外同业拆入			六、存放同业	815	354
十、委托基金存款（净）			（1）存放境内同业	815	354
十一、外汇买卖			（2）存放境外同业		
十二、境内联行存放		-13 735	七、拆放同业		
十三、境外联行存放			（1）拆放境内同业		
十四、各项准备	12		（2）拆放境外同业		
其中：贷款损失准备			八、存放境内联行	680 208	680 208
十五、所有者权益	3 556	3 166	九、存放境外联行		
其中：实收资本			十、库存现金	2 150	-65
十六、其他	390	328			
资金来源总计	913 969	687 411	资金运用总计	913 969	687 411

表 3.41 交通银行北京市分行外汇信贷收支统计

单位：万美元

项目名称	余额	比年初	项目名称	余额	比年初
一、各项存款	336 316	-125 105	一、各项贷款	483 612	348 556
1. 单位活期存款	44 688	-15 013	（一）境内贷款	483 612	348 556
2. 单位定期存款	99 409	77 970	1. 境内短期贷款	241 741	224 310
3. 储蓄存款	51 558	5 556	2. 境内中长期贷款	90 193	4 245
其中：定期存款	38 420	7 440	3. 进出口贸易融资	150 109	120 261
4. 其他存款	140 614	-193 614	4. 票据融资	21	-21
5. 境外存款	48	-4	5. 各项垫款		
二、境内中长期筹资			6. 境外筹资转贷款	1 547	-238
三、卖出回购资产			（二）境外贷款		
四、境外筹资			二、投资		
五、向中央银行借款			1. 购买有价证券		
六、中央银行存款			其中：购买境外有价证券		
七、应付及暂收款	142 288	63 129	2. 其他投资		
其中：应付及预提利息	2 586	-2 435	其中：投资境外		
八、同业存放	77 108	50 747	三、应收及预付款	139 450	93 576
（1）境内同业存放	77 108	50 747	其中：应收及预付利息	4 350	515
（2）境外同业存放			四、买入返售资产		
九、同业拆入			五、存放中央银行		
（1）境内同业拆入			其中：缴存准备金		
（2）境外同业拆入			六、存放同业	2 469	-822
十、委托基金存款（净）	3 124	1 557	（1）存放境内同业	2 137	-719
十一、外汇买卖	-2	-1	（2）存放境外同业	333	-102
十二、境内联行存放	59 202	59 202	七、拆放同业		
十三、境外联行存放			（1）拆放境内同业		
十四、各项准备	1 371	193	（2）拆放境外同业		
其中：贷款损失准备	1 371	193	八、存放境内联行		-417 550
十五、所有者权益	1 415	-4 607	九、存放境外联行	323	-93
其中：实收资本			十、库存现金	1 162	13
十六、其他	6 193	-21 434			
资金来源总计	627 016	23 681	资金运用总计	627 016	23 681

表3.42 招商银行北京分行外汇信贷收支统计

单位：万美元

项目名称	余额	比年初	项目名称	余额	比年初
一、各项存款	145 770	-120 202	一、各项贷款	102 268	-6 800
1. 单位活期存款	21 407	854	（一）境内贷款	102 268	-6 800
2. 单位定期存款	6 096	-3 264	1. 境内短期贷款	500	-11 820
3. 储蓄存款	80 274	-10 515	2. 境内中长期贷款	54 108	-825
其中：定期存款	34 488	-5 807	3. 进出口贸易融资	47 660	5 845
4. 其他存款	37 993	-107 277	4. 票据融资		
5. 境外存款			5. 各项垫款		
二、境内中长期筹资			6. 境外筹资转贷款		
三、卖出回购资产			（二）境外贷款		
四、境外筹资			二、投资		
五、向中央银行借款			1. 购买有价证券		
六、中央银行存款			其中：购买境外有价证券		
七、应付及暂收款	657	-813	2. 其他投资		
其中：应付及预提利息	652	-742	其中：投资境外		
八、同业存放	23 333	2 059	三、应收及预付款	363	62
（1）境内同业存放	23 333	2 059	其中：应收及预付利息	363	62
（2）境外同业存放			四、买入返售资产		
九、同业拆入	2 581	2 581	五、存放中央银行		
（1）境内同业拆入	2 581	2 581	其中：缴存准备金		
（2）境外同业拆入			六、存放同业	23 708	17 260
十、委托基金存款（净）			（1）存放境内同业	23 708	17 260
十一、外汇买卖		-2	（2）存放境外同业		
十二、境内联行存放			七、拆放同业		
十三、境外联行存放			（1）拆放境内同业		
十四、各项准备	1 809	-100	（2）拆放境外同业		
其中：贷款损失准备	1 809	-100	八、存放境内联行	50 963	-118 035
十五、所有者权益	4 246	9 031	九、存放境外联行		
其中：实收资本			十、库存现金	1 129	60
十六、其他	35	-7			
资金来源总计	178 431	-107 453	资金运用总计	178 431	-107 453

表 3.43　上海浦东发展银行北京分行外汇信贷收支统计

单位：万美元

项目名称	余额	比年初	项目名称	余额	比年初
一、各项存款	27 251	9 171	一、各项贷款	15 159	-7 828
1. 单位活期存款	4 241	1 122	（一）境内贷款	15 159	-7 828
2. 单位定期存款	4 583	1 722	1. 境内短期贷款	8 557	1 765
3. 储蓄存款	9 113	-359	2. 境内中长期贷款	2 422	-120
其中：定期存款	4 321	-1 123	3. 进出口贸易融资	4 180	-9 473
4. 其他存款	9 311	6 683	4. 票据融资		
5. 境外存款	3	3	5. 各项垫款		
二、境内中长期筹资			6. 境外筹资转贷款		
三、卖出回购资产			（二）境外贷款		
四、境外筹资			二、投资		
五、向中央银行借款			1. 购买有价证券		
六、中央银行存款			其中：购买境外有价证券		
七、应付及暂收款	2 822	-13 442	2. 其他投资		
其中：应付及预提利息	213	57	其中：投资境外		
八、同业存放	16 042	15 876	三、应收及预付款	422	-14 607
（1）境内同业存放	16 042	15 876	其中：应收及预付利息	226	96
（2）境外同业存放			四、买入返售资产		
九、同业拆入			五、存放中央银行		
（1）境内同业拆入			其中：缴存准备金		
（2）境外同业拆入			六、存放同业	244	-32
十、委托基金存款（净）			（1）存放境内同业	244	-32
十一、外汇买卖	-106	-27	（2）存放境外同业		
十二、境内联行存放		-3 363	七、拆放同业		
十三、境外联行存放			（1）拆放境内同业		
十四、各项准备			（2）拆放境外同业		
其中：贷款损失准备			八、存放境内联行	30 967	30 967
十五、所有者权益	764	233	九、存放境外联行		
其中：实收资本			十、库存现金	480	-55
十六、其他	499	-3			
资金来源总计	47 272	8 445	资金运用总计	47 272	8 445

表 3.44　广东发展银行北京分行外汇信贷收支统计

单位：万美元

项目名称	余额	比年初	项目名称	余额	比年初
一、各项存款	129 070	93 618	一、各项贷款	30 625	-410
1. 单位活期存款	14 943	8 183	（一）境内贷款	30 625	-410
2. 单位定期存款	99 111	77 765	1. 境内短期贷款	13 039	8 879
3. 储蓄存款	1 427	-452	2. 境内中长期贷款		
其中：定期存款	908	-491	3. 进出口贸易融资	16 804	-9 211
4. 其他存款	13 589	8 122	4. 票据融资		
5. 境外存款			5. 各项垫款	782	-78
二、境内中长期筹资			6. 境外筹资转贷款		
三、卖出回购资产			（二）境外贷款		
四、境外筹资			二、投资		
五、向中央银行借款			1. 购买有价证券		
六、中央银行存款			其中：购买境外有价证券		
七、应付及暂收款	10 919	8 724	2. 其他投资		
其中：应付及预提利息	538	340	其中：投资境外		
八、同业存放	12 011	11 973	三、应收及预付款	10 858	10 184
（1）境内同业存放	12 011	11 973	其中：应收及预付利息	479	268
（2）境外同业存放			四、买入返售资产		
九、同业拆入			五、存放中央银行		
（1）境内同业拆入			其中：缴存准备金		
（2）境外同业拆入			六、存放同业	279	148
十、委托基金存款（净）			（1）存放境内同业	279	148
十一、外汇买卖	149	85	（2）存放境外同业		
十二、境内联行存放			七、拆放同业		
十三、境外联行存放			（1）拆放境内同业		
十四、各项准备	430	-43	（2）拆放境外同业		
其中：贷款损失准备	430	-43	八、存放境内联行	110 442	103 898
十五、所有者权益	58	-507	九、存放境外联行		
其中：实收资本			十、库存现金	420	37
十六、其他	-13	7			
资金来源总计	152 624	113 857	资金运用总计	152 624	113 857

表3.45　兴业银行北京分行外汇信贷收支统计

单位：万美元

项目名称	余额	比年初	项目名称	余额	比年初
一、各项存款	16 592	5 105	一、各项贷款	5 411	-1 121
1. 单位活期存款	10 428	6 595	（一）境内贷款	5 411	-1 121
2. 单位定期存款	850	-1 742	1. 境内短期贷款	2 000	-4 086
3. 储蓄存款	3 772	-920	2. 境内中长期贷款		
其中：定期存款	1 946	-932	3. 进出口贸易融资	3 411	2 964
4. 其他存款	1 543	1 172	4. 票据融资		
5. 境外存款			5. 各项垫款		
二、境内中长期筹资			6. 境外筹资转贷款		
三、卖出回购资产			（二）境外贷款		
四、境外筹资			二、投资		
五、向中央银行借款			1. 购买有价证券		
六、中央银行存款			其中：购买境外有价证券		
七、应付及暂收款	26	-67	2. 其他投资		
其中：应付及预提利息	26	-8	其中：投资境外		
八、同业存放	4 963	-858	三、应收及预付款	40	36
（1）境内同业存放	4 963	-858	其中：应收及预付利息	40	36
（2）境外同业存放			四、买入返售资产		
九、同业拆入			五、存放中央银行		
（1）境内同业拆入			其中：缴存准备金		
（2）境外同业拆入			六、存放同业	29	-179
十、委托基金存款（净）			（1）存放境内同业	29	-179
十一、外汇买卖			（2）存放境外同业		
十二、境内联行存放			七、拆放同业		
十三、境外联行存放			（1）拆放境内同业		
十四、各项准备	47	-36	（2）拆放境外同业		
其中：贷款损失准备	47	-36	八、存放境内联行	16 144	5 461
十五、所有者权益	234	67	九、存放境外联行		
其中：实收资本			十、库存现金	238	15
十六、其他					
资金来源总计	21 862	4 211	资金运用总计	21 862	4 211

表 3.46　深圳发展银行北京分行外汇信贷收支统计

单位：万美元

项目名称	余额	比年初	项目名称	余额	比年初
一、各项存款	76 170	40 484	一、各项贷款	38 420	1 806
1. 单位活期存款	7 023	-3 321	（一）境内贷款	38 420	1 806
2. 单位定期存款	15 600	-8 359	1. 境内短期贷款	30 221	3 621
3. 储蓄存款	705	-233	2. 境内中长期贷款	5 000	-5 000
其中：定期存款	423	-57	3. 进出口贸易融资	3 199	3 185
4. 其他存款	52 842	52 397	4. 票据融资		
5. 境外存款			5. 各项垫款		
二、境内中长期筹资			6. 境外筹资转贷款		
三、卖出回购资产			（二）境外贷款		
四、境外筹资			二、投资		
五、向中央银行借款			1. 购买有价证券		
六、中央银行存款			其中：购买境外有价证券		
七、应付及暂收款	25 804	5 638	2. 其他投资		
其中：应付及预提利息	288	168	其中：投资境外		
八、同业存放	20 012	10 000	三、应收及预付款	25 852	5 689
（1）境内同业存放	20 012	10 000	其中：应收及预付利息	300	181
（2）境外同业存放			四、买入返售资产		
九、同业拆入			五、存放中央银行		
（1）境内同业拆入			其中：缴存准备金		
（2）境外同业拆入			六、存放同业	11 046	11 043
十、委托基金存款（净）			（1）存放境内同业	11 046	11 043
十一、外汇买卖			（2）存放境外同业		
十二、境内联行存放			七、拆放同业		
十三、境外联行存放			（1）拆放境内同业		
十四、各项准备	27	27	（2）拆放境外同业		
其中：贷款损失准备			八、存放境内联行	46 570	37 591
十五、所有者权益	-45	-57	九、存放境外联行		
其中：实收资本			十、库存现金	80	-37
十六、其他					
资金来源总计	121 968	56 092	资金运用总计	121 968	56 092

表 3.47　中信银行总行营业部外汇信贷收支统计

单位：万美元

项目名称	余额	比年初	项目名称	余额	比年初
一、各项存款	409 821	56 549	一、各项贷款	210 519	64 904
1. 单位活期存款	173 059	10 389	（一）境内贷款	139 065	47 414
2. 单位定期存款	118 474	22 975	1. 境内短期贷款	84 737	28 615
3. 储蓄存款	20 563	1 869	2. 境内中长期贷款	11 465	-7 017
其中：定期存款	12 105	1 013	3. 进出口贸易融资	42 862	25 825
4. 其他存款	95 783	20 054	4. 票据融资		-10
5. 境外存款	1 943	1 261	5. 各项垫款		
二、境内中长期筹资			6. 境外筹资转贷款		
三、卖出回购资产			（二）境外贷款	71 454	17 490
四、境外筹资			二、投资		
五、向中央银行借款			1. 购买有价证券		
六、中央银行存款			其中：购买境外有价证券		
七、应付及暂收款	4 405	1 561	2. 其他投资		
其中：应付及预提利息	1 071	761	其中：投资境外		
八、同业存放	20 513	-62 868	三、应收及预付款	1 628	1 123
（1）境内同业存放	20 513	-62 868	其中：应收及预付利息	1 620	1 126
（2）境外同业存放			四、买入返售资产		-8 502
九、同业拆入			五、存放中央银行		
（1）境内同业拆入			其中：缴存准备金		
（2）境外同业拆入			六、存放同业	35 109	51
十、委托基金存款（净）	573	-707	（1）存放境内同业	24 052	-6 833
十一、外汇买卖	2 540	10 747	（2）存放境外同业	11 057	6 884
十二、境内联行存放			七、拆放同业	301	-1 618
十三、境外联行存放			（1）拆放境内同业	301	-1 618
十四、各项准备	2 293	706	（2）拆放境外同业		
其中：贷款损失准备	2 200	705	八、存放境内联行	199 908	-46 245
十五、所有者权益	2 012	-683	九、存放境外联行		
其中：实收资本			十、库存现金	1 251	176
十六、其他	6 559	4 584			
资金来源总计	448 717	9 888	资金运用总计	448 717	9 888

表3.48 中国光大银行北京分行外汇信贷收支统计

单位：万美元

项目名称	余额	比年初	项目名称	余额	比年初
一、各项存款	83 572	4 999	一、各项贷款	139 647	-29 009
1. 单位活期存款	8 640	-386	（一）境内贷款	139 647	-29 009
2. 单位定期存款	41 874	20 562	1. 境内短期贷款	2 701	1 001
3. 储蓄存款	22 405	-622	2. 境内中长期贷款	60 020	9 585
其中：定期存款	17 589	-773	3. 进出口贸易融资	76 926	-39 595
4. 其他存款	10 653	-14 555	4. 票据融资		
5. 境外存款			5. 各项垫款		
二、境内中长期筹资			6. 境外筹资转贷款		
三、卖出回购资产			（二）境外贷款		
四、境外筹资			二、投资		
五、向中央银行借款			1. 购买有价证券		
六、中央银行存款			其中：购买境外有价证券		
七、应付及暂收款	847	206	2. 其他投资		
其中：应付及预提利息	847	207	其中：投资境外		
八、同业存放	31 099	-10 325	三、应收及预付款	847	329
（1）境内同业存放	31 099	-10 325	其中：应收及预付利息	847	329
（2）境外同业存放			四、买入返售资产		
九、同业拆入	32 176	30 313	五、存放中央银行		
（1）境内同业拆入			其中：缴存准备金		
（2）境外同业拆入	32 176	30 313	六、存放同业	3 467	-3 141
十、委托基金存款（净）	9 854	1 970	（1）存放境内同业	3 467	-3 141
十一、外汇买卖			（2）存放境外同业		
十二、境内联行存放		-45 696	七、拆放同业		
十三、境外联行存放			（1）拆放境内同业		
十四、各项准备	2 112	-332	（2）拆放境外同业		
其中：贷款损失准备	2 112	-332	八、存放境内联行	18 816	18 816
十五、所有者权益	2 084	5 785	九、存放境外联行		
其中：实收资本			十、库存现金	897	69
十六、其他	1 930	144			
资金来源总计	163 674	-12 936	资金运用总计	163 674	-12 936

表 3. 49　华夏银行北京分行外汇信贷收支统计

单位：万美元

项目名称	余额	比年初	项目名称	余额	比年初
一、各项存款	26 868	-255	一、各项贷款	51 095	21 803
1. 单位活期存款	14 167	4 866	（一）境内贷款	51 095	21 803
2. 单位定期存款	6 951	-1 856	1. 境内短期贷款	41 545	17 940
3. 储蓄存款	2 752	-14	2. 境内中长期贷款	6 434	1 245
其中：定期存款	1 702	-197	3. 进出口贸易融资	2 111	1 612
4. 其他存款	2 995	-3 247	4. 票据融资		
5. 境外存款	3	-4	5. 各项垫款		
二、境内中长期筹资			6. 境外筹资转贷款	1 005	1 005
三、卖出回购资产			（二）境外贷款		
四、境外筹资	8 620	3 809	二、投资		
五、向中央银行借款			1. 购买有价证券		
六、中央银行存款			其中：购买境外有价证券		
七、应付及暂收款	849	376	2. 其他投资		
其中：应付及预提利息	214	-80	其中：投资境外		
八、同业存放	533	-9 471	三、应收及预付款	904	473
（1）境内同业存放	533	-9 471	其中：应收及预付利息	2	-1
（2）境外同业存放			四、买入返售资产		
九、同业拆入			五、存放中央银行		
（1）境内同业拆入			其中：缴存准备金		
（2）境外同业拆入			六、存放同业	1 895	-3 370
十、委托基金存款（净）			（1）存放境内同业	1 895	-3 370
十一、外汇买卖	58	-9	（2）存放境外同业		
十二、境内联行存放	16 489	16 489	七、拆放同业		
十三、境外联行存放			（1）拆放境内同业		
十四、各项准备	1 009	353	（2）拆放境外同业		
其中：贷款损失准备	1 009	353	八、存放境内联行		-7 553
十五、所有者权益	160	-82	九、存放境外联行		
其中：实收资本			十、库存现金	692	-143
十六、其他					
资金来源总计	54 585	11 209	资金运用总计	54 585	11 209

表3.50　中国民生银行总行营业部外汇信贷收支统计

单位：万美元

项目名称	余额	比年初	项目名称	余额	比年初
一、各项存款	119 235	25 206	一、各项贷款		
1. 单位活期存款	17 754	-5 967	（一）境内贷款		
2. 单位定期存款	79 530	32 318	1. 境内短期贷款		
3. 储蓄存款	16 525	-845	2. 境内中长期贷款		
其中：定期存款	12 025	-1 276	3. 进出口贸易融资		
4. 其他存款	5 426	-300	4. 票据融资		
5. 境外存款			5. 各项垫款		
二、境内中长期筹资			6. 境外筹资转贷款		
三、卖出回购资产			（二）境外贷款		
四、境外筹资			二、投资		
五、向中央银行借款			1. 购买有价证券		
六、中央银行存款			其中：购买境外有价证券		
七、应付及暂收款	1 276	576	2. 其他投资		
其中：应付及预提利息	1 276	782	其中：投资境外		
八、同业存放	79 409	-319 699	三、应收及预付款	165	-207
（1）境内同业存放	79 409	-319 699	其中：应收及预付利息	161	-206
（2）境外同业存放			四、买入返售资产		
九、同业拆入			五、存放中央银行		
（1）境内同业拆入			其中：缴存准备金		
（2）境外同业拆入			六、存放同业	6 435	-56 516
十、委托基金存款（净）			（1）存放境内同业	6 435	-56 516
十一、外汇买卖			（2）存放境外同业		
十二、境内联行存放			七、拆放同业		
十三、境外联行存放			（1）拆放境内同业		
十四、各项准备			（2）拆放境外同业		
其中：贷款损失准备			八、存放境内联行	192 670	-236 803
十五、所有者权益	431	600	九、存放境外联行		
其中：实收资本			十、库存现金	760	-166
十六、其他	-321	-375			
资金来源总计	200 029	-293 693	资金运用总计	200 029	-293 693

表 3.51　渤海银行北京分行外汇信贷收支统计

单位：万美元

项目名称	余额	比年初	项目名称	余额	比年初
一、各项存款	65	-76	一、各项贷款		
1. 单位活期存款	25	21	（一）境内贷款		
2. 单位定期存款		-10	1. 境内短期贷款		
3. 储蓄存款	40	-8	2. 境内中长期贷款		
其中：定期存款	24	-9	3. 进出口贸易融资		
4. 其他存款		-79	4. 票据融资		
5. 境外存款			5. 各项垫款		
二、境内中长期筹资			6. 境外筹资转贷款		
三、卖出回购资产			（二）境外贷款		
四、境外筹资			二、投资		
五、向中央银行借款			1. 购买有价证券		
六、中央银行存款			其中：购买境外有价证券		
七、应付及暂收款	119	91	2. 其他投资		
其中：应付及预提利息	119	91	其中：投资境外		
八、同业存放	5 000	-5 000	三、应收及预付款		
（1）境内同业存放	5 000	-5 000	其中：应收及预付利息		
（2）境外同业存放			四、买入返售资产		
九、同业拆入			五、存放中央银行		
（1）境内同业拆入			其中：缴存准备金		
（2）境外同业拆入			六、存放同业	44	15
十、委托基金存款（净）			（1）存放境内同业	44	15
十一、外汇买卖			（2）存放境外同业		
十二、境内联行存放			七、拆放同业		
十三、境外联行存放			（1）拆放境内同业		
十四、各项准备			（2）拆放境外同业		
其中：贷款损失准备			八、存放境内联行	5 118	-5 002
十五、所有者权益	4	2	九、存放境外联行		
其中：实收资本			十、库存现金	26	4
十六、其他					
资金来源总计	5 188	-4 983	资金运用总计	5 188	-4 983

表3.52 浙商银行北京分行外汇信贷收支统计

单位：万美元

项目名称	余额	比年初	项目名称	余额	比年初
一、各项存款	2 564	2 564	一、各项贷款	2 579	2 579
1. 单位活期存款	963	963	（一）境内贷款	2 579	2 579
2. 单位定期存款	1 601	1 601	1. 境内短期贷款		
3. 储蓄存款	1	1	2. 境内中长期贷款		
其中：定期存款	1	1	3. 进出口贸易融资	2 579	2 579
4. 其他存款			4. 票据融资		
5. 境外存款			5. 各项垫款		
二、境内中长期筹资			6. 境外筹资转贷款		
三、卖出回购资产			（二）境外贷款		
四、境外筹资			二、投资		
五、向中央银行借款			1. 购买有价证券		
六、中央银行存款			其中：购买境外有价证券		
七、应付及暂收款			2. 其他投资		
其中：应付及预提利息			其中：投资境外		
八、同业存放			三、应收及预付款	24	24
（1）境内同业存放			其中：应收及预付利息	24	24
（2）境外同业存放			四、买入返售资产		
九、同业拆入			五、存放中央银行		
（1）境内同业拆入			其中：缴存准备金		
（2）境外同业拆入			六、存放同业	1 000	1 000
十、委托基金存款（净）			（1）存放境内同业	1 000	1 000
十一、外汇买卖			（2）存放境外同业		
十二、境内联行存放	1 048	1 048	七、拆放同业		
十三、境外联行存放			（1）拆放境内同业		
十四、各项准备			（2）拆放境外同业		
其中：贷款损失准备			八、存放境内联行		
十五、所有者权益	-8	-8	九、存放境外联行		
其中：实收资本			十、库存现金	2	2
十六、其他					
资金来源总计	3 604	3 604	资金运用总计	3 604	3 604

表3.53 北京银行外汇信贷收支统计（全国）

单位：万美元

项目名称	余额	比年初	项目名称	余额	比年初
一、各项存款	122 129	28 063	一、各项贷款	109 478	24 242
1. 单位活期存款	29 842	7 269	（一）境内贷款	109 478	24 242
2. 单位定期存款	17 294	-27 756	1. 境内短期贷款	46 909	5 310
3. 储蓄存款	17 771	-1 268	2. 境内中长期贷款	19 440	-11 285
其中：定期存款	13 718	-1 129	3. 进出口贸易融资	42 679	30 209
4. 其他存款	57 221	49 817	4. 票据融资	12	-12
5. 境外存款	1	1	5. 各项垫款	438	20
二、境内中长期筹资			6. 境外筹资转贷款		
三、卖出回购资产			（二）境外贷款		
四、境外筹资			二、投资	30 443	-22 221
五、向中央银行借款			1. 购买有价证券	30 428	-22 221
六、中央银行存款			其中：购买境外有价证券	3 428	-721
七、应付及暂收款	2 457	34	2. 其他投资	15	
其中：应付及预提利息	148	-621	其中：投资境外		
八、同业存放	4 293	-33 062	三、应收及预付款	538	308
（1）境内同业存放	4 293	-33 062	其中：应收及预付利息	531	301
（2）境外同业存放			四、买入返售资产		
九、同业拆入	36 335	27 293	五、存放中央银行	4 828	-115
（1）境内同业拆入	36 335	27 293	其中：缴存准备金	4 828	-115
（2）境外同业拆入			六、存放同业	39 021	28 794
十、委托基金存款（净）	58	1	（1）存放境内同业	29 047	25 231
十一、外汇买卖	14 145	109	（2）存放境外同业	9 974	3 563
十二、境内联行存放	86	86	七、拆放同业	11 775	-5 588
十三、境外联行存放			（1）拆放境内同业	11 775	412
十四、各项准备	3 398	861	（2）拆放境外同业		-6 000
其中：贷款损失准备	3 398	861	八、存放境内联行		-1 885
十五、所有者权益	56	5	九、存放境外联行		
其中：实收资本			十、库存现金	2 147	380
十六、其他	15 273	525			
资金来源总计	198 230	23 915	资金运用总计	198 230	23 915

表3.54 北京银行外汇信贷收支统计（北京）

单位：万美元

项目名称	余额	比年初	项目名称	余额	比年初
一、各项存款	58 684	-16 989	一、各项贷款	67 163	9 602
1. 单位活期存款	25 275	5 872	（一）境内贷款	67 163	9 602
2. 单位定期存款	15 414	-16 036	1. 境内短期贷款	20 478	4 331
3. 储蓄存款	16 517	-1 575	2. 境内中长期贷款	19 440	-11 285
其中：定期存款	12 665	-1 542	3. 进出口贸易融资	26 795	16 548
4. 其他存款	1 477	-5 251	4. 票据融资	12	-12
5. 境外存款	1	1	5. 各项垫款	438	20
二、境内中长期筹资			6. 境外筹资转贷款		
三、卖出回购资产			（二）境外贷款		
四、境外筹资			二、投资	30 443	-22 221
五、向中央银行借款			1. 购买有价证券	30 428	-22 221
六、中央银行存款			其中：购买境外有价证券	3 428	-721
七、应付及暂收款	2 363	61	2. 其他投资	15	
其中：应付及预提利息	119	-529	其中：投资境外		
八、同业存放	3 033	-29 322	三、应收及预付款	463	290
（1）境内同业存放	3 033	-29 322	其中：应收及预付利息	456	283
（2）境外同业存放			四、买入返售资产		
九、同业拆入	36 335	27 293	五、存放中央银行	3 598	-999
（1）境内同业拆入	36 335	27 293	其中：缴存准备金	3 598	-999
（2）境外同业拆入			六、存放同业	36 112	27 170
十、委托基金存款（净）	58	1	（1）存放境内同业	26 138	23 607
十一、外汇买卖	14 145	226	（2）存放境外同业	9 974	3 563
十二、境内联行存放	21 838	21 838	七、拆放同业	11 775	-5 588
十三、境外联行存放			（1）拆放境内同业	11 775	412
十四、各项准备	2 611	471	（2）拆放境外同业		-6 000
其中：贷款损失准备	2 611	471	八、存放境内联行		-4 856
十五、所有者权益	56	5	九、存放境外联行		
其中：实收资本			十、库存现金	1 842	211
十六、其他	12 273	25			
资金来源总计	151 396	3 609	资金运用总计	151 396	3 609

表 3.55　天津银行北京分行外汇信贷收支统计

单位：万美元

项目名称	余额	比年初	项目名称	余额	比年初
一、各项存款	469	454	一、各项贷款		
1. 单位活期存款	463	456	（一）境内贷款		
2. 单位定期存款			1. 境内短期贷款		
3. 储蓄存款	6	-2	2. 境内中长期贷款		
其中：定期存款	4	-4	3. 进出口贸易融资		
4. 其他存款			4. 票据融资		
5. 境外存款			5. 各项垫款		
二、境内中长期筹资			6. 境外筹资转贷款		
三、卖出回购资产			（二）境外贷款		
四、境外筹资			二、投资		
五、向中央银行借款			1. 购买有价证券		
六、中央银行存款			其中：购买境外有价证券		
七、应付及暂收款			2. 其他投资		
其中：应付及预提利息			其中：投资境外		
八、同业存放	2 000	2 000	三、应收及预付款		
（1）境内同业存放	2 000	2 000	其中：应收及预付利息		
（2）境外同业存放			四、买入返售资产		
九、同业拆入			五、存放中央银行		
（1）境内同业拆入			其中：缴存准备金		
（2）境外同业拆入			六、存放同业	21	-2
十、委托基金存款（净）			（1）存放境内同业	21	-2
十一、外汇买卖			（2）存放境外同业		
十二、境内联行存放			七、拆放同业	2 000	2 000
十三、境外联行存放			（1）拆放境内同业	2 000	2 000
十四、各项准备			（2）拆放境外同业		
其中：贷款损失准备			八、存放境内联行	494	460
十五、所有者权益	2	4	九、存放境外联行		
其中：实收资本			十、库存现金	7	-1
十六、其他	51	-1			
资金来源总计	2 522	2 457	资金运用总计	2 522	2 457

表3.56　大连银行北京分行外汇信贷收支统计

单位：万美元

项目名称	余额	比年初	项目名称	余额	比年初
一、各项存款	775	733	一、各项贷款		
1. 单位活期存款	12	12	（一）境内贷款		
2. 单位定期存款			1. 境内短期贷款		
3. 储蓄存款	763	725	2. 境内中长期贷款		
其中：定期存款	12	3	3. 进出口贸易融资		
4. 其他存款		-4	4. 票据融资		
5. 境外存款			5. 各项垫款		
二、境内中长期筹资			6. 境外筹资转贷款		
三、卖出回购资产			（二）境外贷款		
四、境外筹资			二、投资		
五、向中央银行借款			1. 购买有价证券		
六、中央银行存款			其中：购买境外有价证券		
七、应付及暂收款			2. 其他投资		
其中：应付及预提利息			其中：投资境外		
八、同业存放			三、应收及预付款		
（1）境内同业存放			其中：应收及预付利息		
（2）境外同业存放			四、买入返售资产		
九、同业拆入			五、存放中央银行		
（1）境内同业拆入			其中：缴存准备金		
（2）境外同业拆入			六、存放同业	35	23
十、委托基金存款（净）			（1）存放境内同业	35	23
十一、外汇买卖			（2）存放境外同业		
十二、境内联行存放			七、拆放同业		
十三、境外联行存放			（1）拆放境内同业		
十四、各项准备			（2）拆放境外同业		
其中：贷款损失准备			八、存放境内联行		
十五、所有者权益	5	5	九、存放境外联行		
其中：实收资本			十、库存现金	11	-23
十六、其他	-734	-738			
资金来源总计	46		资金运用总计	46	

表 3.57　杭州银行北京分行外汇信贷收支统计

单位：万美元

项目名称	余额	比年初	项目名称	余额	比年初
一、各项存款	128	1	一、各项贷款	813	269
1. 单位活期存款	29	-51	（一）境内贷款	813	269
2. 单位定期存款			1. 境内短期贷款		
3. 储蓄存款	45	-2	2. 境内中长期贷款		
其中：定期存款	45	-2	3. 进出口贸易融资	813	269
4. 其他存款	54	54	4. 票据融资		
5. 境外存款			5. 各项垫款		
二、境内中长期筹资			6. 境外筹资转贷款		
三、卖出回购资产			（二）境外贷款		
四、境外筹资			二、投资		
五、向中央银行借款			1. 购买有价证券		
六、中央银行存款			其中：购买境外有价证券		
七、应付及暂收款	2	1	2. 其他投资		
其中：应付及预提利息	2	1	其中：投资境外		
八、同业存放			三、应收及预付款		
（1）境内同业存放			其中：应收及预付利息		
（2）境外同业存放			四、买入返售资产		
九、同业拆入			五、存放中央银行		
（1）境内同业拆入			其中：缴存准备金		
（2）境外同业拆入			六、存放同业	27	15
十、委托基金存款（净）			（1）存放境内同业	27	15
十一、外汇买卖			（2）存放境外同业		
十二、境内联行存放	683	254	七、拆放同业		
十三、境外联行存放			（1）拆放境内同业		
十四、各项准备			（2）拆放境外同业		
其中：贷款损失准备			八、存放境内联行		
十五、所有者权益	30	30	九、存放境外联行		
其中：实收资本			十、库存现金	3	2
十六、其他					
资金来源总计	843	286	资金运用总计	843	286

表3.58 南京银行北京分行外汇信贷收支统计

单位：万美元

项目名称	余额	比年初	项目名称	余额	比年初
一、各项存款	62	60	一、各项贷款		
1. 单位活期存款	56	56	（一）境内贷款		
2. 单位定期存款			1. 境内短期贷款		
3. 储蓄存款	6	4	2. 境内中长期贷款		
其中：定期存款	4	4	3. 进出口贸易融资		
4. 其他存款			4. 票据融资		
5. 境外存款			5. 各项垫款		
二、境内中长期筹资			6. 境外筹资转贷款		
三、卖出回购资产			（二）境外贷款		
四、境外筹资			二、投资		
五、向中央银行借款			1. 购买有价证券		
六、中央银行存款			其中：购买境外有价证券		
七、应付及暂收款			2. 其他投资		
其中：应付及预提利息			其中：投资境外		
八、同业存放			三、应收及预付款		
（1）境内同业存放			其中：应收及预付利息		
（2）境外同业存放			四、买入返售资产		
九、同业拆入			五、存放中央银行		
（1）境内同业拆入			其中：缴存准备金		
（2）境外同业拆入			六、存放同业	7	-3
十、委托基金存款（净）			（1）存放境内同业	7	-3
十一、外汇买卖			（2）存放境外同业		
十二、境内联行存放			七、拆放同业		
十三、境外联行存放			（1）拆放境内同业		
十四、各项准备			（2）拆放境外同业		
其中：贷款损失准备			八、存放境内联行	59	58
十五、所有者权益			九、存放境外联行		
其中：实收资本			十、库存现金	6	5
十六、其他	10				
资金来源总计	72	60	资金运用总计	72	60

表 3.59 盛京银行北京分行外汇信贷收支统计

单位：万美元

项目名称	余额	比年初	项目名称	余额	比年初
一、各项存款	3 010	2 321	一、各项贷款	25	25
1. 单位活期存款	257	157	（一）境内贷款	25	25
2. 单位定期存款	2 585	2 585	1. 境内短期贷款		
3. 储蓄存款	165	156	2. 境内中长期贷款		
其中：定期存款	95	87	3. 进出口贸易融资	25	25
4. 其他存款	3	-577	4. 票据融资		
5. 境外存款			5. 各项垫款		
二、境内中长期筹资			6. 境外筹资转贷款		
三、卖出回购资产			（二）境外贷款		
四、境外筹资			二、投资		
五、向中央银行借款			1. 购买有价证券		
六、中央银行存款			其中：购买境外有价证券		
七、应付及暂收款	2	2	2. 其他投资		
其中：应付及预提利息	2	2	其中：投资境外		
八、同业存放			三、应收及预付款		
（1）境内同业存放			其中：应收及预付利息		
（2）境外同业存放			四、买入返售资产		
九、同业拆入			五、存放中央银行		
（1）境内同业拆入			其中：缴存准备金		
（2）境外同业拆入			六、存放同业	91	82
十、委托基金存款（净）			（1）存放境内同业	91	82
十一、外汇买卖			（2）存放境外同业		
十二、境内联行存放			七、拆放同业		
十三、境外联行存放			（1）拆放境内同业		
十四、各项准备			（2）拆放境外同业		
其中：贷款损失准备			八、存放境内联行	2 902	2 175
十五、所有者权益	-3	-3	九、存放境外联行		
其中：实收资本			十、库存现金	41	38
十六、其他	50				
资金来源总计	3 059	2 320	资金运用总计	3 059	2 320

表3.60 上海银行北京分行外汇信贷收支统计

单位：万美元

项目名称	余额	比年初	项目名称	余额	比年初
一、各项存款	193	193	一、各项贷款	2 675	2 675
1. 单位活期存款	136	136	（一）境内贷款	2 675	2 675
2. 单位定期存款	54	54	1. 境内短期贷款	1 000	1 000
3. 储蓄存款	3	3	2. 境内中长期贷款		
其中：定期存款	1	1	3. 进出口贸易融资	1 675	1 675
4. 其他存款			4. 票据融资		
5. 境外存款			5. 各项垫款		
二、境内中长期筹资			6. 境外筹资转贷款		
三、卖出回购资产			（二）境外贷款		
四、境外筹资			二、投资		
五、向中央银行借款			1. 购买有价证券		
六、中央银行存款			其中：购买境外有价证券		
七、应付及暂收款	7	7	2. 其他投资		
其中：应付及预提利息	4	4	其中：投资境外		
八、同业存放	3 000	3 000	三、应收及预付款	5	5
（1）境内同业存放	3 000	3 000	其中：应收及预付利息	5	5
（2）境外同业存放			四、买入返售资产		
九、同业拆入			五、存放中央银行		
（1）境内同业拆入			其中：缴存准备金		
（2）境外同业拆入			六、存放同业	22	22
十、委托基金存款（净）			（1）存放境内同业	22	22
十一、外汇买卖			（2）存放境外同业		
十二、境内联行存放			七、拆放同业		
十三、境外联行存放			（1）拆放境内同业		
十四、各项准备			（2）拆放境外同业		
其中：贷款损失准备			八、存放境内联行	509	509
十五、所有者权益	15	15	九、存放境外联行		
其中：实收资本			十、库存现金	4	4
十六、其他					
资金来源总计	3 215	3 215	资金运用总计	3 215	3 215

表 3.61　江苏银行北京分行外汇信贷收支统计

单位：万美元

项目名称	余额	比年初	项目名称	余额	比年初
一、各项存款	2	2	一、各项贷款	73	73
1. 单位活期存款	1	1	（一）境内贷款	73	73
2. 单位定期存款			1. 境内短期贷款		
3. 储蓄存款	1	1	2. 境内中长期贷款		
其中：定期存款			3. 进出口贸易融资	73	73
4. 其他存款			4. 票据融资		
5. 境外存款			5. 各项垫款		
二、境内中长期筹资			6. 境外筹资转贷款		
三、卖出回购资产			（二）境外贷款		
四、境外筹资			二、投资		
五、向中央银行借款			1. 购买有价证券		
六、中央银行存款			其中：购买境外有价证券		
七、应付及暂收款			2. 其他投资		
其中：应付及预提利息			其中：投资境外		
八、同业存放			三、应收及预付款		
（1）境内同业存放			其中：应收及预付利息		
（2）境外同业存放			四、买入返售资产		
九、同业拆入			五、存放中央银行		
（1）境内同业拆入			其中：缴存准备金		
（2）境外同业拆入			六、存放同业	2	2
十、委托基金存款（净）			（1）存放境内同业	2	2
十一、外汇买卖			（2）存放境外同业		
十二、境内联行存放	73	73	七、拆放同业		
十三、境外联行存放			（1）拆放境内同业		
十四、各项准备			（2）拆放境外同业		
其中：贷款损失准备			八、存放境内联行		
十五、所有者权益			九、存放境外联行		
其中：实收资本			十、库存现金		
十六、其他					
资金来源总计	75	75	资金运用总计	75	75

表3.62 北京农村商业银行外汇信贷收支统计

单位：万美元

项目名称	余额	比年初	项目名称	余额	比年初
一、各项存款	2 659	2 241	一、各项贷款	620	354
1. 单位活期存款	2 541	2 294	（一）境内贷款	620	354
2. 单位定期存款			1. 境内短期贷款	347	347
3. 储蓄存款	118	43	2. 境内中长期贷款		
其中：定期存款	17	-2	3. 进出口贸易融资	274	7
4. 其他存款		-96	4. 票据融资		
5. 境外存款			5. 各项垫款		
二、境内中长期筹资			6. 境外筹资转贷款		
三、卖出回购资产			（二）境外贷款		
四、境外筹资			二、投资		
五、向中央银行借款			1. 购买有价证券		
六、中央银行存款			其中：购买境外有价证券		
七、应付及暂收款	56	-24	2. 其他投资		
其中：应付及预提利息			其中：投资境外		
八、同业存放			三、应收及预付款	3	3
（1）境内同业存放			其中：应收及预付利息	1	1
（2）境外同业存放			四、买入返售资产		
九、同业拆入			五、存放中央银行	10	-3
（1）境内同业拆入			其中：缴存准备金		
（2）境外同业拆入			六、存放同业	792	-1 185
十、委托基金存款（净）			（1）存放境内同业	304	-551
十一、外汇买卖			（2）存放境外同业	488	-634
十二、境内联行存放	105	-3 044	七、拆放同业	4 400	3 000
十三、境外联行存放			（1）拆放境内同业	4 400	3 000
十四、各项准备			（2）拆放境外同业		
其中：贷款损失准备			八、存放境内联行		
十五、所有者权益	31	7	九、存放境外联行		
其中：实收资本			十、库存现金	24	10
十六、其他	3 000	3 000			
资金来源总计	5 850	2 179	资金运用总计	5 850	2 179

表 3.63　中国邮政储蓄银行北京分行外汇信贷收支统计

单位：万美元

项目名称	余额	比年初	项目名称	余额	比年初
一、各项存款	871	113	一、各项贷款		
1. 单位活期存款	12	12	（一）境内贷款		
2. 单位定期存款			1. 境内短期贷款		
3. 储蓄存款	859	102	2. 境内中长期贷款		
其中：定期存款	638	76	3. 进出口贸易融资		
4. 其他存款			4. 票据融资		
5. 境外存款			5. 各项垫款		
二、境内中长期筹资			6. 境外筹资转贷款		
三、卖出回购资产			（二）境外贷款		
四、境外筹资			二、投资		
五、向中央银行借款			1. 购买有价证券		
六、中央银行存款			其中：购买境外有价证券		
七、应付及暂收款	7	3	2. 其他投资		
其中：应付及预提利息	7	3	其中：投资境外		
八、同业存放			三、应收及预付款		
（1）境内同业存放			其中：应收及预付利息		
（2）境外同业存放			四、买入返售资产		
九、同业拆入			五、存放中央银行		
（1）境内同业拆入			其中：缴存准备金		
（2）境外同业拆入			六、存放同业	28	-108
十、委托基金存款（净）			（1）存放境内同业	28	-108
十一、外汇买卖			（2）存放境外同业		
十二、境内联行存放			七、拆放同业		
十三、境外联行存放			（1）拆放境内同业		
十四、各项准备			（2）拆放境外同业		
其中：贷款损失准备			八、存放境内联行	751	99
十五、所有者权益			九、存放境外联行		
其中：实收资本			十、库存现金	373	201
十六、其他	275	76			
资金来源总计	1 152	192	资金运用总计	1 152	192

以上统计表制表单位：中国人民银行营业管理部调查统计处。

（四）机构、人员统计

表4.1　北京辖区内金融管理机构数量与从业人员数量统计

2010年12月31日

单位：人/机构（个）

机构名称	机构数量	职工人数
中国人民银行营业管理部	1	560
北京银监局	1	257
北京证监局	1	88
北京保监局	1	72
北京市金融工作局	1	50
合计	5	1 027

注：表中数据由相关部门提供。制表单位：中国人民银行营业管理部。

表4.2　北京辖区内银行及其他金融机构数量与从业人员数量统计

2010年12月31日

单位：人/机构（个）

机构名称	机构数			从业人员数	营业员工数
	法人机构	分行级（含总行营业部、办事处、代表处）	支行及支行以下营业网点		
政策性银行合计		3	12	433	263
农业发展银行北京市分行		2	12	365	253
进出口银行北京分行		1		68	10
国有商业银行合计		5	1 627	50 427	33 783
工商银行北京市分行		1	563	17 996	11 105
农业银行北京市分行		1	324	8 075	4 523
中国银行北京市分行		1	252	8 812	6 595
建设银行北京市分行		1	380	11 166	8 366
交通银行北京市分行		1	108	4 378	3 194
股份制商业银行合计		11	370	15 617	10 344
中信银行总行营业部		1	44	1 889	1 152
光大银行北京分行		1	48	2 091	1 492
华夏银行北京分行		1	47	1 551	605
广东发展银行北京分行		1	31	1 001	769

续表

机构名称	机构数			从业人员数	营业员工数
	法人机构	分行级（含总行营业部、办事处、代表处）	支行及支行以下营业网点		
深圳发展银行北京分行		1	23	1 081	765
招商银行北京分行		1	52	2 716	2 156
上海浦东发展银行北京分行		1	37	1 252	971
兴业银行北京分行		1	35	1 598	954
民生银行总行营业部		1	48	1 880	1 051
浙商银行北京分行		1		216	216
渤海银行北京分行		1	5	342	213
城市商业银行合计	1	9	170	7 638	4 991
北京银行	1	1	156	6 455	4 534
天津银行北京分行		1	6	190	100
大连银行北京分行		1	1	175	47
杭州银行北京分行		1	4	245	119
南京银行北京分行		1	2	150	67
盛京银行北京分行		1	1	80	39
上海银行北京分行		1		144	28
江苏银行北京分行		1		127	40
宁波银行北京分行		1		72	17
农村金融机构合计	8		693	7 867	4 405
北京农村商业银行	1		693	7 710	4 248
村镇银行	7			157	157
国家开发银行北京市分行		2		294	
邮政储蓄银行		1	522	1 666	670
外资银行	7	38	47	6 491	3 099
外资银行代表处		73		234	
外资非银行代表处		18		49	
资产管理公司		4		239	102
非银行金融机构合计	38			2 619	90
企业集团财务公司	26			1 098	19
信托公司	3			220	63
金融租赁公司	1			77	
汽车金融公司	6			1 157	
消费金融公司	1			38	8
货币经纪公司	1			29	
合　计	54	237	3 441	93 574	57 747

制表单位：北京银监局。

表4.3　北京辖区内证券机构数量与从业人员数量统计

机构类别	机构数量	从业人员数量	投资者开户数（万户）
证券公司	17		1 115
证券分公司	27		
证券营业部	230	11 245	473
基金管理公司	11		
基金分公司	41		
期货公司	19	4 905	18
期货营业部	65		
投资咨询公司	18		
上市公司	164		
外资代表处	61		
合计	653	15 340	1 606

制表单位：北京证监局。

表4.4　北京辖区内保险机构数量与从业人员数量统计

单位：人/机构（个）

机构类别	总公司	分公司	支公司	营业部	营销服务部	公司职工	保险营销员
中资产险公司		27	104	39	68		
中资寿险公司		35	74	9	293		
中资再保险公司		1					
外资产险公司	2	8		1			
外资寿险公司	4	15					
外资再保险公司		3					
政策性保险公司				1			
合　计	6	89	178	50	361		
中介法人机构							
其中：代理公司	149	97				8 748	
经纪公司	145	32				5 197	
公估公司	37	8				973	
合　计	331	137				14 918	66 128

制表单位：北京保监局。

九、大 事 记

1月

1月6日　银监会批准北京银行筹建北银消费金融公司。该公司筹建初期注册资本金拟为3亿元人民币，经营范围主要是办理个人耐用消费品贷款和一般用途个人消费贷款。3月1日，北银消费金融公司正式对外营业。

崇文区首家小额贷款公司——北京京融小额贷款股份有限公司成立。该公司每年将为崇文区三百家以上的中小企业提供融资服务。

工商银行北京市分行、首创股份有限公司、北京产权交易所在京举行了三方“关于并购贷款合作框架协议”签字仪式。标志着我国首笔并购贷款启动，首创股份有限公司成为该项目第一个受益企业。

1月8日　北京文化创意产业金融服务中心在北京银行宣武门支行正式挂牌。该中心是全国首家金融服务文化创意产业专营机构。

1月21日　由北京市农委、北京市农业担保公司、北京银行、北京市妇联共同实施的“5＋5行动计划”在密云县河南寨镇正式启动。该镇金沟村62户农民拿到了432万元的支农贷款，用于蔬菜日光温室建设。

1～2月　北京国际信托有限公司与中小企业信用再担保有限公司联合推出了京城首个中小企业系列化信托产品——“中小发展·雁栖怀柔集合资金信托计划”（Ⅰ～Ⅲ期）。该系列化信托产品采取滚动发行的方式，旨在为中小企业发展提供信托融资支持，拓宽中小企业融资渠道。本次主要面向怀柔区内三个重点中小企业，信托规模共为4 100万元人民币。

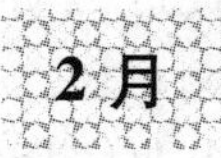

2月

2月5日　经国家外汇管理局同意，北京外汇管理部批准北京恒生联合投资有限公司、北京国民保险代理有限公司、艾西益商务服务（北京）有限公司和环九州信用管理（北京）有限公司4家非金融企业经营个人本外币兑换特许业务。标志着国家外汇管理局推动的特许兑换扩大试点工作在北京率先启动。截至目前，北京共有5家特许兑换机构，兑换网点达15个，机构及网点数均居全国第一位。

交通银行北京管理部成立。该管理部是交通银行在北京设立的一个（业务条线垂直管理下的）营销、服务、协调管理机构。在今后的发展中，交通银行北京管理部将着力构建服务总部经济的综合协调平台，增强营销功能，进一步巩固和发展交通银行在北京的业务。

2月9日　华鑫国际信托有限公司获得银监会批准重新登记，控股股东为中国华电集团公司。3月18日，华鑫国际信托有限公司在京揭牌开业。该公司将以能源和基础产业信托业务为核心，坚持多领域经营，以全面风险管理为保障，稳健经营、规范运作。

2月末　工商银行北京市分行国际贸易融资余额突破100亿元，累计发放国际贸易融资近80亿元，国际贸易融资发放额在北京地区四大行占比超过50%。

3月

3月1日起　北京保监局实行酒后驾车违法行为与机动车交通事故责任强制保

险费率联系浮动制度，进一步加大对酒后驾驶违法行为的惩处力度，促进机动车驾驶人增强交通安全意识和法制意识。

3月2日 招商银行小企业信贷中心北京区域总部成立。该中心是银监会批准成立的国内首个拥有经销企业信贷业务专营资格的金融机构，按照“准子银行、准法人”模式构建，将营销推动、产品研发、贷款审批、风险管控等业务融于一体的离行式机构，总部设在苏州。

3月5日 工商银行北京市分行以“雷锋日”为契机，在团员青年中开展以宣传金融知识为主要内容的“青年志愿者行动周”活动。在活动开展的15天里，800余名青年员工深入社区、学校、企业共举办了50余场“金融知识进社区”活动，服务社区4 373人次。

3月17日 北京农村商业银行创立并推出全国银行同业第一个专属银保品牌——“凤凰随心保”。此品牌将各家保险公司为北京农村商业银行专属打造的优势产品整合成“保险产品池”，客户只要到该行的营业网点，就可以自由比较“保险产品池”中十几家保险公司的不同产品，轻松完成“一站式”保险购买。

共青团北京市委员会、邮政储蓄银行北京分行在北京奥运大厦召开“贷动青春”青年创业小额贷款活动对接会。会上，双方共同签署了“贷动青春”北京市青年小额贷款工作邮储项目协议书，承诺三年内扶持10 000名青年实现贷款创业。

3月18日 北京市金融工作会议召开。会议通报了2009年首都金融工作情况和2010年工作重点。市委常委、常务副市长吉林出席会议并讲话；市政协副主席黎晓宏就北京市即将出台的《关于加快转变经济发展方式，促进首都科技金融创新发展的意见（征求意见稿）》做了说明。2010年，北京市金融工作的指导思想是：全面贯彻落实党的十七届三中、四中全会和中央经济工作会议精神，深入贯彻落实科学发展观，在市委、市政府统一部署下，紧紧围绕人文北京、科技北京、绿色北京行动计划，加快转变经济发展方式，进一步优化金融发展环境，进一步推动金融改革创新，进一步聚集金融要素资源，进一步完善金融服务经济社会发展的方式手段，进一步维护首都金融安全稳定，围绕提高首都国际化水平、建设世界城市的战略目标，加快建设具有国际影响力的金融中心城市。

3月19日 《亚洲银行家》零售金融卓越大奖2009颁奖典礼在新加坡举行，北京银行被评为中国最佳城市商业零售银行。

3月23日 友利银行（中国）有限公司正式启动跨境贸易人民币结算业务，成为首家在中国开通此项业务的韩资法人银行。

3月30日 北京银行南京分行正式开业。这是北京银行开设的第七家外埠分行，也是该行在长三角经济圈内开设的第三家分行。

3月31日 人民银行营业管理部、北京银监局、北京金融工作局、中关村管委会、海淀区政府联合推出了“信贷创新中关村系列活动”，为中关村企业建立与各类金融机构的沟通机制，促进技术与资本的高效对接。活动将由中关村科技创业金融服务集团有限公司整体组织，多家银行专营机构轮流作为承办单位开展银企交流活动。

北京农村商业银行推出的“银政惠

民账户”正式开通。该账户定位于享受各级政府资金补贴及社会保障的涵盖人群，根据个人银行专用账户的发展趋势设计而成。北京的近200万个农村地区客户只要拥有一个账户，即可办理各级政府资金补贴及社会保障等近30个专属业务，同时还可办理存取款、投资理财等普通业务。

4月

4月1日 人民银行营业管理部、市农委、市金融工作局、北京银监局联合印发了《关于金融支持首都率先形成城乡一体化发展新格局的指导意见》，引导各银行有效增加郊区农村金融服务供给，创新适应都市型现代农业发展的金融产品，加大对城乡结合部改革试点地区的支持力度，充分发挥金融在首都城乡经济社会发展一体化中的积极作用。

4月13日 以“网银随心动，生活更轻松”为主题的“2010放心安全用网银联合宣传年启动发布会”在北京民族饭店隆重举行。中国金融认证中心以及来自国内三十余家商业银行的代表出席了本次发布会。

邮政储蓄银行北京分行为支援青海省玉树藏族自治州地震灾区抗震救灾，对汇往中国红十字总会、中华慈善总会、民政部及其下属机构，以及各类公益性基金会的赈灾款免收汇费。同时，邮政储蓄银行北京分行还将在521个邮储网点开通灾区汇款“绿色通道”，确保汇往地震灾区的赈灾款第一时间处理完毕。

4月16日 北京市金融学会和《金融时报》联合主办、人民银行营业管理部承办的“2010首都金融论坛”在京举行。本届论坛的主题是“首都城乡一体化发展与金融支持”。中国人民银行、北京市政府、北京金融界以及高等院校的相关领导和专家、学者共120多人参加了论坛。中国人民银行副行长马德伦、北京市常务副市长吉林出席论坛并致辞。

为认真贯彻落实国务院常务会议关于遏制部分城市房价过快上涨的要求，抑制不合理住房需求，工商银行从即日起正式实行差别化住房信贷政策，对已签约未审批的贷款一律按照新规定执行。

4月21日 大地保险公司北京分公司在北京新世纪日航酒店召开北京地区“大地健生团体医疗保险产品说明会”，80位中介渠道代表以及重要客户参加。说明会围绕“健康、服务、品质”的理念，从健康保险保障、健康管理、医疗服务网络、免现金医疗服务、365×24小时“家庭医生”服务等方面介绍了该产品。

4月26日 江苏银行北京分行开业。这是江苏银行继上海、深圳分行之后设立的第三家省外分行。

华夏银行北京分行成立同城作业中心，实现了2K模式下对同城票据交换提入业务进行集中处理。

4月29日 新华人寿保险公司北京分公司向全国体育大会北京代表团300余位成员赠送了普通意外伤害、运动意外伤害等保险，保额共计6 880万元。

4月 中国银行北京市分行开通网上银行个人结售汇业务。个人客户只要在中国银行开立活期一本通账户或借记卡，同时申请中国银行网银个人理财版或贵宾版，即可在周一到周日的9：00～17：00（节假日不休息），通过网上银行在线办理英镑、港元、美元、日元、加拿大元、澳大利亚元、欧元、瑞士法郎、新加坡元九种货币的结汇、购汇业务。

5月

5月6日 保监会批准北京银行以自有资金收购北京首创集团有限公司持有的首创安泰人寿保险有限公司50%股权，成为国内获准进入保险行业的唯一一家城市商业银行。

5月8日 中华联合财产保险公司北京分公司组织开展了查勘定损核损人员岗位定级考试，共有81人参加了本次考试。其中27人参加了中级考试，24人及格，及格率88.89%；54人参加了初级考试，39人及格，及格率72.22%。

5月14日 北京市金融工作局牵头组织召开2010年第二季度政银企沟通交流机制专题会议。本次会议的主题是“创新融资服务，促进中小企业发展”。金融管理部门、市政府相关委办局和区县相关负责人发布了北京市有关促进中小企业发展的政策措施。会上为工商银行、北京分行、中国银行、北京分行、招商银行北京分行和北京银行新设立的11家中小企业信贷专营机构举行了揭牌仪式，同时，11家新成立的专营机构为本市中小企业发放了20 465万元意向性贷款。

5月15日 由人民银行营业管理部牵头协调的北京市15家警银共建反假货币工作站正式启动并举行了授牌仪式。

5月18日 北京银行上海分行成立中小企业服务中心。

5月20日 北京团市委、北京银监局联合举办了“北京市2010年‘送金融知识下乡’启动仪式暨‘贷动青春’青年创业小额贷款工作推进会”。

5月27日 市商务委与市政府外事办公室、北京海关、北京出入境检验检疫局、市国税局、北京外汇管理部联合举办“进出口政策服务咨询会”，六个政府部门及中国出口信用保险公司等八家金融、贸易服务性机构现场设立咨询台解答企业问题，340多家进出口企业参加了咨询活动。

5月29日至6月1日 泰康人寿保险公司北京分公司在中国儿童中心隆重举办了“第五届少儿书画大赛”现场绘画活动。活动以“低碳·爱家”为主题，得到了北京市逾5 000个家庭的积极响应。

5月30日 北京金融资产交易所正式揭牌，这是国内第一家正式揭牌运营的全国性金融资产交易平台。

5月 中期期货有限公司、中国国际期货有限公司和中期嘉合期货经纪有限公司完成吸收合并，更名为中国国际期货有限公司。

6月

6月1日 北京保险业实行银保专管员持证上岗制度。银保专管员在商业银行代理网点服务时，必须佩戴北京保险行业协会统一监制、标明其所属保险公司的银行保险客户经理展业证。该制度的实施将银保专管员纳入行业统一的从业人员管理体系，通过引入社会监督，强化保险公司和银保专管员的自我约束意识，对规范银保经营行为起到积极推动作用。

6月1~27日 中国银联北京分公司与石景山区政府联合举办第二届北京CRD刷卡节。活动期间，持“银联标准卡”在包括石景山区辖区万达广场、当代商城在内的所有商户中刷卡消费满99

元都可参加抽奖活动，奖品总价值超过100万元，其中最高奖项为价值4 999元的电脑三台。

6月2日 北京文化金融中介服务平台在北京东方雍和国际版权交易中心正式启动，4家文化创意企业首批获得“影视贷”资金支持。北京文化金融中介服务平台是由北京产权交易所、北京东方信达资产经营总公司、北京东方雍和国际版权交易中心有限公司，联合北京银行、国家开发银行等金融机构发起成立的。该平台将依托北京产权交易所文化产权交易中心和国际版权交易中心的要素资源配置优势，与各金融机构一道开发符合文化产业特点的金融服务产品和服务模式，推动文化产业与各类金融机构进行对接。同时，通过提供一揽子专业顾问服务，提升文化金融创新能力，规避金融机构创新风险。

6月10日 北京银行在京仪大酒店举行了“‘聚焦科技，融信未来’北京银行中关村百家主动授信行动计划”启动仪式。仪式上，北京银行发布了百家主动授信方案，公布了278家首批百家主动授信入围企业名单。

6月17日 “2010北京市银行业文明少规范服务百佳示范单位评选活动”正式启动。评选活动将遵循“公平、公开、公正”的原则，由北京市银行业协会按照启动、申报、筛选、检查、评审、公布、总结七步走，在5个月内通过明察暗访、客户满意度调查等方式，从在京2 015家支行级银行营业网点中评选产生100家在文明规范服务方面成绩突出、特色鲜明、公信力高的单位。

百年人寿保险股份有限公司北京分公司开业，这是百年人寿在全国开业的第四家省级分公司。

6月18日 北京农村商业银行与北京快通高速路电子收费系统有限公司签署全面合作协议，正式推出代理高速公路不停车收费（ETC）业务。

6月23日 跨境贸易人民币结算试点在北京地区正式启动。试点首日，工商银行北京市分行等5家银行分别为中国国际石油化工联合有限责任公司等8家在京企业完成9笔人民币跨境结算，累计金额4.91亿元，境外结算地域包括美国、中国香港、中国澳门等。

6月28日 北京大兴九银村镇银行正式开业，这是北京市第4家开业的村镇银行。北京大兴九银村镇银行由九江银行股份有限公司作为主发起人，大兴区部分国有企业、民营企业和自然人共同发起设立的股份制商业银行，注册资本1亿元，其中九江银行出资4 500万元。公司注册地为北京市大兴区黄村。

6月30日 由人民银行营业管理部、市商务委指导，北京市银行卡市场协调委员会、市商业联合会主办，中国银联北京分公司以及在京23家中资商业银行承办的“刷银联卡，赢取惊喜好礼——2010年北京市银行卡联合宣传促销活动”正式启动。

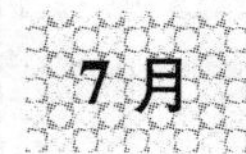

7月

7月3~4日 中国人寿保险公司北京市分公司独家承保了北京国际铁人三项洲际杯系列赛期间所有运动员和工作人员的意外伤害和医疗保险。根据协议，中国人寿保险公司北京市分公司为每名参赛选手、教练员、裁判员和志愿者提供20万元意外身故、20万元意外伤害残疾以及1万元意外医疗险，总保额高达4.1亿元。

7月6日 北京农村商业银行首家“乡村便利店”正式挂牌营业。“乡村便利店”是按照农村地区客户特点量身打造的一种全新的农村金融服务模式，主要建设在偏远农村地区的村委会、超市、批发市场等场所，弥补千人以上两公里范围内无银行营业网点覆盖的自然村的日常金融服务需求。截至年末，北京农村商业银行先后在怀柔、大兴、门头沟开通乡村便利店4家，“乡村自助店”1家。

7月8日 中国银联北京分公司联合北京市总工会、市妇联、市商联会举办了北京市职工职业技能大赛收银员比赛暨第四届“银联杯”北京市商业服务业收银员职业技能竞赛。来自全市近60家商业企业的131名优秀收银员选手参加了银行卡基本知识、银行卡受理等全方位银行卡业务竞技。竞赛分为笔试、机试、颁奖仪式三个部分。

7月11日 大公国际资信评估有限公司发布2010年国家信用风险报告和首批50个典型国家的信用等级。这是第一个非西方国家评级机构向全球发布国家信用风险信息。

7月21日 交通银行北京市分行举办“携手金融资本，助力科技展业”——交通银行中小企业投贷一体化合作项目启动仪式，并为新成立的公主坟支行、慧忠里支行、酒仙桥支行3家中小企业金融服务中心揭牌。与北京中关村科技创业金融服务集团有限公司、启迪创业投资有限公司、红杉资本中国基金等7家创业投资机构签订合作协议。

7月22日至10月22日 北京市金融工作局、北京市公安局、人民银行营业管理部、北京银监局、北京证监局、北京保监局共同主办首都金融安全知识宣传活动，旨在提醒市民防范“非法集资、证券、洗钱”、“电话诈骗”等金融诈骗陷阱。

7月28日 太平洋人寿保险公司北京分公司与“第29届世界音乐教育大会”组委会签署协议，为参与大会服务的近700名志愿者、150名组委会工作人员提供2.86亿元的保险保障。

美国纽约梅隆银行股份有限公司北京分行开业。

7月30日 中关村示范区昌平园知识产权融资服务平台启动仪式暨科技金融服务和产品推介会举行。中关村管委会、中关村昌平园管委会、中国技术交易所、北京晨光昌盛投资担保有限公司、北京银行等相关部门和昌平园70余家科技型中小企业参加。

美国北美信托银行有限公司北京分行获批开业。将为中国机构客户提供全球托管、会计核算、绩效评估及投资合规风险监控服务。11月1日正式对外开业，营运资金为2亿元人民币等值外币。

7月 北京证监局组织开展了对北京地区18家期货公司的分类监管评价初审工作，其中4家期货公司最终获得证监会A类评分。

8月

8月10日 由人民银行、银监会、证监会、保监会、中投公司联合主办的“金融系统反腐倡廉建设展”在北京展览馆开幕。

8月13日 北京银监局批准北京昌平兆丰村镇银行开业。这是北京地区获准开业的第五家新型农村金融机构。北京昌平兆丰村镇银行由包头商业银行与其他9

位企业法人和自然人共同发起设立，注册资本7 000万元人民币，注册地为北京市昌平区，主要为当地“三农”提供金融服务。

8月25日 国家开发银行全资子公司——国开证券有限责任公司在京正式成立，这标志着国开行以银行业务为主体、兼具投资和投行功能的“一拖二”组织架构基本搭建完成。国开证券有限责任公司注册资本23.7亿元，总部位于北京，在北京、上海、深圳、天津、河北等地设有营业部。国开证券经营范围包括证券经纪，证券投资咨询，证券交易、证券投资活动有关的财务咨询，证券承销，证券的自营买卖和证监会批准的其他业务。

8月 在北京市银行业协会、交通银行北京市分行现金中心跨行押运课题组、北京振远护卫中心共同努力下，交通银行北京市分行营业部、上海浦东发展银行金融街支行及广东发展银行金融街支行3家单位顺利完成款车跨行集中押运试点工作，成功开启银行网点间款车跨行集中押运业务先河。

9月

9月9～12日 中国国际金融展在北京展览馆隆重举行。本届金融展的主题是“融合创新 稳健运营”。

9月12日 北京银行济南分行开业，这是北京银行在环渤海经济圈开设的第二家分行。在开业仪式上，北京银行与山东钢铁集团有限公司、中国重型汽车集团有限公司、山东高速集团有限公司签订银企战略合作协议，分别向三家公司提供意向性综合授信额度60亿元，并将为其提供“财富1+1”项下包括融资授信、账户结算、“现金优管家”、债券承销发行、第三方存管、投资理财、“资金快链”等在内的全方位的金融服务。

9月15日 由人民银行营业管理部与北京市文化创意产业促进中心、北京银监局等共同举办的“北京市中小企业金融服务平台”正式启动。“北京市中小企业金融服务平台”设立在“首都之窗”人民银行营业管部栏目、人民银行互联网官方网站人民银行营业管理部网页以及北京市中小企业网站下，将汇集各部门的政策信息、调研信息，各银行的服务信息、信贷产品以及中介服务信息、中小企业信贷需求信息等。

9月16日 农业银行北京市分行与通州区团委共同举办“送金融知识下乡，服务青年创业就业”启动仪式，为通州区11个乡镇以及4个街道的青年创业骨干普及个人助业贷款和个人理财等相关金融知识，帮助青年增强信用意识、理财意识、风险意识和使用现代金融服务的能力。

9月17日 北京银行首家国际代表处在荷兰的阿姆斯特丹成立。

9月25日 北京农投庆融小额贷款股份有限公司开业。北京农投庆融小额贷款股份有限公司经北京市金融工作局批准设立，最大股东是北京市农业投资有限公司，注册资本金1亿元人民币，主要为延庆县域内的中小企业、“三农”经济体、个体户和自然人提供短期、应急周转性贷款，单户贷款额度为1万元至300万元，贷款期限为一个月以上、1年以下。

9月29日 中债资信评估有限责任公司正式挂牌成立，这是首家全国性信用再评级公司。该公司由中国银行间市场交易商协会代表全体会员出资设立，注册资本5 000万元，是首家采用投资人付费营运模式的新型信用评级公司，为投资人提供债券再评级、双评级等服务。

9月 北京银监局开展了“促监管政策进基层行暨外资银行监管政策宣传月”系列活动。辖内外资银行相关业务负责人、合规负责人、支行行长等积极参加，机构覆盖面达100%，参训人员达200余人次。宣讲内容包括“三个办法、一个指引”政策解读、市场准入事项合规培训、个人理财业务风险提示与案例分析等主题。

10月

10月7日 中国银行北京市分行按照总行统一部署，历时九个月圆满完成IT蓝图项目上线投产工作，实现了“成功切换、风险可控、正常营业”的既定目标。

10月8日 中邮人寿保险股份有限公司北京分公司开业。这是继中邮人寿江西、四川、陕西分公司开业后，成功开业的第四家省级分公司。

10月15日 中信银行总行营业部与巴西使馆签署合作协议，独家开办代收巴西使馆领事费业务。至此，中信银行总行营业部合作使馆已增至13家，代理使馆业务覆盖北美洲、南美洲、欧洲、亚洲、非洲和大洋洲的多个国家的驻华使领馆。

10月22日 北京市举行“小帮手”社区便民服务工程启动仪式，中国银联与“小帮手”服务中心在仪式上签署合作协议，双方将在缴费终端机具布放、机具接入银联网络等方面深入合作，共同推动北京社区便民服务工程的实施。根据中国银联与小帮手服务中心签署的合作协议，社区布放的自助缴费信息机将全部接入银联网络，银联卡持卡人通过这些自助缴费信息机，即可完成燃气、水、电、手机、电话、网络、有线宽带缴费以及信用卡还款等日常支付。按计划，未来三年在北京市布放10万台“小帮手”自助缴费信息机，覆盖500万户居民。

10月28日 杭州银行北京分行专门为科技型中小企业设立的北京中关村支行正式开业。

10月29日 中国人寿保险公司北京市分公司与俄罗斯保险公司以及“世界无国界”旅游协会在莫斯科签署协议。根据协议，中俄双方保险机构将为两国投保人实现境内完成投保、境外享受服务，为降低两国政府在旅游安全、遇险涉保问题方面的协调成本提供平台。

10月30日 “2010秋季北京国际长走大会”在昌平十三陵水库沿线举行，来自首都机关、企业、院校、部队的各界群众，以及留学生代表、在京外国友人等8 000余人参加了全程16公里的长走活动。泰康人寿保险公司北京分公司独家为所有参与者无偿提供保险服务。

10月 经人民银行批准，北京地区完成首笔资本项目跨境人民币结算业务试点。此笔业务用于北京某集团公司以人民币支付境外收购股权对价款业务，涉及金额达到86.18亿元人民币。此笔业务的成功试点，标志着北京地区跨境人民币交易领域已由经常项目延伸到资本项目，开辟了跨境人民币结算业务的新领域。

11月

11月4~7日 第六届北京国际金融博览会在北京展览馆举行。本届博览会以

"金融发展、金融创新、金融服务"为目标，以"迈向世界城市的首都金融业"为主题，设有首都金融展区、银行、基金、证券、保险、综合金融机构展区等十大展区，参展单位近百家。

11月8日 中小企业金融服务中心（海淀）暨中小企业信贷广场在中关村地区挂牌成立，这是农业银行系统率先设立的分行级中小企业专营机构。"中小企业信贷广场"将立足北京中小企业核心聚集区域，采用金融组合模式，与担保公司、保险公司、评估机构和风险投资公司等多方联合，实行"同地办公、优势组合"，为各类中小企业提供多层次、多领域、全方位、"一站式"综合金融服务。

11月12日 "中国人民银行全国征信知识宣传周"在北京大学百年讲堂启动。今年征信宣传周的主题为"珍爱信用记录维护信用权益"，旨在提高全民金融素质、改善社会信用环境。

北京银行与台湾中小企业银行签署战略合作协议暨业务实施协议。这是《海峡两岸经济合作框架协议》签署后，两岸银行同业签署的首个战略合作协议，是两岸银行同业携手合作，共同支持大陆台资企业发展的新举措。

11月18日 北京文化创意产业投融资项目推介会在北京产权交易所成功举行。北京银行、交通银行北京市分行、工商银行北京市分行、农业银行北京市分行与文化创意企业共达成签约金额41.65亿元。

11月19日 建设银行北京市分行与北京市住房和城乡建设委员会签署战略合作协议。根据协议建设银行北京市分行将给予北京市保障性住房建设200亿元意向性授信额度，支持北京市公共租赁住房、经济适用住房、限价商品住房、廉租住房、旧城保护性改造和修缮、危旧房改造、棚户区改造等项目。

11月21日 北京市金融工作局、石景山区人民政府、北京银行举办"北京市石景山区文化创意中小企业2010年第一期集合票据"成功发行新闻发布会。该票据是由北京银行主承销的国内首只文化创意中小企业集合票据，已于11月18日成功发行上市，为北京三浦灵狐动画设计有限公司、北京超炫广告有限公司和北京丽贝亚建筑装饰工程有限公司三家企业募集资金共计人民币4 800万元，期限1年。

11月23日 民生银行北京中关村西区支行正式挂牌"科技企业金融服务中心"特色支行。民生总行营业部与北京中关村科技创业金融服务集团有限公司签署战略合作协议，并将与中关村管委会建立长效沟通机制，进一步加大对中关村科技园区内中小企业的扶持力度。

11月26日 由人民银行营业管理部、北京市金融工作局、北京市文化创意产业促进中心共同主办，北京银行承办的金融服务北京文化创意企业推进工作会在京召开。人民银行营业管理部副主任姜再勇、北京市金融工作局书记霍学文、北京市文化创意产业促进中心主任梅松先后在会上就文化金融工作开展情况、文化创意产业政银企合作情况以及支持文化创意产业发展的相关政策等内容发表了讲话；北京银行等4家银行围绕金融支持首都文化创意产业发展的措施与成效等主题交流了经验等。

11月28日 银监会公众教育服务中心主办、中国银行业协会协办的"2010年中国银行业公众教育服务日活动"启动仪式在北京举行。此次活动以"和谐金融、美好生活”为主旨，围绕银行主要产品和服务的基本特点、安全使用提示以及金融市场热点问题等内容，分别从银行卡、信用卡、银行理财、代理基金保险、个人贷款、自助设备、电子银行、非法金融活动及商业银行概述等9个方面向公众普及金融基础知识，进行风险提示。

12月

12月3日 中国银行中关村科技型中小企业金融服务模式启动仪式在北京举行。市委副书记、市长郭金龙，市委常委赵凤桐出席启动仪式。中国银行、人民银行营业管理部、北京银监局、北京市金融工作局、中关村管委会等单位领导和科技专家顾问代表、中关村科技型中小企业代表参加了启动仪式。中国银行北京市分行与六家企业在启动仪式现场签订了合作协议。

12月6日 北京大兴华夏村镇银行开业，这是北京市首家由股份制商业银行设立的村镇银行。

12月8日 北京市金融工作局联合北京市残联、中国银联北京分公司、拉卡拉（中国）电子支付技术有限公司共同举办了“民生金融送爱心”赠机活动，向北京全市残疾人赠送500台家用缴费支付终端——拉卡拉刷卡机，以方便残疾人足不出户可以缴纳水、电、气、热、通讯等生活必须缴纳的费用。

12月14日 宁波银行北京分行开业。这是宁波银行继上海、杭州、南京、深圳、苏州、温州后，在国内开设的第七家异地分行，也是该行在环渤海经济圈开设的首家分行。

12月28日 由北京市银行业协会主办的“文明服务 和谐金融——2010年度北京市银行业文明规范服务百佳示范单位颁奖典礼暨服务年会”在北京举行。依照公平、公正、公开的原则，经北京市银行业协会审议，工商银行北京海淀西区支行等100家银行机构网点被评为“2010年度北京市银行业文明规范服务百佳示范单位”。

12月30日 深圳发展银行北京分行与新发地签署战略合作协议，加盟国内首个“农超对接”第三方服务平台——北京新发地农产品电子交易中心。深圳发展银行北京分行将为该平台提供第三方存管、优质企业信贷支持等服务，促进与新发地电子交易中心的全方位合作。

十、附　　录

（一）北京市金融机构名录

（截至2010年12月31日）

1. 金融管理机构

机构名称	地　　址	邮　编	电　话
中国人民银行营业管理部	西城区月坛南街79号	100045	68559027
（国家外汇管理局北京外汇管理部）	（海淀区莲花池东路39号西金大厦）	100036	（63988081）
中国银行业监督管理委员会北京监管局	西城区金融大街20号	100033	58391797
中国证券监督管理委员会北京监管局	西城区金融街33号通泰大厦B座10层	100033	88088060
中国保险监督管理委员会北京监管局	西城区金融大街15号鑫茂大厦北楼9层	100033	66060530
北京市金融工作局	西城区槐柏树街2号市府大楼2号楼	100059	63020601

2. 银行业机构

（1）中资银行

机构名称	地　　址	邮　编	电　话
国家开发银行股份有限公司北京市分行	西城区复兴门内大街158号远洋大厦8层	100031	63223100
中国进出口银行北京分行	东城区北河沿大街77号	100009	64099688
中国农业发展银行股份有限公司北京市分行	西城区月坛北街甲2号月坛大厦南楼	100045	68081842
中国工商银行股份有限公司北京市分行	西城区复兴门南大街2号天银大厦B座	100031	66410579
中国农业银行股份有限公司北京市分行	西城区展览馆路5号	100037	68358266

中国银行股份有限公司北京市分行	东城区朝阳门内大街2号凯恒中心C、E座	100010	85121710
中国建设银行股份有限公司北京市分行	西城区宣武门西大街28号楼4门	100053	63603682
交通银行股份有限公司北京市分行	西城区金融大街22号	100033	88668000
招商银行股份有限公司北京分行	西城区复兴门内大街156号A座	100031	66426852
上海浦东发展银行股份有限公司北京分行	西城区太平桥大街18号丰融国际大厦	100032	57395907
广发银行股份有限公司北京分行	东城区大华路2号	100005	65169303
兴业银行股份有限公司北京分行	朝阳区安贞西里三区11号	100029	64454125
深圳发展银行股份有限公司北京分行	西城区复兴门内大街158号	100031	66292028
中信银行股份有限公司总行营业部	西城区金融大街甲27号投资广场A座	100033	66293001
中国光大银行股份有限公司北京分行	西城区宣武门内大街1号	100031	66567716
中国民生银行股份有限公司总行营业部	西城区复兴门内大街2号	100031	58560088
华夏银行股份有限公司北京分行	西城区金融大街11号	100034	58598428
渤海银行股份有限公司北京分行	西城区复兴门内大街28号凯晨世贸中心东（C）座1～3层	100031	66270761
浙商银行股份有限公司北京分行	西城区金融大街1号	100040	88006015
中国邮政储蓄银行有限责任公司北京分行	朝阳区建国门北大街光华路50号	100600	65217190
北京银行股份有限公司	西城区金融大街丙17号北京银行大厦	100033	66223739
北京银行股份有限公司中关村分行	海淀区中关村大街甲28号	100086	82533039
天津银行股份有限公司北京分行	西城区东河沿胡同73号天津银行大厦	100052	83175806

大连银行股份有限公司北京分行	朝阳区建国路93号北京万达广场B座1~2层	100022	65812642
盛京银行股份有限公司北京分行	朝阳区光华路4号东方梅地亚中心D座	100026	85570017
南京银行股份有限公司北京分行	西城区金融大街10号	100033	83399012
上海银行股份有限公司北京分行	西城区金融大街甲9号	100033	66528701
杭州银行股份有限公司北京分行	东城区朝阳门北大街3号第五广场大厦A座	100010	64088017
江苏银行股份有限公司北京分行	西城区金融大街8号C座	100033	83399519
宁波银行股份有限公司北京分行	建国门内大街28号B座1~4层	100005	85597310
北京农村商业银行股份有限公司	西城区金融大街9号	100033	63229000
北京延庆村镇银行股份有限公司	延庆县高塔街73号	102100	69178738
北京密云汇丰村镇银行有限责任公司	密云县新东路环岛南侧新华书店一楼商铺	101500	58120710
北京怀柔融兴村镇银行有限责任公司	怀柔区南华园二区甲41号楼	101400	61620102
北京大兴九银村镇银行股份有限公司	大兴区黄村西大街65－14号	102600	81297180
北京昌平兆丰村镇银行股份有限公司	昌平区南环东路32－6号	102200	60783888
北京大兴华夏村镇银行有限责任公司	大兴区黄村镇兴业大街（三段）32号－2	102600	69221122
北京顺义银座村镇银行股份有限公司	顺义区西辛南区乙62号楼	101300	61408010

（2）中资银行分支机构

中国农业发展银行股份有限公司北京市分行

机构名称	地　址	邮　编	电　话
分行营业部	西城区月坛北街甲2号	100045	68081050
天坛支行	东城区广渠门大街11号	100062	87103181

西三环支行	海淀区西三环北路乙 25 号	100089	88568455
门头沟支行	门头沟区滨河路 87 号	102300	69828640
房山区支行	房山区良乡西路 28 号	102488	69373003
通州区支行	通州区新华北路 55 号	101100	69521324
昌平区支行	昌平区北环路 4 号	102200	89784518
顺义区支行	顺义区怡馨家园 3 号楼	101300	69449488
大兴区支行	大兴区黄村镇兴华中里 14 号楼	102622	69209352
平谷区支行	平谷区平谷镇太和园甲 7 号楼	101200	89980049
怀柔区支行	怀柔区后横街 15 号	101400	69684840
密云县支行	密云县京密路北建行西侧	101500	69040079
延庆县支行	延庆县东外大街 109 号	102100	69188337

中国工商银行股份有限公司北京市分行

机构名称	地　　址	邮　编	电　话
分行营业部	西城区复兴门南大街 2 号（天银大厦 B 座）	100031	66411138
东城支行	东城区东四十条 24 号	100007	84020331
王府井支行	东城区王府井大街 237 号	100006	65270660
和平里支行	东城区和平里北街 14 号	100013	64216766
长安支行	西城区宣内大街乙 6 号	100031	66031114
新街口支行	西城区西直门内大街 143 号	100035	62218008
南礼士路支行	西城区阜外大街 8 号	100037	68025558
金融街支行	西城区太平桥大街丰汇园 11 号	100032	58362270
地安门支行	西城区德外大街 77 号 D 座	100088	82251116
崇文支行	东城区永定门外大街 86 号	100075	87205518
宣武支行	西城区广安门南滨河路 3 号	100055	63480657
广安门支行	西城区广安门南滨河路 3 号	100055	63480658
珠市口支行	东城区珠市口东大街 15 号	100062	67050807
朝阳支行	朝阳区朝外大街 1 号	100020	65991018
九龙山支行	朝阳区广渠路甲 40 号	100022	67710822
亚运村支行	朝阳区慧忠北里 407 号	100012	64863545
望京支行	朝阳区酒仙桥路 10 号	100102	64379963
商务中心区支行	朝阳区建国路 108 号	100022	65669958
海淀支行	海淀区中关村东路 100 号	100080	62551286
海淀西区支行	海淀区北四环西路 65 号	101200	82886358
中关村支行	海淀区上地信息路 2 号	100085	82896655

翠微路支行	海淀区阜成路79号	100036	88127226
西客站支行	海淀区什坊院3号	100055	63955387
丰台支行	丰台区文体路19号	100071	63815971
方庄支行	丰台区芳城园三区18号楼	100078	67690160
经济技术开发区支行	北京经济技术开发区荣昌东街甲5号隆盛大厦A座2层	100176	67863557
石景山支行	石景山区石景山路63号	100043	68874128
门头沟支行	门头沟区新桥大街12号	102300	69844598
房山支行	房山良乡西潞北大街32号	102488	89350799
通州支行	通州区新华大街155号	101100	69546362
大兴支行	大兴区兴政街24号	102600	69243119
顺义支行	顺义区石园西路	101300	69443932
昌平支行	昌平区科技园区综合办公楼	102200	69746269
怀柔支行	怀柔区商业街23号	101400	69642388
密云支行	密云县鼓楼南大街	101500	69042424
平谷支行	平谷区府前西街14号	101200	69961425
延庆支行	延庆县延庆镇东大街37号	102100	69143392

中国农业银行股份有限公司北京市分行

机构名称	地　址	邮　编	电　话
分行营业部	西城区展览馆路5号	100037	68353756
东城支行	东城区金宝街58号华丽大厦	100005	65281871
西城支行	西城区新华里16号院1号楼京桥大厦	100044	88319655
崇文支行	东城区珠市口东大街1号新阳商务楼A座	100062	67092480
宣武支行	西城区宣武门西大街28号院10门大成广场	100053	63602266
朝阳支行	朝阳区朝外工体路东2号	100020	65522915
海淀支行	海淀区海淀大街37号	100080	62533660
丰台支行	丰台区东大街9号	100071	63811911
石景山支行	石景山区八角南路18号	100043	68885947
万寿路支行	海淀区西四环中路16号院6号楼	100039	68276732
亚运村支行	朝阳区安定路33号化信大厦	100029	64411376
开发区支行	经济技术开发区中和街3号	100176	67882470

海淀东区支行	海淀区学院路丁11号	100083	82377410
通州支行	通州区八里桥南街1号	101100	69542656
顺义支行	顺义区府前西街2号	101300	69444435
昌平支行	昌平区西环南路蓝郡嘉苑13号综合楼	102200	69741458
大兴支行	大兴区兴丰南大街128号	102600	69243488
房山支行	房山区良乡拱辰北大街19号	102488	81389559
怀柔支行	怀柔区青春路39号	101400	69644982
平谷支行	平谷区府前街23号	101200	69961393
密云支行	密云县滨河路24号	101500	69041923
延庆支行	延庆县东外大街73号	102100	69144474

中国银行股份有限公司北京市分行

机构名称	地址	邮编	电话
东城支行	东城区交道口大街81号	100007	64065202
西城支行	西城区阜成门外大街5号	100037	68001383
崇文支行	东城区天坛路55号	100062	67031368
宣武支行	西城区南新华街1号	100052	63175970
朝阳支行	朝阳区东三环北路霞光里18号佳程广场A座	100027	59207001
商务区支行	朝阳区北三环东路8号	100028	64689535
海淀支行	海淀区北四环西路58号	100080	82607378
丰台支行	丰台区右安门外大街2号	100069	83516396
昌平支行	昌平区南环路57号	102200	69742986
顺义支行	顺义区府前西街4号	101300	69420847
通州支行	通州区车站路44号	101100	80506044
经济技术开发区支行	经济技术开发区荣京东街3号	100176	67825900
大兴支行	大兴区黄村镇兴丰大街（3段）199号	102600	81291686
平谷支行	平谷区林荫北街11号	101200	69965648
怀柔支行	怀柔区开放路33号	101400	69644815
密云支行	密云县鼓楼南大街24号	101500	69043818
延庆支行	延庆县延庆镇庆园街12号	102100	69144079
首都机场支行	首都机场航安路	100621	64563988－136
王府井支行	东城区东方广场W2座103号	100738	85190600
奥运村支行	朝阳区北辰东路8号院1号楼	100101	

使馆区支行	朝阳区三里屯路5号	100027	84429019
雅宝路支行	朝阳区雅宝路12号3层	100020	52321515
世纪财富中心支行	朝阳区光华路5号院世纪财富中心2号楼	100020	85875200
国际贸易中心支行	朝阳区建国门外大街1号国贸大厦2座	100004	65052608
投资广场支行	西城区金融大街27号投资广场	100037	83957888
中银大厦支行	西城区复兴门内大街1号	100818	66591141
金融中心支行	西城区金融大街15号北楼	100140	68529299
石景山支行	石景山区八角西街57号	100042	68864969
中关村中心支行	海淀区海淀大街8号中钢国际广场A座	100080	62687060
上地支行	海淀区上地十街1号院6号楼	100085	62420888
方庄中心支行	丰台区南三环东路23号	100078	59763767

中国建设银行股份有限公司北京市分行

机构名称	地　址	邮　编	电　话
东四支行	东城区美术馆后街8号	100010	51997802
西四支行	西城区阜外大街甲26号	100037	51999908
前门支行	东城区西打磨厂街1号	100062	51992118
城建支行	丰台区方庄蒲芳路28号	100078	51999001
宣武支行	西城区广内大街314号703室	100053	63209509
铁道专业支行	丰台区莲花池东路114－1	100055	63989588
朝阳支行	朝阳门外大街乙10号楼	100020	65994806
海淀支行	海淀区知春路96号	100086	51998308
丰台支行	丰台区西四环南路54号	100161	63826958
石景山支行	石景山区石景山路22号	100043	51993501
长安支行	海淀区复兴路33号翠微大厦西配楼	100036	51997000
开发区支行	经济技术开发区隆庆街18号	100176	67881018
安华支行	朝阳区安定路35号	100029	51993320
西单支行	西城区西单北大街34号	100032	66011802
建国支行	东城区建国门内大街8号中粮广场B座8层	100005	65263820
安慧支行	朝阳区北辰东路8号汇欣大厦	100101	84970085

上地支行	海淀区上地信息路28号信息大厦2层	100085	82784690
光华支行	朝阳区光华路7号汉威大厦2层	100004	65614009
月坛支行	西城区金融大街19号富凯大厦B座102	100140	66573046
金安支行	海淀区复兴路戊12号恩菲科技大厦	100038	63951015
鼎昆支行	西城区黄寺大街23号	100011	82235695
保利支行	东城区朝阳门北大街1号新保利大厦1层	100010	64082280
苏州桥支行	海淀区西三环北路5号	100089	68431649
中关村支行	海淀区中关村大街27号中关村大厦	100080	82856684
金源支行	海淀区远大路一号金源时代购物中心606	100097	88872725
房山支行	房山区良乡拱辰北大街1号	102488	81389590
门头沟支行	门头沟区双峪路22号	102300	69835874
通州支行	通州区玉带河西街25号	101100	69543798
顺义支行	顺义区府前中街7号	101300	69443295
昌平支行	昌平区东环路95号	102200	69743173
延庆支行	延庆县东外大97号	102100	69104237
怀柔支行	怀柔区南大街22号	101400	69644594
密云支行	密云县新南路71号	101500	69044986
平谷支行	平谷文化南街19号	101200	69961565
大兴支行	大兴区兴政街25号	102600	69258846
首都机场支行	朝阳区首都机场航安路	100621	64590926
和平里支行	东城区和平里七区36号楼	100013	64224110
华贸支行	朝阳区建国路89号18号楼北楼1层	100025	51996592
金融街支行	西城区金融街35号国企大厦1层	100140	88091908
天坛支行	东城区崇外大街114号京文大厦2层	100060	67148171
望京支行	朝阳区花家地北里1号	100102	64728181
永安里支行	朝阳区建国门外永安东里16号CBD国际大厦	100022	65679162

复兴支行	西城区复兴门内大街160号	100031	66414839
电子城科技园区支行	朝阳区酒仙桥路2号	100015	64325892
清华园支行	海淀区双清路清华大学东门华业大厦2层	100084	62770112
东大街支行	丰台区东大街25号	100071	63818305
恩济支行	海淀区阜成路101号永兴花园	100142	88129885
东四十条支行	东城区东中街29号东环广场B座1层	100027	64181855
中轴路支行	朝阳区安华西里二区18号楼	100011	51996151
科技馆支行	西城区北三环中路3号双全大厦2层	100029	82023850
地坛支行	东城区安定门外大街192号煤机大厦2层	100011	64268428
三元支行	朝阳区左家庄路1号国门大厦B座1层	100028	84481365
东方广场支行	东城区东长安街东方广场E1座609	100738	85188044
华威支行	朝阳区潘家园东里18号楼3层	100021	67798503
平安大街支行	西城区地安门西大街甲99号	100009	83227906
德胜支行	西城区德胜门东大街8号东联大厦1层	100009	84080429
西长安街支行	西城区西长安街15号民航大厦6层	100031	66569612
北环支行	海淀区北太平庄路18号城建大厦	100088	62091182
洋桥支行	丰台区马家堡东路57-2号	100068	67536498
远洋支行	朝阳区八里庄西里远洋天地61号楼1层	100025	85866703
王府井支行	东城区王府井大街99号A座607室	100006	65273630
奥体支行	朝阳区小关北里45号世纪嘉园5号楼1层	100029	84898097
白纸坊支行	西城区广安门南街24号	100053	63209589
车公庄支行	西城区车公庄大街9号院1号楼五栋大楼1层	100044	63989579
六里桥支行	丰台区六里桥爱华大厦1层	100055	85614356
雅宝路支行	朝阳区朝外头条甲93号	100020	64612662

新源支行	朝阳区亮马桥路32－1号	100125	64608860
航华科贸支行	朝阳区建国路118号招商局大厦首层	100022	65676811
中关村南大街支行	海淀区中关村南大街17号院1号楼	100081	58759296
甘家口支行	海淀区三里河路23号甘家口大厦1楼	100037	62386329
北三环支行	海淀区北三环中路40号	100088	62026212
西四环支行	海淀区复兴路28号中国人民解放军总医院（301医院）健宾楼	100853	68218717
广安门支行	西城区广安门外南滨河路7号	100055	63478966
紫竹桥支行	海淀区紫竹院路88号紫竹花园A座	100089	51905112
朝内大街支行	东城区东四北大街343号	100010	84013683
东直门支行	东城区东直门外大街29号	100027	64664588
惠新东街支行	朝阳区惠新东街11号紫光发展大厦A－1－1	100029	64823058
北太平庄支行	海淀区北三环中路43号	100088	62075591
展览路支行	西城区北礼士路8号	100044	68363808
阜成路支行	海淀区阜成路19号	100048	68726964
工商大厦支行	海淀区人大北路33号大行基业大厦1层	100080	82684397
丰盛支行	西城区太平桥大街19号	100033	88085018
中铝大厦支行	海淀区西直门北大街62号	100082	82295717
新华支行	东城区青龙胡同1号（歌华大厦A座）	100007	84186886
劲松支行	朝阳区劲松东口劲松南路1号	100021	67764586
光明支行	朝阳区东三环中路57号富力城双子座B座	100022	58768248
建国门外大街支行	朝阳区建国门外大街甲6号SK大厦AB座1层	100022	59704838
永安支行	朝阳区建国路88号SOHO现代城S2101	100022	85801567
梅地亚支行	朝阳区光华路4号东方梅地亚中心B座	100026	65835699
建华支行	朝阳区建国门外大街24号2栋	100022	65155412

月坛南街支行	西城区月坛南街甲18号	100045	68519064
润德支行	朝阳区安立路段60号润丰德尚大厦	100101	64827205
明光支行	东城区珠市口东大街5号大都市街5北一楼	100062	67073501
正阳门支行	东城区珠市口东大街5号	100062	67012708
燕莎东支行	朝阳区亮马桥路46号福景花园	100125	84401156
兴融支行	西城区闹市口大街1号院1号楼	100031	66275968
官园支行（钓鱼台支行）	海淀区玉渊潭南路1号B座首层西侧	100038	68781258
宣武门支行	西城区宣武门外大街26号	100052	63020929
华远街支行	西城区华远街13号置地星座A座	100032	66037966
四季青支行	海淀区四季青路8号1层161～163号	100195	88499403
呼家楼支行	朝阳区呼家楼向军北里4号	100020	65921302
国贸支行	朝阳区建国门外大街1号国贸写字楼2座1层	100004	65058509
静安庄支行	朝阳区曙光西里甲6号院5号楼102室	100028	58677991
樱花支行	朝阳区樱花西街28－3	100029	64413630
白石桥支行	海淀区中关村南大街46号华凤影视大厦东1～2层	100081	62172771
花园路支行	海淀区学院路甲38号长城电脑大厦1层	100191	62001169
北大南街支行	海淀区海淀路50号资源东楼	100080	62540490
远大支行	海淀区厂洼中路1号欣正大厦	100089	68920048
硅谷支行	海淀区苏州街3号大恒科技大厦	100080	82569376
木樨园支行	丰台区赵公口5号	100075	67215198
西客站支行	丰台区西客站南路4号	100073	63492117
右安门支行	丰台区右安门外大街1号	100069	63293918
万丰支行	海淀区复兴路乙20号北门综合楼	100036	68170769
丰岳支行	丰台区六里桥北里甲2号	100073	63462828

丰科园支行	丰台区南四环西路188号3区4号	100070	63703052
云岗支行	丰台区云岗西路5－1号	100074	68192486
玉泉支行	海淀区复兴路甲36号百朗园B座	100039	88202166
西永乐支行	石景山区永乐小区72栋1层	100040	68654206
古城支行	石景山区石景山路49号	100043	68878727
木樨地支行	海淀区复兴路甲3－2号	100038	68572034
首体南路支行	海淀区首体南路9号主语商务中心5号楼	100048	68799078
万寿路支行	海淀区复兴路甲65号	100036	68241821
广渠路支行	朝阳区百子湾南2路70号楼	100022	67343429
万源路支行	丰台区东高地南街7号	100076	68756674
百子湾路支行	朝阳区东四环中路78号大成国际中心A01－1	100022	59105361
环贸支行	东城区北三环东路36号环球贸易中心A座	100013	58257480
长河湾支行	海淀区高粱桥斜街59号院2号楼	100044	82191797
西直门支行	西城区西直门南大街2号成铭大厦D座	100035	66117063
广汇分理处	东城区珠市口东大街10－1	100062	67072866

交通银行股份有限公司北京市分行

机构名称	地　址	邮　编	电　话
分行营业部	西城区金融大街33号	100033	66102323
东单支行	东城区大雅宝胡同8号	100005	65125867
东单北大街支行	东城区东单北大街乙112号	100005	65136079
光华路支行	朝阳区光华路甲8号	100026	65274814
王府井支行	东城区王府井大街200号	100006	65289470
春秀路支行	朝阳区春秀路甲1号	100027	64152925
建国门支行	朝阳区雅宝路8号南华声国际大厦首层	100020	51201605
朝外支行	朝阳区朝阳门外大街16号	100020	85251075
亚运村支行	朝阳区安慧里二区4号楼	100101	64912548
马甸支行	西城区德胜门外大街5号	100088	62381989

惠新支行	朝阳区惠新东街5号	100029	64980664
慧忠北里支行	朝阳区慧忠北里111号	100108	64800897
育惠东路支行	朝阳区小营路12号亚运花园1层	100101	84624402
天通苑支行	昌平区天通苑小区203B－4单元	102218	84826489
科技会展中心支行	朝阳区裕民路12号中国国际科技会展中心	100029	82251033
亚北支行	朝阳区安立路60号院润丰花园6号楼X座西段	100101	64820724
交通银行北京北苑支行	朝阳区北苑6号院一区102号楼公建04号房天怡家园底商首层	100012	84945332
媒体村支行	北辰绿色家园天朗园C座1层西侧	100107	84932021
和平里支行	朝阳区外馆东街51号柳清居裙房	100011	64408057
北太平庄支行	海淀区花园路32号仰源大厦1层	100191	62352649
惠新西街支行	朝阳区惠新西街33号	100029	64979662
胜古园支行	朝阳区胜古西庄胜古家园3号楼	100029	64426223
和平里东街支行	东城区和平里东街民旺园31号楼1层南侧	100013	84252419
兴化路支行	东城区和平里兴化路11号	100013	64283098
中轴路支行	西城区德外六铺炕中街3号	100120	84134598
西坝河支行	朝阳区西坝河西里28号英特公寓首层及3层南侧	100028	64476075
国土房管局大厦支行	东城区和平里北街6号	100013	64409448
德胜门支行	西城区德外关厢地区中交大厦1、2层东侧11－14轴房	100022	82012821
阜外支行	西城区车公庄大街9号院1号楼	100044	88395765
西直门支行	海淀区高粱桥斜街59号院2号楼09号	100044	62239949
百万庄支行	西城区百万庄大街11号	100037	68342237
平安大街支行	西城区平安大街6号	100035	66139447

社会路支行	西城区二七剧场路南里商业楼首层北侧	100045	68028553
车公庄西路支行	海淀区车公庄西路 20 号	100044	68415660
阜成门支行	西城区阜外大街 7 号国投大厦首层	100037	68095528
海淀支行	海淀区苏州街 16 号神州数码大厦	100080	82608176
双榆树支行	海淀区双榆树都市网景 E 座 1 层	100086	62142620
中关村支行	海淀区成府路蓝旗营高校住宅楼	100084	62768691
上地支行	海淀区上地科技路甲 2 号	100085	62964300
万柳中路支行	海淀区巴沟路 2 号北京华联万柳购物中心首层 L101 房屋	100089	82319630
万柳支行	海淀区长春桥路 11 号万柳亿城大厦 B 座北侧 1、2 层	100089	58816701
农科院支行	海淀区学院南路 97 号	100081	62174430
西区支行	海淀区复兴路四十号中国铁道建筑总公司综合办公大厦1～5层东侧	100039	52689839
丰台东路支行	丰台区万芳园一区 1 号楼 1 层 02 号	100036	83683722
永定路支行	海淀区永定路 66 号	100070	68230979
翠微路支行	海淀区翠微路 5 号新华联商业大厦 102 商业用房	100036	68250872
石景山支行	石景山区石景山路 29 号京燕饭店西配楼	100043	68872697
定慧寺支行	海淀区恩济庄二区北 3 号楼新洲商务大厦 1 层	100036	88117661
马连道支行	西城区广外大街 248 号（机械大厦）	100055	63327912
三元支行	朝阳区东三环北路甲 2 号	100027	84493137
团结湖支行	朝阳区农展馆南路 13 号瑞晨国际中心首层 1 号铺	100026	85986507
红庙支行	朝阳区红庙柴家湾 1 号	100025	65075182
麦子店支行	朝阳区枣营路甲 4 号（永安宾馆）	100026	65935314

工体北路支行	东城区新中街68号	100027	65521157
东大桥支行	朝阳区工体东路20号	100027	65863830
大望路支行	朝阳区西大望路3号蓝堡北区写字楼101~103号	100026	85997420
水碓子支行	朝阳区水碓子北里19号楼	100026	85960974
东润支行	朝阳区南十里居28号东润枫景底商	100016	64360718
顺源街支行	朝阳区顺源里2号楼	100027	64667167
天坛支行	东城区天坛东里北区12号	100061	67016662
华威路支行	朝阳区华威北里20号	100021	67784962
崇文门支行	东城区东兴隆街56号	100062	67029080
右安门支行	西城区白纸坊东街10号	100054	63513259
木樨园支行	丰台区东木樨园9号	100075	87206594
松榆里支行	朝阳区弘燕路周庄山水文园（二期）201号楼103号	100122	67357136
东方庄支行	丰台区芳城东里9号楼1层	100078	87621981
南滨河路支行	西城区南滨河路乙25号	100055	51891206
望京支行	朝阳区望京街9号	100102	59203677
望京中环路支行	朝阳区望京西园304号楼	100102	64751171
望京南湖中园支行	朝阳区望京南湖中园K3－301号楼	100102	84713883
望京西园支行	朝阳区望京西园4区416号楼	100102	84719673
北京经济技术开发区支行	北京经济技术开发区隆庆街3号	100176	67862746
东高地支行	丰台区南苑路警备东路6号方仕国际酒店1、2层北端	100076	67063672
大兴支行	大兴区龙河街127号	102600	69206687
顺义支行	顺义区仓上街AMB大厦B区1层	101300	89442193
天竺支行	顺义区天竺花园天韵广场109－4商铺	101312	64577282
通州支行	通州区九棵树街187号、191号、195号	101100	81511870
东区支行	朝阳区广渠路21号	100022	58202953
赛特支行	朝阳区建国门外大街22号	100004	65120446
广渠路支行	朝阳区双井1号优仕阁大厦B座和C座首层	100022	58614205

永安里支行	朝阳区建外永安东里甲3号通用时代国际中心首层	100022	65699303
建国路支行	朝阳区建国路90号	100022	85891257
工大桥支行	朝阳区东四环南路9号1105号商铺	100023	67302009
东三环中路支行	朝阳区东三环中路61号商用物业1~3层	100022	59037427
林萃路支行	朝阳区林萃路倚林家园24号楼108－1	100085	82722968
安翔里支行	朝阳区安翔路1号	100101	64853142
北清路支行	昌平区北清路1号永旺国际商城购物中心1层104号房	102206	80700791
清河支行	海淀区龙岗路清景园4号楼1层	100192	52718580
回龙观支行	昌平区回龙观镇天龙苑25号1层	102208	81748371
丰台支行	丰台区南四环西路188号5区24号楼	100070	63705559
玉泉营支行	丰台区草桥欣园一区6号楼102号	100068	87584458
长辛店支行	丰台区张郭庄16号	100072	83880276
西单支行	西城区西长安街甲17号	100031	66078429
西便门支行	西城区宣武门西大街甲129号	100031	66412659
北蜂窝路支行	海淀区北蜂窝路乙15号	100038	63985369
西三环支行	海淀区西三环北路89号	100089	88825870
紫竹桥支行	海淀区紫竹院路1号人济山庄D座裙房103、203号	100048	88555386
阜成路支行	海淀区阜成路14号1号楼1层	100037	68768148
世纪城支行	海淀区蓝靛厂世纪城小区金夕园甲1号楼4段	100089	88463257
东直门支行	东城区东直门外大街48号东方银座大厦	100027	84476267
中关村园区支行	海淀区中关村新科祥园甲6号楼1、2层东南侧	100080	82523708
五棵松支行	海淀区复兴路69号A1－02号房	100036	88213227

官园支行	西城区车公庄路新华里 16－3 号京侨国际公馆 102、202、302 号	100044	88359241
公主坟支行	海淀区复兴路甲 14 号	100036	63969655
芳群园支行	丰台区方庄芳群园 4 区 23 号	100078	67672634
酒仙桥支行	朝阳区酒仙桥路 10 号星城国际大厦 C 座	100016	64354445
慧忠里支行	朝阳区慧忠北里 413 号楼	100108	64924239
东三环支行	朝阳区东三环北路 19 号嘉盛中心 B2 座中青大厦 1～2 层	100020	65869832

招商银行股份有限公司北京分行

机构名称	地　址	邮　编	电　话
分行营业部	西城区复兴门内大街 156 号 A 座	100031	66426622
长安街支行	东城区建国门内大街 11 号	100736	65292021
中关村支行	海淀区中关村南大街 2 号数码大厦 A 座 2 层	100086	52786214
东三环支行	朝阳区东三环北路 1 号	100027	64623026
展览路支行	西城区展览路乙 3 号	100037	68365433
亚运村支行	朝阳区北辰东路 8 号	100101	84987476
万寿路支行	海淀区复兴路乙 20 号	100036	68286557
双榆树支行	海淀区中关村南大街 9 号理工科技大厦 1 层	100081	68467183
小关支行	朝阳区芍药居北里 101 号	100101	64822450
王府井支行	东城区灯市口大街 75 号	100006	65272073
宣武门支行	西城区宣武门外大街 30 号	100052	63164377
西三环支行	海淀区阜成路 67 号	100036	68718141
朝阳门支行	东城区朝阳门北大街 6 号	100027	85282348
北三环支行	东城区北三环东路 36 号 D 座	100086	59575123
光华路支行	朝阳区光华路 1 号嘉里中心 B1 层	100020	85296379
东方广场支行	东城区东长安街 1 号东方广场 E3 座 2 层	100005	85150201
崇文门支行	东城区东兴隆街 58 号	100006	67089468
建国路支行	朝阳区建国路 116 号	100022	65660150

大屯路支行	朝阳区大屯路南沙滩66号华源冠军城1号楼	100089	82884290
首体支行	西城区西直门外大街甲143号凯旋大厦	100044	88016694
大运村支行	海淀区知春路27号	100086	82357508
万泉河支行	海淀区万柳东路阳春光华家园甲5号	100089	82571485
方庄支行	丰台区方庄通润商务会馆B区首层	100078	87677312
金融街支行	西城区金融大街35号	100032	88091255
清华园支行	海淀区清华大学东门外紫光大厦	100084	62793659
静安里支行	朝阳区北三环东路8号	100028	64666786
安定门支行	东城区安定门外大街208号	100011	64217769
海淀支行	海淀区北四环西路56号	100080	62695365
世纪城支行	海淀区蓝靛厂垂虹园甲1号楼	100089	88876711
望京支行	朝阳区南湖南路15号院甲1号金隅丽港城	100102	64799886
朝外大街支行	朝阳区朝外大街26号	100020	85656433
东直门支行	东城区东直门外大街46号	100027	84608093
万达广场支行	朝阳区建国路93号万达广场7号楼	100022	58206783
慧忠北里支行	朝阳区慧忠北里305号楼	100012	64887800
北苑路支行	朝阳区北苑路168号首层	100101	58246878
建外大街支行	朝阳区东三环中路39号建外SOHO小区6号楼	100022	59000518
万通中心支行	朝阳区朝外大街甲6号万通中心1层	100020	59070215
望京西园支行	朝阳区望京西园134号楼1层	100102	64789637
大望路支行	朝阳区西大望路15号3号楼首层	100022	87723210
上地支行	海淀区农大南路1号院2号楼B座首层	100085	62667353
清华科技园支行	海淀区中关村东路1号院8号楼首层	100086	62602929
东四环支行	朝阳区东四环中路56号远洋国际中心首层	100025	59080177

中关村西区支行	海淀区海淀北二街6号普天大厦首层	100080	82488276
京广桥支行	朝阳区东三环北路38号院1号楼首层	100026	85879737
玉泉路支行	海淀区复兴路83号景藏健康大厦首层	100039	68171838
朝阳公园支行	朝阳区朝阳公园路佳隆国际大厦首层	100125	65398883
北辰大厦支行	朝阳区北辰东路8号院1号楼北辰时代大厦30层	100101	84981966
建国门支行	朝阳区建国门外大街24号京华公寓	100022	65150612
阜外大街支行	西城区阜成门外大街22号外经贸大厦1层	100037	68784030
富力城支行	朝阳区东三环中路55号楼1~2层	100022	58767070
立水桥支行	朝阳区北苑路13号院1号楼1~9号	100012	52086506
金融街中心支行	西城区金融大街16号	100033	66290646
青年路支行	朝阳区青年路西里5号院15号楼	100123	85563091

上海浦东发展银行股份有限公司北京分行

机构名称	地　址	邮　编	电　话
分行营业部	西城区太平桥大街18号丰融国际大厦	100032	57395401
金融街支行	西城区金融街大街35号国际企业大厦A座首层	100032	88091843
宣武支行	西城区广安门内大街316号	100053	63585776
黄寺支行	东城区安德里北街21号	100011	84138684
中关村支行	海淀区海淀南路15号	100080	62550741
朝阳支行	朝阳区朝阳门外大街19号	100020	65802601
建国路支行	朝阳区建国路99号（中服大厦）	100020	65812275
万寿路支行	海淀区万寿路西街2号	100036	68286966
安外支行	东城区安外大街甲88号	100011	64264903

阜成支行	西城区车公庄大街3号	100044	88388390
雅宝路支行	东城区建国门北大街8号	100005	85192337
海淀园支行	海淀区北四环西路62号中国化工集团公司大厦1层	100080	82660900
首体支行	海淀区中关村南大街乙56号	100044	88026239
东三环支行	朝阳区曙光西里甲6号时间国际中心	100028	84584729
亚运村支行	朝阳区慧忠路5号远大中心	100101	84891011
知春路支行	海淀区知春路9号蓟门坤讯大厦	100088	82320666
安华桥支行	朝阳区安贞西里3区15号	100029	64417341
灯市口支行	东城区灯市口大街50号好润大厦	100005	85115757
电子城支行	朝阳区酒仙桥路10号	100016	64350556
经济技术开发区支行	北京市经济技术开发区天华园二里二区19号楼	100176	67890773－3108
永定路支行	海淀区永定路甲51号	100854	68152005
复兴路支行	海淀区北蜂窝路5号1号楼	100038	51932666
花园路支行	海淀区花园东路10号高德大厦C座1层南侧	100083	82030630
丰盛支行	西城区金城坊街1号C106	100032	66220077
紫竹院支行	海淀区紫竹院路嘉豪国际中心C座	100097	51709797
马连道支行	西城区红莲南路55－2	100055	59321959
和平里支行	朝阳区和平西苑20号楼B座101－1，101－2	100013	52181558
马家堡支行	丰台区马家堡西路15号时代风帆大厦1层	100068	67562966
世纪城支行	海淀区蓝靛厂晨月园甲1号楼	100097	88895800
清华园支行	海淀区中关村东路1号院清华科技园科技大厦D座G01号	100084	82158077
富丰路支行	丰台区西四环南路1号	100070	83208200
三里屯支行	朝阳区工体北路甲6号中宇大厦1层、22层	100027	59752555
望京支行	朝阳区广顺北大街19－7	100102	84780661
北沙滩支行	朝阳区北沙滩一号院31号楼B座1层	100083	64866883

德外支行	西城区德胜门外大街甲36号德胜凯旋大厦C座1层	100120	82063208
东四支行	东城区东四十条68号平安发展大厦1层	100007	84086430
富力城支行	朝阳区东三环中路61号万丽酒店1层	100022	59037768
通州支行	通州区梨园镇云景东路432号隆孚大厦	101101	57902222

广东发展银行股份有限公司北京分行

机构名称	地　址	邮　编	电　话
分行营业部	东城区大华路2号	100005	65283782
月坛支行	西城区月坛北街2号	100045	68083556
中关村支行	海淀区中关村大街45号	100086	62510783
亚运村支行	朝阳区北辰东路8号	100101	64993863
建国路支行	朝阳区建国路112号	100022	65669647
航天桥支行	海淀区西三环北路甲105号	100037	88415097
国展支行	朝阳区西坝河东里18号	100028	84603165
朝阳门支行	东城区朝阳门大街168号	100010	65255322
新外支行	海淀区新街口外大街19号	100875	62202585
西客站支行	西城区广莲路1号	100055	63954853
甘家口支行	西城区阜外大街34号	100832	68510355
东直门支行	东城区东中街9号东环广场A座首层	100027	64182989
车公庄支行	海淀区车公庄西路乙19号	100044	88018701
翠微路支行	海淀区复兴路乙20号	100036	66803719
方庄支行	丰台区方庄路5号	100078	87681097
安贞支行	朝阳区安定路39号	100029	64445660
蒋宅口支行	东城区安外大街86－2号	100013	64253052
金融街支行	西城区金融大街33号B座1层、4层	100032	88088175
京广支行	朝阳区朝外大街甲6号	100020	59070619
知春路支行	海淀区知春路希格玛大厦49号	100080	88099482
王府井支行	东城区王府井大街218－2号	100006	65271103
奥运村支行	朝阳区北沙滩甲1号中科电大厦首层	100083	64836760

黄寺支行	西城区德外大街 12 号	100011	62039133
天通苑支行	昌平区天通苑北 1 区甲 6 号楼	102218	81758219
莲花支行	海淀区莲花池东路 39 号 2 层	100036	63970761
大望路支行	朝阳区西大望路 15 号 4 号楼外企大厦 B 座	100022	87723795
望京支行	朝阳区望京悠乐汇中心 E 座	100102	84787933
潘家园支行	朝阳区华威里 10 号	100021	87785266
上地支行	海淀区农大南路 1 号院 4 号楼	100084	82349373
国贸支行	朝阳区光华东里 8 号院	100020	59772151
中轴路支行	东城区鼓楼外大街甲 56 号	110011	84130503
广渠门支行	东城区广渠门内大街 27 号	100062	87103902

兴业银行股份有限公司北京分行

机构名称	地　址	邮　编	电　话
甘家口支行	海淀区三里河路 19 号	100037	88392548
中轴路支行	东城区鼓楼外大街 26 号	100120	84131535
朝外支行	朝阳区朝外大街 77 号	100020	65528602
广安门支行	西城区广安门内大街 315 号	100053	63691574
亚运村支行	朝阳区亚运村安慧里四区 16 楼	100101	84885269
西单支行	西城区宣内大街甲 6 号东南大厦 1 层北侧	100031	66033087
中关村支行	海淀区中关村南大街 32 号	100081	62140582
东外支行	朝阳区东直门外大街 23 号东外外交大楼 1 层	100600	64688172
上地支行	海淀区农大南路 1 号院硅谷亮城 2 号楼 B 座	100084	62960276
西客站支行	海淀区复兴路 12 号恩菲科技大厦 1 层	100038	63959952
东单支行	东城区东单三条 8－2 号	100005	65212343
长安支行	海淀区复兴路 65 号	100036	68223797
国贸支行	开发区荣京东街 3 号荣京丽都大厦 1 层	100176	67871927
安华支行	朝阳区安贞西里三区 11 号	100029	64450934
月坛支行	西城区车公庄大街 9 号五栋大楼 A－03	100044	88395627
三元桥支行	朝阳区霄云路 21 号	100027	84540867

西直门支行	海淀区西直门北大街42号	100082	62279002
知春路支行	海淀区知春路59号	100190	62615405
花园路支行	海淀区花园东路19号中兴大厦配楼1层	100191	82247009
顺义支行	顺义区府前东街甲2号大龙城乡建设开发公司首层	101300	64583310
世纪坛支行	海淀区复兴路甲1号	100038	68570988
海淀支行	海淀区中关村西区丹棱街3号	100080	82607656
金源支行	海淀区蓝靛厂东路2号院金源时代商务中心2号楼A座1层	100080	88891401
永定门支行	东城区区永定门外大街101号百荣世贸二期南门	100077	87803146
积水潭支行	西城区新街口外冰窖口胡同8号院8号楼	100088	82808948
崇文门支行	东城区区珠市口东大街5号《光明日报》社1楼	100062	67016186
首体支行	海淀区首体南路9号主语商务中心2号楼	100048	68790757
魏公村支行	海淀区中关村南大街韦伯时代大厦C座首层	100081	88579570
方庄支行	丰台区方庄紫芳园三区五号楼	100078	87660014
光华路支行	朝阳区东三环中路25号住总大厦	100020	60563230
通州支行	通州区车站路39号	101100	65083386
东四支行	东城区朝阳门北大街5号第五广场B座写字楼1、2层	100010	64088698
石景山支行	石景山区玉泉西里1号楼	100040	68636672
昌平支行	昌平区龙水路26号	102200	57700001

深圳发展银行股份有限公司北京分行

机构名称	地　址	邮　编	电　话
分行营业部	西城区复兴门内大街158号远洋大厦G层	100031	66292375
神华支行	东城区安德路16号洲际大厦	100011	64485668
花园路支行	海淀区花园东路11号泰兴大厦1层	100029	57625566

西三环支行	海淀区复兴路甲 14 号华鹰大厦 A 座 1 层	100036	63983622
中关村支行	海淀区苏州街 1 号	100080	82569902
三元桥支行	朝阳区新源南路 9 号	100027	84538668
朝阳门支行	朝阳区关东店北街国安宾馆 1 层	100020	65061188
官园支行	西城区车公庄大街乙 1 号富通大厦	100044	88370055
建国门支行	东城区建国门内大街 18 号	100005	65188100
知春路支行	海淀区知春路 113 号银网中心	100086	62637497
海淀支行	海淀区中关村南大街甲 32 号	100081	62187508
东直门支行	东城区东直门外大街 48 号东方银座首层	100027	84477761
东城支行	东城区金宝街 58 号	100005	65127997
和平支行	东城区和平里 9 区甲 4 号安信大厦	100013	64464976
宣武支行	西城区南新华街甲 1 号瑞驰大酒店 1 层	100051	63153329
亚运村支行	朝阳区安立路 66 号安立花园 1 号楼 101 室	100101	64907572
万柳支行	海淀区万柳中路 35 号万柳蜂鸟家园 2 号楼首层	100089	82871700
德胜门支行	西城区安德路 81 号	100011	82063887
光华路支行	朝阳区光华路 4 号东方梅地亚中心 A 座 1 层	100026	65832833
望京支行	朝阳区望京新城南湖西园 125 号 1 层	100101	84721880
花园桥支行	海淀区西三环北路 87 号国际财经中心首层	100089	88820014
东四环支行	朝阳区八里庄西里 100 号 1 号楼	100102	85866189
开阳桥支行	丰台区开阳路 1 号瀚海花园大厦	100069	83973602
亚奥支行	朝阳区北辰东路 8 号 5 号楼 2 层	100101	84970866

中信银行股份有限公司总行营业部

机构名称	地　址	邮　编	电　话
营业结算部	西城区金融大街甲27号投资广场A座	100033	66293012
国际大厦支行	朝阳区建国门外大街19号	100004	65122233－225
京城大厦支行	朝阳区新源里南路6号	100004	84865386
富华大厦支行	东城区朝阳门北大街8号富华大厦E座1层	100027	65558365
朝阳支行	朝阳区农展馆南里12号	100026	65389575
中关村支行	海淀区中关村南大街6号	100086	62187401
富力支行	朝阳区双花园南里二区13号楼1至2层01	100022	65687793
广安门支行	西城区广安门外南滨河路1号	100055	63288394
海淀支行	海淀区海淀北一街2号首创拓展大厦1~3层	100190	62613870
东大桥支行	朝阳区工体东路18号	100020	65944950
知春路支行	海淀区知春路14号	100088	62369830
新兴支行	海淀区西三环中路17号新兴宾馆写字楼首层	100036	68212510
奥运村支行	朝阳区大屯路慧忠北里309号楼D座首层	100012	64802827
阜成门支行	西城区太平桥大街17号恒奥中心A座1层	100034	66579713
酒仙桥支行	朝阳区酒仙桥路14号兆维大厦1层	100016	64319780
崇文支行	东城区东花市南里富贵园三区底商裙房	100062	67151791
西单支行	西城区复兴门内大街45号	100801	66035493
万达广场支行	朝阳区建国路93号北京万达广场东区商业B座	100022	58208406
首体南路支行	海淀区首体南路22号国兴大厦首层	100044	88354581
中粮广场支行	东城区建国门内大街8号	100005	65228710
金运大厦支行	海淀区西直门北大街甲43号1号楼101	100044	62294402

上地支行	海淀区上地东里1区4号楼科贸大厦1层	100085	62969970
经济技术开发区支行	经济技术开发区天华园一里三区14号楼1层	100176	67874552
安贞支行	朝阳区安贞西里三区26号浙江大厦1层、5层	100029	64417162
广渠路支行	朝阳区东三环外广渠路九龙商厦1层	100022	87768422
望京支行	朝阳区望京利泽中园2区208号院内B座1层	100102	64391220
清华科技园支行	海淀区中关村东路1号清华科技园9号楼威新国际大厦1层	100084	58722191
三元桥支行	朝阳区曙光西里甲1号首层	100028	58221129
世纪城支行	海淀区蓝靛厂居住区（世纪城三期）垂虹园甲2号	100097	88862208
尚都国际中心支行	朝阳区东大桥路8号尚都国际中心	100020	58700920
紫竹桥支行	海淀区北洼路9号世纪新景园7号楼	100089	88583990
凯晨广场支行	西城区复兴门内大街28号凯晨世贸中心中座第F3层	100031	66271586
万柳支行	海淀区万柳星标家园5－32、5－31、5－217号	100089	82567560
来福士支行	东城区东直门南大街1号来福士中心1层	100007	64008190
财富中心支行	朝阳区东三环中路7号北京财富中心一期商铺E101、E205	100020	65309351
长安支行	朝阳区东三环中路39号建外SOHO小区17号楼	100022	59002847
北辰支行	朝阳区慧忠里320号住总大厦	100101	84837995
出国中心支行	朝阳区东三环北路四号东方歌舞团1号楼东侧	100016	84551178
福码大厦支行	朝阳区广顺路北大街33号院1号楼福码大厦办公楼B座1层102室	100102	84729727
观湖国际支行	朝阳区姚家园路105号3号楼（万企控股大厦102、202房间）	100025	59283846

太阳宫支行	朝阳区夏家园12号楼半岛国际公寓12号楼102号	100028	84419951
媒体村支行	朝阳区红军营南路北辰绿色家园天朗园C座1层	100012	84910928
国奥村支行	朝阳区林萃东路2号楼甲3号楼F101、F201	100101	84370723
通州支行	通州区翠景北里7号楼底商	101101	81593083

中国光大银行股份有限公司北京分行

机构名称	地　址	邮　编	电　话
分行营业部	西城区宣武门内大街1号	100031	66567688
朝内支行	东城区朝阳门北大街17号人保大厦1层	100010	65279078
宣武支行	西城区广安门外大街1号深圳大厦1层	100055	63271188－8697
德胜门支行	西城区黄寺大街23号北广大厦1层	100011	82236900
海淀支行	海淀区中关村大街18号科贸电子城1层	100190	82598021－800
朝阳支行	朝阳区朝外大街16号中国人寿大厦1层	100020	85252009
建国门支行	朝阳区建国门外大街甲6号中环世贸中心D座1层	100022	65630255
复兴路支行	海淀区复兴路47号天行建商务大厦	100036	51921033
学院路支行	海淀区西直门北大街56号生命人寿大厦1层	100082	63018827
天宁寺支行	西城区莲花池东路1号	100045	63489739
西城支行	西城区车公庄大街甲4号－1	100044	68002203
中关村支行	海淀区知春路63号	100190	62563410
东城支行	东城区东四北大街337号	100010	64079747
新源支行	朝阳区新源西里中街12号	100027	64648252
安定门支行	东城区安定门外大街208号三利大厦	100011	64280003
礼士路支行	西城区南礼士路66号建威大厦	100045	68025382

亚运村支行	朝阳区惠忠东路5号远大中心C座1层	100101	84891164－0
首体支行	海淀区西直门外大街168号腾达大厦西侧	100044	88576209
阜城路支行	海淀区西三环北路100号金玉大厦1层	100037	68727490
花园路支行	海淀区花园东路10号高德大厦B段1层	100191	82038443
三里河支行	西城区月坛南街71号	100045	68519372
工体路支行	东城区东中街46号鸿基大厦	100027	64171771
西单支行	西城区华远北街2号通港大厦	100032	66138310
西直门支行	西城区德宝新园22号德宝饭店1层	100044	68332338
方庄支行	丰台区方庄芳古园1区29号楼－5	100078	87673414
长安支行	西城区复兴门外大街6号光大大厦	100045	68561246
长虹桥支行	朝阳区东三环北路17号	100027	65068501
世纪城支行	海淀区板井路59号	100190	88508844
远大路支行	海淀区长椿桥路新起点嘉园5号3号楼	100089	82564234
北太平庄支行	海淀区北太平庄路18号城建大厦B座	100088	62091421
安贞支行	朝阳区安定路39号	100029	64417446
望京支行	朝阳区望京中环南路花家地街花家地商业1号楼	100102	84723281
金源支行	海淀区蓝靛厂垂虹园甲5号	100097	88878901
光华路支行	朝阳区光华路2号阳光100G座	100026	65063528
经济技术开发区支行	北京经济技术开发区天宝园5里2区1－c2号	100176	67820495
金融街支行	西城区金融大街28号院盈泰中心2号楼1层	100032	66578055
石景山支行	石景山区阜石路166号泽洋大厦1层	100043	52638610
京广桥支行	朝阳区东三环中路7号北京财富中心写字楼A座E108	100020	65309889

崇文支行	东城区广渠门内大街27号	100062	87103728
苏州街支行	海淀区苏州街18号长远天地D座1层	100080	82609760
丰台支行	丰台区科学城恒富街2号院5号楼阳光四季小区底商	100070	63712533
劲松桥支行	朝阳区东三环南路甲52号-1	100022	67727118
清华园支行	海淀区双青路88号华园世纪商务楼1层	100083	82527673
上地支行	海淀区上地三街9号嘉华大厦B座1层	100085	62978318
顺义支行	顺义区站前西街3号顺鑫国际商务中心1层	101300	61409500
东高地支行	丰台区东高地航天万源广场底层	100076	68753688
东长安街支行	朝阳区建国门外大街乙12号L111~L117	100022	58287555
西坝河支行	朝阳区西坝河北里23号恒川广场一层	100028	64473806
富力城支行	朝阳区双井富力城A2楼底商6号	110105	58764958
金融街丰盛支行	西城区太平桥大街25号	100032	63639100

华夏银行股份有限公司北京分行

机构名称	地　址	邮　编	电　话
分行营业部	西城区金融大街11号北京国际金融中心	100033	58598700
石景山支行	石景山区石景山路66号	100041	68834225
和平门支行	西城区前门西大街14号	100052	63029651
紫竹桥支行	海淀区广源闸5号	100081	68703275
东四支行	东城区东四十条21-2号	100007	64019779
长安支行	西城区三里河东路5号	100045	68535314
中关村支行	海淀区北四环56号	100080	62695656
知春支行	海淀区知春路111号理想大厦1层	100086	82665343
灯市口支行	东城区灯市口大街33号	100006	65125473
平安支行	西城区平安里西大街16号	100035	66187120

安定门支行	东城区安定门外大街甲68号	100011	84270931
建国门支行	东城区建国门外大街5号	100005	65132004
朝阳门支行	朝阳区工人体育场西路18号国际公寓	100020	65536200
京广支行	朝阳区东三环中路7号北京财富中心	100020	65309558
首体支行	海淀区西直门外大街168号	100044	88576283
公主坟支行	海淀区复兴路甲14号华鹰大厦G座	100036	63963773－800
亮马河支行	朝阳区东三环北路幸福大厦B座	100027	64680002
东直门支行	朝阳区东土城路14号	100013	85271569
中轴路支行	朝阳区鼓楼外大街45号	100011	82086131
奥运村支行	朝阳区慧忠北里410楼	100101	64858139
万柳支行	海淀区万柳中路31号	100089	82577095
两广支行	东城区东珠市口1号	100062	67085180
国贸支行	朝阳区双花园南里三区合生国际花园24号楼109	100022	65669748
光华支行	朝阳区光华路8号	100026	65832637
魏公村支行	海淀区中关村南大街甲12号	100081	62109310
阜外支行	西城区阜外大街甲34号	100034	68530671
东单支行	东城区建内大街22号	100005	85237918
北沙滩支行	朝阳区德胜门外北沙滩1号	100083	64882299
德外支行	西城区德外大街3号	100088	82011388
西直门支行	海淀区西直门北大街60号	100088	82292481
望京支行	朝阳区望京广顺北大街222号	100102	84725996
世纪城支行	海淀区蓝靛厂2号楼A座	100089	88861768
车公庄支行	西城区车公庄大街12号	100037	88306398
秀水支行	朝阳区秀水东街8号秀水市场2层	100020	65930692
东外支行	东城区东外大街35号	100027	84511042
上地支行	海淀区信息路甲28号－4号科实大厦	100085	82771108
丰台科技园支行	丰台区航丰路1号时代财富天地大厦首层	100070	58090559
广外支行	西城区广安门外大街甲397号	100055	63328322

青年路支行	朝阳区青年路雅成一里19号世丰国际大厦	100025	85521550
通州支行	通州区梨园北杨洼25号商务楼	100110	81537960
北三环支行	西城区北三环中路丙6号	100120	58572874
顺义支行	顺义区石园南区33号楼首层	100300	89443092
亦庄支行	丰台区经济技术开发区荣昌东街甲5号隆盛大厦	100176	67806862
房山支行	房山区良乡苏庄东街9号西侧	102488	69369931
大望路支行	朝阳区百子湾南2路70号楼1层102、201	100022	87724693
怀柔支行	怀柔区青春路26号怀柔区总工会综合楼	101400	61604079
天通苑支行	昌平区东小口镇天通北苑一区甲号楼101号	102218	80782905

中国民生银行股份有限公司总行营业部

机构名称	地　址	邮　编	电　话
木樨地支行	海淀区复兴路甲3号	100038	68579345
阜成门支行	西城区阜外大街2号万通新世界广场B座首层	100037	68588449
建国门支行	朝阳区建国门外大街21号国际俱乐部首层	100020	65325937
中关村支行	海淀区知春路113号银网中心首层	100086	62619096
西坝河支行	朝阳区西坝河西里甲18号	100028	64295659
工体北路支行	朝阳区工体北路9号	100027	64155280
安定门支行	朝阳区安外大街1号信义大厦	100011	58295809
万寿路支行	海淀区复兴路甲65号-A	100036	68169091
西客站支行	丰台区西客站南广场中色大厦首层	100055	63485530
正义路支行	东城区正义路3号共青团中央综合楼	100006	65262023
上地支行	海淀区上地东里一区4号楼科贸大厦首层	100085	62971290
国贸支行	朝阳区建国路128号一航大厦	100022	65676300

首体支行	西城区西直门外大街甲143号凯旋大厦	100044	68310386
金融街支行	西城区金融街33号通泰大厦B座首层	100140	88087334
平安里支行	西城区地安门西大街141号	100009	66519577
北太平庄支行	西城区新街口外大街2号金辉科技楼	100088	62382766
广安门支行	西城区广内大街338号港中旅大厦	100053	83512515
方庄支行	丰台区芳古园一区28－3号通润会馆首层	100078	67670385
朝阳门支行	朝阳区朝外大街22号泛利大厦首层	100020	65884529
紫竹支行	海淀区紫竹院路31号华澳中心嘉慧苑首层	100089	88510821
魏公村支行	海淀区中关村南大街27号中扬大厦首层	100081	68937483
东单支行	东城区金鱼胡同18号丽苑公寓	100006	85110682
亚运村支行	朝阳区北四环东路131号中国藏学研究中心院内中国西藏博物馆	100101	64916864
苏州街支行	海淀区海淀南路32号中信国安数码港首层	100080	62526249
西直门支行	海淀区西直门大街45号时代之光名苑首层	100044	62266015
和平里支行	东城区青龙胡同1号歌华大厦B座首层	100007	84186208
崇文门支行	东城区崇外大街9号正仁大厦首层	100062	67089851
奥运村支行	朝阳区安立路66号安立花园首层	100101	64906563
三元支行	朝阳区东三环北路甲2号京信大厦西南配楼首层	100027	84489520
西单支行	西城区西单北大街107号北京电信首层	100032	58503909
劲松支行	朝阳区劲松三区甲302号华腾大厦1层	100021	87730408

成府路支行	海淀区成府路298号中关村方正大厦首层南侧	100080	82529408
德胜门支行	西城区德外大街新风街2号天成科技大厦首层	100088	82271439
电子城支行	朝阳区酒仙桥路14号兆维大厦首层	100015	58671027
首都机场支行	朝阳区航安路首都机场“职工之家”综合楼	100621	64595916
西二环支行	西城区平安里西大街26号新时代大厦首层	100034	88009826
空港支行	顺义区天竺空港工业区经纬四街9号院办公楼	101318	64595916
西长安街支行	西城区复兴门内大街2号民生银行大厦首层	100031	58560383
南二环支行	东城区永定门外大街101号百荣世贸商城A区1层	100077	87804382
建国门外支行	朝阳区建国门外大街甲12号新华保险大厦	100022	65693081
京广支行	朝阳区呼家楼京广商务楼首层	100020	65974216
航天桥支行	海淀区西三环航天桥核二院核电科技大楼首层	100084	59821800
中关村西区支行	海淀区海淀大街8号中钢国际广场A座3层	100080	62684314
望京支行	朝阳区南湖东园122号博泰国际B座	100102	64755278
环保园支行	海淀区地锦路5号中关村环保园原动力空间1号楼首层	100095	59738716
首体南路支行	海淀区首体南路9号中国电工大厦首层	100048	68790947
大兴支行	大兴区黄村镇永华路1号兴政家园首层	102600	69228357
东二环支行	东城区东直门南大街甲3号居然大厦首层	100007	64012217

渤海银行股份有限公司北京分行

机构名称	地　址	邮　编	电　话
魏公村支行	海淀区中关村南大街31号神舟大厦	100081	68729028
商务中心区支行	朝阳区光华路15号院泰达时代中心1号楼	100600	85885416
亚运村支行	朝阳区慧忠里318号	100101	64953778
朝阳门支行	朝阳区吉庆里小区9、10号楼蓝筹名座E座	100020	65538038
万柳支行	海淀区长春桥路11号亿城中心C1座大厦	100089	62416917

北京银行股份有限公司

机构名称	地　址	邮　编	电　话
总行营业部	西城区金融大街甲17号	100033	66225097
燕京支行	西城区复外大街19号	100045	68513355
月坛支行	西城区太平桥大街8号院	100037	59352616
阜成支行	西城区阜外大街2号	100037	68028500－166
华安支行	西城区西皇城根北街甲2号	100034	66112971
三里河支行	西城区月坛南街85号	100045	68577116－116
官园支行	西城区育教胡同33号	100035	66251347
复兴支行	西城区月坛南街14号	100045	68529977－1906
德外支行	西城区德胜门外大街8号	100011	82029815
展览路支行	西城区西直门外南路8号	100044	68336498
金融街支行	西城区金融大街丁26号	100140	88087435
西四支行	西城区西单北大街30号	100032	66034712
车公庄支行	西城区车公庄大街乙8号	100044	68341546
西直门支行	西城区冠英园西区31号楼	100035	66537790
慧园支行	西城区教场口街9号院	100011	82061216
西单支行	西城区复兴门内大街156号	100031	66426677
长安街支行	西城区真武庙一号中国职工之家C座首层	100045	68564882
商务中心区支行	朝阳区光华路丙12号首层	100020	65083280

东大桥支行	朝阳区东直门外大街22号楼东侧	100027	64167506
关东店支行	朝阳区东大桥三角地	100020	65062512
朝外支行	朝阳区朝外大街12号	100020	65993342
红星支行	朝阳区朝外大街20号	100020	65885739
雅宝路支行	朝阳区雅宝路二号	100020	51362781
安华路支行	朝阳区外馆东街51号商业楼首层0102	100011	64408638
樱花支行	朝阳区北三环东路15号	100029	64418052
东长安街支行	朝阳区建国门外大街乙12号	100022	65683696
新源支行	朝阳区北三环东路6号	100028	64653995－808
孙河支行	朝阳区孙河顺白路6号	100102	84591236
酒仙桥支行	朝阳区酒仙桥路3号	100015	84564649
望京支行	朝阳区望京广顺南大街嘉润花园19号	100102	64775720
亚运村支行	朝阳区慧忠北里天创世缘309楼A座首层	100012	64802929
芳草地支行	朝阳区东大桥路10号	100020	85952968
八里庄支行	朝阳区朝外红庙延静西里2号	100025	65072544－8001
北辰路支行	朝阳区北辰东路8号汇珍楼1层	100101	84971480
九龙山支行	朝阳区农光里117号	100021	67342062
现代城支行	朝阳区建国路88号	100022	85803048
金台路支行	朝阳区团结湖路52号	100026	85985053
北苑路支行	朝阳区北苑路172号	100101	84854733
健翔支行	朝阳区安翔北里甲11号	100101	64889928
惠新支行	朝阳区惠新东街4号	100029	84663956
双桥支行	朝阳区双柳北街39号	100024	65734009
大望路支行	朝阳区西大望路15号	100022	87723756
燕莎支行	朝阳区亮马桥路42号	100125	84418578
望京科技园支行	朝阳区望京西园一区134号	100102	64789797
远洋国际中心支行	朝阳区东四环中路56号	100025	85865177
奥北支行	朝阳区天乐园1号楼1层1－6	100107	84927536
奥东支行	朝阳区惠新西街19号	100029	51300083
日坛支行	朝阳区日坛北路19号	100020	85625126
奥运村支行	朝阳区北辰西路8号院2号楼	100101	84378386
建国支行	东城区建国门内大街乙18号	100005	65265285

东单支行	东城区建内大街 19 号	100005	65262730
和平里支行	东城区和平里东街 1 号	100013	84232288
中轴路支行	东城区安德路 16 号	100011	84122288－2668
灯市口支行	东城区灯市口大街 50 号	100007	65266766
沙滩支行	东城区北河沿大街 97 号	100006	65220219
东四支行	东城区东四北大街 303－8 号	100007	64062934
景山支行	东城区美术馆东街 20 号	100010	64016958
安定门支行	东城区交道口南大街 16 号	100007	64075243
长城支行	东城区金鱼胡同 18 号	100006	65258088
工体北路支行	东城区新中西里 13 号	100027	51909895
东直门支行	东城区东直门南大街 9 号 4 号楼 1 层	100007	84098610
海运支行	东城区东直门南大街 5 号	100007	58156081
雍和支行	东城区东直门北小街青龙胡同 1 号	100007	84186329
中关村分行	海淀区中关村大街甲 28 号	100086	82533036
中关村科技园区支行	海淀区中关村大街甲 28 号	100086	82533045
友谊支行	海淀区中关村南大街 3 号	100081	68945858
双榆树支行	海淀区双榆树东里甲 22 号	100086	82116611－136
北京大学支行	海淀区成府路 298 号方正大厦 1 层北侧	100871	82529701
清华大学支行	海淀区清华大学照澜院商业楼 1 层	100084	62780101
清华园支行	海淀区双清路西王庄同方大厦	100084	62770466
学院路支行	海淀区学院路 30 号	100083	62313296
燕园支行	海淀区西草场 1 号	100080	82852397
金运支行	海淀区西直门北大街甲 43 号	100044	62295223
四道口支行	海淀区西直门外大柳树路 2 号	100081	62243905
学知支行	海淀区北土城西路 197 号	100191	62074986
北航支行	海淀区学院路 35 号	100083	82338398
万寿路支行	海淀区万寿路 17 号	100036	68224508
阜裕支行	海淀区阜成路 28 号	100142	51817100
北洼路支行	海淀区北洼路 28 号	100089	68451673
双秀支行	海淀区北三环中路 31 号	100088	82002649
上地支行	海淀区上地信息路 1 号院	100085	82895594
翠微路支行	海淀区复兴路 33 号	100036	68172288
海淀路支行	海淀区中关村大街 22 号	100190	62628358

中关村支行	海淀区中关村科学院南路12号	100086	62563804
魏公村支行	海淀区中关村南大街25号	100081	68937792
大钟寺支行	海淀区白石桥路30号	100081	62164202
世纪城支行	海淀区板井路69号	100097	88462502
西客站支行	海淀区羊坊店路3号	100038	63953594
永定路支行	海淀区复兴路83号	100039	68152651
白石桥支行	海淀区中关村南大街48号	100081	62196712
北太平庄支行	海淀区北三环中路戊40号	100088	62043336－8201
航天支行	海淀区海淀南路30号	100080	82671123
国兴家园支行	海淀区首体南路20号	100044	88355433
甘家口支行	海淀区三里河路39号	100037	68349787
紫竹支行	海淀区车道沟10号	100097	58830099
新街口北大街支行	海淀区德胜门西大街15号	100082	82293543
新华支行	海淀区万柳中路15号	100089	82565336
北清路支行	海淀区北清路107号	100094	82789960
四季青支行	海淀区兰靛厂世纪城三期时雨园甲1－1	100097	88892380
永丰支行	海淀区西北旺德政路南茉莉园甲19号	100094	82403379
万泉路支行	海淀区新建宫门路1号	100091	68224508
中关村海淀园支行	海淀区海淀北一街2号首创拓展大厦	100080	62699713
清河支行	海淀区清河清景园5号	100192	62990536
琉璃厂支行	西城区南新华街48号	100052	63174316
右安门支行	西城区右安门内大街65号	100054	63514476
前门支行	西城区前门西大街正阳市场1号楼	100051	63048577
陶然支行	西城区永定门内西街5号	100050	83162545
广安支行	西城区广安门外白菜湾5号楼	100055	63264141
滨河路支行	西城区枣林前街119号	100053	63545695
报国寺支行	西城区广安门内大街甲306－3号	100053	63546867
天宁支行	西城区核桃园西街36号	100053	63041992
白云支行	西城区广安门外小马厂西里2号	100055	63443075
宣武门支行	西城区广安门内大街6号	100053	83529118

广源支行	西城区广安门外大街305号院7号楼	100055	63458690－801
天坛支行	东城区天坛东路76号	100061	67150862
光明支行	东城区光明路11号	100061	67129144
天桥支行	东城区珠市口东大街20号	100050	67075133
花市支行	东城区东花市北里中区甲27号楼	100062	67189320
永外支行	东城区东革新里5号	100077	67275011
广渠门支行	东城区夕照寺街2号	100061	67184883
丰台支行	丰台区丰台镇东安街1号	100071	63858872
两桥支行	丰台区西四环南路31号	100071	63825046
西罗园支行	丰台区海户西里甲30号	100068	67253444
成寿寺支行	丰台区南三环四方景园二区	100078	87647377－6617
方庄支行	丰台区方庄芳星园二区甲3号院6号	100078	67642846
总部基地支行	丰台区南四环西路188号	100070	63702466
三环新城支行	丰台区丰桥路7号	100070	83631804
花乡支行	丰台区南四环西路123号	100071	83638405
东高地支行	丰台区东高地万源西里41栋	100076	88524555
玉泉营支行	丰台区南三环西路16号	100068	87576165
石景山支行	石景山区石景山路42号	100043	88706585
京源路支行	石景山区石景山路23号	100049	88706621
昌平支行	昌平区政府街2号	102200	80103925
天通苑支行	昌平区东小口镇立汤路188号	102218	58608620
回龙观支行	昌平区回龙观镇北店时代广场商业综合楼	102208	80750319
龙水路支行	昌平区龙水路28－12号底商	102200	69711931
北七家支行	昌平区北七家镇立汤路58号	102209	89756407
顺义支行	顺义区站前街粮食局商办楼	101300	81482121
天竺支行	顺义区天竺地区天竺花园天韵阁1层	101312	64561937
石园支行	顺义区仁和镇石园南区33号楼102号	101300	89452680
首都国际机场支行	顺义区首都机场三号航站楼A2E3－1	100621	64532593
新国展支行	顺义区天竺空港工业区B区空港融慧园4号楼	101310	80470126

绿港国际中心支行	顺义区首都机场四纬路99号	100621	84169618
通州支行	通州区新华西街59号	101100	89501228
瑞都支行	通州区九棵树街165号	101100	60553323
运河支行	通州区通胡大街11号－1	101100	80853088
燕山支行	房山区燕山岗南路东一巷6号	102500	69348654
房山支行	房山区良乡月华大街3号	102488	81388150
加州水郡支行	房山区长阳镇昊天北大街48号	102445	80393723
良乡支行	房山区西潞街道长虹西路71号	102488	60330532
大兴支行	大兴区黄村镇兴政街29号	102600	69261010
经济技术开发区支行	北京经济技术开发区宏达北路12号	100176	67873397
黄村支行	大兴区黄村镇兴华路212号	102600	69238897
怀柔支行	怀柔区府前街3号楼3－3、3－4号	101400	69697033
门头沟支行	门头沟区双峪路5号	102300	69862658
平谷支行	平谷区迎宾环岛东南角金谷园21号	101200	89999950
密云支行	密云县鼓楼东大街19－5	101500	69087741
季庄支行	密云县果园新里北区综合楼1层	101500	69026927
天津分行	天津市和平区承德道21号	300041	022－58186880
天津滨海支行	天津开发区第二大街27号国信大厦B座	300457	022－66216100
天津河西支行	天津市河西区九龙路80号泰达园底商1、2层	300204	022－23270188
天津开发区支行	天津经济技术开发区滨海金融街E8101号	300457	022－66286300
天津南开支行	天津市南开区西市大街23、25号	300102	022－27490049
天津空港支行	天津空港物流加工区西三道158号4幢101	300308	022－88919030
天津梅江支行	天津市河西区友谊南路龙水园1号	300221	022－88384288
天津津南支行	天津市津南区咸水沽镇津沽路东北侧惠安花园17底商	300350	022－88919030
天津河北支行	天津市河北区金纬路68号	300143	022－26350777
天津河东支行	天津市河东区华昌道17、19号	300143	022－24568109

天津和平支行	天津市和平区成都道219、221号	300070	022－83385521
上海分行	上海市黄浦区河南南路16号	200002	021－63361000
上海宝山支行	上海市宝山区双城路803弄9号1层南侧、2层南侧	200940	021－61809560
上海浦东支行	上海市浦东新区世纪大道1588号104A、1568号	200122	021－61065291
上海闵行支行	上海市闵行区闵城路179、185号、199弄16号	201100	021－64606033
上海嘉定支行	上海市嘉定区博乐路100号	201800	021－39517333
上海长宁支行	上海市长宁区华山路1568号1楼	200052	021－62832820
上海松江支行	上海市松江区新松江路1188弄101号	201100	021－67663388
上海普陀支行	上海市普陀区金沙江路1628弄10号	200333	021－63361000
上海南汇支行	上海市浦东新区惠南镇城南路403~409号	201300	021－68008792
西安分行	西安市碑林区和平路116号	710001	029－85766951
西安高新开发区支行	西安市高新区科技路39号	710075	029－88356610
西安电子城支行	西安市雁塔区电子正街87号怡兴大厦1号楼	710065	029－68663939
深圳分行	深圳市福田区深南大道7006号富春东方大厦	518040	0755－23957001
深圳龙岗支行	深圳市龙岗区黄阁北路龙岗天安数码创新园一号厂房	518172	0755－89312265
深圳宝安支行	深圳市宝安区新安四路北侧金海华府1栋	518101	0755－29180181
杭州分行	杭州市江干区庆春东路78号	310016	0571－81998201
杭州余杭支行	杭州市余杭区临平街道西大街61号	311100	0571－89287200
杭州萧山支行	杭州市萧山区市心北路48号	311200	0571－83892726
长沙分行	长沙市开福区芙蓉中路一段163号	410005	0731－85308599
长沙侯家塘支行	长沙市雨花区芙蓉中路二段395号	410007	0731－85308727
南京分行	南京市建邺区江东中路289号	210019	025－66779680

济南分行	济南市市中区经十路21398号	250002	0531－82036666
南昌分行	南昌市东湖区阳明路190号	330006	0791－6712702
香港代表办事处	香港皇后大道中99号中环中心56楼5601		0085221690980

天津银行股份有限公司北京分行

机构名称	地　址	邮　编	电　话
朝外支行	朝阳区朝外大街乙6号朝外SOHO D座	100020	59004326
三元桥支行	朝阳区东三环北路乙2号大新华航空大厦A座101号	100027	84471301
新兴桥支行	海淀区复兴路27号海育大厦首层	100036	68573491
中关村支行	海淀区海淀中街15号远中悦来大厦	100036	58730423
金融街支行	西城区二龙路甲33号新龙大厦B座	100032	66227910
丰台支行	丰台区南四环西路188号三区15号楼	100070	63706631
西直门支行	海淀区西直门北大街52号	100082	

大连银行股份有限公司北京分行

机构名称	地　址	邮　编	电　话
西城支行	西城区金融大街甲9号	100033	66016356

杭州银行股份有限公司北京分行

机构名称	地　址	邮　编	电　话
北京安贞支行	朝阳区安定路10号	100029	64423711
北京朝阳支行	朝阳区甜水园东街10号	100026	65000873
北京顺义支行	顺义区府前东街10号	101300	60417021
北京中关村支行	海淀区彩和坊西小街1号中湾国际S－101、S－201单元	100080	59260522

南京银行股份有限公司北京分行

机构名称	地址	邮编	电话
分行营业部	西城区金融大街10号	100033	83399112
万柳支行	海淀区万泉庄路28号万柳新贵大厦A座	100089	58720507
西坝河支行	朝阳区西坝河北里23号恒川广场	100028	64473138
朝阳门支行	东城区朝阳门南小街2号	100005	65267509

盛京银行股份有限公司北京分行

机构名称	地址	邮编	电话
中关村支行	海淀区海淀北二街8号金和国际大厦	100080	59718592

北京农村商业银行股份有限公司

机构名称	地址	邮编	电话
朝阳支行	朝阳区北苑路90号	100101	64945316
将台支行	朝阳区酒仙桥路14号51号楼兆维华灯大厦1层A108	100016	84799655
金盏支行	朝阳区金盏乡金盏大街中路	100018	84333352
来广营支行	朝阳区望京北路18号	100102	64390756
高碑店支行	朝阳区建国路29号兴隆家园9号楼101、201	100025	85753553
和平支行	朝阳区来广营东路5号东郊农场综合服务楼	100103	84701870
光华路支行	朝阳区光华路甲14号诺安大厦1层	100020	51309960
双井支行	朝阳区天力街1号楼B1－1号	100022	59060084
新源支行	朝阳区新源里16号琨莎中心1座101、102、107房间	100027	84682889
太阳宫支行	朝阳区西坝河北里15号楼	100028	64273829
商务中心区支行	朝阳区广渠路南侧44号	100022	52081625

十八里店支行	朝阳区十八里店乡十八里店村19号	100023	67350715
小红门支行	朝阳区小红门乡宋家楼4号	100078	67632757
南磨房支行	朝阳区大望路平乐园路口南	100021	67332736
王四营支行	朝阳区王四营乡官庄大队陶庄个体公园南侧	100023	67368752
双桥支行	朝阳区朝阳路管庄路口西20米	100024	65761571
大郊亭支行	朝阳区大郊亭中街2号院华腾国际甲3－20底商	100023	87951743
大望路支行	朝阳区西大望路15号3号楼1层	100022	87723831
亚运村支行	朝阳区安外安立路甲56号	100012	84802873
东四十条支行	东城区东四十条甲22号	100007	52185020
丰台支行	丰台区丰台北路45号	100073	63866795
成寿寺支行	丰台区四方景园二区配套商业2－11	100078	67633149
花乡支行	丰台区看丹路甲15号	100071	63712293
两广路支行	西城区广安门内大街311号院2号楼1层	100053	83130710
世界公园支行	丰台区丰葆路富锦嘉园综合服务楼1层北段	100070	83623032
新发地支行	丰台区新发地京新酒店西侧	100070	83729008
卢沟桥支行	丰台区丰台体育中心北路1号	100071	63859938
小屯支行	丰台区小屯双林苑8号楼西侧	100071	83695967－802
王佐支行	丰台区云岗南宫路3号	100074	83310525
长辛店支行	丰台区长辛店杜家坎南路甲6号	100072	83840582
马连道支行	西城区马连道南街1号依莲轩小区D座	100055	63342086
丽泽支行	丰台区三路居村骆驼湾65号	100073	63257831
宛平支行	丰台区晓月中路5号楼B座B1、B2	100072	63776177－610
右安门支行	丰台区右安门外大街56号2号楼底商	100069	83974593
南苑支行	丰台区方庄路3号	100078	67686260
石景山支行	石景山区杨庄东路78号	100043	68816763
八角支行	石景山区八角南路7号	100043	68872063

西山支行	石景山区西黄新村东里2号楼01、02、03号	100041	88701303
京原支行	石景山区玉泉路玉泉大厦1层	100049	88259161
海淀支行	海淀区苏州街77号	100089	82518351
西苑支行	海淀区西苑草场2号乙	100091	62887401
东升支行	海淀区清华东路甲1号	100083	62313170
志新路支行	海淀区志新路二里庄35号	100083	59862776
紫竹桥支行	海淀区西三环北路71号	100089	68457391
清河支行	海淀区西三旗花园三里76号1层	100085	62913272
阜石路支行	海淀区阜石路69号锦绣大地物流港1层	100039	88207898
长河湾支行	海淀区高梁斜街59号2号楼1层	100044	82191040
八里庄支行	海淀区阜成路81号	100036	88130053
莲花路支行	丰台区莲花池西里6号院综合楼	100161	63957532
科技园支行	海淀区中关村北大街127－1号北大科技园创新中心大厦	100080	62760171
大钟寺支行	海淀区北三环西路甲18号中鼎大厦B座	100098	62123603
海淀新区支行	海淀区中关村永丰高新技术产业基地IV区4号永丰商业中心2号楼B座	100094	62475123
上地支行	海淀区上地信息路7号	100085	62973219
西北旺支行	海淀区西北旺镇百旺新城A4地块6号综合办公楼	100095	82404104
上庄支行	海淀区上庄镇上庄路72号	100094	62473165
温泉支行	海淀区温泉镇温泉路59号	100095	62457831
苏家坨支行	海淀区苏家坨镇温阳路18号	100095	62454668
北安河支行	海淀区苏家坨镇北安河路5号	100095	62455843
四季青支行	海淀区板井路81号	100089	88432069
军博支行	海淀区会城门北口路东	100038	63264781
新街口支行	西城区新街口北大街57号万特购物中心1层1052号	100038	82226433
阜外支行	西城区车公庄大街9号院1号楼商业2	100044	88312399

中关村支行	海淀区彩和坊路10号中关村瀚海国际大厦1层101－106房、3层303房	100080	62561856
门头沟支行	门头沟区滨河路115号滨河大厦1层、12层	102300	69831644
斋堂支行	门头沟区斋堂镇斋堂大街43号	102309	69819724
永定支行	门头沟区石龙北路52号	102308	60805470
城龙支行	门头沟区城子大街22－1号	102300	69828008
龙泉支行	门头沟区增产路22－1号	102300	69832078
昌平支行	昌平区东环路中医院路口往西20米少年宫对面	102200	69746470
兴昌支行	昌平区昌平镇东环路中医院对面	102200	69744889
南口支行	昌平区南口镇东大街保温瓶厂南侧	102202	69771185
小汤山支行	昌平区小汤山镇地税所西院	102211	61781226
兴寿支行	昌平区兴寿镇兴寿村709号	102212	61726064
阳坊支行	昌平区阳坊镇南阳路大都饭店北侧	102205	69760458
沙河支行	昌平区沙河镇展思门路29号	102206	69731309
马池口支行	昌平区马池口镇马池口村新街347号	102200	60771377
崔村支行	昌平区崔村镇西崔村11号	102212	60721355
南邵支行	昌平区南环路南邵回迁小区11号、12号	102200	60732142
十三陵支行	昌平区十三陵镇胡庄	102200	89761489
北环支行	昌平区昌平镇北环路2号金兰大厦三单元地下1层C1、C2	102200	69709340
天通苑支行	昌平区东小口镇中滩村东镇政府后面	100085	84818280
回龙观支行	昌平区回龙观镇政府北	100085	62710936
北七家支行	昌平区北七家镇政府街八仙别墅北	102209	69751146
天通苑东区支行	昌平区东小口镇天通苑东苑东三区2号楼	102218	61765579
通州支行	通州区梨园北街63、65号	101100	80880971
永顺支行	通州区新华北街31号	101100	69539344

宋庄支行	通州区宋庄镇102国道北侧	101118	69595718
潞城支行	通州区潞城镇政府东侧	101117	89582068
西集支行	通州区西集镇国防路39号	101108	61576221
漷县支行	通州区漷县镇漷兴一街北侧	101109	80586191
永乐店支行	通州区永乐店镇永乐大街54号	101105	69568495
张家湾支行	通州区张家湾镇光华路西侧	101113	69572793
台湖支行	通州区台湖镇政府西	101116	61532735
晶城支行	通州区通胡大街11号-2	101100	89526810
梨园支行	通州区梨园镇九棵树大街17号	101100	81570119
翠屏北里支行	通州区翠屏北里（西区）商11、12号	101100	81510142
马驹桥支行	通州区马驹桥镇兴华大街1号	101102	60503553
光机电支行	通州区中关村科技园区通州园区光机电一体化产业基地政府路8号	101102	81050307
顺义支行	顺义区新顺南大街15号	101300	69443744
仁和支行	顺义区石园南区33号楼	101300	89448105
建新东街支行	顺义区建南东街2号	101300	69443034
平各庄支行	顺义区顺通路20号	101300	89492041
马坡支行	顺义区马坡地区西马坡村西	101300	69405174
赵全营支行	顺义区赵全营镇政府西侧	101300	60432619
杨镇支行	顺义区杨镇顺平路杨镇段53号	101309	61451286
南彩支行	顺义区南彩镇顺平路南彩段45号	101300	89460558
北小营支行	顺义区北小营府前街11号	101305	60483974
高丽营支行	顺义区高丽营镇顺沙路高丽营段7号	101303	69455929
光明街支行	顺义区光明北街9号	101300	69429097
空港支行	顺义区天竺镇府前街37号	101312	64589783
南法信支行	顺义区华英园9号	101300	69477963
李家桥支行	顺义区李桥中心街53号	101304	81471649
后沙峪支行	顺义区后沙峪镇双裕街15号	101318	80496752
机场南路支行	朝阳区首都机场南路3号	101312	64573633
大兴支行	大兴区黄村东大街9号	102600	69265434
旧宫支行	大兴区旧宫镇旧宫东路90号	100076	87967249
西红门支行	大兴区西红门镇政府西侧	100076	60253045

北臧村支行	大兴区北京生物工程与医药产业基地天富大街9号	102609	61252854
庞各庄支行	大兴区庞各庄镇农行分理处南	102601	89287419
榆垡支行	大兴区榆垡镇卫生院东侧	102602	89213724
安定支行	大兴区安定镇农行分理处西侧	102607	80231261
魏善庄支行	大兴区魏善庄镇车站村东	102611	89201977
青云店支行	大兴区青云店镇国税所北侧	102605	80281033
清澄支行	大兴区黄村镇清澄名苑南区31号楼政府综合服务大厅内	102600	81296809
采育支行	大兴区采育镇电管站西侧2米	102606	80274571
金星支行	大兴区西红门镇金星庄村黄亦路50号1层	100076	61285699
黄村支行	大兴区黄村镇兴华路216号	102600	69253450
经济技术开发区支行	北京经济技术开发区荣京东街3号A座1层103号、A座511~524号	100176	87227393
亦庄支行	大兴区亦庄镇政府内	100176	67881644
瀛海支行	大兴区瀛海镇政府北侧	102600	69278369
房山支行	房山区良乡长虹东路1号	102488	69374703
燕房支行	房山区城关镇南大街16号	102400	89325465
阎村支行	房山区阎村镇紫园路115号	102412	89319549
青龙湖支行	房山区青龙湖镇豆各庄村下四区43号	102447	60322318
琉璃河支行	房山区琉璃河镇东街28号	102403	89381453
河北镇支行	房山区河北镇李各庄村	102417	60377229
长阳支行	房山区长阳镇北广阳城村西5号	102440	80351557
窦店支行	房山区窦店镇窦店村	102433	69395974
张坊支行	房山区张坊镇张坊村中二区61号	102409	61339835
长沟支行	房山区长沟镇长沟大街48号	102407	61362904
西潞支行	房山区良乡西路东里甲1号西潞商业大厦1层	102400	89368230
良乡支行	房山区良乡中路26号	102401	69376300
平谷支行	平谷区平谷镇新平北路平乐街8号	101200	69972390
东高村支行	平谷区东高村镇兴业路6号	101200	69909885

王辛庄支行	平谷区王辛庄镇齐各庄前街75号	101200	89990798
马坊支行	平谷区马坊镇西大街17号	101204	60999788
金海湖支行	平谷区金海湖镇韩庄北街160号	101201	69991977
南独乐河支行	平谷区南独乐河镇同乐路128号	101212	60920373
大华山支行	平谷区大华山镇大华山大街136号	101207	61948597
峪口支行	平谷区峪口镇峪口村西大街2号	101206	61901958
大兴庄支行	平谷区大兴庄镇大兴庄村东	101205	89932423
新开街支行	平谷区平谷镇林荫北街13号第1-2层东侧	100038	69975132
绿谷支行	平谷区光明西小区5号	101200	89993600
密云支行	密云县鼓楼南大街25号	101500	69041036
穆家峪支行	密云县穆家峪镇南穆家峪村南侧	101500	61051835
河南寨支行	密云县河南寨镇河南寨村北路西	101500	61086583
十里堡支行	密云县十里堡镇政府东侧	101500	69054735
溪翁庄支行	密云县溪翁庄镇溪翁庄村委会北楼	101512	69012347
巨各庄支行	密云县巨各庄镇巨各庄村南侧	101500	61031467
高岭支行	密云县高岭镇高岭村政府路东侧	101507	81081281
季庄支行	密云县果园西路21号	101500	89099803
檀州支行	密云县鼓楼东大街世豪大酒店对面	101500	69043475
怀柔支行	怀柔区迎宾北路18号	101400	69626354
泉河支行	怀柔区迎宾北路32号	101400	69653074
北房支行	怀柔区雁栖工业开发区888号	101400	61681807
杨宋支行	怀柔区杨宋镇凤翔科技开发区四园1号	101400	61679453
雁栖支行	怀柔区雁栖镇下庄村435号	101407	61642582
怀北支行	怀柔区怀北镇西庄村317号	101408	69661994
渤海支行	怀柔区渤海镇沙峪村350号	101405	61631741

庙城支行	怀柔区庙城镇庙城村派出所对面	101401	60691219
桥梓支行	怀柔区桥梓镇桥梓村村北	101402	69675667
汤河口支行	怀柔区汤河口镇汤河口村16号	101414	89671173
富乐支行	怀柔区富乐大街乐红园小区1号楼	101400	89688706
青春路支行	怀柔区青春路8号	101400	69625695
延庆支行	延庆县东外大街109号	102100	69187460
夏都支行	延庆县高塔路62号	102100	69141623
张山营支行	延庆县张山营镇张山营村南	102115	69111994
永宁支行	延庆县永宁镇北门口	102104	60171284
八达岭支行	延庆县八达岭镇政府院内	102102	69129421
旧县支行	延庆县旧县镇村北侧	102109	61152932
南菜园支行	延庆县延庆镇南菜园开发区17号	102100	69175756
西城支行	西城区复兴门外大街4号	100045	68562982
北三环支行	朝阳区北三环东路28号	102300	64405209
保福寺支行	海淀区中关村东路66号	100074	62672193
首体支行	西城区西直门外大街甲143号凯旋大厦C座首层东南侧	100044	88016492
车公庄支行	海淀区首体南路9号主语家园17号楼	100044	68790592
西外支行	海淀区西直门北大街32号枫蓝国际中心商场C座1层	100082	62241085
德胜门支行	西城区德外德胜国际中心东配楼101	100011	82067078
东城支行	东城区东直门南大街3号国华投资大厦首层、第13层	100007	58199562
东长安支行	东城区东长安街12号	100742	85229653
王府井支行	东城区东单北大街3号	101400	65287721
北京站支行	东城区北京站西街1号自西向东1号商铺	100005	65281693
东单支行	东城区建国门内大街17号	100005	65261784
雍和宫支行	东城区安定门东大街28号2号楼B1、B2号	100007	64097690
崇文支行	东城区崇文门外大街9号正仁大厦1层和7号崇文区文化馆主楼	100011	67092872

建国门支行	朝阳区东三环中路39号建外SOHO12号楼1200商铺	102305	58697629
尚都支行	朝阳区东大桥路8号	100020	59003460
广渠门支行	东城区东花市南里东区15号楼2－101号	100061	87101802
天坛支行	东城区光明路13号一层	100061	67167698
宣武支行	西城区广安门南街6号广安大厦1层、4层	100034	83532896
宣外大街支行	西城区前青厂胡同66号、68号	100052	83152698
西单支行	西城区华远街11－1号	100032	52603066

中国邮政储蓄银行有限责任公司北京分行

机构名称	地　址	邮　编	电　话
分行直属支行	朝阳区建国门北大街东侧	100600	65217055
东区支行	朝阳区望京西园一区120楼	100102	84718103
建内大街支行	东城区站西路2号	100001	65196657
工体东路支行	朝阳区工人体育场东路甲2号1层101	100004	64168192
大山子支行	朝阳区酒仙桥路13号	100015	64333730
双井支行	朝阳区广渠东路48号楼	100022	67716753
垡头支行	朝阳区垡头一区4号楼东	100023	67371400
三间房支行	朝阳区三间房223号	100024	65762454
十里河支行	朝阳区东三环南路19号嘉多丽园A座京门综合楼（联合国际大厦）1层底商	100021	87664435
水碓子支行	朝阳区金台北街6号楼	100026	65005146
香河园支行	朝阳区西坝河中里35号楼	100028	64624407
亚运村支行	朝阳区安慧里2区11号楼	100101	64938202
花家地支行	朝阳区花家地北里1号楼	100102	64737340
双龙南里支行	朝阳区双龙南里204号楼	100021	87321621
万科星园支行	朝阳区仰山路万科星园甲7号	100012	84921227
农光里支行	朝阳区农光里102号楼	100021	67341867
吉庆里支行	朝阳区吉庆里6号楼102号A部分	100020	65520455

交道口东大街支行	东城区交道口东大街10号楼底商B	100007	64005107
姚家园路支行	朝阳区姚家园路甲一号活力东方奥特莱斯购物广场首层	100123	51193713
西大望路支行	朝阳区西大望路59号甲3号楼	100102	67753891
西区支行	西城区阜成门北大街19号	100037	68334197
西四支行	西城区西四南大街16号	100034	66176773
新街口支行	西城区西内大街32号	100035	66131033
万寿路支行	海淀区万寿路7号	100036	68276269
会城门支行	海淀区北蜂窝1号	100038	63952700
永定路支行	海淀区永定路甲88号	100039	68285870
阜玉路支行	海淀区玉泉路六号院玉阜嘉园1号楼1层10底商	100041	88262798
西外大街支行	西城区西外大街德宝新园甲22号	100044	68352749
石鲁谷支行	石景山区鲁谷路39号	100040	88685282
新古城支行	石景山区古城南里2~3号楼	100043	68876096
三里河支行	西城区月坛南街65号	100045	68539131
重兴园支行	石景山区重兴园甲一号	100040	68632939
新华里支行	西城区新华里16号院2号楼商业02号	100044	88359069
杨庄支行	石景山区琅山苗圃南园子金辉苑小区C3配套服务楼底商	100043	52651257
金顶街支行	石景山区金顶街二区甲2栋	100041	88713199
首体南路支行	海淀区首体南路9号主语家园17号楼底商9-12号	100044	68790664
金融大街支行	西城区金融大街3号A座1~2层	100034	66555731
晋元庄支行	海淀区建西苑晋元庄小区33号楼商业9号	100043	58971476
南区支行	丰台区西罗园1区15号楼	100077	87255517
永安路支行	西城区虎坊路21-7、21-8号	100050	63032551
牛街支行	西城区牛街4号	100053	63572267
嘉园支行	丰台区马家堡西路嘉园一里26号楼	100068	67560035
科学城支行	丰台区帝京路5号	100070	63714433
丰台大街支行	丰台区西四环南路94号	100071	63823385

长辛店支行	丰台区长辛店大街1号	100072	83876260
云岗支行	丰台区云岗南里2号	100074	83317124
东高地支行	丰台区东高地斜街13号	100076	67991552
大红门服装城支行	丰台区南苑路15号大红门服装商贸城四层	100077	87255518
京温服装市场支行	丰台区高庄60号京温服装市场大厦地下1层	100077	87244995
方庄支行	丰台区蒲方路22号	100078	67628474
经济技术开发区支行	大兴区经济技术开发区隆庆街4号	100176	67889408
开阳里支行	丰台区开阳里五区三号楼	100068	83559580
角门支行	丰台区马家堡路120号	100069	67526803
百荣支行	东城区永外大街101号	100077	87802003
彩虹城支行	丰台区光彩路66号院5号楼1层103号	100079	87866180
南滨河路支行	西城区南滨河路27号	100053	63364462
宣武门东支行	西城区宣武门东2号	100051	63186067
崇文支行	东城区崇文门外大街11号－7和11号－212	100062	67086258
海淀区支行	海淀区圆明园西路骚子营小区内	100091	62875156
中关村支行	海淀区海淀路87号	100080	62610262
魏公村支行	海淀区中关村南大街17号	100081	88572717
学院路支行	海淀区成府路17号	100083	62311309
清河镇支行	海淀区清河三街	100085	62953378
北太平庄支行	海淀区马甸村1号	100088	62029544
苏州街支行	海淀区厂洼2号楼	100089	68423230
太阳园支行	海淀区大钟寺东路9号	100098	82128322
上地信息产业开发区支行	海淀区上地信息产业开发区综合楼	100092	62976834
育新花园支行	海淀区西三旗东路育新花园小区	100096	82908575
文慧园西路支行	海淀区文慧园小区15号、16号楼底商A段1层	100088	62235092
世纪城支行	海淀区世纪城小区烟树园1号楼	100097	88874804
香山支行	海淀区北辛村5号	100093	82592744

紫竹院路支行	海淀区紫竹院路116号嘉豪国际中心B座、E座首层	100097	51709930
海淀南路支行	海淀区海淀南路34号艾瑟顿大厦1层	100080	82652567
昌平路支行	昌平区昌平路380号院一号楼底商	100096	62965228
上地东二路支行	海淀区信息产业基地内上地东二路上地佳园45号底商	100085	62981789
德政路支行	海淀区西北旺德政路南百旺茉莉园底商	100094	82403968
知春路支行	海淀区知春路1号	100083	82311290
门头沟区支行	门头沟区河滩路2号	102300	69842927
滨河路支行	门头沟区滨河西区皓月园6号楼底商11－3	102300	69828692
大兴区支行	大兴区兴丰大街22号	102600	69252961
兴华路支行	大兴区黄村镇兴华路二段六号院	102627	60243749
埝坛支行	大兴区天河西路19号	102629	61252695
房山区支行	房山区良乡镇良乡西路11号	102488	89357755－6002
城关支行	房山区兴房大街19号	102400	69314309
良乡支行	房山区良乡昊天大街47号	102401	69351297
迎风街支行	房山区燕山迎风街43号	102500	69347148
顺义区支行	顺义区新顺南大街	101300	69424651
杨各庄支行	顺义区杨镇地区办事处政府街8号	101309	61459196
后沙峪支行	顺义区后沙峪地区办事处	101318	80190822
石园支行	顺义区石园小区	101300	89440898
东兴路支行	顺义区绿港家园1区9号楼120、125、126号	101300	89403552
平谷区支行	平谷区旧城街16号	101200	69962700
通州区支行	通州区运河东大街64号	101100	81587584
新华支行	通州区新华大街169号	101100	69554110
马驹桥支行	通州区马驹桥镇兴华西大街南侧潼关三区底商（22－23）	101100	60509535
中仓支行	通州区中仓小区	101100	80882381
延庆县支行	延庆县城关东门外大街42号	102100	69185122
怀柔区支行	怀柔区青春路18号	101400	69626806

密云县支行	密云县鼓楼东大街	101500	69042963
果园西路支行	密云县果园西路42、44号	101500	69099490
昌平区支行	昌平区政府街	102200	69746413
龙水路支行	昌平区畅春阁小区龙水路22号院1号楼1层101	102200	60741046
沙河支行	昌平区沙河镇	102206	69732648
天通北苑支行	昌平区天通北苑二区甲11号楼1门	102218	81771247
龙锦苑支行	昌平区回龙观龙锦苑五区	102208	81749886
昌崔路支行	昌平区昌崔路201号大厦1层	102200	80107660

(3) 外资银行

机构名称	地址	邮编	电话
德意志银行(中国)有限公司	朝阳区建国路81号华贸中心1号写字楼26层	100025	59698888
韩亚银行(中国)有限公司	西城区金融街17号中国人寿中心办公楼1层	100140	66581133
摩根大通银行(中国)有限公司	西城区金融大街7号英蓝国际金融中心19层	100140	59318000
蒙特利尔银行(中国)有限公司	朝阳区建国路77号华贸中心3号写字楼27层03B、05单元	100025	85881670
新韩银行(中国)有限公司	朝阳区工体北路甲6号中宇大厦12层	100027	85290090
友利银行(中国)有限公司	朝阳区东三环北路丙二号天元港中心1层	100020	84123000
奥地利奥合国际银行股份有限公司北京分行	朝阳区建国门外大街21号北京国际俱乐部200室	100020	65323388
澳大利亚和新西兰银行(中国)股份有限公司北京分行	朝阳区建国路77号华贸中心3号写字楼32层	100025	65998188
德国商业银行股份公司北京分行	朝阳区建国门外大街乙12号双子座大厦东塔25层	100022	85676888
德意志银行(中国)有限公司北京分行	朝阳区建国路81号华贸中心1号写字楼26层	100004	59698899
东亚银行(中国)有限公司北京分行	朝阳区光华路5号院世纪财富中心1号楼首层05单元及27层	100027	65891000

东方汇理银行（中国）有限公司北京分行	朝阳区建国路79号华贸中心2号写字楼22层	100025	65004562
大华银行（中国）有限公司北京分行	朝阳区建国门外大街1号国贸大厦2座2513室	100004	65051863
法国兴业银行（中国）有限公司	西城区武定侯街2号泰康国际大厦16层	100004	58513038
法国巴黎银行（中国）有限公司北京分行	朝阳区建国门外大街1号国贸大厦20层	100004	65350851
法国兴业银行（中国）有限公司北京分行	西城区武定侯大街2号泰康国际大厦16层	100004	58513888
花旗银行（中国）有限公司北京分行	西城区武定侯大街6号卓著中心1层	100020	59376000
汇丰银行（中国）有限公司北京分行	东城区建国门内大街8号中粮广场A座101～109室	100005	59998888
恒生银行（中国）有限公司北京分行	朝阳区光华路1号嘉里中心首层	100020	85299882
韩亚银行（中国）有限公司北京分行	朝阳区霄云路26号鹏润大厦B1层	100016	84580854
韩国产业银行北京分行	朝阳区建国门外大街乙12号双子座大厦西塔27层	100022	65688858
华侨银行（中国）有限公司北京分行	西城区武定侯街6号卓著中心11层	100140	59315188
加拿大皇家银行有限公司北京分行	西城区金融大街7号英蓝国际金融中心9层	100034	58399231
加拿大蒙特利尔银行有限公司北京分行	朝阳区建国路77号华贸中心3号写字楼27层	100025	85881670
美国纽约梅隆银行有限公司北京分行	朝阳区建国门外大街2号银泰中心C座2106B单元	100033	85135300
美国北美信托银行有限公司北京分行	西城区金融大街7号英蓝国际金融中心8层	100022	66271960
美国摩根大通银行有限公司北京分行	西城区金融大街7号北京英蓝国际金融中心19层	100034	59318876
美国银行有限公司北京分行	朝阳区建国门外大街1号中国国际贸易中心国贸写字楼1座26层	100004	65053508
摩根大通银行（中国）有限公司北京分行	西城区金融街7号北京英蓝国际金融中心20层	100140	59318800

摩根士丹利国际银行（中国）有限公司北京分行	西城区太平桥大街18号丰融国际大厦11层	100032	83563019
蒙特利尔银行（中国）有限公司北京分行	朝阳区建国路77号华贸中心3号写字楼27层	100005	85881688
南洋商业银行（中国）有限公司北京分行	西城区丰汇园11号楼丰汇时代大厦首层	100022	65684728
盘谷银行（中国）有限公司北京分行	朝阳区建国门外大街甲12号新华保险大厦1层东区	100022	65690059
瑞士银行有限公司北京分行	西城区金融大街7号英蓝国际金融中心12层	100040	58327126
瑞穗实业银行（中国）有限公司北京分行	朝阳区建国门外大街甲26号长富宫办公楼8层	100022	65251888
苏格兰皇家银行（中国）有限公司北京分行	西城区金融大街7号英蓝国际金融中心7层709～715室	100033	59279000
三菱东京日联银行（中国）有限公司北京分行	朝阳区东三环北路5号北京发展大厦200室	100004	65908888
三井住友银行（中国）有限公司北京分行	朝阳区光华路一号北京嘉里中心北楼16层	100020	59204610
外换银行（中国）股份有限公司北京分行	东城区建国门内大街18号恒基中心办公楼2座5层	100005	65183105
新韩银行（中国）有限公司北京分行	朝阳区工体北路甲6号中宇大厦首层	100027	85235555
厦门国际银行北京分行	西城区三里河东路5号中商大厦首层	100045	68533333
星展银行（中国）有限公司北京分行	西城区金融大街7号英蓝国际金融中心5层	100140	58397500
友利银行（中国）有限公司北京分行	朝阳区东三环北路丙2号天元港中心A座1层	100020	84538880
渣打银行（中国）有限公司北京分行	朝阳区东三环中路1号环球金融中心渣打大厦12层	100020	59188838
中信国际银行（中国）有限公司北京分行	朝阳区东三环中路9号富尔大厦3201～3205室	100020	85911161

（4）外资银行分支机构

澳大利亚和新西兰银行（中国）有限公司北京分行

机构名称	地　址	邮　编	电　话
中关村支行	海淀区海淀东三街2号欧美汇大厦一层101	100005	62506301

大华银行（中国）有限公司北京分行

机构名称	地　址	邮　编	电　话
东城支行	东城区朝阳门北大街7号第五广场C座1层	100020	64088699

东亚银行（中国）有限公司北京分行

机构名称	地　址	邮　编	电　话
雅宝路支行	朝阳区朝外雅宝路12号G02	100020	85636566
望京支行	朝阳区望京中环南路甲2号金业大厦1层	100102	84720036
富华支行	东城区朝阳门北大街8号富华大厦A座首层和地下1层12单元	100027	65543110
中关村支行	海淀区彩和坊路8号8号楼1层109号、2层209号	100080	62682151

德意志银行（中国）有限公司北京分行

机构名称	地　址	邮　编	电　话
中关村支行	海淀区中关村东路1号清华科技园科技大厦C座1层	100080	62506666
华贸支行	朝阳区建国路81号华贸购物中心1~2层	100025	59698300

法国兴业银行（中国）有限公司北京分行

机构名称	地　址	邮　编	电　话
光华支行	朝阳区金桐西路10号远洋光华中心AB座1层	100600	58573701

花旗银行（中国）有限公司北京分行

机构名称	地　址	邮　编	电　话
中关村支行	海淀区北四环西路58号理想国际大厦首层	100080	82607250
嘉里中心支行	朝阳区光华路1号嘉里中心商场首层	100020	65618800
阳光上东支行	朝阳区东四环北路6号阳光上东中环商业广场A09～A15单元	100016	51307100
昆仑支行	朝阳区新源南路甲2号昆仑公寓1层	100027	65009988
盈科中心支行	朝阳区工体北路甲2号盈科中心商场1层	100027	59272300
长安支行	东城区建国门内大街7号光华长安大厦首层	100005	65102458
亚运村支行	朝阳区慧忠里103号楼洛克时代中心C座首层	100101	59377050

汇丰银行（中国）有限公司北京分行

机构名称	地　址	邮　编	电　话
国贸支行	朝阳区建国门外大街1号中国国际贸易中心国贸商城L129号	100020	58669866
中关村支行	海淀区中关村南大街2号北京科技会展中心数码大厦A座1层	100086	62159288
燕莎中心支行	朝阳区亮马桥路50号北京燕莎中心西楼W102号	100016	84519500

英蓝国际金融中心支行	西城区金融大街7号英蓝国际金融中心首层	100140	66555288
丽都广场支行	朝阳区将台路6号丽都A2商业楼首层商场208室	100016	64338800
中关村西区支行	海淀区丹棱街3号中国电子大厦B座1层	100080	59997288
北辰支行	朝阳区北辰东路8号北辰时代大厦首层	100101	59997711
远大路支行	海淀区远大路1号金源燕莎商厦首层	100097	59997888
华贸支行	朝阳区建国路89号院13号楼L09单元地下1层、地上1层	100025	59997268

恒生银行（中国）有限公司北京分行

机构名称	地　址	邮　编	电　话
中关村支行	海淀区丹棱街3号中国电子大厦A座首层	100080	62500000
东单支行	东城区东单北大街69－12号首层	100005	85293507
工体北路支行	东城区工体北路66号1号楼L105、L205单元	100007	85293726

南洋商业银行（中国）有限公司北京分行

机构名称	地　址	邮　编	电　话
建国门支行	朝阳区建国门外大街乙八号丽晶苑1层	100022	65684728
中关村支行	海淀区海淀北二街8号中关村SOHO大厦1层	100080	59718565

苏格兰皇家银行（中国）有限公司北京分行

机构名称	地　址	邮　编	电　话
东方广场支行	东城区东长安街1号北京东方广场中一办公楼1层	100005	58167300

中关村支行	海淀区海淀大街8号中钢国际广场A座1层	100080	59829888
嘉里中心支行	朝阳区光华路1号北京嘉里中心北楼28层	100020	58396000

星展银行（中国）有限公司北京分行

机构名称	地　址	邮　编	电　话
金地中心支行	朝阳区建国路91号金地中心A座1层101单元	100022	85713303

厦门国际银行北京分行

机构名称	地　址	邮　编	电　话
朝阳支行	朝阳区光华路15号院2号楼铜牛国际大厦首层	100022	52932008
中关村支行	海淀区海淀北二街10号泰鹏大厦首层西南侧106、107、108室	100080	82620999

新韩银行（中国）有限公司北京分行

机构名称	地　址	邮　编	电　话
顺义支行	顺义区站前街三号顺鑫国际商务中心1层01号、2层01号	100005	60406008

外换银行（中国）有限公司北京分行

机构名称	地　址	邮　编	电　话
望京支行	朝阳区望京街9号望京国际商业中心A座2层	100102	59203780
五道口支行	海淀区成府路28号优盛大厦首层	100083	62666710

友利银行（中国）有限公司北京分行

机构名称	地　址	邮　编	电　话
望京支行	朝阳区阜荣街10号1层	100102	84718866
顺义支行	顺义区仓上街2号AMB大厦A区1层	101300	89452220

渣打银行（中国）有限公司北京分行

机构名称	地　址	邮　编	电　话
燕莎中心支行	朝阳区亮马桥路50号北京燕莎中心写字楼S102B室	100016	64668803
中关村支行	海淀区海淀中街6号中关村金融中心B座首层	100080	62569990
华贸支行	朝阳区建国路77－81号华贸中心L1～L2层	100025	59627888
东方广场支行	东城区东长安街1号东方广场东方经贸城中一办公楼	100006	58172888
亚运村支行	朝阳区慧忠里103楼洛克时代中心1层	100101	59113728
紫竹支行	海淀区首体南路9号主语商务中心4号楼首层	100044	58737017

（5）资产管理公司

机构名称	地　址	邮　编	电　话
华融资产管理公司北京办事处	西城区阜成门内大街293号	100034	66511186
长城资产管理公司北京办事处	朝阳区工体南路东2号	100020	65528808
东方资产管理公司北京办事处	东城区崇文门外大街44号大康大厦	100062	67177516
信达资产管理股份有限公司北京市分公司	朝阳区安华西里二区18号楼	100011	64263640

(6) 信托公司

机构名称	地　　址	邮　编	电　话
北京国际信托有限公司	朝阳区安定路5号北京金融信托大厦C座	100029	64436553
国投信托有限公司	西城区西直门南小街147号	100037	88006630
国民信托有限公司	东城区西滨河路18号国民信托中心	100011	84268088

(7) 金融租赁公司

机构名称	地　　址	邮　编	电　话
建信金融租赁股份有限公司	西城区闹市口大街1号长安兴融中心4号楼6层	100032	67594579

(8) 汽车金融公司

机构名称	地　　址	邮　编	电　话
丰田汽车金融（中国）有限公司	朝阳区建国门外大街1号国贸大厦1座8层818单元	100004	59653105
梅赛德斯－奔驰汽车金融有限公司	朝阳区望京街8号院戴姆勒大厦19层	100102	84173290
沃尔沃汽车金融（中国）有限公司	朝阳区东三环北路甲19号嘉盛中心16层	100027	65829304
大众汽车金融（中国）有限公司	朝阳区东三环北路甲19号嘉盛中心9层	100021	65897800
东风标致雪铁龙汽车金融有限公司	朝阳区光华路7号汉威大厦东区9A6	100004	65628288
宝马汽车金融（中国）有限公司	朝阳区东三环北路霞光里18号佳程广场B座22层	100027	84558607

(9) 财务公司

机构名称	地　　址	邮　编	电　话
中冶集团财务有限公司	朝阳区曙光西里28号中冶大厦	100028	59869863
中国化工财务有限公司	海淀区北四环西路62号	100080	82677968

华联财务有限责任公司	西城区金融大街33号通泰大厦B座4层	100033	88086592－666
中国电子财务有限责任公司	海淀区中关村东路62号科贸大厦23和25层	100190	62672051
中粮财务有限责任公司	朝阳门内大街8号中粮福临门大厦19层	100020	85006301
北大方正集团财务有限公司	海淀区成阜路298号方正大厦9层	100871	82529903
通用技术集团财务有限责任公司	丰台区西三环中路90号通用技术大厦6层	100055	63348329
中建财务有限公司	海淀区三里河路15号	100037	88082581
中电投财务有限公司	西城区金融大街28号2号楼7层	100032	66298628
中国大唐集团财务有限公司	西城区菜市口大街1号13、14层	100053	83956889
京能集团财务有限公司	朝阳区永安东里16号国际大厦23层	100022	85218502
神华财务有限公司	东城区安德路16号洲际大厦1层和4层	100011	58131405
中国华电集团财务有限公司	西城区宣武门内大街2号中国华电大厦B座10层	100031	83568096
国电财务有限公司	西城区阜成门北大街6－9号11层	100034	58682580
海航集团财务有限公司	朝阳区霄云路甲26号海航大厦19层	100125	59571778
中国航空集团财务有限责任公司	朝阳区霄云路36号国航大厦19层	100027	84475749
首都机场集团财务有限公司	顺义区首都机场四纬路9号8区3层	100621	64557035
中远财务有限责任公司	西城区月坛北街2号月坛大厦A座19层	100045	68083165
国机财务有限责任公司	海淀区丹棱街3号A座8层	100080	82606816
西门子财务服务有限责任公司	朝阳区望京中环南路7号	100102	64767255
航天科工财务有限责任公司	海淀区紫竹院路116号嘉豪国际中心B座12层	100097	58930260

航天科技财务有限责任公司	西城区平安里西大街31号	100035	66498836
兵器财务有限责任公司	东城区安定门外青年湖南街19号	100011	84122859
兵器装备集团财务有限责任公司	海淀区车道沟10号院3号科研办公楼5层	100089	68966770
中核财务有限责任公司	西城区三里河南四巷1号	100045	68555855
保利财务有限公司	东城区朝阳门北大街1号新保利大厦28层	100010	84192373

（10）货币经纪公司

机构名称	地　　址	邮　编	电　话
中诚宝捷思货币经纪有限公司	西城区太平桥大街18号丰融国际大厦1008～1009室	100032	63195001

（11）消费金融公司

机构名称	地　　址	邮　编	电　话
北银消费金融有限公司	东城区和平里东街1号	100013	57636033

（12）外国银行北京代表处

机构名称	地　　址	邮　编	电　话
德国北德意志州银行北京代表处	朝阳区亮马桥路50号燕莎中心办公楼C406	100125	64651046
德国巴登—符腾堡州银行北京代表处	朝阳区东三环北路8号亮马大厦2座1130室	100004	65900166
德国施威比豪尔住房储蓄银行股份有限公司北京代表处	朝阳区建国门外大街19号国际大厦23－D	100004	65006530
德国中央合作银行股份有限公司北京代表处	朝阳区建国门外大街19号国际大厦22－1B室	100004	85261162
德国迈世勒银行股份公司北京代表处	朝阳区亮马桥路50号燕莎中心C502室	100125	64600458
意大利联合圣保罗银行股份有限公司北京代表处	朝阳区新源南路6号京城大厦2108室	100004	84862108

意大利西雅那银行股份有限公司北京代表处	朝阳区建国门外大街1号国贸大厦1座1602~1605室	100004	65053136
意大利裕信银行股份有限公司北京代表处	朝阳区建国门外大街19号国际大厦2604室	100004	65003716
意大利人民银行有限责任合作公司北京代表处	朝阳区建国门外大街乙12号双子座大厦西塔15层07单元	100022	65664351
法国外贸银行股份有限公司北京代表处	东城区东长安街1号东方广场东方经贸城东一办公楼12层2A室	100738	85185115
法国工商银行有限公司北京代表处	朝阳区建国门内大街7号光华长安大厦1座310室	100005	65102167
法国标致雪铁龙融资银行有限公司北京代表处	朝阳区光华路7号汉威大厦西区19层5号	100004	59275981
法国德夏银行股份有限公司北京代表处	西城区金融大街甲九号南楼503室	100140	66575858
俄罗斯工业通讯银行股份有限公司北京代表处	朝阳区建国门外大街22号赛特大厦1308室	100004	85120068
俄罗斯外贸银行公开股份公司北京代表处	朝阳区建国门外大街19号国际大厦18BC室	100004	85262800
俄罗斯信贷商业银行北京代表处	朝阳区建国门外大街24号京泰大厦1703室	100022	65159517
俄罗斯开发与对外经济银行国有公司北京代表处	朝阳区建国门外大街19号国际大厦20A室	100004	65928905
俄罗斯天然气工业银行股份公司北京代表处	朝阳区建国门外大街甲6号中环世贸中心D座1801室	100022	65630516
俄罗斯兴盛银行开放式股份公司北京代表处	朝阳区建国门外大街乙12号双子座大厦东塔10层9号	100022	51235136
白俄罗斯银行储蓄银行公开股份公司北京代表处	朝阳区建国路93号万达广场4号楼3103室	100022	59604292
乌克兰普理瓦特商业银行股份有限公司北京代表处	东城区建国门内大街8号中粮广场B座609室	100005	65270792
欧洲金融集团银行瑞士有限责任公司北京代表处	朝阳区建国门外大街1号国贸大厦2座813~815室	100004	65056908

瑞士苏黎世州银行北京代表处	朝阳区麦子店西路新恒基国际大厦718室	100125	64672539
瑞士信贷银行有限公司北京代表处	朝阳区东三环北路2号南银大厦31层	100027	64106866－405
北欧银行瑞典有限公司北京代表处	朝阳区东三环北路5号发展大厦818室	100004	65909070
瑞典商业银行公共有限公司北京代表处	朝阳区建国门外大街19号国际大厦22D室	100004	65004310
瑞典北欧斯安银行有限公司北京代表处	朝阳区东三环北路8号亮马大厦1座603室	100004	65900120
荷兰安智银行股份有限公司北京代表处	朝阳区东三环北路8号亮马大厦1座1510室	100004	65906606
荷兰合作银行有限公司北京代表处	西城区金融大街7号英蓝国际金融中心F928室	100034	66555252
西班牙对外银行有限公司北京代表处	东城区建国门内大街7号光华长安大厦2座618室	100005	65170937
西班牙桑坦德银行有限公司北京代表处	朝阳区建国门外大街甲6号SK大厦22层2205室	100022	85679788
西班牙萨瓦德尔银行股份有限公司北京代表处	东城区东直门外大街46号天恒大厦8层805室	100027	84608366
西班牙巴塞罗那储蓄银行北京代表处	东城区建国门内大街7号光华长安大厦1座610室	100005	59111199
比利时富通银行有限公司北京代表处	朝阳区新源南路6号京城大厦2302室	100004	84862701
英国巴克莱银行有限公司北京代表处	东城区建国门北大街8号华润大厦2108室	100005	58165023
英国高盛国际银行无限责任公司北京代表处	西城区金融大街7号英蓝国际金融中心17层1731房间	100140	66273138
丹麦盛宝银行有限公司北京代表处	朝阳区亮马桥路50号燕莎中心S116室	100125	64662908
澳大利亚国民银行有限公司北京代表处	朝阳区建国门外大街1号国贸大厦1座2326室	100004	65052255
澳大利亚西太平洋银行有限公司北京代表处	朝阳区建国门外大街1号中国国际贸易中心国贸大厦1座12层26～28单元	100004	66574380
澳大利亚澳洲联邦银行公众股份有限公司北京代表处	朝阳区建国门外大街1号国贸大厦1座2909室	100004	65055350

巴基斯坦国民银行股份有限公司北京代表处	朝阳区新源南路2号昆仑饭店435室	100004	65903388－435
巴基斯坦哈比银行有限责任公司北京代表处	东城区东长安街1号东方广场中1楼10层1003室	100738	85151500－103
巴基斯坦联合银行股份有限公司北京代表处	朝阳区建国路乙118号京汇大厦21F－10	100022	65675560
菲律宾首都银行及信托有限公司北京代表处	东城区建国门内大街18号恒基中心办公一楼1座1410室	100005	65183359
哈萨克斯坦人民储蓄银行股份公司北京代表处	朝阳区东四环中路41号嘉泰国际大厦A座2006室	100025	84532708
韩国输出入银行北京代表处	朝阳区亮马桥路50号燕莎中心办公楼C716室	100016	64653371
马来西亚马来亚银行有限公司北京代表处	朝阳区建国门外大街1号国贸大厦1座16层1606～1608室	100004	65054982
日本三菱日联信托银行股份有限公司北京代表处	朝阳区建国门外大街甲26号长富宫办公楼304室	100022	65139016
日本住友信托银行股份有限公司北京代表处	朝阳区建国门外大街甲26号长富宫办公楼7009室	100022	65139020
日本农林中央金库有限公司北京代表处	朝阳区建国门外大街甲26号长富宫办公楼601室	100022	65130858
泰国泰华农民银行（大众）有限公司北京代表处	朝阳区建国门外大街19号国际大厦22层C室	100004	65008333
永亨银行有限公司北京代表处	东城区东直门外大街48号东方银座写字楼15A室	100027	84476328
朝鲜华丽银行有限公司北京代表处	东城区东打磨厂街7号宝鼎中心539室	100060	67081380
合作金库商业银行股份有限公司北京代表处	东城区建国门内大街18号恒基中心办公室1座1805室	100005	65188175
中国信托商业银行股份有限公司北京代表处	朝阳区光华路甲8号和乔大厦B座111室	100026	65813700
印度银行北京代表处	朝阳区西大望路3号院蓝堡国际中心1209室	100022	85997447
宁波国际银行北京代表处	西城区阜外大街2号万通新世界广场B座1710室	100037	68573148

伊朗德佳拉特银行北京代表处	朝阳区亮马桥路50号燕莎中心写字楼C208室	100125	84551116
蒙古国郭勒穆特银行有限公司北京代表处	朝阳区建国门外大街19号中信国际大厦A座10E室	100004	65033876
古巴国民银行北京代表处	朝阳区建国门外大街24号京泰大厦710室	100022	65156586
加拿大帝国商业银行有限公司北京代表处	朝阳区建国门外大街乙12号双子座大厦西塔11层1106～1107室	100022	65667071
加拿大丰业银行有限公司北京代表处	东城区建国门北大街8号华润大厦503室	100005	85192050
美国富国银行有限公司北京代表处	东城区建国门北大街8号华润大厦2302室	100005	65179022
美国远东国民银行有限公司北京代表处	朝阳区建国门外大街22号赛特大厦9层911房间	100004	65159115
美国华美银行股份有限公司北京代表处	东城区建国门内大街7号光华长安大厦6楼609室	100005	65101551
美国道富银行有限公司北京代表处	西城区金融大街7号英蓝国际金融中心809B～810单元	100140	66574500
智利银行股份有限公司北京代表处	朝阳区建国门外大街乙12号双子座大厦西塔606室	100022	58794301
摩洛哥外贸银行股份有限公司北京代表处	东城区建国门内大街18号恒基中心1座1203室	100005	65182363
喀麦隆非洲第一银行有限公司北京代表处	朝阳区左家庄1号国门大厦4K室	100028	64640029
印度联合银行北京代表处	朝阳区建国门外大街乙12号双子座大厦东塔1006室	100004	51235186
尼日利亚第一银行股份有限公司北京代表处	东城区建国门内大街8号中粮广场B座1431室	100005	65286820
俄罗斯欧洲金融莫斯科人民银行公开股份有限公司	东城区东直门外大街35号东湖别墅C802	100270	64674091
俄罗斯联邦商业储蓄银行公开股份公司北京代表处	朝阳区亮马桥50号北京燕莎中心办公楼C305～306A室	100027	64627039

（13）外国非银行金融机构北京代表处

机构名称	地　址	邮　编	电　话
万事达卡国际组织北京代表处	东城区建国门北大街8号华润大厦7层701～702室	100005	85199315
威士国际组织（亚太）有限公司北京代表处	朝阳区光华路5号北京世纪财富中心2号楼1804室	100004	85873011
日本国际信用卡公司北京代表处	东城区东长安街1号东方广场中一办公楼11层8B～9A室	100022	85185659
大来信用证国际（香港）有限公司北京代表处	西城区武定侯大街6号卓著中心1602室	100140	59376888
中银信用卡（国际）有限公司北京代表处	朝阳区永安东里8号华彬国际大厦901B	100022	85288101
宝捷思资本市场（香港）有限公司北京代表处	东城区东长安街1号东方广场西2办公楼6层601单元3室	100738	85200175
瑞士利顺金融公司北京代表处	朝阳区建国门内大街18号恒基中心1座1907	100005	65187959
毅联汇业有限公司北京代表处	朝阳区朝阳门外大街甲6号万通中心C座1502	100020	65381903
昆仑国际（新西兰）有限公司北京代表处	朝阳区东三环北路霞光里18号佳程广场A座16C	100027	59222088
英国路透集团交易服务有限公司北京代表处	西城区复兴门内大街28号凯晨世贸中心中座2层	100031	66271288－1236
韩国现代金融株式会社北京代表处	朝阳区霄云路38号现代汽车大厦407室	100027	84538866－113
日本爱可梦株式会社北京代表处	朝阳区东三环中路9号富尔大厦17层1703室	100020	85911740
日本邦民株式会社北京代表处	朝阳区东三环北路5号北京发展大厦1019室	100004	65909757
西联金融服务公司北京代表处	朝阳区建国门外大街乙12号双子座大厦东塔办公楼22层06、07、08A单元	100022	85165903
英国银星速汇有限公司北京代表处	朝阳区永安东里16号CBD国际大厦5层C536办公室	100022	65637683

CMCMarkets 英国公共有限公司北京代表处	东城区东长安街1号东方广场C1座1206室	100738	58163627
正大国际财务有限公司北京代表处	朝阳区建国门内大街7号光华长安大厦1座12层	100005	65101209
比利时欧洲清算银行有限公司北京代表处	西城区武定侯街6号卓著中心505室	100140	58543206

3. 证券业机构

(1) 证券公司

机构名称	地　　址	邮　编	电　话
北京高华证券有限责任公司	西城区金融大街7号英蓝国际中心18层	100034	66273000
东兴证券有限责任公司	西城区金融街5号新盛大厦B座12~15层	100140	66555383
高盛高华证券有限责任公司	西城区金融大街7号英蓝国际中心18层	100034	65353000
国都证券有限责任公司	东城区东直门南大街3号国华投资大厦9~10层	100007	84183333
国开证券有限责任公司	朝阳区安华里外馆斜街甲1号泰利明苑A座二区4层	100011	85285217
华融证券股份有限公司	西城区月坛北街26号恒华国际商务中心9层	100045	58568162
民生证券有限责任公司	东城区建国门内大街28号民生金融中心A座16~18层	100005	85127999
瑞信方正有限责任公司	西城区金融大街甲九号金融街中心南楼15层	100140	66538666
瑞银证券有限责任公司	西城区金融大街7号英蓝国际中心15层	100034	58328888
首创证券有限责任公司	西城区德胜门外大街115号德胜尚城E座	100088	59360000
新时代证券有限责任公司	西城区金融大街1号A座8层	100033	83561000
信达证券股份有限公司	西城区闹市口大街9号院1号楼信达金融中心	100031	63081000
中德证券有限责任公司	朝阳区建国路81号20办公1T01-06、07、08号房屋	100025	59026800

中国国际金融有限公司	朝阳区建国门外大街1号国贸大厦2座28层	100004	65051166
中国民族证券有限责任公司	西城区金融大街5号新盛大厦A座6~9层	100140	59355588
中国银河证券股份有限责任公司	西城区金融大街35号国际企业大厦C座	100140	66568888
中信建投证券股份有限公司	东城区朝内大街188号	100010	85130588

（2）证券分公司

机构名称	地　址	邮　编	电　话
东北证券股份有限公司北京分公司	西城区三里河东路5号中商大厦4层	100045	68585698
长城证券有限责任公司北京分公司	西城区西直门外大街112号阳光大厦10层	100044	88362851
国信证券股份有限公司北京分公司	西城区平安里西大街28号中海国际中信1号楼5层	100034	88000888
海通证券股份有限公司北京分公司	海淀区中关村南大街甲56号方圆大厦	100044	88027666
申银万国证券股份有限公司北京分公司	朝阳区劲松9区909楼	100021	67736988
德邦证券有限责任公司北京分公司	朝阳北路237号复星国际中心	100020	59152057
国泰君安证券股份有限公司北京分公司	海淀区知春路17号	100191	59312818
齐鲁证券有限公司北京分公司	西城区复兴门外大街A2号中化大厦11层	100045	68561011－2006
西南证券股份有限公司北京分公司	西城区金融大街35号国际企业大厦A座4层	100140	88091992
日信证券有限责任公司北京分公司	西城区闹市口大街1号长安兴融中心西楼11层	100031	66414890
国海证券有限责任公司北京分公司	海淀区西直门外大街168号腾达大厦1509室	100044	88576898－837
宏源证券股份有限公司资产管理分公司	西城区太平桥大街19号恒奥中心	100140	88085558

宏源证券股份有限公司承销保荐分公司	西城区太平桥大街19号恒奥中心	100140	88085959
国盛证券有限责任公司北京分公司	西城区德胜门外大街83号德胜国际中心B座3层	100088	62657337
中信建投证券有限责任公司北京分公司	西城区太平桥大街18号丰融国际大厦12层和15层	100030	84976181
华泰证券股份有限公司北京分公司	西城区金融大街17号中国人寿中心1705	100033	59315222
中航证券有限公司北京分公司	朝阳区安立路甲56号商业楼南楼4层	100012	84803620
恒泰证券股份有限公司北京分公司	西城区华远街7号鄂尔多斯大厦6层	100032	66297220
华龙证券有限责任公司北京分公司	西城区金融街通泰大厦B座603	100140	88086668
国元证券股份有限公司北京分公司	东城区东直门外大街46号907B	100027	84608712
招商证券股份有限公司北京分公司	西城区金融大街1号金融街中心6层	100022	57601799
中信证券股份有限公司北京分公司	朝阳区新源南路6号京城大厦3801~3802室	100004	84683886
中银国际证券有限责任公司北京分公司	西城区金融大街28号通泰中心2号楼12层	100140	66229000
广发证券股份有限公司北京分公司	西城区月坛北街2号月坛大厦18层	100045	59136640
东吴证券股份有限公司北京分公司	西城区金融大街19号富凯大厦1003室	100140	66573626
安信证券股份有限公司北京分公司	西城区金融大街5号新盛大厦B座18~19层	100033	66581637
华创证券有限责任公司北京分公司	海淀区复兴路21号一栋805~808室	100036	6805323

(3) 证券营业部

机构名称	地　址	邮　编	电　话
爱建证券有限责任公司北京朝阳门内大街证券营业部	东城区朝阳门内大街298号盈地大厦6层	100032	85115800

安信证券股份有限公司北京北三环东路证券营业部	东城区北三环东路36号环球贸易中心A座26层	100013	59113468
安信证券股份有限公司北京阜成路证券营业部	西城区宣武门外大街28号富卓大厦A座	100142	88136500
安信证券股份有限公司北京远大路证券营业部	海淀区远大路1号金源时代购物中心二期B区写字楼1008号	100097	88893661
安信证券股份有限公司北京中关村南大街证券营业部	海淀区中关村南大街甲32号中关村科技发展大厦B座2层	100081	62140212
北京高华证券有限责任公司北京金融大街证券营业部	西城区金融街7号英蓝国际金融中心18层	100140	66273000
渤海证券股份有限公司北京大兴黄村证券营业部	大兴区黄村镇兴政东里17号楼	102600	69224995
渤海证券股份有限公司北京慧忠里证券营业部	朝阳区慧忠里417号	100101	64892168
渤海证券股份有限公司北京广顺北大街证券营业部	朝阳区望京广顺北大街33号院1号楼福码大厦A座101C室	100102	64776858
渤海证券股份有限公司北京西外大街证券营业部	西城区西直门外大街甲143号凯旋大厦C座2层	100044	88016458
财达证券有限责任公司北京花园路证券营业部	海淀区花园路2号	100083	62356660
财达证券有限责任公司北京首体南路证券营业部	海淀区首体南路20号国兴家园D座	100044	88354677
财富证券有限责任公司北京阜外大街证券营业部	西城区阜外大街甲7号国投大厦1~2层	100037	68003001
财富证券有限责任公司北京中关村东路证券营业部	海淀区中关村东路18号财智国际大厦A座2楼	100080	62616989
财通证券有限责任公司北京成府路证券营业部	海淀区成府路28号优盛大厦13层	100083	62660158

长城证券有限责任公司北京海鹰路证券营业部	丰台区海鹰路1号院7号楼万润大厦	100070	63799906
长城证券有限责任公司北京阜成门北大街证券营业部	西城区阜成门北大街17号中国大百科裙楼2~3层	100037	68339069
长城证券有限责任公司北京望京西路证券营业部	朝阳区望京西路50号卷石天地大厦A座7层	100102	64562003
长城证券有限责任公司北京中关村大街证券营业部	海淀区中关村大街甲28号海淀文化艺术大厦B座11层	100086	82533226
长江证券股份有限公司北京百万庄大街证券营业部	西城区百万庄大街22号	100037	68364388－118
长江证券股份有限公司北京广渠门内大街证券营业部	东城区广渠门内大街80号通正国际大厦11层	100062	51696866
长江证券股份有限公司北京万柳东路营业部	海淀区长春桥路11号亿城中心A座901	100089	58818698
长江证券股份有限公司北京新源西里证券营业部	朝阳区新源里16号琨莎中心B座3A层	100027	64679391
大通证券股份有限公司北京建国路证券营业部	朝阳区建国路93号万达广场9号楼2层	100022	58207417
大同证券经纪有限责任公司北京西四环中路证券营业部	海淀区西四环中路39－7号万地名苑大厦1层	100039	68155388
德邦证券有限责任公司北京光华路证券营业部	朝阳区朝阳北路237号复星国际中心26层	100020	65085758
第一创业证券有限责任公司北京月坛南街证券营业部	西城区平安大街26号新时代大厦3层	100045	63197278
东北证券股份有限公司北京朝外大街证券营业部	朝阳区朝外大街乙6号朝外SOHO A座23层2101－05号	100020	59000715
东北证券股份有限公司北京三里河东路证券营业部	西城区三里河东路5号中商大厦3层	100045	68573836

东方证券股份有限公司北京安苑路证券营业部	朝阳区小关北里45号世纪嘉园5号楼5层	100029	84896422
东方证券股份有限公司北京霄云路证券营业部	朝阳区东三环北路霄云路21号大通大厦南楼3层	100027	64661627
东海证券有限责任公司北京安立路证券营业部	朝阳区安立路8号汇园公寓B座4层	100101	64993238
东海证券有限责任公司北京西三环北路证券营业部	海淀区西三环北路89号国际财经中信D座9层	100101	84892358
东莞证券有限责任公司北京中关村大街证券营业部	海淀区海淀北一街2号首创拓展大厦3层	100080	58473658
东吴证券股份有限公司北京安德里北街证券营业部	东城区鼓楼外大街27号万网大厦1层	100011	84117711
东兴证券股份有限公司北京大望路营业部	朝阳区西大望路15号院4号楼外企大厦B座4层	100022	67771886
东兴证券股份有限公司北京北四环中路证券营业部	海淀区北四环中路229号海泰大厦2层	100083	82884280
东兴证券股份有限公司北京复兴路证券营业部	海淀区复兴路20号翠微商业楼2段	100036	88218659
方正证券股份有限公司北京阜外大街证券营业部	西城区阜外大街甲34号	100037	68583728
方正证券股份有限公司北京和平里东街证券营业部	东城区和平里东街6区8号	100013	84215535
光大证券股份有限公司北京东中街证券营业部	东城区东中街29号东环广场B座写字楼2层	100027	64182858
光大证券股份有限公司北京小营路证券营业部	朝阳区小营路25号房地置业大厦1、7层	100029	59046206
光大证券股份有限公司北京月坛北街证券营业部	西城区月坛北街2号月坛大厦东配楼5层	100045	68081286

光大证券股份有限公司北京中关村大街证券营业部	海淀区中关村大街19号新中关大厦A座8层	100080	59851165
广发证券股份有限公司北京朝阳门北大街证券营业部	东城区朝阳门北大街6号首创大厦3层	100027	85282289
广发证券股份有限公司北京东三环北路证券营业部	朝阳区东三环北路3号中远幸福大厦A座1608号	100027	64669809
广发证券股份有限公司北京阜成门南大街证券营业部	西城区阜成门南大街甲3号	100037	68022088
广发证券股份有限公司北京广安门内大街证券营业部	西城区广内大街316号京粮大厦6层	100035	63547162
广发证券股份有限公司北京建外大街证券营业部	朝阳区建外大街24号京泰大厦5层	100022	65150933
广发证券股份有限公司北京中关村东路证券营业部	海淀区中关村东路8号东升大厦A座6层	100083	82526215
广州证券有限责任公司北京三里河东路证券营业部	西城区三里河东路39号燕京大厦2层	100045	68521889
国都证券有限责任公司北京九棵树街证券营业部	通州区九棵树街109号、113、117、121、125、129号	101100	59392161
国都证券有限责任公司北京亮马桥路证券营业部	朝阳区亮马桥路98号光明饭店写字楼5层	100025	844418739
国都证券有限责任公司北京北三环中路证券营业部	西城区北三环中路23号燕莎盛世大厦	100029	64890703
国都证券有限责任公司北京阜外大街证券营业部	西城区阜外大街22号	100037	68329055

国都证券有限责任公司北京复兴路证券营业部	海淀区复兴路32号六建大院内	100030	68176002
国都证券有限责任公司北京工体北路证券营业部	东城区工体北路北京工人体育馆南区2层	100027	65533232
国都证券有限责任公司北京中关村南大街证券营业部	海淀区中关村南大街9号理工科技大厦303室	100081	68949680
国海证券有限责任公司北京和平街证券营业部	朝阳区和平街11区38号楼	100013	64283164
国金证券股份有限公司北京金融街证券营业部	西城区金融街27号投资广场B座4层	100140	66212187
国开证券有限责任公司北京中关村南大街营业部	海淀区中关村南大街6号中电信息大厦1、5层	100086	82168390
国联证券股份有限公司北京建材城西路证券营业部	昌平区建材西路87号2号楼	100096	57391101
国联证券股份有限公司北京首体南路证券营业部	海淀区首体南路9号主语国际4号楼1202室	100048	63170199
国盛证券有限责任公司北京德胜门外大街证券营业部	西城区德胜门大街83号德胜门国际中心B座3层	100088	62631969
国泰君安证券股份有限公司北京亦庄宏达北路证券营业部	大兴区亦庄宏达北路16号写字楼1层东侧	100176	51062211
国泰君安证券股份有限公司北京怀柔府前街证券营业部	怀柔区府前街3号	101400	69680303
国泰君安证券股份有限公司北京鲁谷路证券营业部	石景山区鲁谷路35号电科大厦裙楼1层	600040	68659759
国泰君安证券股份有限公司北京德外大街证券营业部	西城区德外大街新风街2号天成科技大厦A座	100088	62034788

国泰君安证券股份有限公司北京方庄路证券营业部	丰台区方庄路1号	100078	67638335
国泰君安证券股份有限公司北京金融街证券营业部	西城区金融街28号盈泰中心2号楼10层	100140	59312793
国泰君安证券股份有限公司北京通州新华西街证券营业部	通州区新华西街甲59号	101100	69542299
国泰君安证券股份有限公司北京知春路证券营业部	海淀区知春路17号	100083	82311880
国信证券股份有限公司北京呼家楼北街证券营业部	朝阳区呼家楼北街7号楼	100026	65065203
国信证券股份有限公司北京平安大街证券营业部	西城区平安西大街28号光大国际中心1号楼5层	100034	88000988
国信证券股份有限公司北京亚运村证券营业部	朝阳区大屯路风林西奥中心A座5层	100101	64838595
国元证券股份有限公司北京东直门外大街证券营业部	东城区东直门外大街46号天恒大厦9层	100027	84608839
国元证券股份有限公司北京西坝河南路证券营业部	朝阳区西坝河南路1号金泰大厦409室	100028	64402348
海通证券股份有限公司北京密云鼓楼东大街证券营业部	密云县鼓楼东大街19号密云广场	101500	89081208
海通证券股份有限公司北京工人体育场北路证券营业部	东城区工体北路66号瑞士公寓A3层	100028	64620913
海通证券股份有限公司北京光华路证券营业部	朝阳区光华路甲8号合乔大厦C座3层	100026	65831381
海通证券股份有限公司北京平谷金乡路证券营业部	平谷区金乡路1号1层、3层	101200	89999236

海通证券股份有限公司北京知春路证券营业部	海淀区知春路甲63号卫星大厦7层	100080	82625096
海通证券股份有限公司北京中关村南大街证券营业部	海淀区中关村南大街甲56号方圆大厦5层	100044	88027676
航天证券有限责任公司北京万柳中路证券营业部	海淀区万柳中路35号蜂鸟社区商业楼2楼CD区	100089	82872296
和兴证券经纪有限责任公司北京百万庄大街证券营业部	西城区百万庄大街19号	100037	68331829
恒泰证券股份有限公司北京安德路证券营业部	东城区安德路大街16号洲际大厦B座	100011	84128825
恒泰证券股份有限公司北京东三环北京中路证券营业部	朝阳区东三环中路18号东环国际大厦3层	100022	87751481
恒泰证券股份有限公司北京南滨河路证券营业部	西城区广安门外南滨河路1号高新大厦2、5层	100055	63429711
红塔证券股份有限公司北京板井路证券营业部	海淀区板井路69号世纪金源酒店1层西侧	100097	88464659-1013
宏源证券股份有限公司北京丰北路证券营业部	丰台区丰北路望园东里28号楼2层	100073	63899061
宏源证券股份有限公司北京金融大街证券营业部	西城区太平桥大街19号	100140	88085208
宏源证券股份有限公司北京紫竹院路证券营业部	海淀区紫竹院路116号嘉豪国际中心A座2层	100097	88511326
宏源证券股份有限公司北京东四环中路证券营业部	朝阳区东四环中路56号远洋国际中心A座25层	100025	65505151
华安证券有限责任公司北京东三环中路营业部	朝阳区东三环中路24号乐成中心B座10层	100022	67769016
华安证券有限责任公司北京慧忠北里证券营业部	朝阳区慧忠北里305号	100012	64878858

华宝证券股份有限公司北京崇文门外大街证券营业部	东城区崇外大街9号正仁大厦3段4层	100062	67082997－8058
华创证券有限责任公司北京夕照寺街证券营业部	东城区夕照寺街14号4号楼一层北大厅108、109室	100061	67173518
华创证券有限责任公司北京新兴桥证券营业部	海淀区复兴路21号海育大厦6～8层	100045	68051831
华林证券有限责任公司北京北三环东路证券营业部	朝阳区北三环东路28号易亨大厦2层	100013	64405981
华龙证券有限责任公司北京安外大街证券营业部	东城区安外大街191号天鸿宝景大厦西配楼3层	100101	64401206
华融证券股份有限公司北京金融大街证券营业部	西城区金融大街8号1～2层	100082	58568055
华泰证券股份有限公司农展南路证券营业部	朝阳区农展馆南路13号瑞辰国际中心2层	100028	65008166
华泰证券股份有限公司北京和平里证券营业部	东城区和平里小黄庄二区1号楼	100013	84273969
华泰证券股份有限公司北京广渠门证券营业部	东城区广渠门内大街43号A座1～2层	100045	63433789
华泰证券股份有限公司北京苏州街证券营业部	海淀区苏州街29号18号楼维亚大厦207～509及518～520室	100080	62526229
华泰证券股份有限公司北京西三环北路证券营业部	海淀区西三环北路72号中经大厦A座501室	100037	68733706
华泰证券股份有限公司北京月坛南街证券营业部	西城区月坛南街甲12号万丰怡和商务会馆3层	100045	68010996
华泰证券股份有限公司北京中关村南大街证券营业部	海淀区中关村南大街11号光大国信大厦3层	100081	68733973
华西证券有限责任公司北京紫竹院路证券营业部	海淀区紫竹院路31号华澳中心2层	100089	68716366－201

华鑫证券有限责任公司北京车公庄大街证券营业部	西城区车公庄大街12号核工业建设集团大厦2层	100037	88306678
江海证券有限公司北京东三环南路证券营业部	朝阳区东三环南路58号富顿中心A座2层	100022	58674977
金元证券股份有限公司北京方庄方古园证券营业部	丰台区方庄方古园一区29～43层	100078	67646920
金元证券股份有限公司北京新外大街证券营业部	海淀区新外大街19号京师大厦6层	100875	62200317
联讯证券有限责任公司北京北辰东路证券营业部	朝阳区北辰东路8号北京国际会议中心8层东区	100082	62279238
联讯证券有限责任公司北京外馆东街证券营业部	朝阳区外馆东街51号凯景铭座大厦2层	100011	64408900
民生证券有限责任公司北京北蜂窝路证券营业部	海淀区北蜂窝路5号院1号写字楼2层	100044	51520106
民生证券有限责任公司北京菜市口大街证券营业部	西城区菜市口大街1号3层301	100052	83555183
民生证券有限责任公司北京航丰路证券营业部	丰台区航丰路1号院2号楼103室	100070	58090906
民生证券有限责任公司北京顺义府前东街证券营业部	顺义区府前东街2号1号楼顺建大厦8层	101300	69460811
民生证券有限责任公司北京工体北路证券营业部	朝阳区工人体育场甲6号中宇大厦501～503、509、510	100027	59259740
中国民族证券有限责任公司北京北沙滩营业部	朝阳区北沙滩甲1号中科电大厦3层	100039	68188538
中国民族证券有限责任公司北京丰台东大街证券营业部	丰台区东大街东里7号楼南	100071	51129702

中国民族证券有限责任公司北京佟麟阁路证券营业部	西城区佟麟阁路95号尚信大厦6层	100031	66413223
中国民族证券有限责任公司北京西坝河证券营业部	朝阳区西坝河南路22号	100028	64222168
中国民族证券有限责任公司北京中关村南大街证券营业部	海淀区中关村南大街2号数码大厦A座3层	100086	51727044
南京证券有限责任公司北京惠新西街证券营业部	朝阳区惠新西街9号	100029	64913500
平安证券有限责任公司北京东花市证券营业部	东城区东花市北里西区B座23号楼	100062	67172171
平安证券有限责任公司北京金融大街营业部	西城区金融大街23号平安大厦10层	100140	59734968
齐鲁证券有限公司北京金融大街证券营业部	西城区金融大街5号新盛大厦南塔A座1层02、03单元	100040	66553889
齐鲁证券有限公司北京北四环西路证券营业部	海淀区北四环西路67号	100080	82887888－3000
齐鲁证券有限公司北京朝外大街证券营业部	朝阳区朝外大街20号联合大厦2层	100020	65882620
日信证券有限责任公司新街口北大街证券营业部	西城区新街口北大街3号星街坊购物中心6层603～606	100035	82200210
瑞银证券有限责任公司北京金融大街证券营业部	西城区金融街7号英蓝国际金融中心15层	100140	58328388
山西证券股份有限公司北京太平庄证券营业部	海淀区高粱桥斜街13号	100081	62235588－6812
上海证券有限责任公司北京东直门南大街证券营业部	东城区东直门南大街3号国华投资大厦3层	100007	84085505
上海证券有限责任公司北京万寿路证券营业部	海淀区万寿路翠微中里14号楼	100036	68254012－102
申银万国证券股份有限公司北京安定路证券营业部	朝阳区安定路39号长新大厦3层	100029	64448218

申银万国证券股份有限公司北京劲松九区证券营业部	朝阳区劲松九区909楼	100021	67736860
世纪证券有限责任公司北京平安大街证券营业部	东城区东十四条68号平安发展大厦3层	100020	65868567
首创证券有限责任公司北京北辰东路证券营业部	朝阳区北辰东路8号汇园公寓Q座1~2层	100101	84976731
首创证券有限责任公司北京和平街证券营业部	朝阳区和平街13区35号煤炭大厦6层	100013	84292611
首创证券有限责任公司北京五道口证券营业部	海淀区成府路59－2	100084	62793481
太平洋证券股份有限公司北京海淀大街证券营业部	海淀区彩和坊路11号华一控股大厦17层	100080	82602867
万联证券有限责任公司北京西单证券营业部	西城区西单横二条3号	100031	66062626
五矿证券经纪有限责任公司北京广安门外大街证券营业部	西城区广安门外大街两广路南248号机械大厦5层508~512	100055	63367211
西部证券股份有限公司北京德胜门外大街证券营业部	西城区德胜门外大街乙10号太福大厦4层	100088	62013151
西部证券股份有限公司北京学院南路证券营业部	海淀区学院南路49号	100081	62120091
西藏同信证券有限责任公司北京陶然亭路证券营业部	西城区陶然亭路16号	100054	83537678
西南证券股份有限公司北京北三环中路证券营业部	西城区北三环中路27号商房大厦4层	100011	62015677
西南证券股份有限公司北京昌平政府街证券营业部	昌平区政府街22号	102200	69725243

厦门证券有限公司北京远大路证券营业部	海淀区远大路 22 号 B 区 11 号楼 101 号	100097	88596635
湘财证券有限责任公司北京北四环东路证券营业部	朝阳区芍药居北里 101 号世奥国际中心 6 层 703	100025	65586162
湘财证券有限责任公司北京朝外大街证券营业部	朝阳区朝外大街 12 号昆泰商城 5 层	100020	85638510
湘财证券有限责任公司北京朝阳路证券营业部	朝阳区朝阳路住邦 2000	100025	65586162
湘财证券有限责任公司北京首体南路证券营业部	海淀区首体南路 9 号 5 楼 3 层	100089	82518108
湘财证券有限责任公司北京顺义府前西街证券营业部	顺义区府前西街 10 号 3 层	101300	81496902
新时代证券有限责任公司北京鲁谷路证券营业部	石景山区鲁谷路	100040	68608502
新时代证券有限责任公司北京马家堡西路证券营业部	丰台区星河苑 2 号院 22 号楼 3 层	100067	67528236
新时代证券有限责任公司北京东三环北路营业部	朝阳区东三环北路 17 号恒安大厦 12 层	100027	83561141
新时代证券有限责任公司北京南礼士路证券营业部	西城区南礼士路 3 号海通大厦 3 ~4 层	100037	68025299
新时代证券有限责任公司北京中关村东路营业部	海淀区中关村东路 66 号世纪科贸大厦 B 座 25 层	100190	62672766
信达证券股份有限公司北京北辰东路证券营业部	朝阳区北辰东路 8 号北辰时代大厦 12 层	100100	85983698
信达证券股份有限公司北京翠微路证券营业部	海淀区翠微路甲 10 号建筑大厦	100036	68252099

信达证券股份有限公司北京古城路证券营业部	石景山区八角西街68号	100043	68843741
信达证券股份有限公司北京前门证券营业部	东城区东交民巷28号红都商务会馆B座1~2层	100006	65285638
信达证券股份有限公司北京西单北大街证券营业部	西城区华远北街2号通港大厦1、4层	100032	66127193
信达证券股份有限公司北京裕民路证券营业部	朝阳区裕民路12号中国国际科技会展中心C座4层	100029	82253889
兴业证券股份有限公司北京朝阳公园路证券营业部	朝阳区朝阳公园19号佳隆国际大厦	100026	65397011
兴业证券股份有限公司北京马甸南路证券营业部	海淀区马甸南路冠海大厦12层	100088	82000172
中国银河证券股份有限公司北京方庄南路证券营业部	丰台区方庄南路2号103室	100078	57539005
中国银河证券股份有限公司北京建国路证券营业部	朝阳区建国路126号瑞赛大厦1、3层	100078	65662092
中国银河证券股份有限公司北京亦庄荣京东街证券营业部	经济技术开发区荣京东街3号B座4层	100176	58357979
中国银河证券股份有限公司北京朝阳门北大街证券营业部	东城区朝阳门北大街5号第五广场1、6层	100037	68362033
中国银河证券股份有限公司北京阜成路证券营业部	海淀区阜成路67号银都大厦3层	100036	68436999－127
中国银河证券股份有限公司北京广渠门大街证券营业部	东城区广渠门内大街27号鼎新大厦7层	100062	87103750
中国银河证券股份有限公司北京和平里证券营业部	东城区和平里9区甲4号安信大厦A座1层	100013	64464780

中国银河证券股份有限公司北京黄寺大街证券营业部	西城区黄寺大街21号中银利华大厦1~2层	100120	82083264
中国银河证券股份有限公司北京金融街证券营业部	西城区丰汇园21号楼	100045	58872889
中国银河证券股份有限公司北京马家堡东路证券营业部	丰台区马家堡东路71号丽华饭店B座附楼2层南区	100068	67220677
中国银河证券股份有限公司北京望京西园证券营业部	朝阳区望京西园四区乙410楼	100102	64748888
中国银河证券股份有限公司北京学清路证券营业部	海淀区学清路甲38号金码大酒店A座7层	100083	82838908
中国银河证券股份有限公司北京学院南路证券营业部	海淀区学院南路34号	100082	62276491
中国银河证券股份有限公司北京中关村大街证券营业部	海淀区中关村大街甲59号文化大厦1~3层	100872	62512156
银泰证券有限责任公司北京王府井大街证券营业部	东城区王府井大街138号T3写字楼	100005	65287668
英大证券有限责任公司北京东直门证券营业部	东城区东直门海运仓胡同1号海运仓国际大厦1层、10层	100007	84002095
招商证券股份有限公司北京安外大街证券营业部	东城区安定门外大街2号安贞大厦1层东侧	100011	62057993
招商证券股份有限公司北京北三环东路证券营业部	朝阳区北三环东路西坝河东里18号三元大厦2层	100028	84603492
招商证券股份有限公司北京北太平庄路证券营业部	海淀区北太平庄路2号	100088	62073496
招商证券股份有限公司北京车公庄西路证券营业部	海淀区车公庄西路甲19号华通大厦A座3层	100044	68418114

招商证券股份有限公司北京东四十条证券营业部	东城区东四十条甲22号南新仓国际大厦B座3层	100007	65951620
招商证券股份有限公司北京光明路证券营业部	东城区光明路天玉大厦5层	100006	67135669
招商证券股份有限公司北京建国路证券营业部	朝阳区建国路118号招商局大厦8层	100022	65684890
招商证券股份有限公司北京金融街证券营业部	西城区金融大街33号通泰大厦C座605	100140	88086655
招商证券股份有限公司北京西直门北大街证券营业部	海淀区西直门北大街60号首钢国际大厦6层	100088	82295856
招商证券股份有限公司北京新街口外大街证券营业部	西城区新街口外大街12号	100088	82014201
招商证券股份有限公司北京颐和园路证券营业部	海淀区颐和园路1号	100080	62644567
招商证券股份有限公司北京知春东里证券营业部	海淀区知春东里15号楼	100086	82137708
浙商证券有限责任公司北京朝阳门北大街证券营业部	东城区朝阳门北大街8号富华大厦E座4层	100027	65546338
浙商证券有限责任公司北京骡马市大街证券营业部	西城区骡马市大街14号	100052	83555728
中国建银投资证券有限责任公司北京安立路证券营业部	东城区北三环东路北京环球贸易中心A座2层	100101	84976155
中国建银投资证券有限责任公司北京朝阳路营业部	朝阳区朝阳路延静里中街3号长信大厦3层	100025	65082922
中国建银投资证券有限责任公司北京方庄芳群园证券营业部	丰台区方庄芳群园4区21楼南方证券大厦	100078	67642201

中国建银投资证券有限责任公司北京复兴路证券营业部	海淀区复兴路乙 20 号	100036	68274159
中航证券有限公司北京安立路证券营业部	朝阳区安立路甲 56 号九台 2000 家园南楼	100012	84801300
中国国际金融有限公司北京建国门外大街证券营业部	朝阳区建国门外大街甲 6 号 A、B 座凯德大厦 1 层	100022	85679888
中山证券有限责任公司北京车公庄大街证券营业部	西城区车公庄大街乙 1 号富通大厦 2 层	100044	68348878
中信建投证券有限责任公司北京安立路证券营业部	朝阳区安立路 66 号 4 号楼	100101	64906210
中信建投证券有限责任公司北京农大南路证券营业部	海淀区农大南路 1 号硅谷亮城 2 号楼 A 座 101、102 室	100084	82349700
中信建投证券有限责任公司北京燕山向阳路证券营业部	房山区燕山向阳路 38 号	102500	81337728
中信建投证券有限责任公司北京东三环营业部	朝阳区东三环中路 9 号 0102、0205、0102A	100020	85911109
中信建投证券有限责任公司北京东直门南大街证券营业部	东城区东直门南大街 6 号	100027	64172919
中信建投证券有限责任公司北京海淀南路证券营业部	海淀区海淀南路 19 号时代网络大厦 3 层	100030	82666900
中信建投证券有限责任公司北京马家堡西路证券营业部	丰台区马家堡西路 15 号时代风帆大厦 1 层	100068	67578532
中信建投证券有限责任公司北京南大红门路证券营业部	丰台区南大红门路 15 号梅园市场	100076	68759942
中信建投证券有限责任公司北京三里河路证券营业部	海淀区三里河 39 号	100037	58739665

中信建投证券有限责任公司北京望京中环南路营业部	朝阳区望京中环南路9号望京大厦3号楼7层、2号楼1层	100102	64723010
中信证券股份有限公司北京安外大街证券营业部	东城区安外大街甲57号	100011	84122033
中信证券股份有限公司白家庄东里证券营业部	朝阳区白家庄东里23号建宏大厦	100026	63261166
中信证券股份有限公司北京南三环东路证券营业部	丰台区四方景园二区配套商业底商	100078	87645767
中信证券股份有限公司北京天通苑证券营业部	昌平区天通北苑1区甲4号楼102	102218	80127215
中信证券股份有限公司北京北三环中路证券营业部	海淀区北三环中路43－3号院	100088	82070509
中信证券股份有限公司北京复外大街证券营业部	西城区白云路1号白云大厦3层	100045	63261166
中信证券股份有限公司北京花园东路证券营业部	海淀区花园东路10号高德大厦7层	100083	82038886
中信证券股份有限公司北京张自忠路证券营业部	东城区张自忠路7号	100007	63261166
中信证券股份有限公司北京紫竹院路证券营业部	海淀区紫竹院路69号中国兵器大厦9层	100089	63261166
中银国际证券有限责任公司北京北四环西路证券营业部	海淀区北四环西路9号银谷大厦607、609室	100190	82525119
中银国际证券有限责任公司北京宣外大街证券营业部	西城区宣外大街甲一号环球财讯中心E座3层	100052	63109989
中邮证券有限责任公司北京西直门北大街证券营业部	海淀区西直门北大街56号生命人寿大厦	100082	82291798

中原证券股份有限公司北京广安门外大街证券营业部	西城区广安门外大街168号朗琴国际大厦8层	100055	83065730
中原证券股份有限公司北京酒仙桥路证券营业部	朝阳区酒仙桥路14号兆维大厦3层	100016	58671108

（4）基金管理公司

机构名称	地　　址	邮　编	电　话
华夏基金管理有限公司	西城区金融大街33号通泰大厦B座3层	100033	400－818－6666
长盛基金管理有限公司	海淀区北太平庄路18号北京城建大厦A座20～22层	100088	400－888－2666
嘉实基金管理有限公司	建国门北大街8号华润大厦8层	100005	400－600－8800
银华基金管理有限公司	东城区东长安街1号东方广场东方经贸城中二办公楼15层	100738	400－678－3333
泰达宏利基金管理有限公司	西城区金融大街7号英蓝国际金融中心南楼3层	100034	400－698－8888
东方基金管理有限责任公司	西城区金融大街28号盈泰商务中心2号楼16层	100140	010－66578578
工银瑞信基金管理有限公司	西城区金融大街丙17号北京银行大厦8层	100140	400－811－9999
建信基金管理有限责任公司	西城区金融大街7号英蓝国际金融中心16层	100034	400－81－95533
华商基金管理有限公司	西城区平安里西大街28号院中海国际中心19层	100035	400－700－8880
益民基金管理有限公司	西城区宣武门外大街10号庄胜广场中央办公楼南翼13A	100052	400－650－8808
中邮创业基金管理有限公司	海淀区西直门北大街60号首钢国际大厦10层	100082	400－880－1618
方正富邦基金管理有限公司	西城区太平桥大街18号丰融国际大厦北区11层	100032	400－818－0990

(5) 基金管理分公司

机构名称	地　址	邮　编	电　话
国泰基金公司北京分公司	西城区金融大街7号英蓝国际金融中心627~628	100034	66553087
南方基金公司北京分公司	西城区金融大街19号富凯大厦B-1702	100140	66575012
华夏基金公司北京分公司	西城区金融大街33号通泰大厦B座8层	100140	88066837
华安基金公司北京分公司	西城区金融街7好英兰国际金融中心522室	100033	57635999
博时基金公司北京分公司	建国门内大街18号恒基中心1座23层	100005	65171166
鹏华基金公司北京分公司	海淀区三里河路13号中国建筑文化中心北塔楼10层	100037	88082426
嘉实基金公司北京分公司	建国门北大街8号华润大厦8层	100005	65215599
长盛基金公司北京分公司	海淀区北三环中路18号城建大厦A座9层	100088	82255818
大成基金公司北京分公司	朝阳区朝阳门外大街16号中国人寿大厦1201室	100034	85633388
富国基金公司北京分公司	西城区武定侯街6号卓著中心508室	100140	58810028
银华基金公司北京分公司	东城区东长安街1号东方广场东方经贸城C2座10层2~8室	100738	58163068
易方达基金公司北京分公司	西城区金融大街19号富凯大厦B1007室	100033	66574311
融通基金公司北京分公司	西城区金融大街35号国企大厦C座1241~1243室	100140	66190975
国投瑞银基金公司北京分公司	西城区金融大街7号英蓝国际金融中心915	100032	66555555
银河基金公司北京分公司	西城区月坛西街6号A—F座3楼	100045	68012633
泰达宏利基金公司北京分公司	西城区金融大街7号英蓝国际金融中心南楼3层	100034	66577700

金鹰基金公司北京分公司	西城区复兴门外大街国家海洋局东配楼 4 层	100032	68525795
华宝兴业基金公司北京分公司	朝阳区建国门外大街乙 12 号双子座大厦西塔 602 室	100022	58260608
摩根士丹利华鑫基金公司北京分公司	海淀区中关村南大街 1 号友谊宾馆雅园 64841 房间	100032	68498316
海富通基金公司北京分公司	西城区金融大街 7 号北京英蓝国际金融中心 F621 ~622 单元	100034	58379001
长信基金公司北京分公司	西城区金融大街 17 号中国人寿中心 604 室	100045	68042262
天治基金公司北京分公司	西城区金融大街 19 号富凯大厦 B703A 室	100032	66578008
景顺长城基金公司北京分公司	西城区金融街 A 区 7 号的英蓝国际金融中心 916 ~917 室	100034	66555001
广发基金公司北京分公司	西城区月坛北街 2 号月坛大厦 17 楼	100045	68083726
申万巴黎基金公司北京分公司	西城区金融大街 19 号富凯大厦 B 座 1006 室	100033	66574332
中海基金公司北京分公司	西城区复兴门内大街 158 号远洋大厦 F211B	100031	66493586
光大保德信基金公司北京分公司	东城区建国门外大街 7 号光华大厦 1 座 802 室	100005	59111288
上投摩根基金公司北京分公司	西城区金融街 7 号英蓝国际金融中心 1925 室	100034	58369199
国海富兰克林基金公司北京分公司	西城区金融街 35 号国企大厦 B 座 1525 室	100140	59315299
天弘基金公司北京分公司	西城区金融大街一号金亚光大厦 A 座 15 层	100140	83571789
华泰柏瑞基金公司北京分公司	西城区金融大街 17 号中国人寿中心 1704 室	100140	66220357
新世纪基金公司北京分公司	海淀区西三环北路 11 号海通时代商务中心 C1 座	100089	88423386
汇添富基金公司北京分公司	西城区金融街大 19 号富凯大厦 B 座 709 室	100033	66575580
交银施罗德基金公司北京分公司	西城区金融大街 35 号国企大厦 B 座 1120	100140	88091355

益民基金公司北京分公司	西城区宣武门外大街6号庄胜广场中央办公楼南翼13A	100052	63105556
信达澳银基金公司北京分公司	西城区月坛北街26号恒华国际大厦写字楼606室	100045	58569988
泰信基金公司北京分公司	西城区广成街4号金宸国际公寓1号楼305、306室	100032	66215978
中银基金公司北京分公司	西城区武定侯街2号泰康国际大厦1901~1902，1907~1911	100140	88000688
招商基金公司北京分公司	西城区武定侯街2号泰康国际大厦1507室	100140	66290597
建信基金公司北京分公司	西城区金融大街7号英蓝国际金融中心16层	100034	66228770
长城基金公司北京分公司	西城区金融大街35号国际企业大厦C1738	100140	88091158

（6）基金管理公司理财中心

机构名称	地　址	邮　编	电　话
华夏基金管理有限公司北京海淀投资理财中心	海淀区中关村南大街11号光大国信大厦1层	100081	68458998
华夏基金管理有限公司北京朝阳投资理财中心	朝阳区东三环中路39号建外SOHO B座0104	100022	58693528
华夏基金管理有限公司北京东中街投资理财中心	东城区东中街29号东环广场B座1层	100027	64185181
华夏基金管理有限公司北京科学院南路投资理财中心	海淀区中关村科学院南路新科祥园甲3号	100080	82523197
华夏基金管理有限公司北京崇文投资理财中心	东城区安化寺幸福家园1层	100062	67146300
华夏基金管理有限公司北京西三环投资理财中心	海淀区西三环北路甲35号	100089	68463773
华夏基金管理有限公司北京世纪城投资理财中心	海淀区蓝靛厂时雨园甲2－4号	100089	88892832

华夏基金管理有限公司北京望京投资理财中心	朝阳区望京南湖东园 122 楼博泰国际商业广场 1 层 F－36 号	100102	64743055
华夏基金管理有限公司北京亚运村投资理财中心	朝阳区惠忠里 103 号洛克时代中心 1 层	100101	84871039
大成基金管理有限公司投资理财中心	东城区东直门南大街 5 号中青旅大厦 105～106 室	100007	85633388
诺安基金管理有限公司投资理财中心	朝阳区光华路甲 14 号 901 室	100026	65863688

（7）证券投资咨询公司

机构名称	地　址	邮　编	电　话
北京中富金石投资顾问有限责任公司	朝阳区西坝河南路芳馨园东 2203	100028	84497361
北京博星投资顾问有限公司	西城区西直门内南小街国英 1 号大厦 1012	100035	58561100－137
北京东方高圣投资顾问有限公司	朝阳区朝阳公园南路 19 号郡王府饭店四宜书屋	100026	65842004
北京海问咨询有限公司	尚都国际中心 A 座 1101	100020	58700055
北京和众汇富咨询有限公司	南三环搜宝商务中心 B 座 806	100066	87562519
北京金昌投资咨询有限公司	朝阳区朝阳门北大街乙 12 号天晨大厦 502 室	100027	65541832
北京金美林投资顾问有限公司	海淀区苏州街 12 号西屋国际 D 座 16 层	100080	82871052
北京京放投资管理顾问有限责任公司	西城区西直门外大街 135 号 60 号楼 301 室	100044	64920429
北京君之创证券投资咨询有限责任公司	朝阳区霞光里 66 号院 1 号楼 11 层 1109	100027	62078002－814
北京盛世华商投资顾问有限公司	海淀区北四环西路 58 号理想国际大厦 1610 室	100080	82607479－802
北京首证投资顾问有限公司	东城区东四十条甲 22 号南新仓商务大厦 B 座 1021 室	100007	51690109
北京新兰德证券投资咨询有限公司	西城区月坛南街银岛商务楼 410 号	100037	68575862

北京中方信富投资管理咨询有限公司	朝阳区东三环北路甲19号嘉盛中心706	100022	
北京中和应泰财务顾问有限公司	海淀区大柳树北路17号富海国际港1601室	100081	62129358
北京中资北方投资顾问有限公司	朝阳区北四环中路华严北里8号院1号楼1204房间	100029	82846645
和讯信息科技有限公司	朝阳门大街22号泛利大厦10层	100020	85650803
天相投资顾问有限公司	西城区金融街新盛大厦4~5层	100140	66045429
黑龙江荣维投资顾问有限责任公司北京分公司	朝阳区东三环东路9号建外SOHO 9号楼12层	100022	59001777
大连华迅投资咨询有限公司北京分公司	中关村南大街12号天作国际中心1号楼A座2508室	100086	52968888

（8）外国证券机构北京代表处

机构名称	地　址	邮　编	电　话
日本野村证券株式会社北京代表处	东三环北路5号北京发展大厦1708室	100027	65908181-1304
大和证券资本市场株式会社北京代表处	朝阳区建国门外大街甲6号凯德大厦3503~3504室	100020	65006688
三菱日联证券控股股份有限公司北京代表处	朝阳区光华路5号院世纪财富中心2座1705室	100026	65908770-160
瑞士信贷（香港）有限公司北京代表处	西城区金融大街甲9号金融界中心南楼11层1101单元	100032	64106611
高盛（中国）有限责任公司北京代表处	西城区金融街7号英蓝国际金融中心1701~1703、1730~1732	100034	66273030
美林国际有限公司北京代表处	建国门外大街1号国贸大厦2座3616室和3712~3715室	100026	65050290
花旗环球金融中国有限公司北京代表处	西城区武定侯大街6号卓著中心18层1801~1803室	100032	59376666
摩根士丹利亚洲有限公司北京代表处	西城区太平桥大街18号丰融国际中心1座12层6B、7A单元	100034	83563825
瑞银证券亚洲有限公司北京代表处	西城区金融大街7号英蓝国际金融中心1121~1123室	100032	58327619
里昂证券有限公司北京代表处	建外大街1号国贸大厦2座25层10C-12单元	100020	59652188

苏皇融资亚洲有限公司北京代表处	朝阳区光华路1号嘉里中心北楼28层	100026	59279155
法国巴黎资本（亚洲）有限公司北京代表处	朝阳区光华路1号北京嘉里中心南楼1618室	100026	65611118
德意志银行股份有限公司（证券业务）北京代表处	朝阳区建国路81号华贸中心1座写字楼2801、2808～2809室	100025	59698088
韩国大宇证券股份有限公司北京代表处	朝阳区建国门外大街乙12号双子座大厦东塔2602室	100026	65679699－806
韩国友利投资证券股份有限公司北京代表处	西城区金融街17号中国人寿中心办公楼7层704	100032	59353500
香港第一上海融资有限公司北京代表处	建国门内大街7号光华长安大厦2座1025号	100005	65102588
新百利有限公司北京代表处	建内大街7号光华长安大厦二座1126室	100005	65179186
元大证券股份有限公司北京代表处	建内大街7号光华长安大厦二座1722室	100005	65101266
兆丰资本（亚洲）有限公司北京代表处	西城区复兴门内大街158号远洋大厦F409室	100032	66421618
台湾宝来证券股份有限公司北京代表处	东城区东直门外大街48号东方银座11L	100600	13264314934
法国外贸银行（证券业务）北京代表处	东城区东长安街1号北京东方广场办公楼E1座1202	100006	85189160
日本瑞穗证券股份有限公司北京代表处	建外大街甲26号长富宫办公楼8层	100600	65234779
香港星展亚洲融资有限公司北京代表处	西城区金融大街7号英蓝国际金融中心5层531室	100032	58397609
城市信贷投资银行有限公司北京代表处	西城区金融街15号鑫茂大厦北楼601A单元	100032	66555590
现汽投资证券股份有限公司北京代表处	朝阳区霄云路38号现代汽车大厦802室	100016	84538720
香港国浩资本有限公司北京代表处	西城区金融大街35号国际企业大厦B座422	100032	88092244
布朗兄弟哈里曼（香港）有限公司北京代表处	东城区建国门北大街8号华润大厦1251室	100005	58111919

京华山－国际（香港）有限公司北京代表处	建国门内大街18号恒基中心一座1101室	100005	65182871－76
金鼎综合证券（香港）有限公司北京代表处	海淀区善缘街一号立方庭1－915室	100080	84580303
韩国未来资产证券株式会社北京代表处	西城区金融街7号英蓝国际金融中心9层918室	100034	58369114
洛希尔中国控股有限公司北京代表处	西城区金融大街7号英蓝国际金融中心9层912A	100034	66555660
香港摩根大通证券（亚太）有限公司北京代表处	西城区金融街大7号英蓝国际金融中心2001～2006、2021～2028	100034	59318939
交银国际控股有限公司北京代表处	西城区金融大街33号A座907	100032	58150448
蒙特利尔银行利时证券公司北京代表处	东城区东长安街1号东方广场东1座1503室	100738	85185821
香港上海汇丰银行有限公司（证券业务）北京代表处	建国门外大街1号国贸大厦1座2318、2631～2632室	100600	65260901
中央三井信托银行株式会社（证券业务）北京代表处	朝阳区建国门外大街26号长富宫办公楼5011、4010室	100600	65598556
香港加皇投资理财有限公司北京代表处	西城区金融街7号英蓝国际金融中心9层925室	100034	58399393
汇富金融服务有限公司北京代表处	朝阳区东三环中路7号财富中心写字楼A座801室	100022	65308792
中银国际控股有限公司北京代表处	西城区金融大街28号盈泰中心2号楼15层	100034	66229027
渣打证券（香港）有限公司北京代表处	朝阳区东三环中路1号环球金融中心，渣打大厦12层04单元	100022	59186317
加拿大帝国商业银行世界市场公司（证券业务）北京代表处	朝阳区建国门外大街乙12号双子座大厦西塔1107、1106室	100600	65667071
摩乃科斯证券股份有限公司北京代表处	西城区武定侯街6号11层1206H室	100032	88003732

（9）期货公司

机构名称	地　　址	邮　编	电　话
北京中期期货有限公司	朝阳区东三环北路38号院1号楼泰康金融大厦22层	100020	64636608
金鹏期货经纪有限公司	西城区复兴门内金融街投资广场B座9层	100032	66211418
国都期货有限公司	东城区东直门南大街3号国华投资大厦8层、10层	100007	68948940
中粮期货经纪有限公司	东城区东直门南大街5号中青旅大厦15层	100020	85018775
北京首创期货有限责任公司	西城区闹市口大街1号长安兴融中心4号楼11层	100031	58379527
宏源期货有限公司	西城区太平桥大街19号4层	100034	82887366
第一创业期货有限责任公司	西城区平安里西大街26号新时代大厦4层南侧	100034	63197050
冠通期货经纪有限公司	朝阳区朝阳门外大街甲6号万通中心4座18层	100011	85356566
银河期货有限公司	复兴门外大街A2号中化大厦8层	100045	58363212
国元海勤期货有限公司	海淀区西三环北路89号中国外文大厦A座907、908、909室	100027	88820508
经易期货经纪有限公司	西城区百万庄北街6号	100037	68331566
中晟期货经纪有限公司	朝阳区光华路15号院1号楼1804～1807室	100016	62382166
中钢期货有限公司	海淀区海淀大街8号A座19层	100080	62688588
安信期货有限责任公司	东城区北三环东路36号环球贸易中心A座26层	100013	59113606
格林期货有限公司	西城区金融大街27号投资广场B座5层、20层	100140	66214406
银建期货经纪有限责任公司	丰台区芳古园一区29号楼3层	100078	87611499
中国国际期货有限公司	朝阳区建国门外光华路14号1幢1层、2层、9层、11层、12层	100016	65082296

京都期货有限公司	西城区德胜门外大街115号德胜尚城E座1层	100088	59366019
英大期货有限公司	朝阳区西大望路3号院2号楼2层S-211	100026	51960379

（10）期货公司营业部

机构名称	地　　址	邮　编	电　话
国投中谷期货有限公司北京营业部	东城区建国门大街8号华润大厦2503B	100005	85192018
财达期货有限公司北京营业部	朝阳区马甸裕民路12号元辰鑫大厦8层	100029	82253918
上海良茂期货经纪有限公司北京营业部	亚运村汇园公寓K座1216～1217室	100101	84976985
浙江永安期货经纪有限公司北京营业部	东城区金宝街58号华丽大厦6层	100005	68212772
广发期货有限公司北京营业部	朝阳区安慧里4区15号楼中国五矿大厦9层	100101	64923660
华泰长城期货有限公司北京营业部	朝阳区北三环东路28号易亨大厦12层1209号	100037	64405616
华闻期货经纪有限公司北京营业部	朝阳区东三环北路丙2号天元港中心B座808室	100027	84464120
上海大陆期货经纪有限公司北京营业部	朝外吉祥里103号中国工艺大厦7层	100834	65528153
汇鑫期货经纪有限公司北京朝阳北路营业部	朝阳区朝阳北路237号5层506、507室	100088	65807845
浙江中大期货经纪有限公司北京营业部	东城区安定门外大街138号地坛大厦A0503、A0505、A0506	100027	65088218
渤海期货有限公司北京营业部	朝外大街乙6号朝外SOHO-2306室	100020	59002541
神华期货经纪有限公司北京营业部	海淀区苏州街18号院D4座3A-01	100080	82612897
天琪期货经纪有限公司北京营业部	朝阳区朝阳门外大街18号丰联广场B座1217室	100020	65880636
大通期货经纪有限公司北京营业部	朝阳区光华路7号汉威大厦5B16室	100020	63356269

招金期货有限公司北京营业部	朝阳区朝阳北路237号楼26层3001~3003	100027	85951297
南华期货有限公司北京营业部	西城区宣武门外大街28号B座801~803、805、806室	100054	63153363
北方期货经纪有限公司北京营业部	朝阳区安贞西里三区26号浙江大厦503~505	100088	64426088
光大期货有限公司北京营业部	西城区月坛北街2号月坛大厦东配楼3层	100045	68084651
江苏弘业期货经纪有限公司北京营业部	西城区月坛南街甲12号北京万丰怡和商务会馆3层	100032	68014881
江苏新纪元期货经纪有限公司北京营业部	东城区东直门外大街48号东方银座5层	100013	84263892
浙江新世纪期货经纪有限公司北京营业部	西城区黄寺大街23号北广大厦1111号	100011	82232518
道通期货经纪有限公司北京营业部	海淀区板井路79号3层北区	100097	88594342
海航东银期货有限公司北京营业部	朝阳区东三环京广中心商务楼1001室	100020	65974689
银河期货经纪有限公司北京营业部	朝阳区东三环北路38号北京国际中心4号楼9层	100045	85879509-618
华海期货经纪有限公司北京营业部	海淀区西直门北大街甲43号金运大厦B座1416	100045	82211170
中信建投期货经纪有限公司北京营业部	东城区朝阳门北大街6号首创大厦207室	100027	85283001
天富期货经纪有限公司北京营业部	东城区东中街40号元嘉国际A座301	100027	64165215
万达期货经纪有限公司北京营业部	西城区德外大街123号德胜尚城G座2层	100088	59323366
鲁证期货经纪有限公司北京营业部	朝阳区西坝河南路1号金泰大厦28层01单元	100028	64402659
一德期货经纪有限公司北京营业部	东城区北三环东路36号北京环球贸易中心E栋7层02/03房间	100035	88312828
国信期货经纪有限公司北京营业部	朝阳区北辰东路8号汇欣大厦1号楼B0801室	100101	84981046
成都倍特期货经纪有限公司北京营业部	东城区北三环东路36号环球贸易中心D座705~706室	100013	58257599

迈科期货经纪有限公司北京朝阳门北大街营业部	东城区朝阳门北大街1号新保利大厦11层C	100027	64082007
中钢期货有限公司北京安外大街营业部	东城区安外大街蒋宅口中联大厦7层701室	100011	64252298
北京中期期货经纪有限公司北京金融街营业部	西城区金融街7号百盛写字楼7019号	100032	66058401
长江期货有限公司北京新源里营业部	朝阳区新源里16号琨莎中心11层2#2510、2511房	100027	84682178
中国国际期货有限公司北京霄云路营业部	朝阳区麦子店西路3号新恒基国际大厦1314～1329室	100020	59071283
经易期货经纪有限公司北京安立路营业部	朝阳区安立路80号马哥孛罗大厦1005室	100029	64451485
乾坤期货经纪有限公司月坛北街营业部	西城区月坛北街2号月坛大厦A座7层A706～A707号	100045	68083230
北京首创期货有限责任公司北京北辰东路营业部	朝阳区北辰东路8号亚运村1号门	100101	84973079
金瑞期货经纪有限公司北京金融街营业部	西城区金融街5号新盛大厦1102房	100032	66555677
宏源期货有限公司北京海淀北一街营业部	海淀区北一街2号首创拓展大厦406室	100080	62699689
国泰君安期货有限公司北京建国门外大街营业部	朝阳区建国门外大街乙12号双子座大厦东塔2901～2902	100022	58795766
冠通期货经纪有限公司北京知春路营业部	海淀区知春路118号知春大厦A座1001室	100086	62576919
中粮期货经纪有限公司北京北辰东路营业部	朝阳区北辰东路8号汇欣大厦A401	100101	84986951
海通期货有限公司南礼士路营业部	西城区南礼士路66号1号楼建威大厦812～815室	100045	68086819
申银万国期货有限公司北京劲松九区营业部	朝阳区劲松九区909号楼4楼	100021	81523251
广永期货经纪有限公司北京中关村大街营业部	北海淀区中关村大街11号A1108室	100080	62684827
中证期货有限公司北京张自忠路营业部	东城区张自忠路7号院和敬公主府院内东侧	100070	64067176

金鹏期货经纪有限公司北京海鹰路营业部	丰台区丰台科学城海鹰路1号院7号楼503房	100007	83681815
财富期货有限公司北京建外大街营业部	朝阳区建国门外大街甲6号爱思开大厦204室	100020	85679699
上海东证期货有限公司北京安苑路营业部	朝阳区小关北里45号世纪嘉园5号楼6层	100029	84898256
民生期货有限公司北京北三环中路营业部	西城区北三环中路23号燕莎盛世大厦409、410室	100029	82270085
浙商期货有限公司北京光华路营业部	朝阳区光华路甲14号诺安大厦1202室	100020	65916823
中国国际期货有限公司北京金融大街营业部	西城区金融大街1号金亚光大厦11层05、06室	100037	59510018
国金期货有限责任公司北京金融大街营业部	西城区金融大街27号投资广场B1106、B1108	100140	66218298
信达期货有限公司北京裕民路营业部	朝阳区裕民路12号中国国际科技会展中心A座506	100029	82252379
上海中期经纪有限公司北京知春路营业部	海淀区知春路106号太平洋国际大厦905、906室	100086	59712489
上海中财期货有限公司北京光华路营业部	朝阳区光华路22号5层03单元611室	100020	59006317
新湖期货有限公司北京东直门南大街营业部	东直门南大街甲3号501室	100007	64006526
格林期货有限公司北京建国门外大街营业部	朝阳区建国门外大街乙12号双子座大厦西塔1201A	100020	66215289
晟鑫期货经纪有限公司北京东直门外大街营业部	东城区东直门外大街46号天恒大厦1203室	100027	84608496
第一创业期货有限责任公司北京朝外大街营业部	朝阳区朝外大街乙12号昆泰国际大厦5层0－508号	100020	58790183－801
五矿期货有限公司北京东中街营业部	区东中街6号北写字楼第6层F号	100027	64185203
湘财祈年期货经纪有限公司北京建国路营业部	朝阳区建国路108号丰树大厦1402室	100022	59817096
招商期货有限公司北京西直门北大街营业部	海淀区西直门北大街60号首钢国际大厦0507～0508室	100088	82291683

大连良运期货经纪有限公司北京永安东里营业部	朝阳区永安东里甲3号院1号楼2207E	100022	65698819
中晟期货有限公司北京西直门大街营业部	海淀区西直门北大街32号院1号楼5层606	100088	62269435
金鹏期货经纪有限公司北京太平桥营业部	西城区太平街6号富力摩根中心D座1012、1015	100050	83132218
徽商期货有限责任公司北京南竹杆胡同营业部	东城区南竹杆胡同6号楼4层07	100010	58641775
北京首创期货有限责任公司北京长虹桥营业部	朝阳区东三环北路19号嘉盛中心B2座中青大厦601、602室	100020	65082885

（11）外国资产管理类机构北京代表处

机构名称	地　址	邮　编	电　话
标准人寿投资公司北京代表处	朝阳区东三环北路8号亮马河大厦1座909A室	100125	84193400
法国巴黎资产管理有限公司北京代表处	朝阳区建国门外大街1号国贸大厦20层2022室	100044	65350825
宏富投资管理有限公司北京代表处	朝阳区建国门外大街19号国际大厦18－2室	100022	85261819
景顺投资管理有限公司北京代表处（港资）	西城区金融街7号英蓝国际金融中心F1102	100034	66555866
纽约银行梅隆资产管理国际有限公司北京代表处	西城区金融大街7号英蓝国际金融中心	100034	58321808
美国先锋投资管理公司北京代表处	朝阳区建国门外大街22号赛特大厦810室	100022	65157288
美国信安环球投资有限公司北京代表处	朝阳区亮马桥路50号燕莎中心写字楼C614室	100016	64628821
邓普顿国际股份有限公司北京代表处	西城区金融大街17号中国人寿中心606室	100032	88091365
英国施罗德集团北京代表处	西城区金融大街7号英蓝国际金融中心926室	100034	66555388
瑞银环球资产管理（香港）有限公司北京代表处	西城区金融大街7号英蓝国际金融中心306A单元	100034	58369360

东方汇理基金管理公司（CAAM）北京代表处	朝阳区建国门外大街乙 12 号 LG 双子座大厦西塔办公楼 1101B 单元	100022	65632494
摩根富林明资产管理有限公司北京代表处	西城区金融大街 7 号英蓝国际金融中心 1926	100034	59318486
威灵顿环球投资管理有限公司北京代表处	西城区金融大街 17 号中国人寿中心办公楼 705～706 室	100032	85182338－111
贝莱德投资管理（英国）有限公司北京代表处	西城区武定侯街 6 号卓著中心 19 楼 7 室	100032	58332209
安智投资管理亚太（香港）有限公司北京代表处	西城区金融大街 7 号英蓝国际金融中心 208－5	100034	65906926
新加坡富敦资金管理公司北京代表处	朝阳区东三环北路霞光里 18 号佳程广场 A 座 1199 室	100027	84415990
富达基金（香港）有限公司北京代表处	西城区金融大街 7 号英蓝国际金融中心 208－7 号	100034	58332242
法盛全球资产管理有限公司北京代表处	东城区东长安街 1 号东方广场东 1 办公楼 1202B 室	100005	85189160

4. 保险业机构

（1）中资保险公司

机构名称	地址	邮编	电话
中国人民财产保险股份有限公司北京市分公司	朝阳门北大街 17 号	100010	95518
中国太平洋财产保险股份有限公司北京分公司	西城区复兴门内大街 158 号远洋大厦 F6 层	100031	95500
中国平安财产保险股份有限公司北京分公司	西城区金融大街 23 号平安大厦 15 层	100140	95512
华泰财产保险股份有限公司北京分公司	西城区德胜门外大街 125 号德胜尚城 B 座南区 1、3～6 层	100088	95509
太平财产保险有限公司北京分公司	西城区太平桥大街丰汇园 11 号楼丰汇时代大厦东翼 9～10 层	100032	95529
中华联合财产保险股份有限公司北京分公司	东城区安外西滨河路 18 号首府大厦 3 号楼	100011	95585

永安财产保险股份有限公司北京分公司	朝阳区建国路甲92号世茂大厦C座9层901~903，912~917	100022	95502
天安保险股份有限公司北京分公司	海淀区复兴路甲23号城乡华懋15层	100036	88574520
中国大地财产保险股份有限公司北京分公司	海淀区中关村南大街2号数码大厦B座16层	100086	51665789
华安财产保险股份有限公司北京分公司	海淀区紫竹院路81号楼北方地产大厦12A	100089	95556
安邦财产保险股份有限公司北京分公司	朝阳区东三环中路55号富力城双子座B座8层	100020	95569
永诚财产保险股份有限公司北京分公司	东城区鼓楼外大街26号荣宝大厦6层	100011	95552
阳光财产保险股份有限公司北京分公司	通州区通朝大街323号顺华集团商务楼3层	101101	95510
都邦财产保险股份有限公司北京分公司	海淀区玉渊潭南路晾果厂6号都邦大厦8层	100038	95586
天平汽车保险股份有限公司北京分公司	东城区东直门外大街46号天恒大厦701	100027	95550
渤海财产保险股份有限公司北京分公司	西城区南礼士路36号华远大厦6层	100037	4006116666
安华农业保险股份有限公司北京分公司	朝阳区望京西路50号卷石天地大厦1号楼A座11层	100102	95105667
民安保险（中国）有限公司北京分公司	海淀区西直门北大街52号太平金融大厦11层	100082	95506
中国人寿财产保险股份有限公司北京市分公司	朝阳区朝外大街16号15层	100020	95519
中银保险有限公司北京分公司	东城区朝阳门内大街2号凯恒中心E座7层701~705	100010	4006995566
安诚财产保险股份有限公司北京分公司	东城区白桥大街22号北京工商联大厦2层	100062	62379910
华农财产保险股份有限公司北京市分公司	海淀区万泉庄路28号万柳新贵B座6层东侧	100089	95105535
长安责任保险股份有限公司北京市分公司	东城区广渠门内大街安化北里1号主楼2~3层	100062	51336611
英大泰和财产保险股份有限公司营业部	朝阳区东三环中路24号乐成中心B座20层	100024	51967588

紫金财产保险股份有限公司北京分公司	海淀区复兴路65号电信实业大厦2层	100039	68189331
信达财产保险股份有限公司北京分公司	海淀区西直门北大街60号首钢国际大厦11层	100082	58072866
浙商财产保险股份有限公司北京分公司	东城区东花市南里东区8号楼402	100062	87101409
中国人寿保险股份有限公司北京市分公司	朝阳区朝外大街16号1号楼23～32层	100020	95519
中国太平洋人寿保险股份有限公司北京分公司	西城区复兴门内大街158号远洋大厦F6层B区	100031	95500
中国平安人寿保险股份有限公司北京分公司	西城区金融大街23号平安大厦14层	100140	95511
新华人寿保险股份有限公司北京分公司	东城区东四十条68号平安发展大厦6～9、11层	100073	95567
泰康人寿保险股份有限公司北京分公司	朝阳区东三环北路38号院1号楼31层3601、32层3701	100026	66428866
太平人寿保险有限公司北京分公司	海淀区西直门北大街52号	100082	95589
民生人寿保险股份有限公司北京分公司	朝阳区霞光里9号院中电发展大厦4层	100125	95596
生命人寿保险股份有限公司北京分公司	海淀区西直门北大街56号生命人寿大厦3～4层	100082	82290099
光大永明人寿保险有限公司北京分公司	朝阳区朝外大街乙12号昆泰国际大厦20层	100005	95105698
合众人寿保险股份有限公司北京分公司	朝阳区建国门内大街22号华夏银行大厦7层	100020	58797755
中国人民健康保险股份有限公司北京分公司	西城区阜外大街7号国投大厦10层	100037	95591
长城人寿保险股份有限公司北京分公司	西城区西直门外大街112号阳光大厦8层	100044	88362266
嘉禾人寿保险股份有限公司北京分公司	海淀区苏州街3号大恒科技大厦5层	100080	82827588
中国人民人寿保险股份有限公司北京市分公司	海淀区首体南路38号创景大厦5层	100037	4008895518
昆仑健康保险股份有限公司北京分公司	西城区宣武门西大街甲127号大成大厦501～505室	100031	4008118899

平安养老保险股份有限公司北京分公司	西城区金融街23号平安大厦9层	100140	95511
华夏人寿保险股份有限公司北京分公司	朝阳区北辰东路8号北京国际会议中心东配楼1层	100101	4007000777
平安健康保险股份有限公司北京分公司	西城区金融街23号平安大厦512单元	100032	95512
英大泰和人寿保险股份有限公司北京分公司	西城区宣外大街28号富卓大厦A座9层06~09室、10层01~09室	100052	4008895598
信泰人寿保险股份有限公司北京分公司	西城区宣武门西大街甲127号大成大厦12A层	100031	52612008
正德人寿保险股份有限公司北京分公司	海淀区复兴路甲23号华懋商厦11层	100036	68179696
阳光人寿保险股份有限公司北京分公司	通州区通胡大街78号京贸中心2层	101100	65133168
幸福人寿保险股份有限公司北京分公司	丰台区菜户营甲88号鹏润家园3A3B 12层	100054	95560
国华人寿保险股份有限公司北京分公司	朝阳区朝阳北路237号复星国际中心501、502、509、510室	100020	59272266
太平养老保险股份有限公司北京分公司	海淀区西直门北大街52号太平金融大厦8层	100081	62248078
百年人寿保险股份有限公司北京分公司	朝阳区建国路108号丰树大厦7层	100022	59817111
泰康养老保险股份有限公司北京分公司	西城区闹市口大街1号院4号楼2A、2B、2C	100031	59311707
中邮人寿保险股份有限公司北京分公司	丰台区莲花池东路126号北京邮政信息大厦	100055	65123009
和谐健康保险股份有限公司北京分公司	朝阳区东三环中路55号楼7层802、803	100022	59229348
安邦人寿保险股份有限公司北京分公司	朝阳区东三环中路55号楼6层701、702	100022	59229227
中融人寿保险股份有限公司北京分公司	西城区丰盛胡同24号楼14层1401	100033	57503501
中国出口信用保险公司总公司营业部	西城区丰汇园11号丰汇时代大厦	100037	66517828
中国太平再保险有限公司北京分公司	海淀区西直门北大街52号太平金融大厦10层	100082	82292895

中国人寿养老保险股份有限公司	朝阳区建国路118号招商局大厦15层	100022	63635888

（2）中资保险公司分支机构

中国人民财产保险股份有限公司北京市分公司

机构名称	地　址	邮　编	电　话
东城支公司	东城区王家园胡同16号	100027	65548700
西城支公司	西城区德外大街73号	100088	62370120
崇文支公司	东城区左安门内大街5号	100061	67199893
宣武支公司	西城区菜市口南大街平原里20号楼	100054	83526226
宣武支公司广安门营业部	西城区红居街11号楼1层4号	100055	63478847
宣武支公司菜市口营业部	西城区菜市口南大街平原里小区20号楼223室	100054	83526161
朝阳支公司	朝阳区霄云里4号	100125	84485277
朝阳支公司利泽东园营业部	朝阳区望京新型产业园区利泽东园306号	100102	64392036
朝阳支公司姚家园营业部	朝阳区姚家园路72号	100025	85575471
丰台支公司	丰台东大街11号	100071	63812308
丰台支公司方庄营业部	丰台区南三环中路18号	100071	63867867
丰台支公司云岗营业部	丰台区长辛店杜家坎6号	100071	63812313
石景山支公司	石景山区杨庄东路80号	100043	68874344
海淀支公司	海淀区阜成路81号	100036	88140542
海淀支公司中关村营业部	海淀区中关村大街27号	100080	82856779
门头沟支公司	门头沟区新桥大街18号	102300	69843284
房山支公司	房山区良乡政通路6号	102488	89369534
房山城关营业部	房山区房山农林路3号	102400	69323172
通州支公司	通州区玉带河大街4号	101100	60560602
顺义支公司	顺义区新顺南大街西侧	101300	69441191
昌平支公司	昌平区城区镇北环路21号	102200	69723366
昌平支公司天通苑营业部	昌平区天通苑东二区东苑6组团1号楼－1层112	102200	61745307

昌平支公司西三旗营业部	昌平区供电局西三旗开辟站	102200	82924432
昌平支公司沙河营业部	昌平区巩华镇巩华城大街76	102200	80726075
大兴支公司	大兴区黄村兴政街26号	102600	69244765
大兴支公司红星营业部	大兴区红星区旧宫镇旧宫东路49号	102600	87965956
怀柔支公司	怀柔区青春路21号	101400	69644466
平谷支公司	平谷区府前西街16号	101200	69962161
平谷镇营业部	平谷区南独乐河镇	100000	69962161
分公司责任险营销服务部	西城区教场口街9号院2-2号	100120	82067568
95518营销服务部/电子商务营销服务部	海淀区学院南路乙68号五层	100081	62132773
分公司营业部	朝阳门北大街17号	100010	58195685
北京商务中心区营销服务部	朝阳区东三环中路39号建外SOHO-B-2205	100022	58691435
金融街营业部	西城区宣武门西大街甲129号	100031	66410024
直属支公司	西城区西直门南大街2号成铭大厦3A层	100035	66119343
直属支公司国贸营业部	建外大街1号中国国际贸易中心1座316室	100004	65056530
燕山支公司	房山区燕山迎风街22号	102500	69345633
密云支公司	密云县密云镇鼓楼南大街41号	101500	69044128
延庆支公司	延庆县妫水南街路东漂流总站北侧	102100	69144641
北京经济技术开发区支公司	北京经济技术开发区隆庆街3号东侧1~4层	100176	67883277
北京奥运村营业部	朝阳区北辰东路8号汇宾大厦B座720室	100101	84981988
中关村营业部	海淀区学院南路乙68号	100081	62130635
大型商业风险营业部	东城区朝阳门北大街17号9层904室	100010	58195259
分公司第二营业部	朝阳门北大街17号	100010	58195988
花市营销服务部	东城区东花市南里3号楼B06号	100062	87102831
西二环营销服务部	西城区金融大街7号英蓝国际金融中心108单元	100033	66555999

东二环营销服务部	东城区朝阳门北大街17号首层	100010	58195988
方庄营业部	丰台区南三环中路18号	100079	87659508
重点客户营业部	朝阳门北大街17号0703室	100010	58195346

中国太平洋财产保险股份有限公司北京分公司

机构名称	地　址	邮　编	电　话
西城支公司	西城区展览馆路3号	100037	68361774
海淀支公司	西城区新外大街2号	100088	62034708
丰台支公司	西城区广外大街87号	100055	63465943
东城支公司	朝阳区东土城路13号	100013	64889788
朝阳支公司	朝阳区牛王庙霄云路	100016	64619254
通州支公司	通州区通惠北路25号	101100	66428888
顺义支公司	顺义区仁和地区平各庄村顺通路27号	101300	89495092

中国平安财产保险股份有限公司北京分公司

机构名称	地　址	邮　编	电　话
第一营业部	西城区金融大街23号12层西侧	100033	59700012
房山支公司	房山区良乡政通路8号	102488	89363579
第二营业部	朝阳区光华路5号院2号楼15、16层	100020	59710269
丰台支公司	丰台区西四环南路46号国润商务大厦B座2层	100073	63821942
东城支公司	东城区安定门外大街2号安贞大厦4层	100013	59700527
崇文支公司	东城区白桥大街22号2层	100062	67189032
古城营销服务部	海淀区北四环西路67号大地科技大厦0408、0517室	100080	51660101
顺义营销服务部	顺义区双兴北区甲3号	101300	89429155
通州营销服务部	通州区富河园4号楼4－107室	101100	69559237
大兴营销服务部	大兴区京开路102号2层	102600	69237831

华泰财产保险股份有限公司北京分公司

机构名称	地　址	邮　编	电　话
西城支公司	西城区德胜门外大街125号301B1	100088	59375588
崇文支公司	东城区龙潭路甲3号翔龙大厦1层A16、5层E17－E23号	100061	67113332
朝阳支公司	朝阳区霞光里8号2号楼2层230室	100016	58679334
通州支公司	通州区梨园路23号	101101	81573903
顺义支公司	顺义区石园西区23号楼6单元	101300	89441566
房山支公司	房山区良乡拱辰北大街38号楼1－102底商	102401	89362879
大兴支公司	大兴区黄村镇永华南里12号楼底商12－4、12－5	102600	69244880
海淀支公司	海淀区四季青镇常润路11号院北1号	100195	88436588

太平财产保险有限公司北京分公司

机构名称	地　址	邮　编	电　话
宣武支公司	西城区太平桥大街丰汇时代大厦东翼9层	100032	66532288
西城支公司	西城区太平桥大街丰汇时代大厦东翼10层	100032	66532288
市丰台支公司	丰台区花乡马家楼4号众义达商贸集团3层	100070	83606273
海淀学院路营销服务部	海淀区北四环中路238号柏彦大厦6层	100083	82326060

中华联合财产保险股份有限公司北京分公司

机构名称	地　址	邮　编	电　话
崇文支公司	东城区夕照寺中街4号A座1层	100061	67100878

西城支公司	西城区冠英园西区22号楼101室	100035	66530068
宣武支公司	西城区广安门外马连道11号1001号	100055	63342601
朝阳支公司	朝阳区安外胜古庄2号企发大厦5层	100029	64450025
海淀支公司	海淀区曙光中路9号	100097	88471116
丰台支公司	丰台区东大街57号	100071	63899121
怀柔支公司	怀柔区富乐小区北里25号	101400	69632820
通州支公司	通州区运河东大街3号2号楼1－1	101101	60549180
顺义支公司	顺义区怡馨家园29号楼101	100055	69466176
昌平支公司	昌平区东环路142号	102200	69749500
房山支公司	房山区良乡月华北大街34号	102488	89354988
石景山支公司	石景山区古城北路5号	100043	68888002
大兴黄村营销部	经济技术开发区宏达北路12号B座1区420室	100076	67868305
经济技术开发区营销部	经济技术开发区宏达北路12号B座1420室	100076	67862784

永安财产保险股份有限公司北京分公司

机构名称	地址	邮编	电话
丰台营销服务部	丰台区椰子井18号	100054	63332768
朝阳营销服务部	朝阳区太阳宫路甲12号	100028	64272651
崇文营销服务部	崇文区幸福大街甲39号北京德惠俱乐部A座206房间	100061	67131449
大兴营销服务部	大兴区黄村镇饮马井南里	102600	61217978

天安保险股份有限公司北京分公司

机构名称	地址	邮编	电话
昌平支公司	昌平区开发区力兴大厦401~402	102200	88574835
海淀营销服务部	海淀区知春路108号3号楼1605室	100083	88574717
通州营销服务部	通州区玉带河东街113号	101100	88574860

房山营销服务部	房山区苏庄三里16号楼3号底商	102488	88574788
宣武营销服务部	西城区广内广义街5号广益大厦6层A607	100060	88574806
顺义营销服务部	顺义区仁和镇顺通路27号2号楼1层、3层301室	101300	88574768

中国大地财产保险股份有限公司北京分公司

机构名称	地　址	邮　编	电　话
第一营销服务部	崇文区光明路11号天玉大厦7层704室	100061	82127575

华安财产保险股份有限公司北京分公司

机构名称	地　址	邮　编	电　话
海淀支公司	海淀区紫竹院路81号院北方地产大厦6层604室	100089	88829485
朝阳支公司	朝阳区幺家店路2号院8号楼1层商业3	100024	65481130
昌平支公司	昌平区回龙观镇科协家园住宅小区29号楼B座1层2单元0102	102208	82945885
丰台支公司	丰台区青塔西路58号珠江峰景24号02号商铺	100039	63878976
通州支公司	通州区玉桥西里87号1层1底商46号	101101	84775780
南十里居营销服务部	朝阳区南十里居48号院6号楼1层22商铺	100016	65481131
望京西路营销服务部	朝阳区望京西路48号院8号楼1层3号商铺	100102	84775781
平谷平翔路营销服务部	平谷区平翔路东侧7号商住楼1层9号商铺	101200	69959937
南磨房营销服务部	朝阳区世纪东方嘉园104楼15号商铺	100023	52097103
丰台丰桥路营销服务部	丰台区丰桥路1号院2号楼底商	100070	83671242

海淀清河毛纺路营销服务部	海淀区清河毛纺路 36 号院 2 号楼 10 号商铺	100085	88829600
顺义金汉绿港家园营销服务部	顺义区绿港家园一区 9 号楼第 1 层 124 号	101300	89402474
通州玉桥西里营销服务部	通州区玉桥西里 87 号 1 层 46 号	101101	84775780
丰台马家堡东路营销服务部	丰台区马家堡东路 108 号院 10 号楼 1 层 102	100068	58031290
昌平百嘉城营销服务部	昌平区回龙观回南路 9 号院 11 号楼 1 层 01 商业 H	102211	82945886
宣武富力信然营销服务部	西城区太平街 6 号 1 层 107	100054	83671243
朝阳东柏街营销服务部	朝阳区东柏街 10 号院 4 号楼 1 层 01	100022	52097102
宏大南园营销服务部	大兴区宏盛路 205 号 1 层商业	100162	58031291
昌平东环路营销服务部	昌平区东环路 47－1 至 47－9 号 1 层	102200	82945886

安邦财产保险股份有限公司北京分公司

机构名称	地　　址	邮　编	电　话
东城支公司	东城区安外大街 185 号京宝大厦 512B、513、514 室	100011	64400919
西城支公司	西城区德胜门外大街新风街 2 号天成科技大厦 A 座 701	100080	64400009
崇文支公司	东城区珠市口东大街 5 号 1 层	100062	67071228
宣武支公司	朝阳区东三环中路 55 号富力城双子座 B 座 8 层	100020	59229229
朝阳支公司	朝阳区东三环中路 55 号富力城双子座 B 座 8 层	100020	59229119
丰台支公司	丰台区航丰路科技城 9 号航丰园科技大厦 A 座 1303 号	100070	87397686
石景山支公司	石景山区阜石路 166 号 1 号楼 7 层 708、709 号	100043	59229191
海淀支公司	海淀区西直门北大街 32 号院枫蓝国际大厦 1 号楼 7 层 811	100088	59229348

房山支公司	房山区良乡拱辰南大街42号楼A座8层801~802室	102401	87397686
通州支公司	通州区北京市通州区梨园镇大稿村村委会办公楼南侧	101100	81555595
顺义支公司	顺义区后沙峪镇双裕东区23号楼215室	101120	80416061
昌平支公司	昌平区府学路15号都市岳华写字楼205、208、209号	102200	80118633
大兴支公司	大兴区滨河街27号9层902	102600	59229348
北京经济技术开发区支公司	北京经济技术开发区宏达北麓10号万源商务中心2层	100017	59229226
怀柔支公司	怀柔区青春路61号院1号楼-1层13号	101400	69659836
平谷支公司	平谷区平谷镇新平北路65号	101200	89983807
密云支公司	密云县长城大厦A段1~2层北侧西	101500	69048098
天通苑营销服务部	昌平区东小口镇天通苑一区9号楼4单元2层	102200	80118590

永诚财产保险股份有限公司北京分公司

机构名称	地　址	邮　编	电　话
朝阳支公司	朝阳区北三环东路28号易亨大厦801、803、805室	100013	64405468
丰台支公司	丰台区方庄芳群园四区22号楼901、908室	100078	67656098
海淀营销服务部	海淀区阜成路28号	100142	88511899
昌平营销服务部	昌平区西环路16号豪恒大厦4层	102200	89783620

阳光财产保险股份有限公司北京分公司

机构名称	地　址	邮　编	电　话
北京经济技术开发区营销服务部	北京经济技术开发区宏达北路10号万源商务中心101、401室	100176	67881920
东城营销服务部	东城区灯市口大街50号好润大厦五层B2-02房间	100006	65590666

崇文营销服务部	东城区天坛东路74号北玻大厦二层北侧213、215单元	100061	67127768
中关村营销服务部	海淀区东冉村597号	100097	88452327
房山营销服务部	房山区良乡嘉瑞通小区3号楼3-4号、3-5号	102401	69351831
通州营销服务部	通州区梨园镇大马庄村口南27号	101100	81571169
顺义营销服务部	顺义区双兴北区33号楼	101300	69440345
大兴营销服务部	大兴区黄村富强路7号、9号	102600	69243205
平谷营销服务部	平谷区迎宾花园小区31号楼10号商铺	101200	69976001
延庆营销服务部	延庆县延庆镇石河营建材城综合楼南大2号	102100	69187890

都邦财产保险股份有限公司北京分公司

机构名称	地址	邮编	电话
西城支公司	西城区北环中心13层1303、1304室	100029	59290555

天平汽车保险股份有限公司北京分公司

机构名称	地址	邮编	电话
崇文营销服务部	东城区白桥大街22号	100062	67159006

渤海财产保险股份有限公司北京分公司

机构名称	地址	邮编	电话
顺义支公司	顺义区仁和镇平各庄村顺通路27号	101300	81492122
朝阳营销服务部	朝阳区松榆南路54号3层旌凯写字楼B区18号、C区22、26号	100000	87325700

安华农业保险股份有限公司北京分公司

机构名称	地　　址	邮　编	电　话
朝阳支公司	朝阳区望京西路50号卷石天地大厦1号楼（A座）11层	100102	64393199
海淀支公司	海淀区西四环北路140号京鼎原商务楼610室	100097	88450950
顺义支公司	顺义区双兴北区甲3号楼3层	101300	69440128
密云支公司	密云县新南路21号楼1层	101500	69446920
分公司营业部	朝阳区望京西路甲50号1号楼卷石天地大厦A座11层1103单元	100102	64393060
房山营销服务部	房山区城关街道燕房路小区23号楼1层106	102400	69318932
通州营销服务部	通州区云景南大街185号龙鼎园小区底商	102100	81547256
昌平营销服务部	昌平区昌平镇润杰经典花园1号综合楼6号	102200	80108678
平谷营销服务部	市平谷区平谷大街31号	101200	69975667
延庆营销服务部	延庆县康安小区30#－03商业楼	102100	69148706

民安保险（中国）有限公司北京分公司

机构名称	地　　址	邮　编	电　话
海淀支公司	海淀区西直门北大街52号太平金融大厦11层	100082	82299999
平谷支公司	平谷区平谷镇西环南路1号楼3单元2号	101200	89988225

中国人寿财产保险股份有限公司北京市分公司

机构名称	地　　址	邮　编	电　话
东城支公司	东城区鼓楼外大街27号万网大厦4层	100120	84130362

西城支公司	西城区黄寺大街26号院德胜置业大厦4号楼5层507－510号	100011	82960123
崇文支公司	东城区天坛东路74号北玻大厦四层南侧402、403单元	100061	67162996
宣武支公司	西城区广安门内大街248号机械大厦5层01～02、13～18号	100055	63360670
朝阳支公司	朝阳区静安里26号通成达大厦6层	100028	64823368
丰台支公司	丰台区方庄芳群园四区21号楼1层118～120号	100078	67680198
海淀支公司	海淀区北四环中路229号海泰大厦3层302、304、306、311、313室	100083	82885253
通州支公司	通州区云景东路417号	101100	81573960

安诚财产保险股份有限公司北京分公司

机构名称	地址	邮编	电话
丰台营销服务部	丰台区星火路1号昌宁大厦Q405房间	110106	83607972
房山营销服务部	房山区长阳镇昊天北大街加州水郡西区商业1号楼3层317～318房	100111	80393325
顺义营销服务部	顺义区怡馨家园16号楼三单元002	101300	69449467

华农财产保险股份有限公司北京市分公司

机构名称	地址	邮编	电话
房山支公司	房山区良乡地区佳世苑30号楼1－17号	102488	60342185
昌平营销服务部	昌平科技园区永安路26号孵化器大楼105、211号	102200	13911287878
平谷营销服务部	平谷区贾各庄村东南街甲6号四层楼中1层	101200	89987796
密云营销服务部	密云县密云镇新南路87号	101500	69071786

长安责任保险股份有限公司北京市分公司

机构名称	地　址	邮　编	电　话
丰台支公司	东城区安化北里1号长保大厦主楼2层	100062	51336771
海淀支公司	东城区安化北里1号长保大厦主楼2层	100062	51336771
朝阳营销服务部	东城区安化北里1号长保大厦主楼2层	100062	51336771

紫金财产保险股份有限公司北京分公司

机构名称	地　址	邮　编	电　话
平谷支公司	平谷区迎宾花园住宅小区31号楼8号	101200	88612868

信达财产保险股份有限公司北京分公司

机构名称	地　址	邮　编	电　话
顺义支公司	顺义区顺榆路华英园9号商业楼408室	100082	89425675

中国人寿保险股份有限公司北京市分公司

机构名称	地　址	邮　编	电　话
大兴支公司	大兴区黄村镇兴政街34号	102600	69295431
昌平支公司	昌平区昌平镇创新路5号	102200	69746402
顺义支公司	顺义区府前东街2号	101300	81481249
怀柔支公司	怀柔区商业街2号	101400	69641944
延庆支公司	延庆县东外大街九州宾馆	102100	69180493
房山支公司	房山区良乡西潞北大街26号	102488	89350159
门头沟支公司	门头沟滨河路64号	102300	69844538
密云支公司	密云县滨河路22号	101500	69042811
平谷支公司	平谷新开街25号	101200	69961276
通州支公司	通州区玉带河大街22号	101100	80883969
海淀支公司	海淀区知春路20号	100083	62056709

营业一部	朝阳区金台北街7号	100026	65948860
营业二部	东城区东中街32号	100027	64175723
营业三部	广渠门内大街80号通正国际大厦502室	100061	51696736
营业四部	西城区北纬路1号	100055	63181007
营业五部	西城区背阴胡同35号	100031	66082571
营业六部	海淀区中关村大街40号（当代商城9010）	100083	82616758
营业七部	西交民巷22号南楼4层	100031	66038500
营业八部	海淀区知春路20号	100083	62001041
西城支公司	西城区后广平胡同36号	100035	66133774
大客户业务部	朝阳区朝外市场街20号中保大厦营业大厅	100020	85622596
开发区支公司	北京经济技术开发区宏达北路10号万源商务中心609号	100176	67871299
国际业务部	朝外大街16号中国人寿大厦26层中区	100020	85659619
团险项目部	朝外大街16号中国人寿大厦	100020	85659515
直属销售部	朝外大街22号泛利大厦	100020	65805097
电话营销中心	广渠路11号院1号楼金泰国际大厦6层	100022	59646615
直属项目部	朝外大街16号中国人寿大厦	100020	85659370
第一营销区部	东城区东中街32号8层、朝阳金台北街7号2、5层	100027	64175705
第二营销区部	西城区后广平胡同36号	100035	66168576
第三营销区部	西城区北纬路1号	100055	63188904
第四营销区部	西城区南大安胡同六号中宏大厦	100035	66117760
第五营销区部	海淀区知春路20号	100083	82027470
第六营销区部	西城区阜外大街3号东润时代大厦308	100037	68001517
第七营销区部	石景山区石景山路3号玉泉大厦4层	100049	88255987
云岗营销服务部	丰台区云岗福宫路8号	100054	83315147
第十营销区部	海淀区世纪经贸大厦B座29层	100037	88820495
第二十营销区部	海淀区花园路7号新时代大厦1层	100088	82803599

第二十一营销区部	丰台区西四环南路72号	100070	63849603
第二十二营销区部	海淀区中关村南大街40号当代商城9层	100081	62573189
第一收展区部	海淀区知春路6号锦秋国际大厦B座503B	100083	82800104
第二收展区部	朝阳区金台北街7号	100026	85990969
第三收展区部	石景山区石景山路40号信安大厦4层	100043	68867453
第四收展区部	东城区广渠门内大街80号通正国际大厦506室	100062	51696710
第五收展区部	朝阳区八里庄西里99号住邦2000商务中心2号楼	100025	85869952
第六收展区部	朝阳区东三环北路辛2号迪阳大厦3层	100027	84536263
东区客户服务部	朝阳区金台北街7号	100026	85994718
西区客户服务部	西城区后广平胡同36号	100035	66186119
南区客户服务部	西城区区北纬路1号	100055	63166366
北区客户服务中心	海淀区知春路20号	100083	62006459
中心区客户服务部	朝阳区朝外大街16号中国人寿大厦2层	100020	85251538
门头沟客户服务中心	门头沟滨河路64号	102300	69866984
房山客户服务中心	房山良乡西潞北大街26号	102488	89350177
通州客户服务中心	通州玉带河东街248号	101100	69545550
平谷客户服务中心	平谷区金谷园21号楼16号	101200	69962963
密云客户服务中心	密云县滨河路22号	101500	69024089
大兴客户服务中心	大兴区黄村镇兴政街34号	102600	69226458
昌平客户服务中心	昌平区昌平镇创新路5号	102200	69705164
顺义客户服务中心	顺义区府前东街2号	101300	69445892
怀柔客户服务中心	怀柔区商业街2号	101400	69642417
延庆客户服务中心	延庆县东外大街九州宾馆	102100	69172770
金融街客户服务部	西城区金融街12号中国人寿广场B座首层	100032	66575339

中国太平洋人寿保险股份有限公司北京分公司

机构名称	地址	邮编	电话
东城支公司	东城区东四十条113号	100007	84021767
海淀支公司	海淀区复兴路甲23号城乡华懋13层	100036	68298258
朝阳支公司	朝阳区安贞里二区1号楼	100029	64450228
通州支公司	通州区翠屏北里35号楼	101121	69555302
顺义支公司	顺义区石幢综合商业楼	101300	69431572
昌平支公司	昌平区鼓楼东街33号	102202	89784826
中关村支公司	海淀区中关村南大街10号银海大厦5层	100081	68910665
大兴支公司	大兴区康庄路28号水晶大厦11层05、06号	102600	69233196
密云支公司	密云县新中街42号	101500	69089016
西城支公司	西直门外新兴东巷15号金泰鑫侨大厦	100044	68311098

中国平安人寿保险股份有限公司北京分公司

机构名称	地址	邮编	电话
第一营业部	西城区金融大街23号12层西侧	100033	59700012
第二营业部	朝阳区光华路5号院2号楼15、16层	100020	59710269
房山支公司	房山区良乡政通路8号	102488	89363579
丰台支公司	丰台区西四环南路46号国润商务大厦B座2层	100073	63821942
东城支公司	东城区安定门外大街2号安贞大厦4层	100013	59700527
崇文支公司	东城区白桥大街22号2层	100062	67189032
古城营销服务部	海淀区北四环西路67号大地科技大厦0408、0517室	100080	51660101
顺义营销服务部	顺义区双兴北区甲3号	101300	89429155
通州营销服务部	通州区富河园4号楼4－107室	101100	69559237
大兴营销服务部	大兴区京开路102号2层	102600	69237831

新华人寿保险股份有限公司北京分公司

机构名称	地　址	邮　编	电　话
西城支公司	西城区西直门南大街2号成铭大厦A5层	100034	66513028
朝阳支公司	朝阳区团结湖南里15号（恒祥大厦）6层	100026	51399522
海淀支公司	海淀区花园路2号牡丹园科技楼2层	100083	62079903
丰台支公司	丰台区金家村288号院6号楼5层	100036	88253509
石景山支公司	石景山路22号A座长城大厦4层	100043	68684604
通州支公司	通州区车站路4号	101149	69544778
顺义支公司	顺义区仁和地区幸福东区丁18号楼	101300	69424945
大兴支公司	大兴区黄村镇东大街京南大酒店5、6层	102600	69299932
房山支公司	房山区拱辰街道西潞南大街5号3层	102488	69381192
崇文支公司	东城区崇外大街新怡家园甲3号楼7层	100062	67087338
新街口营销服务部	西城区新街口外大街12号（德胜园区）	100088	62079912
密云鼓楼营销服务部	密云县鼓楼东大街87号（粮贸大厦9层）	101500	69068746
怀柔营销服务部	怀柔区迎宾北路1号4层	101400	69643122
丰台南苑营销服务部	丰台区南苑北里2区6号楼3层	100076	67942803
延庆营销服务部	延庆县延庆镇妫水北街19号3层	102100	69148752
平谷旧城营销服务部	平谷区府前西街2号渔阳大厦	101200	89991882
昌平北环营销服务部	昌平区商业街西口利阳大厦2层	102200	80107796

泰康人寿保险股份有限公司北京分公司

机构名称	地址	邮编	电话
东城支公司	东城区朝阳门内大街298号	100000	85118986
长安支公司	西城区白云路1号白云大厦	100045	63287695
西城支公司	西城区西直门外大街6号中仪大厦	100044	68330452
宣武支公司	西城区广安门内广义街7号10层	100053	63039639
朝阳支公司	朝阳区建外SOHO9号楼33层、SOHO23号楼B-32层	100031	85113006
丰台支公司	丰台区马家堡西路15号时代风帆大厦	100000	58730000
石景山支公司	石景山区石景山路22号万商大厦2015、2016室	100000	68651789
海淀支公司	海淀区中关村南大街2号数码大厦B座2103	100000	51626886
门头沟支公司	门头沟区霁月园8号楼	102300	69852175
房山支公司	房山区良乡北关圣通广场东侧5层	102401	89360165
通州支公司	通州区通惠南路宜怡佳商务楼4层	100000	89501672
顺义支公司	顺义区站前东街商业楼2号楼东侧4层	101300	69465520
昌平支公司	昌平区西环路24号	102200	80110720
大兴支公司	大兴区黄村镇永华南里1号楼	102600	69236920
怀柔支公司	怀柔区青春路26号工会3层	101400	69650143
平谷支公司	平谷区新开街31号楼	100000	69980771
密云支公司	密云县鼓楼东大街山水大厦1~2层	100000	69087811
延庆支公司	延庆县延庆镇高塔街66号3层	102100	69181004
房山燕山营业部	房山区燕山迎风南路甲6号楼	100000	69334996
杨镇营销服务部	顺义区杨镇地区一街村委会南	100000	81484491
四季青营销服务部	朝阳区吉庆里6号楼3层309	100031	85118009
上地营销服务部	海淀区北四环西路67号大地科技大厦0511~0513室	100031	84120571

潘家园营销服务部	朝阳区广渠路南侧44号北人泽洋大厦4层北侧商业楼4010号	100022	87324580
西北旺营销服务部	海淀区马连洼梅园甲3号楼3单元102号	100085	63287695
苏家坨营销服务部	海淀区苏家坨镇西小营村温阳路西	100000	80110720
房山区窦店营销服务部	房山区窦店镇窦店村京南嘉园4号商务楼	100000	69390235
房山城关营销服务部	房山区城关街道兴房大街55号	102400	89362945
琉璃河营销服务部	房山区琉璃河东街8号	100031	89360165
阎村营销服务部	房山区阎村镇大董村村委会商业楼2号	100000	89360165
燕化星城营销服务部	昌平区鼓楼西街11号楼	102200	81342438
张家湾营销服务部	通州区张家湾镇太玉园三期B区	100000	89501673
西集营销服务部	通州区西集镇西集村南门市场	101106	89501672
管庄营销服务部	朝阳区管庄西里建东苑小区18号楼	100000	89501479
大孙各庄营销服务部	顺义区大孙各庄镇府前街7号	100000	81484491
天通苑营销服务部	昌平区天通苑一区9号楼16单元	100031	85730000
回龙观营销服务部	昌平区建材路西城87号2号楼19层2单元1901～1902	100031	85730000
富丰路营销服务部	丰台区丰台镇富丰路2号星火科技大厦14层	100070	69222045
溪翁庄营销服务部	密云县溪翁庄镇碧水花园1号楼104	101512	69087811
河南寨营销服务部	密云县河南寨镇政府北侧	101500	69086522
八达岭营销服务部	延庆县八达岭镇西拨子商业街	100000	69120868

太平人寿保险有限公司北京分公司

机构名称	地　址	邮　编	电　话
海淀营销服务部	海淀区西直门北大街52号太平金融大厦	100082	82299500
东城营销服务部	东城区朝阳门北大街6号首创大厦5层B室	100022	85283017

房山城关营销服务部	房山区兴房大街2号兴房苑小区2号综合楼	102400	89325737
昌平营销服务部	昌平区东关环岛昌崔路201号天运通大厦4层	102200	69721296
平谷营销服务部	平谷区平谷镇新开街30号楼30－6	101200	69985817
顺义营销服务部	顺义区石园西路南侧（圣元公司）	101300	81490702
密云营销服务部	密云区鼓楼东区1号楼	101500	69040149
大兴营销服务部	大兴区工业开发区金苑路3号1层C01号	102600	60212006
良乡营销服务部	房山区良乡拱辰南大街2号商业楼5层	102488	69367035
通州营销服务部	通州区通惠南路六号8号楼3层1－2号室	101100	52338222

民生人寿保险股份有限公司北京分公司

机构名称	地　址	邮　编	电　话
朝阳营销服务部	朝阳区霞光里9号1层	100125	59206414
房山营销服务部	房山区良乡太平庄村232号	102488	69363879
怀柔支公司	怀柔区金台园甲56号5楼	101400	69698467
通州营销服务部	通州区新华大街157号	101149	80886731
平谷营销服务部	平谷区平谷镇新平北路51号	101200	69989152
昌平营销服务部	昌平区东小口镇立汤路188号北方明珠大厦1号楼2319室	102200	58607459
密云营销服务部	密云县新东路277号	101500	69080173
顺义营销服务部	顺义区站前东街2号商业楼417/420	101300	69427824
西城营销服务部	西城区德胜门外大街新凤街2号天成科技大厦A座403	100041	51732810

生命人寿保险股份有限公司北京分公司

机构名称	地　址	邮　编	电　话
光明路营销服务部	东城区光明路13号崇光大厦2层	110103	82290099

门头沟营销服务部	门头沟区滨河霁月园8号楼	102300	69850953
通州营销服务部	通州区葛布店东里120-9号	101100	60557005
顺义营销服务部	顺义区龙府花园11号楼4层	110113	82290099
昌平营销服务部	昌平区昌平镇西环路24号楼	110109	82290099
大兴营销服务部	大兴工业开发区金苑路3号	102600	61273570
平谷营销服务部	平谷区府前西街7号楼	110117	69986311

光大永明人寿保险有限公司北京分公司

机构名称	地　　址	邮　编	电　话
东城营销服务部	东城区东中街29号东环广场B座	100027	64152828
西城营销服务部	西城区宣外大街28号富卓大厦	100052	63137101
海淀营销服务部	海淀区中关村南大街甲27号中扬大厦3层	100081	68938558
通州营销服务部	通州区定瑞都景园北区1A楼第6层0703号	101101	80888195
顺义营销服务部	顺义区石园南区33号楼13层4单元1304	101300	89448534
昌平营销服务部	昌平区西环路25号蓝郡嘉苑沿街商业4层3A07	102200	80119273
良乡营销服务部	房山区良乡西潞甲一号楼Y-03号	102488	69351728

合众人寿保险股份有限公司北京分公司

机构名称	地　　址	邮　编	电　话
东城营销服务部	朝阳区朝外大街10号昆泰大厦写字楼主楼9层905号	100020	58797755
西北营销服务部	西城区高梁桥路6号西环广场A座办公楼8A2单元	100044	58301398
朝阳门营销服务部	朝阳区朝外大街乙12号昆泰国际大厦21层	100020	58797755
海淀营销服务部	海淀区高梁桥斜街59号中坤大厦1301~1303房间	100081	82191434
房山营销服务部	房山区良乡地区月华大街8-B号楼107	102488	89369947

通州营销服务部	通州区新华北街65号	101100	52102563
顺义营销服务部	顺义区府前东街9号	101300	69428063
昌平营销服务部	昌平科技园区白浮泉路10号2号楼	102200	80101839
大兴营销服务部	大兴区黄村镇黄村西大街107号	102600	69261468
平谷营销服务部	平谷区平谷镇新平东路7号	101200	89981078
密云营销服务部	密云县京承路长城环岛西南侧新南路46号华冠大厦417房间	101500	69082298

中国人民健康保险股份有限公司北京分公司

机构名称	地　址	邮　编	电　话
崇文营业部	东城区天坛东路74号北玻大厦306室	100061	67111012
第一营销服务部	海淀区知春路甲48号3号楼（盈都大厦C座）4单元3A	100086	58696688
房山营销服务部	房山区良乡地区拱辰大街90号楼2层	102401	89352953
第三营销服务部	通州区新华大街157号	101100	80882833
第五营销服务部	顺义区仁和地区顺通路6号D座1层北侧	101300	89496687
怀柔营销服务部	怀柔区迎宾中路36号楼4层楼梯北侧	101400	69687796
第二营销服务部	平谷区建设西街17号1幢	101200	89999305

长城人寿保险股份有限公司北京分公司

机构名称	地　址	邮　编	电　话
良乡营销服务部	房山区良乡拱辰大街47号拱辰大厦6层	102401	69375838
顺义营销服务部	顺义区府前东街2号顺建大厦6层	101300	69423118

嘉禾人寿保险股份有限公司北京分公司

机构名称	地　址	邮　编	电　话
西城区马甸营销服务部	西城区黄寺大街23号北广大厦15层	100011	82235606
通州营销服务部	通州区玉带河大街119号4层	101100	52118609
昌平营销服务部	昌平区科技园区白浮泉路10号	102200	89760352
密云营销服务部	密云县鼓楼西大街1号211室及楼道、311~314室	101501	89086806

中国人民人寿保险股份有限公司北京市分公司

机构名称	地　址	邮　编	电　话
北京经济技术开发区支公司	大兴区亦庄经济技术开发区宏达北路12号创业园区A座一区315、316室	100176	58892518
东城支公司	东城区东四北大街343号瑞城亿兴大厦第9层	100010	13601131937
西城支公司	西城区北三环中路6号伦洋大厦10层1002房间	100120	13401024501
房山区营销服务部	房山区良乡拱辰北大街1号西侧6层	102488	89354801
通州区营销服务部	通州区通惠南路6号院10号楼3层	101100	52338005
顺义区营销服务部	顺义区石垣南区33号楼10层4单元1004房间	101300	13051380170
昌平区营销服务部	昌平区城南街道凉水河路6号楼310~319房间	102200	13661318151
大兴区营销服务部	大兴区康庄路28号12层07、08号	102600	58503737－6013
怀柔区营销服务部	怀柔区迎宾中路36号楼	101400	69688580
平谷区营销服务部	平谷区保安街61号	101200	69963051
密云县营销服务部	密云县鼓楼东大街27号信远大厦写字楼4层	101500	89086316
延庆县营销服务部	延庆县延庆镇小营师范街西侧商业楼9号、10号	102100	13911290123

华夏人寿保险股份有限公司北京分公司

机构名称	地　址	邮　编	电　话
宣武营销服务部	西城区宣外大街6号庄胜广场北楼东翼14层	100052	63106600
大兴营销服务部	大兴区枣园东里40号楼11层2单元1101	102600	69236985
怀柔区迎宾中路营销服务部	怀柔区富乐小区北里27号	101400	69693222
密云营销服务部	密云县银河花园36号1单元	101500	89088345

信泰人寿保险股份有限公司北京分公司

机构名称	地　址	邮　编	电　话
西城营销服务部	西城区宣武门西大街甲127号大成大厦12A层07号	100037	52612004
顺义营销服务部	顺义区首都机场南平东里乙1号5层507、509号	100621	52612002
密云营销服务部	市密云县鼓楼北大街东侧10号3层	101500	15911111623

阳光人寿保险股份有限公司北京分公司

机构名称	地　址	邮　编	电　话
东城支公司	东城区灯市口大街50号好润大厦5层A1、B2及9层B单元	100006	65268111
石景山支公司	石景山区石景山路22号万商大厦1210~1212房间	100043	68651225
通州支公司	通州区通胡大街78号京贸中心2层	101100	84888060
顺义支公司	顺义区双兴北区33	101300	65268111
崇文门营销服务部	崇文区崇文门外大街3号新世界中心北办公楼12层	100050	59053766
朝阳营销服务部	朝阳区东三环中路20号乐城中心A座8层	100022	65268111

幸福人寿保险股份有限公司北京分公司

机构名称	地　址	邮　编	电　话
西城支公司	西城区南礼士路乙三号龙蕃写字楼A座5层	100037	64183587
第一营销服务部	丰台区莱户营甲88号鹏润家园3A3B 10层	100054	85239988

国华人寿保险股份有限公司北京分公司

机构名称	地　址	邮　编	电　话
宣武营销服务部	朝阳区朝阳北路237号复星国际中心501~502、509~510室	100020	59272200

（3）外资保险公司

机构名称	地　址	邮　编	电　话
现代财产保险（中国）有限公司	朝阳区霄云路38号现代汽车大厦508室	100027	4006080808
中意财产保险有限公司营业部	朝阳区建国门外大街乙12号双子座大厦西塔26层	100022	59601818
苏黎世保险公司北京分公司	朝阳区东三环北路霞光里18号北京佳程广场A座21层	100027	84547766
三星财产保险（中国）有限公司北京分公司	朝阳区建国路118号招商局大厦25层05、06室	100022	65668149
利宝保险有限公司北京分公司	朝阳区建国路77号华贸中心3号写字楼9层01A、02、03、05号。	100025	59100722
美亚财产保险有限公司北京分公司	朝阳区光华路7号汉威大厦A座9A15－16	100004	59692999
太阳联合保险（中国）有限公司北京分公司	西城区平安里西大街28号光大国际中心1号楼12层03、05单元	100034	66256052
三井住友海上火灾保险（中国）有限公司北京分公司	朝阳区东三环北路5号北京发展大厦1601室	100004	85598001

瑞士再保险股份有限公司北京分公司	朝阳区建国门外大街乙12号双子座大厦东塔23层	100022	65638888
慕尼黑再保险公司北京分公司	朝阳区建国门内大街1号国贸大厦1座701室	100004	65057778
法国再保险公司北京分公司	建国门外大街1号国贸大厦1座1217室	100004	65055238
瑞泰人寿保险有限公司	朝阳区建国路81号华贸中心1号楼10层	100025	4008109339
中航三星人寿保险有限公司	朝阳区建国路118号招商局大厦15层	100022	4008101888
中法人寿保险有限责任公司	建国门外大街永安东里8号华彬大厦1202B~1207	100022	85288588
新光海航人寿保险有限责任公司	朝阳区建国路93号万达广场B座写字楼15层	100022	59216666
美国友邦保险有限公司北京分公司	朝阳区建国路乙118号京汇大厦3层	100022	8008203588
信诚人寿保险有限公司北京分公司	东城区王府井大街138号北京新东安广场第3座1001~1027	100738	4008838838
中意人寿保险有限公司北京分公司	朝阳区光华路5号院1号楼11层1201和12层1501部分	100020	4008889888
中宏人寿保险有限公司北京分公司	西城区复兴门外大街A2号中化大厦4层	100045	4008188888
中英人寿保险有限公司北京分公司	朝阳区永安东里16号CBD国际大厦8层	100022	4008800900
金盛人寿保险有限公司北京分公司	朝阳区建国路116号招商局大厦R2楼2层	100022	4006705566
中荷人寿保险有限公司北京分公司	东城区东长安街1号东方广场E1座5层	100738	4008161688
招商信诺人寿保险有限公司北京分公司	朝阳区建国路甲92号世茂大厦8层812号	100022	4008888288
海康人寿保险有限公司北京分公司	朝阳区工体北路甲2号盈科中心A座12层1210~1217室	100027	95105768
华泰人寿保险股份有限公司北京分公司	西城区德胜门外大街125号	100088	4008895509
恒安标准人寿保险有限公司北京分公司	朝阳区东三环北路霞光里18号佳程广场A座22层	100027	59235528

国泰人寿保险有限责任公司北京分公司	西城区西单北大街甲131号大悦城8层	100032	59716818
中德安联人寿保险有限公司北京分公司	朝阳区建国路81号华贸中心1号写字楼5层01、08、09单元	100025	8009886688
中美联泰大都会人寿保险有限公司北京分公司	东城区东长安街1号东方广场东方经贸城东二办公楼12层	100738	85180966
长生人寿保险有限公司北京分公司	西城区平安里西大街28号楼8层06、07单元	100034	63220122

（4）外资保险公司分支机构

海康人寿保险有限公司北京分公司

机构名称	地　址	邮　编	电　话
朝外大街营销服务部	朝阳区工人体育场北路甲2号盈科中心A座12层1201室	100027	58164868

华泰人寿保险股份有限公司北京分公司

机构名称	地　址	邮　编	电　话
东城营销服务部	西城区德胜门外大街125号德胜尚城大厦B座3层北楼	100088	13311296864
西城营销服务部	西城区德胜门外大街125号德胜尚城大厦B座2层北楼	100088	13511065526
北太平庄营销服务部	海淀区知春路51号慎昌大厦7层	100080	13717664189
房山营销服务部	房山区拱辰大街53号611、619、620房间	102488	59375158
昌平营销服务部	昌平区昌平镇府学路26号	102200	69726201
大兴营销服务部	大兴工业开发区金苑路3号多元商务大厦3层C21室	102600	60216335

恒安标准人寿保险有限公司北京分公司

机构名称	地　址	邮　编	电　话
朝阳营销服务部	朝阳区东三环北路霞光里18号佳程广场A座22层	100027	59235582

金盛人寿保险有限公司北京分公司

机构名称	地址	邮编	电话
国贸营销服务部	朝阳区建国路116号招商局中心R2楼2层	100022	51358866

美国友邦保险有限公司北京分公司

机构名称	地址	邮编	电话
东城长安营销服务部	东城区东直门南大街甲3号居然大厦8层801	100006	85117775
朝阳亚运村营销服务部	朝阳区裕民路12号1号楼A座401~405单位	100029	65683338
朝阳建国路营销服务部	朝阳区建国路108号丰树大厦5层01~05单元	100022	65661338
朝阳永安里营销服务部	建国路108号丰树大厦601、602单元	100022	65683338
朝阳大望路营销服务部	朝阳区建国路108号丰树大厦3层	100022	65683338
朝阳劲松营销服务部	朝阳区东三环南路甲52号顺迈金钻写字楼21－A	100022	67718399
朝阳三元桥营销服务部	朝阳区东三环北路3号幸福大厦B座301	100027	64619828
朝阳长虹桥营销服务部	朝阳区东三环北路17号1104	100027	65301269
朝阳和平西桥营销服务部	朝阳区北三环东路28号易亨大厦1509	100013	64405903
朝阳光华路营销服务部	朝阳区光华路7号汉威大厦9层B2	100022	65683338
海淀营销服务部	海淀区紫竹院路69号兵器大厦	100089	68966966
通州营销服务部	通州区云景北里45号楼－1至2层45－2商业用房	101101	81511557
昌平营销服务部	昌平区回龙观镇龙泽苑小区东门商业楼北楼3层	100029	58907888

新光海航人寿保险有限责任公司

机构名称	地　址	邮　编	电　话
朝阳支公司	朝阳区霄云路甲26号海航大厦写字楼20层	100125	59216666

信诚人寿保险有限公司北京分公司

机构名称	地　址	邮　编	电　话
新东安营销服务部	东城区王府井大街138号新东安写字楼2座8层	100006	65888885
王府井营销服务部	东城区王府井大街138号新东安广场写字楼1座733，2座701～707	100006	85117988
西环广场营销服务部	海淀区中关村南大街乙56号方圆大厦写字楼22层2203～2206室	100044	85181888
昌平营销服务部	昌平区政府街23号院社区服务中心大楼2层西南区域	100200	69742288
平谷营销服务部	平谷区平谷镇新开街33号楼18－3号	101200	89999578

中荷人寿保险有限公司北京分公司

机构名称	地　址	邮　编	电　话
东方广场营销服务部	东城区东长安街1号东方广场中二办公楼7层1、2室	100738	65216685
第二营销服务部	朝阳区建外大街永安东里甲3号通用时代国际中心1号楼2层	110105	58793777

中美联泰大都会人寿保险有限公司北京分公司

机构名称	地　址	邮　编	电　话
第二营销服务部	朝阳区东三环中路20号乐成中心A座16层	100022	85180966

第三营销服务部	朝阳区东三环中路20号乐成中心A座17层	100022	85180966
东城第一营销服务部	东城区朝阳门内大街2号凯恒中心B座6层、E座6层、B座7层12~13	100010	58320818

中航三星人寿保险有限公司

机构名称	地址	邮编	电话
朝阳第二营销服务部	朝阳区建国路118号招商局大厦26层	100022	58201700
朝阳区大北窑营销服务部	朝阳区建国路93号万达广场9号楼大厦3、7、8层	100022	58201780

中意人寿保险有限公司北京分公司

机构名称	地址	邮编	电话
东恒营销服务部	东城区东直门外大街46号天恒大厦25层	100027	58190088
大成营销服务部	西城区宣武门西大街甲127号大成大厦15A层02~06室	100031	66422900
国贸营销服务部	朝阳区永安东里甲3号通用国际中心A座21层	100022	59257000

中宏人寿保险有限公司北京分公司

机构名称	地址	邮编	电话
朝阳区营销服务部	朝阳区朝阳公园路19号佳隆国际大厦711~713	100125	65390701

中英人寿保险有限公司北京分公司

机构名称	地址	邮编	电话
西城区营销服务部	朝阳区永安东里16号CBD国际大厦812室	100022	85672888
西城区德胜门营销服务部	西城区黄寺大街甲23号院1号楼615室、712室及16层	100011	58540000

（5）保险代理公司

机构名称	地　　址	邮　编	电　话
北京安邦保险代理有限责任公司	西城区六铺炕街1号1层119室	100011	82032385
北京国民保险代理有限公司	西城区车公庄大街9号院5号楼1402室	100044	62538000－155
北京国泰保险代理有限公司	朝阳区幸福一村甲55号	100027	64162696
北京恒信保险代理有限公司	朝阳区芍药居北里305楼203～204	100029	84929744
北京安平保险代理有限公司	西城区德胜门内西顺城街46号东101A	100035	66126609
北京信安保险代理有限公司	朝阳区望京中关村科技园区电子城西区	100029	58772299
北京达富保险代理有限公司	东城区东直门外大街46号天恒大厦6层606室	100022	51667889－821
北京银华同邦保险代理有限公司	西城区宣武门西大街28号大成广场9门19层	100053	63601165
北京泛联保险代理有限公司	朝阳区呼家楼向军南里二巷甲5号雨霖大厦7层	100020	51311678
北京嘉信保险代理有限公司	朝阳区安定路35号15层05号	100007	84012449
北京开诚保险代理有限公司	丰台区东大街66号309室	100071	63861768
北京诚信保险代理有限公司	朝阳区东三环南路甲52楼5层6C	100022	59711663
北京诚成保险代理有限公司	朝阳区东大桥路8号1楼3012室	100020	58701778
北京国人保险代理有限公司	朝阳区建国门外大街丙24号楼18层2103	100022	65666679
北京宏安信保险代理有限公司	海淀区中关村东路18号财智国际大厦A座1201室	100083	82600499－802
北京京安保险代理有限公司	西城区西直门南小街国英1号427	100035	58561057

北京阳光保险代理有限公司	朝阳区望京园 602 号楼 27 层 3121	100102	64957548
北京格林保险代理有限公司	西城区北礼士路甲 98 号阜成大厦 4 层 431 室	100037	62366843
北京富邦保险代理有限公司	朝阳区安华里二区 13 楼 103 室	100011	59221430
北京国恒保险代理有限公司	西城区德外大街 73 号北楼 2 层	100088	62351912
北京恒泰保险代理有限公司	朝阳区秀水街 1 号建国门外外交公寓 8－2－43	100600	85322952
北京平和保险代理有限公司	西城区阜外大街 7 号国投大厦 715 室	100037	68096220
北京泰洋保险代理有限公司	朝阳区吉庆里 6 号楼佳汇中心 B 座 407 号	100020	65531762
北京信泰保险代理有限公司	海淀区昌运宫 4 号豪柏公寓 B1－701 室	100044	88420460
北京康泰保险代理有限公司	东城区鼓楼外大街 52 楼 212 房	100011	65495880
北京国济保险代理有限公司	西城区北三环中路甲 29 号院 2 号楼华尊大厦 B 座 1501	100029	62356665
北京华诚保险代理有限公司	海淀区北三环西路 32 号恒润国际大厦 809 室	100086	62157687
北京世纪隆盛保险代理有限公司	海淀区板井路 69 号世纪金源国际公寓东区 10H	100097	88461845
北京德信保险代理有限公司	朝阳区安慧里四区 16 号化工大厦 916 室	100723	84885211
北京国诚国际保险代理有限公司	丰台区西罗园四区 25 号楼 2 单元 501 号	100077	87609879
北京京恒福保险代理有限公司	海淀区北下关街道 85 号交大附小南校区西配楼 2 层 3 间	100044	62186351
北京一和保险代理有限责任公司	朝阳区东三环中路 12 号 1 号楼 1401	100022	87710095
北京中逸保险代理有限公司	海淀区北三环西路 48 号科技会展中心 1 号楼 A 座 8B	100086	51627409－81
北京广安保险代理有限责任公司	平谷区平谷镇古丰东路 8 号	101200	69968049

北京天地保险代理有限公司	海淀区中关村北二条13号中科科仪5－309	100190	82671691
北京开元保险代理有限公司	海淀区巴沟南路35号京江阳光A座310号	100089	82551322
北京万家保险代理有限公司	海淀区阜成路115号北京印象1号楼205房间	100036	88138501
北京泛华保险代理有限公司	朝阳区向军南里2巷甲5号雨霖大厦7层	100054	51311666
北京迪卡保险代理有限公司	海淀区清华东路甲35号半导体宿舍4号楼302号	100083	82375133
北京华晨保险代理有限公司	海淀区中关村南大街5号683号楼理工科技大厦1805室	100081	68464085
北京双诚保险代理有限公司	东城区忠实里南街6号楼3单元603室	100022	87758893
北京市金诚华夏保险代理有限公司	丰台区科技园区3A地块工商联科技大厦09b04－06室	100070	63743368
北京泛华富民保险代理有限公司	朝阳区酒仙桥南路4号院3号楼305室	100086	51311668
北京致用保险代理有限公司	西城区广安门南滨河路25号403室	100055	63393205
北京万里安保险代理有限公司	朝阳区小红门乡小红门村南四环东路69号	100029	87634088
北京利信保险代理有限公司	东城区安定门东大街28号雍和大厦1号楼A单元1011室	100007	84035234
北京新月保险代理有限责任公司	昌平区昌平科技园区永安路26号孵化器大楼主楼6层	102200	69721683
北京普顺保险代理有限公司	海淀区长春桥路11号3号楼707室	100080	58818616
北京申根保险代理有限公司	朝阳区朝外大街10号（A1区）706A	100020	64174035
北京安惠保险代理有限公司	朝阳区建华南路11号1号楼7层710室	100022	65578968－628
北京润昌保险代理有限公司	海淀区塔院志新村2号金唐酒店5098室	100083	62021595
北京中佳保险代理有限公司	西城区南滨河路27号院7号楼307室	100055	63453588

北京阳光干线保险代理有限公司	海淀区祁家豁子甲2号建德商务楼117室	100083	62369090
北京汇龙森保险代理有限公司	北京经济技术开发区西环南路18号	100070	63718681
北京瑞丰民安保险代理有限公司	海淀区大钟寺13号院1号华杰大厦10B21房间	100098	62152078－808
北京市神舟保险代理有限公司	西城区新街口外大街8号1幢612室	100088	82358474
中际保险代理（北京）有限公司	朝阳区管庄杨闸环岛西侧北角京通新城13号楼12－E室	100024	51397938
北京汇泽保险代理有限公司	朝阳区西坝河南路甲1号A座2704室	100028	64462971
北京瑞安鸿泰保险代理有限公司	怀柔区青春路26号四层407、409室	101400	61665978－833
北京众恒保险代理有限责任公司	昌平区鼓楼东街33号金宇大厦105室	102200	69727232
北京红枫鑫保险代理有限公司	朝阳区东三环南路21号北侧翌景嘉园1号楼15G室	100021	51670666
北京泰登兴业保险代理有限公司	朝阳区金汇路10号楼9层1008号	100022	87565219
北京利亚保险代理有限公司	西城区白广路4、6号8幢501室	100050	51726516
北京碧升保险代理有限公司	丰台区北京西站东附楼301A、303A	100055	58301616－109
北京义邦保险代理有限公司	密云县百世城商业街7幢109号	101500	89021861
北京市玉林保险代理有限责任公司	房山区西潞街道良乡西路苏庄三里17号楼11号	102488	89358634
北京友富保险代理有限公司	东城区东交民巷28号C205室	100006	65265373
北京佰盈保险代理有限公司	海淀区西直门北大街甲43号1幢504号	100044	62259056
北京安信捷保险代理有限公司	东城区和平里七区16号楼529室	100013	64200866
太阳联创保险代理（北京）有限公司	朝阳区和平街东土城路12号院3号楼704室	100013	64489960

北京金隅民生保险代理有限公司	朝阳区向军北里28号院瀚海文化大厦3层302	100075	66411199－8825
保通时空（北京）保险代理有限公司	海淀区紫竹院路116号嘉豪国际中心D座606室	100079	87790032
北京鼎世力德保险代理有限公司	西城区广安门外168号中座715号	100055	63381827
葆和（北京）保险代理有限公司	海淀区西直门北大街甲43号1幢B502号A	100044	65918559
北京天岳保险代理有限公司	怀柔区青春路21号404室	101400	58773999
北京鼎信恒保险代理有限责任公司	顺义区裕龙花园六区37#－3－101	101300	69471569
北京汇祥保险代理有限公司	海淀区复兴路20号44号楼319室	100036	68211692
北京德润保险代理有限公司	丰台区西三环南路西局168号	100071	82960209
北京佳盛保险代理有限公司	海淀区建材城东二里硅谷先锋15楼206室	100096	82934662
盛源兴保险代理（北京）有限责任公司	平谷区平谷镇文化南街8号楼8－7号	101200	51321292
北京金汉保险代理有限公司	海淀区远大路39号1号楼603室	100097	52778211
北京睿峰都保险代理有限责任公司	房山区良乡拱辰北大街1号昊天假日酒店A602房间	102488	89358985
北京三合保业保险代理有限公司	丰台区方庄芳城园一区17号楼日月天地大厦A305－307室	100078	58076944
北京众合四海保险代理有限公司	朝阳区安华里二区13号楼101室	100011	59221501
北京创富保险代理有限公司	朝阳区东三环中路39号建外SOHO 16号楼23单元2701、2703、2705	100022	51299166－8866
北京环宇康泰保险代理有限公司	丰台区丰管路甲28号1楼101室	100073	63338990
北京胜易保险代理有限公司	东城区永内东街2号406室	100063	67018888
北京通盈保险代理有限公司	西城区菜市口南大街平原里小区20号楼309房间	100054	83560085

北京金石保险代理有限公司	朝阳区亚运村北小营欧陆经典北区C座8层0902室	100101	84850879
北京东方之家保险代理有限公司	丰台区南四环西路123号北京旧机动车交易市场过桥5号	100070	63723224
北京诚服斯文思保险代理有限公司	朝阳区黑庄户乡大鲁店三队	100023	86528230
北京远安保险代理有限公司	西城区黄寺大街23号院1号楼1603室	100011	82231018
北京福安天润保险代理有限责任公司	平谷区平谷镇金乡居民西小区56号楼（2）－1－2	101200	51323072
北京佰阳保险代理有限公司	海淀区北太平庄路甲1号六号楼106室	100088	82023299
北京交广保险代理有限公司	朝阳区幸福三村北街1号	100027	84515731
北京瑞宝寿康保险代理有限公司	朝阳区小关北里45号1号楼17A	100029	84897891
北京明生天佑保险代理有限公司	朝阳区朝外大街22号12A层12A09室	100020	85658799
北京瑞懋保险代理有限责任公司	海淀区复兴路2号23号南平房	100038	51916312
北京五丰保险代理有限公司	朝阳区朝外大街甲6号万通中心20层B－2002室	100020	59071428
大童保险销售服务有限公司	西城区宣武门西大街甲127号22层01－06室	100031	58931855
北京金鼎涛保险代理有限公司	海淀区彰化南路18号1号楼3层328号	100097	88840744
北京润康保险代理有限公司	西城区新街口外大街8号金丰和写字楼A座415座	100088	62020080
中天信合保险代理（北京）有限公司	西城区白纸坊西街20号圣都大厦1806室	100054	63585718
北京诚联保险代理有限公司	海淀区学院路40号研八楼	100191	62304911
北京康硕保险代理有限公司	丰台区分中寺关家坑4号院大汉国际中心大厦A座2620室	100164	51661836
北京宝力诚保险代理有限责任公司	朝阳区安慧北里安园10号楼H座202室	100101	51667471

英硕伦斯保险代理（北京）有限责任公司	东城区忠实里南街甲6号楼807室	100022	67759836
北京宏利保险代理有限公司	朝阳区力源里8号楼1903号	100025	59630856
北京恒荣汇彬保险代理有限公司	丰台区南三环东路6号楼2－1506室	100026	67646956
国仁泰和（北京）保险代理有限公司	东城区东直门外大街46号1007室	100027	84608228
北京盈和宝业保险代理有限公司	石景山区京原路3号3号楼2层	100043	58239116
纳捷奥保险代理（北京）有限公司	海淀区车公庄西路乙19号华通大厦B座北塔10层1027房	100048	51666898
北京丽华保险代理有限公司	丰台区科学城海鹰路9号2号楼1层	100070	63789691
北京元泰宏瑞保险代理有限公司	海淀区甘家口21号楼621号	100073	88361395
北京京安恒信保险代理有限公司	西城区平原里小区20号楼311室	100054	83554701
北京永通保险代理有限公司	平谷区平谷镇兴谷园小区18楼12号	101200	89982282
北京财富之舟保险代理有限公司	朝阳区百子湾路16号百子园5号楼B单元502室	100022	87220020
北京海商保险代理有限公司	朝阳区东四环中路60号楼远洋国际C座304室	100025	59648632
北京泰瑞保险代理有限责任公司	朝阳区东直门外大街28号港湾国际501室	100027	64159749
北京智瀚保险代理有限公司	朝阳区东直门外大街28号港湾国际中心718室	100027	64157780
北京欧尼斯特保险代理有限公司	海淀区蓝靛厂东路2号院金源时代商务中心2号楼C座5D	100089	88877794
北京金宇四越保险代理有限公司	昌平区鼓楼东街33号金宇大厦206室	102200	60741812
北京赛保通保险代理有限公司	东城区幸福大街甲39号A－207	100061	62247533
北京美日保险代理有限公司	密云县经济开发区康宝路10－3号	101500	85919777

洋坤（北京）保险代理有限公司	海淀区中关村南大街52号3号楼九州怡和商务酒店1015A室	100081	62166258
北京佳保保险代理有限公司	朝阳区京奥家园132号楼4层1门401号	100018	51079873
北京吉顺佳保险代理有限公司	丰台区华源一里10号楼2103室	100073	58052402
北京华盛京港保险代理有限公司	海淀区北四环中路229号海泰大厦557室	100084	82885815
北京立康保险代理有限公司	东城区东直门外大街48号C座7A	100027	51396395
北京诚信通保险代理有限公司	平谷区贾各庄村东南街	101200	69969211
北京华夏经纬保险代理有限公司	朝阳区东三环中路59号楼601室	100022	58241666－805
北京北盛联合保险代理有限责任公司	朝阳区朝阳门外大街20号联合大厦701A室	100020	65887581
北京京铁保险代理有限责任公司	丰台区莲花池东路120－1号北京西站西附楼5301室	100055	51935011
新宝宇业（北京）保险代理有限公司	朝阳区广渠门外大街8号西座2201号	100022	58613811
北京铭信保险代理有限公司	西城区德胜门外大街11号44号楼318室	100088	88466878
天圆地方（北京）保险代理有限公司	朝阳区西大望路3号院3号楼18层2101～2103	100026	85999572
北京易品保险代理有限公司	朝阳区光华路4号东方梅地亚中心C座2708室	100026	85802382
北京京广保险代理有限公司	朝阳区朝阳北路235号复地国际公寓703室	100020	85715028
北京众联汇华保险代理有限公司	东城区夕照寺街14号4号楼303、304、310～312室	100061	83933807
国福家庭保险销售服务有限责任公司	西城区金融街15号鑫茂大厦北楼4层403室	100020	66290719
北京上禾保险代理股份有限公司	西城区阜成门外大街2号B1802	100037	68031921
北京乐融保险代理有限公司	西城区西直门外大街1号院2号楼12层12C5	100035	68563212

北京汇通金隆保险代理有限公司	丰台区分中寺关家坑206号B座303室	100164	60871399
北京中金同安保险代理有限公司	海淀区西四环北路158号慧科大厦东区5层H2	100142	88591920－816
天勤保险代理（北京）有限公司	朝阳区东三环南路17号B座9F	100021	87665678
北京赛福特保险代理有限公司	朝阳区安立路60号楼2号住宅楼1502室	100101	64827061
北京金支桥保险代理有限责任公司	海淀区中关村南大街甲56号方圆大厦A座1301	100044	88027726
北京昕盈保险代理有限公司	丰台区西局南街甲56号	100073	86639611
泛华联兴保险销售股份公司	通州区北苑149号通典铭居K楼15层2001室	100011	58205550

（6）保险经纪公司

机构名称	地　址	邮　编	电　话
华泰保险经纪有限公司	西城区金融大街11号中国再保险大厦14层	100004	66576588
达信（北京）保险经纪有限公司	朝阳区光华路1号北京嘉里中心北楼15层1506室	100020	65334000
江泰保险经纪股份有限公司	海淀区新街口外大街19号京师大厦7层	100875	62202788
长安保险经纪有限公司	西城区南横东街8号都城大厦11～12层	100052	63411499
北京联合保险经纪有限公司	朝阳区静安里26号通成达大厦8～9层	100028	64680488
民生保险经纪有限公司	朝阳区工体西路18号光彩国际公寓1号楼3A	100020	65512240
新时代保险经纪有限公司	海淀区三里河路1号西苑饭店5号楼5518室	100044	88386915
北京天和保险经纪有限公司	朝阳区北土城西路7号国恒基业大厦F座802室	100029	82275811
北京同安保险经纪有限公司	西城区金融街27号投资广场B座2006室	100032	66214406

北京世纪保险经纪有限公司	西城区复兴门内大街156号A－1001室	100031	88086846
北京中鼎保险经纪有限公司	西城区大安澜营胡同31号4号楼218室	100050	63163589
康桥保险经纪有限公司	朝阳区华威里3号楼2E	100021	87731845
北京康信保险经纪有限公司	朝阳区八里庄西里远洋天地61号楼2501室	100025	85861166
北京惠邦保险经纪有限公司	朝阳区裕名路12号中国国际科技会展中心C座901室	100028	84414473
北京环球保险经纪有限公司	西城区西直门内南小街国英1号516、518室	100035	58561188
五洲（北京）保险经纪有限公司	东城区东长安街1号东方广场东二座1704－5A	100738	85188766
北京新世界保险经纪有限公司	东城区崇文门外大街11号新成文化大厦B座915室	100062	67092376
北京德圣保险经纪有限公司	朝阳区南磨房路37号华腾北搪商务大厦2301室	100021	51908196
北京天道保险经纪有限责任公司	海淀区蓝靛厂南路55号金威大厦307室	100097	51502735
华信保险经纪有限公司	西城区宣武门内大街2号西楼办公1119～1124室	100031	83568318
金安保险经纪有限公司	海淀区板井路69号世纪金源大饭店写字楼7层	100089	88430676
竞盛保险经纪股份有限公司	丰台区角门18号未来假日花园综合楼1101室	100068	87571701
北京汇金保险经纪有限公司	东城区东长安街1号东方广场C2楼202室	100738	51660028
华旅（北京）保险经纪有限公司	海淀区西四环北路158号慧科大厦东区8A	100142	88592081
扬子江保险经纪有限公司	朝阳区霄云路甲26号海航大厦16层	100012	57583451
北京信德保险经纪有限公司	海淀区西三环北路50号豪柏国际公寓A1座2402～2403房	100044	68431661
北京华融保险经纪有限公司	西城区阜外大街国宾大厦808室	100037	68002927
北京中体保险经纪有限公司	东城区天坛东路50号国家体育总局训练局院内	100061	67185366

方胜保险经纪有限公司	朝阳区西大望路15号4号楼7层701	100022	67771270
宏达通泰保险经纪（北京）有限公司	海淀区车公庄西路甲19号华通大厦8层828房间	100044	51662261
北京华夏保险经纪有限公司	东城区安德里北街甲20号212室	100011	62028188
北京东方华信保险经纪有限公司	西城区百万庄大街8号世通大厦A203室	100037	68366080
北京安华保险经纪有限公司	门头沟区城子大街73号－3	102300	58790697
北京金永泰保险经纪有限公司	海淀区西八里庄北里56号院西钓鱼台庄园3号楼4门401室	100036	88124962
希尔曼（北京）国际保险经纪有限公司	朝阳区京顺路四元桥1号	100102	84729364
苏黎世保险经纪（北京）有限公司	朝阳区酒仙桥路10号2层202室	100016	84398000
北京国中保险经纪有限公司	朝阳区建外大街16号东方瑞景1号楼1601室	100022	65691170
北京华育保险经纪有限公司	西城区华远北街2号通港大厦817室	100031	83988807
北京亚泰胜达保险经纪有限公司	丰台区成寿寺158号	100079	88086928－77
北京永诚保险经纪有限公司	海淀区中关村南大街2号北京科技会展中心银座803、903室	100081	62149999
北京中金保险经纪有限公司	海淀区新街口外大街19号1区3号楼9716单元	100875	82055969
华富（北京）保险经纪有限公司	西城区金融大街35号国际企业大厦B座1122号	100032	88092087
银河保险经纪（北京）有限责任公司	西城区金融大街35号国际企业大厦C座12层	100032	66568303
北京富诚保险经纪有限公司	东城区广渠门内南小街3号楼一单元1002室	100062	67169106
北京润得保险经纪有限公司	朝阳区北苑路172号（公寓楼）11楼4层A室	100101	84851002
北京东方保险经纪有限公司	西城区南横西街甲一号京源大厦7层	100052	59000271

宇泰保险经纪（北京）有限公司	海淀区清河小营安宁庄东路18号16号楼	100085	68160219－821
航联保险经纪有限公司	东城区东直门南大街5号中青旅大厦9层	100007	58157000
中铁保险经纪有限责任公司	西城区宣内大街西绒线胡同98号	100031	59799917
北京鑫恒保险经纪有限公司	西城区复兴门外大街A2号中化大厦610室	100045	68563212
国联（北京）保险经纪有限公司	朝阳区北苑路170号凯旋城D座1203室	100101	63203496
宜安（北京）保险经纪有限公司	东城区东直门大街48号东方银座A座8E	100027	84476603－606
中青（北京）保险经纪有限公司	丰台区科学城帝京路1号帝京花园1－21	100070	64097575
北京润盛保险经纪有限公司	朝阳区霄云路18号京润水上花园别墅E51号	100016	64681372/73
北京明亚保险经纪有限公司	朝阳区朝外大街22号泛利大厦12A层12A01室	100020	85658565
北京天易保险经纪有限公司	海淀区阜外亮甲店1号恩济西园10号楼西3门3305	100142	68177335
北京中天保险经纪有限公司	西城区闹市口大街1号院2号楼长安兴融中心6C	100031	59799818
远通（北京）保险经纪有限公司	海淀区彰化南路18号2号楼443号	100097	52720502
北京金甲保险经纪有限公司	西城区西直门内南小街国英园1号楼707室	100035	58561769
领航国际保险经纪（北京）有限公司	西城区太平桥大街丰汇园11号楼丰汇时代大厦东翼607A	100032	58362067
北京中泰鑫海保险经纪有限公司	西城区香炉营头条33号院2号楼305房间	100052	83172500－810
金联安保险经纪（北京）有限公司	昌平区立汤路188号北方明珠大厦1号楼2310室	102218	58608292
宏孚保险经纪（北京）有限公司	朝阳区拂林路9号D单元1003	100107	64466560
北京新城保险经纪有限公司	朝阳区北土城西路7号国恒基业大厦D座804室	100029	51663231

北京远安保险经纪有限公司	西城区黄寺大街甲23号院1号楼1601号	100011	82231008
北京安康保险经纪有限公司	朝阳区西坝河西里28号英特公寓B座2层	100028	64476149
中盛国际保险经纪有限责任公司	东城区安定门东大街28号雍和大厦A座11层	100007	51239700
北京天时国际保险经纪有限公司	海淀区西三环北路72号世纪经贸大厦A座1707室	100037	51799526
北京盛安国际保险经纪有限公司	海淀区中关村东路18号财智国际大厦A座1105室	100083	82601338
北京金诚国际保险经纪有限公司	海淀区西三环北路91号7号楼3层C02号房间	100089	58830800
北京木易保险经纪有限责任公司	海淀区厂洼街5号博越写字楼5层	100089	68920720
北京中汇国际保险经纪有限公司	东三环中路39号建外SOHO15号楼808室	100022	58691896
金丰（北京）保险经纪有限公司	石景山区石景山路乙18号万达广场D座613室	100043	88689990
北京美邦保险经纪有限公司	东城区新中街18号4号楼2205室	100027	84473181
北京嘉信保险经纪有限公司	朝阳区安定路35号1504号	100007	84012135
北京富达保险经纪有限公司	朝阳区吉庆里9号10号楼蓝筹名座B座1单元502室	100020	65539301
九州联合（北京）保险经纪有限公司	海淀区车道沟8号5号楼A420	100089	68473708
光华保险经纪有限公司	东大桥路8号1楼508室	100040	87216060
标准（北京）保险经纪有限公司	朝阳区朝外大街乙12号1号昆泰国际大厦29层	100020	58289621
北京恒丰保险经纪有限公司	西城区西四南大街砖塔胡同40号宝塔宾馆308室	100810	88893401
华安（北京）国际保险经纪有限公司	西城区富国街2号富国饭店写字楼1601室	100034	66123935
北京百川保险经纪有限公司	东城区安定门西大街24－25号	100009	64052860
正丰国际保险经纪（北京）有限公司	西城区闹市口大街1号院长安兴融中心3号楼1204室	100031	58529167

北京物融保险经纪有限公司	西城区阜成门外大街甲9号国宾酒店9层	100037	68005737
北京秦华保险经纪有限公司	西城区广安门外大街168号中座1010室	100055	63985525
海盟国际保险经纪（北京）有限公司	朝阳区西坝河西里23号红都阳光商务会馆398室	100028	64200617
海峡联合保险经纪（北京）有限责任公司	海淀区蓝靛厂东路2号院2号楼2单元B座5E	100089	88878991
全景保险经纪（北京）有限责任公司	朝阳区将台路6号丽都饭店A2商业楼7层701室	100004	64373510
北京乾泰保险经纪有限公司	海淀区大柳树路17号富海大厦2号1207室	100081	68985750－607
北京和政保险经纪有限公司	朝阳区道家园18号楼12层	100025	65301358
北京瑞信保险经纪有限公司	朝阳区北四环东路108号千鹤家园3号楼504室	100029	84832950
五矿保险经纪（北京）有限责任公司	海淀区三里河路5号五矿大厦B座410室	100044	68494428
财富亿家（北京）保险经纪有限公司	西城区广安门外大街168号1幢4层2－519	100055	63381951
北京华汇保险经纪有限公司	朝阳区劲松南路1号602室	100021	67355397
中盛融安国际保险经纪（北京）有限公司	海淀区大柳树路福海中心3号楼富海国际港1501	100081	62152906
国电保险经纪（北京）有限公司	西城区阜成门北大街6－8号国际投资大厦B栋316房间	100034	58682591
北京信成和盛保险经纪有限责任公司	西城区宣外大街88号202室	100052	63036418
北京宏源保险经纪有限公司	朝阳区潘家园南里12号潘家园大厦0200室	100021	51401796
海亚（北京）国际保险经纪有限公司	朝阳区安慧北里小区秀园15号楼海亚大厦4层	100101	64912569
北京众合保险经纪有限公司	西城区金融街15号鑫茂大厦北楼608室	100032	66553355
哈保保险经纪（北京）有限公司	朝阳区建国路93号院10号楼601室	100022	58203824

文津国际保险经纪（北京）有限公司	西城区黄寺大街26号院德胜置业大厦4号楼1209室	100011	82809166
中泰国际保险经纪（北京）有限公司	海淀区海淀大街8号中钢大厦7层716、717室	100080	62686563
中电投保险经纪有限公司	西城区金融大街28号院3号楼	100140	66298621
道可特保险经纪（北京）有限公司	朝阳区八里庄西里100号住邦2000一号楼西区1601室	100025	85862886
英硕（北京）保险经纪有限公司	通州区新华北街75号	101100	52336051
鼎力（北京）保险经纪有限公司	东城区安定门东大街28号B座1102~1103室	100007	84682678
国安国际保险经纪股份有限公司	朝阳区和平街十三区煤炭科技苑小区35号煤炭大厦	100013	64257976
北京中联恒信保险经纪有限公司	西城区太平街6号6层E-711室	100050	59361219
海盟联合保险经纪（北京）有限公司	西城区金融大街5号新盛大厦A座409	100140	66553313-888
北京银河时空保险经纪有限责任公司	北四环西路9号银谷大厦812室	100190	62800518-537
安行保险经纪（北京）有限公司	西城区三里河一区5号院7号楼群房5-3号301室	100022	65387011
北京中卫保险经纪有限公司	朝阳区安外外馆斜街甲1号泰利明苑A座212	100011	85285599
北京中兴保险经纪有限公司	丰台区南三环中路70号南曦大厦D座2108室	100075	87874277
北京盛唐保险经纪有限公司	朝阳区光华路15号院4号楼802号	100022	85885644
邦富（北京）保险经纪有限公司	西城区菜市口南大街平原里20号中保302、305、307室	100054	65265373
北京安平中鼎保险经纪有限公司	丰台区科技园富丰路4号工商联科技大厦B座2004室	100070	63754017
北京中瑞惠银国际保险经纪股份有限公司	东三环南路甲52号顺迈金钻大厦15层18C	100022	87729758
北京赛福哈博保险经纪有限公司	海淀区北小马厂6号华天大厦514~516室	100036	68017646

金兰（北京）国际保险经纪有限公司	朝阳区慧忠路3号院1号楼9层1003	100101	64938131
北京邦恒保险经纪有限公司	丰台区南四环西路188号15区15号楼6层-01	100070	51298395
北京麦特保险经纪有限公司	朝阳区曙光西里甲1号第三置业B座3202室	100028	58220295
诚合保险经纪（北京）有限责任公司	海淀区复兴路40号中国铁建大厦九层东侧	100855	52689659
北京国采保险经纪有限公司	东城区东直门外大街48号1幢10层办公楼10K	100020	84477399
赛诺保险经纪（北京）有限公司	昌平区振兴路9号力兴大厦310、319室	102200	80119057
北京阳光三泰保险经纪有限公司	石景山区远洋山水22号楼7单元12B-02室	100040	59497070
北京鼎盛保险经纪有限责任公司	朝阳区东三环北路16号	100125	65064796
正隆（北京）保险经纪股份有限公司	西城区金融大街15号鑫茂大厦办公楼601B、405室	100140	66290533
北京金海川保险经纪有限公司	顺义区仁和镇沙陀村北侧门牌20号	101300	69472620
安润国际保险经纪（北京）有限公司	西城区阜成门外大街2号B1011	100037	68060229
北京中融信通保险经纪有限公司	海淀区中关村南大街甲6号铸诚大厦B座1806室	100086	51582188
北京广丰保险经纪有限公司	丰台区鹅凤营147号华胜写字楼202~206室	100027	63659156
北京同泰保险经纪有限责任公司	朝阳区幸福二村38号楼12层至13层1单元1201、12层1单元1204	100027	84444496
北京三角洲保险经纪有限责任公司	海淀区青云里满庭芳园小区9号楼青云当代大厦1811号	100086	62124086
北京全联保险经纪有限公司	丰台区城南嘉园益城园16号楼10层3-1008	100068	87262958
北京关爱保险经纪有限公司	朝阳区朝外大街10号昆泰大厦A座主楼8层808室	100125	84535379
泛华博成保险经纪有限公司	通州区安顺二街1号	101149	58205550

北京中兵保险经纪有限公司	海淀区车道沟10号院3号科研办公楼5层503室	100089	68966632
北京丰融保险经纪有限公司	西城区牛街11号胜芳商厦7层	100053	58373900
北京新航保险经纪有限公司	朝阳区建国路88号7号楼710室	100022	87725490
北京协荣保险经纪有限公司	西城区广义街5号3层1－316	100053	83126678
北京泰丰保险经纪有限公司	丰台区南三环中路68号自然美大厦805室	100077	67281839
佳达保险经纪（北京）有限公司	东长安街1号东方广场东方经贸城东三办公楼1109室	100738	65334100
北京大唐泰信保险经纪有限公司	西城区菜市口大街1号13层1311	100053	66586558
北京鞍汇联保险经纪有限公司	朝阳区东三环中路39号建外SOHO15号楼805室	100022	58695890

（7）保险公估公司

机构名称	地　址	邮　编	电　话
北京大陆保险公估有限公司	西城区车公庄大街6号3号楼468室	100044	68003256
北京合信保险公估有限公司	海淀区复兴路83号九州大厦409室	100856	68133686
北京正和保险公估有限公司	北京经济技术开发区东区科创三街富士普拉斯卡有限公司208室	100023	67892179
北京格林保险公估有限公司	朝阳区光华路15号院泰达时代中心4号楼1104、1105房间	100026	85885405
北京天诺嘉福保险公估有限公司	朝阳区东三环中路39号建外SOHO16号楼2008室	100022	58693424
竞胜保险公估有限公司	丰台区角门18号枫竹苑二区1号楼1201室	100068	87571701
北京华大保险公估有限公司	西城区莲花池东路5号白云时代大厦B座1503室	100038	63260378
北京华信保险公估有限公司	西城区宣武门内大街2号华电大厦B座11层	100031	83568356

北京首证保险公估有限公司	西城区德胜门内西顺城街46号东101	100035	64069182
北京安诚保险公估有限公司	朝阳区芍药居北里305号楼204室	100029	84931314
北京中达信保险公估有限公司	海淀区车公庄西路45号花园写字楼3层C02室	100048	68428636－818
北京君恒保险公估有限责任公司	东城区东花市北里东区1号楼3段7层	100062	67164581
仁祥保险公估（北京）有限公司	海淀区车公庄西路甲19号华通大厦7层716室	100048	68482580
北京天恒保险公估有限公司	海淀区北小马厂6号华天大厦2216室	100038	58891216－606
北京德仁保险公估有限公司	朝阳区北苑路170号2号楼2－1603号	100022	59002515
北京仁济和保险公估有限责任公司	西城区富国街2号富国饭店1305室	100045	66130459
北京国信行保险公估有限公司	丰台区花乡南三环西路万柳桥西北商业及行政办公综合楼13层1－1615室	100070	87565219
金联安保险公估（北京）有限公司	昌平区立汤路188号北方明珠大厦1号楼2310室	102218	58608292
北京中咨保险公估有限公司	海淀区东北旺西路8号中关村软件园5号汉王大厦1E精友时代A1A2	100193	82826669
北京安恒信保险公估有限公司	西城区南横东街8号都城大厦1106室	100052	63411487
北京康信恒润保险公估有限公司	海淀区彰化南路18号2号楼4层441号	100097	52720503
北京一清行保险公估有限公司	海淀区马家沟平房甲7－103室	100085	62019818
北京华泰保险公估有限公司	西城区金融大街11号中国再保险大厦8层0803室	100034	66576511
北京邦业保险公估有限公司	朝阳区来广营西路甲8号3层	100012	84969696
北京通宝行保险公估有限公司	西城区广安门外大街168号1幢2－517室	100055	83065677

北京全天候保险公估有限公司	顺义区府前东街2号1号楼	101300	81491251
北京中铁保险公估有限责任公司	西城区珠市口西大街120号太丰惠中大厦606~609室	100050	83163508
中瑞国际保险公估(北京)有限公司	朝阳区立水桥北侧22号楼12层1522室	100012	84673803
北京正汇保险公估有限公司	朝阳区东三环中路39号建外SOHO15号楼802室	100022	51298823
北京北极星保险公估有限公司	平谷区贾各庄村东南街甲6号	101200	69969211
北京金兆保险公估有限公司	朝阳区十里堡1号112号楼107室	100024	51393196
北京金诚国际保险公估有限公司	海淀区西三环北路91号7号楼3层C02－1号房间	100048	52961111
北京鑫恒保险公估有限公司	西城区复兴门外大街A2号中化大厦610A	100045	68563212
北京古辕行保险公估有限公司	海淀区苏州街33号1305室	100080	62538000－58088
海峡联合保险公估(北京)有限责任公司	海淀区金源时代商务中心B座5E－3室	100097	68818501
北京佳实德保险公估有限责任公司	海淀区复兴路40号中国铁建大厦9层东侧	100855	52689675
北京和泰保险公估有限公司	海淀区复兴路乙59号巨星大厦108室	100036	88861739

(8) 外国保险公司北京代表处

机构名称	地　址	邮　编	电　话
安保集团北京代表处	东城区建国门内大街7号光华长安大厦2座1726室	100005	65102125
澳大利亚康联保险集团北京代表处	朝阳区建国门外大街1号国贸大厦1座2908室	100004	65055350
澳大利亚万城保险有限公司北京代表处	朝阳区国贸大厦1座2327~2328	100004	65052255－307
百慕大博纳再保险有限责任公司北京代表处	东城区东方广场写字楼C1座1211室	100738	85185780

开曼群岛信利集团公司北京代表处	西城区武定侯街 6 号卓著中心 12 层 1206	100140	88003706
加拿大永明人寿保险公司北京代表处	朝阳区金桐西路 10 号远洋光华国际大厦 AB 座 10 层 A01 室	100020	85906500
加拿大人寿保险公司北京代表处	东城区建国门内大街 8 号中粮广场 B123 室	100005	65264005
加拿大皇家银行人寿保险公司北京代表处	西城区金融街 7 号英蓝国际金融中心 9 层 927 室	100140	58399388
枫信金融控股责任有限公司北京代表处	朝阳区建国门外大街 2 号银泰中心写字楼 15 层 1527 室	100022	65637920
法国安盛公司北京代表处	西城区金融大街 7 号英蓝国际金融中心 F907 室	100140	66555983
法国安盟保险公司北京代表处	东城区建国门内大街 7 号光华长安大厦 2 座 1022	100005	65102170
法国国家人寿保险公司北京代表处	朝阳区建外大街永安里 8 号华彬大厦 2101 室	100022	85288185
法国科法斯信用保险公司北京代表处	朝阳区建国门内大街 1 号国贸中心写字楼 1 座 2925 室	100004	65057092
法国巴黎财产保险有限公司北京代表处	朝阳区东三环中路 9 号富尔大厦 3003 室	100020	85910181
法国兴业保险股份有限公司北京代表处	西城区武定侯街 2 号泰康国际大厦 1601A	100010	58513984
法国安盟甘寿险公司北京代表处	朝阳区建国门内大街 8 号中粮广场 B 座 1016	100005	65261055
德国安联保险集团北京代表处	朝阳区亮马桥路 50 号燕莎中心办公楼 C211 室	100125	64638052
德国通用再保险公司北京代表处	东城区建国门内大街 7 号光华长安大厦 1 座 808 室	100005	65171255－15
德国安顾保险集团股份公司北京代表处	朝阳区亮马桥路 50 号燕莎中心 1 号楼 C713A	100125	64627675－1032
德国欧洲旅行保险公司北京代表处	朝阳区建外大街 2 号银泰中心 C 座 1549 室	100022	65637808
其士保险有限公司北京代表处	西城区南礼士路丙 3 号楼海通大厦 705 室	100037	68000970
中银集团人寿保险有限公司北京代表处	西城区复兴门内大街 1 号中银大厦 8 号楼	100818	66533316

汇丰保险（亚洲）有限公司北京代表处	东城区建国门内大街8号中粮广场B座328室	100005	85118592
香港领航海上保险顾问有限公司北京代表处	朝阳区光华路1号嘉里中心北楼11层28室	100020	65997942
荷兰保险有限公司北京代表处	朝阳区东三环北路8号亮马河大厦1座1508室	100004	65907568－201
全球人寿保险国际公司北京代表处	朝阳区东三环北路38号安联大厦2606单元	100026	85151248
金光集团保险私人有限公司北京代表处	西城区阜外大街2号万通新世纪广场B座1710室	100037	68573147
忠利保险有限公司北京代表处	朝阳区建外大街乙12号双子座大厦西塔9层06室	100022	59601817
日本财产保险公司驻中国总代表处	朝阳区东三环北路5号北京发展大厦1009室	100004	65908970－105
第一生命保险公司北京代表处	朝阳区建国门外大街26号长富宫中心办公楼3005	100022	65139031
日本东京海上日动火灾保险株式会社驻中国总代表处	朝阳区建国门外大街甲6号爱思开大厦1105室	110022	65630180
日本明治安田生命保险公司北京代表处	朝阳区建外大街26号长富宫办公楼6003室	100022	65139815
爱和谊日生同和保险公司驻中国总代表处	朝阳区建外大街1号国贸大厦1座4层410室	100004	65058960
日本生命保险公司北京代表处	朝阳区建国门外大街26号长富宫办公楼4007室	100022	65139240
三井住友海上火灾保险公司驻中国总代表处	朝阳区东三环北路五号北京发展大厦1608室	100004	65908500
日本住友生命保险公司北京代表处	东城区建国门北大街8号华润大厦1205室	100005	85192501
日本兴亚损害保险公司驻中国总代表处	朝阳区东三环北路5号发展大厦1001A	100004	65909500
日本索尼人寿保险股份有限公司北京代表处	朝阳区东三环北路霞光里18号佳程广场A座23层F1单元	100027	84586772
韩国乐爱金财产保险有限公司北京代表处	朝阳区建国门外大街乙12号双子座大厦西塔EF层03号	100022	65632390
三星火灾海上保险公司北京代表处	朝阳区建国路118号招商局大厦25层	100022	65668100－6213

三星生命保险公司北京代表处	朝阳区建国路118号招商局大厦2801A室	100022	65668100－6101
韩国贸易保险公社北京代表处	朝阳区东三环北路2号南银大厦915室	100027	64106439
现代海上火灾保险有限公司北京代表处	朝阳区霄云路38号现代汽车大厦518室	100027	83600610
大韩再保险公司北京代表处	朝阳区建国路118号招商局大厦10层A2	100022	65906276
韩国大韩生命保险有限公司北京代表处	朝阳区光华路1号嘉里中心南楼1026室	100020	65837920
教保生命保险株式会社北京代表处	朝阳区东三环北路2号北京南银大厦3210室	100004	65058658
韩国东部火灾海上保险公司北京代表处	朝阳区霄云路36号国航大厦1011室	100027	84475427
韩国首尔保证保险株式会社北京代表处	朝阳区东三环北路8号亮马河大厦1座1208	100004	65900288
韩国兴国生命保险株式会社北京代表处	朝阳区霄云路36号1号楼611室	100027	84475411
俄罗斯赢国斯达保险有限公司北京代表处	朝阳区亮马桥路42号光明饭店0405室	100016	64685852
职总英康保险合作社北京代表处	西城区金融大街27号投资广场B座1008室	100032	66211880
新加坡大东方人寿保险有限公司北京代表处	西城区月坛北街26号恒华国际商务中心写字楼710A	100045	58565501
西班牙曼福保险集团北京代表处	朝阳区麦子店街37号北京盛福大厦1750	100125	85275198－202
南非和德保险有限公司北京代表处	朝阳区东三环北路丙2号天元港中心B座1708A	100027	84464164
瑞士苏黎世保险公司北京代表处	朝阳区东三环北路霞光里18号佳程大厦A座21层	100027	84398125
富邦产物保险股份有限公司北京代表处	朝阳区建国路91号金地中心A座1210室	100026	58658843
(台湾)国泰人寿保险股份有限公司北京代表处	西城区西长安街88号首都时代广场1008室	100031	83913425
新光人寿保险股份有限公司北京代表处	东城区建国门内大街7号1822室	100005	65102115

富邦人寿保险股份有限公司北京代表处	朝阳区建国路91号金地中心A座1209室	100026	58658847
台湾人寿保险股份有限公司北京代表处	东城区建国门北大街8号华润大厦T03室	100005	85191568－200
中国人寿保险股份有限公司（台湾）北京代表处	朝阳区光华路甲8号和乔大厦C座908室	100026	65832585
突尼斯伊盛再保险公司北京代表处	朝阳区麦子店街37号北京盛福大厦1860A室	100125	85275788
美国大都会人寿保险公司北京代表	东城区长安街1号东方广场东方经贸城东二办公楼1211A	100738	85189790
美国大陆保险公司北京代表处	朝阳区亮马桥路50号燕莎中心C609B	100125	64637972
美国国际集团北京代表处	西城区金融大街7号英蓝国际金融中心208－8	100033	58332366
美国联邦保险股份有限公司北京代表处	朝阳区建国门外大街一号国贸2座1002室	100004	65057766
美国纽约人寿国际公司北京代表处	东城区建内大街7号光华长安大厦2座821室	100005	65171016
美国信安人寿保险公司北京代表处	朝阳区亮马桥路50号燕莎中心写字楼C614B室	100125	64629266
美国信诺保险公司北京代表处	朝阳区建国路甲92号世茂大厦B－813	100022	85809055－226
美国怡安保险（集团）公司北京代表处	朝阳区建外大街甲6号SV大厦1205室	100022	65630671
美国保德信保险公司北京代表处	朝阳区建国路118号招商局大厦29层290B	100022	65669800
美国北美洲保险公司北京代表处	西城区金融街35号国际企业大厦B座528室	100033	88091177
第一美国产权保险公司北京代表处	朝阳区建国路79号华贸中心写字楼2座807	100025	59085000
RGA美国再保险公司北京代表处	东城区东长安街1号东方广场东方经贸城西一办公楼11层3室	100738	85182528－166
美国展维住房抵押贷款保险公司北京代表处	朝阳区光华路1号嘉里中心北座11层	100020	65999159

美国佳达再保险经纪有限公司北京代表处	东长安街1号广场东方经贸城东三办公楼1109室	100738	65334111
美国联合保险公司北京代表处	西城区金融街35号国际企业大厦B座527室	100033	88091175
美国柏柯莱保险集团公司北京代表处	东城区东长安街1号东方广场东三座1905室	100738	85189168
美国史带公司北京代表处	朝阳区建国路77号华贸中心3号写字楼2905D室	100025	59047904
美国法特瑞互助保险公司北京代表处	朝阳区建国路77号华贸中心三座24层	100025	85880198
美国国际金融保险公司北京代表处	朝阳区安立路80号马哥孛罗大厦606A	100101	59636798
美国联合健康保险公司北京代表处	朝阳区霄云路38号现代汽车大厦1701~1725室	100027	64108568
美国恒诺公司北京代表处	朝阳区光华路1号（写字楼）北楼11层10号	100020	65997929
美国维朋公司北京代表处	朝阳区建国门外大街乙12号双子座大厦（东）10楼33室	100022	
英国保诚保险有限公司北京代表处	东城区长安街1号东方广场W1座610室	100738	85183098
劳合社北京代表处	朝阳区建国门外大街1号国贸大厦1座1229室	100004	65058391
英国耆卫公共有限公司北京代表处	朝阳区建国路81号华贸中心1座写字楼10层1006	100025	59695626
英国保柏金融公众有限公司北京代表处	东城区建国门北大街8号华润大厦504A室	100005	85191500
英国诺德保险经纪有限公司北京代表处	西城区南礼士路66号建威大厦715室	100045	68052035
英国亚瑟J. 盖勒格英国有限公司北京代表处	朝阳区建外19号国际大大厦A座23B	100004	65125954

5. 其他

（1）小额贷款公司

机构名称	地址	电话
北京市利源小额贷款股份有限公司	怀柔区富乐北大街1号乐红园小区1号楼	89688893
北京农投诚兴小额贷款股份有限公司	海淀区北四环西路58号理想国际大厦703A	82607838
北京市中关村小额贷款股份有限公司	海淀区海淀北二街10号泰鹏大厦9层	82483630
北京兴宏小额贷款有限公司	大兴区首邑上城小区吉星德亿底商210	69229131
北京恒源小额贷款有限公司	朝阳区望京北路9号叶青大厦A座7层	64391236
北京农投谷成小额贷款股份有限公司	平谷区金谷园小区21号楼商铺－9号	69973045
北京农投丰融小额贷款股份有限公司	丰台区西四环南路101号丰台科技园创新大厦2035室	63719141
北京龙盛源小额贷款有限责任公司	房山区良乡长虹东路2号	69378911
北京丰花小额贷款有限公司	丰台区花乡黄土岗甲1号	83677929
北京金典小额贷款股份有限公司	昌平区龙水路22号院28－6号	60782808
北京鑫泰小额贷款股份有限公司	海淀区北四环西路66号中国技术交易所2005室	88488367
北京石金小额贷款股份有限公司	石景山区中铁建设大厦20层	52656105
北京中金福小额贷款有限责任公司	房山区良乡长虹西路73号1楼101室	89360914
北京市农投首诚小额贷款股份有限公司	通州区梨园路120号	80818188
北京农投东方小额贷款有限公司	东城区朝阳门北大街6号首创大厦6层601	85283318
北京兴瑞小额贷款有限公司	大兴区黄村镇兴丰大街三段118号	69222292
北京市兴融小额贷款股份有限公司	大兴区黄村镇兴丰北大街143号	69248008
北京大方小额贷款有限公司	房山区良乡长虹西路翠柳东街1号	69382395

北京京融小额贷款股份有限公司	东城区光明路11号天玉大厦807室	51902301
北京鑫福海小额贷款有限公司	丰台区南苑路15号大红门服装城写字楼4层	87299651
北京农投庆融小额贷款股份有限公司	延庆县人民商场五层	69178060
北京亦庄国际小额贷款有限公司	经济技术开发区荣华南路19号中铁十九局总部办公楼711	67806080
北京富安小额贷款有限公司	朝阳区东三环北路甲2号京信大厦2层232室	84493508
北京惠丰融金小额贷款有限公司	东城区东绦胡同2号院	69029540
北京澳美小额贷款有限公司	通州区京洲园402号楼40号	80815519
北京崇信农投小额贷款股份有限公司	东城区天坛东路74号201A	67178408
北京市国旭小额贷款有限公司	西城区丰汇园11号楼丰汇时代大厦东602室	69029540
北京市中金小额贷款股份有限公司	朝阳区广顺北大街16号院2号楼9层909室	59780425
北京农投国汇小额贷款股份有限公司	密云县鼓楼东大街19－6号	89088111

（2）信用评级机构

机构名称	地址	电话
大公国际资信评估有限公司	朝阳区霄云路26号鹏润大厦A座29层	51087768
中国诚信信用管理有限公司	西城区金融大街26号金阳大厦4层	57602288
中诚信国际信用评级有限责任公司	西城区复兴门内大街156号北京招商国际金融中心D座12层	66428877
联合资信评估有限公司	朝阳区建国门外大街2号PICC大厦17层	85679696
联合信用管理有限公司北京分公司	朝阳区安慧里四区15号楼五矿大厦1801	64912118
东方金诚国际信用评估有限公司	海淀区西直门北大街54号伊泰大厦5层	62299800
长城资信评估有限公司	海淀区板井路69号世纪金源国际公寓6－16c	88433431

北京资信评估有限公司	西城区西直门外德宝新园11号楼精美商务楼3层	88366252
北京银建资信评估事务所	西城区广安门南滨河路7号	63401197
北京国融工发投资咨询有限公司	朝阳区工体北路6号凯富大厦801	85235016
北京君维诚信用评估有限公司	海淀区苏州街49号盈智大厦301室	82622979

(3) 协会、商会、学会

机构名称	地　址	电话
北京市银行业协会	海淀区车公庄西路乙19号华通大厦B座北塔826室	88018095
北京证券业协会	西城区金融大街35号国企大厦C座10层	66568614
北京保险行业协会	朝阳区东大桥路8号尚都国际中心1916室	58703366
北京保险中介行业协会	西城区成铭大厦B2座18H	66008027
北京典当行业协会	东城区永内大街东里13号院内	84544366
北京市金融业文化建设协会	西城区月坛南街79号	68559070
北京期货商会	朝阳区光华路16号中期大厦A座403	88556280
北京金融街商会	西城区金融大街丙17号北京银行大厦11层	66574347
北京CBD金融商会	朝阳区京广中心商务楼10层1009室	65978750
北京中关村海淀金融创新商会	海淀区海淀北二街8号中关村SOHO大厦710室	82504182
北京市金融学会	西城区月坛南街79号	68559556
北京市城市金融学会	西城区复兴门南大街2号天银大厦B座1610室	66410543
北京市投资学会	西城区宣武门西大街28号楼4门	63603696
北京市钱币学会	西城区月坛南街79号	68559317
北京市金融工会	东城区台基厂三条3号6号楼110室	65592609

（二）机构简介

江苏银行股份有限公司北京分行

江苏银行股份有限公司北京分行（以下简称江苏银行北京分行）于2010年4月16日经北京银监局批准正式成立。

经营范围：吸收公众存款；发放短期、中期和长期贷款；办理国内外结算；办理票据承兑与贴现；代理发行、代理兑付、承销政府债券；从事同业拆借；买卖、代理买卖外汇；从事银行卡业务；提供信用证服务及担保；代理收付款项及代理保险业务；提供保管箱业务；总行在银监会批准的业务范围内授权的业务。

江苏银行北京分行设有7个管理部门和1个营业部，在册员工65人，行长张荣森。

地址：北京市西城区金融大街8号华融大厦1～5层

邮编：100033

电话：010－66217558

传真：010－83399502

北京银行股份有限公司中关村分行

北京银行股份有限公司中关村分行（以下简称北京银行中关村分行）于2010年10月19日经北京银监局批准正式成立。

经营范围：吸收公众存款；发放短期、中期和长期贷款；办理国内结算；办理票据贴现；代理发行、代理兑付、承销政府债券；买卖政府债；从事同业拆借；提供担保；代理收付款项及代理保险业务；提供保管箱服务；办理地方财政信用周转使用资金的委托贷款业务；外汇存款；外汇汇款；外汇担保；资信调查、咨询、见证业务；买卖和代理买卖股票以外的外币有价证券；自营和代客外汇买卖；总行在银监员会批准的业务范围内授权的业务。

北京银行中关村分行设有12个管理部门，在册员工56人，行长王喆。

地址：北京市海淀区中关村大街甲28号

邮编：100086

电话：010－82533039

传真：010－82533055

宁波银行股份有限公司北京分行

宁波银行股份有限公司北京分行（以下简称宁波银行北京分行）于2010年11月18日经北京银监局批准正式成立。

经营范围：吸收公众存款；发放短期、中期和长期贷款；办理国内结算；办理银行卡业务；办理票据承兑、贴现和转贴现；代理发行、代理兑付政府债券；代理收付款项及代理保险业务；办理委托贷款业务；开立保函；外汇存款；外汇贷款；外汇汇款；国际结算；外汇担保。

宁波银行北京分行设有11个管理部门，在册员工72人，行长付文生。

地址：北京市建国门内大街28号B座1~4层

邮编：100005

电话：010－85597388

传真：010－85597304

（臧艳云）

北京大兴九银村镇银行股份有限公司

北京大兴九银村镇银行股份有限公司（以下简称北京大兴九银村镇银行）于2010年5月5日经北京银监局批准正式成立，于同年6月1日试营业，6月28日正式营业。

北京大兴九银村镇银行注册资本为10 000万元人民币。其中，九江银行股份有限公司出资4 500万元，占比45%；北京市大兴区粮油总公司、北京市农盛投资管理有限公司和北京京南住房开发有限责任公司各出资1 000万元，各占比10%；北京德通化纤工业有限公司出资700万元，占比7%；北京银盾恒安科技发展有限公司出资800万元，占比8%；王桂芹、王桂领各出资500万元，各占比5%。

经营范围：吸收公众存款；发放短期、中期贷款；办理国内结算；办理票据承兑与贴现；从事同业拆借；从事银行卡（借记卡）业务；代理发行、代理兑付政府债券；代理收付款项及代理保险业务；经银行业监督管理机构批准的其他业务。

现已开展的业务主要有：吸收公众存款、发放短期贷款、发放中期贷款、办理国内结算、办理票据承兑与贴现等。

2010年末，北京大兴九银村镇银行各项资产为87 099.41万元，各项负债为77 098.92万元，所有者权益为10 000.49万元。

北京大兴九银村镇银行设有机构1家，在册人数22人，内设综合管理部、计划财务部、授信审批部、市场营销部、内控稽核部、总行营业部六个部门，董事长和行长由刘庭程担任。

地址：北京市大兴区黄村西大街65－14号

邮编：102600

电话：010－81297180

传真：010－81297180

北京昌平兆丰村镇银行股份有限公司

北京昌平兆丰村镇银行股份有限公司（以下简称北京昌平兆丰村镇银行）于2010年8月13日经北京银监局批准正式成立，于同年11月25日正式开业。

北京昌平兆丰村镇银行注册资本为7 000万元人民币。其中，包商银行股份有限公司出资3 000万元，占比42.86%；北京三友防伪商标印刷有限公司出资700万元，占比10%；尹群、陈永存各出资600万元，各占比8.57%；刘凤良出资650万元，占比9.29%；褚晓路、崔稷宁各出资200万元，各占比2.86%；李俨、李桂敏、刘俊杰各出资350万元，各占比5%。

经营范围：吸收公众存款；发放短期、中期和长期贷款；办理国内结算；办理票据承兑与贴现；从事同业拆借；从事银行卡（借记卡）业务；代理发行、代理兑付、承销政府债券；代理收付款项及代理保险业务；经银行业监督管理机构批准的其他业务。

2010年末，北京昌平兆丰村镇银行资产总计16 382.68万元，负债总计10 282.57万元，所有者权益总计6 100.11万元。

北京昌平兆丰村镇银行设有机构1家，在册人数36人，内设营业部、业务发展部、业务管理部、综合管理部四个部门和风险评审岗、合规岗及内部审计岗三个岗位，董事长王玉敏（女），行长刘万芳。

地址：北京市昌平区南环东路32－6号

邮编：102200

电话：010－60783888

传真：010－60783888－8012

北京大兴华夏村镇银行有限责任公司

北京大兴华夏村镇银行有限责任公司（以下简称北京大兴华夏村镇银行）于2010年9月1日经北京银监局批准正式成立，同年9月28日试营业，12月6日正式对外营业。

北京大兴华夏村镇银行注册资本为10 000万元人民币，由华夏银行股份有限公司100%持股。

经营范围：吸收公众存款；发放短期、中期和长期贷款；办理国内结算；办理票据承兑与贴现；从事同业拆借；从事银行卡（借记卡）业务；代理发行、代理兑付、承销政府债券；代理收付款项及代理保险业务；经银行业监督管理机构批准的其他业务。

目前，北京大兴华夏村镇银行已开展的资产业务为存放人民银行、存放同业，已开展的负债业务为吸收存款，已开展的中间业务为汇兑业务。

2010年末，北京大兴华夏村镇银行资产总计11 410.46万元，负债总计1 863.58万元，所有者权益合计9 546.88万元。

北京大兴华夏村镇银行设有机构1家，在册人数31人。其中，高管人员4人，营业人员10人，营销人员5人，风险管理人员2人，综合管理人员6人，财务会计人员4人。董事长刘熙凤（女），行长刘辉。

地址：北京市大兴区黄村镇兴业大街（三段）32号－2

邮编：102600

电话：010－69221122

传真：010－69221122－8035

北京顺义银座村镇银行股份有限公司

北京顺义银座村镇银行股份有限公司（以下简称北京顺义银座村镇银行）于2010年12月30日经北京银监局批准正式成立。

北京顺义银座村镇银行注册资本为15 000万元人民币。其中，台州银行股份有限公司出资12 000万元，占比80%；北京捷通机房设备工程有限公司和北京顺鑫农业股份有限公司各出资1 500万元，各占比10%。

经营范围：吸收公众存款；发放短期、中期和长期贷款；办理国内结算；办理票据承兑与贴现；从事同业拆借；从事银行卡（借记卡）业务；代理发行、代理兑付、承销政府债券；代理收付款项及代理保险业务；经银行业监督管理机构批准的其他业务。

北京顺义银座村镇银行设有机构 1 家，在册人数 65 人，董事长陈小军，行长杨灵国。

地址：北京市顺义区西辛南区乙 62 号楼

邮编：101300

电话：010－61408010

传真：010－61408737

（劳菲）

蒙特利尔银行（中国）有限公司

蒙特利尔银行（中国）有限公司是加拿大蒙特利尔银行全资子公司。蒙特利尔银行成立于 1817 年，是加拿大第一家银行，总部设在蒙特利尔市，在加拿大中央银行成立以前行使中央银行的职能。蒙特利尔银行是北美最大的金融服务机构之一，分别在纽约和多伦多的证交所挂牌交易。旗下成员包括蒙特利尔银行、以美国芝加哥为基地的夏里斯银行和利时证券；业务分为个人与商业银行业务（蒙特利尔银行）、私人银行业务（夏里斯银行）和投资银行业务（利时证券）。截至 2010 年 10 月 31 日（财务年度截止日），蒙特利尔银行在五大洲拥有 1 195 家分行，3.8 万名员工，为 1 100 万个人和企业客户提供金融服务，总资产 4 019.91 亿美元，核心资本充足率 13.45%。

蒙特利尔银行（中国）有限公司于 2009 年 7 月 24 日由银监会批准筹建，2010 年 9 月 1 日正式开业，总行设在北京市，注册资本 18 亿元人民币。

2010 年末，蒙特利尔银行（中国）有限公司总资产 61.69 亿元，各项贷款余额 11.33 亿元，总负债 41.75 亿元，各项存款余额 1.87 亿元，贷存比 606.6%，无不良贷款，税后利润 1 347.07 亿元，资本充足率 73.27%。

经营范围：在下列范围内经营对各类客户的外汇业务和对除中国公民以外客户的人民币业务。吸收公众存款；发放短期、中期和长期贷款；办理票据承兑与贴现；买卖政府债券、金融债券，买卖股票以外的其他外币有价证券；提供信用证服务及担保；办理国内外结算；买卖、代理买卖外汇；代理保险；从事同业拆借；从事银行卡业务；提供保管箱服务；提供资信调查和咨询服务；经银监会批准的其他业务。

蒙特利尔银行（中国）有限公司在北京、上海、广州设有分行，员工总数为 175 人；董事长 Gilles Ouellette，行长余俊明。

地址：北京市朝阳区建国路 77 号华贸中心 3 号写字楼 27 层 03B、05 单元

邮编：100025

电话：010－85188166

传真：010－85188186

（向鑫）

澳大利亚和新西兰银行（中国）有限公司北京分行

澳大利亚和新西兰银行（中国）有限公司是澳大利亚和新西兰银行的全资附属机构。澳大利亚和新西兰银行成立于 1835 年，是澳大利亚和新西兰最大的银行之一。全球拥有超过 800 万客户和 48 000名雇员，被标准普尔评为 AA 级信用机构。总部设在墨尔本，分别在新加坡和香港设立了亚洲区总部。

2010 年 10 月，澳大利亚和新西兰银行（中国）有限公司正式转制为本地注

册的法人银行，并于10月3日开业，总部设在上海市，注册资本为25亿元人民币，下辖北京、上海、广州、重庆四家分行和重庆梁平澳新村镇银行有限责任公司，并于2011年3月在成都建立中国区营运中心，提供中文后台服务以支持其在中国的业务发展。

澳大利亚和新西兰银行（中国）有限公司北京分行（以下简称澳新银行北京分行）前身为澳大利亚和新西兰银行有限公司北京分行，成立于1997年，于2010年10月转制为法人分行，营运资金为2亿元人民币。

经营范围：在下列范围内经营对各类客户的外汇业务和对除中国公民以外客户的人民币业务。吸收公众存款；发放短期、中期和长期贷款；办理票据承兑与贴现；买卖政府债券、金融债券，买卖股票以外的其他外币有价证券；提供信用证服务及担保；办理国内外结算；买卖、代理买卖外汇；代理保险；从事同业拆借；从事银行卡业务；提供保管箱服务；提供资信调查和咨询服务；经银监会批准的其他业务。

澳新银行北京分行下设公司业务部，零售业务部和后台支持部门。其中，公司业务部包括：企业金融部、商业银行部、贸易融资和供应链部、环球市场部和金融机构部；零售业务部包括分行零售业务部和支行；后台服务部门包括运营部、合规部和人力资源部。2010年末，共有员工95人，其中支行12人。行长刘学斌。

地址：北京市朝阳区建国路77号华贸中心3号写字楼32层及建国路79号北京华贸购物中心一层L130b和二层L234号单元。

邮编：100025

电话：010－65998188

传真：010－85888696

（徐旭）

外换银行（中国）有限公司北京分行

外换银行（中国）有限公司是韩国外换银行股份有限公司的全资附属机构。韩国外换银行股份有限公司成立于1967年，总部设在韩国首尔市，是从韩国中央银行外汇业务部独立出来而成立的银行。1989年完成股份制改革，正式成为股份制商业银行。其股东结构为：龙星基金51.02%，韩国进出口银行6.25%，韩国银行6.12%。信用评级为BBB+。

2009年7月，外换银行（中国）有限公司获批筹建。2010年4月，外换银行（中国）有限公司正式转制为本地注册的法人银行，并于同年5月开业，总部设在天津市，注册资本为22亿元，下辖北京、天津、大连和上海四家分行。

1996年7月16日经人民银行批准，韩国外换银行北京分行成立，1996年8月26日开业。2010年4月28日经银监会批准，转制为外换银行（中国）有限公司北京分行（以下简称韩国外换北京分行），营运资金为1亿元人民币。

经营范围：在下列范围内经营全部外汇业务以及对除中国境内公民以外客户的人民币业务。吸收存款；发放短期、中期、长期贷款；办理票据承兑与贴现；买卖政府债券、金融债券，买卖股票以外的其他外币有价证券；提供信用证服务及担保；办理国内外结算；买卖、代理买卖外汇；代理保险；从事同业拆借；从事银行卡业务；提供保管箱服务；提供资信调查咨询服务；经银监会批准的其他业务。

韩国外换北京分行下设贷款部、存款外汇部、进出口部、资金部、总务部、IT部、内部审计部、合规部、企业市场部和会计部门。同时设有望京、五道口两家支行。2010年末，员工总人数为46人。行长金政来。

地址：北京市东城区建国门内大街18号恒基中心办公楼第二座五层

邮编：100005

电话：010－65183124

传真：010－65183106

（徐旭）

美国纽约梅隆银行有限公司北京分行

纽约梅隆银行集团成立于2007年7月，是由纽约银行有限公司和梅隆金融公司合并而成的全球性金融服务公司。纽约梅隆银行集团以向客户提供金融资产管理服务为主营业务，为超过100多个市场的机构、公司和高资产个人客户提供资产管理、证券服务、理财及资金管理服务。纽约梅隆银行集团在全球36个国家和地区拥有分支机构，员工总数超过48 000名。美国纽约梅隆银行有限公司是纽约梅隆集团旗下最大的全资子公司，主营机构银行业务，总部位于美国纽约市。

美国纽约梅隆银行有限公司于1999年3月在上海市设立分行。2010年6月11日，经银监会批准，成立美国纽约梅隆银行有限公司北京分行，并指定上海分行为其在华管理行。

美国纽约梅隆银行有限公司北京分行于2010年7月28日正式对外开业，营运资金为2亿元人民币等值外币。

经营范围：在下列范围内经营对各类客户的外汇业务。吸收公众存款；发放短期、中期和长期贷款；办理票据承兑与贴现；买卖政府债券、金融债券，买卖股票以外的其他外币有价证券；提供信用证服务及担保；办理国内外结算；买卖、代理买卖外汇；代理保险；从事同业拆借；提供保管箱服务；提供资信调查和咨询服务；经银监会批准的其他业务。

目前，美国纽约梅隆银行有限公司北京分行主要以信用证项下国际贸易结算服务业务为主。信用证贸易结算主要以出口信用证为主，提供着重于美元结算和贸易金融领域的多种产品和服务。全行共有员工19人，行长陈清。

地址：北京市西城区金融大街7号英蓝国际金融中心7层

邮编：100033

电话：010－88007500

传真：010－66555558

美国北美信托银行有限公司北京分行

北美信托集团成立于1889年，总部位于美国芝加哥市，是一家注册的金融控股公司，在美国18个州设有分支机构，在北美、欧洲、中东和亚太设有16个海外机构，在40多个国家针对个人客户和包括公司、政府、社会机构、投资经理人、金融机构、基金、保险公司等在内的机构客户开展投资管理、资产服务、基金管理、信托和银行解决方案等业务，全球共有员工12 600余人。北美信托银行有限公司是北美信托集团的全资子公司，为公司、机构和个人提供广泛的金融服务，包括支票和存款、抵押贷款、借款和信用、托管等。其业务条线主要包括资产服务、资产管理、私人银行业务。

北美信托银行有限公司于2005年3月获得银监会批准设立北京代表处，2009年12月10日获批在北京筹建外国银行分行。2010年7月30日，美国北美信托银行有限公司北京分行获准开业，并于11月1日正式对外开业，营运资金为2亿元人民币等值外币。

经营范围：在下列范围内经营对各类客户的外汇业务。吸收公众存款；发放短期、中期和长期贷款；办理票据承兑与贴现；买卖政府债券、金融债券，买卖股票以外的其他外币有价证券；提供信用证服务及担保；办理国内外结算；买卖、代理买卖外汇；代理保险；从事同业拆借；提供保管箱服务；提供资信调查和咨询服务；经银监会批准的其他业务。

美国北美信托银行有限公司北京分行在成立初期主要为母行在华的机构客户提供签订全球托管协议和服务标准协议、开立托管账户、鉴定客户传真文件协助汇出和汇入汇款的服务。全行共有员工7人，行长吴初默。

地址：北京市朝阳区建国门外大街2号银泰中心C座2106B室

邮编：100022

电话：010－85135300

传真：010－85171088

（赵晓辉）

北大方正集团财务有限公司

北大方正集团财务有限公司2010年1月4日经银监会批准筹建，2010年9月6日正式设立，是为北大方正集团有限公司及其成员单位提供财务管理服务的非银行金融机构。注册资本金20亿元人民币，为独立核算、自主经营、自负盈亏的企业法人。

北大方正集团财务有限公司共有股东单位3家。其中，北大方正集团有限公司出资10亿元，占财务公司股份总数的50%；方正产业控股有限公司出资8.5亿元，占财务公司股份总数的42.5%；方正科技集团股份有限公司出资1.5亿元，占财务公司股份总数的7.5%。

业务范围：对成员单位办理财务和融资顾问、信用鉴证及相关的咨询、代理服务；协助成员单位实现交易款项的收付；经批准的保险代理业务；对成员单位提供担保；办理成员单位之间的委托贷款及委托投资；对成员单位办理票据承兑与贴现；办理成员单位之间的内部转账结算及相应的结算、清算方案设计；吸收成员单位的存款；对成员单位办理贷款；从事同业拆借。

北大方正集团财务有限公司内设战略规划部、综合管理部、资金结算部、信贷业务部、财务管理部、信息技术部、审计稽核部、风险管理部八个职能部门，现有员工29名。

负责人：陈刚

地址：北京市海淀区成府路298号方正大厦9层

邮编：100871

电话：010－82529903

传真：010－82529876

通用技术集团财务有限责任公司

通用技术集团财务有限责任公司经银监会批准，于2009年11月25日开始筹建，2010年9月19日正式成立，为中国通用技术（集团）控股有限责任公司及集团成员单位提供财务管理服务的非银行金融机构。

通用技术集团财务有限责任公司注册

资本 10 亿元人民币，共有股东单位 2 家。其中，中国通用技术（集团）控股有限责任公司出资 9.5 亿元，占注册资本的 95%；中国技术进出口总公司出资 0.5 亿元，占注册资本的 5%。

业务范围：对成员单位办理财务和融资顾问、信用鉴证及相关的咨询、代理服务；协助成员单位实现交易款项的收付；经批准的保险代理业务；对成员单位提供担保；对成员单位办理票据承兑与贴现；办理成员单位之间的内部转账结算及相应的结算、清算方案设计；吸收成员单位的存款；从事同业拆借。

通用技术集团财务有限责任公司内设结算业务部、金融服务部、金融市场部、计划财务部、风险部、综合管理和稽核室，现有员工 26 人。

负责人：李虎俊

地址：北京市丰台区西三环中路 90 号通用技术大厦 6 层

邮编：100055

电话：010－63348329

传真：010－63348131

中建财务有限公司

中建财务有限公司是在重组中汽财务有限责任公司股权的基础上设立而成的，2009 年 4 月 23 日经银监会批准股权重组，2010 年 11 月 29 日正式成立，是为中建集团及其成员单位服务的非银行金融机构。

中建财务有限公司注册资本 10.68 亿元人民币，共有 2 家股东。其中，中国建筑工程总公司出资 2.136 亿元，占全部出资额的 20%；中国建筑股份有限公司出资 8.544 亿元，占全部出资额的 80%。

业务范围：对成员单位办理财务和融资顾问、信用鉴证及相关的咨询、代理服务；协助成员单位实现交易款项的收付；经批准的保险代理业务；对成员单位提供担保；对成员单位办理票据承兑与贴现；办理成员单位之间的内部转账结算及相应的结算、清算方案设计；吸收成员单位的存款；从事同业拆借。

中建财务有限公司内设稽核风险部、综合管理部、结算管理部、信贷管理部、资金计划部、财务会计部六个部门，现有员工 25 人。

负责人：薛克庆

地址：北京市海淀区三里河路十五号中建大厦 A 座 7 层

邮编：100037

电话：010－88082581

传真：010－88085488

（杨欣媛）

北银消费金融有限公司

北银消费金融有限公司是北京银行股份有限公司独资的有限责任公司，于 2010 年 1 月 6 日获准筹建，同年 2 月 24 日获准开业。公司注册资本人民币 3 亿元。

经营范围：办理个人耐用消费品贷款；办理一般用途个人消费贷款；办理信贷资产转让；境内同业拆借；向境内金融机构借款；经批准发行金融债券；与消费金融相关的咨询、代理业务；代理销售与消费贷款相关的保险产品；固定收益类证券投资业务；经银监会批准的其他业务。

2010 年末，北银消费金融有限公司资产总额 2.98 亿元，其中发放各类消费贷款 2 153.94 万元；负债总额 483.93 万元；所有者权益 2.93 亿元。

北银消费金融有限公司内设市场营销部、业务推广部、风险合规部、信息技术部、运营管理部、办公室、营业室七个部门，现有员工38人。

负责人：严晓燕（女）

地址：北京市东城区和平里东街1号

邮编：100013

电话：010－57636066

传真：010－57636060

（程岩）

中诚宝捷思货币经纪有限公司

中诚宝捷思货币经纪有限公司于2009年1月14日获准筹建，2010年3月25日获准开业，注册资本5 000万元人民币。

中诚宝捷思货币经纪有限公司主要股东是中诚信托有限责任公司和BGC Partners，Inc.。其中，中诚信托有限责任公司出资3 350万元人民币，占67%；BGC Partners，Inc.出资1 650万元人民币等值的美元，占33%。

经营范围：境内外外汇市场交易、境内外货币市场交易、境内外债券市场交易、境内外衍生品市场交易。

2010年末，中诚宝捷思货币经纪有限公司资产总额4 555万元，负债总额4万元，所有者权益4 551万元。

中诚宝捷思货币经纪有限公司内设经纪交易总部、清算部、计划财务部、行政人事部、法律及合规部、IT部六个部门，现有员工29人。

负责人：吴大永

地址：北京市西城区太平桥大街18号丰融国际大厦1008～1009室

邮编：100032

电话：010－63195001

传真：010－63195011

宝马汽车金融（中国）有限公司

宝马汽车金融（中国）有限公司于2009年7月24日获准筹建，2010年9月6日获准开业，注册资本人民币5亿元。

宝马汽车金融（中国）有限公司主要股东是华晨宝马汽车有限公司和宝马股份公司（德国）。其中，华晨宝马汽车有限公司出资2.1亿元人民币，出资占比42%；宝马股份公司（德国）出资2.9亿元人民币，出资占比58%。

经营范围：接受境外股东及其所在集团在华全资子公司和境内股东3个月（含）以上定期存款；接受汽车经销商采购车辆贷款保证金和承租人汽车租赁保证金；经批准，发行金融债券；从事同业拆借；向金融机构借款；提供购车贷款业务；提供汽车经销商采购车辆贷款和营运设备贷款（包括展示厅建设贷款和零配件贷款以及维修设备贷款等）；提供汽车融资租赁业务（售后回租业务除外）；向金融机构出售或回购汽车贷款应收款和汽车融资租赁应收款业务；办理租赁汽车残值变卖及处理业务；从事与购车融资活动相关的咨询、代理业务；经批准从事与汽车金融业务相关的金融机构股权投资业务。

2010年末，宝马汽车金融（中国）有限公司资产总额6.11亿元。其中，发放经销商贷款1.37亿元，个人贷款0.84亿元。负债总额1.60亿元；所有者权益4.51亿元。

宝马汽车金融（中国）有限公司内设销售和市场部、运营部、业务发展部和财务部四个一级部门，现有员工 111 人。

负责人：乔治·鲍尔

地址：北京市朝阳区东三环北路霞光里 18 号佳程广场 B 座 22 层

邮编：100027

电话：010－84558607

传真：010－84558700

（于潇）

东北证券股份有限公司北京分公司

东北证券股份有限公司前身为吉林省证券有限责任公司。2000 年 6 月经证监会批准，经过增资扩股成立东北证券有限责任公司。2007 年 8 月，锦州经济技术开发区六陆实业股份有限公司定向回购股份，以新增股份换股吸收合并东北证券有限责任公司，更名为东北证券股份有限公司。8 月 27 日，东北证券股份有限公司在深圳证券交易所挂牌上市。公司注册地为吉林省长春市，注册资本为 63 931 万元。

东北证券股份有限公司北京分公司于 2009 年 6 月 18 日开始筹建，2010 年 3 月 3 日正式开业。2010 年，东北证券股份有限公司北京分公司完成 7 个保荐项目，实现营业收入 1.45 亿元。

经营范围：经营全国范围的证券承销与保荐业务。

机构设置：并购业务部、场外交易业务部、债券部、北京市场部、上海市场部、深圳市场部、东北市场部、西南市场部、东南市场部，现有员工 101 人。

负责人：杨树财

地址：北京市西城区三里河东路五号中商大厦四层

邮编：100045

电话：010－68583828

传真：010－68573837

国盛证券有限责任公司北京分公司

国盛证券有限责任公司于 2002 年 12 月 22 日经证监会批准成立，注册资本为 59 334.07 万元，总部设在江西省南昌市。公司是江西省国际信托投资公司、江西省发展信托投资股份有限公司和赣州地区信托投资公司的证券资产分立而成。

国盛证券有限责任公司北京分公司于 2009 年 12 月开始筹建，2010 年 5 月 10 日正式开业。

经营范围：管理国盛证券有限责任公司在北京、天津的证券营业部，经营全国范围内的证券承销与保荐业务。

机构设置：经纪业务部、投资银行部、综合部、财务部，现有员工 35 人。

负责人：刘元根

地址：北京西城区德胜门外大街 83 号德胜国际中心 B 座三层

邮编：100088

电话：010－62657337

传真：010－62657337

华泰证券股份有限公司北京分公司

华泰证券股份有限公司前身为成立于 1991 年 4 月 9 日的江苏省证券公司，总部设在江苏省南京市，1997 年 6 月实施增资并更名为江苏证券有限责任公司。1999 年 3 月更名为华泰证券有限责任公司。2007 年 11 月 29 日变更为华泰证券股份有限公司，12 月 7 日，完成工商变更登记手续。2009 年 7 月公司注册资本由人民币 450 000 万元增至 481 543 万元，并且吸收合并信泰证券有限责任公司。

华泰证券股份有限公司北京分公司于 2009 年 12 月开始筹建，2010 年 5 月 28 日正式开业。

经营范围：管理华泰证券股份有限公司设在北京的证券营业部。

机构设置：营销管理部、客户服务部、财务管理部和综合管理部，现有员工 14 人。

负责人：展翔

地址：北京市西城区金融大街 17 号中国人寿中心 1705

邮编：100033

电话：010－59313618

传真：010－59313619

华创证券有限责任公司北京分公司

华创证券有限责任公司于 2002 年 1 月经证监会批准成立，注册资本为 5 亿元，总部设在贵州省贵阳市。经营范围为证券经纪、证券投资咨询、证券投资基金销售、证券自营及与证券交易、证券投资活动有关的财务顾问业务。

华创证券有限责任公司北京分公司 2010 年 4 月开始筹建，2011 年 1 月 17 日正式开业。

经营范围：管理华创证券有限责任公司在北京的证券营业部。

机构设置：财务部、综合部，现有员工 17 人。

负责人：秦拥军

地址：北京市海淀区复兴路 21 号海育大厦 8 层 805～808 室

邮编：100036

电话：010－68053239

传真：010－68055456

国元证券股份有限公司北京分公司

国元证券股份有限公司是由原安徽省国际信托投资公司和原安徽省信托投资公司作为主发起人，于 2001 年 10 月成立。2007 年 10 月 30 日以股权分置改革为契机，借壳“北京化二”在深圳证券交易所上市。2009 年 10 月 29 日，公司公开增发 5 亿股，注册资本 19.641 亿元。

国元证券股份有限公司北京分公司于 2010 年 1 月开始筹建，2010 年 12 月 6 日开业验收，2011 年 3 月正式开业。

经营范围：管理国元证券股份有限公司在北京、河北、山东、山西、辽宁、吉林、黑龙江的证券营业部，经营上述区域的证券承销与保荐业务。

机构设置：财务部、营销管理部、综合部、投行部，现有员工 16 人。

负责人：杜晓彬

地址：北京市东城区东直门外大街 46 号天恒大厦 908A

邮编：100027

电话：010－86408712

传真：010－86408713

中航证券有限公司北京资产管理分公司

中航证券有限公司前身是江南证券有限责任公司，于 2002 年 10 月 18 日在江西省南昌市成立。2010 年 5 月 6 日，正式更名为中航证券有限公司，注册资本为132 587.58 万元。

中航证券有限公司北京资产管理分公司于2009 年9 月开始筹建，2010 年3 月22 日正式营业。截至2011 年2 月末，中航证券有限公司北京资产管理分公司管理的集合资产管理计划有2 只，集合资产约8.5 亿元，管理的定向资产管理客户有11 户，定向资产约3 亿元。

经营范围：经营全国范围内的资产管理业务。

机构设置：投资研究部、交易部、市场部和综合部，现有员工24 人。

负责人：陈天虹

地址：北京市朝阳区安立路甲56 号商业楼南楼四层

邮编：100012

电话：010 - 84803620

传真：010 - 84802410

齐鲁证券有限公司北京证券资产管理分公司

齐鲁证券有限公司成立于2001 年5 月，其前身是山东省齐鲁证券经纪有限公司。根据国务院关于信托、证券分业经营管理的要求，经山东省人民政府同意和证监会批准，由山东省内信托投资公司所属证券营业部联合组建而成，注册资本51 224.57万元。2004 年10 月，公司注册资本增至81 224.57 万元，更名为齐鲁证券有限公司。2006 年12 月，公司注册资本增至221 224.57 万元。2007 年1 月，公司受让了天同证券的证券类资产。2008 年3 月25 日，公司注册资本增至521 224.57 万元。总部设在山东省济南市。

齐鲁证券有限公司北京证券资产管理分公司于2010 年1 月开始筹建，7 月22 日正式开业。2010 年，齐鲁证券有限公司北京证券资产管理分公司共管理集合资产管理计划两只，管理资产规模13.26 亿份，资产净值13.17 亿元；全年实现营业收入443.47 万元。

经营范围：经营证券资产管理业务。

机构设置：产品设计部、产品销售部、研究部、投资部、运营部、综合部和合规风控部，现有员工24 人。

负责人：贾岩（2010 年8 月6 日变更为贾岩，以前负责人为陈方）

地址：北京市西城区复兴门外大街A2 号中化大厦1108 房间

邮编：100045

电话：010 - 68561011

传真：010 - 68560553

信达财产保险股份有限公司北京分公司

信达财产保险股份有限公司于2009 年8 月18 日成立，注册资本10 亿元人民币，总部设在北京市。

信达财产保险股份有限公司股东包括中国信达资产管理公司、北京东方信达资产经营总公司、信达投资有限公司、中经信投资有限公司、义马煤业集团股份有限公司、航天科技财务有限责任公司、湖北宏鑫实业有限公司、青岛澳科仪器有限责任公司、焦作煤业（集团）有限责任公司、国机财务有限责任公司、新疆维吾尔自治区国有资产投资经营有限责任公司、浙江零点纺织科技有限公司、北京汽车工业控股有限责任公司。

信达财产保险股份有限公司北京分公

司于2009年12月18日开始筹建，2010年1月27日开业。

经营范围：财产损失保险、责任保险、信用保险和保证保险；短期健康保险和意外伤害保险；上述业务的再保险业务；保监会批准并经总公司授权的其他业务。

机构设置：车辆险业务部、财产险业务部、客户服务部、财务部、人事行政部。另设有一家顺义支公司。

负责人：宋开颜

地址：北京市海淀区西直门北大街60号首钢国际大厦11层

邮编：100082

电话：010－58072866

传真：010－58072800

（胡飞飞）

浙商财产保险股份有限公司北京分公司

浙商财产保险股份有限公司于2009年6月24日成立，注册资本10亿元人民币，总部设在杭州市。

浙商财产保险股份有限公司股东包括浙江省能源集团有限公司、浙江省商业集团有限公司、雅戈尔集团股份有限公司、正泰集团股份有限公司、浙江国大集团有限责任公司、浙江勤业建工集团有限公司、浙江名城房地产集团有限公司、德邦控股集团有限公司、雪峰集团有限公司。

浙商财产保险股份有限公司北京分公司于2010年6月16日开始筹建，11月26日开业。

经营范围：财产损失险、责任保险、信用保险和保证保险；短期健康保险和意外伤害保险；经保监会批准的其他业务。

负责人：刁粤生

地址：北京市东城区东花市南里东区8号楼4层402

邮编：100062

电话：010－87101409

传真：010－87103419

（李湛）

三井住友海上火灾保险（中国）有限公司

三井住友海上火灾保险（中国）有限公司于2007年7月23日成立，注册资本3亿元人民币，总部设在上海，其股东是三井住友海上火灾保险有限公司。

三井住友海上火灾保险（中国）有限公司北京分公司于2010年1月8日成立。

经营范围：除法定保险业务以外的下列保险业务：财产损失保险、责任保险、信用保险等财产保险业务；短期健康保险、意外伤害保险；上述业务的再保险业务。

机构设置：行政管理部、财务部、业务支援部、营业部，另设有独立的合规与风险控制岗。目前共有正式员工33名。

负责人：西畑寿夫

地址：北京市朝阳区东三环北路5号北京发展大厦1601室

邮编：100004

电话：010－85598000

传真：010－85598001

（夏喆）

安邦人寿保险股份有限公司

安邦人寿保险股份有限公司是2010年经保监会批准、由安邦财产保险股份有限公司为主发起设立的全国性寿险公司。2010 年 6 月 23 日正式成立，注册资本为人民币 37.9 亿元，注册地为北京市。

经营范围：人寿保险、健康保险、意外伤害保险等各类人身保险业务；上述业务的再保险业务；国家法律、法规允许的保险资金运用业务；经保监会批准的其他业务。

机构设置：总经理室、银保部、电销事业部、个险事业部、团险部、办公室、品牌部、人力部、财务部、信息技术部、法务部、合规部、核保部、理赔部、客服部、产品精算部、投资部、机构部。

分支机构：经保监会批准，在浙江、江苏、河北设立了分公司。

法定代表人：陈萍

地址：北京市朝阳区东三环中路 7 号财富中心写字楼 A 座 30 层 3001

邮编：100022

传真：010 - 65309832

全国服务电话：400 - 88 - 95569

（李璐璐）

百年人寿保险股份有限公司北京分公司

百年人寿保险股份有限公司是经保监会批准成立的全国性人寿保险公司，2009 年 6 月 1 日正式成立，总部设在大连市。注册资本 11.1 亿元人民币，由中国东方资产管理公司等 15 家股东构成。截至 2011 年 1 月，百年人寿保险股份有限公司已开设大连营业部和湖北、河北、辽宁、北京、河南、黑龙江、安徽、山东八家分公司，江苏、四川分公司筹建中。

百年人寿保险股份有限公司北京分公司于 2010 年 6 月 17 日开业。2010 年末，百年人寿保险股份有限公司北京分公司保费收入突破 7 119 万元，客户总量超过 1 万人。

经营范围：人寿保险、健康保险、意外伤害保险等多类人身保险业务；经中国保险监督管理委员会批准，且总公司授权同意的其他业务。

机构设置：人事行政部、财务部、运营部、企划合规室、银行保险部、团险市场营销部、电话行销部，目前内勤人力配置共计 33 人。

总经理：姜京

地址：北京市朝阳区建国路 108 号 7 层

电话：010 - 59817111

全国统一服务热线：4006 - 999 - 100

（三）协会、商会、学会活动简介

北京市银行业协会

组织机构与负责人

会　长：孙德顺（交通银行股份有限公北京市分行行长）

副会长：张金良（中国银行股份有限公司北京市分行行长）

王敬东（国家开发银行股份有限公司北京市分行行长）

幸公杰（加拿大蒙特利尔银行有限公司北京分行行长）

专职副会长：李阳

监事长：陈进忠（中国民生银行股份有限公司总行营业部总经理）

秘书长：于光

会员单位

截至年末，会员单位81家。其中，正式会员单位67家，准会员单位14家。正式会员中，中资商业银行25家，政策性银行2家，非银行金融机构5家，资产管理公司3家，外资银行30家，外资非银行金融机构2家；准会员单位均为外资银行和外资非银行金融机构的北京代表处。

联系方式

地址：北京市海淀区车公庄西路乙19号华通大厦B座北塔8层

邮编：100048

电话：010－88018095

传真：010－88018015

电子邮箱：office@ bbanet. org

重要活动

3月18日，北京市银行业协会（以下简称协会）召开第五届理事会第二次会议，15位理事、监事长参加了会议。会议审议通过了协会2009年度工作总结和2010年度工作计划、协会2009年度财务决算报告、关于成立房地产贷款业务联席会和“三农”金融服务联席会等议案。

3月19日，协会举办部分商业银行高级管理人员培训班，8家中小商业银行和城市商业银行的37位分行级领导和部门总经理参加了培训。培训结合北京中小商业银行和城市商业银行的特点，重点讲授了合规经营与稳健发展、股份制商业银行概况及监管要求、中小商业银行市场准入监管政策及要求、怎样当好商业银行行长等内容。

4月16日，协会外资银行协调委员会主任行蒙特利尔银行、渣打银行、德意志银行、汇丰银行、法国巴黎银行、三菱东京日联银行及澳大利亚和新西兰银行北京分行的主要负责人与北京市金融工作局王红局长、栗志纲副局长和朱元广副局长就推进北京市城乡一体化建设、建立政银企三方机制、建立绿色金融机制以及为“十二五”产业规划献计献策等问题交换了意见。

协会外资银行协调委员会全体成员行会议在北京中国会召开，29家成员行的36名代表参加了会议。

4月21日，协会组织会员单位参加中国银行业协会举办的银行卡欺诈交易法律问题研讨会，就理清银行卡交易法律关系，实现银行卡交易关系中各方当事人的利益平衡，维护银行合法权益等问题进行了研讨。

4月27日，于光秘书长参加第三届环渤海地区银行业协会联席会，就着力加强平台建设全面打造服务型协会工作体系，同与会代表进行了交流。

4月27～30日，刘怀洲副秘书长带领工商银行北京市分行、交通银行北京市分行、建设银行北京市分行和农业银行北京市分行的五名同志参加了中国银行业协会在天津主办的“三个办法一个指引”培训师培训班，五位同志均获得中国银行业协会颁发的“三个办法一个指引”培训师聘书。

5月7日，协会票据业务联席会2010年第一次全体成员大会召开，27家成员单位的票据业务部门负责人及联系人50余人参加了会议。会议审议并通过了票据业务联席会 2010 年工作计划和北京市银行业票据业务自律共识。

6 月 14 日，于光秘书长参加西北五省（区）银行业协会联系会议，就充分发挥专业工作机构作用促进协会工作稳步健康和谐发展，同与会代表进行了交流。

6 月 17 日至 7 月 6 日，协会对工商银行北京市分行等 21 家银行的 100 个营业网点落实世博金融服务情况进行了实地检查。主要查看了这些机构在窗口服务、应急预案、投诉处理、安全保卫、外币兑换等方面的情况。

“胜源服务　畅赢未来”—2010 北京市银行业“规范服务标准　提升服务质量　创建服务品牌”活动正式启动。截至年末，协会与《参考消息》合作刊发 10 篇关于北京市优秀网点先进事迹的报道。

6 月 24 日，协会外资银行合规经理首次全体会议暨合规工作经验交流研讨会在德意志银行北京分行召开，来自 27 家会员单位的近 40 名合规工作人员参加了会议。

7 月 12 日，协会外资银行协调委员会在渣打银行北京分行举办了“巴塞尔协议Ⅱ & Ⅲ对中国监管环境的影响”主题研讨活动。会议就银监部门对实施巴塞尔协议的态度及采取的措施、国内银行的进展情况、在华外资银行实施巴塞尔协议面临的问题等方面进行了探讨。

7 月 14 日，银行款车跨行押运试点工作正式运行。首次纳入试点运行的有交通银行北京市分行、广东发展银行北京分行、上海浦东发展银行北京分行。

7 月 20 日，刘怀洲副秘书长出席了北京影视动画协会与北京东方雍和国际版权交易中心联合主办的面向文创企业的银行信贷融资操作系列培训活动，并就现代金融产业特别是银行业发展状况和未来趋势向与会企业代表进行了介绍。

7 月 21 日，三井住友银行（中国）有限公司经营计划部北京办公室高级副总裁高岛晓拜访了协会秘书处，双方就加强协会与会员及中外会员之间的交流，促进外资银行本地化等共同感兴趣的话题交换了意见。

7 月 28 日至 11 月 18 日，协会举办两期高管人员“三个办法一个指引”培训班，共对 21 家银行的 388 名基层支行行长进行了封闭培训。

7 月 29 日，协会法律与合规部举办了个人理财法律问题研讨会，共有 13 家成员单位的代表参加。研讨会以荷兰银行北京东方广场支行委托理财合同纠纷案为例，请该案辩护律师北京金杜律师事务所律师针对个人理财产品的争议和个人理财业务的监管和改进进行了详细的讲解。

8 月起，协会稳妥推进地方政府融资平台贷款项目清查。先后组织召开了专项工作部署动员会、集体约谈工作会、座谈会、培训会和推进会，确定了 51 个债权联席会，上报贷款处置方案，多次参加北京银监局、北京市财政局领导沟通协商会。截至年末，47 家开展集体约谈的平台公司全部完成约谈工作。

8 月 2 日，协会组织召开了北京市 2010 年度中国银行业文明规范服务千佳示范单位评选动员大会，23 家会员单位的代表参加了会议。中国银行业协会、北京银监局有关领导出席会议并讲话。会议部署了北京市 2010 年度中国银行业文明规范服务千佳示范单位评选工作。

8 月 6 日，协会房地产贷款业务联席会和“三农”金融服务联席会正式成立。

8 月 19 日，协会组织召开规范公司业务营销行为和推进“三个办法、一个指引”专项工作会议，听取了各家银行落实新规情况，通报了银监会针对“三个办法、一个指引”执行的抽查情况，并提出具体落实要求。

8 月 20 日，协会举办业务交流会。6 家外资会员单位、9 家中资会员单位、10 家外资银行北京代表处和十余家其他非银行金融企业的 50 人参加了会议。工商银行北京市分行龚萍副行长就该行推进国际化发展战略、跨国经营网络现状、建立广泛覆盖代理行等方面简述了工商银行国际化经营概况，并从人民币跨境业务、全球现金管理业务、进口代付业务及人民币资金业务四个方面作了重点说明。

9 月 3 日，协会举办外资银行合规经理座谈会，29 家外资银行的 33 名合规工作人员参加。北京银监局的领导介绍了“送监管政策下基层行”活动的相关情况，及下一步在外资银行开展该项活动的计划。

9 月，协会建立兼职教师库，收集了 20 家会员单位推荐的 51 名教师，专业涉及个人业务、信用卡业务、理财业务、公司业务、融资业务、国际金融业务、人力资源管理、文明优质服务和法律合规。

10 月 11 日，配合中国银行业协会组织召开北京地区银行业金融机构《走进银行理财产品投资人读本（征求意见稿）》调研座谈会，19 家会员单位主管个人理财业务的负责人参加了会议。

10 月 12 日，协会组织召开“三农”金融服务联席会第一次主任会，研究《北京市银行业协会“三农”金融服务联席会工作实施细则》（草稿）、“三农”金融服务联席会近期工作计划（草稿），讨论了召开“三农”金融服务联席会议第一次全体成员大会的相关事宜。

10 月 21 ~26 日，协会对北京市银行业服务中存在的排队、自助设备缺钞等问题进行深入调查分析，形成《关于北京市银行业服务状况的报告》。

10 月 31 日，李阳副会长、吴毅宏副秘书长参加 CBD 国际金融论坛。论坛以加快首都国际金融建设，促进经济增长方式转变为主题，就后金融危机背景下首都金融业发展的特点和趋势、国际金融机构的聚集对首都世界城市建设的影响、要素市场在国际金融中心城市的影响力及北京经济发展方式转变四个方面进行了交流。

10 月，协会组织会员单位参加中国银行业协会开展的 2010 年度中国银行业文明规范服务千佳示范单位活动，并对参选单位进行了明查暗访。

11 月 4 日，协会举办了第六届北京金博会中小企业投融资洽谈会。组织 19 家银行参加现场展览，集中展示了北京市银行业金融机构在信贷、结算、银行卡等方面为中小企业提供的特色服务。组织 6 家银行参加专场论坛，现场讲解融资产品，解答中小企业主的问题。发放《北京地区中小企业融资服务手册（2010 年版）》，全面展示了北京地区各银行为中小企业提供的融资产品、特色服务、优惠政策、办理流程、网点地址等。

11 月 8 日，李阳副会长、北京银行许宁跃副行长、中小企业代表就中小企业融资难等问题接受中央人民广播电台经济之声经济观点的访谈，就中小企业融资难的问题展开讨论。

11 月 15 日，协会组织 6 家会员银行参加中国银行业协会在黑龙江哈尔滨赛区举办的中国银行业贷款新规 3 +1 知识竞赛复赛，荣获第三名；同期完成百佳培训推广机构奖、百佳培训师奖的申报和评选工作，推荐的4家银行获得中国银行业协会百佳培训推广机构奖，4名人员荣获百佳培训师奖。

11月28日，协会组织会员单位开展“2010年银行业公众教育日”活动。活动期间共印制发放宣传海报20 110套、宣传折页744 340套、折页封套89 580套、台历13 500套、日历卡61 620份、展架3 082个、报纸夹页10 000份。

11月29日，李阳副会长、农业银行北京市分行陈英顺副行长、邮政储蓄银行北京分行李静姝副行长接受中央广播电台经济之声经济观点访谈，就社会公众教育的有关话题进行了探讨。

12月23日，北京市银团贷款十佳银行评选表彰暨经验交流会在北京新大都饭店举行，北京银监局、北京市金融工作局、中国银行业协会、北京市发改委等单位的领导及协会银团贷款专业委员会20家成员单位60余人参加了会议。工商银行北京市分行等十家银行获得“北京市银团贷款十佳银行”，6家获奖单位的代表分别就如何提升银团贷款专业委员会整体协调能力等内容做了交流发言，并向获聘协会银团贷款专业委员会“专家组成员”的十位专家颁发了聘书。

12月24日，协会房地产贷款业务联席会在光大银行北京分行召开第一次主任会。会上研究了《北京市银行业协会房地产贷款业务联席会工作实施细则》（草稿），讨论了召开房地产业务联席会第一次全体成员大会的相关事宜。

12月28日，协会主办的“文明服务和谐金融——2010年度北京市银行业文明规范服务百佳示范单位颁奖典礼暨服务年会”在全国政协礼堂举行。北京银监局、人民银行营业管理部、中国银行业协会、北京市金融工会、北京市社团办、北京消费者协会等单位的有关领导出席会议并为获得“2010年度北京市银行业文明规范服务百家示范单位”的银行网点颁奖。协会会员单位负责人和代表、获奖单位代表等近千人参加了颁奖典礼。

（吴毅宏）

北京证券业协会

组织机构与负责人

理事长：朱云来（中国国际金融有限公司总裁）

监事长：赵大建（中国民族证券有限责任公司董事长兼党委书记）

常务副理事长：张佑君（中信建投证券有限责任公司董事长）

秘书长：周学韬

常务副秘书长：许慧

副秘书长：丛小路

会员单位

会员单位共计272家。其中，在京注册的证券公司17家、证券分公司21家，基金管理公司11家，证券公司营业部222家，投资咨询公司1家。

联系方式

地址：北京市西城区金融大街35号国际企业大厦C座10层

邮编：100033

电话：010－66568614

传真：010－66568583/010－66568841

网址：Http：//www. sabbj. org

电子邮箱：bjzq@163. com

重要活动

3～4月，北京证券业协会（以下简

称协会）协助北京证监局机构一、二处分别举办了两期IB业务培训班，来自各证券公司、证券公司营业部的近300名在职员工接受了培训。

3月18日至5月31日，协会先后三次通过网站传达了中国证券业协会和证监会以及北京证监局关于从业人员执业行为准则执行情况检查工作的要求。5月4～17日，协会与中国证券业协会和北京证监局分别组成联合检查小组，对北京地区3家证券公司、2家基金管理公司、1家证券投资咨询公司以及12家证券公司营业部进行了现场检查，初步掌握了辖区内各证券机构从业人员执业资格的落实情况。5月31日，协会向中国证券业协会报送了《关于对北京地区证券从业人员执业行为准则执行现场检查的情况报告》。

4月16日，协会在中国职工之家组织召开了第三届第四次常务理事会。会议的主要议题是审议提交第四届会员大会的文件和通报协会近期工作，并就会议审议的内容表决形成《北京证券业协会第三届第四次常务理事会决议》。

4月26日，协会第四届会员大会在全国政协礼堂召开，北京地区证券公司、证券公司分公司、基金管理公司和证券公司营业部的代表约300人参加了会议。会议审议并通过了协会第三届理事会工作报告、第三届监事会工作报告、2005～2009年度财务工作报告以及新修订的《北京证券业协会章程》、《北京证券业协会会员管理办法》、《北京证券业协会会员自律公约》、《会费收缴管理办法》等文件，选举产生了第四届理事会、监事会成员。大会期间，召开了第四届第一次理事会、监事会、常务理事会。经选举，中国国际金融有限公司朱云来总裁当选为协会第四届理事会理事长，中信建投证券有限责任公司张佑君董事长当选为理事会常务副理事长，中国民族证券有限责任公司赵大建董事长兼党委书记当选为第四届监事会监事长。在协会第四届第一次常务理事会上，表决通过了聘任周学韬为秘书长、许慧为常务副秘书长、丛小路为副秘书长、姚万义为顾问的决定以及2010年协会预算方案。

5月26日，协会召集辖区19家证券公司营业部负责人召开了北京辖区部分证券公司营业部经纪业务座谈会。

5月29日，协会协同中国证券业协会组织了以“论势、论智、论道”为主题的2010年中国证券业协会投资者教育与服务巡讲活动启动仪式暨北京专场活动，来自北京地区200多家营业部分管投资者教育的工作人员参加了此次活动。

6月4日，协会受北京证监局基金处委托，组织辖区14家基金管理公司的督察长和合规总监在北京顺义乔波国际会议中心召开了北京地区基金管理公司督察长联席会。

6月19日，协会受北京证监局机构处委托，组织辖区14家证券公司分管证券经纪业务的高管、经纪业务及合规部门负责人等40余人在九华山庄召开北京地区证券经纪业务专题培训会。会上，北京证监局陆倩局长助理介绍了《关于加强证券经纪业务管理的规定》出台的背景、意义，并就贯彻落实该文件提出了监管要求。

6月30日，协会受北京证监局机构处委托，组织辖区240多家证券公司分公司分管经纪业务负责人及合规管理人员和证券公司营业部总经理、副总经理或合规管理人员等500余人在中国科技会堂召了开北京辖区证券经营机构证券经纪业务专题培训会。

7月13日至11月26日，协会召集以金融街区域为试点的19家证券公司营业部负责人共商“加强佣金自律，反对恶性竞争、提升服务水平”的自律管理模式。在北京证监局和理事会的指导下，协会秘书处认真调研和征求部分会员的意见，初步将北京地区的222家证券公司营业部按区域划分成12个区划进行自律管理。8月12日，金融街地区作为北京地区自律管理首个试点区域，召开了金融街证券公司营业部负责人联席会首次会议。与会人员就联席会制度、运作方式、轮值主任的责任等内容达成共识，对成本佣金、超低佣金开发客户、不正当开发客户等问题进行了明确和约束，共同签署了《北京金融街区域证券营业部负责人联席会制度》和《北京金融街区域证券营业部自律公约》。11月26日，西南城区区域证券公司营业部负责人联席会顺利召开，北京地区12个区域证券公司营业部负责人联席会经过4个月的精心组织筹备，已全面成立。

7月23日，协会受北京证监局委托组织召开了北京辖区证券公司合规工作座谈会，来自17家证券公司的34位合规人员参加了会议。北京证监局相关领导公布了2010年度北京辖区证券公司分类评价的情况及问题，并就分类评价的结果进行了说明。

8月17日，协会召开了第四届第二次常务理事会。审议通过了新修订的协会内部十项管理制度、协会秘书处办公地址变更、举办首届北京地区证券机构运动会方案及预算费用等事宜。

8月19日，协会向各营业部下发营销人员培训通知，开始有序地组织培训考试的报名、缴款和领取培训学习卡、在线学习答疑等各项工作。协会与ATA公司合作将培训的讲义稿、PPT及案列分析等学习资料制作成网络培训课件，就《规定》内容出考题，组成网上培训和考试的内容，北京证监局对培训课件和考题进行了审阅，并提出了修改意见。

10月23日，协会组织北京地区证券机构在月坛体育场举办首届北京地区证券机构运动会。运动会设置了男女百米、男女接力、沙包投掷、定点投篮、齐心协力、拔河、集体跳绳等项目。在京240余家证券机构的近300名员工组队参加了4项径赛和7项趣味赛。本届运动会评选出团体总分前三名，8家机构荣获特别贡献奖，11家机构荣获优秀组织奖，21家机构荣获道德风尚奖。

11月19日，协会向所有证券公司营业部下发了《关于落实中证协〈关于进一步加强证券公司客户服务和证券交易佣金管理工作通知〉的工作通知》，要求各证券公司营业部于11月30日前报备交易佣金收取标准和“公示佣金”以及“成本佣金”，并针对客户服务和交易佣金自律管理工作进行自查，于12月12日前报送自查工作总结。协会将于12月13～31日，抽调5%的营业部进行现场检查。

2010年，协会完成社会各界来电、来人对北京市证券经营机构的查询和业内的经营业务咨询约15件，完成客户对会员投诉的调解5例，完成对行业内不正当竞争投诉的调解约37例，违规会员约谈5例，受理客户对证券投资咨询机构的投诉2例。完成证券营业网点设立、选址和迁址指导性工作，其中迁址工作4家，建议、指导选址工作约 20 家，迁址、原址改造前期指导工作约 10 家。

2010 年，协会按中国证券业协会要求对北京辖区证券营业部饱和地区网上公示更新 2 次，营业部变更查询、营业部区域分布更新各 2 次，营业部分布地图维护 6 次，订正修改 13 处。按月公示北京地区营业部的统计数据和分析，北京辖区证券公司营业部选址信息公示 5 次，北京辖区证券经营机构投诉情况公示 4 次，北京证监局监管分工信息公示 4 次。全年出版发行 4 期会刊，向会员免费发放，分送证监会、各地证监局和中国证券业协会等部门，并与全国兄弟协会进行刊物交流。

（王永刚）

北京保险行业协会

组织机构与负责人

会　长：刘凤全（中国人寿保险股份有限公司北京市分公司负责人）

副会长：冯贤国（中国人民财产保险股份有限公司北京市分公司主要负责人）

李宝利（中国太平洋财产保险股份有限公司北京分公司总经理）

张爱民（华泰财产保险股份有限公司北京分公司总经理）

秦旭辉（中国平安人寿保险股份有限公司北京分公司总经理）

郑庆红（太平人寿保险股份有限公司北京分公司总经理）

方萍（北京保险行业协会、北京保险学会秘书长）

监事长：李洪林（中国太平洋人寿保险股份有限公司北京分公司总经理）

秘书长：方萍（女，专职）

会员单位

会员单位 77 家。其中，财产保险公司 33 家，人身保险公司 44 家。准会员单位 5 家。

联系方式

地址：北京市朝阳区东大桥路 8 号尚都国际中心 1916 室

邮编：100020

电话：010－58703366

传真：010－58701353

网址：http：//www. biabii. org. cn

重要活动

1 月

北京地区商业车险费率浮动制度正式实施。

北京保险行业协会（以下简称协会）召开财产险公司总经理座谈会，就商业车险费率浮动实施情况进行通报和座谈。

召开银行保险专业委员会工作会议，重点研讨了行业银保业务防范销售误导的具体措施。

召开商业车险费率浮动制度实施情况通报暨表彰会议。

2 月

召开北京保险行业 2009 年度调解工作总结表彰会。

召开北京地区保险中介从业人员继续教育工作情况通报会。

协会相关人员与北京市交管局信通处座谈对酒后驾车违法处罚的有关技术操作方面的问题。

召开商业车险费率浮动制度阶段性工作总结座谈会。

召开北京地区保险中介监管三个子系统推广上线的总结工作会。

3 月

北京地区交强险费率浮动增加与酒后

驾驶违法行为相联系的浮动因子。

召开银保专业委员会工作会议，审议并通过了对《北京银邮代理保险业务自律公约》的修订意见和《银行保险客户经理展业证管理暂行办法》。

4 月

协会邀请西城区法院到辖区内的太平洋财险北京分公司、华泰财险北京分公司举行开展“听呼声、走百家、送服务”的座谈活动。

参加北京市委社会工作委员会和共青团北京市委主办的“北京社会公益周”活动。参与形式包括展示行业公益活动资料，保险知识现场咨询等。

北京市丰台区人民法院向行业内8名调解员颁发特邀调解员聘书，参加该院保险合同纠纷和其他商事合同纠纷诉讼案件的调解工作。

5 月

召开第七届会员代表大会暨第七届理事会第一次会议，“两会”的会员单位共180余名代表和理事出席会议。会议圆满完成换届工作的20余项议程。

召开第七届理事会第一次常务理事会会议，“两会”的会员单位共80名常务理事及代表出席会议。会议审议通过“两会”2010年工作安排，财务预算报告等重要事项。

召开北京健康保险信息平台建设工作会议，各公司主要负责人和相关部门负责人近200人参加。北京保监局丁小燕局长、北京市发改委韩晓芳委员应邀莅临，并作重要讲话。

召开北京健康保险信息平台方案系统开发与维护商议标说明会，与4家拟参加议标的单位进行了深入的沟通。

召开北京健康保险信息平台方案系统开发评议会。本着公平、公正、公开的原则，经初评与投票表决，初步确定信息平台系统开发与维护商单位。

6 月

组织有关人员对国贸附近的5家银行网点银保客户经理挂牌展业的情况，进行了暗访检查。

主持召开2010年度京津沪渝四市保险行业协会工作交流会。来自四市的各位领导和部门主任共28人参加了会议。会议就行业自律、服务会员公司等方面的工作进行了充分交流座谈。

7 月

召开健康保险信息平台项目组工作会议，对下一步信息平台的工作进行了讨论，并明确了数据标准、运行管理制度和约束机制的制定等工作。

组织10家财产、人寿险会员公司负责培训工作的相关人员进行教育培训工作座谈会。

召开健康保险信息平台软硬件配置方案评议会。根据评议规则，确定了意向合作商。组织健康保险信息平台项目组部分成员赴人民保险健康总公司，就信息平台建设方案及业务标准与需求等问题，听取该公司专家的意见，及该公司有关“湛江模式”及“医保通”系统的经验介绍。

召开健康保险信息平台专家座谈会，听取瑞士再保险北京分公司和瑞士鹏瑞公司的有关专家介绍全球医疗险定价平台经验和MICS中国医疗险理赔系统开发和数据采集/分析的经验情况介绍。

8 月

举办北京保险合同纠纷调解委员会财产险调解员业务培训班。来自财产险会员公司的44名调解员和2名业外调解员参加。

组织对银邮代理网点进行检查。来自20家公司的检查人员对11个区域的银行代理网点进行了暗访，检查的重点主要是银保专管员持证上岗情况、是否存在自制宣传材料和销售误导话术等。

9月

正式印发《关于停止执行〈北京保险行业航空意外保险自律公约〉的通知》，原自律公约自通知发布之日起停止执行。

协会秘书处与北京保监局组成4个验收组，对30家财产险公司的车险中介业务系统进行验收。

10月

北京地区机动车辆保险中介业务管理系统正式启动，车险平台通过对中介机构出单使用数字证书绑定、POS编号绑定、公司营业场所IP地址绑定方式，实现了中介业务管控。

召开信息平台建设工作会议，专门对信息平台建设费用的分摊方案进行了通报和研讨，并就费用分摊方式基本达成一致意见。

协会被发改委推荐为首批100家参加北京市级行业协会评估的单位之一。

协会与对外经济贸易大学举行建立教学实习基地的挂牌仪式。

11月

组织北京保险行业讲师人才库讲师评选工作，来自35家会员公司的130余名讲师参加了活动。

与朝阳区人民法院正式签署《关于建立商事纠纷联动调解机制的实施意见》。

组织相关单位的工作人员对人身险平台硬件设备及系统软件完成集成工作，实现人身险平台的应用软件测试版本的部署和测试。

协会接受了由北京市民政局、北京市社团办及北京人才资源开发协会等单位的领导及专家共11人组成的行业协会评估工作专家组的现场检查，并得到了与会专家及北京市社团办领导的一致好评。

12月

协会组织法院、公安、监管部门、行业协会及会员公司召开打击骗保骗赔案件联席工作会议。

协会向各寿险会员公司发布了《关于实施北京地区保险销售强调语及新单回访基础用语的通知》，相关规定将于2011年2月1日起正式实施。

协会印发《2011年度北京地区机动车商业保险费率浮动档次升降机制方案》，该方案将于2011年1月1日起上线实施。

北京保险中介行业协会

组织机构与负责人

会　长：陈建国（北京国民保险代理有限公司董事长）

副会长：边勇（华泰保险经纪有限公司副总裁）

吕阳（英大长安保险经纪有限公司副总经理）

李永奇（航联保险经纪有限公司董事长）

黄伟坚（北京联合保险经纪有限公司总经理）

宋爱民（中盛国际保险经纪有限责任公司董事长、总经理）

梁译之（华信保险经纪有限公司总经理）

监事长：张志安（江泰保险经纪有

限公司副总裁）

秘书长：张永庄

会员单位

协会现有会员单位126家。其中，保险代理公司44家，保险经纪公司63家，保险公估公司19家。

联系方式

地址：北京市西城区西直门成铭大厦B2座18H

邮编：100035

电话：010－66008027/010－66008028

传真：010－66113349

网址：http：//www. bjbxzjxh. org. cn

重要活动

1月7日，北京保险中介行业协会（以下简称协会）召开第一次换届筹备工作会议。

2月8日，协会召开第二届会员代表大会，选举产生了新一届理事会、常务理事会、监事会。陈建国当选为会长，丁守全、边勇、吕阳、刘晖、汤金才、李永奇、黄伟坚当选为副会长，张志安当选为监事长，张永庄当选为秘书长。

4月7日，协会召开第二届第一次会长办公会议。会议研究确定了会长、副会长、监事长的工作分工。

4月16日，协会启动保险中介从业人员电子化资格考试。

4月21日，协会召开第二届第一次常务理事会。会议通报了会长、副会长、监事长工作分工，通过了协会2010年工作计划、财务预算和成立保险专业代理委员会、保险经纪专业委员会、保险公估专业委员会、兼业代理专业委员会及维权、自律服务中心的决议。

5月17日，协会保险经纪专业委员会召开第一次工作会议。

5月18日，协会保险代理专业委员会召开第一次工作会议。

8月4日，协会召开第二届第二次会长办公会议和第二次常务理事会议。会议通过了协会上半年工作总结和下半年安排，增选了华信保险经纪有限公司梁译之总经理、中盛国际保险经纪有限公司宋爱民董事长兼总经理为副会长，免去了华信保险经纪有限公司刘晖总经理、竞胜保险公估有限公司汤金才总经理的副会长职务，通过了《北京保险中介行业营销员增员及流动自律公约》。

10月19日，协会与中国保险报签订战略合作协议书。

11月18日，北京保监局罗青副局长、中介处崔振海副处长及赵波同志到协会进行工作调研，听取了陈建国会长的工作汇报，并考察了保险中介从业人员电子化资格考试工作。

12月22日，协会召开第三次会长办公会议。会议通过了2010年财务决算和2011年财务预算、2010年工作总结和2011年工作计划。

（左玉荣）

北京典当行业协会

组织机构与负责人

会　长：郭金山（北京鼎盛典当有限责任公司）

秘书长：郝凤琴（女）

会员单位

会员单位共计160家

联系方式

地址：北京市东城区永内东街中里13号院内

邮编：100050

电话：010－84544366

传真：010－84544368

网址：http：//www. bjpawn. org

电子信箱：beijingpawn@ sina. com

重要活动

2月3日，北京市典当行业协会（以下简称协会）第二届第三次会员大会在北京世纪远洋宾馆世纪厅召开。

3月22日，协会下发《关于向全体会员发送〈进一步加强行业自律，自觉维护行业秩序倡议〉的通知》。

3月27～28日，协会举办新批典当企业会计制度和信息报送培训会，35家新批典当企业及3家外省在京分支机构，共计60余人参加了本次培训。5月11日，协会对新批典当企业财务人员进行企业会计准则和信息报送知识考试。

3月30日，协会举办首期形势报告会，邀请财政部财政科学研究所张鹏作了题为《国际金融危机后期的世界经济形势与我国宏观经济政策框架》的报告，30余人参加了本次报告会。

3月31日，协会举办银行专营机构金融创新产品推介会，20余家企业参加了本次推介会。

协会党支部倡议全体会员单位员工每人为西南旱区捐款一百元。

4月15日，协会公益服务志愿者小分队正式进入北京地坛公园，参加为期十天的首届社会活动公益周。

4月25～29日，协会组团赴福建省厦门、泉州市考察，与当地典当业同仁进行交流。

6月24日，协会郭金山会长、郝凤琴秘书长应邀参加北京市公安局治安总队科技处召开的《典当经营场所安全防范要求》评审会。

6月25日，郭金山会长被评为崇文区天坛街道“群众心目中的好党员”。

7月1日，郝凤琴秘书长被评为崇文区“群众心目中的好党员”。

7月22～23日，协会举办北京典当行业协会高管研讨会，47家企业，共计60余人参加了会议。

7月27日，协会特邀北京工商大学法学院郝琳琳教授在天坛体育宾馆举办北京典当行业协会税法讲座，70家企业，90余人参加了培训。

8月17日，协会就《北京典当行业“十二五”发展规划大纲（草案）》、《北京典当行业业务服务规范》召开部分企业座谈会。

8月26～27日，协会郭金山会长、郝凤琴秘书长应邀参加北京市商务委员会召开的北京市2009年度典当核查工作总结会。

9月2日，协会与台湾典当公会王蕴澎会长、台湾九大典当机构执行董事张舜平、台湾逢甲大学经营管理学院、美国凯斯西储大学博士林丰智执行长进行座谈。

9月9日，协会举办“投资移民热下的典当商机”形势报告会。

9月17日，协会与北京市商务委员会、北京市民防局、北京市交通委、北京市商品检验检疫局联合举办单身青年联谊会。

9月27日，协会秘书长郝凤琴应邀参加海淀区典当专业委员会上半年工作会议，并做了大会发言。

10月31日，协会举办第三届“华夏杯”羽毛球比赛，25家企业的136名运动员参加了比赛。

11月4～7日，协会以“典当行与地下钱庄的区别”为主题，参加第六届首都金融博览会，同时启动“典当融资理财服务月”活动。在四天的咨询服务中，协会秘书处共发放《典当小知识》3 000余份，各企业发放典当业务介绍约20 000余份，为20余名观众进行了首饰、名表鉴定，为20余名观众提供了首饰、眼镜免费清洗服务。

11月15日至12月10日，协会举办“北京典当行业协会典当融资理财服务月”活动，走进社区、商业楼、商厦，共进行了五站活动。活动期间发放材料300余份，并提供多项便民服务。

11月18日，协会举办《合同违法行为管理办法》专题讲座，16家企业，26人参加。

12月20日，协会邀请中央党校研究室副主任周天勇做《中央经济工作会议精神解读》形势报告，50家典当行参加了报告会。

12月31日，协会邀请华夏、民生、金保、阜昌、宝瑞通、鼎成六家会员企业在九朝会举办《制堵措施对机动车典当业务的影响》研讨会。

北京市金融业文化建设协会

组织机构与负责人

会　长：单强（中国人民银行营业管理部党委委员、副主任）

副会长：张中奇（中国银行业监督管理委员会北京监管局纪委书记、副局长）

副会长：孙才仁（中国证券监督管理委员会北京监管局党委委员、副局长）

副会长：刘跃林（中国保险监督管理委员会北京监管局局长助理）

秘书长：欧阳芳（女，中国人民银行营业管理部宣传群工部部长）

监事长：张友芬（女、中国工商银行股份有限公司北京市分行纪委书记、工委主任）

会员单位

2010年共有会员单位29家，其中包括人民银行营业管理部、北京银监局、北京证监局、北京保监局及18家银行、6家保险公司的在京机构及北京国际信托有限公司。协会共有常务理事29人、理事31人。

联系方式

办公地点：中国人民银行营业管理部

地址：北京市西城区月坛南街79号

邮编：100045

电话：010－68559070/010－68559505

传真：010－68559084

重要活动

一、加强组织建设，规范工作程序，为协会工作开展提供有效保障

9月3～4日，北京市金融业文化建设协会（以下简称协会）召开理事工作会，通报各会员单位本年度在金融企业文化建设方面的做法与成效，并组织文化传承与创新讲座。

针对部分金融机构因工作调整，常务理事和理事变更较多的情况，积极与会员单位协调，及时督促会员单位上报变更函，经过梳理，将6位常务理事和6名理事做了变更。

二、认真组织年检，保证协会工作的连续性

根据社团办的要求，2010年年检信息系统启用新的版本，信息采集量大。协会及时与社团办沟通联系，认真组织采集数据和相关信息填报工作，顺利地完成了社团年检工作、组织机构代码证年检工

作，保证了协会工作的连续性和组织工作建设的有效性。

三、组织学习考察活动，深入探讨和交流文化建设工作

协会于6月、9月分两批组织各会员单位常务理事、理事或文化建设骨干代表共60人，赴上海开展学习考察活动。学习考察期间，参观了交通银行总行博物馆、交通银行上海分行和上海浦东发展银行，听取了交通银行总行在打造百年交行、推进企业文化建设等方面的经验与做法。通过与交通银行上海分行、上海浦东发展银行的交流与座谈，学习了解到这两家金融机构通过提供优质的世博服务，促进银行业务发展，提升银行形象及金融文化建设的先进经验与做法。考察组成员们结合自己的工作实际，撰写了考察报告或学习心得，反映各自在学习考察过程中的体会和对今后做好金融业文化建设工作的启示。组织刊发协会简报专刊5期，并将部分考察报告推荐到《中外企业文化杂志》2011年第2期刊发。

四、开展学术交流，推选优秀稿件参加北京市“丹柯杯”优秀研究成果的评选活动

3月，协会组织推荐了6篇优秀论文参加北京市“丹柯杯”优秀研究成果的评选活动。

五、加强学习型组织建设，提高文化建设骨干专业知识与技能

组织参加“学习型社会”系列培训，先后选派了100余人次参加“推动首都经济发展　加强基层党建工作创新”等有关讲座，使参训人员开阔了视野，提高了会员单位文化建设骨干的业务素质。

（山峰）

北京期货商会

组织机构与负责人

会　长：王仲会（经易期货经纪有限公司董事长）

执行会长：王化栋（宏源期货有限公司总经理）

副会长：陈东华（中国国际期货有限公司总经理）

申仕伏（中钢期货有限公司总经理）

席力（中证期货有限公司总经理）

许丹良（北京中期期货有限公司总经理）

姚广（银河期货有限公司董事、总经理）

赵广钰（格林期货有限公司董事长）

苏英

监事长：黄辉（中粮期货经纪有限公司总经理）

秘书长：苏英

副秘书长：宋远

会员单位

共有会员90家。其中，期货公司19家，营业部65家，特邀会员6家。

联系方式

地址：北京市朝阳区光华路16号中期大厦A座403

邮编：100020

电话：010－88556280

传真：010－88556593

网址：http//www. bjqh. org

邮箱：qhpx@ bjqh. org

北京期货业发展情况

2010年，北京地区19家期货公司的客户保证金306亿元，较上年增长87%；代理交易额49万亿元，较上年增长

225%；手续费收入16亿元，较上年增长86%。辖区期货公司营业部增加至65家，年末吸收客户保证金72.34亿元，代理交易额累计8.76万亿元，手续费收入3.67亿元。

重要活动

1. 举办年度衍生品论坛，探讨金融期货新时代的发展思路

4月17日，在股指期货正式挂牌交易的第二天，北京期货商会（以下简称商会）联手亚洲期货业协会举办了第五届中国（北京）期货暨衍生品市场论坛。论坛以“跨入金融期货新时代”为主题，为刚刚走向市场的股指期货提供专业分析和实战解读。中国期货业协会刘志超会长出席论坛并为大会致辞，“股指期货之父”，芝加哥商品交易所终身主席利奥·梅拉梅姆应邀出席本次论坛并作了精彩的演讲；国家信息中心、证券监管部门和中国期货业协会的领导及国内外期货、信息技术专家共30人在论坛中发表了演讲，参会人数逾600人。

2. 举办高管年会，探讨抓住转型机遇加快创新发展

10月25日，商会携手《期货日报》共同主办了2010（北京）第四届期货高管年会。会议以“中国期货衍生品市场的革命与期货高管的使命”为主题，从宏观、中观、微观三个层面进行深度的探索和交流，部分政府官员、专家和期货公司董事长、总经理及中高层管理人员参加了会议。会上发言嘉宾21人，与会代表286人。为宣传会议成果，在大会前，商会在业内开展了征文活动，会后将大会发言与征文编辑出版了《新时代　新思维——中国期货业的变革》——第四届（北京）期货高管年会文集。

3. 开展股指期货知识讲座，提高分析和管理水平

4～12月，商会举办了7期股指期货知识系列讲座。聘请证券公司、基金管理公司的专家和对股指期货研究较深入的市场人士和台湾的期货专家就股票的发行方式及特点、股票二级市场的策略分析、国外基金数量化投资的运行方式和股指期货等金融衍生品的运用、股指期货套期保值和套利等内容进行演讲。

4. 举办股指期货套期保值研修班，培育股指期货套期保值理念

11月，商会协助北京证监局、中国金融期货交易所举办了股指期货套期保值研修班（北京专场）。证监会和中国金融期货交易所的相关部门负责人在会上讲解了股指期货功能的培育与发挥及相关制度，富有实践经验的境外专家在会上交流了股指期货套期保值、风险管理的实践操作经验，并对成败案例进行了剖析。

5. 举办首席风险官培训班，提高风险监控能力

9月，商会协助北京证监局举办了辖区期货公司首席风险官培训班。培训设置了财务、净资本管理监管、信息公示监管、保证金管理、公司治理和内控监管、信息技术监管等课程，辖区期货公司现任及拟任首席风险官及合规部门负责人参加了培训。

6. 组织考察交流，学习期货经营管理经验

3～4月，商会组织北京辖区部分期货公司营业部经理到深圳、杭州两地进行学习、交流。10月，与大连商品交易所联合组织北京的期货公司营业部经理到天津，与天津期货业进行了交流，学习了管理与产业开发的经验，参观了天津塑料期

货交割库，加强了京津地区营业部之间的合作。

7. 组团赴美考察，学习国际先进经营管理经验

9 月，商会组织北京的期货机构赴美考察学习。此次考察的主要内容：一是 NFA 和 CFIC 在内的期货业监管；二是 CME 为主的交易所的运营；三是美国主流经纪公司、IB 公司以及有着国内央企背景的中粮纽约公司等公司的运营与风险控制。

8. 举办分析师高级班培训，提高分析师的业务能力

商会作为大商所期货学院北京分院，每年举办为期三个月的分析师培训，2010 年举办了分析师高级培训班。课程主要包括：成熟农产品企业的风险管理，期货交易策略研究，商品期货研究逻辑、方法与工具，期货交易中的哲学思想，当前宏观经济及相关行业形势分析等。北京地区期货机构和部分现货企业 57 名分析师参加了培训，55 名学员合格毕业，5 名学员被评选为优秀学员。

9. 举办北京期货沙龙，为期货机构提供市场信息

商会根据市场和会员的要求，每季度举办一次期货沙龙。组织期货机构的分析师和客服人员与现货商、国家相关信息部门的专家交流探讨，了解所需信息，学习交易及风险管理技巧。

10. “北京期货沙龙——投资课堂”，引导投资者理性投资

2010 年，商会与《期货日报》联合主办了四期“北京期货沙龙——投资课堂”。每一期的主题紧密结合当前的市场发展趋势，从投资的知识和技巧、市场的发展趋势进行研判探讨。

11. 举办投资者教育和保护专题论坛

12 月，商会协助北京证监局举办了“中国资本市场 20 周年成就展”系列活动——“北京地区投资者保护和教育专题论坛”。论坛围绕进一步推动证券和期货市场做好投资者保护和教育工作展开了深入的交流探讨，对引导投资者理性投资，加强风险管理具有极其重要的意义。

12. 举办新闻媒体研讨班，促进新闻报导更好地支持期货市场发展

4 月，商会根据北京证监局的要求举办了“2010 年在京新闻媒体研讨班”，来自 50 余家在京媒体、网站及部分期货交易所的新闻工作者近 60 人参加了会议。会议邀请了监管部门的领导及期货资深人士与参会人员做了深入的交流探讨。

13. 开展《从业人员执业行为准则》等自律规则的执行情况抽查

3 月，商会配合中国期货业协会抽查了北京辖区 6 家期货公司开展《从业人员执业行为准则》等自律规则的执行情况，促进了各公司增强规范经营意识及从业人员加强遵纪守法、诚实守信的自觉性，为行业的健康发展营造了良好的环境。

14. 参与期货公司营业部合规经营检查

9 月，商会参加了北京证监局对北京辖区各期货公司营业部合规经营情况的全面检查。此次检查，在强化辖区期货公司营业部合规经营意识、提高合规达标方面起到了积极的促进作用。

15. 完成期货从业资格考试的巡考工作

根据《地方协会承担期货从业人员资格考试巡考工作管理办法（试行）》的规定，商会在中国期货业协会的指导下承

担了2010年四次从业人员资格考试的巡考工作。

16. 促进期货机构规范经营，公平竞争

为了加强对期货机构相关情况的研究分析，商会对期货机构的报表做了调整。报表的项目由原来的9项增加至21项，增加了当月净利润、当月客户交易盈亏等指标，并对可进行比较的项目进行排序比较，深入分析，尽可能更多地了解掌握各机构的情况，为进一步加强自律管理营造条件。

17. 积极探讨期货机构利用金融区优惠政策促发展的途径

3月，商会联合海淀区金融办举办了促进海淀区期货行业发展座谈会。会议就期货机构关心的引进外地人才的户口、金融企业待遇、税收政策等问题进行了交流探索，为今后利用科技金融区政策促进期货机构发展创造了条件。

18. 利用会刊及网站等，多种渠道为期货机构提供信息

2010年，股指期货上市后，商会会刊——《北京期货》重点围绕股指期货进行组稿。刊登了各期货公司开展投资者教育、落实股指期货投资者适当性制度的做法、股指期货知识，开展了风险管理和套保、套利的研究探讨。全年出刊五期，26万多字。

加强网站管理，致力打造成工作网站。通过网站加强与北京证监局、辖区各期货机构之间的沟通交流。网站点击达252 638人次。

19. 组织体育比赛，活跃行业气氛

2010年，商会在银河期货有限公司的协助下，举办了第三届北京期货业乒乓球比赛，共有45个单位和10个嘉宾代表队，近300名选手参加了团体、个人单项、高管组单项、嘉宾组团体等项目的比赛。

（苏英）

北京金融街商会

组织机构与负责人

理事长：陈耀先

常务副理事长：王功伟（北京金融街投资（集团）有限公司董事长）

副理事长：略

秘书长：鞠瑾（北京金融街投资（集团）有限公司总经理）

监事长：范勇宏（华夏基金管理有限公司总经理）

会员单位

北京金融街商会（以下简称商会）共有会员140余家，其中理事会会员单位90余家。目前商会的百余家会员单位分别来自金融监管机构、金融机构、电信、电力、服务等不同行业。

职能和目标

商会以“沟通创造价值”为己任，积极发挥桥梁和纽带作用，不断为区域机构提供优质服务，扩大区域机构对外联系与交往。

商会的主要职能：一是落实市区两级政府金融产业优惠政策；二是充分整合区域资源，为会员单位提供务实服务；三是策划组织系列交流活动，扩大金融街国内外影响力；四是搭建驻区机构与政府、驻区机构之间的沟通交流平台，发挥商会桥梁和纽带作用，促进各会员间的交流合作、打造区域良好的产业发展软环境。

联系方式

地址：北京市西城区金融大街丙17

号北京银行大厦 11 层

邮编：100033
电话：010－66574347
传真：010－66574389
网址：http：//www. bfscc. com
电子邮箱：bfscc@ sohu. com

重要活动

一、认真落实市区两级政府的金融产业优惠政策，为金融街区域机构提供优质政策服务

商会作为首都金融业优惠政策兑现的受理窗口部门，2010 年认真落实市区两级政府的金融产业优惠政策，受理 76 家单位各项申报材料三百余份，兑现资金补助 1. 823 亿元。

二、有效整合区域资源，健全服务体系，策划组织 50 余次各类活动，增进区域机构之间、区域机构与政府之间的沟通与了解，扩大金融街的影响力

1. 商会组织了教育招生工作咨询会、金融街教育大讲堂、单身青年联谊会等系列主题活动，为会员提供务实服务。

2. 商会与西城区公安分局密切沟通，在金融街设立了全市首家出入境证件受理站，方便区域机构就近办理业务，还专门举办了多次出入境证件受理知识讲座；协助区委主管机构成立了北京海外学人中心金融街分中心。

3. 商会举办了金融街学术大讲堂等高规格业务论坛；举办了危机公关、法律知识等有针对性的专业讲座，以及人力资源管理论坛、英国—中国资产管理研讨会等各领域专业管理人士之间的交流研讨活动，促进了会员单位的业务交流与合作。

4. 商会组织了金融街新春团拜会、金融街乒乓球邀请赛、网球联谊赛、高尔夫球邀请赛等各类文体活动，丰富了区域从业人员的文化生活。

5. 商会充分发挥内引外联职能，积极组织有关会员单位参加各种考察、调研、投资活动，接待各类考察调研活动共 40 余次，助推会员企业和区内经济发展。

三、区域社会公益平台日趋完善，“一本书”爱心活动圆满成功，树立了金融街良好的社会责任形象

2010 年，金融街“一本书”爱心行动共募集各类图书 10 447 余册、文具 2 100余份、电脑 51 台，协会将所有物品送到河北省乐亭县闫各庄镇、马头营镇四所中小学校学生们的手中。

四、完善区域信息交流平台，不断加强自身建设，推进金融街品牌建设

2010 年，商会完成了会刊《金融街》杂志的改版工作，采用了大开本规格，邀请金融机构负责人士撰写卷首语，财经名人开设专栏，增加金融机构专访等栏目，并与多家单位合作，丰富刊物内容，增强了杂志的专业性和可读性，成为深受金融街驻区机构欢迎的刊物。

同时，官方网站“金融街在线”运营顺利，在提供区域新闻信息之外，增加了专题报道数量，如“金融街地球一小时”、金融机构支持玉树抗震救灾等。

北京 CBD 金融商会

组织机构与负责人

名誉会长：龙永图（二十国集团研究中心秘书长）

会　长：吴桂英（女，朝阳区委常委、常务副区长）

副会长：幸公杰（蒙特利尔银行（中国）有限公司副行长）

丁国良（汇丰银行（中国）有限公

司北京分行行长）

赖祥麟（美国友邦保险有限公司北京分公司总经理）

许宁跃（北京银行股份有限公司副行长）

马思中（中美大都会人寿保险有限公司中国代表处首席代表）

姜新（中国中期投资股份有限公司董事长）

韩巍强（中国国际金融有限公司董事、总经理）

宋福兴（中国人民人寿保险股份有限公司副总裁）

监事长：刘雪斌（女，澳大利亚和新西兰银行（中国）有限公司北京分行行长）

秘书长：常树奇（北京市朝阳区金融服务办公室主任、北京 CBD 管理委员会副主任）

副秘书长：李蘅（北京恒言投资有限公司总经理）

会员单位

北京 CBD 金融商会会员单位共有 85 家，涵盖银行、证券、保险、财务公司等多种企业类型。

联系方式

地址：北京市朝阳区京广中心商务楼 10 层 1007 室

电话：010－65978750

传真：010－65978236

邮编：100020

网站：http：//www. cbdjrsh. org/

重要活动

1 月 6 日，“北京市公安局 CBD 出入境证件受理站”正式揭牌，为驻区金融企业的外籍工作人员及其家属提供 F 签证延期、居留许可申请与延期及中国员工赴香港、澳门商务多次签注等多项服务。

1 月 30 日，百人会菁英年会暨 2010 新春论坛在朝阳区郡王府北京 CBD 国际论坛会议中心举办。天津市委常务副市长崔津渡，博鳌亚洲论坛秘书长龙永图，联合国驻华协调大使马和励，朝阳区政府常务副区长吴桂英，中国光华科技基金会秘书长任晋阳，天津排放权交易所董事长戴宪生出席了本次论坛，博鳌亚洲论坛秘书长龙永图致开幕词。由百人会俱乐部和北京 CBD 金融企业家俱乐部邀请的近百位金融、IT、地产等各界精英参加了会议。

2 月 3 日，“朝阳区新春商务招待会暨 2010 年中国国际朝阳商会新春年会”在威斯汀酒店隆重举行。中国市场学会会长俞晓松、全国工商联副主席庄聪生、国家商务部、中国国际投资促进会、市投资促进局、市商务委、市外办、市经信委、市金融局、市工商联、市贸促会、北京市社科院、北京市 WTO 事务中心等市有关部门领导，以及朝阳区区委书记陈刚、区长程连元、区人大主任王力军、区政协主席辛燕琴等区领导出席活动，共有 300 多家驻区企业高管和 10 余家媒体参加了招待会。

3 月 4 日，北京市金融工作局和北京 CBD 金融商会（以下简称商会）举办了“金融巾帼聚朝阳　共迎国际妇女节”活动。四十余位女士精英和妇女之友代表欢聚一堂，共叙深厚友谊，共商发展大计。

3 月 6 日，商会与中美大都会人寿保险有限公司中国代表处联合举办中美大都会杯网球联赛。著名女子职业网球选手、世界冠军郑洁作为特约嘉宾到现场进行指导。

3 月 16 日，由“金融企业 HR 经理俱乐部”主办的金融人才政策说明会在郡王府北京 CBD 国际会议中心举办。市公安局出入境管理处，朝阳区人力资源和社会保障局，朝阳区人才服务中心，北京海外学人中心 CBD 分中心有关部门负责人及近五十家金融企业人事部门负责人参加了本次政策说明会。

4 月 1 日，商会召开第六次理事和会员代表大会，商会理事及会员单位代表 80 余人参加了会议。常树奇秘书长回顾了商会成立五年来的发展历程，并就商会 2010 年工作计划做了详细的阐述，商会秘书处通报了 2009 年财务情况，各会员单位代表对修改后的商会章程进行了表决，并增选了中国国际金融有限公司、中国国际期货有限公司、中国人民人寿保险股份有限公司、中美大都会人寿保险有限公司中国代表处 4 家副会长单位及澳大利亚和新西兰银行（中国）有限公司北京分行、中航工业集团财务有限责任公司、北京国际信托有限公司、现代财产保险有限公司 4 家监事会成员单位。

4 月 15 日，商会召开会长联席会。副会长蒙特利尔银行（中国）有限公司北京分行行长幸公杰、汇丰银行（中国）有限公司北京分行行长丁国良、中国国际金融有限公司董事、总经理杜季柳、中国国际期货有限公司董事长姜新、中国人民人寿保险股份有限公司副总裁宋福兴、中美大都会保险有限公司中国办事处首席代表马思中，监事长澳大利亚和新西兰银行（中国）有限公司北京分行行长刘雪斌，以及副会长单位北京银行股份有限公司高层代表参加，会议由常树奇秘书长主持。

5 月 21 日，商会举办“环球金融—北京 CBD 金融杯高尔夫邀请赛暨北京 CBD 金融商会五周年庆典”。在庆典晚会上，嘉宾们通过短片“风雨历程五周年，我们共同走过”，回顾了五年来商会的发展历程，并为初始会员单位代表颁发“终身荣誉会员”证书。五年来，商会以为会员优质服务为宗旨，成立至今，共接到金融企业有关政策咨询等电话近万次；接待来访、受理企业需求 2 000 多批次；与市、区相关职能部门和项目开发单位积极沟通协调，为金融机构了解政策、兑现政策做好及时周到的服务；解决办公选址、工商注册、税务办理、办公用房装修及消防验收、子女入学等各类问题近 700 件次；商会会员单位也由最初的 26 家发展到今天的 80 余家。

商会秘书处于 2009 年底开始对外征集商会 LOGO 标识设计方案。在 2010 年 4 月 1 日召开的商会第六次理事及会员大会上，会员单位对 LOGO 标识设计方案进行了投票，选出获奖作品。商会会长会议对获奖作品进行了讨论，并由设计单位对一等奖的作品方案进行细化，最终确定了商会 LOGO 标识，并在商会五周年庆典晚会上正式对外发布。商会 LOGO 由中国古代钱币和鼎所构成，方孔铜钱应天圆地方之说，寓意商会不断完善内部机制的同时保持着方正耿直的建会精神；三足二头的鼎寓意着金融产业以银行、证券和保险三个行业为支撑，各金融机构以商会为平台蒸蒸日上，并将形成新的合力而不断取得新的发展；金色是财富的象征，也预示着商会金色的未来。

6 月 1 日，商会联合朝阳区慈善协会为朝阳区东方博爱儿童福利院的 80 多名残障儿童送去了“六一”儿童节的祝福与关爱。商会将在“环球金融——北京 CBD 金融杯高尔夫邀请赛”上募集的 5 800元善款，为孩子们购买了日常用品、食品和防暑物品等。蒙特利尔银行（中国）有限公司北京分行行长幸公杰、中航工业集团财务有限责任公司副总经理贾福清代表商会会员单位一同前往，与儿童福利院乔秀珍院长就如何更好的开展公益事业进行了交流。

7～9月，商会联合中粮信托有限责任公司和北京市银行业协会外资银行协调委员会举办了“中粮信托—北京CBD金融杯羽毛球赛”。7月1～2日，在朝阳区体育馆进行了预赛，近五十家金融企业的二百余名选手参加了角逐，最后胜出的男双、女双、混双各4对选手参加了9月18日举办的决赛。

7月31日，商会秘书处联合北京电视台、朝阳公园共同举办了“激情挥洒　凝聚朝阳”朝阳公园海洋沙滩狂欢节—北京CBD金融商会金融精英专场联谊活动。

7～8月，甘肃省甘南藏族自治州舟曲县发生特大山洪泥石流灾害后，商会会员单位通过各种途径捐款捐物，帮助灾区人民攻克难关。新韩银行（中国）有限公司通过朝阳区红十字协会捐款30万元，人保财险、中国人寿、中航工业财务、中石化财务、中意人寿等多家会员单位及其母公司捐款及物资共计1 407万元。

11月4～7日，第六届北京国际金融博览会举办，朝阳区作为主办单位之一，在近200平方米的展区中，集中展示了朝阳区特有的一区两园三中心五平台的金融发展特点，通过北京CBD最新规划沙盘、商会会员单位及驻区主要金融机构LOGO、各种平台活动图片等多角度展示朝阳区金融机构加速聚集、金融产业快速发展的良好趋势，引起了金博会组织者、参观者、众多媒体的广泛关注和高度评价。

11月14日，商会协助举办了第三届“全球PE北京论坛”——PE·聚焦中国。

11月18日，商会协助中期研究院、中国国际期货有限公司举办了中期国际论坛。论坛由商会副会长、中国国际期货有限公司董事长姜新主持，美国前财政部副部长蒂莫西·亚当斯出席论坛并做主题演讲，近百位专家学者及境内外企业家参加论坛。

12月23日，商会区举办了“北京CBD金融商会外汇管理政策培训会”。邀请国家外汇管理局北京外汇管理部的领导就进口付汇核销改革银行端业务操作、人民币跨境结算等外汇管理政策进行了解读，五十余家内、外资银行的近百名外汇业务负责人参加了培训。

（李晶）

北京中关村海淀金融创新商会

组织机构与负责人

会长：任路平（女，中国工商银行股份有限公司北京海淀西区支行行长）

常务副会长：沈鹏（北京海淀科技金融资本控股集团股份有限公司集团董事长兼总经理）

副会长：吴泼伟（中国建设银行股份有限公司北京海淀支行行长）

周伟京（中国农业银行股份有限公司北京海淀支行行长）

理事长：王喆（女，北京银行股份有限公司中关村分行行长）

副理事长：李莹（女，中国光大银行股份有限公司北京海淀支行行长）

王进（嘉禾人寿保险股份有限公司副总经理）

秘书长：李晓玲（女，北京市海淀

区财政局调研员）

会员单位

北京中关村海淀金融创新商会共有会员单位 42 家，理事单位 8 家，普通会员 34 家，会员单位以银行、保险、证券等金融机构为主，其中也包括部分企业单位。

联系方式

地址：北京市海淀区海淀北二街 8 号中关村 SOHO 大厦 710 室

邮编：100080

电话：010－82504182

传真：010－82504282

网址：hppt：//www. bjzfic. com

重要活动

1 月 29 日，北京中关村海淀金融创新商会（以下简称商会）在皇苑酒店举办金融机构座谈会，海淀区常务副区长杨志强偕同海淀区金融办、财政局、地税局等有关部门领导出席了会议，商会二十多家会员单位的代表参加了会议。

3 月 25 日，商会协办了海淀区人民政府与民生银行总行营业部、华夏银行北京分行、邮政储蓄银行北京分行战略合作协议集体签约仪式。

9 月 3 日，商会协办了海淀区金融安全宣传周活动。此次活动由北京市金融工作局、海淀区政府主办，海淀区金融服务办公室承办。活动通过多种形式向市民宣传金融安全知识、海淀区科技金融创新成果，吸引了上千名市民参与。

10 月 21 日，商会协办了“2010 中关村论坛”主题活动“科技金融创新—企业上市培训专场”活动。首批获得海淀区促进企业上市补助资金的 26 家公司，海淀区拟上市公司、金融机构、中介机构，海淀区相关政府部门近 300 人参加了会议。海淀区区长助理卜永祥、北京市金融工作局和中关村管委会有关领导出席会议并讲话。

11 月 4 日，商会协办了第六届北京国际金融博览会。海淀区以“创新海淀、科技金融”为主题参展。通过“科技金融”、“企业上市”等八个板块，系统、全面介绍了海淀区推进首都科技金融综合试验区改革，建设中关村科技金融创新中心的最新进展。

12 月 29 日，商会在中关村 SOHO 大厦科技金融展厅召开中小企业金融服务专营机构座谈会。会议邀请了海淀区区长助理卜永祥、人民银行营业管理部、北京银监局、北京市金融工作局、中关村管委会等相关部门领导和海淀区 12 家中小企业金融服务专营机构的相关业务领导。会上各专营机构领导就 2010 年的工作成果、未来的发展目标、工作中遇到的困难和问题与市、区两级领导进行了交流。

12 月 27 日，举办“科技金融　融资服务系列讲座（第一场）——新技术企业融资培训”。商会邀请了金诚同达律师事务所苏文俊高级律师、加华伟业资本管理公司徐大卫副总裁，为 80 余位企业家讲解了企业在融资过程中的各种注意事项和可能遇到问题及解决方法，帮助企业根据自身情况和发展阶段确定适合自己的融资战略。

2010 年，在海淀区金融办的支持指导下，商会为海淀区企业连续举办中小企业集合票据培训会、中小企业融资促进会玉泉慧谷专场、光大银行专场、交通银行专场、中国银行专场、南京银行专场及建设银行专场，海淀区百余家中小企业参加了活动，部分企业通过与银行对接达成融资合作意向。

（薛明君）

北京市金融学会

组织机构与负责人

会　长：杨国中（中国人民银行营业管理部主任）

监事长：汪晓芳（女，中国工商银行股份有限公司北京市分行行长助理）

秘书长：严宝玉（女，中国人民银行营业管理部金融研究处处长）

会员单位

2010 年学会共有团体会员单位 59 家。

联系方式

办公地点：中国人民银行营业管理部

地址：北京市西城区月坛南街 79 号

邮编：100045

电话：010－68559556/010－68559557

重要活动

3 月，北京市金融学会（以下简称学会）参加了第二届小额贷款机构与国际投资者交流会。

4 月，学会联合金融时报社举办 2010 首都金融论坛。来自首都政府部门、金融业界以及高等院校的百余名专家学者参加了论坛。论坛以“首都城乡一体化发展与金融支持”为主题，从金融支持首都城乡经济社会一体化发展视角，研究加大城乡统筹力度、推进城乡一体化建设的新思路，努力探索促进城乡经济社会发展融合互动、优势互补、互利共赢的新途径。

7 月，学会参加了中英中小企业融资论坛。

9 月，学会与北京保险学会联合举办 2010 首都银保论坛。论坛围绕银行保险产品业务发展和销售等问题展开了研讨，来自金融监管部门的领导和商业银行及保险公司的相关业务负责人共计 160 人出席。

学会参加了第六届环渤海金融合作论坛。

11 月，学会参加了第十六届两岸金融学术研讨会和第六届北京国际金融博览会金融年度论坛。

12 月，学会参加了安徽省金融学会的第六次会员代表大会。

（王新宇）

北京市城市金融学会

组织机构与负责人

会长：王珍军（中国工商银行股份有限公司北京市分行行长）

副会长：龚萍（女，中国工商银行股份有限公司北京市分行副行长）

监事长：于云丽（女，中国工商银行股份有限公司北京市分行内控合规部总经理）

秘书长：董咸松（中国工商银行股份有限公司北京市分行管理信息总经理）

下设机构情况

北京市城市金融学会青年经济理论研究分会

联系方式

地址：北京市西城区复兴门南大街 2 号（天银大厦 B 座 1610 室）

邮编：100031

电话：010－66410543

传真：010－66410543

重要活动

1. 完成学会换届选举和年度社团管理工作。2 月 10 日，北京市城市金融学会（以下简称学会）召开第五届理事会。会议选举产生了新一届学会理事会和学会领导机构，通过了修改后的学会章程。并于第二、第三季度完成了学会章程在社科联、社团办备案工作。依照社团管理要求，完成学会年检、年审、临时性财务自查和2009年度残保金的核定缴纳工作等相关工作。

2. 组织开展2010年度总分行课题研究和表彰工作。学会围绕工商银行总行重点课题，制订北京分行2010年度课题组织工作计划，采取“任务分配，领导挂帅，部门牵头，协同完成”的思路，在学会领导和相关理事单位的支持配合下，协调认领工商银行总行学会重点课题5个，确定北京分行研究课题5个。此次活动共收到各类调研成果118篇，其中总行重点课题17篇。经学会秘书处组织评审，共评选出课题成果特等奖1篇、特殊贡献奖5篇、一等奖5篇、二等奖10篇、三等奖13篇、优秀奖20篇，5个理事单位获优秀组织奖。

3. 组织开展评选表彰学会2009年度优秀调研课题（论文）。2009年度调研课题活动共收到各类调研课题（论文）151篇，经学会秘书处组织评审，共评选出课题成果特等奖1篇、一等奖3篇、二等奖6篇、三等奖15篇、优秀奖23篇，5个理事单位获优秀组织奖。

4. 4月6日至6月30日，学会组织开展“服务创造价值”主题征文活动。共收到42个理事单位报送稿件710篇，刊发656篇，完成“关于工商银行北京市分行开展服务创造价值主题征文活动的情况通报”。

5. 5～7月，学会组织开展了面向工商银行北京市分行系统内高管以“我的2009”为主题的征文活动。活动共收到19个理事单位投稿24篇，约40位高管参加了此次征文的撰写。学会在工商银行北京市分行网讯“分行动态”栏目刊发了获奖作品。

6. 学会会同管理信息部采编《经济金融信息提要》50期。完成报送工商银行总行北京地区《银行业竞争动态》信息3万余字。协调组织工商银行北京市分行相关部室完成西城区发改委关于做好服务企业、服务机构和中介组织问卷调查。

7. 参加中国城市金融学会组织的2010年相关活动。4～5月，完成报送推荐参评工商银行总行学会组织开展的第十届全国城市金融优秀论文及调研报告评选活动。共采集拟参评稿件33篇，经审核报送参评论文和调研报告各10篇，共有8篇获奖。4月、6月参加工商银行总行《金融论坛》和《中国城市金融》的系统评刊工作。9月14～16日，参加中国城市金融学会2010年组织的全国城市金融学会秘书长培训班。

北京市投资学会

组织机构与负责人

会长：王军（中国建设银行股份有限公司北京市分行行长）

常务副会长：李凡（中国建设银行股份有限公司北京市分行副行长）

监事长：徐洪升（中国建设银行股份有限公司北京市分行计划财务部总经理）

秘书长：王光明（中国建设银行股份有限公司北京市分行办公室主任）

联系方式

地址：北京市宣武门西大街28号楼4门

邮编：100053

电话：010－63603696

邮箱：bjstzxh@ sina. com

重要活动

1月，完成北京市投资学会（以下简称学会）2009年度工作总结和2010年度工作计划，上报北京社科联和北京市社团办。完成学会2009年度财务工作报告，提交第四届监事会和理事会审议。

2月，学会制订《北京市投资学会2010年开展服务民生行动计划》，上报北京市社团办。

2~6月，学会编辑出版建设银行北京市分行2007~2009年度优秀科研论文集。

4月，学会下达北京市投资学会2009~2010年度科研课题计划。

5月10日，学会与建设银行北京市分行团委联合成立一批青年业务研究小组，利用业余时间对建设银行北京市分行某项重点、热点业务和流程进行深入研究，并将研究成果运用于工作实践中，切实为建设银行北京市分行各项业务的发展出谋划策。

6月11日，学会推荐建设银行北京市分行财富部一名专业理财师参加北京市社科联在怀柔区泉河街道滨湖社区举办的端午节传统文化普及活动，为社区居民进行了咨询活动。

6月30日，学会开展治理和规范经营服务性收费摸底调查清理活动，并将有关情况及清理意见报北京市民政局。

8月24日，学会王光明秘书长和靳军理事参加中国投资学会召开的表决中国投资学会终止动议的会员代表大会。经过实名制投票表决，正式通过终止动议。

9月，根据北京市社科联党组关于开展假发票治理工作的部署，学会成立假发票治理工作领导小组，组织开展自查自纠活动，并形成《关于北京市投资学会开展2010年假发票专项治理工作自查自纠报告》，上报市社科联和市社团办。

学会成立开展“小金库”专项治理工作领导小组，王军任组长，李凡任副组长，成员包括学会第四届理事会秘书长、副秘书长和监事会监事长。治理工作领导小组下设办公室，办公室设在学会秘书处，具体负责“小金库”专项治理自查自纠工作的组织、协调和实施。学会开展了专项治理自查自纠工作，并形成《关于北京市投资学会2010年“小金库”专项治理工作自查自纠报告》上报有关部门。

10月11日，学会秘书处召开会议，商议有关学会注销事宜，决定提出《关于注销北京市投资学会终止动议的提案》。提交主办单位——建设银行北京市分行行长办公会审议，学会秘书处做好相关准备工作。

11月30日，学会参加了市委社会工委和市社会办开展的对市级“枢纽型”社会组织管理的社会组织网站建设及信息化建设情况的全面摸底调查，并按要求将相关情况报市委社会工委、市社会办信息中心。

（王小梅）

北京市钱币学会

组织机构与负责人

会　长：杨伟中（中国人民银行人事司副司长）

监事长：李辉（女，中国人民银行营业管理部机关事务处调研员）

秘书长：焦春莲（女）

会员单位

个人会员1 100人，团体会员13个。

联系方式

办公地点：中国人民银行营业管理部

地址：北京市西城区月坛南街79号2017室

邮编：100045

电话：010－68559317

传真：010－68559309

电子邮箱：zhidongli951122@126.com

重要活动

1月23日“我与专家面对面——钱币鉴赏活动”正式启动。为满足广大群众和钱币爱好者的需要，北京市钱币学会（以下简称学会）与北京市古代钱币展览馆、北京收藏家协会协商决定，每月举办一次钱币鉴赏活动，主题是“我与专家面对面——钱币鉴赏活动”，主要内容包括钱币学术报告和讲座、专家义务鉴定、会员和爱好者交流钱币、小型钱币拍卖和竞买等活动。在启动仪式上，北京古代钱币展览馆馆长郭豹、北京市钱币学会副秘书长李志东、北京收藏家协会钱币专业委员会主任段忠谦等领导出席并讲话，钱币专家高桂云、钱卓、孙彬、梁学义等出席，并现场为群众义务鉴定钱币。

“我与专家面对面——钱币鉴赏活动”2010年共举行了12次，每月一次。李志东、高桂云、王培伍、钱卓、潘世杰、郭豹、孙彬等专家分别作了学术报告和钱币知识讲座。全年参加活动的会员和群众1 000人次，鉴定各种钱币千余枚。

9月25日“庆中秋迎国庆钱币鉴赏活动”在国子监举行，共有80多位钱币爱好者参加活动。学会副秘书长李志东作了题为《钱币学与钱币文化》的学术报告，北京古代钱币展览馆业务部主任王培伍作了题为《古钱币真伪鉴定》的讲座。此次活动增加了钱币竞买内容，人民银行营业管理部、市文物局的领导亲临现场，北京电视台晚间新闻报道栏目当晚也进行的详细报导。

11月《犹太和以色列国货币》一书出版。学会理事、外币收藏家徐龙先生对犹太历史和以色列钱币有较深的研究，历时10年完成了《犹太和以色列国货币》一书。学会为该书的出版提供了一些帮助，如联系学会外币专题小组多位收藏家为该课题进行论证，还邀请国内外币专家李铁生、钱家权、傅惟慈等，以及外交部刘振堂司长为该书提出了修改意见。其间召开了5次小型座谈会。

（李志东）

北京市金融工会

组织机构与负责人

主　席：周玉忠

常务副主席：魏国

副主席：张幼林（北京市金融工作局副局长）

副主席：何世文

会员单位

北京市金融工会共有会员单位35家，会员91 000多人。其中，直属工会组织19家，会员27 000人；中央在京工会组织16家，会员64 000人。

联系方式

地址：北京市东城区台基厂三条3号6号楼110室

邮编：100005

电话：010－65592609

传真：010－65230907

网址：www.jrgh.org.cn

邮箱：jrgh2006@163.com。

重要活动

2月26日，北京市总工会党组研究决定，撤销北京市总工会金融工作委员会，成立北京市金融工会筹备组，周玉忠任组长、何世文任副组长。

3~5月，北京市金融工会筹备组组织劳模选树和宣传工作。北京市金融系统共评出全国劳模1人、市级劳模和先进工作者15人、市级模范集体3个。北京市金融工会筹备组举办了劳模事迹报告会、劳模表彰会等。

4月20日，北京市金融工会筹备组组织职工为青海玉树地震灾区捐款。其中有10个基层工会通过北京市温暖基金会捐款311万元。

5~7月，北京市金融工会筹备组协同北京市总工会权益部以中信银行总行营业部为试点单位，开展了以完善薪酬体系为核心的工资集体协商试点。指导中信银行总行营业部工会，制订方案、召开职代会通过工资集体协议，建立健全涉及职工薪酬、考勤、加班、福利等6项管理制度，有效地维护了职工经济利益。

6月7日，北京市总工会党组研究决定，魏国同志任北京市金融工会筹备组常务副组长。

6月18日，召开北京市金融工会成立大会暨第一届第一次委员会议。会议总结了北京市总工会金融工作委员会成立以来全市金融系统工会工作的成绩和经验，结合首都金融业面临的新形势和新任务，提出了北京市金融工会今后五年的工作设想。选举产生了北京市金融工会第一届委员会领导机构和第一届女职工委员会。周玉忠当选为北京市金融工会第一届委员会主席，魏国、张幼林、何世文当选为副主席，方芳当选为北京市金融工会第一届女职工委员会主任。

7月13日，北京市金融工会周玉忠主席出席新华保险公司北京海淀联合营业区举行的2009年表彰激励大会，并向一线员工送上防暑降温慰问品。

8月6日，北京市金融工会召开2010年上半年工作会。会议传达了全国总工会第十五届执委会第四次全体会议精神、北京市总工会第二季度职工队伍状况分析会和半年工作会议精神，总结了北京市金融工会2010年上半年工作，部署了下半年的重点工作。

8~11月，北京市金融工会组织举办了2010年北京市理财规划师比赛。参赛单位150多个、选手3 000多名，经过初赛、复赛、半决赛和总决赛，选出“年度金牌理财规划师”1名、“年度十佳理财规划师”10名，评出“年度优秀理财规划师”40名，“年度理财规划能手”250名。

9月11~12日，北京市金融工会在朝阳体育馆组织举办了首都金融系统职工羽毛球比赛。来自中央在京金融机构、市属金融机构、外埠在京及外资在京金融机构的74家代表队参加了比赛。

9月26~28日，北京市金融工会周玉忠主席率队到中国人寿保险北京市分公司、平安人寿保险北京分公司和泰康人寿保险北京分公司，就保险营销员建会问题进行专题调研。

10月19日，北京市金融工会召开了2010年第四季度工作推进会。会议传达了全国总工会和市委有关领导的讲话精神，部署了全市金融系统工会第四季度的重点工作。

11月18日，北京市金融工会对所属

委员单位 2010 年工作进行了考核交流。经市总工会考核领导小组批准，全市金融系统工会共有 10 个单位被评为综合先进单位、14 个单位评为规范化建设先进单位、9 个单位评为专项工作创新先进单位。

12 月 20 日，北京市金融工会召开常委会会议。会议通报了 2010 年完成的重要工作和 2011 年北京市金融系统工会工作思路，确定了第一届经费审查委员会成员名单，推选魏国为经费审查委员会主任，中国民生银行总行营业部工会主席宋晓红为副主任。

（阮翼飞）

（四）2010 年度北京市金融系统先进单位、先进个人名录

北京市“全国五一劳动奖章”获得者

（中华全国总工会　总工发〔2011〕36 号　2011 年 4 月 28 日）

缪征　中国建设银行股份有限公司北京市分行四级产品经理

刘艳（女、回族）　中国建设银行股份有限公司北京西四环支行副行长

邱火发　中国光大银行股份有限公司北京分行行长

北京市“全国工人先锋号”获得单位

（中华全国总工会　总工发〔2011〕36 号　2011 年 4 月 28 日）

中信银行股份有限公司北京京城大厦支行

北京市“全国五一巾帼标兵岗”获得单位

（中华全国总工会　2001 年 2 月 28 日）

华夏银行股份有限公司北京分行营业部

北京市“全国五一巾帼标兵”获得者

（中华全国总工会　2001 年 2 月 28 日）

孔贵真　北京农村商业银行股份有限公司丰台支行行长

杨国虹　苏格兰皇家银行（中国）有限公司北京分行民建朝阳科技一支部主任

北京市“全国青年文明号”获得单位

（共青团中央　中青发〔2011〕13 号　2011 年 5 月 29 日）

招商银行股份有限公司北京分行营业部

中国人寿保险股份有限公司北京市分公司直属销售部

中国工商银行股份有限公司北京海淀西区支行营业部财富管理中心

中国农业银行股份有限公司北京市铁道支行

中国银行股份有限公司北京市海淀新世纪饭店支行

中国建设银行股份有限公司北京市分行财富管理与私人银行部

交通银行股份有限公司北京三元支行营业室

北京市“全国金融五一劳动奖章”获得者

（中国金融工会全国委员会　金工发〔2011〕8 号　2011 年 5 月 18 日）

曾志诚　中国人民银行营业管理部科技处处长

北京市“全国金融系统优秀工会干部”获得者

（中国金融工会全国委员会　金工发〔2011〕10 号　2011 年 5 月）

周连海　中国人民银行营业管理部工会副主席

北京市全国金融系统“创新金融服务，支持经济发展”建功立业竞赛活动金融服务先进集体

（中国金融工会全国委员会　金工发〔2011〕9 号　2011 年 5 月 18 日）

中国银行业监督管理委员会北京监管局政策法规处创新监管协作科

北京市全国金融系统“创新金融服务，支持经济发展”建功立业竞赛活动金融服务能手

（中国金融工会全国委员会　金工发〔2011〕9 号　2011 年 5 月 18 日）

刘洋　中国人民银行营业管理部副科长

文湘林（女）　中国人民银行营业管理部主任科员

2006～2010 年全国法制宣传教育先进集体

（中共中央宣传部、中华人民共和国司法部　司发通〔2011〕90 号　2011 年 5 月 5 日）

中国人民银行营业管理部法律事务处

北京市“首都劳动奖状”获得单位

（北京市总工会　京工发〔2011〕39 号　2011 年 4 月 20 日）

中国进出口银行北京分行

北京市“首都劳动奖章”获得者

（北京市总工会　京工发〔2011〕39 号　2011 年 4 月 20 日）

杜卫东　北京农村商业银行股份有限公司怀柔支行行长

付月英（女）　北京银行股份有限公司月坛管辖行副行长

何溪（女）　上海浦东发展银行股份有限公司北京首体支行理财经理

李向明　中国工商银行股份有限公司北京燕莎支行行长

刘卫星　广东发展银行股份有限公司北京翠微路支行行长

田金明　中国光大银行股份有限公司北京德胜门支行行长

赵成国　中国民族证券有限责任公司北京佟麟阁路证券营业部总经理

赵曾政　中国民生银行股份有限公司北京电子城支行行长

北京市"工人先锋号"获得单位

（北京市总工会　京工发〔2011〕39号　2011年4月20日）

中信银行股份有限公司北京京城大厦支行

招商银行股份有限公司北京亚运村支行

中信建投证券有限责任公司北京东直门南大街证券营业部